Phaenomenologica

Series Founded by H. L. Van Breda and Published Under the Auspices of the Husserl-Archives

Band 234

Reihe herausgegeben von
Julia Jansen, Husserl Archives, Leuven, Belgien
Stefano Micali, Husserl Archives, Leuven, Belgien

Herausgebergremium
R. Bernet, Husserl-Archives, Leuven, Belgien
R. Breeur, Husserl Archives, Leuven, Belgien
H. Leonardy, Centre d'études phénoménologiques, Louvain-la-Neuve, Belgien
D. Lories, CEP/ISP/Collège Désiré Mercier, Louvain-la-Neuve, Belgien
U. Melle, Husserl-Archives, Leuven, Belgien
J. Taminiaux, Centre d'études phénoménologiques, Louvain-la-Neuve, Belgien
R. Visker, Catholic Univerisity Leuven, Leuven, Belgien

Beirat
R. Bernasconi, Memphis State University, Memphis, USA
D. Carr, Emory University, Atlanta, USA
E. S. Casey, State University of New York at Stony Brook, Stony Brook, USA
R. Cobb-Stevens, Boston College, Chestnut Hill, USA
J. F. Courtine, Archives-Husserl, Paris, Frankreich
F. Dastur, Université de Paris, Paris, Frankreich
K. Düsing, Husserl-Archiv, Köln, Deutschland
J. Hart, Indiana University, Bloomington, USA
K. Held, Bergische Universität, Wuppertal, Deutschland
K. E. Kaehler, Husserl-Archiv, Köln, Deutschland
D. Lohmar, Husserl-Archiv, Köln, Deutschland
W. R. McKenna, Miami University, Oxford, USA
J. N. Mohanty, Temple University, Philadelphia, USA
E. W. Orth, Universität Trier, Trier, Deutschland
C. Sini, Università degli Studi di Milano, Milan, Italien
R. Sokolowski, Catholic University of America, Washington, District of Columbia, USA
B. Waldenfels, Ruhr-Universität, Bochum, Deutschland

SCOPE: Phaenomenologica is the longest running phenomenological book series world-wide. It was originally founded as a companion series to the Husserliana, and its first volume appeared in 1958. To this day, the series publishes studies of Husserl's work and of the work of related thinkers, investigations into the history of phenomenology, in-depth studies of specific aspects of phenomenology and phenomenological philosophy, and independent phenomenological research by scholars from all over the world. This unique series now unites several generations of phenomenologists, including Emmanuel Levinas, Jan Patočka, Eugen Fink, Roman Ingarden, Alfred Schutz, Bernhard Waldenfels and Marc Richir.

Initial inquiries and manuscripts for review should be sent directly to the attention of the Series Editors at phaenomenologica@kuleuven.be.

Weitere Bände in der Reihe http://www.springer.com/series/6409

Philip Flock

Das Phänomenologische und das Symbolische

Marc Richirs Phänomenologie der Sinnbildung

Philip Flock
Wissenschaftlicher Mitarbeiter, Lehrstuhl
für Theoretische Philosophie und
Phänomenologie, Fakultät für Geistes- und
Kulturwissenschaften,
Philosophisches Seminar
Bergische Universität Wuppertal
Wuppertal, Deutschland

ISSN 0079-1350　　　　　　　　ISSN 2215-0331 (electronic)
Phaenomenologica
ISBN 978-3-030-84666-4　　　　ISBN 978-3-030-84667-1 (eBook)
https://doi.org/10.1007/978-3-030-84667-1

Die Deutsche Nationalbibliothek verzeichnet diese Publikation in der Deutschen Nationalbibliografie;
detaillierte bibliografische Daten sind im Internet über http://dnb.d-nb.de abrufbar.

Springer
© Der/die Herausgeber bzw. der/die Autor(en), exklusiv lizenziert durch Springer Nature Switzerland AG 2021
Das Werk einschließlich aller seiner Teile ist urheberrechtlich geschützt. Jede Verwertung, die nicht ausdrücklich vom Urheberrechtsgesetz zugelassen ist, bedarf der vorherigen Zustimmung des Verlags. Das gilt insbesondere für Vervielfältigungen, Bearbeitungen, Übersetzungen, Mikroverfilmungen und die Einspeicherung und Verarbeitung in elektronischen Systemen.
Die Wiedergabe von allgemein beschreibenden Bezeichnungen, Marken, Unternehmensnamen etc. in diesem Werk bedeutet nicht, dass diese frei durch jedermann benutzt werden dürfen. Die Berechtigung zur Benutzung unterliegt, auch ohne gesonderten Hinweis hierzu, den Regeln des Markenrechts. Die Rechte des jeweiligen Zeicheninhabers sind zu beachten.
Der Verlag, die Autoren und die Herausgeber gehen davon aus, dass die Angaben und Informationen in diesem Werk zum Zeitpunkt der Veröffentlichung vollständig und korrekt sind. Weder der Verlag noch die Autoren oder die Herausgeber übernehmen, ausdrücklich oder implizit, Gewähr für den Inhalt des Werkes, etwaige Fehler oder Äußerungen. Der Verlag bleibt im Hinblick auf geografische Zuordnungen und Gebietsbezeichnungen in veröffentlichten Karten und Institutionsadressen neutral.

Lektorat/Planung: Christopher Coughlin
Springer ist ein Imprint der eingetragenen Gesellschaft Springer Nature Switzerland AG und ist ein Teil von Springer Nature.
Die Anschrift der Gesellschaft ist: Gewerbestrasse 11, 6330 Cham, Switzerland

In Memoriam Michael Flock.

Abkürzungsverzeichnis häufig zitierter Werke (genaue Angaben im Literaturverzeichnis)

Marc Richir	
Monographien	
Recherches phénoménologiques (I, II, III), fondation pour la phénoménologie transcendantale, 1981.	RP I-III
Recherches phénoménologiques IV, V du schématisme phénoménologique transcendantal, 1983.	RP IV-V
Phénomènes, temps et êtres, ontologie et phénoménologie, 1987.	PTE
Phénoménologie et institution symbolique, phénomènes, temps et êtres II, 1988.	PIS
Phänomenologische Meditationen, 2001; französische Seitenzahlen, sofern angegeben: Méditations phénoménologiques, 1992.	PM
Phénoménologie en esquisses, 2000.	PE
Aufsätze	
Prolégoménes à une théorie de la lecture, 1969.	PTL
Husserl: une pensée sans mesure, 1969.	HPM
Le rien enroulé, 1970.	RE
Pour une cosmologie de l'Hourloupe, 1972.	PCH
Sens et Parole: pour une approche phénoménologique de langage, 1991.	SP
Relire la Krisis de Husserl – Pour une position nouvelle de quelques problèmes phénoménologiques fondamentaux, 1988.	RKH
Edmund Husserl	
Husserliana Bände	HUA n
Sigmund Freud	
Gesammelte Werke	GW n
Jacques Lacan	
Ecrit1966, dt. Schriften I/II, 2015.	E/S
Seminare	Se n
Kant	
Kritik der reinen Vernunft, 1781/87.	KrV
Kritik der Urteilkraft, 1790.	KU
Jacques Derrida	
Die Schrift und die Differenz, 1976.	SD

VIII   Abkürzungsverzeichnis häufig zitierter Werke (genaue Angaben im Literaturverzeichnis)

Grammatologie, 1983.	GR
Martin Heidegger	
Sein und Zeit, 1927.	SZ
Maurice Merleau-Ponty	
Das Sichtbare und das Unsichtbare, 1986.	SU
Binswanger	
Ausgewählte Werke Band 3: Vorträge und Aufsätze, 1994.	AW3
Ferdinand de Saussure	
Grundfragen der allgemeinen Sprachwissenschaft, 1931.	GAS
Gilles Deleuze	
Woran erkennt man den Strukturalismus?, 1992.	WES
Jean-Claude Milner	
Das helle Werk, 2014.	HW

Danksagung

Die vorliegende Arbeit wurde zwischen 2013 und 2016 in Düsseldorf und Wuppertal geschrieben und 2017 an der Bergischen Universität Wuppertal als Dissertation angenommen. Dieses Buch basiert unter geringfügigen Änderungen auf der eingereichten Schrift.

An erster Stelle gilt mein größter Dank zwei Philosophen, welche diesen zu meinem Bedauern nicht mehr entgegennehmen können. Prof. Dr. Laszlo Tengelyi (†) war nicht nur mein erster Promotionsbetreuer, sondern ein Mentor im klassischen Sinne, dem ich meine philosophische Sozialisation im Wesen verdanke. Prof. Dr. Marc Richir (†), dessen Philosophie wie keine andere mein Denken schon zu Beginn meines Studiums in ihren Bann zog, danke ich für die wichtigen Hinweise für die Lektüre seiner Schriften, die er mir in der kurzen Zeit des Austauschs, die uns noch vergönnt war, gab.

Mein herzlicher Dank gilt meinem Dissertationsbetreuer Prof. Dr. Alexander Schnell. Seine philosophische Expertise und Energie sowie sein Vertrauen in mein Projekt haben dieser Arbeit erst ihre letztgültige Gestalt gegeben. Auch meiner Zweitbetreuerin Prof. Dr. Inga Römer danke ich herzlich für die geistreichen Gespräche und die Orientierungshilfen im akademischen und außerakademischen Leben. Des Weiteren danke ich Dr. Tobias Nikolaus Klass, der nicht nur verantwortlich für mein gewachsenes Interesse an strukturalistischen Problemstellungen ist, sondern mich auch seit Anfang an gefördert hat und mir die Gelegenheit gab, von 2012 bis 2014 in vier gemeinsamen Lehrveranstaltungen an der Bergischen Universität meine Thesen gemeinsam mit ihm und den Studierenden zu erproben. Zuletzt danke ich Prof. Dr. Gerald Hartung für seine Mitarbeit in der Promotionskommission.

Nicht unerwähnt dürfen die vielen Gesprächspartner bleiben, ohne deren professionelle und freundschaftliche Anregungen diese Arbeit weit ärmer geblieben wäre: Apl. Prof. Dr. Peter Trawny, Prof. Dr. Thomas Bedorf, Prof. Dr. Klaus Held, Prof. Dr. Gregor Schiemann, Prof. Dr. Manfred Baum, PD Dr. Karel Novotný, Dr. Till Grohmann, Prof. Dr. Sacha Carlson, Pablo Posada Varela, PD Dr. Fausto Fraisopi, Dr. Daniel Pascal Zorn, Dr. Hartmut Kanwischer, Fabian Erhart, Johanna Bayram, Can Tamay, Michael Guschwa, Eva John und Alexander Schmidt. Arne Walczok danke ich für die Durchsicht und Korrektur des Manuskripts.

Persönlicher Dank gilt ferner Susanne und Malin Flock und ihrer herzlichen Unterstützung. Meinem Vater Michael Flock (†) danke ich für die wegweisenden Gespräche über Philosophie, Psychiatrie und Ethik.

Zuletzt gebührt besonderer Dank meiner Lebensgefährtin Alexandra Timm und ihrem Sohn Lasse Timm für ihren konstanten emotionalen Beistand, der maßgeblich dazu beigetragen hat, dieses Abenteuer zu bestehen.

Wuppertal, August 2020

> „Der bestirnte Himmel über mir und das moralische Gesetz in mir." Worte, die oft falsch interpretiert wurden und zu einem Gemeinplatz, ja sogar zu einem Teil philosophischer Folklore geworden sind. Tatsächlich skizziert Kant in diesem Text, was er in der Dritten Kritik als Moment des Erhabenen aufgreifen wird. Was zeichnet aber das Phänomen des „bestirnten Himmels" tatsächlich aus? Nichts anderes, als die unendliche Zerstreuung des Blicks im nächtlichen Untergang der endlosen Welt, als das beklemmende Erfassen einer unendlichen Tiefe […]
>
> Dieser ‚Moment' der ‚Erfahrung', in dem der Himmel selbst als Phänomen erscheint, er sich also phänomenalisiert, dieser ‚phänomenologische Moment', der selbst nur aufflackert oder schimmert als Echo des himmlischen Schimmerns: Der Blick ist begierig darauf, Figuren oder Landschaftselemente am Himmel zu entdecken, Konstellationen, von denen wir wissen, dass sie, durch die relative Willkür ihrer Unterteilung durch diverse Kulturen, das Ergebnis symbolischer Stiftung sind.
>
> *Marc Richir, Du sublime en politique, S. 26.*

> Auf diesem Ozean suchen oder bilden wir immer dann Harmonien, wenn wir, angeregt durch mögliche Zusammenklänge der wilden phänomenalen Wesen jene wie Stäbe ergreifen und festhalten, um ihnen die Zeit zum Existieren zu geben, also um sie in der Gegenwärtigkeit des Sprachlichen zu zeitigen und zu räumlichen. Hier navigiert unser zerbrechlich Nachen, hier ist der Ort des „Denkens", der Musik, der Poesie, der Malerei ebenso wie der Philosophie oder, ferner noch, des mythischen oder religiösen Denkens. Ein „menschlicher" Ort in der Welt, der aber immer wieder im Kampf oder Streit zu erobern ist gegen die Mächte der symbolischen Stiftung, die nicht weniger dunkel sind, weil sie auf blinde Weise bestimmen und kodieren.
>
> *Marc Richir, Monde et phénomènes, S. 137.*

> Sieh ein ängstlicher Kahn versinkt unter Sternen,
>   Dem schweigenden Antlitz der Nacht.
> *Georg Trakl, Klage*

Philip Flock

Inhaltsverzeichnis

1	**Einleitung**...	1
1.1	Das Problem des Symbolischen in der Phänomenologie der Sinnbildung..	1
1.2	Aufbau und Gliederung der Untersuchung	5
1.3	Die Idee einer Erneuerung der Phänomenologie...............	11
	1.3.1 Die lebensweltliche Eidetik...........................	11
	1.3.2 Transzendentales Bewusstsein und Zeitlichkeit...........	14
	1.3.3 Stiftung und Eidetik..................................	18
	1.3.4 Das Phänomenologische als kritische Instanz des Symbolischen.....................................	21
1.4	Grundmotive der Phänomenologie Richirs	22
	1.4.1 Der transzendentale Schematismus der Phänomenalisierung...	25
	1.4.2 Sprachphänomen und symbolische Stiftung	31
	1.4.3 Die hyperbolisch-phänomenologische Epoché	37
	1.4.4 ‚Phantasia' und Architektonik	41
	1.4.5 Phänomenologische Anthropologie	47
2	**Erster Teil: Die Phänomenalisierung**	51
2.1	Phänomenalisierung und Text	51
	2.1.1 Richirs frühe Ansätze im Ausgang von Derrida..........	51
	2.1.2 Text als Bewegung...................................	56
2.2	Phänomenalisierung und *Urschrift*	64
	2.2.1 Leitfaden	64
	2.2.2 Das Quasi-Transzendentale	65
	2.2.3 Grammatologie	67
	2.2.4 Urschrift...	74
	2.2.5 Zeitigung/Räumlichung der Schrift	77
	2.2.6 Dissemination und Textualismus	81
2.3	Phänomenalisierung als Doppelbewegung	85
	2.3.1 Formaler und transzendentaler Raum	85
	2.3.2 Topologie der logischen Denkerlebnisse	88

		2.3.3	Phänomenalisierung und Metaphysik: Ein- und Ausrollen des ‚Nichts'	92
		2.3.4	Logologie und ‚innere' Geschichtlichkeit	96
	2.4	Sinnbildung		103
		2.4.1	Sinn und Bedeutung	103
		2.4.2	Exteriorität, Identität und das Logisch-Eidetische	105
		2.4.3	Die Idee und das Zu-Sagende	107
		2.4.4	Die Idee als Spur	108
		2.4.5	Identität und Instabilität des Sinns	112
		2.4.6	Räumlichung des Sinns	115
		2.4.7	Ursprüngliche Vielfalt der Welten	124
		2.4.8	Die proto-ontologische Dimension	132
		2.4.9	Wilde Wesen	135
		2.4.10	Zum weiteren Fortgang der Untersuchung	146
3	Zweiter Teil: Die verfehlte Begegnung von Phänomenologischem und Symbolischem			149
	3.1	Einleitung: Struktur und symbolische Stiftung		149
		3.1.1	Strukturales Objekt, strukturale Einstellung und ideologischer Strukturalismus	149
		3.1.2	Element und Prinzip der Struktur	154
		3.1.3	Vor-Strukturierung und das symbolische Gestell bei Richir	156
		3.1.4	Das Loch in der Struktur	158
	3.2	Nicht-Phänomenalität: Sprache und Leiblichkeit		161
		3.2.1	Symbolische Stiftung, phänomenologische Anthropologie und Kulturphilosophie	161
		3.2.2	Natur und Kultur	164
		3.2.3	Leibsprache und In-der-Welt-Sein	166
		3.2.4	Der absolute Abstand zwischen symbolischem und phänomenologischem Feld	170
		3.2.5	Leibhafte Wiederholung	171
	3.3	Nicht-Phänomenalität und der ‚andere Schauplatz'		176
		3.3.1	Freud: Wiederholung und Wiederholungszwang	176
		3.3.2	Lacan: Das Reale und die Wiederholung, *Tyche* und *Automaton*	178
	3.4	Symbolische und proto-ontologische Struktur		183
		3.4.1	Psychoanalyse: Virtualität und Heterogenität	183
		3.4.2	Daseinsanalyse: Welt, Leib, Rhythmus	185
		3.4.3	Freud mit Merleau-Ponty: Existenzialien und Retrojektion	188
	3.5	Zeitlichkeit in der Psychoanalyse		191
		3.5.1	Die Zeitigung im Spiegelstadium: Die Überstürzung	192
		3.5.2	Die Zeit der Analyse: Wiedererinnerung und Geschichtlichkeit	197
		3.5.3	Die logische Zeit und der logische Subjektbegriff	201
		3.5.4	Das Prinzip der Nachträglichkeit – heterogene Zeitlichkeit	211

       3.5.5   Das sequenzielle Schema der Nachträglichkeit........... 216
  3.6 Automatismus, Überdeterminierung und symbolisches Gedächtnis... 223
       3.6.1   Die strukturale Interpretation der Überdeterminierung..... 223
       3.6.2   Die Netze der Überdeterminierung................... 231
       3.6.3   Das Cogito als Überschuss der Struktur................ 236
       3.6.4   Das Hyperstrukturale.............................. 243
  3.7 Die phänomenologische Interpretation des Wolfsmanns
       (Synthese der ersten beiden Teile).......................... 247
       3.7.1   Freuds Fallstudie des „Wolfsmannes"................. 248
       3.7.2   Urszene und Gruscha-Szene........................ 249
       3.7.3   Symbolisches Netz: der phänomenologische Status des
               Signifikanten..................................... 254
       3.7.4   Phänomenologische Dimension der wilden Wesen........ 257
       3.7.5   Sprachphänomen und *lalangue*...................... 262

4 **Dritter Teil: Die Begegnung von Phänomenologischem und
  Symbolischem** 267
  4.1 Das phänomenologisch Erhabene........................... 267
       4.1.1   Das mathematisch Erhabene: Diakritik von
               phänomenologischer und symbolischer Freiheit.......... 268
       4.1.2   Das dynamisch Erhabene: Die Figur des symbolischen
               Stifters und die Wiederaufnahme der symbolischen Freiheit... 273
  4.2 Die hyperbolisch-phänomenologische Epoché................. 280
       4.2.1   Faktualität und Faktizität........................... 281
       4.2.2   Die hyperbolisch-phänomenologische Epoché........... 283
       4.2.3   Die zwei Momente der hyperbolisch-phänomenologischen
               Epoché... 287
       4.2.4   Das ontologische Simulacrum und eine Faktizität ohne
               Jemeinigkeit..................................... 291
       4.2.5   Äußerster Punkt der Hyperbel: Ungreifbarkeit und
               Bodenlosigkeit der Phänomenalisierung................ 295
  4.3 Das kritische Potential der hyperbolisch-phänomenologischen
       Epoché.. 299
       4.3.1   Das phänomenologische Apriori und seine verborgene
               Symbolizität (statische Perspektive)................... 299
       4.3.2   Selbstheit und Apperzeption im Ausgang ursprünglicher
               Pluralität (genetische Perspektive)..................... 312

5 **Schluss: Nicht-Standard-Phänomenologie**....................... 323

Literatur... 331

1 Einleitung

1.1 Das Problem des Symbolischen in der Phänomenologie der Sinnbildung

Wie anfangen mit der Darstellung eines Denkens, das keinen Anfang kennt? Wie beginnen mit der ursprünglichen Pluralität des Sinns, wenn diese nicht nur Thema, sondern auch Vollzug dieses Denkens prägt? Die naheliegende Wahl, den Leitfaden der Darstellung in der chronologischen Abfolge der Werke zu verankern, entpuppt sich als dem philosophischen Problem des radikalen Anfangens äußerlich. Wo scheinbar ursprüngliche Einfälle und Ideen unmittelbar auf eine verborgene Vorgeschichte verweisen, wo dieselben Einfälle und Ideen noch in den spätesten Texten ihre Spuren verraten, dort verzerrt die Chrono-logie nur das Kreisende der Denkbewegung. Ein Denken der ursprünglichen Pluralität bewegt sich notgedrungen in ‚Feldern', in phänomenologischen, symbolischen, transzendentalen Feldern, die nicht durch Bestimmungen ihres ‚Seins' oder ‚Wesens', sondern durch Fragen und Probleme zusammengehalten werden. Wie also anfangen?

Die Phänomenologie zeichnet sich unter anderem dadurch aus, dass sie, entgegen anderer klassischer Transzendentalphilosophien, von der Möglichkeit transzendentaler Erfahrung ausgeht – einem endlos offenen Forschungsfeld der Beschreibung des endlos offenen Flusses des Erfahrungslebens in seiner konkreten Bewegung. Indem sie sich zuerst als *Methode* der Reflexion versteht, indem sie das Leben transzendental reduziert, hält sie am Abenteuer dieses Flusses fest. Seien es statische oder genetische Deskriptionen der Immanenz des transzendentalen Bewusstseins, seien es Konstruktionen an den Grenzen dieses Beschreibbaren, seien es Spekulationen über die metaphysischen Voraussetzungen ihrer Methodologie – sie betrachtet das Transzendentale als ergebnisoffenen Weg der Reflexion. Mit anderen Worten, das Insistieren auf der Unendlichkeit der Fragen und Probleme, die mit jeder transzendentalen Erfahrung aufkommen, ist kein ‚Narzissmus' eines philosophischen Denkens, das seiner Gestalt künstlich ‚Tiefe' zu verleihen sucht, sondern ein echter Ausgangspunkt für den Phänomenologen.

Der Anfang der Darstellung eines neuen phänomenologischen Entwurfs, einer neuen Konstellation und Architektonik der Fragen- und Problemfelder der Phänomenologie kann nur durch den Sprung über einen Abgrund geschehen – der Sprung über apriorische Ansprüche hinweg, die dieser Architektonik im Voraus eine logische, ontologische oder eidetische Gestalt aufprägen wollen, hinein in die transzendentale Erfahrung. Nur im schrittweisen Durchgang durch diese Felder sind diese zu erhellen, und dies immer nur partial. Und dieser Durchgang setzt notwendig an, bei der Faktizität der Erfahrung des Phänomenologen. Im akademischen Diskurs gilt es gemeinhin als Mangel der Darstellung, wenn man der Arbeit (zumal der Qualifikationsschrift) die Faktizität der Denkerfahrung noch ‚ansieht', wenn die Fragen und Probleme nicht in rein rationale Form gebracht, wenn die Untersuchung nicht die Endgestalt eines ‚Resultats' erreicht. Was aber – und dieses Schicksal teilt die hier vorliegende Arbeit mit all denjenigen, bei denen die Performativität eine konstitutive Dimension der Darstellung ist – wenn die Faktizität der Denkerfahrung, wenn die konkreten Weisen der Sinnbildung, von den Phänomenalitäten über die Sprachwesen bis zu den leiblichen Gemütszuständen und Stimmungen, integraler Bestandteil des darzustellenden Denkens sind? Was wenn eine Philosophie zum Ausdruck gebracht werden soll, deren Hauptanliegen darin besteht, die Übereinstimmung des Sinns mit sich selbst – die vollständige Einholbarkeit der Frage durch die Antwort – als transzendentalen Schein zu entlarven?

Eine solche Arbeit muss notgedrungen ihre ganz eigenen Kriterien reflektieren. Wie soll die Nicht-Übereinstimmung des Sinns, die Unmöglichkeit einer restlosen Evidenz, die Instabilität der Identität, die irreduzible Opazität gegenüber dem Denken zur *adäquaten* Darstellung gelangen? Durch welche Kriterien kann entschieden werden, wann diese Zuschreibungen der ‚Sache selbst' zukommen und wann die Darstellung schlicht nicht zu überzeugen vermag?

Ein möglicher Ausweg aus diesen Aporien bestünde darin, die Oppositionen und gegensätzlichen Begriffspaare auf ihre Voraussetzungen hin zu prüfen. Ist der Anspruch auf vollständige Einholbarkeit der Frage selbst vollständig einholbar? Hat die ‚Antwort' auf eine Frage notwendig immer Antwortcharakter? Ist die Darstellung zu trennen von der Sachstellung, wenn letztere die Frage des Denkens betrifft? Kann das ‚Wesen' der Bewegung des Denkens durch das Fest-halten ihrer Bewegung erfasst werden? Ist das Werden, im radikalen Sinne seines unvordenklichen, schöpferischen Anfangs und der Unvorhersehbarkeit seines Ziels, im Gewordenen wirklich aufgehoben?

Die hier verlangten Antworten können, wie man bereits ahnen dürfte, nicht die Gestalt von ‚Aufhebungen' annehmen. Vielmehr wird die Kohärenz der Darstellung der Denkbewegung selbst in Bewegung bleiben. D. h. die vorliegende Untersuchung darf auf nicht mehr hoffen, als dass sich beim Leser im Durchgang durch die Fragen und Probleme blitzhafte Erhellungen einstellen, ohne dass der Verfasser die Momente dieser Lektüreerhellungen dirigieren könnte. Den Pfad durch die Denkbewegung, den diese Untersuchung einschlägt, kann diese nach ihrer Richtung nicht letztbegründen; den sich regenden Sinn nicht im Voraus eingrenzen. Man hat stets

1.1 Das Problem des Symbolischen in der Phänomenologie der Sinnbildung

mehr zu verantworten, als man im Stande ist. Wenn in dieser Untersuchung dem Leser ein philosophisches Denkproblem erscheint, ist sie bereits am Ziel.

Die *Phänomenologie der Sinnbildung* des belgischen Phänomenologen Marc Richir erhebt den Anspruch, einen neuen Anfang der Phänomenologie zu eröffnen. Mit diesem Wunsch nach Erneuerungen ist er in der zeitgenössischen Phänomenologie nicht allein. Die philosophischen Probleme, die eine klassische Phänomenologie der Sinn*gebung* aufwirft, wurden schon von anderen Phänomenologen früh gesehen.[1] Spätere Erweiterungen des Husserl'schen Intentionalitätsbegriffs wurden dann unter dem Titel des ‚Sinnereignisses', samt den damit einhergehenden Unverfügbarkeits- und Entzugsphänomenen, oder auch als ‚Rand-' und ‚Hyperphänomene' diskutiert – was diese phänomenologischen Entwürfe an den Rand der Phänomenologie und teilweise auch darüber hinaus in die Theologie geführt haben.[2] Erst in den jüngsten Entwicklungen der französischen Phänomenologie wird diese Kritik zum Anlass einer Reformulierung des *Phänomenbegriffs* genommen, um die Phänomenologie gleichsam von innen heraus zu erneuern.

Die Besonderheit Marc Richirs besteht darin, dass er die ‚Sache selbst' nicht von der ‚Gegebenheit' aus begreift, auch nicht als ‚Es gibt' oder ‚Gabe', die etwa ‚im Gegenzug' zum intentionalen Bewusstsein aufkommen, sondern die irreduzible Verflechtung von Gegebenheit und Nicht-Gegebenheit ins Zentrum seines Phänomenbegriffs stellt. Anders als in der klassischen Phänomenologie, in der diese Abwesenheit vor allem in Form der Virtualität der Horizontstruktur thematisiert wurde, erkennt Richir auf originelle Weise das *Symbolische*,[3] *jene Struktur des Anwesen-Lassens von Abwesenheit*, als Problem der *Phänomenalisierung* selbst. Obwohl er

---

[1] Das Husserl'sche Postulat, Sinneseinheiten setzten „sinngebendes Bewusstsein voraus" (HUA III/1, S. 120.), wird bereits von Husserl-Schülern wie Ingarden, Landgrebe, Patočka oder dem jungen Heidegger kritisiert (Siehe Tengelyi/Gondek, *Neue Phänomenologie in Frankreich*, S. 21.).

[2] Dominique Janicaud prägt den Begriff einer „theologischen Wende" in der neueren Phänomenologie. Die in ihr diagnostizierte Tendenz, das unmittelbar Erscheinende zugunsten von Hyperphänomenen zu überschreiten, wird mit der Kritik verbunden, diese Absage an die Unmittelbarkeit des Gegebenen paare sich mit der Absage an die Notwendigkeit einer methodischen Besinnung dieser Überschreitung. Im Zentrum stehen dabei vor allem Emmanuel Levinas, Jean-Luc Marion, Jean-Louis Chrétien und Michel Henry. Vor allem letzterer gilt als derjenige, der in seiner „Phänomenologie des Lebens" diese (methodische) Grenze der Phänomenologie hin zu einer christologischen Philosophie überschritten habe. Nach Janicaud ist es dagegen unter anderem Richir, der diesseits des bereits von Husserl geforderten „methodologischen Atheismus" bleibe. (Siehe Tengelyi/Gondek, *Neue Phänomenologie in Frankreich*, S. 11 ff.).

[3] Dieser Grundbegriff der hier vorliegenden Arbeit hat in der Geistesgeschichte die unterschiedlichsten Bedeutungen: von partialen Symbolbegriffen in den verschiedensten Kontexten bis hin zu universalen Symbolbegriffen, unter denen das Weltganze eine „symbolische Transformation" (Tomberg, *Studien zur Bedeutung des Symbolbegriffs*, S. 7) erfährt.
Nun liegt es in der Natur der Sache, dass ein solcher Grundbegriff der Untersuchung seinen vollen Gehalt erst im Durchgang durch dieselbe entfaltet. Dies gilt für den strukturalistischen Symbolbegriff im Allgemeinen und psychoanalytischen Begriff im Besonderen; vor allem aber für jenen hier thematisierten phänomenologischen Begriff des Symbolischen, der sich auf besondere Weise nur im Verhältnis zu jenem anderen Grundbegriff des „Phänomenologischen" oder „phänomenologischen Feldes" darstellen lässt.

dem strukturalen Denken[4] kritisch gegenübersteht (wo dieses sich als ‚erste Philosophie' oder fundierende Wissensform begreift), sind Reflexionen auf Struktureffekte integraler Bestandteil seiner Phänomenologie. Das Ergebnis ist eine doppelte Kritik: Eine Kritik der Phänomenologie, insofern sie dem transzendentalen Schein einer Ontologizität des Phänomens bloß als Phänomen erliegt. Um aber die Seinsstiftungen in der radikalen Inchoativität oder Anfänglichkeit des Erfahrungslebens erforschen zu können, reicht es nicht aus, lediglich das transzendente Sein einer Epoché zu unterziehen, es gilt auch das immanente Sein in Hinsicht auf die Individuation der Phänomene in ihrer Phänomenalisierung zu suspendieren. Somit verbindet sich eine Kritik der phänomenologischen Methode, wo diese unreflektiert mit metaphysischen Begriffspaaren operiert, mit dem Ergebnis, dass es auf der Ebene der Phänomenalisierung zu Äquivokationen von Denk- und Seinsbestimmungen kommt. Die zweite Kritik betrifft das strukturale Denken, insofern dieses die Funktion des Symbolischen als konstitutiv für die Phänomenalisierung setzt, obwohl sie von reflexiven Bildungsprozessen eines proto-ontologischen und begriffslosen phänomenologischen Feldes abhängt, ohne sich explizit auf dieses zu beziehen. Anders gesagt, betrifft diese Kritik das Problem, dass die Positionalität innerhalb der Struktur nur im Verhältnis zu einer radikalen phänomenologischen Nicht-Positionalität gedacht werden kann. In beiden Fällen gilt es, die vorausgesetzten Aprioritäten als transzendentale Illusionen des Phänomens selbst zu erkennen und zu thematisieren. Eine der Hauptthesen dieser Arbeit wird lauten, dass sich diese Illusionen auf die Doppelbewegung einer Vor- und Nachträglichkeit – d. h. auf die Heterogenisierung einer gemeinhin homogen und unilateral verstandenen Zeitlichkeit, die eine pro- und retroaktive Konstitution des Apriori ermöglicht – zurückführen lassen.

Der wohl entscheidende Unterschied dieser neuen Architektonik zur Husserl'schen Phänomenologie besteht in der Ersetzung des Wahrnehmungsphänomens als Urmodus der Anschauung durch das *Sprachphänomen*. In ihm gibt sich das Phänomen gerade nicht als Uroriginalität einer Selbstgegenwart, sondern phänomenalisiert sich ursprünglich auf Abstand und in Schieflage zu sich selbst. Als Sprachphänomen umfasst es alle Modi von ‚Bewusstsein', weil sich in ihm der Schematismus der Phänomenalisierung aus zwei Feldern herausbildet: dem Kontakt eines wilden phänomenologischen *Apeiron* (den noch ungeschiedenen ‚Phänomenalitätsfetzen' der Leiblichkeit, Affektivität und Weltlichkeit in ihrem intersubjektiven Ineinander) mit den *symbolischen Stiftungen* (den sedimentierten und, sofern ihre Ursprünge und Zwecke abwesend sind, blind ablaufenden Strukturen der Sprache, Kultur und Metaphysik).

Damit verteidigt Richir eine Philosophie des *schöpferischen* Denkens. Das ‚Schöpferische' meint hier nicht die produktive Kraft, die der Entschlossenheit eines Genius entspränge, eines Geistes der seinen Zweck im Voraus erfasst und

---

[4] Wir bezeichnen als „strukturales Denken" erstens den Inbegriff derjenigen Grundideen und Funktionen, die der Poststrukturalismus mit dem klassischen Strukturalismus teilt. Zweitens beschreibt er Theoriebildungen, bei denen sich die Elemente eines theoretischen Gebiets rein aus der Theorie*form* ergeben.

gesetzt hätte, sondern, durchaus im Sinne des späten Schellings, meint es hier eine besondere *Empfänglichkeit* für das Unvordenkliche; eine Empfänglichkeit, die notwendig ist, will man der Inchoativität des Denkens, der Möglichkeit eines radikalen Anfangens gerecht werden; eine Empfänglichkeit, für die man zuletzt (d. h. in den proto-ontologischen Registern der Sinnbildung) nur ‚sensibel' sein kann.

Dieses schöpferische Potential unterscheidet Richir zudem von der Sinnproduktion und Dissemination im Symbolischen. Der symbolische Sinn ist stets *Effekt* einer Struktur. Die Illusion des symbolischen Denkens besteht darin, den *sich selbst* bildenden Sinn auf einen *sich von selbst* einstellenden Sinn zu reduzieren. Im Gegenzug kann die Phänomenologie dieses ‚Selbst' des sich bildenden Sinns jedoch nicht selbstverständlich mit einer ‚konstituierenden Subjektivität' oder einem ‚Dasein' identifizieren.

Richir arbeitet daher eine neue Gestalt der Epoché aus. In der *hyperbolisch-phänomenologischen Epoché* wird eine doppelte Reduktion des Denkens angestrebt: 1.) die Suspendierung aller symbolischen Stiftungen, 2.) die Einklammerung der Jemeinigkeit. Erst innerhalb dieser Epoché lässt sich das Denken als *sich bildender Sinn* vor dem Hintergrund der radikalen Anonymität und Wildheit der Faktizität studieren.

1.2 Aufbau und Gliederung der Untersuchung

Die vorliegende Arbeit gliedert sich in drei Hauptteile.[5]

Der erste Teil enthält die Darstellung des dekonstruktivistischen Erbes im Frühwerk Richirs und dessen Ausarbeitung einer ersten Theorie der Phänomenalisierung, die Ausarbeitung des Entwurfs einer Phänomenologie der Sinnbildung sowie die Verortung des Problems des Symbolischen in der Phänomenologie im Ausgang vom Sprachphänomen.

Der zweite Teil thematisiert den Dualismus von symbolischem und phänomenologischem Feld gemäß der im ersten Teil beschriebenen schöpferischen Differenzialität. Anhand psychopathologischer Phänomene wird dieses Verhältnis vorerst negativ bestimmt als „verfehlte Begegnung" beider Felder.

Im dritten Teil folgt die positive Bestimmung desselben als Möglichkeit ihrer Begegnung im Sprachphänomen. Das Konzept eines phänomenologisch Erhabenen erweist sich dabei als Ort der ‚Kommunikation' der verschiedenen Register. Die Untersuchung wird mit einer methodischen Reflexion zu Richirs Ausarbeitung der neuartigen hyperbolisch-phänomenologischen Epoché abgeschlossen.

Erster Teil
Die These einer irreduziblen Differenz und Abständigkeit von Phänomenologischem und Symbolischem verlangt zunächst nach der Klärung der Begriffe von *Differenzialität* und *Räumlichkeit,* die dieser Idee zugrunde liegen. Zu diesem

---
[5] Eine abschließende Zusammenfassung findet der Leser auch im Schlussteil.

Zweck gehen wir im ersten Teil zu den frühesten Texten zurück. Eine erste Annäherung an die Frage der Differenzialität findet in der Analyse der Erbschaft von Fragen und Problemen der Derrida'schen Phänomenologie-Kritik statt. In den späten 1960er-Jahren mit Derrida in persönlichem Austausch stehend, findet Richir seinen eigenen Zugang zu Husserls phänomenologischem Denken über Fragen der *Textualität* (Kap.c 2.1). Es ist Derridas Idee einer *Urschrift* verbunden mit dem Entwurf eines Ultra- oder Quasi-Transzendentalismus (Kap. 2.2), die Richir zu einer ersten Gestalt seiner eigenen Phänomenologie verhelfen: zur Denkfigur eines *transzendentalen Schematismus der Phänomenalisierung*. Anders jedoch als Derrida findet Richir den Weg aus den Problemen der klassischen Phänomenologie heraus *in der Phänomenologie selbst*, d. h. einer Phänomenologie neuen Typs. Die Konzeption neuer Grundbegriffe der Phänomenalität wie der „ursprünglichen Verdrehung", der „ursprünglichen Schieflage" und der „Doppelbewegung der Phänomenalisierung" helfen ihm dabei, eine *dezentrale Topologie* des „Phänomens bloß als Phänomen" zu entwickeln. Das Ziel ist eine Phänomenologie, die *apriorische* Zentrierungsfiguren der Phänomenalisierung (transzendentale Subjektivität und lebendige Gegenwart) suspendiert (Kap. 2.3). Allerdings wird Richir nicht den Derrida'schen Weg der „Dissemination" beschreiten, sondern seinen Neuansatz in der Figur einer proto-ontologischen Selbstreflexivität finden, die er schon früh Max Loreaus Idee einer *„Logologie"* jenseits kultureller Kodierungen entlehnt (Kap. 2.3.4).

Von dort aus schließt die Untersuchung an die Ausarbeitung einer Phänomenologie der Sinnbildung an. In diesen Texten (ca. Mitte der 1980er- bis Mitte der 1990er-Jahre) finden wir die Konzeptionen einer Doppelbewegung der Phänomenalisierung und begriffslosen Selbstreflexivität im Grundgedanken eines *sich bildenden Sinns* zu einer ersten großen Synthese gebracht (Kap. 2.4). Die Momente dieses Sinnbildungsprozesses werden im Einzelnen analysiert: von der Stiftung des Logisch-Eidetischen als Stiftung innerhalb der Stiftung der Sprache (Kap. 2.4.12.4.2), über die Auslegung des „Einfalls" als Identität der Idee, die im Außen gesetzt wird (Kap. 2.4.3), die Selbstdifferenzierung dieses Einen im Vergleich mit der neuplatonischen Reflexivität (Kap. 2.4.4), bis zur Dekonstruktion der identitären Stabilität als transzendentaler Schein der Sinnbildung (Kap. 2.4.5). Der Sinn, diesseits der Stabilisierung durch eine apriorische Exteriorität, wird in der Folge ausgelegt als *Sprachphänomen*, das *sich* zeigt und räumlicht. Die Sprachphänomene haben ihre Referenz nicht in der Exteriorität von „Dingen" oder „Bedeutungen", sondern in *außersprachlichen Phänomenen* (Kap. 2.4.6). Der Unterschied besteht darin, dass die Exteriorität des Außersprachlichen keine in Zeichen gegliederte und in Entitäten individuierte Exteriorität bezeichnet, sondern das Ungesagte und Zu-Sagende des Gesagten als Referenz ansetzt: eine Sphäre des *Proto-Ontologischen*, der radikalen Anonymität und Abwesenheit, der ursprünglich versprengten *Vielfalt von Welten* (Kap. 2.4.7) und eidetischen Strukturen *im wilden Zustand* (Kap. 2.4.82.4.9).

Zweiter Teil
Die ursprüngliche Phänomenalisierung wird bei Richir nicht mehr als Wahrnehmungsbewusstsein aufgefasst, sondern als Sprachphänomen. In ihm treten Gege-

1.2 Aufbau und Gliederung der Untersuchung

benheiten und Nicht-Gegebenheiten in irreduzibler chiasmatischer Verschränkung auf. Diese Nicht-Gegebenheiten betreffen dabei nicht nur die Abwesenheitsmomente von Horizontstrukturen, wie sie schon von Husserl thematisiert wurden, sondern auch *symbolische Abwesenheiten* (eine erste Begriffsbestimmung liefert die Einleitung zum zweiten Teil: „Der Strukturbegriff und die symbolische Stiftung" (Kap. 3.1). Um die Differenz des symbolischen und phänomenologischen Feldes genau zu erfassen, bietet es sich an, Phänomene zu untersuchen, in denen es zur Auflösung dieser chiasmatischen Verschränkung kommt. Anhand *neurotischer Symptome* lässt sich die Autonomie des symbolischen Registers besonders gut demonstrieren. Dabei wird die Begegnung von phänomenologischem und symbolischem Feld von Richir als der phänomenologische Ort der *phänomenologischen Anthropologie* und *phänomenologischen Kulturkritik* bestimmt (Kap. 3.2.1 3.2.2). Das Pathologische ist demnach der Ort der spezifisch menschlichen Endlichkeit und Transmutation ihrer Möglichkeiten (als „pathologisch" kann gemäß der Transpassibilität bezeichnet werden, was das Vermögen, neue Möglichkeiten zu empfangen, verliert), wohingegen die Kulturkritik diese ‚allzumenschlichen' Momente des Schöpferischen gegen die unausweichliche Tendenz der Kulturinstitutionen, sich blind zu autonomisieren, herauszuarbeiten hat.

Mit einem indirekten Beweis soll dann gezeigt werden, warum eine daseinsanalytische Interpretation der Symptome *auf phänomenologischer Ebene* scheitert (Kap. 3.2.3 3.2.5). Erst die Psychoanalyse gibt die richtigen Werkzeuge an die Hand, die Entfremdung und Immunisierung des Symptoms durch das Intervenieren eines ganz anderen Registers und ‚Schauplatzes', des symbolischen Unbewussten, als *Einbruch einer Nicht-Phänomenalität in die Phänomenalität* aufzuklären (Kap. 3.3).

Diese Immunisierung des Symptoms gegenüber der Erfahrung erweist sich weiter als absolute Identität eines Sinns, der in seiner Zeitigung, anstatt sich zu bilden, in reine *Wiederholung* verfällt (Kap. 3.3.1). Dieser irreduzible Abstand zum phänomenologischen Erfahrungsfeld äußert sich in einer ganzen Reihe scheinhafter Realitätsanomalien, denen die Psychoanalyse größte Aufmerksamkeit widmet: das Phänomen des Unheimlichen, des Doppelgängers, des Schicksalhaften, der ‚Telepathie'. In ihnen allen kommt es nach Jacques Lacan zu einer *Verfehlung der Begegnung* mit dem Realen, was er in Anlehnung an Aristoteles als „Tyche" bezeichnet (Kap. 3.3.2).

Die Psychoanalyse hat es auf dem symbolischen Feld also ebenfalls mit *vorontologischen Strukturen* zu tun, die Wirkungen zeitigen, obwohl sie eine unreife Realität „im Wartestand" konstituieren (Kap. 3.4.1). Doch auch die Phänomenologie des Psychopathologischen dringt auf ihrem Wege zu diesen proto-ontologischen Problemen vor. So haben Binswanger mit seiner Konzeption der „Bedeutungsrichtungen", die Weiterentwicklungen bei Maldiney als vor-objektive *Rhythmizität* des Daseins (Kap. 3.4.2) oder auch Merleau-Ponty mit seinem Gedanken einer nichtfigurativen Gliederung des In-der-Welt-Seins durch „*symbolische Existentialien*" (Kap. 3.4.3) wichtige Untersuchungen zur Proto-Ontologie geleistet.

In den nächsten beiden Kapiteln werden die Momente und Prinzipien der Nicht-Phänomenalität des Symbolischen weiter vertieft, wie sie von der Psychoanalyse beschrieben werden. Eingangs gilt es zu klären, welche Strukturen die Wiederaufnahme der Sinnbildung in der *Wiederholung* verhindern (Kap. 3.5). Die Antwort liegt in den spezifisch symbolischen Zeitigungsmodi: der *Überstürzung* und der *Nachträglichkeit*. Entgegen der Linearität und Unilateralität des Zeitbewusstseins unseres Lebens, greift das Unbewusste auch auf Nicht-Gegebenheiten zu, auf Ereignisse, die es niemals, noch nicht oder noch nie gegeben hat.

Die daraus resultierende Heterogenität pro- und retroaktiver Zeitigungen ist der Struktur des inneren Zeitbewusstseins wesensfremd. Grundfragen der Lacan'schen Psychoanalyse wie der Ich-Konstitution im Spiegelstadium, der spezifischen Historizität in der Analyse oder das dezentrale Intersubjektivitätsverhältnis, lassen sich gemäß ihren Entfremdungsfunktionen *als Probleme der Zeitlichkeit* beschreiben (Kap. 3.5.1-3.5.3).

In Kap. 3.5.4-3.5.5 wird die Begriffsgenese der Nachträglichkeit in der Psychoanalyse untersucht. Dieses Konzept ist absolut zentral für das dieser Arbeit zugrundeliegende Differenzdenken. Durch das Auseinandertreten der Ereignis- und Bedeutungssphäre im Trauma wird die Kausalität der Erlebnisfolge umgekehrt. Diese Struktur, der zufolge ein späteres Ereignis das Erleben eines früheren *verursacht*, konstituiert eine Differenzialität oder Heterogenität der Zeitlichkeit, die sich selbst durch die Abständigkeit von phänomenologischem und symbolischem Feld phänomenalisiert.

Das symbolische Prinzip der Überdetermination, so wie es Lacan entwickelt hat, erklärt, wie ein *„symbolisches Gedächtnis"* (Kap. 3.6.1) beschrieben werden kann, durch das es zur *retrograden Aktualisierung* von Strukturen im Unbewussten kommt. Die zahlreichen spieltheoretischen ‚Basteleien' des frühen Lacan lassen sich aus unserer Perspektive als Reflexionen auf die Phänomenalisierung der Entfremdung durch das Symbolische interpretieren (Kap. 3.6.2).

Im zweiten Teil dieses Kapitels wird der Status des Ichs dieser Entfremdung befragt. Mit den Arbeiten Jean-Claude Milners zur Epistemologie der Lacan'schen Psychoanalyse (Kap. 3.6.3) wird die Retro-Konstitution des Symbolischen mit dem ihr inhärenten Status der Kontingenz untersucht (Kap. XIV.3.b.). Das Subjekt erscheint demnach auf dem leeren Platz der Struktur und wird bestimmt als deren Hyperbel: als das *„Hyperstrukturale"* (Kap. 3.6.4).

Im Kap. XV. kommt es – in Form einer Interpretation eines konkreten Falls der Psychoanalyse – zu einem Zwischenfazit des Ersten und Zweiten Teils dieser Arbeit. Am berühmten Fall des Wolfsmanns hat sich ein Dialog entfaltet, an dem nicht nur Psychoanalytiker, sondern auch Philosophen bis heute mitwirken (Kap. 3.7.1). Anhand eines bestimmten Theoriestücks – der sogenannten „Gruschaszene" und der mit dieser verbundenen Frage der „Deckerinnerungen" – bestimmt nun Richir den phänomenologischen Status des Lacan'schen Signifikanten (Kap. 3.7.2). Die Struktur eines neurotischen symbolischen Netzwerks aus zugleich nomadisierenden wie insistierenden (wiederholenden) Signifikanten konstituiert ein Subjekt des Begehrens, welches auf eben diese symbolischen Identitäten fixiert ist (Kap. 3.7.3). Jedoch zeigt Richir auf, dass nicht alle von Freud beschriebenen Elemente der Szene hinreichend durch rein strukturale Gesetzmäßigkeiten konstituiert sind. Einige entscheidende Assoziationen beziehen sich auf Phänomene der Leiblichkeit, die in einem „wilden Zustand" vorgefunden werden, so wie sie die Phänomenologie

1.2 Aufbau und Gliederung der Untersuchung 9

gerade *vor* ihrer Gliederung durch Signifikanten entdeckt hat (Kap. 3.7.4). Die abschließende Richir'sche These der ersten Teile lautet daher: *die Signifikanten im symbolischen Unbewussten investieren in wilde Wesen (das phänomenologische Unbewusste), ohne dass die Psychoanalyse dieses Verhältnis thematisiere*. Mit Lacans Idee einer *lalangue*, einem Begriff fungierender Sprache, die sich ihrem anderen (der Affektivität, Ästhetik und Leiblichkeit) öffnet, die gerade „Nicht-Alles" ist, wie Lacan sagt, muss diese These allerdings relativiert werden, insofern wir in der *lalange* einen Versuch der Begegnung von Phänomenologischem und Symbolischem entdecken können (Kap. 3.7.5).

Dritter Teil
Die Frage nach der ‚Kommunikation' von Phänomenologischem und Symbolischem fragt nach den Bedingungen der Möglichkeit einer Wiederaufnahme der Sprache, jenseits der phänomenologischen und strukturalen Illusionen. Die Beantwortung dieser Frage liefert zugleich das ‚Instrumentarium', an dem das kritische Potential einer Phänomenologie der Sinnbildung deutlich werden soll.

Mittels einer phänomenologischen Interpretation der dritten Kantischen Kritik bestimmt Richir das phänomenologisch Erhabene als den ‚Ort', an dem sich das Verhältnis von phänomenologischem und symbolischem Register phänomenologisch ausweisen lässt (Kap. 4.1). Entgegen dem Phänomen des Schönen, das laut Kant sein Kriterium in der *Form* findet, liegt das Erhabene in der *Überschreitung* jeglicher Formgebung. Das Scheitern des Verstandes als schematisierendem und formgebendem Vermögen *weckt* nun aber im mathematisch Erhabenen paradoxerweise gerade die Vernunft als Vermögen, das die Phänomenalisierung überschreitet und unanschauliche Ideen zum Gegenstand hat. Im Widerstreit und Überstieg der *Zweckwidrigkeit* liegt aber gerade die *Zweckmäßigkeit* einer Heterogenität der transzendentalen Bestimmungen (Kap. 4.1.1). Zudem ist dieser Chiasmus des Phänomenologischen und Symbolischen durch die *leibliche* Dimension vermittelt: es ist eine gewisse Stimmung, die für ‚Ideen' *empfänglich* macht. Für Richir sind diese Koordinaten, der Heterogenität der Register im Rätsel ihrer Verleiblichung, nichts anderes als die Dimensionen des Sprachphänomens.

Im dynamisch Erhabenen (Kap. 4.1.2) ist der Gegenstand der Überschreitung nicht länger eine extensive Größe, sondern ein im dynamischen Sinne Maßloses: die Macht, mit der das Subjekt mit dem Tode bedroht wird. In der Potentialität dieser Todesdrohung erweist sich die Macht hier als *Gesetzeskraft*, deren ‚Gewalt' vom Symbolischen selbst ausgeht (Gott oder großer Anderer). Richir bezeichnet diesen Anderen als „*symbolischen Stifter*": die dynamische Quelle der symbolischen Stiftung des Gesetzes. Das Subjekt kann sich jedoch gegen diese Macht behaupten und *sich* in Form der *Selbst*-Bestimmung *seiner* symbolischen Freiheit besinnen. Dann kommt es zur Re-schematisierung im Sprachlichen und das symbolisch gestiftete, aber autonome Subjekt kann den Empfang seines *Rätsels* – symbolisch gestiftetes Subjekt *und* Animalität zugleich, d. h. „Mensch" zu sein – durch den Stifter (durch das Sprachsystem) einfordern.

Diese beiden Momente des Erhabenen werden nun zum Grundgerüst einer neuartigen Epoché: der *hyperbolisch-phänomenologischen Epoché* (Kap. 4.2). „Hyperbolisch" ist diese methodische Suspendierung, weil sie den hyperbolischen Zweifel Descartes auf neue Weise ernst nimmt, indem sie radikal alle Jemeinigkeit der Faktizität des Denkens einklammert (Kap. 4.2.3). In dieser Epoché muss das Ich seinen Tod wahrhaft durchschreiten und sich einem Denken ohne symbolische Haltepunkte und ohne Jemeinigkeit aussetzen. Erst nach dem ‚Sturz' in die radikale Anonymität des Denkens kommt es zur Re-Schematisierung des Sprachlichen. Erst in Kommunikation mit der wilden Faktizität der Verleiblichung kann das Denken sich im Zeichen der Phänomenalisierung wiederaufnehmen und sein Gehört-werden von der Sprachgemeinschaft – vom symbolischen Stifter – einfordern.

Das kritische Potential dieser Epoché besteht in der Aufweisung des *ontologischen Simulacrums*, welches sich in der Philosophiegeschichte auf je einzigartige Weise einschleicht. In dieser Arbeit wird bei drei wichtigen Denkern des Selbst dieses Simulacrum nachgewiesen: bei Descartes als dessen Rückversicherung des Cogito in einer absoluten, mathematischen (d. h. zentrierten) Unendlichkeit; bei Husserl, in seinem Einschluss der wilden Faktizität in den Sinn; und bei Heidegger, in dem Einschluss der Existenzmöglichkeiten ins Dasein (Kap. 4.2.4). Der tiefste Punkt der Hyperbel[6] ist erreicht, wenn diese Formen der Selbstheit noch als Formen der Abwehr der radikalen Anonymität des Denkens erkannt werden (Kap. 4.2.5).

Die hyperbolisch-phänomenologische Epoché fördert zwei Ergebnisse zutage, die eine neuartige Kritik der statischen und genetischen Phänomenologie ermöglichen: 1.) Die Stabilisierung aller Faktizität und Phänomenalität durch eine transzendentale, konstituierende oder existentiale Subjektivität ist ein ontologisches Simulacrum der statischen Phänomenologie und hat sein Prinzip in der *transzendentalen Nachträglichkeit des phänomenologischen Apriori* (Kap. 4.3.1) Die Frage der Apperzeption, sei sie im Ausgang des Sinns oder der Selbstheit gestellt, muss von einer *gleichursprünglichen Pluralität* der Sinnansätze ausgehen und *a fortiori* von einer Pluralität der Faktizitäten (Interfaktizitäten) wie der Weltphänomene (Kap. 4.3.2).

Diesen drei Teilen der Untersuchung ist eine Einleitung in Richirs Phänomenologie vorangestellt. Diese Einleitung erfolgt in zwei Schritten:

---

[6] Der Begriff der „Hyperbel" hat in dieser Untersuchung eine methodologische Bedeutung. Er vereint in sich: 1.) die rhetorische Figur der Übertreibung als sprachliches Stilmittel; 2.) die Form der Bewegung des „hyperbolischen Zweifels" bei Descartes, eine Transzendenzbewegung, ein Aus-sich-heraus-treten in das Andere des selben (die Gewissheitsfrage überlässt sich für einen Moment ganz dem absoluten Zweifel); 3.) bezieht er sich auf den mathematischen Begriff der Hyperbel, der als eine unendliche, aus zwei getrennten Ästen bestehende Kurve definiert ist. Damit wird die Differenzialität und Abständigkeit einer ganzen Reihe von phänomenologischen Grundfiguren in dieser Arbeit angezeigt: die Doppelbewegung der Phänomenalisierung, die (verfehlte) Begegnung von phänomenologischem und symbolischem Feld, die zwei Momente des phänomenologischen Erhaben oder die Stufen der hyperbolisch-phänomenologischen Epoché.

Diese Arbeit beschreibt insofern eine „Hyperbel", als sie die Untersuchungen so weit ‚treibt', dass das Symbolische als das Andere des Phänomenologischen erscheint, ebenso wie sich die Selbstreflexivität des sich bildenden Sinns als das Andere des unbewussten Signifikanten oder der Urschrift erweist.

1.) Der Darstellung der Idee einer Umgestaltung und Erneuerung der Phänomenologie im Ausgang von ‚Problemachsen', die sich aus einer Lektüre des Husserl'schen Werks ergeben. Zu diesen Achsen zählen: das Problem der lebensweltlichen Eidetik (Kap. 1.3.1), das Problem des transzendentalen Bewusstseins und dessen Zeitigung (Kap. 1.3.2), das Verhältnis von Stiftung und Eidetik (Kap. 1.3.3) und der Status des Symbolischen im transzendental reduzierten Bewusstsein (Kap. 1.3.4).
2.) Im zweiten Teil (Kap. 1.4) der Einleitung sollen Grundmotive der Richir'schen Phänomenologie vorgestellt werden. Diese Darstellung soll dem Leser einen ersten Eindruck von der Gesamtkonzeption jener Umgestaltung der Phänomenologie liefern. Die hier vorgestellten Ideen, Figuren und Motive sind zum Teil identisch mit denjenigen, die im Laufe der Untersuchung herausgestellt werden. Im Sinne des Vorgehens im Zick-Zack wird es die Aufgabe der Untersuchung sein, diese Ideen, Figuren und Motive wie unreflektierte Begriffe zu behandeln, die am Ende – das ist jedenfalls die Hoffnung des Verfassers – an reflexiver Durchdringung, an Evidenzkraft, bzw. an architektonischer Kohärenz gewonnen haben werden.

1.3 Die Idee einer Erneuerung der Phänomenologie

1.3.1 *Die lebensweltliche Eidetik*

In einem Aufsatz von 1988 mit dem Titel „Relire la ‚Krisis' de Husserl"[7] liefert Marc Richir einen Entwurf seiner Phänomenologie der Sinnbildung im Ausgang einer Kritik der Husserl'schen Spätphilosophie. In diesem Text liefert Richir eine Darstellung einiger grundlegender Fragen, die seine *Umgestaltung* der phänomenologischen Architektonik motivieren, und die er in Form verschiedener ‚Problemachsen' arrangiert. Die Explikation dieser Probleme hilft uns einerseits, ein Vorverständnis für die leitenden Grundbegriffe dieser Untersuchung in einem ersten Durchgang zu gewinnen; andererseits liefern diese ‚Achsen' zudem Hinweise auf die Strukturierung der vorliegenden Arbeit.

In der *Krisis*-Schrift von 1936 entwirft Husserl sein letztes großes Projekt einer Kritik der Moderne durch Rückbesinnung auf die in der Sinnentfremdung der modernen Wissenschaft verborgenen Sedimente und Motivationen. Diese Rückbesinnung oder Rückfrage geht nicht nur wissenschaftshistorisch von den Endgestalten (Endstiftungen) zu deren Ursprüngen (Urstiftungen) zurück, sondern fragt ferner nach den erkenntnislegitimierenden Gründen dieser ‚Ursprünglichkeit': der „Lebenswelt" und ihrer anonymen subjektiven Leistungen.[8] Jeder wissenschaftliche

---

[7] Marc Richir: „Relire la ‚Kisis' de Husserl – Pour une position nouvelle de quelques problèmes phénoménologiques fondamentaux". In: *Esprit n° 7–8*: Paul Ricœur. Paris 1988, S. 129–151.
[8] Richir zitiert hier Paul Ricœur, der in der Rückbesinnung eine „epistemologische Funktion" von einer „ontologischen Funktion" unterscheidet. Paul Ricœur, *A l'école de la phénoménologie*, Vrin: Paris 1986, S. 293 ff.

Theorieentwurf bleibe nach Husserl zuletzt an diese lebensweltlichen Leistungen zurückgebunden, sofern dessen jeweilige Axiome oder Grundbegriffe immer schon „Resultate ursprünglicher Sinnbildung"[9] seien. Für ihn liegt in der Übergehung dieser Sinnbildungen die größte Gefahr eines wissenschaftlichen ‚Weltbildes'. Die diagnostizierte „Sinnentleerung" durch den „unvermerkt verschobenen ‚symbolischen' Sinn" ist alles andere als eine unbedenkliche Geschichtsvergessenheit. Sie führe zu problematischen Umkehrungen des Fundierungsverhältnisses in Form von „Substruktionen"[10] der Lebenswelt durch das symbolische Denken. So werde etwa der Dimension lebensweltlicher Anschauungsfüllen das ‚Raster' eines isotropen, homogenen ‚Universums' der wissenschaftlichen „Exaktheit" untergeschoben, wobei die phänomenologische Rückbesinnung gerade zeige, dass den lebensweltlichen Wesenheiten eine irreduzible Unbestimmtheit und Inexaktheit zukomme, d. h. dass Lebenswelt und Wissenschaftsuniversum durch einen *Hiatus* voneinander getrennt seien.[11]

Dieser Hiatus, so Richir, bezeichne eine „wahre Lücke *(lacune)* in der phänomenologischen Kontinuität",[12] d. h. die Unmöglichkeit, einen Übergang der einen in die andere Dimension zu finden. Stattdessen gibt es nur den Sprung über diesen Hiatus hinweg. Richir verbindet nun diesen sachlichen Gedanken mit der methodischen Selbstauslegung Husserls, der nach die phänomenologische Untersuchung im „Zick-Zack" vorgehen müsse. Das „Vorgehen im Zick-Zack"[13] ist jenes Bild Husserls, welches in den *Logischen Untersuchungen* den genuin phänomenologischen Verstehensprozess beschreibt: die Phänomenologie kann bei der Reflexion ihrer Begriffe den Gebrauch unreflektierter Begriffe nicht überspringen, d. h. es bedarf des fortwährenden „Durchbrechens" der bereits erkannten systematischen Ordnung und der Rückkehr zu phänomenologisch deskriptiven Analysen. Indem Richir dieses methodische Vorgehen vom Verstehensbegriff des „hermeneutischen Zirkels" abhebt, wird deutlich, dass dieser Hiatus, in phänomenologischer Sicht, derjenige zweier Horizontklassen ist:

„Daß die Situation der […] phänomenologischen Analyse in Wirklichkeit viel komplexer als die ist, welche man gewöhnlich unter dem ‚hermeneutischen Zirkel' faßt, liegt in der Tatsache oder vielmehr der ‚Faktizität' […] durch die es einen unüberbrückbaren *Hiatus* gibt zwischen dem phänomenologischen Horizont der Zeitigung […] und dem teleologischen Horizont, in dem man diesen Sinn als einen zu entfaltenden oder zu klärenden Sinn solcher symbolischer Gegebenheit *wieder aufzunehmen* glaubt. […] Aber wegen dieses

---

[9] Husserl, Hua VI, S. 375.
[10] Der Begriff der Substruktion, beschreibt in der Krisis-Schrift Husserls die Auffassung von der problematischen Einmischung des Symbolischen als Undarstellbarkeit in das phänomenologische Feld der Lebenswelt: „Der Kontrast zwischen dem Subjektiven der Lebenswelt und der ‚objektiven', der ‚wahren' Welt liegt nun darin, daß die letztere eine theoretisch-logische Substruktion ist, die eines prinzipiell nicht Wahrnehmbaren, prinzipiell in seinem eigenen Selbstsein nicht Erfahrbaren, während das lebensweltlich Subjektive in allem und jedem eben durch seine wirkliche Erfahrbarkeit ausgezeichnet ist." (HUA VI, S. 130.).
[11] Vgl. Husserl, Hua VI, S. 32 ff., 48 ff., 279 ff.
[12] Richir, RKH, S. 131.
[13] Husserl, Hua XIX, S. 22.

1.3 Die Idee einer Erneuerung der Phänomenologie

Schwindens, das die Nicht-Gegebenheit des phänomenologischen Sinns kennzeichnet, tritt dieser selbst nicht in den hermeneutischen Zirkel, denn er entgeht *prinzipiell* jeder Hermeneutik, da er für sie unerschöpflich, d. h. unbestimmt und un-endlich ist."[14]

Trotzdem haftet dem Husserl'schen Entwurf zuletzt ein irreduzibler *Parallelismus* an: Gegenüber den wissenschaftlich exakten Wesenheiten reiner Raumzeitlichkeit sind die lebensweltlichen Wesenheiten durch ihre Unbestimmtheit charakterisiert. Indem Husserl aber eine Wissenschaft der vor-theoretischen Lebenswelt anstrebt, drohe, so Richir, ein weiteres Mal die Substruktion derselben durch die Wissenschaft. Die unendlichen Potentialhorizonte der lebensweltlichen Eide bleiben doch in jedem Moment mit den exakten Wesenheiten und ihrem sie beherrschenden Kausalstil „*verschwistert*",[15] so dass der Lebenswelt zugleich Unabhängigkeit und Abhängigkeit in Bezug auf die wissenschaftlichen Substruktionen attestiert werden.

Im Ausgang vom späten Merleau-Ponty entwickelt Richir den Ansatz einer *architektonisch umgestalteten Eidetik*. Eine Proto-Ontologie der Lebenswelt, die ihre Wesenheiten, wie sie dem „wilden oder rohen Sein"[16] – wie Merleau-Ponty es in seinem letzten Werk zu beschreiben sucht – entstammen, in ihrem ursprünglich wilden Zustand beschreibt. Diese Neuausrichtung an einem „Proto-" enthüllt die klassische Eidetik, sofern sie „strenge Wissenschaft" sein will, in Teilen als metaphysisches Residuum: In der *im Voraus* gesetzten architektonischen ‚Form' der Wissenschaftlichkeit liege selbst noch die ‚Konstruktion' jener Überbrückung oder Parallelisierung zugrunde. Erst im Ausgang von der radikalen Unbestimmtheit der Phänomenalität wird eine der klassischen Eidetik innewohnende *Tautologie* sichtbar, in welcher eine *im Voraus* geregelte (d. h. symbolische) Sinnbildung *nachträglich* ihre eigene apriorische Regel als *anschaulich* gegebenes Wesensgesetz entdeckt.[17] Diese tautologische Zirkularität äußert sich etwa im Bestreben Husserls, die versprengten Momente der Sinnbildung in einer regulativen Idee oder einem teleologischen Horizont einzufangen, um das Feld ursprünglicher Gegebenheit und Evidenz (d. h. die Forderung nach Wissenschaftlichkeit) zu wahren.

Richirs phänomenologischer Neuansatz bleibt also dem *Krisis*-Entwurf insofern treu, als er die Diagnose eines Sinnverlusts, die Entdeckung eines irreduziblen Hiatus zwischen Lebenswelt und wissenschaftlichem Weltbild sowie die Rückfrage an die einem Sinn *je* innewohnende Teleologie übernimmt.

Allerdings gestaltet er den Rahmen dieser Rückfrage radikal um. Husserls „Archeo-Teleologie" beziehe ihre Begriffe von „Ursprung" und „Telos", so der Einwand, notwendig aus jener Lücke der Phänomenalität. Zunächst ist der Begriff der *Stiftung* eine Grundidee genetischer Phänomenologie. Stiftungen beschreiben jene ‚Erwerbe' von Habitualitäten, die als passive Synthesen jeder aktiven Sinngebung zugrunde liegen. Diese können sich auf die gegenständliche Konstitution wie auf konstituierende Phänomene beziehen. So bauen Wahrnehmungs- oder Erinnerungs-

---

[14] Richir, PM, S. 26; fr. S. 22.
[15] Husserl, Hua VI, S. 33.
[16] Merleau-Ponty, SU, S. 269.
[17] Richir, RKH, S. 131.

aktivität bei Husserl je noch auf ur-gestifteten Habitualitäten auf, und bilden eine Geschichte gegenständlicher wie ichlicher Apperzeptionen – wobei nicht die konkreten Sedimente festgehalten werden, sondern die Sedimentation in ihrer intentional gesetzmäßigen Form (Vorstiftung, Urstiftung, Nachstiftung).

Die Urstiftung, so Richir, müsse jedoch als *symbolische Stiftung* verstanden werden, als *unendlicher symbolischer Sinnhorizont*, der „den anderen Pol der Lücke" repräsentiert, der auf rätselhafte Weise stets „auf Abstand zur ursprünglich phänomenologischen Evidenz"[18] bleibt, weil jeder Stiftung qua symbolischer Stiftung etwas *Unverfügbares* anhaftet – welches zu beschreiben und zu begründen eine Hauptaufgabe dieser Arbeit sein wird. Um der lebensweltlichen Eidetik ein Eigengewicht zusprechen zu können, muss die Husserl'sche Rückbesinnung zuerst radikal auf Spuren untersucht werden, welche Rolle das Symbolische – mit dessen Eigengewicht und Eigengesetzlichkeit – auf verborgene Weise in der Phänomenologie spielt.[19] Diese Kritik der Urstiftung der Phänomenologie verläuft entlang dreier Problemachsen, die in den folgenden Abschnitten umrissen werden sollen.

1.3.2 *Transzendentales Bewusstsein und Zeitlichkeit*

Die Husserl'sche Idee eines transzendentalen Bewusstseins in seiner Universalform des inneren Zeitbewusstseins führt zu jenen letzten Konstitutionsproblemen, welche die phänomenologische Forschung bis heute beschäftigt.[20] So spricht Husserl

---

[18] Richir, RKH, S. 132.

[19] Den nun folgenden drei Achsen der notwendigen Umarbeitung der Phänomenologie lassen sich die drei Aporien der Zeit zuordnen, die Ricœur in *Temps et Écrit* formulierte. Anders als dieser verortet Richir die Aporizität nicht auf der Ebene des hermeneutischen Zugangs, sondern in der Phänomenalität selbst. So spiegelt sich in Richirs Übergang von einer anschaulichen Gegebenheit für die transzendentale Subjektivität hin zum Sprachphänomen Ricœurs Aporie der nicht zu rechtfertigenden Voraussetzung einer uniformen Einheit der Zeit wieder. Dessen Aporie eines irreduziblen Hiatus zwischen „subjektiver" und „objektiver" Zeit findet hingegen in Richirs Ansatz einer neuen Eidetik Ausdruck, in der das komplexe Wechselverhältnis von symbolischem und phänomenologischem Feld gerade die tiefsten Vorstrukturierungen durch logisch-eidetische „Objektivität" und die tiefsten proto-ontologischen Wildheiten der Phänomenalität freilegen soll. Zuletzt wird Ricœurs Aporie eines irreduziblen Entzugs des Ursprungs hier in der Frage der Phänomenologie als kritischer Instanz reflektiert, und der Frage, ob der Umgestaltung der Eidetik nicht auch eine neue Auffassung der phänomenologischen Teleologie korrelativ ist.

Richir erwähnt in dem hier besprochenen Aufsatz in der Tat die Zeitaporien Ricœurs, ohne allerdings näher auf sie einzugehen. Die recht triviale Erklärung wäre zunächst, dass dieser Aufsatz für einen Paul Ricœur gewidmeten Sonderband der Zeitschrift *Esprit* verfasst wurde und dass Richir mittels dieser Strukturierung den Dialog mit ihm sucht. Dass Richir ansonsten auch ohne die Ricœur'schen Aporien zu seinen Umgestaltungen der Phänomenologie gekommen ist, soll uns nicht daran hindern, uns diese Zuordnung für unsere Gliederung zunutze zu machen.

[20] Aus der Überfülle der Literatur zu diesem phänomenologischen Kernproblem seien nur einige wichtige Arbeiten erwähnt: Klaus Held, *Lebendige Gegenwart. Die Frage nach der Seinsweise des transzendentalen Ich bei Edmund Husserl, entwickelt am Leitfaden der Zeitproblematik*. Den Haag: Martinus Nijhoff 1966 (Phaenomenologica. Bd. 23); Toine Kortooms: *Phenomenology of*

1.3 Die Idee einer Erneuerung der Phänomenologie

dem „Urstrom" oder „Urprozess" hyletische, anonyme, sogar unbewusste Dimensionen zu, diese fundiert er jedoch zuletzt wieder in einem letztfungierenden „Ur-Ich", einer paradoxerweise unanschaulichen, unzeitlichen und dennoch für Husserl, als „absolut einziges letztlich fungierendes ego"[21] der Epoché, apodiktischen Ichlichkeit.

Für Richir liegt der Ursprung dieser Paradoxien in der vorrangigen Auslegung der Phänomenalität als anschaulicher Selbstgegebenheit in lebendiger Gegenwart. Das ganze Unternehmen einer Umgestaltung der Phänomenologie beginnt mit der architektonischen Umorientierung und Ersetzung des phänomenalen „Grundgeschehens". Ein für unsere Untersuchung maßgeblicher Schritt, der bemerkenswerterweise für Richir durch die Erkenntnisse der Psychoanalyse mitmotiviert ist: „In diesem Punkt – mit einfachem Verweis auf Freud, für den dies eine dauerhafte Thesis war – scheint uns das Bewusstsein wesentlich mit der Ausübung der Sprache verbunden."[22]

Denn die Unilateralität und Unilinearität des anschauungsorientierten Zeitbewusstseins kann der – schon von Husserl bemerkten – Diversität der Sinnansätze nicht im vollen Umfange gerecht werden. Gegenüber der radikalen Faktizität des Sinns, wie Richir sie beschreibt, ist dieses Zeitmodell bereits eine Abstraktion.[23] Die Sinnbildung der Zeitigung und Räumlichung des Sinnansatzes in seiner „Jeweiligkeit" wird dagegen erst durch seine Phänomenalisierung *im Sprachphänomen* in seinen genetischen Tiefen beschreibbar.

Die Rede *(parole)*, das fungierende Sprachliche *(langage)* oder – in unserer Terminologie schlicht: *das Sprachphänomen* – zeichnet sich gegenüber jeder Bestimmung *a priori* (vor jeder Gliederung in dessen formale, logische oder empirische Formen) durch seine spezifische, nämlich radikal *jeweilige* Selbst-Reflexivität aus.

Ein Beispiel aus dem akademischen Alltag kann der Veranschaulichung dienen. Jede Person, die schon einmal einen Aufsatz oder eine Rede verfasst hat, bemerkt für gewöhnlich, dass das Endresultat ihrer Arbeit vom ursprünglichen ‚Einfall' abweicht. Die anfangs ‚zündende Idee' erwies sich im Nachhinein als bloße Initialzündung eines unvorhergesehenen Entwicklungsprozesses. Für gewöhnlich verhält es sich nicht so, dass der Text ‚an einem anderen Ort' – in der Schublade oder ‚im Kopf' – bereits vorläge (als notwendig sprachlich verfasster Sinn müsste dieser sogar ‚buchstäblich' vorliegen) und wir ihn lediglich von dort zu ‚transkribieren' hätten. Vielmehr machen wir die Erfahrung, dass dem ‚fertigen' Text seine eigene

---

Time. Dordrecht/Boston/London: Kluwer Academic Publishers 2002 (Phaenomenologica. Bd. 6); Alexander Schnell, *Temps et phénoméne. La phénoménologie husserlienne du temps (1893–1918)*. Hildesheim/Zürich/New York: Georg Olms Verlag 2004; Inga Römer, *Das Zeitdenken bei Husserl, Heidegger und Ricoeur*. Dordrecht, Heidelberg, London, New York: Springer 2010 (Phaenomenologica. Bd. 196); Guillermo Ferrer, *Protentionalität und Urimpression. Elemente einer Phänomenologie der Erwartungsintentionen in Husserls Analyse des Zeitbewusstseins*. Würzburg: Königshausen & Neumann 2015.

[21] Husserl, Hua VI, S. 190.
[22] Richir, RKH, S. 133.
[23] „… Die Idee einer uniformen, unilinearen und unendlichen Zeit ist bereits eine metaphysische Abstraktion …" (Richir, RKH, S. 138.).

Genese keineswegs äußerlich ist. Im Gegenteil findet *dieser* Text – *dieses* Sinngebilde in seiner singulären Konkretheit – allererst die Kriterien für die Kohärenz eines sich in ihm ausdrückenden Sinns *in sich selbst*. Während des Verfassens hat sich dieser Sinn gleichsam ‚über sich selbst gebeugt', blieb auf rätselhafte Weise in Kontakt mit sich selbst, und hielt den unbestimmten Anspruch seines Anfangs fest.

Man könnte meinen, dass diese Selbstreflexivität auf das Reflexionsvermögen des Verfassers zurückgehe, aber auch hier lehrt uns die Erfahrung, dass das „Subjekt" über den konkreten Weg des Verfassens nur bedingt Auskunft geben kann. Weit davon entfernt, diesen Weg beherrschen, d. h. dieses *Sich-Bilden* des Sinns auf transparente Weise reflektieren zu können, wohnt es der Genese vielmehr bei und entdeckt *nachträglich* eine gewisse Einheit, Kohärenz und Stringenz. Dass das Subjekt diese Einheitlichkeit des Sinns zuletzt *sich selbst* zuschreibt, enthüllt das Simulacrum einer Ursprünglichkeit, das die Sinnbildung in ihrer Faktizität und Anonymität ekliptisch verdeckt. Indem wir das Beispiel eines Textes wählten, haben wir auf ein Sprachphänomen Bezug genommen, welches ‚Sprache' in einem engen Sinne thematisiert. Wie wir noch sehen werden, versteht Richir die angedeutete Sinnbildung jedoch in einem sehr viel weiteren Sinne.

Dennoch können wir bereits mittels dieser Beschreibung einige wesentliche Reflexionen anschließen. So kann etwa die dargestellte Genesis kein Gegenstand der Theorie sein. Sie kann – aus noch zu klärenden Gründen – nicht in Form eidetischer Deskription, die auf anschaulicher Evidenz in Selbstgegebenheit fußt, adäquat ausgelegt werden. Vielmehr muss sie als eine *Praxis* (Merleau-Ponty)[24] verstanden werden. In dieser ‚praxiologischen Einstellung' achten wir nicht auf die Deckungen der Inhalte, die uns die Identität des Sinns nachträglich aufschließen. Wir achten nicht auf das gestiftete ‚Resultat' der Sinnbildung und suspendieren dessen Verweisen auf einen bereits im Entwurf angelegten identischen Sinn. Stattdessen beschreiben wir die *ursprüngliche Verdrehung* zwischen anfänglicher Unbestimmtheit und rückbezüglicher Bestimmtheit.

Im Lichte dieser Einstellung (ihr methodischer Schlüssel: die „hyperbolische Epoché" wird noch Gegenstand der Reflexion sein) ist der sich bildende Sinn niemals anschaulich gegeben im strengen Sinne einer Selbstgegenwart, sondern erstreckt sich über eine ausgedehnte Gegenwärtigkeitsphase. In solch einer Phase der Gegenwärtigkeit finden wir keine angebbaren ‚Gegenwarten', sondern Sinnansätze, die zwischen Unbestimmtheit und Bestimmtheit, zwischen Anwesenheit und Abwesenheit, ‚schimmern'. Der Sinn befindet sich so stets in Schieflage (*porte-à-faux*) zu sich selbst: instabil, prekär, in einer Phase, in der Aktualität und Virtualität *praktisch* ununterscheidbar sind.

Der mögliche Einwand, es handle sich bei derartigen Beschreibungen letztlich um einen subtilen Psychologismus – eine Art Psychologisierung der Husserl'schen

---

[24] „Wenn das gesprochene Wort das ist, was wir gesagt haben, wie sollte es dann eine Ideation geben, die diese *Praxis* beherrschen könnte, wie sollte die Phänomenologie des gesprochenen Wortes nicht auch die Philosophie des gesprochenen Wortes sein, wie sollte nach ihr noch Raum sein für eine Erklärung auf höherer Stufe? Wir müssen unbedingt den *philosophischen* Sinn der Rückkehr zur gesprochenen Sprache unterstreichen." (Merleau-Ponty, Zeichen, S. 130.).

1.3 Die Idee einer Erneuerung der Phänomenologie

Sinngebung in praktische ‚Momente' der Sinnbildung –, ist unbegründet. Denn die Reflexion auf diese ‚Mikrologie' sinnbildender Prozesse ist erstens nicht auf die aktuale, ‚reelle' Artikulation eines einzelnen Subjekts beschränkt. Sie umfasst ebenso intersubjektive Sinnbildungen von Kulturphänomenen bis hin zu ganzen Denk- und Diskursformen.[25] Zweitens kommt ihr *transzendentale Bedeutung* zu. Die Unbestimmtheit und Instabilität der Sinnbildungen im Sprachphänomen verweisen nicht nur auf „vor-prädikative" Wesenszusammenhänge, sondern auf protoontologische Dimensionen der „Weltphänomene"[26] in ihrer radikalen Anonymität, Passivität und auch Inchoativität. Das Sprachphänomen Richirs darf keinesfalls mit Husserls Register des ‚Prädikativen' gleichgesetzt werden.

Um den Blick für radikale Sinngenesis zu schärfen, müssen wir nach Richir, entgegen der Annahme einer „metaphysischen Kontinuität der Zeit", von einer ursprünglich versprengten „Pluralität der Gegenwärtigkeitsphasen" ausgehen.[27] Diese ursprüngliche Diskontinuität der Zeitigung und Räumlichung des Sinns ‚heterogenisiert' nun auch die Konstitution des Subjekts. Die Univozität des Cogito, die Kontinuität des transzendentalen Egos oder die Einheit der Geschichte erweisen sich, nach Richir, als ebenso *illusionär*, wie die Annahme einer Univozität des Sinns.[28] Diese Illusion ist jedoch eine *transzendentale* und beruht auf einer rekursiven Temporalitätsfigur, die Richir das *ontologische* Simulacrum nennt, in dem die *a posteriori* geglückte Sinnstiftung sich als ‚Identität' in all ihre genetischen Momente *rückprojiziert*, als *apriorischen* Sinn *dieser* Bildung, so als würde die Spur der Sinn-Geschichte ausgelöscht, in der dieser, im Zuge seiner sich bildenden Selbstheit, zwischen Stiftung und Abbruch ‚auf Messers Schneide' stand. Den Sinn geschichtlich reflektieren, bedeutet also nicht, Sinn-Schichten abzutragen, um ‚Bestehendes' zu enthüllen; es bedeutet auch nicht die Sinn-Abbrüche und -Abtreibungen als solche zu thematisieren – dies ist vielmehr das Geschäft der Psychoanalyse. Es bedeutet diese ‚Messerschneide' der Sinnbildung selbst zu thematisieren. In dieser Hinsicht ist das ‚Glücken' der Sinnbildung (d. h. Sinnstiftung) nichts anderes als ein Grenzfall.

Dies bedeutet weiter, dass die den Sinn klassischerweise charakterisierende *Als-Struktur* – etwas *als* etwas – sich bei Richir nicht auf „Dinge", sondern auf „Sinne" bezieht. Die Referenzialität im Sprachphänomen besteht nicht zwischen Denken und Sein, sondern in der Differenz von Sinn zu Sinn. Wenn es, streng phänomenologisch, keine reine Wiederholung des Sinns gibt – es sei denn im symbolischen ‚Kurzschluss' der reinen Identität –, dann verweist Sinn immer auf *anderen* Sinn. Dieses Alterität des sprachlichen Sinns fasst Richir nun im radikalsten Sinne. Nicht als Bezug auf einen anderen sprachlichen Sinn – dies wäre die Lesart eines

---

[25] Diese verschiedenen „Extensionen" der Sinnbildung sind natürlich real koexistent, weshalb Richir auch davon spricht, dass „das Denken in verschiedenen Geschwindigkeiten gleichzeitig verlaufen kann, zugleich schneller und langsamer als es selbst." (Richir, PM, S. 281; fr. S. 260.).

[26] Die Erläuterungen, warum Richir von „Weltphänomenen" im Plural spricht, ist Gegenstand des Kap. 2.4.7.

[27] Richir, RKH, S. 138.

[28] Vgl. Richir, RKH, S. 139.

schlechten Strukturalismus, der die ‚Welt' ausklammerte und die Referenzen der Signifikanten selbst in Signifikanten ‚aufgehen' würden –, sondern als das transzendente Draußen des Sprachlichen selbst: *das Außersprachliche*. Der Referent des sprachlichen Entwurfs (in seinem ‚Schweben über dem Abgrund' der Unbestimmtheit) ist kein anschauliches Eidos, sondern die unbestimmte Transzendenz des Sinns selbst. Diese Abwesenheit des sich entziehenden Sinns ist dabei kein „Nichts", sondern auf besondere Weise an der Zeitigung und Räumlichung des Sinns beteiligt. Das Sprachphänomen kommt sozusagen erst dadurch in Bewegung, dass es sich im Chiasmus eines wiederaufgenommenen Sinns und eines sich entziehenden Sinns befindet. Jeder Sinnbildung kommt somit eine poetische Dimension zu, aber nicht im Sinne einer linguistischen Metaphorik oder „Polysemie" – denn diese bezeichnen die Unendlichkeit bereits gegliederter Semanteme –, sondern als Öffnung des Sprachlichen für das Außersprachliche. Der ‚Ort' der Begegnung zwischen diesen Dimensionen konstituiert das, was Richir nun, in Abgrenzung zum symbolischen Unbewussten der Psychoanalyse, *das phänomenologische Unbewusste* nennt. Der ‚Empfang' dieses Außersprachlichen wird zuletzt ermöglicht durch eine ‚Empfänglichkeit' für die reine Kontingenz, für das Unmögliche. Nicht die Unmöglichkeit im logischen Sinne, sondern der *jeweilige* Entzugscharakter von Möglichkeiten, die jeder faktischen Antizipierbarkeit vorhergehen, ist damit gemeint. Richir verwendet für diese ‚Empfänglichkeit' des Unmöglichen jenen Begriff von Henri Maldiney einer ‚Über-Empfänglichkeit' oder *Transpassibilität*.

1.3.3 Stiftung und Eidetik

Die zweite Achse – mit der ersten eng verknüpft – fragt nach dem Status der Gegebenheit und der klassischen Eidetik in der Phänomenologie. Das Symbolische, wie Richir es versteht, greift, tiefer als Husserl (und auch Heidegger) es gedacht haben, in die phänomenologischen Wesenszusammenhänge ein und ist nicht bereits auf der Ebene des „Vorprädikativen" ausgeschaltet.

Seit seinen frühesten Arbeiten packt Richir das Rätsel der Phänomenalisierung an seiner Wurzel: Vor aller Konstitution und allen darauf bezogenen Wesenszusammenhängen stelle sich die phänomenologische Frage der *Individuation* aus Unbestimmtheit in ‚elementare', d. h. gegliederte Mannigfaltigkeit. Hierfür ist ein Grundgedanke Ferdinand de Saussures – dessen Formalismus Richir ansonsten aufs Schärfste kritisiert – absolut zentral. In Saussures struktureller Linguistik wird die Funktion der Sprache nicht aufgrund von Relationen von Identitäten oder bereits konstituierten Realitäten bestimmt, sondern als ursprüngliche Individuation ‚diesseits' aller Form und Substanz: „Die Sprache hat […] die Rolle, […] als Verbindungsglied zwischen dem Denken und dem Laut zu dienen, dergestalt, daß deren Verbindung notwendigerweise zu einander entsprechenden *Abgrenzungen von Einheiten* führt."[29] Dieser Ausgangspunkt eines unendlich unbestimmten phänomeno-

---

[29] Saussure, Grundfragen, S. 133. (Herv. v. mir – P. F.).

1.3 Die Idee einer Erneuerung der Phänomenologie

logischen Feldes, in dem sich kein ‚Etwas' (kein „Erscheinendes") zeigt, ebenso wie sich in der noch ‚barbarischen' Lautmasse nichts ausspricht, bedürfen erst einer Grenzbildung durch den Kontakt auf Abstand aus rein differentiellen Verhältnissen, mittels der sich Einheiten oder Glieder (*articuli*) allererst individuieren – überall dort ist bereits etwas *Symbolisches* im Spiel. Sofern Husserl also sagt: „Die evidente Gegebenheit von individuellen Gegenständen der Erfahrung geht ihnen [den Erfahrungsurteilen] voran, d. i. ihre vorprädikative Gegebenheit"[30]; und weiter diese Form der Gegebenheit „individuellen Daseins" als „Selbstgebung" auffasst, scheint ihm die Frage der Individuation bereits geklärt. Warum für Richir diese Selbstgebung eine Illusion ist, erläutert er mit einem weiteren Prinzip des Symbolischen, wie es durch Saussure berühmt wurde: das Symbolische „*gibt sich* in relativer Arbitrarität [„Unmotiviertheit" nach Derrida] [...] in der Auslöschung seines eigenen Ursprungs."[31] Die Forderung Husserls, die Stiftungen und Sinnsedimente sollten „vollbewusst" nachvollzogen, in ihrer „ursprünglichen Sinngebung [...] immerfort aktuell verfügbar bleib[en]" und „von aller *Traditionalität* befreit"[32] werden, entpuppt sich als Ursprungsmythos, als *prinzipiell* unmögliche Forderung. Wie die Sprachsysteme selbst, so sind auch die sich in ihnen ausbildenden „(mythologischen religiösen, politischen, philosophischen etc.) ‚Regime' des Denkens"[33] durch die Nicht-Motiviertheit der symbolischen Gliederung gekennzeichnet. Folglich kann, was sich dem *Nicht-Sinn* verdankt, nicht rückbesinnend nachvollzogen werden – es sei denn um den Preis einer Subreption von Sinn.

In einer Phänomenologie, welche die symbolischen Stiftungen auf diese Weise thematisiert, muss die Frage nach dem Status der ‚Gegebenheit' neu gestellt werden. Jedes Erscheinende impliziert bereits den Verweis auf den Prozess seiner Individuation, welcher in die Phänomenalisierung des Gegebenen selbst hineinspielt, jedoch niemals so, dass dieser Prozess vollbewusst expliziert werden könnte, sondern so, dass dieses individuelle Dasein seine ursprünglichen ‚Quellen' dem sinngebenden Bewusstsein entzieht.

Der Husserl'schen Eidetik liegt also nicht nur eine logische ‚Grammatik' zugrunde, sondern als *symbolisch* gestiftete hinterlässt diese Logizität irreduzible *Lücken* in der Phänomenalität dessen, was sich scheinbar in Evidenz zeigt. Richir kritisiert Husserls Auffassung der Stiftung des *Logisch-Eidetischen*, weil diesem eine *symbolische Tautologie* innewohne. Diese bestehe genau in der Identifizierung derjenigen ‚Einheit', die sich als sich bildender Sinn im Denken enthüllt, mit derjenigen ‚Einheit' des anschauungsmäßigen Seinssinns eines gegenständlichen Eidos. Diese Tautologie ist nach Richir aus zwei Gründen als „symbolische" zu qualifizieren: 1. Weil sie *nicht rein logischer* Natur ist, insofern sie dem Inhalt gegenüber gerade nicht indifferent ist. 2. Weil ihre charakteristische *Zirkularität* auf etwas ver-

---

[30] Husserl, Erfahrung und Urteil, S. 21.
[31] Richir, RKH, S. 133.
[32] Husserl, Krisis, S. 46 f.
[33] Richir, RKH, S. 133.

weist, dass Richir den symbolischen „Glauben"[34] oder auch „Optimismus"[35] nennt. Letzterer bezieht sich auf den Glauben an die enthüllend, apophantische ‚Natur' reiner Logik oder reiner Begriffe. Durch diese Funktionen kann in der symbolischen Tautologie die reine Logik als ihrerseits symbolisch Gestiftetes durch Auslöschung ihres Ursprungs und aus den Lücken der Nicht-Phänomenalität die eidetische Anschauung „steuern".[36]

Beide Funktionen des Symbolischen: Fixierung und symbolischer ‚Glaube', d. h. Tendenz zum Kurzschluss und zur Zirkularität, werden erst erfahrbar *im Gegenzug* zur Sinnbildung, wie sie vom Sprachphänomen aus thematisiert wird. Aber, und das ist entscheidend, auch das symbolische Feld ist niemals absolut autonom und opak, sondern als ‚Lücke' in der Phänomenalität hat auch das Symbolische seine Zeitigung und Räumlichung in der fungierenden Sprache, freilich nur an seinen ‚Rändern'. Es gibt Schöpferisches und es gibt Wege, die Fixierungen und Wiederholungsautomatismen des Sinns wieder zu ‚verflüssigen' und ihn für sein Anderes zu ‚sensibilisieren': was in Richir'schen Begriffen heißt, der Möglichkeit *seiner* Selbstreflexivität Raum zu lassen.

Um diese ‚Kommunikation' in den Tiefen der Register nun wiederum *phänomenologisch* aufklären zu können, bedarf es jener *Proto-Ontologie* und Eidetik „wilder Wesen", wie sie von Merleau-Ponty in dessen Spätwerk angedeutet wurde. Neben Merleau-Ponty findet diese Eidetik ihren zweiten Gewährsmann zudem in Kant, und zwar in der Weise, wie dieser in der dritten Kritik das ästhetische Urteil als *begriffslose* Reflexion auffasste.

Die Begegnung mit dem Proto-Ontologischen wird möglich, wo der sich bildende Sinn sich in seiner irreduziblen „Unreife" und „Unerinnerbarkeit" begreift. Wenn die Sinnbildung – wie sie das zentrale Thema dieser Arbeit ist – über dem Hiatus des phänomenologischen und symbolischen Feldes *pulsiert*, so trägt sie immer Spuren der radikalen phänomenologischen *Unbestimmtheit*, der irreduziblen *Unverfügbarkeit* ihrer Ursprünge und der blinden Vorgegebenheit ihrer ‚Elemente'. Die phänomenologische Herausforderung liegt darin, jene symbolischen ‚Interventionen', welche sich gerade durch Nicht-Gegebenheit und Nicht-Sinn auszeichnen, gewissermaßen als ‚Irritationen' oder ‚Eruptionen' des sich bildenden Sinns zu begreifen, ebenso wie umgekehrt die wilde Phänomenalität als gewisse ‚Unruhe' in den scheinbar ‚reinen' Identitäten und Idealitäten spürbar wird.

---

[34] Richir. RKH, S. 142.
[35] Richir, PIS, S. 97.
[36] Richir. RKH, S. 142.

1.3.4 Das Phänomenologische als kritische Instanz des Symbolischen

Auch die dritte und letzte Achse ist in ihren Grundmotiven bereits in den vorherigen angelegt und soll nun pointierter herausgearbeitet werden. Aus der Forderung nach einer Neubewertung genetischer *Zeitlichkeit* im Sprachphänomen und der Umgestaltung der *Eidetik* in Beziehung zur symbolischen Stiftung, folgt zuletzt die Forderung nach der Umgestaltung der *Teleologie* des sich bildenden Sinns.

An diesem Punkt wird Kant zu einem wichtigen Gesprächspartner für die Phänomenologie. Durch eine originelle Lektüre der *Kritik der Urteilskraft* interpretiert Richir die Kantische Differenz von bestimmender und reflektierender Urteilskraft als eine phänomenologische Differenz von stiftendem und sich bildendem Sinn. So „korrespondieren die bestimmenden Urteile mit dem bestimmenden (jedoch variablen) Teil der Gliederungen des phänomenologischen Feldes in signifikante Einheiten".[37] Was Kant als „Eintheilung" oder „Specifikation des Mannigfaltigen"[38] der Natur versteht, wendet Richir als *Rasterisierung* des Feldes unbestimmter Phänomenalisierungen durch Individuation semiotischer Glieder und Ketten. Diese bestimmende Funktion des Symbolischen hat stets die für die Sinnbildung problematische Tendenz, sich in einem gewissen Sinne zu *automatisieren* und zu *autonomisieren*. Nicht das „Fallen unter einen bestimmenden Begriff" ist hier die Gefahr, sondern eine Automatisierung und unendliche Proliferation des Semiotischen. Der ‚lebendige' Sinn ist stets durch diese Gestalt bedroht, die Richir mit einem Ausdruck Heideggers als *symbolisches ‚Gestell'* bezeichnet.

Die Möglichkeit, diesem ‚Gestell' damit zu begegnen, die Autonomisierung als eine Art ‚Freiheit' des Symbolischen selbst zu interpretieren, ist auf ihre Weise einseitig, und daher für Richir auch keine Option. Der Sinn würde in dieser unendlichen „Versprengung" *(dispersion)* – hierin klingt Derridas „Dissemination" an, von der später noch die Rede sein wird – ganz aufgehen und sich verlieren, gäbe es nicht einen Teil des Sinns, der sich in einer *teleologischen Selbstreflexion* wiederaufnähme, in einer Bewegung, die dem Kantischen „reflektierenden Urteil" verwandt ist. Das Wertvolle an dieser Kantischen Auffassung des Reflexiven ist seine besondere Wachsamkeit gegenüber der symbolischen Tautologie. Dass dem Denken etwas im Sein korrespondiere, ist keineswegs eine Evidenz, auch kein ontologischer Grundsatz, sondern Prinzip der Urteilskraft selbst. Die „Angemessenheit" oder „Verwandtschaft" der Natur mit unserem begrifflichen, logischen oder semiotischen Vermögen zur Klassifikation, oder allgemeiner: zur Gliederung in Einheiten, ist eine Zweckmäßigkeit, die „nicht im Objekt, sondern lediglich im Subjekt und zwar dessen bloßem Vermögen zu reflektieren gesetzt wird".[39]

Die phänomenologische Kritik an der symbolischen Stiftung, so wie Richir sie entwickelt, entspräche durch Reflexion auf die Kantische Urteilskraft in weiten Tei-

---

[37] Richir, RKH, S. 134.
[38] Kant: AA XX, S. 214 f.
[39] Kant: AA XX, S. 216.

len dem kritischen Unternehmen Husserls in der *Krisis*-Schrift: der Wiederbelebung der Sinnbestände symbolischer Stiftungen durch das phänomenologische Feld. Das dazu nötige praxiologische Prinzip, dass die im symbolischen „Gestell" verborgenen Sinnsedimente sich reflektierend wiederaufnehmen *können*, führt bei Richir jedoch nicht wie bei Husserl zur Formulierung einer universalen Teleologie, die ihre „letzte Ursprungsechtheit"[40] in lebensweltlichen Wesenszusammenhängen in unendlicher „zu sich selbst kommender absoluter Vernunft"[41] enthüllt, sondern zu selbst-reflexiven pluralen Teleologien.

Die Phänomenologie entdeckt also ihr kritisches Vermögen nicht in der Selbstsetzung „strenger Wissenschaft", sondern gerade in ihrer *poetischen Dimension*. Insofern das Sprachphänomen, wie erläutert, kein Gegenstand der Theorie, sondern der Praxis ist und es seine ‚Dephasierung' in ‚Momente' aus der irreduziblen Konkretheit seiner Bewegung empfängt, gilt es, die Stiftungen und Eide eher als sinnbildende *Gesten* zu begreifen und gewissermaßen zu ‚dynamisieren'.

Wie *öffnet* sich nun aber im Gegenzug zum symbolischen ‚Gestell' die reflektierende Teleologie des Sinns? Indem das reflektierende Urteil ein „ästhetisches" im Kantischen Sinne wird und, ohne von Begriffen geleitet zu sein, die Geste *als* Geste versteht, erfasst sie *sich* als die Zeitigung und Räumlichung einer ausdrücklichen Sinnbildung. Diese Selbst-Erfassung befindet sich aber in Schieflage zu sich selbst: ohne vor-gegebenen Begriff, sich den außersprachlichen Proto-Horizonten öffnend, ohne Garantie oder Rückversicherung gegen Versprengung und Abbruch. Die Geste entdeckt sich als „*Poesis*", „getaucht in die un-endliche Unbestimmtheit ihrer ‚Möglichkeiten' als *abenteuerliche* ‚Möglichkeiten' (also weder *a priori* noch empirisch fixiert)".[42]

Es gilt, ein Gespür für die Fähigkeit (die „Vermöglichkeit") des abenteuerlichen und anfangs a-teleologischen Sinns zu bekommen, eine reflexive Logik auszubilden – eine Form der „Logologie",[43] in welcher der Logos an sich selbst Maß nimmt. In diesen Momenten wird das kritische Potenzial der Sinnbildungsphänomenologie sichtbar als Bestreben, die Phänomenalitätslücken der symbolischen Stiftung durch die Freiheit der phänomenologischen Dimension wiederzubeleben.

1.4 Grundmotive der Phänomenologie Richirs

Die folgende propädeutische Einführung hat den Zweck, dem Leser diesen in Deutschland noch wenig rezipierten Autoren in Grundzügen vorzustellen. Zudem ist es der Versuch, die spezifische Interpretation des Werks, so wie sie diese Arbeit darzustellen beabsichtigt, hinsichtlich des Gesamtwerks zu kontextualisieren. Die Bewertung eines Gesamtwerks ist natürlich stets Gegenstand der Kontroverse. Ana-

---

[40] Husserl, Krisis, S. 16.
[41] Husserl, Krisis, S. 275.
[42] Richir, RKH, S. 148.
[43] Siehe Kap. 1.4.4.

1.4 Grundmotive der Phänomenologie Richirs

lytische Bewertungen entdecken immer neue Abgrenzungen, Brüche und Kehren, während eher synthetische Interpreten die durchgehende Kontinuität der Begriffsarbeit betonen. Nicht selten liegen für einen Autoren beide Werkseinschätzungen zugleich vor. Bei unserem Autor ist das nicht anders. Dennoch hat sich in der Rezeption die Werkseinteilung in drei Phasen etabliert. Die Abgrenzung von früher und mittlerer Phase ist dabei weitaus unschärfer, als diejenige zwischen mittlerer und später Phase – allein deshalb, weil Richir diese Schwelle explizit markiert. Indem ich eine Interpretation im Ausgang der Sinnbildungsphänomenologie vorlege, spreche ich mich deutlich für die mittlere Phase aus. Nicht nur scheint mir diese Phase, aus verschiedenen Gründen, die im Laufe der Untersuchung herausgearbeitet werden sollen, die philosophisch fruchtbarste zu sein. Eine weiterführende Behauptung, die jedoch, gerade in Bezug auf die Spätphase, in dieser Untersuchung nicht unter Beweis gestellt werden kann, wäre werksimmanent. Ich betrachte die mittlere Phase als Interpretationsschlüssel für das Gesamtwerk: in dieser Phase ist das Frühwerk zu einer gewissen Reife gelangt, während es schon die Anlagen des Spätwerks in sich trägt. Um dem Leser die Bewertung dieser Entscheidung zu erleichtern, soll das Bild des Richir'schen Denkens – seinen einzelnen Phasen, seinen Kontinuitäten und Diskontinuitäten – mit einigen Strichen gezeichnet werden.[44]

---

[44] Die drei Phasen sind: *Die Metaphysische Phase* (späte 1960er- bis Ende der 1970er-Jahre), in der Richir eine Art „Onto-Metaphysik" entwickelt und eine Reflexivität des Erscheinens selbst erarbeitet wird. (Eine umfangreiche Darstellung dieser ersten Schaffensphase findet sich bei Streicher, Frédéric. *La phénoménologie cosmologique de Marc Richir et la question du sublime: les premiers écrits, 1970–1988*. Paris: Harmattan, 2006.) Die 1980er- bis 1990er-Jahre, in denen die durch Heidegger inspirierte „Onto-Metaphysik" in eine durch Merleau-Ponty inspirierte „Proto-Ontologie" übersetzt wird. Diese Proto-Ontologie, die hinter das Erscheinen von Seiendem (und seines Eidetischen) zurückfragt, läuft auf die Frage nach dem transzendentalen Status der Sprache im Prozess des Erscheinens hinaus. Über die phänomenologische Kritik des Symbolischen in den späten 1980er-Jahren folgen die *Phänomenologischen Meditationen*, die den Entwurf einer Sprachphänomenologie enthalten. Der Grunddualismus dieser Zeit ist derjenige von Sinnbildung und symbolischer Stiftung. Eine Darstellung der zweiten und dritten Phase, mit Betonung auf die Sprachphänomenologie, findet sich in Tengelyi/Gondek, 2011, S. 41–113; auch in den Werken *Erfahrung und Ausdruck. Phänomenologie im Umbruch bei Husserl und Seinen Nachfolgern* (Dordrecht: Springer, 2007) und *Der Zwitterbegriff Lebensgeschichte* (München: W. Fink Verlag, 1998) von László Tengelyi finden sich einzelne Analysen zur Sprachphänomenologie Richirs. Die dritte und letzte Phase reformuliert die Architektonik der Phänomenologie ein weiteres Mal: indem der Husserl'sche Begriff der Phantasie als phänomenologische Grundlage der proto-ontologischen Dimension fungiert. Diese Phase steht im Zentrum der Gesamtdarstellung von Alexander Schnell *Le sens se faisant: Marc Richir et la refondation de la phénoménologie transcendantale* (Paris: Vrin, 2011); aus dem an Verweisen auf Richir reichen jedoch inzwischen ganz und gar eigenständigen Werk Schnells wollen wir nur die beiden bereits in Deutschland veröffentlichen Monographien *Hinaus: Entwürfe zu einer phänomenologischen Metaphysik und Anthropologie* (Würzburg: Königshausen & Neumann 2011) und *Wirklichkeitsbilder* (Mohr Siebeck, 2016), wobei in letzterer Richirs Ideen bereits in einen eigenständigen philosophischen Ansatz integriert werden; zudem muss auch die Dissertation von Florian Forestier erwähnt werden, der in *La phénoménologie génétique de Marc Richir* (Phaenomenologica 214. Cham [etc.]: Springer, 2015) ebenfalls die Spätphase des Richir'schen Denkens ins Zentrum stellt; zuletzt darf der groß angelegte Versuch von Robert Alexander in *Phénoménologie de l'espace-temps chez Marc Richir* (Grenoble: Millon 2013), die einzelnen Refundierungen der Richir'schen phänomenologischen Ästhetik in der Gesamtheit ihre Bewegungen darzustellen, nicht unerwähnt bleiben. Diese werden auf eine „Ur-Bewegung" hin reflektiert, die der Autor als „Ogkorhythmus" bezeichnet.

Das zentrale Thema – gewissermaßen die „Sache selbst" – der Phänomenologie Marc Richirs ist der *sich bildende Sinn*. In Abgrenzung zu den bereits gestalteten Sinnerzeugnissen des sinn*gebenden* Bewusstseins oder den Sinn*effekten* des Sprachsystems gilt es, die spezifische *Bewegtheit* des Sinns selbst zu erfassen und mehr noch, den Sinn *von dieser Bewegung aus* zu begreifen. Nach Richir bezeichnet dieses Problem kein spezifisches Thema oder eine Sonderfrage, sondern trifft ins Herz der Phänomenologie. Um der Komplexität der genetischen Prozesse gerecht werden zu können, nimmt Richir eine ebenso neuartige wie originelle *architektonische Umgestaltung der Phänomenologie* in Angriff, was ihn zu einem der Protagonisten der sogenannten „dritten Generation" der phänomenologischen Bewegung in Frankreich macht.[45]

Allerdings kann das Ziel einer solchen Phänomenologie nicht darin bestehen, diese Bewegungen und Prozesse in ihrer proto-ontologischen Wildheit als solche zur *Gegebenheit* bringen zu wollen. Das Problem des *Zugangs* kann nicht durch denkerische Anstrengung oder wissenschaftliche Redlichkeit des methodischen Vorgehens durchbrochen werden, sondern verweist auf eine irreduzible *transzendentale Verstellung* desselben. Der sich bildende Sinn ist nur *im Gegenzug zu* einem bereits gestifteten Sinn ‚zugänglich', als *Abbruch* oder *Störung* einer scheinbar von selbst ablaufenden Sinnverkettung, als Moment, in dem – wie Merleau-Ponty es beschreibt – das noch „rohe Sein" nach „schöpferischem Ausdruck"[46] verlangt. Diese Rohheiten des Denkens entstehen weder *ex nihilo* noch werden sie wieder gänzlich von fixierenden Stiftungen ‚eingefangen'. Der sich bildende Sinn ist in einem doppelten Sinne ‚flüchtig': *Arché* und *Telos* des Sinns bleiben *im Zuge seiner Bildung* begriffslos und unbestimmt ineinander verschränkt.

Die *Gegebenheit*, die in der Husserl'schen Phänomenologie als „Prinzip aller Prinzipien"[47] und transzendentale Rechtsquelle ihre zentrale Funktion einnimmt, wird bei Richir – wie auch bei jenen Phänomenologen seiner Generation, welche die Frage nach der Phänomenalität als solcher stellen – zum *Problem* (einschließlich der damit verbundenen Probleme der Intentionalität, transzendentalen Eidetik oder transzendentalen Subjektivität). Der Zugang *zum Erscheinenden* in seinem Erscheinen gerät zunehmend unter Verdacht, einer *Illusion* zu erliegen. Daher bedarf es zuvor der Klärung des Phänomenbegriffs selbst: Das Verhältnis von Erscheinung, Erscheinendem und Schein zeigt, dass es sich bei der „*Phänomenalisierung*" vielmehr um eine Genese handelt, bei der Abwesendes oder Nicht-Gegebenes *in seiner radikalen Anonymität* zur Erscheinung kommt, als um eine der transzendentalen Subjektivität immer schon zugeordnete Anschauung *originärer* Gegebenheit. Während letztere auf eine Logik der Fundierung angewiesen bleibt, versucht Richir

---

[45] László Tengelyi und Hans-Dieter Gondek entwickeln dieses generative Modell in ihrer Darstellung der „Neuen Phänomenologie in Frankreich" (Suhrkamp 2011), das an die ältere Darstellung der „Phänomenologie in Frankreich" von Bernhard Waldenfels anknüpft. (Waldenfels, Bernhard. *Phänomenologie in Frankreich*. Frankfurt am Main: Suhrkamp, 1983.).
[46] Vgl. Merleau-Ponty, *Phänomenologie der Wahrnehmung*. Berlin: W. de Gruyter, 1966, S. 445. Und Tengelyi/Gondek 2011, S. 45.
[47] Husserl, HUA III/1, S. 51.

1.4 Grundmotive der Phänomenologie Richirs

das Erscheinen als ein Feld zu begreifen, das ohne Fundament, ohne Begriff, *a priori* ohne Prinzip sei. Als solches (dies ist es aber nur in Abstraktion) ist das phänomenologische Feld, im wörtlichen Sinne, die *an-archische* Dimension par excellence.

Die erste Lösung des Problems liegt darin, die Sinnbildungsprozesse als *Doppelbewegungen* zu beschreiben. Der Sinnbildungsprozess weist demnach im Innern einen Dualismus auf, der sich phänomenologisch als *Dualismus von transzendentaler Schematisierung der Phänomenalisierung und Proto-Ontologie* beschreiben lässt. Dabei kommt der Schematisierung eine gestaltende Funktion zu, welche die Weckung und Aneignung des Sinns (in einer noch näher zu spezifizierenden Weise) beschreibt, während die Proto-Ontologie, bestehend aus „*wilden Wesen*",[48] eine Dimension bezeichnet, die nicht bloß auf das vor-prädikative Denken, sondern auf die Affektivität verweist. Diese Dualität wird im Spätwerk Richirs noch einmal potenziert, oder vielmehr „endogenisiert",[49] da diese schematisch/proto-ontologische Bewegung durch die Konzeption einer absoluten Transzendenz verdoppelt wird. Nachdem nun also dieser Interpretationsschlüssel vorangestellt wurde, werden im Folgenden die Entwicklungsphasen der Richir'schen Phänomenologie im Einzelnen vorgestellt.

1.4.1 Der transzendentale Schematismus der Phänomenalisierung

Seit den ersten Aufsätzen Ende der 1960er-Jahre bis zur Ausarbeitung einer ersten eigenen Transzendentalphilosophie in den Recherches phénoménologique (1981/1983) widmet sich Richir der Frage, ob der Phänomenalität der Phänomene in der Phänomenologie eigentlich gebührend Rechnung getragen wurde: Ist dem ‚Hervorbrechen' des Erscheinens genüge getan, wenn es immer schon von einem in diesem Erscheinen Erscheinenden aus gedacht wird? Husserl hatte dieses Problem mehrfach gestreift: in der Passivität der Synthesis, der Notwendigkeit phänomenologischer Konstruktion oder in Reflexionen auf eine prä-immanente Sphäre. Den-

---

[48] Diese „wilden Wesen", sind nicht nur eine zentrale Figur im Denken Richirs, sondern, wie wir sehen werden, geradezu ein neuralgischer Punkt in der Vermittlung zwischen Richir mit Merleau-Ponty, Freud und Lacan. In Merleau-Pontys *Le visible et l'invisible* finden wir den Begriff „Wesen sauvages" selbst nicht: dafür eine Reihe verwandter Ausdrücken wie: „pensée sauvage" (28),„l'être brut ou sauvage" (137), „région sauvage" (152), „sens sauvage" (201), „expérience brute ou sauvage" (209), „esprit sauvage" (227), „le monde ‚sauvage' ou ‚vertical'" (228), „le principe sauvage du logos" (260), „la perception sauvage" (261) und „la signification (sauvage)" (301), in: Merleau-Ponty, *Le visible et l'invisible*, Gallimard 1964.

[49] Schnell, Le sens se faisant, S. 25. Schnell entwickelt diese Idee einer „Endogenisierung", die – obwohl dieser Begriff bei Richir selbst nicht vorkommt – eine grundlegende Gestalt des Richir'schen Denkens darstellt. In ihr soll das Moment eines „Innen" mit dem Moment der „Genese" vereint werden. Diesen Grundgedanken findet Schnell bereits bei Heidegger im Begriff des „ausstehenden Innestehens" angelegt (s. Holzwege 1980, S. 54.).

noch begriff er diese Untersuchungsfelder eben als „Grenzprobleme" einer Phänomenologie, die in ihrem architektonischen Zentrum durch das Apriori der transzendentalen Subjektivität und der Korrelation von Erscheinen und Erscheinendem organisiert bleibt. Diese Apriorizität und Logizität, die bei Husserl in der phänomenologischen Reduktion nicht eigens suspendiert werden, verstellen nicht nur den Blick auf die Frage nach der Phänomenalität als solcher, sondern zeugen zudem von einem Begriff von Logizität, der sich stark an formaler Ontologie orientiert und nicht bis zu den reflexionslogischen Problemen durchdringt. In letzter Instanz charakterisieren diese Grundmotive Husserls die Architektonik der transzendentalen Phänomenologie bekanntlich als ‚strenge Wissenschaft'. Darin jedoch lauere, so Richir, die Gefahr eines unreflektierten transzendentalen Scheins: eine symbolische Tautologie von Denken und Sein. Die transzendentale Phänomenologie ist hier von einem ontologischen Simulacrum bedroht, demgemäß Reflexivitäts- und Transzendenzreste, eben weil sie nicht als ‚Reste' reflektiert werden, den Schein von Evidenz in Gegebenheit und den Schein einer restlosen Entsprechung von Denken und Sein erzeugen. Die zur apriorischen methodologischen Forderung ausgebaute Wesenseinsicht in das Korrelationsapriori – gleichsam, wie Richir es bezeichnet: das „Apriori des Apriori"[50] –, besagt, dass die Phänomene von ihren ‚Polen' (Noesis und Noema) her zu beschreiben seien. Dieses Apriori bestimmt nun das Erscheinen (das Aposteriori) dergestalt, dass dasjenige ‚im' oder ‚am' Erscheinen, das den Charakter einer Positivität trägt, d. h. das als Erscheinen eines Erscheinenden erscheint, nun nachträglich als Evidenz des Apriori ausgewiesen wird, als dasjenige, was im Aposteriori immer schon an Apriorizität vor-lag. Einfacher gesagt: Dass sich im Erscheinen ‚Positivitäten' ausmachen lassen, bedeutet nicht, dass solche Positivität das Wesen des Erscheinens als solchen ausmacht – es sei denn, dass diese Positivität eine apriorische Forderung, ein Telos der Untersuchung selbst ist. Dagegen gelte es, so Richir, diese ‚Polarisierung' zu suspendieren und das Erscheinen auf das bloße Scheinen zu reduzieren, d. h. zu einer Phänomenalität vorzudringen, in der buchstäblich nichts erscheint. Ausgehend von diesem Gedanken prägt er den Begriff des „Phänomens bloß als Phänomen" – im französischen Ausdruck „phénoméne comme rien que phénoméne" ist das „nichts/rien" deutlich markiert. Transzendentalphänomenologisch zielt diese Form der Reduktion auf die Bewegungen und Zirkularitäten (bzw. die Vor- und Nachträglichkeiten), zwischen Apriori und Aposteriori, und zwar insofern sie die Phänomenalisierung der Phänomene selbst mitgestalten: „Durch transzendental-phänomenologische Reduktion der Positivität des Scheins als solcher gelangt man zur Doppelbewegung der Retrojektion/Prozession als eine Art transzendentalen Schemas [...] der Phänomenalisierung ..."[51]

Diese gegenläufigen Bewegungen von Retrojektion und Prozession bedingen eine „ursprüngliche Verdrehung/*distorsion originaire*". Darin versucht Richir den Umstand zum Ausdruck zu bringen, dass der transzendentale Schein eines retrojizierten Apriori niemals als solcher gegeben ist, niemals als solcher ‚erscheint', weil Phänomenalisierung erst in der Doppelung von prozessiertem Aposteriori und retro-

---

[50] Richir, RP/1, S. 17.
[51] Richir, RP/1, S. 174. (Herv. v. mir – P. F.).

jizierten Apriori eine Positivität konstituiert. Anders gesagt, ist der Schein des Apriori im Schein bloß als Schein eben ein transzendentaler. Aus ‚ontologischer' Perspektive ist der Schein in der Mannigfaltigkeit seiner möglichen ‚Stellungnahmen' bereits kein innerweltlich Seiendes mehr, sondern ein *me-on*, wie Fink es bezeichnet. Schon im Begriff des Scheins liegt die Verdopplung von Sein und Nicht-Sein, die eine Komplizierung der Hinsichten erlaubt. So ist er als *illuminierender Schein* auf Sein bezogen: als das ‚Aus-sehen' des Seienden, gleichsam als Zeichen für Seiendes. Zudem kann er, als *illusorischer Schein*, die bestimmte Negation eines Seienden bezeichnen und als Täuschung eines bestimmten Seins auf dessen Nicht-Sein verweisen. Als *bloßer Schein* wiederum verweist er auf Nicht-Sein im unbestimmten Sinne: als Schein von ‚nichts'. Dieser Schein als bloßer Schein kann nun zuletzt in einer neuen Hinsicht als Sein auftreten, nämlich insofern er als Schein von ‚nichts' dennoch er selbst ‚ist'. Diese ‚Beweglichkeit' des Scheins (die auf dieser Ebene weder zeitlich, empirisch noch psychologistisch missverstanden werden darf) wird von Richir interpretiert als eine elementare *Selbstreflexivität* des Scheins als solchen. Seine frühe Phänomenologie könnte also im Ausgang dieser Überlegungen als eine ‚Lehre' vom Schein betrachtet werden.[52]

Von dieser ‚Lehre' eines Scheins in seiner beweglichen Selbstreflexivität aus lassen sich die verschiedenen Formen des Erscheinens im Scheinen, d. h. das Positiv-Werden der Pole von Sein und Nicht-Sein – Noema, transzendentale Subjektivität, Apriori als apriori korrelativ auf Noesis, Weltlichkeit, Aposteriori bezogen – untersucht werden. Die Analyse dieser Formen gründet Richir auf die Differenzierung diverser *Schemata*. So sollen die ‚positiven' Resultate der Selbstreflexivität des Scheins als ‚Rhythmen' oder ‚Modi' einer Doppelbewegung von pro- und retroaktiven Bezüglichkeiten von thematischen und operativen Aspekten dargestellt werden. Dieser *Schematismus der Phänomenalisierung* muss sogleich in einem wesentlichen architektonischen Punkt vom Kantischen Schematismus unterschieden werden:

> „Doch wenn der Schematismus wirklich grundlegend ist, dann müssen wir das, was wir soeben sagten [dass auch der Kantische Schematismus eine Phänomenalisierung beschreibt], sofort korrigieren: Nicht der Verstand ist konstitutiv für die Reflexion, sondern die Reflexion ist konstitutiv für den Verstand, und zwar in dem Sinne dass der Verstand nicht eine Art von Positivität ist, die dem Schein, der selbst als Positivität eingerichtet ist, äußerlich ist, sondern im Gegenteil, dass dieser Schein selbst der Erzeuger (génératrice) seiner Reflexion ist."[53]

Im Sinne dieser Autogenese lassen sich einzelne Schemata der selbstreflexiven Schein-Rhythmen in eine Typologie verschiedener Schematismen einordnen. So untersucht Richir in den *Recherches* vor allem zwei Grundtypen: den *Schematismus der Phänomenalisierung* und den *Schematismus der Quantifizierung*. Ersterer be-

---

[52] Ich verweise auf einen Aufsatz, in dem ich einen ausführlicheren Kommentar zum Begriff des Scheins in der *IIe Recherche* verfasst habe: *Der Schein als reflexive Grundfigur der transzendentalen Phänomenologie. Ein Kommentar zur IIe Recherche Phénoménologique Marc Richirs* (In: Interpretationes. Studia Philosophica Europeanea. (im Erscheinen)).

[53] Richir, ARC, S. 170.

steht in der soeben dargestellten Doppelbewegung des Scheins als *me-on* und dessen Positivierungen; letzterer ist eine Antwort auf die Frage nach der Vielheit der Scheine und dem elementaren Verhältnis von Identität und Differenz. Ein später ausgearbeiteter – für unsere Untersuchung zentraler – Typus ist dann der *Schematismus des Sprachlichen*, der, wie wir noch sehen werden, wesentliche Momente der ersten beiden Schematismen in sich vereinigt.

Der charakteristische Rhythmus für den Schematismus der Quantifizierung ist die *Wiederholung*. ‚Re-petition', ‚Wieder-holung', ‚Zurück-kommen-auf' setzt jedoch, nach dem zuletzt zitierten, Selbigkeit nicht bereits voraus, sondern erzeugt sie allererst. Mit anderen Worten, handelt es sich um den *Schematismus der Individuation* in quantitativer Hinsicht. Obwohl die Selbstreflexivität des Scheins bloß für sich betrachtet ohne Prinzip ist – d. h. inchoativ, plastisch, flüchtig –, beginnt die Reflexion eine ‚Spur' zu zeichnen: die Spur ihrer ‚geglückten' Positivierungen. Im Ausgang der Spur werden diese Positivitäten somit zählbar, sie werden ‚Quanta'. Der Schein als *dieser* Schein und verschieden von allen anderen Scheinen, gliedert, oder besser: *dephasiert* die Doppelbewegung der Phänomenalisierung. Der individuelle Schein als Phase der Phänomenalisierung kann sich nun wiederum entweder als qualitative oder quantitative Individuation reflektieren: entweder er wird in der Wiederholung seiner selbst ‚ständig', d. h. er wird wiederholende Wiederholung, er wird *Identität* – eine Identität, die, aufgrund der Unbestimmtheit der Wiederholung, den Schein von ‚Ursprünglichkeit' erzeugt (für Richir ist die Zahl ‚1' die arithmetische Version des ontologischen Simulacrums); oder der Schein reflektiert sich als quantitativ, d. h. als phänomenalisierende Wiederholung – dann reflektiert er sich nicht als Identität, sondern als *Differenz,* als reiner Bezug auf seine (ebenfalls individuierten) Vorgänger und Nachfolger. Das Resultat ist ein Horizont*effekt*: die differentielle Struktur eines rein formalen Horizonts mit Schein-Individualitäten als dessen formale ‚Zentren'. Innerhalb dieses quantitativen Horizonts sind alle Gliederungen von Teilmengen virtuell. Die Blätter eines Baumes, die Sandkörner am Strand, die Pinselstriche auf der Leinwand – sie eröffnen das freie Spiel der Abhebung von Individualitäten und Mengen von Individualitäten und schaffen eine ‚Welt' oder einen ‚Welthorizont' der Zahl nach.[54]

Die dargestellte Synthetizität konstituiert nun das *transzendental-phänomenologische Feld*, dessen Strukturmomente im Folgenden angezeigt werden sollen. Die Transzendentalität des phänomenologischen Feldes ist insofern mit Husserls Auffassung kompatibel, als auch für Richir das Transzendentale ein im Phänomen Fungierendes bezeichnet, das nur in der phänomenologischen Deskription zur Ausweisung kommen kann. Gleichwohl führt die Radikalisierung der phänomeno-

---

[54] Ich verweise an dieser Stelle auf einen Aufsatz, in dem ich Richirs Unterscheidung von arithmetischer und phänomenologischer Unendlichkeit im Vergleich mit László Tengelyis Entwurf einer phänomenologischen Metaphysik diskutiere: *Der transzendentale Schein des Transfiniten und das phänomenologische Apeiron* (In: I. Römer, A. Schnell (Hrsg.): Phänomenologie und Metaphysik, Meiner 2020.); sowie auf einen Aufsatz, der sich als zweiter Teil dieser ersten Arbeit lesen lässt: *Jenseits der Ontotheologie? Über verschiedene Unendlichkeitsbegriffe in der Architektonik phänomenologischer Metaphysik* (In: Fausto Fraisopi (Hg.): Phänomenologie und philosophischer Radikalismus. Meiner (im Erscheinen)).

1.4 Grundmotive der Phänomenologie Richirs

logischen Epoché nicht auf die lebendige Gegenwart des Erlebnisses zurück, sondern auf den oben beschriebenen Schein allen Erscheinens. Die gesuchte Dimension des transzendental-phänomenologischen Feldes lässt sich vielmehr von Kant aus erhellen. Erwartungsgemäß ist die gesuchte Transzendentalität auch nicht mit der Kantischen deckungsgleich. Das phänomenologische Feld wird nicht im Ausgang eines Apriori gedacht, in dem sich das Aposteriori als apophantische Übereinstimmung mit den apriorischen Bedingungen ‚spiegelt'. Die entscheidende Verwandtschaft besteht vielmehr in der Bedeutung dessen, was Kant als *transzendentalen Schein* der Vernunft offenlegt. Bekanntlich entdeckt dieser den natürlichen Hang der Vernunft, die Grundsätze der Erfahrung über die „Erfahrungsgrenze" hinauszutreiben, und so einem „Blendwerk der Erweiterung" zum Opfer zu fallen. Während sie in Anwendung auf Erfahrungsgegenstände den subjektiven Quellen der Objektivität gewahr wird, geraten ihr, bei der illegitimen Anwendung derselben Grundsätze auf reine Begriffe und Urteile, diese Quellen zum Schein einer Objektivität der Dinge an sich. Entscheidend für Richir ist nun Kants Hinweis, dass dieser Schein auf kein Unvermögen des Gebrauchs, sondern auf eine „unvermeidliche Dialektik der reinen Vernunft" verweist. Wie beim berühmten Beispiel des gebrochenen Stabs im Wasser, so ist die Vernunft *auch nach Aufklärung* des Sachverhalts diesem Schein weiterhin ausgesetzt, warum er sich eben als transzendentaler Schein ausweist. Diesen Grundgedanken überträgt Richir nun auf das transzendentalphänomenologische Feld. Hier wird die ‚Erfahrungsgrenze' streng verstanden als Phänomenalisierung. Die radikalisierte Epoché suspendiert nicht nur alle Seinssetzung, sondern auch alle Determinierung, d. h. alle Apriorizität und Positionalität. Dies bedeutet nicht, dass es im phänomenologischen Feld keinerlei Abhebungen oder Differenzen gäbe (sonst wäre es ein ‚Nichts'), sondern dass diejenigen Strukturmomente zudem suspendiert werden, die dazu führen, dass das Abgehobene oder Differenzierte *bestimmend* auf das weitere Abheben oder Differenzieren einwirkt. Im Ausgang des Scheins wird die Erscheinung also gedacht als ein Apriori, das das Aposteriori der Abhebung als Abhebung eines ‚Immer-Schon' nachträglich ausweist. Das ‚reine Apriori', d. h. die reine Struktur des Vorgriffs (genauer: des retroaktiven Vorgreifens des ‚Immer-Schon'), bezeichnet nun den transzendentalen Schein im phänomenologischen Feld. Das ‚reine Apriori' ist in phänomenologischer Hinsicht der transzendentale Schein eines ‚Nichts', als einer Gegebenheit die selbst nicht erscheint, die jedoch immer schon in jedem Schein als dessen Ermöglichung mitgegeben ist.

Wohlgemerkt ist auch für Richir dieser Sachverhalt ein transzendentaler oder – in Verbindung mit Husserls Bestimmung des Transzendentalen als einem Fungierenden – ein *integraler* Bestandteil des Phänomens selbst. Die Phänomenalisierung ist irreduzibel mit dieser Doppelbewegung verknüpft. Es macht also keinen Sinn die Phänomenalisierung als ‚reine' Gegebenheit beschreiben zu wollen. Wenn man von einer ‚Ursprünglichkeit' dieser Dimension sprechen will, dann nur in einem spekulativ-konstruktiven Sinne, als ‚Richtung', die sich durch den ‚Abbau' von Gegebenheit und die Reflexion auf Vor- und Nachträglichkeit des Apriori auf diese Dimension vordeutet. Wichtig für den Phänomenologen ist, dass die transzendentale Unbestimmtheit der Erfahrungsgrenze (als im Phänomen fungierende Unbestimmtheit) nur im Durchgang durch die phänomenologische Deskription aufklären lässt. Die Reflexion auf den transzendentalen Schein im phänomenologischen Feld hat also zudem eine kritische Funktion in einem durchaus post-modernen Sinne. Sie versteht es nämlich klassische Oppositionen der Metaphysik (wie Apriori/Aposteriori, Antezedenz/Konsequenz, Vorgriff/Rückgriff etc.) ‚in Bewegung zu versetzten'. Wie Richir durch sein ganzes Werk hindurch demonstriert, ist das Potential der transzendentalen Doppelbewegung unerschöpflich.

Damit wird weiterhin verständlich, warum das phänomenologische Feld weder mit einer ‚reinen Sinnlichkeit' (Empirismus) noch mit einem ‚reinen Denken' (Idealismus) gleichgesetzt werden darf. Für Richir sind diese Optionen bereits Abstraktionen einer inchoativ verstandenen Phänomenalität. Die ‚Inchoativität', ‚Wildheit', ‚Freiheit' oder auch der ‚Archaismus' des phänomenologischen Feldes liegt diesen Optionen noch voraus. Die phänomenologische Konsequenz aus der Kantischen Unbestimmtheit der ‚Erfahrungsgrenze' ist nämlich die Unentscheidbarkeit von Sinnlichem und Intelligiblen in Bezug auf die Deskription dieser Inchoativität. Es gilt die Phänomenalisierung im Akt ihrer ‚Geburt' zu denken. Wenn wir davon sprechen, dass etwas unsere Sinne ‚rührt', dass ein Gedanke ‚erwacht', so gilt es mit Richir die wilde ‚Spontaneität' dieses Erscheinens so zu fassen, dass wir dieses ‚Rühren' oder ‚Erwachen' nicht schon dem Empfinden oder Denken zuordnen – d. h. sie als Schein zu beschreiben.[55]

Bezeichnenderweise vergleicht Richir in den *Recherches phénoménologiques* das phänomenologische Feld auch mit dem, was Freud den ‚Archaismus' des Traums nennt. In den *Vorlesungen zur Einführung in die Psychoanalyse* charakterisiert Freud die archaischen Züge des Traumes als eine Form des Ausdrucks, die auf intellektuelle Entwicklungszustände zurückgreife, die – z. B. in Form einer Bildersprache – unserer Denksprache vorauslägen. Das Rebus, in dem bekanntlich Bilder und Zeichen *ununterschiedene* Teile desselben Ausdrucksgeschehens bilden, ist sinnbildlich für diesen ‚Archaismus'. Richir wird jedoch diese Analogie, aufgrund des eindeutig signifikativen Charakters des Freud'schen Archaismus, präzisieren und von einem *phänomenologischen Unbewussten* sprechen, das sich unterscheidet vom symbolischen Unbewussten der Psychoanalyse, so wie es Lacan herausgearbeitet hatte. Während also der Archaismus des phänomenologisch Unbewussten den Anarchismus des Inchoativen der Phänomenalisierung bezeichnet, zielt das symbolische Unbewusste auf die Ursprungslosigkeit des Signifikanten.

---

[55] Diese Proto-Ontologie wird von Richir mit der leiblichen Affektivität zusammengedacht, allerdings einer äußerst archaischen Affektivität, die zuletzt der „Sehnsucht" des Schematismus nach Schematisierung als solcher gleichkommt: einem unausgesetzten „Sog" (*„appel d'air"*). Gewissermaßen die phänomenologische Übersetzung der aristotelischen *„entelecheia ateles"*, die der „entelechischen Natur" der unendlichen Phänomenalisierung geschuldet ist. (Richir, „Langage et institution symbolique", S. 127 und 128. Vgl. Aristoteles, Physik VIII, 257b: „die noch nicht zu Ende gekommene Ziel-Tätigkeit eines Veränderbaren". Siehe auch Kap. 3.7).

1.4.2 Sprachphänomen und symbolische Stiftung

Mit der Thematisierung der Erfahrung, des Sinns und der Sprache, am Ende der 1980er- bis Anfang der 1990er-Jahre, wie entsprechend der Ausarbeitung neuer Konzepte wie der ‚symbolischen Stiftung', dem ‚symbolischen Stifter', dem ‚Sprachphänomen' oder der ‚hyperbolisch-phänomenologischen Epoché' u. a., setzen wir in Richirs Werk eine zweite Phase des Denkens an. Wie bei jedem umfangreichen und komplexen philosophischen Werk sind derartige Einteilungsversuche stets Gegenstand einer fortlaufenden Debatte. Wir wollen sie an dieser Stelle nicht weiter anfeuern, sondern verstehen die unsrige gewählte Zäsur als vorläufiges, heuristisches Mittel, das dem Zweck der Explikation grundlegender Figuren im Richir'schen Werk dienen soll. Nur so viel sei dem Folgenden vorangestellt, dass wir die explizite Thematisierung von Problemen als deren zentralen ‚Austragungsort' betrachten. Wie lassen sich also derartige Gravitationszentren im Werk ausmachen? Richirs Denken ist allgemein derart ‚im Fluss', dass sich eindeutige Anfänge nur schwer ausmachen lassen. Bei näherem Hinsehen entpuppen sich vermeintliche ‚Neuerungen' seiner Phänomenologie als subtile Umgestaltungen bereits bestehender Gedanken. Der Rückgang auf dieselben befriedigt den Leser jedoch nicht mit inauguralen Definitionen, sondern weitet das Feld der Fragen und Probleme eher weiter aus – ein Grundphänomen der archäologischen Methode. In dieser Hinsicht wäre es falsch, zu behaupten, Richirs Reflexion auf das Problem der Sprache hätte erst Ende der 1980er-Jahre eingesetzt. Bereits der erste philosophische Text „Le rein enroulé" ist in sich zweigeteilt und enthält eine ‚Metaphysik' der Phänomenalisierung gefolgt von einer Reflexion auf die Sprache und das Problem der Artikulation dieser ‚Theorie'. Für Richir, so könnte man sagen, ist in dieser frühen Phase die Sprache ein Problem, wie es sich in den von ihm durchgeführten Lektüren von Husserl, Heidegger, Merleau-Ponty oder Derrida darstellt. Unsere These wäre nun, dass Richir erst in der zweiten Phase einen eigenen ‚Zugriff' auf dieses Problem im Rahmen seiner eigens erarbeiteten transzendentalen Phänomenologie findet. Diese massive Hinwendung zum Sprachproblem ließe sich auch aus einer anderen Hinsicht beleuchten. Nachdem er in der ersten Phase eine ‚Mikrologie' der Phänomenalisierung ausgearbeitet hatte, deren Resultat das oben darstellte transzendentalphänomenologische Feld war, galt es im Weiteren, die ‚makrologischen' Probleme der Erfahrung und des Sinns zu behandeln. Diese Probleme thematisiert Richir nun, wie gewohnt, unmittelbar in ihrer vollen Breite: als individuelle Lebensgeschichte (mit ihren schöpferischen Explosionen wie pathologischen Implosionen), als Kulturgeschichte (und ihrer Auffächerung in Lebenswelt, Religion, Kunst, Politik, Philosophie usw.), zuletzt als innerphilosophisches Problem der Rückbezüglichkeit der Darstellung von philosophischen ‚Systemen' oder systematischen Ansprüchen. Die Monographien, die diese Fragen behandeln sind *Phénoménologie et institution symbolique (Temps et êtres II)* (1988), *La crise du sens et la phénoménologie* (1990) und *Méditations phénoménologiques. Phénoménologie et phénoménologie du langage* (1992). Das letzte Werk, das mit einigem Recht als eines von Richirs Hauptwerken gelten darf, ist selbst wiederum eine groß angelegte Synthese des zuvor

Geleisteten und zugleich, in der Ausarbeitung einer Architektonik, Vorbote für die Grundkonstellationen seiner Spätphase.

In diesem Abschnitt sollen nun die einführenden Reflexionen der Phänomenologischen Meditationen dazu dienen, dass Problem der Sprache in Auseinandersetzung mit Husserls Vorgehen im „Zick-Zack" zu lokalisieren.

In der berühmten methodologischen Reflexion der *Logischen Untersuchungen* spricht Husserl von einem irreduziblen Mangel „hinsichtlich der systematischen Aufeinanderfolge der phänomenologischen (und zugleich erkenntnistheoretischen) Fundamentalbetrachtungen".[56] Das Zu-Klärende der *Logischen Untersuchungen* ist das ‚Denken', das durch phänomenologische Fundierung der Logik seine Aufklärung erfahren soll. Um jedoch in die ‚Sphäre' fundierender Evidenzen eintreten zu können, sind die zu klärenden Begriffe *bereits in ungeklärtem Gebrauch*. Die Antwort der Wissenschaft würde lauten, in streng systematischem Vorgehen die Begriffe dort zu klären, wo sie eben in „sachlichem Zusammenhang"[57] auftreten. Allein, für die phänomenologischen „Fundamentalbetrachtungen" ist eine solche systematische Ordnung nicht im Voraus gegeben. Die Phänomenologie ist in dieser Hinsicht keine ‚Theorie', wenn darunter die Einheit verstanden werden soll, die das Einzelne aus allgemeinen Gesetzen oder Notwendigkeiten deduziert. Die geforderte Voraussetzungslosigkeit der phänomenologischen Untersuchung beraubt die logischen Begriffe selbst noch ihrer Stellung in theoretischer Einheit. Was bleibt, ist eine Zick-Zack-Bewegung: ein wechselseitiges Modifizieren und Bewähren der Begriffe in Einzelanalysen.

Für Richir beweisen diese Bemerkungen Husserls dessen Gespür für den Überschuss des Phänomenologischen gegenüber der systematischen Ordnung. Gleichwohl meint er, sie seien Ausdruck einer fundamentalen *Zirkularität* in Husserls Logischen Untersuchungen. Diese Zirkularität gründe in einer apophantischen Verstellung des Begriffs des Denkens, die Husserl von Aristoteles geerbt habe: „das Wesen des Denkens, das für Husserl intentionales Meinen ist, das sich im Begriff oder der Bedeutung* als das ‚Gedachte' des Denkens erfüllt oder auch nicht."[58] Hierin, so Richir weiter, läge eine zweifache Reduktion des Denkens, erstens auf die „kognitive Dimension" und zweitens auf die „apophantische Voraussetzung",[59] dass Denken immer Denken von etwas sei (Intention), auf das ein Sein (Eidos) ‚antworte' (Erfüllung/Enttäuschung). Die Untersuchung werde somit tautologisch: „Diese symbolische Identität von Sinngehalten des Denkens (Begriffe, logische Bedeutungen) und Sinngehalten des Seins (*eidè* [sic], eidetische Sachverhalte) bezeichnet das, was wir [...] die *symbolische Tautologie* genannt haben."[60] Diese symbolische Tautologie ist zudem eine zweifache: erstens von logischen Begriffen und Eide und zweitens von Denken und Gedachtem. Der Grund, warum Richir diese Tautologie als *symbolische* charakterisiert, liegt in Husserls Bestimmung der

---

[56] Husserl, LU II,1, S. 17.
[57] Ebd.
[58] Richir, PM, S. 16; fr. S. 12.
[59] Ebd.
[60] Ebd.

1.4 Grundmotive der Phänomenologie Richirs

Zick-Zack-Bewegung. Eben weil die Untersuchung auf keiner vorausgesetzten systematischen Ordnung aufbaut, kann das tautologische Moment nicht die Form eines *logischen* Fehlschlusses haben.[61]

Worin liegt der Grund für diese tautologische Struktur? Richir liest einen Satz, den Husserl recht allgemein auf das Verhältnis der Logik zur gerade neu entstehenden Phänomenologie bezieht, in neuem Licht: „Für uns kommt alles auf den kleinen Satz an: ‚Die (phänomenologische) Sphäre ist nicht im voraus gegeben'."[62] Wenn man mit diesem Gedanken, dass die Klärung der Logik koextensiv mit der Ausarbeitung des phänomenologischen Felds verläuft, Ernst macht, dann bedeute dies, so Richir, dass „das Denkerlebnis nicht von vornherein gegeben"[63] sei. Wie oben gezeigt, deutet dies auf den transzendentalen Schein hin, der dem phänomenologischen Feld innewohnt. Es ist nicht von vornherein gegeben (es sei denn durch Festlegung), wo zwischen apriorischen und aposteriorischen Sinngehalten die ‚Erfahrungsgrenze' verläuft. Diesen Gedanken weiter ausgeführt, bedeutet das, dass im Phänomen oder ‚Erlebnis' selbst eine Dimension der Nicht-Gegebenheit oder Abwesenheit liegt, zumindest als ein Rest, der nicht durch die nachträgliche Thematisierung des Denkens qua Gedachtes eingeholt werden kann:

> „Das öffnet die phänomenologische Analyse einerseits auf eine Dimension der grundsätzlichen *Unbestimmtheit* seiner Phänomene (der Denkerlebnisse) und verweist sie andererseits, aber entsprechend, auf die unaufhebbare, sich jeder aufdeckenden Unterscheidung widersetzende Verflechtung der ‚Signifikanten' oder der logischen Termini. Es ist, als ob es im Denkerlebnis oder im Phänomen des Denkens immer mehr *gäbe* als in seinem erfüllenden Sinn (Begriff und *eidos*) und als ob allein dieser Überschuss erlaubte, diese voneinander zu unterscheiden, auf die Intentionalität zurückzukommen und dadurch der eben erwähnten doppelten Zirkularität zu entgehen."

Diese Zeilen sind höchst bedeutend. Die Unbestimmtheit der ‚Erfahrungsgrenze', der Grenze der ‚phänomenologischen Sphäre' oder kurz: des Phänomens ist nur in Bezug auf jene andere Sphäre zu denken: die Sphäre der Signifikanten. Das ‚Blendwerk der Erweiterung', von dem Kant in Bezug auf den transzendentalen Schein spricht, bekommt hier einen neuen Sinn. Dasjenige am ‚Erlebnis', demgegenüber das Denken blind ist, der Nicht-Gegebenheit im Gegebenen, ist unbestimmt nicht bloß im quantitativen Sinne eines mehr oder weniger des Umfangs phänomenologischer Momente, sondern bezeichnet zugleich das ‚Einfallstor' für eine Sphäre ganz anderer Art, eben weil im Erlebnis selbst über legitime Begrenztheit und illegitime Erweiterung des Phänomenologischen nicht entschieden werden kann.

---

[61] Richir sieht hierin einen wesentlichen Unterschied zum Deutschen Idealismus, in dem ein ‚System des menschlichen Geistes' insofern vorausgesetzt wird, wie die Aufgabe des Denkens sich lediglich auf das Problem der Darstellung desselben bezieht: „Es ist bei Husserl, als ob das Systemhafte der Wissenschaft (der ‚reinen Logik' als Wissenschaft der Wissenschaft) so sehr auseinandergebrochen ist, dass sich die Ordnung seiner Darstellung* endgültig und unwiderruflich von seiner systematischen Ordnung getrennt hat." (Ebd., S. 17; fr. S. 13.).

[62] Ebd.; zitiert: Husserl, LU II, 1, S. 17.

[63] Ebd.

Des Weiteren muss die Verflechtung der logischen Termini als diejenige von Signifikanten verstanden werden, denn aus dem Gesagten geht abermals hervor, dass die phänomenologische Untersuchung, indem sie die systematische Ordnung immer schon durchbrochen hat, die Logik nicht als System, sondern als symbolische Stiftung in Betracht zieht. Mit anderen Worten, betrachtet die Phänomenologie die Logik als Struktur, deren Momente durch phänomenologische Fundamentalbetrachtung ihren ‚ursprünglichen' Sinn erhalten.

Gleichwohl geht dieser Sinn nicht in der Klärung seiner Begriffe auf. Auch wenn es ohne ein Zu-Klärendes kein Denkerlebnis, kein Phänomen gäbe, so geht dasselbe Phänomen nicht in der symbolischen Identität von Klärung und Erklärtem auf. Diesen unaufhebbaren Rest wendet Richir nun als Unterscheidungsmerkmal zwischen phänomenologischer und symbolischer Sphäre: es gilt kritisch zu prüfen „wie sich die Nicht-Gegebenheit artikuliert, nämlich in der grundsätzlichen Unbestimmtheit der phänomenologischen Sphäre und in der Verwicklung der Begriffe und der logischen Termini in jedem logischen Denkerlebnis."[64] Diese Einsichten sind absolut grundlegend für das Richir'sche Projekt: „Man wird niemals etwas von der Phänomenologie verstehen, das ist unsere These, solange man nicht begreift, daß die charakteristische Phänomenalität des Phänomens ganz aus der ihr eigenen Dimension der Unbestimmtheit und der Nicht-Gegebenheit besteht ..."[65]

Wie die späten Texte Husserls zeigen, hat dieser durchaus einen ‚Sinn' für das Symbolische, auch wenn es ihm, laut Richir, nicht gelingen wird, seine Problematik auf befriedigende Weise zu erhellen. Das Zu-Klärende der reinen Logik phänomenologisch zu denken, heißt, sie als Stiftung zu reflektieren. Die Nicht-Gegebenheit der Verflechtung ihrer Termini, die Löcher, die sie im Feld des Erscheinens erzeugt, verweist eben nicht auf ein Reich apriorischer Ideen, sondern auf einen genetisch sich fortbestimmenden *teleologischen* Horizont. Durch die Erweiterungen, Faltungen oder Verschiebungen der teleologischen Sinnhorizonte lässt sich dementsprechend eine Historizität der Idealität selbst ausmachen – eine Historizität, die immer nur hypothetisch auf einen Ursprung verweist, der ihr jedoch im Falle der Logik prinzipiell unzugänglich bleibt. In Richirs Terminologie erweist sich die Logik damit *erstens* als eine *symbolische* Stiftung. Die Symbolizität einer Stiftung besteht in jenem – vom Strukturalismus präzise herausgearbeiteten – Umstand, dass diejenigen Stiftungen, die letztendlich unsere Kultur definieren: Sprache, Sitten, Traditionen, Religion, Kunst, Philosophie, Wissenschaft etc. ursprunglos sind, in dem Sinne, dass ihre ‚Schöpfungen' sich niemals in Form von Bewusstseinsakten oder Phänomenen in ihrer Präsenz geben. Der erste sprechende Mensch, der erste Geometer, der erste Logiker: dies sind Abstraktionen, Modellbildungen, die nur bedingt einen heuristischen Wert haben, weil sie eben den Schein einer ursprünglichen Präsenz erzeugen. *Zweitens* – und dies folgt gewissermaßen aus dem ersten Punkt – untersucht Husserl damit eigentlich die *sich bildende* symbolische Stiftung der Logik. Wenn die Stiftung als ursprungslos gedacht werden muss, dann kann sie, in ihrer Genese und Ausbildung weiterer teleologischer Horizonte, ihr Maß nicht aus

---

[64] Ebd. S. 18; fr. S. 14.
[65] Ebd.

1.4 Grundmotive der Phänomenologie Richirs

einem ‚Anfang' empfangen. Vielmehr können aus einer schrittweisen Aufklärung im Zick-Zack immer nur partiale Bildungssequenzen erhellt werden. Dieses Vorgehen macht die spezifisch genetische Komplikation der Momente deutlich, dergemäß die Fortbildung des Telos irreduzibel mit der Modifikation der Arché verbunden ist. Eben deshalb ist, umgekehrt, die Bewegung der ‚Besinnung' keine bloße Rückkehr zu den Ursprüngen, sondern ihrerseits eine Reflexion auf ein Telos.

Diese ‚makro-historische' Betrachtung macht eine grundsätzliche Schwierigkeit deutlich, die auch im ‚Kleinen' das Problem des Anfangens jedes Denkerlebnisses ausmacht. Denn die Rede von den Phänomenalitäts-‚Lücken' innerhalb des phänomenologischen Feldes, ist bereits eine Abstraktion vom ‚Erleben' oder der Phänomenalisierung selbst. Gemäß des irreduziblen transzendentalen Scheins im phänomenologischen Feld ist es ausgeschlossen, „dass wir eine [...] *deutliche* Vorstellung von dem hätten, was in der symbolischen Stiftung klar beziehungsweise dunkel ist".[66]

Mehr noch: die Nicht-Übereinstimmung der sich bildenden symbolischen Stiftung der Logik mit sich selbst, wird dann verdoppelt, wenn wir uns klärend auf sie beziehen, d. h. wenn wir die „Vorstellung-von" thematisieren wollen. Wenn die phänomenologische Sphäre, wie wir zitierten, nicht im Voraus gegeben ist, sondern sich in der Zick-Zack-Bewegung allererst ausbildet, dann kann dies nur durch *Sprache* geschehen. Weil letztere aber eine ebensolche symbolische Stiftung ist, bedeutet dies, dass die Stiftung sich nur durch eigene ‚Bordmittel' reflektieren kann: „Diese Reflexion kann sich also nicht vollziehen, ohne dass wir dabei die Sprache, in der wir reden, einsetzen und auch die Sprachwesen einbringen, die wir direkt in der Sprache in ihrem Umriss als Termini, Signifikanten oder ‚Wesenheiten' festgelegt haben."[67]

Hier nun gilt es einige wichtige Unterscheidungen herauszustellen, die Richirs Sprachbegriff prägen. Dabei liegt die Schwierigkeit darin, zu bestimmen, wo die strukturalistischen/post-strukturalistischen und die phänomenologischen Konzeptionen auseinandertreten bzw. sich verschränken.

Beiden gemein ist die Auffassung, die Sprache, „in der wir reden", sei nicht identisch mit der Sprache der „Termini, Signifikanten oder ‚Wesenheiten'". Dies deutet vorerst darauf hin, dass die Vorstellung einer ‚Metasprache' zurückgewiesen wird, d. h. die Idee, es gäbe ein wie auch immer geartetes ‚rein' formales oder ‚rein' logisch-eidetisches System, dass uns erlaubte, die Sprache in ihrem Wesen aufzuklären. Keine ‚Metasprache' vermag sich außerhalb der Bedingungen der Sprache zu setzen. Eine Sprache ohne Beziehung auf die Sprache, „in der wir reden", wäre keine Sprache.

Wohl aber muss die Sprache, wie sie als überliefertes System von syntaktischen und semantischen Differenzen zu Sprechen befähigt – das Sprachsystem, im Französischen *langue* genannt –, von den Phänomenen geschieden werden, die einer Rede (*parole*) erlauben, sich zu bilden. Die fungierende Sprache, obwohl sie der Anwendung des synchronen Sprachsystems bedarf, bezieht sich zudem auf die di-

---

[66] Richir, PM, S. 22; fr. S. 18.
[67] Ebd., S. 23; fr. S. 18.

achronen Bedingungen des Sprechens. Erst zusammen bilden sie das Phänomen des Sprachlichen, französisch: *langage*. Soweit die Gemeinsamkeiten.

Richirs phänomenologische Auffassung weißt nun – ganz im Sinne Merleau-Pontys oder des späten Heideggers – zwei Extreme gleichermaßen zurück. Einerseits eine apophantische Sprachauffassung andererseits einen Nominalismus bzw. eine Immanentisierung des Sprachlichen. In der apophantischen Sprachauffassung, zu der Aristoteles ebenso zu zählen wäre, wie der Husserl der Logischen Untersuchungen, werden die Logizitäten der Sprache, so interpretiert, als bildete die Logik das Wesen der Sprache und den Leitfaden der Untersuchung. Dieses „Logisch-Eidetische", wie Richir sich ausdrückt, beruhe jedoch, so der Einwand, zuletzt auf der Hypostasierung der deiktischen Funktion der Sprache. Die wechselseitige Bestimmung von Ausdruck, Bedeutung und Referent erzeugt den Schein einer apriorischen Individuiertheit und ist die Subreption eines referentiellen Realismus. Dennoch weist Richir auch die gegenteilige Lösung zurück, die Referenz gänzlich zu tilgen. Wenn man das Wesen der Sprache ganz in die Beziehung zwischen Signifikanten und Signifikaten verlegt, und diese Bezüglichkeit als rein differentiell bestimmt; wenn man weiter die Substantialität eines möglichen Referenten zum Effekt eines Systems erklärt, in welchem es kein anderes ‚Sein' geben kann als je ‚Sein-in-anderem' – dann ist unerklärlich, wie sich dieses System zu einem ‚Ganzen' schließen kann, wie sich eine reine Immanenz (differenzieller Zeichenbeziehung) selbst begrenzen soll. Auch diese subtile Spielart des Nominalismus wird also von Richir zurückgewiesen.[68]

Den bedeutendsten Unterschied zu beiden Auffassung bildet nun Richirs Konzeption des ‚Außersprachlichen' *(hors-langage)*. Die Frage der Referenz wird in der hier anvisierten Sprachphänomenologie weder getilgt, noch logisch-eidetisch bestimmt. Vielmehr ist hiermit das Problem einer spezifisch sprachlichen Transzendenz thematisiert. Richir bezieht sich auf Autoren wie Heidegger, Merleau-Ponty oder Levinas, die – alle auf ihre Weise – den Gedanken geprägt haben, dass das ‚Außen' des Sagens gerade im Zu-Sagenden bestünde. Dabei geht es nicht darum, eine Welt zu adressieren, die dem Sprachlichen absolut Transzendenz wäre, denn in der Adressierung wäre diese ‚absolute Transzendenz' nichts anderes als ein weiteres Zeichen. Vielmehr handelt es sich um ein *fungierendes* Unaussprechliches, das auf eine unbeherrschbare Pluralität von Referenzialitäten verweist, ein Unaussprechliches, das integraler Bestandteil des Sprechens selbst ist, das der sich bildenden Rede ihre Konkretheit und der Bedeutung ihre ‚Tiefe' verleiht.

In dieser Hinsicht bekommt der phänomenologische Begriff der Teleologie einen neuen Sinn. Wenn die phänomenologische Analyse diesseits der Scheidung von Phänomenologischem und Symbolischem in der Inchoativität und gestaltlosen Anfänglichkeit der Phänomenalisierung selbst ansetzt, wenn es die Referenz ihrer Bewegung nicht in einer sprachlosen Welt verortet, sondern als das Zu-Sagende des sich bildenden Sinns auffasst, dann entpuppt sich das Sprachphänomen als eine Art und Weise, wie der Sinn in der Unbeherrschbarkeit seines Anfangs sich in derselben

---

[68] Siehe Kap. 3.7.5., in dem wir zeigen, wie Lacan mit seinem Konzept der lalangue als des ‚Nicht-Alles' dieses Problem aus der Sicht der Psychoanalyse thematisiert.

reflektiert und im selben Zuge eine teleologische Reflexion in Gang setzt, die diesen Gang nicht abermals vor-bestimmt.

Für Richir konstituieren sich Stiftungen folglich, nicht wie bei Husserl, „zwischen Außersprachlichem (*hors langage*) und Sprachlichem (*langage*) [...], sondern nur zwischen Sprachlichem (*langage*) und Sprachsystem (*langue*)".[69] Während sich die *Sinnbildung* zwischen den außer-sprachlichen Phänomenen und den Sprachphänomenen abspielt,[70] finden die *Sinnstiftungen* zwischen den Sprachphänomenen und den blinden Rekodierungen der Phänomene im Sprachsystem statt, welche als *passive Synthesen ersten Grades* das *symbolische Unbewusste* konstituieren, wie es die Psychoanalyse thematisiert. Gegenüber diesem symbolischen Unbewussten bilden die passiven Synthesen dritten Grades das *phänomenologische Unbewusste*. Anders als bei Husserl, bei dem Sinn nur als Modifikation intentionaler Akte gegeben sein kann, ist das Bewusstsein (und der bewusste Sinn) bei Richir nur ein Grenzbereich zwischen zwei unterschiedlichen Feldern des Unbewussten: das Rätsel lautet daher, wie sich zwischen *asubjektiver* (Patočka) Phänomenalisierung im phänomenologischen Unbewussten und dem (ebenfalls anonymem) Automatismus im symbolischen Unbewussten ein ‚Selbst' bilden kann.[71] Die phänomenologische Analyse des Phänomens als Sprachphänomen geht genau diesem Rätsel nach.

1.4.3 Die hyperbolisch-phänomenologische Epoché

Die Frage lautet nun, wie sich eine solche Phänomenologie transzendental ausweisen lässt. Fällt die Phänomenologie nicht einem spekulativen Obskurantismus zum Opfer, wenn ihre Erkenntnisquellen durch verschiedene Felder des Unbewussten gebildet werden? Methodologisch steht bereits an diesem Punkt fest, *dass jeder philosophische Rückgang auf eine „transzendentale Subjektivität" scheitern muss*, sei diese nun

(I) wie bei Kant durch das Prinzip der *transzendentalen Argumentation* als Frage nach den Bedingungen der Möglichkeit von Erfahrung *deduziert*, oder

(II) wie bei Husserl durch die *transzendentale Erfahrung* als Deskription intentionaler Leistungen anschaulich *ausgewiesen*. Ebenso scheitert

(III) wie bei Lacan der Rückgang auf ein Subjekt des Unbewussten durch *strukturale Deduktion* desselben, sei diese nun linguistisch oder formalistisch im weiteren Sinne aufgebaut, und auch

---

[69] Richir, Langage et institution symbolique, S. 129.

[70] Richir beschreibt diese beiden Ebenen, in der vierten der Phänomenologischen Meditationen (Richir, PM, S. 147–202), auch als Synthesen dritten Grades (proto-ontologische Dimension) und Synthesen zweiten Grades (Passivität des intentionalen Bewusstseins).

[71] Der gesamte dritte Teil dieser Arbeit ist dieser Frage gewidmet.

(IV) der Rückgang Heideggers auf das existential-ontologische Dasein als Zugang zum „*Geschehen der Wahrheit*" in der entbergend-verbergenden Lichtung.

Bei Lacan wie auch bei Kant haben wir es mit einem „symbolischen Optimismus" zu tun, in dem die reine Mannigfaltigkeit durch ein strukturales Apriori gegliedert und gleichsam durchsichtig wird – auch wenn zugleich ein „Reales" oder „Ding an sich" gesetzt wird.

Bei Husserl führt – wie bereits erläutert – der Rückgang auf die Positivität phänomenaler Gegebenheit ins ontologische Simulacrum, insofern das Erscheinen immer schon das Erscheinen eines ‚Kernphänomens' ist, wie der transzendentalen Subjektivität in Form des inneren Zeitbewusstseins. Bei Heidegger bringt sich das ontologische Simulacrum subtiler ins Spiel. Obwohl die beiden Momente der Verbergung – das Versagen des Seins und das Verstellen des Seienden – letztendlich ununterscheidbar sind, haben wir es bei der Entbergung immer schon *mit Seiendem* zu tun. Das ontologische Simulacrum lässt also die Phänomenalisierung innerhalb der Lichtung von vornherein mit Identitäten beginnen, und verdeckt somit ekliptisch die konstitutive Funktion des Symbolischen dieser Strukturierung.[72]

Richirs Lösung zum Problem der transzendentalen Legitimation der Phänomenologie besteht in der schrittweisen Ausarbeitung und Radikalisierung der phänomenologischen Reduktion. Den ersten Schritt haben wir bereits ausgeführt: es ist die *radikale Reduktion* auf das Phänomen *bloß als Phänomen*, die eine erste Kritik der Transzendentalität der Phänomenologie durch die transzendentale Illusion und das ontologische Simulacrum ermöglicht.

Die zweite Radikalisierung wird in den *Phänomenologischen Meditationen* ausgearbeitet. Die neue *hyperbolisch-phänomenologische Epoché* zielt auf eine *Suspendierung aller symbolischen Stiftungen im Denken*.[73] Dabei wird der hyperbolische Zweifel Descartes – jener Gedanke eines *genius malignus*, dessen Funktion sich ursprünglich darauf beschränkte, die Ununterscheidbarkeit der Weltphänomene von Täuschungen und Illusionen zu problematisieren – auf das „Ich denke" selbst angewendet. Wenn Descartes die Frage nach der hyperbolischen Täuschung mit der Gewissheit beantwortet, dass Ich es bin, der denkt, dann gilt es, dieses Denken in der Weite zu fassen, die ihm Descartes zuspricht, als Denkbegriff, der selbst noch die *Affektivität* umfasst. Für Richir bedeutet das jedoch, dass bei Descartes das Denken die Identität des *Ego* und die Scheidung in *res cogitans* und *res extensa* unterwandert, weil es bereits im Proto-Ontologischen ansetzt, noch bevor die Gliederung durch das Symbolische das Denken transformiert. Wenn jedoch das Denken, trotz dieser Unbestimmtheit, die Gewissheit einer egologischen *Identität* hervorbringt, die symbolische Stiftung also ‚unbemerkt' das Denken vorbestimmt, oder jenseits der Ungeschiedenheit von Denken und Affektivität die transzendentale Illusion einer sich zeigenden *Gegebenheit* oder *Präsenz* produziert, lautet die hyperbolisch-

---

[72] Die Kritik an Heidegger ist sehr komplex und kann an dieser Stelle nicht zufriedenstellend dargestellt werden. Das Problem des ontologischen Simulacrums bei Heidegger wird an zwei Stellen dieser Arbeit intensiv diskutiert: 1.) die transzendentale Erschleichung der Lichtung (Kap. 2.4.7); 2.) das ontologische Simulacrum der „Jemeinigkeit" der Faktizität (Kap. 4.2.34.2.4).

[73] Zur genauen Analyse dieser Epoché, siehe Kap. 4.2.

1.4 Grundmotive der Phänomenologie Richirs 39

phänomenologische Frage: „Was unterscheidet das Denken von der Illusion des Denkens?"[74]

Diese methodische Frage hat diverse Implikationen. Den *genius malignus* – phänomenologisch aufgefasst als ein „*Es* denkt in mir" anstatt eines *ego* cogito – bringt Richir in Verbindung mit dem „großen Anderen" Lacans, der absoluten Alterität der symbolischen Ordnung als solcher. Dadurch ermöglicht diese erkenntnistheoretisch-methodologische Gestalt eine sehr vielschichtige und komplexe „theologisch-politische Reflexion, in der es auch auf eine sehr moderne Weise um die Freiheit des Menschen geht."[75] Zum einen denkt Richir hier an die Gefahr der Totalitarismen des 20. Jahrhunderts, eine moderne Gestalt des Despotismus, die auf eine ebenso perverse wie perfide Weise die Vernunft ‚hypnotisieren' konnte. Zum anderen ließe sich Gott selbst als eine Art „symbolischer Stifter" verstehen, der als der „ganz Andere" die absolute Transzendenz ‚bewohnt', insofern diese (seine) Macht in Abwesenheit mich symbolisch stiftet oder in meiner Leiblichkeit ‚empfängt'. Götter (zumindest die griechischen oder judeo-christlichen Gottheiten des europäischen Abendlandes) erweisen sich somit als transzendente Stiftungsgestalten einer Kultur.

Bevor Descartes durch die ‚Tautologisierung' von Denken und Sein in der Gewissheit der Selbst-Apperzeption und Restauration der symbolischen Ordnung durch Gott den Zweifel zu bannen sucht, gibt es in der Hyperbel *einen Moment, in dem das Denken inhaltlich unbestimmt ist*. Phänomenologisch eröffnet sich so die Möglichkeit, die Faktizität des Sinns über eine hyperbolische *Reduktion* zu thematisieren. Die hyperbolisch-phänomenologische Epoché setzt den Sinnhorizont *in seiner Faktizität* frei, was jedoch nicht – wie bei Descartes oder Husserl – in die Immanenz der Subjektivität zurückführt, sondern in die *Jeweiligkeit* der Faktizität.

Damit wird es möglich, den *Status der Subjektivität* neu zu befragen. Das Rätsel lautet nun, wie aus der Jeweiligkeit des *sich* suchenden Sinns die Jemeinigkeit eines Selbst entstehen kann. Dieses Rätsel hat zwei architektonische Bewegungsmomente: 1.) die auf sich selbst bezogene Öffnung der Selbstheit des Sinns, und 2.) die selbstbezügliche Öffnung des verleiblichten Selbst in diesem Sinn. Der Sinn bildet demnach ein eigenes (jeweiliges) Selbst aus, in dem Sinne, wie Paul Ricœur von *Ipseität* (*ipse*) im Unterschied zur Selbigkeit (*idem*) spricht.[76] Der sich bildende Sinn antwortet, obwohl er ständig in Bewegung bleibt und bereits eine Strecke seiner Wandlung durchlaufen hat, stets auf den Anspruch seines anfänglichen Entwurfs: Er ‚hält' *sich* inmitten der Alterität. Allerdings gibt es für diese ‚Selbsterhaltung' keine metaphysische Garantie, der Sinn ist stets von seinem Abbruch bedroht, sein Status ist in jedem Moment prekär.

Da es architektonisch zwischen der Öffnung des Sinns zu sich selbst und der Öffnung der Verleiblichung dieses Selbst kein Fundierungsverhältnis geben kann, stellt sich die Frage, wie der leibliche ‚Empfang' des Sinns zu begreifen ist. Mit Begriffen wie Jemeinigkeit und Jeweiligkeit bewegt sich Richir zunächst auf dem

---

[74] Richir, PM, S. 85, fr. S. 79.

[75] Richir, PM, S. 87, fr. S. 80.

[76] Siehe Ricœur, Paul. *Soi-même comme un autre*. Paris: Seuil, 1990; dt. *Das Selbst als ein Anderer*. München: W. Fink, 1996.

Heidegger'schen Feld der Faktizität. Doch übersteigt er dessen Konzeption einer Faktizität des Daseins an entscheidender Stelle. Die Reduktion der symbolischen Stiftungen des „Man" führt bei Heidegger zum „Sein zum Tode". Der Tod macht jedoch den Sinn abhängig von dieser „unüberholbaren Möglichkeit des Daseins".[77] Die Möglichkeiten des Sinns in seiner eigenen Offenheit werden auf die Existenzstruktur eines Daseins, und die mit ihr einhergehende Ganzheit, eingegrenzt.

Die hyperbolisch-phänomenologische Epoché geht in ihrer Reduktion nun einen Schritt weiter. Denn die Entfremdung der Weltphänomene in der Unheimlichkeit betrifft nicht nur, wie bei Heidegger, das Dasein, das sich im Ruf des Gewissens daraufhin wiederfindet, sondern die Jemeinigkeit (als Bedingung von Eigentlichkeit und Uneigentlichkeit) selbst. Während sich das Dasein aus Angst vor dieser radikalen Alterität „krampfhaft auf sich selbst ‚zusammenzieht'",[78] gilt es in der hyperbolischen Epoché, nicht in den „existentialen Solipsismus"[79] Heideggers zurückzufallen, sondern die Katastrophe des Todes der Jemeinigkeit zu durchschreiten, wonach die Faktizität sich wieder in der Leiblichkeit (nicht schon als ‚mein' Leib, sondern als ermöglichendes Phänomenalisierungsfeld) empfängt.

Diesen Gedanken einer Empfänglichkeit für Möglichkeiten, welche die Möglichkeiten meiner eigenen Existenz überschreiten, findet Richir in Henry Maldineys Begriff der *Transpassibilität* vorgebildet. Die Passibilität, als Fähigkeit des (Er-)Leidens, ist eine *aktive* Öffnung der eigenen Rezeptivität, die paradoxerweise gerade eine besondere *Passivität* des Ichs und seiner Jemeinigkeit verlangt. Transpassibilität und Transpossibilität sind für Maldiney „Weisen des Existierens in Transzendenz, deren Scheitern die Geisteskrankheit ist."[80] Um mich im sich bildenden Sinn als transpassibles Selbst und nicht allein als symbolische Identität empfangen zu können, muss die Faktizität des Sinns sich verleiblichen können. Diese „*pathische* Dimension" ist die eigentliche Öffnung, die empfänglich macht für Sinn „jenseits aller Erwartung".[81]

Die hyperbolisch-phänomenologische Epoché deckt also mehrere transzendentale Illusionen auf: die Subjektivierung des *sum* durch die symbolische Tautologie von Denken und Sein (Descartes), den Schein, die Subjektivität sei sich selbst gegenüber transparent (Husserl) und die existentiale Verschließung in eine Ganzheit der Möglichkeiten (Heidegger). Grund für diese Illusionen ist das *ontologische Simulacrum* auf der Ebene der Subjektivität. Seine Grundstruktur der Erhebung eines bestimmten Phänomens zur transzendentalen Matrix aller Phänomene wird unter der hyperbolisch-phänomenologischen Epoché zum *Schein des Selbst in seiner Faktizität, der sich zugleich als Schein jeder Faktizität ausgibt.* Das ontologische Simulacrum ‚verteidigt' das Sein des Selbst gegen den ‚horror vacui' der faktiziel-

---

[77] Heidegger, GA 2, S. 336.
[78] Richir, PM, S. 93, fr. S. 86.
[79] Richir, PM, S. 93, fr. S. 87.
[80] Maldiney, Henri. *Penser l'homme et la folie*. Grenoble: Millon, 2007, S. 361.
[81] Ebd. S. 322 f. (zitiert in Richir, PM, S. 53, fr. S. 48.).

len Anonymität. Durch das stets einseitige Umschlagen von jeweiliger in jemeinige Faktizität wird der Faktizität ein Selbst-Sein abgetrotzt und zugleich die Anonymität ‚*der*' Faktizität überhaupt zugeschrieben.

Die Epoché fordert folglich, dieses Umklappen von Faktizität in meine Faktizität *in der Schwebe* zu lassen. Hatte Husserl durch die phänomenologische Reduktion der Seinsgeltungen nur die *Faktualität* der Phänomene in eine Schwebe versetzt, so setzt Richir die Setzung, ob es sich um Denken oder um die Illusion des Denkens handelt, außer Kraft. In der Konkretheit des Denkens zeigt sich, dass die Selbst-Apperzeption des Selbst unterbrochen ist durch die Selbst-Apperzeption des Sinns. Die jemeinige Verleiblichung der Selbstheit des Sinns ist also vielmehr ein *Pulsieren* (*clignotement*), ein Auftauchen und Verschwinden in Abhängigkeit von der Suche des Sinns nach sich selbst (und umgekehrt). Die Angst vor dem eigenen Tod gründet, auf der tiefsten phänomenologischen Ebene, in der „drohende[n] Vernichtung durch die Anonymisierung", gegen die sich das Selbst dadurch wehrt, „im Selbst-Schein sich selbst rein zu erscheinen."[82] Genau diesen Schein deckt die hyperbolisch-phänomenologische Epoché auf: „die Phänomenalität liegt nicht in der Selbstheit, sondern im *Pulsieren* der Selbstheit zwischen Verschwinden und Entspringen, zwischen Anwesenheit und Abwesenheit. Dieses Pulsieren ist das eigentliche ‚Ergebnis' der hyperbolischen Epoché."[83]

1.4.4 ‚Phantasia' und Architektonik

Die letzte Umgestaltung der Richir'schen Phänomenologie ist verbunden mit einer weiteren Neugründung der Phänomenologie „*nova methodo*" und leitet sich im Wesentlichen her 1.) aus einer Reformulierung der Richir'schen Fragestellung aufgrund einer Neuinterpretation der Phänomenologie der *Phantasie*, und damit einhergehend 2.) aus einer neuartigen *architektonischen Reduktion*.

Richir bemerkt in Husserls Texten zu *Phantasie, Bildbewusstsein, Erinnerung*[84] dessen Ringen mit dem phänomenologischen Status der Intentionalitätsstruktur der sogenannten ‚schlichten' Phantasie in Abgrenzung zum Bildbewusstsein. Letzteres ließe sich durch eine doppelte Intentionalitätsstruktur charakterisieren: die Betrachtung eines Bildes fächert sich intentional auf in die Auffassungen eines *Bildträgers*, eines *Bildobjekts* und eines *Bildsujets* auf. Wir haben einerseits eine Intention, die sich durch den Träger (etwa eine Leinwand) auf die Darstellung im Bild bezieht und eine Auffassung (etwa ‚Portrait') ermöglicht (im Gegensatz etwa zu ‚farbigen Pinselstrichen'); zum anderen meinen wir bei Abbildern jedoch nicht, dass diese porträtierte Person nur als ‚Bildobjekt' existierte, sondern haben eine Intention auf die

---

[82] Richir, PM, S. 113, fr. S. 107.
[83] Richir, PM, S. 114, fr. S. 107.
[84] Husserl, Edmund, *Phantasie, Bildbewusstsein, Erinnerung: zur Phänomenologie der anschaulichen Vergegenwärtigungen: Texte aus dem Nachlass (1898–1925)*. HUA XXIII, Hg. v. Eduard Marbach The Hague: M. Nijhoff, 1980.

darin abgebildete Gegenständlichkeit, von dem das Bildobjekt je nur eine anschauliche Vergegenwärtigung darstellt. Das Wesensgesetz des Bildbewusstseins basiert auf der Notwendigkeit, dass es niemals mit dem Wahrnehmungsbewusstsein zusammenfällt: „Ein Bewusstsein von Differenz muss vorhanden sein, obschon das Sujet im eigentlichen Sinn nicht erscheint."[85] Dieses ‚Nicht-Erscheinen' bekundet sich dabei durch die mannigfaltigen Möglichkeiten des *Widerstreits mit der Wirklichkeitsauffassung der Gegenwart*.

Husserl versucht in einem ersten Schritt, die Phantasie als ein Bildbewusstsein ohne physischen Träger zu begreifen, d. h. als *Imagination*. Und obwohl sich Phantasie und Bildbewusstsein den Charakter des Differenzbewusstseins teilen, ist es zuletzt doch fragwürdig, ob man im Fall der Phantasie sinnvollerweise von einem zugrundeliegenden Bildobjekt sprechen kann. Stattdessen scheint der Phantasie die Stabilität einer Wahrnehmungsfundierung wie im Bildbewusstsein abzugehen. Sie kommt vielmehr einem „Schattentheater"[86] gleich, dessen Gebilde sich einerseits durch eine gewisse *Flüchtigkeit* (durch diskontinuierliche und intermittierend versprengte Erscheinungsreihen) auszeichnen. Andererseits entspricht dieser Flüchtigkeit und Instabilität der aufblitzenden Phantasieerscheinungen „etwas eigentümlich Leeres, Ungesättigtes, Kraftloses".[87] Dieser spielerische Gang der Phantasieapperzeptionen ist dabei solcherart instabil und heterogen, dass der Gegenstandssinn (Phantasieerscheinung *dieses* Phantasieerscheinenden zu sein) als stabilisierendes Moment *abwesend* sein kann. Ohne gegenwärtige Anwesenheit als Quellpunkt jeglicher wahrnehmungsmäßigen Erscheinungsreihe droht jedoch die Intentionalitätsstruktur in diesem speziellen Fall ‚anschaulicher' Vergegenwärtigung zusammenzubrechen. Um dies zu vermeiden, versucht Husserl der schlichten Phantasie dennoch eine Art ‚imaginatives' Bildobjekt unterzulegen, eine Lösung, die jedoch in unauflöslicher Spannung mit der gelieferten Deskription der ‚schlichten' Phantasieerscheinungen verbleibt.

Richir sieht hingegen im Scheitern der Bild-Intentionalität in der Phantasie die Chance, seine Phänomenologie spontaner Sinnbildung auf neue Grundlagen zu stellen. Die *Phantasia* (Richir will mit diesem Begriff die schlichte Phantasie vom französischen Ausdruck „*imagination*" abgrenzen) entpuppt sich als das *architektonisch archaischste Register*, „das wir als das eigentlich phänomenologische Feld oder phänomenologisches Feld *strictu sensu* bezeichnet haben, und das es mit unendlichen und unbestimmten Instabilitäten und Inchoativitäten ausstattet."[88] Die *Phantasia* ermöglicht damit einen genuin phänomenologischen Weg zur Ausweisung dieses archaischsten aller phänomenologischen Register, zu dessen anarchischer und a-teleologischer Bewegung Richir seit der Reduktion auf das Phänomen bloß als Phänomen einen methodischen Zugang sucht.

Zu diesem Zweck muss die hyperbolisch-phänomenologische Epoché um eine weitere *architektonische Reduktion* ergänzt werden. Der Gedanke einer phänome-

---

[85] Husserl, HUA XXIII, S. 20.
[86] Richir, La refonte de la phénoménologie, in: Eikasia 40, 2011, S. 64.
[87] Ebd., S. 59.
[88] Richir, PE, S. 32.

1.4 Grundmotive der Phänomenologie Richirs

nologischen *Architektonik* wurde bereits in den *Phänomenologischen Meditationen* ausgearbeitet. In Anlehnung an Kants Methodenlehre, und ihre phänomenologische Umarbeitung durch Eugen Fink in der *VI. Cartesianischen Meditation*, grenzt sich die Architektonik von klassischen Formen des ‚Systems' ab, denn sie repräsentiert weder eine Ordnung *more geometrico*, noch ein System des Geistes, noch eine ontologische Ordnung,[89] sondern schafft eine „Orientierung"[90] der Fragen und Probleme, welche die phänomenologischen Analysen zutage fördern. Dieser Zusammenhang bildet sich anhand verschiedener *architektonischer Register* und den *architektonischen Transpositionen* oder Registerwechseln, die unter ihnen möglich sind. Ein Register repräsentiert dabei den Konnex derjenigen Strukturelemente, die eine je spezifische Weise der Phänomenalisierung und ein Feld von Möglichkeiten konstituieren. So bildet etwa das Bildbewusstsein mit seiner Gebundenheit an die Gegenwart eines Bildobjekts, seiner Positionalität, seiner intentionalen Orientierung an gegenständlicher Auffassung etc. ein architektonisches Register der Phänomenalisierung; die Phantasieerscheinungen mit ihrer Gegenwärtigkeit ohne angebbare Gegenwart, mit ihrer Nicht-Positionalität, ihrer vor-intentionalen Flüchtigkeit etc. ein anderes Register.

Zuletzt finden die architektonischen Transpositionen immer zwischen zwei Registern statt, einem, in dem die Schemata der Phänomenalisierung bereits fixiert sind und sich die Probleme bereits konkretisiert haben, und einem anderen archaischen Register, welches diese begrifflich-teleologischen Fixierungen verflüssigt und dessen Probleme gemäß der Inchoativität und Unbestimmtheit seiner Phänomenalität eher eine Empfänglichkeit und Transpassibilität gegenüber den blitzartigen Apperzeptionen verlangen. Die Methode der neuen Phänomenologie besteht darin, durch hyperbolisch-phänomenologische Epoché und architektonische Reduktion eine „Anamnese des phänomenologischen Pulsierens"[91] zu liefern. Dabei gilt es stets zu bedenken, dass die Register niemals die Form einer „Schichtenontologie" annehmen, sondern jenseits aller Hierarchie und immer relativ zum Auftauchen und Verschwinden im phänomenologischen Pulsieren bleiben: „das Archaischste im Verhältnis zum weniger Archaischen ist dies nur durch dessen Situation innerhalb des Pulsierens".[92] Methodologisch muss die Analyse dabei immer bei den konkreten Problemen ansetzen, d. h. der Pol des Gestifteten setzt stets die Bewegung des Pulsierens in Gang.

Diese Architektonik eröffnet eine neuartige Reflexion auf das Problem der *Fundierung*. Bekanntlich ermöglicht das Fundierungsmodell Husserl, die Ergebnisse der statischen Phänomenologie in eine erste genetische Ordnung der Stiftungen intentionalen Sinns zu überführen: so kann etwa „Freude" als qualitative Aktmodifikation einer bereits gestifteten Gegenstandswahrnehmung, oder Kategoriales wie „Rechteckig" oder „Weiß" als Auffassungsmodifikationen der fundierenden Wahrnehmung eines weißen Papierblatts betrachtet werden. Entscheidend ist jedoch,

---

[89] Vgl. Richir, PM, S. 408, fr. S. 377 f. und Tengelyi/Gondek, S. 57.
[90] Richir, PM, S. 408, fr. S. 378.
[91] Richir, PE, S. 33.
[92] Richir, PE, S. 33.

dass bei Husserl diese Modifikationen die Möglichkeiten des fundierenden Akts in die neue fundierte Aktqualität oder kategoriale Anschauung überführen. In gewisser Weise lässt sich hier von einer *vertikalen Dimension* der Erlebnisse sprechen, im Gegensatz zu deren horizontalen Kohärenz im Bewusstseinsleben.[93] Richir betont jedoch, dass es sich – nach architektonischer Reduktion – bei diesen Übergängen vielmehr um eine *Stiftung* als ein Fundament handelt: im fundierenden Register kommt es beim Übergang zum fundierten Register zu jenen *kohärenten Verformungen*, wie sie symbolischen Stiftungen generell eigen sind. Als architektonische Transposition bleibt das fundierte Register aber *transpassibel* gegenüber dem fundierenden, das phänomenologisch hinter das fundierte zurücktritt – so wird in unserem ersten Beispiel der Wahrnehmungsakt zur bloßen Vorstellungs-‚Unterlage' für die Aktmodifikation der Freude –, dessen Possibilitäten nunmehr als *Transpossibilitäten* im fundierten Register erscheinen.

Für diese neue Auffassung des Fundierungsverhältnisses führt Richir den Begriff der *phänomenologischen Basis* ein. Während die Fundierung dazu neigt, die transpossible Basis in die Illusion eines ‚Fundaments' zu verwandeln, zeigt die wohlverstandene architektonische Transposition, dass diese auf eine Stiftung zurückgeht, die stets auf die phänomenologische Basis und nicht auf ein Fundament verweist, und dass diese notwendig mit Verformungen einhergeht. Zwischen fundierendem und fundierten Register gibt es eine gewisse Anziehungskraft, eine gewisse *Kohäsion*, die eine Illusion von Transparenz erzeugt, welche jedoch auf eine zirkuläre symbolische Tautologie zwischen den beiden Registern zurückzuführen ist, indem die logisch-eidetische Gliederung in das fundierende Register übertragen wird, um diese dann wieder „auszulesen".[94] Die phänomenologische Basis in ihrer *Virtualität* zeigt sich hingegen nur durch die paradoxen Effekte, die entgegen der Kohäsion der beiden Register auftreten, sie stören oder außer Kraft setzen. Der irreduzible *Abstand* zwischen Basis und Fundament, zwischen vor-intentionalen *Phantasiai* und intentionalen Imaginationen (und aller intentionalen Akte, die darauf aufbauen), bezeugt sich in dem ‚Auf-Abstand-Gehen' des fundierenden zum fundierten Register. Diese Architektonik ohne Arché, diese ‚*Tektonik'*, verweist auf das Unbewusste. Zwar ist das phänomenologische Unbewusste, wie wir bereits sahen, ein ganz anderes Register als das psychoanalytisch-symbolische Unbewusste (nach Richir der Unterschied zwischen passiven Synthesen dritten und ersten Grades), aber die Psychoanalyse ist hier insofern für die Phänomenologie von unschätzbarem Wert, als diese durch die Theorie ihrer Praxis in subtilen Analysen demonstriert, wie das

---

[93] Vgl. Richir, La refonte de la phénoménologie, in: Eikasia 40, 2011, S. 56.

[94] Siehe folgenden Abschnitt der *Ideen I*, in dem es durch die Annahme einer „Wesenseinigkeit" zur Illusion der Transparenz kommt: „Die Schicht des Ausdruckes ist – das macht ihre Eigentümlichkeit aus – abgesehen davon, daß sie allen anderen Intentionalien eben Ausdruck verleiht, nicht produktiv. Oder wenn man will: *Ihre Produktivität, ihre noematische Leistung, erschöpft sich im Ausdrücken und der mit diesem neu hereinkommenden Form des Begrifflichen.*

Dabei ist die ausdrückende Schicht mit der Ausdruck erfahrenden dem thetischen Charakter nach *vollkommen wesenseinig* (Herv. v. mir – P. F.), und sie nimmt in der Deckung so sehr deren Wesen in sich auf, daß wir das ausdrückliche Vorstellen eben selbst Vorstellen[…] nennen." (Husserl, Ideen I, HUA III.1 S. 287.).

1.4 Grundmotive der Phänomenologie Richirs

Unbewusste in seiner Virtualität permanent seine Wirkungen im Bewusstseinsleben zeitigt.[95]

Damit sich jedoch diese architektonische Methode nicht in einer reinen Spekulation oder „Metaphysik-Fiktion" kurzschließt, stellt sich die Frage nach einem *Kriterium* derselben: Was ist die *„Sache selbst"* dieser neubegründeten Phänomenologie? Die philosophische Legitimation bestünde darin, ausweisen zu können, wie der *Kontakt* zwischen dem Selbst des Phänomenologen und der „Sache" der Phänomenologie – oder auf der Ebene des Sprachlichen: zwischen dem Schematismus der *Phantasiai* und der Bewegung der Sinnbildung – möglich ist. Das Problem ist jedoch, dass diese Pole als solche nicht darstellbar (*infigurable*) sind, dass das archaischste Register des phänomenologischen Feldes in Virtualität verharrt, so wie die Selbstheit des Sinns und die Selbstheit des Selbst jeder klassischen Vorstellung von Identität entgehen.

Richirs Antwort lautet, dass das verleibliche Selbst als eine Art *Verdichtung der Affektivität* verstanden werden müsse, die eine Intimität konstituiere, welche einer absoluten Transzendenz korreliere. Dieses nicht-räumliche Verhältnis von Innen und Außen findet im Sprachlichen sein Echo in der *Selbst-Reflexivität des Sinns*, die diesen, entgegen der wilden Wesen im Außersprachlichen, auf sich selbst hin verdichtet. Richir betont an dieser Stelle, dass „es sich nicht, wie man sich zu einem bestimmten Moment im Deutschen Idealismus auszudrücken pflegte, um eine Subjekt-Objekt-Subjektivität,[96] sondern um ein reflexives Selbstbewusstsein [handelt], das nicht mit sich selbst übereinstimmt".[97] Aber diese Reflexionsbewegung über den Abstand zwischen Selbst und Selbst führte methodologisch in einen infiniten Regress und somit in einen Solipsismus, gäbe es nicht einen Abstand im Abstand: das andere Selbst. Damit das Selbst im Kontakt mit sich selbst nicht der eigenen Blindheit erliegt, bedarf es des Kontakts mit dem transzendentalen Anderen, der von der Identität, die das Selbst über sich selbst zu schließen tendiert, nicht betroffen ist. Dieser Andere ist jedoch nicht durch eine transzendentale Intersubjektivität, wie bei Husserl, konstituiert, sondern gemäß der Faktizität des eigenen Sinns in einer *Interfaktizität*[98] anzusiedeln. Dieser Gedanke, den Richir bereits zuvor aus der Zwischenleiblichkeit bei Merleau-Ponty heraus entwickelt hatte, stößt auch in Husserls Phänomenologie der Phantasie auf fruchtbaren Boden. Schon letzterer bemerkt, dass zu jeder Phantasieerscheinung eine je eigene Phantasiewelt gehört, die nicht mit der gegenwärtigen Wahrnehmungswelt zusammenfällt. Zu jeder Phantasie gehört immer schon ein Phantasie-Ich mit seinem Phantasieleib, das in einem Phantasie-Raum das Phantasieding in Abschattungen durchwandert. Die Differenz zur Wahrnehmungswelt konstituiert sich durch die bereits beschriebenen Charak-

---

[95] Vgl. Richir, La refonte de la phénoménologie, in: Eikasia 40, 2011, S. 65.

[96] Richir spielt wahrscheinlich auf die Hegel'sche Bestimmung der Idee in der *Wissenschaft der Logik* an. Vgl. Hegel, Georg Wilhelm Friedrich, *Werke: [in 20 Bänden und Register; auf der Grundlage der Werke von 1832–1845 neu edierten Ausgabe]. Band 6, Wissenschaft der Logik II.* Frankfurt am Main: Suhrkamp, 1986, S. 466.

[97] Richir, La refonte de la phénoménologie, S. 69.

[98] Siehe hierzu Kap. 4.3.2.

tere der Phantasie: Auch die Phantasiewelt ist flüchtig, diskontinuierlich, intermittierend – d. h. wesenhaft unbestimmt. Wenn wir nun die Intersubjektivität nicht als absolutes „Hier" (und „Dort") von einem in orientiertem Raum befindlichen Körpern und die Einfühlung nicht als ein „als ob" oder „wie wenn ich dort wäre" verstehen, kann die Loslösung des Phantasie-Ich vom verkörperten Wahrnehmungs-Ich als ein Zugang zum Anderen betrachtet werden, der in seiner konstitutiven Unbestimmtheit und Kontingenz vielmehr einer Interfaktizität entspricht. Das Rätsel des Anderen wäre somit in keiner Form spiegelnder Analogie fremder Sinnkonstitution, sondern in der Transpassibilität gegenüber radikal transzendenter Sinnmöglichkeit zu finden: „Dieses andere Selbst ist in Wirklichkeit völlig virtuell und verstreut in dem, was wir das radikal transzendente ‚Element' des Intelligiblen nennen, das gleichsam die Verdichtung der transzendentalen Interfaktizität in seiner Virtualität ist und welches der Infigurabilität aller ‚perzeptiven' *Phantasia* des Sprachlichen angehört."[99]

Der Kontakt des Selbst mit sich selbst ist also im Intelligiblen anzusetzen und zugänglich über die Affektivität: ein Gefühl des *Erhabenen*, das aller Phänomenalität auf der archaischsten Ebene der Phantasia eigen ist. Richir gibt hier eines seiner wenigen Beispiele für das Erhabene:

> „Ich nehme den Mont Blanc nicht eigentlich wahr, sondern durch eine Modifikation der Phantasia, was bereits ein Simulacrum der Wahrnehmung bedeutet, in der ich das absolut Große ‚perzipiere' und ich mich in diesem im Gefühl des Erhabenen reflektiere als ein Selbst in Kontakt mit sich selbst und auf Abstand im Verhältnis zur absoluten Transzendenz des absolut Großen (letzteres ist nicht mehr räumlich, weil nicht situierbar im Raum, allen Raum überschreitend)."[100]

Die philosophische Legitimation der Richir'schen Phänomenologie besteht also in dieser Doppelfigur: 1.) dem Kontakt mit sich selbst, nicht durch identitäre Übereinstimmung, sondern durch die verleibliche Affektivität, welche 2.) in der Hinwendung zum absolut Anderen und zur absoluten Transzendenz das Überschreiten der eigenen Möglichkeiten verdichtet im Gefühl des Erhabenen. Dieser ‚Blick' des Phänomenologen ist also weder jener eines „unbeteiligten Zuschauers" (Fink) noch eine reine Selbstaffektion, sondern der paradoxe „Kontakt in und durch den (weder räumlichen noch zeitlichen) Abstand, in seiner Infigurabilität, mit der *Sache selbst*".[101] Die ständige Gefahr hingegen, in der er sich in seiner Arbeit befindet, ist die allerorts drohende Ontologisierung des phänomenologischen Feldes durch die symbolische Stiftung, die Reifizierung der blitzartigen Apperzeptionen zu Eide oder dem Rückfall der *Phantasia* in Imagination.

---

[99] Richir, La refonte de la phénoménologie, S. 70.
[100] Ebd.
[101] Ebd., S. 71.

1.4.5 Phänomenologische Anthropologie

Dieser Grundriss der Philosophie Marc Richirs versammelt lediglich die originellen Konsequenzen einer Suche, deren eigentlicher Reichtum sich hingegen erst in der Masse der Einzelanalysen selbst entfaltet. Die Schriften fordern vom Leser Geduld und Durchhaltevermögen, da Richir auf didaktische Hilfen, auf Definitionen und konkrete Verweise im Text weitestgehend verzichtet. In gewisser Weise hat er sich den Husserl'schen Stil der Nachlassmanuskripte angeeignet – ein Versuch, das Denken in seinem konkreten phänomenologischen Vollzug möglichst unverstellt abzubilden. Wer allerdings diese Mühen nicht scheut, wird mit einem philosophischen Denken belohnt, das, wie kaum ein anderes Werk der zweiten Hälfte des 20. Jahrhunderts, die Idee einer Transzendentalphilosophie für das 21. Jahrhundert zu wappnen vermag.

Dabei ist sein Werk keines, das sich in Abgeschiedenheit nur aus sich selbst entfaltet hätte. Vielmehr zeigt Richir eine philosophische Transpassibilität gegenüber allen möglichen Denkschulen und -traditionen. Auf einzigartige Weise versteht er es, sich neuen und fremden Denkfiguren zu öffnen, ihre Problem- und Fragestellungen der eigenen Architektonik anzuverwandeln. Man hat dabei den Eindruck, dass die vielzähligen und verschiedenartigen Bezüge von Anfang an und auf einen Schlag ins Spiel gebracht werden. Bereits in den ersten Jahren seines Schaffens finden wir ein breites philosophisches Spektrum von Auseinandersetzungen mit Husserl, Heidegger, Merleau-Ponty, mit Max Loreau und Jacques Derrida, mit Fichte oder Platon.

Ebenfalls seit Beginn befinden sich die Psychopathologie und Psychoanalyse im Horizont des Richir'schen Denkens.[102] Allerdings kommt es erst in der mittleren Phase der 1980er–1990er Jahre zur expliziten und ausführlichen Auseinandersetzung mit diesem Gegenstand. Das Programm dieser Auseinandersetzung besteht in erster Linie in der Ausarbeitung einer *phänomenologischen Anthropologie*. Dieser Begriff wurde ursprünglich von Ludwig Binswanger geprägt, bevor er diesen, in Hinwendung zu Heideggers Analyse des Daseins in *Sein und Zeit*, gegen den Titel „*Daseinsanalyse*" ersetzte.

Richirs Anthropologie unterscheidet sich in wesentlichen Punkten von der klassischen philosophischen Anthropologie, insofern sie den Menschen nicht als ‚symbolisches Tier', sondern ihn, ausgehend von der Phänomenalität und der spezifisch menschlichen ‚Fähigkeit' zur Phänomenalisierung, als *Weltphänomen* auffasst.[103]

---

[102] In den ersten *Recherches phénoménologiques* erscheint zum ersten Mal der Gedanke einer genuin phänomenologischen Anthropologie als Frage nach der Phänomenalisierung des „Menschen". (Richir, RP 1, S. 163, 226.)
In den zweiten *Recherches phénoménologiques* wird erstmals auf die Bedeutung der psychoanalytischen Phänomenbeschreibungen für eine künftige phänomenologische Anthropologie hingewiesen. (Richir, RP 2, S. 241.)
Die affirmative Rezeption der phänomenologischen Anthropologie Binswangers findet erst im Spätwerk statt.

[103] Vgl. hierzu Kap. 2.4.7.

Damit untersucht die phänomenologische Anthropologie nicht den Menschen in seinen symbolisch gestifteten Systemen – auch nicht dessen Dezentrismus im Verhältnis zu diesen. Der Mensch als Weltphänomen verweist hingegen auf die wilde und außer-sprachliche Dimension seiner Phänomenalität. Die „phänomenologische Freiheit"[104] der Phänomenalisierung, d. h. das freie Pulsieren des Phänomens zwischen Innenhorizonten und Außenhorizonten, welche prinzipiell grenzenlos sind, weshalb jedes Phänomen immer schon Weltphänomen ist, ist undenkbar ohne die radikale *Unbestimmtheit*, in die ‚hinein' die Freiheit phänomenalisiert. Das anthropologische Moment dieser unbestimmten und wilden Dimension liegt in ihrer Leiblichkeit. Wenn ‚jenseits' der symbolischen Stiftungen im Bewusstsein und im Sprachlichen überhaupt etwas und nicht vielmehr nichts ‚ist', dann deshalb, weil das Proto-Ontologische in der Affektivität ihr Medium findet. Wenn also Stimmungen, Reminiszenzen und Ahnungen das ‚Vor-Sein' proto-zeitigen, und so die (selbst nicht mehr ontologische) Grundlage für die schöpferische Sinnbildung liefern, dann ist jeder Sinn und alles Intelligible untrennbar mit dem Leib verknüpft. Ganz wie in der phänomenologischen Psychopathologie geht es um einen Rückgang vor den cartesianischen Vollzug einer Trennung von Körper und Geist. Allerdings geht Richir hier nicht von den Faktualitäten menschlichen Daseins, sondern von der radikalen Faktizität der Phänomenalität des Menschen aus.

Richirs Verhältnis zu Binswangers Anthropologie ist komplex. Gemeinhin wird die Entwicklung des Binswanger'schen Denkens in drei Phasen eingeteilt: einer ersten phänomenologischen Inauguration, einer Hinwendung zu Heideggers Begriff des „Daseins" und dessen Weltverhältnis und einer erneuten Rückkehr zu Husserl und einem transzendentalen Ansatz. Wie auch immer diese Bewegungen konkret aussehen und motiviert sind, es lässt sich hier bereits erschließen, dass Richir die Binswanger'schen Einsichten für seine Neugründung der Phänomenologie nur dann fruchtbar machen kann, wenn er sie von jenen Simulacren reinigt, die 1.) durch das Logisch-Eidetische der Transzendentalphänomenologie Husserls oder 2.) durch das im Sein-zum-Tode in seinen Möglichkeiten immer schon auf die Jemeinigkeit fixierte Dasein Heideggers ins Spiel kommen.

Die psychopathologischen Symptome, die nach Auffassung der phänomenologischen Anthropologie einen spezifisch menschlichen Abgrund beschreiben, werden von Binswanger als Weisen eines reell erlebten Solipsismus aufgefasst. Demnach ist der Mensch nicht nur durch sein In-der-Welt-sein, sondern auch durch Intersubjektivität *ursprünglich* konstituiert, wie auch jede Abweichung von diesen *conditiones humanae* Leiden bedeutet.

Binswangers Interpretation eines gelebten Solipsismus sieht das Dasein auf die Existenzstufe reiner Körperlichkeit herabgesetzt. Wenn die Leiblichkeit und ihr lebendiger Ausdruck durch ein Trauma blockiert sind, ist das Dasein nur insofern in der Welt, als es als Körper unter Körpern existiert. Jedes ‚eigentliche' Ek-sistieren im Sinne entwurfsmäßigen Transzendierens ist dann unmöglich. Dieser „Defizienzthese" widerspricht Richir jedoch, denn wenn man das Existieren des Daseins

---

[104] Richir entwickelt diesen Begriff aus Kants „freiem Spiel der Vorstellungskräfte" im ästhetisch reflektierenden Urteil.

1.4 Grundmotive der Phänomenologie Richirs

als verleiblichtes Weltphänomen auffasst, stellt sich die Frage, was auf der Ebene reiner Phänomenalität ein herabgesetztes Existieren bedeuten soll. Was hier die Phänomenalität unterbricht, ist nicht auf der Ebene des Leibs, sondern auf der Ebene des Symbolischen anzusetzen. Dies ist die entscheidende Einsicht, die eine Auseinandersetzung mit der Psychoanalyse nötig macht.

Dasjenige, was in der Phänomenalität des Kranken ‚aussetzt', ist nicht seine Leiblichkeit als solche (als verleibliche Phänomenalisierung des Menschen als Weltphänomen), sondern das *Symbolische* als das radikal Andere des phänomenologischen Feldes. Dieses Symbolische der symbolischen Stiftungen ist für Richir dasjenige, was nicht selbst erscheint, weil es sich ‚immer schon' gebildet zu haben *scheint*, jedoch als eines Sinns, der niemals seine Zeit und seinen Raum hatte, sich zu bilden, und auf eine Vergangenheit verweist, deren Begegnung stets verfehlt ist, weil sie niemals Gegenwart war. In diesem symbolischen Unbewussten, in dem der Sinn sich augenblicklich, auf einen Schlag oder synchron einstellt, konstituieren sich einerseits die Intrigen des begehrenden Subjekts, von denen die Psychoanalyse handelt, andererseits jene Stiftungen der Philosophie, die sich ganz aus dem Logisch-Eidetischen speisen, und in denen sich daher immer irgendein Ursprung oder Telos abzeichnet. In diesem Kontext muss Richirs Auseinandersetzung mit dem Strukturalismus und der strukturalen Psychoanalyse betrachtet werden: Einerseits hat die Entdeckung der ‚Struktur' als subjektunabhängiges Gestaltungselement der Wirklichkeit seinen legitimen Platz innerhalb einer phänomenologischen Anthropologie und ihre Beschreibung von Entfremdungseffekten sind (wie wir noch sehen werden) für eine Phänomenologie von unschätzbarem Wert. Andererseits nimmt Richir den Strukturalismus in seiner „aggressiven Spielart"[105] – für die das Symbolische letztbegründende Kategorie ist – als einen bedrohlichen ‚Zeitgeist' in der zweiten Hälfte des 20. Jahrhunderts wahr. Dieser angebliche ‚Kniefall' vor der ebenso autonomen wie blinden Maschinerie des Symbolischen habe, so Richirs Diagnose, zu einem „ernsthaften symbolischen Verfall des Sinns"[106] geführt. Es wird daher die Aufgabe dieser Untersuchung sein, denjenigen Gehalt des symbolischen Denkens, wie er ohne Zweifel entscheidend für eine Phänomenologie des sich bildenden Sinn ist, entgegen dieser Polemik herauszuarbeiten.

Es zeigt sich allerdings, dass Richirs Hinwendung zur *Phantasia* eine neuartige Binnendifferenzierung der Leiblichkeit (in Leibkörper, Phantasieleib und Phantomleib) ermöglicht, mit Hilfe derer die Analysen Binswangers wieder an Wert gewinnen. Aus dem Blickwinkel dieser Leibphänomenologie scheint die Binswanger'sche Architektonik der Probleme nicht durch eine Naivität gegenüber dem Symbolischen verzerrt, sondern im Gegenteil einer phänomenologischen ‚Intuition' gefolgt zu sein, jedoch ohne bereits das begriffliche Instrumentarium für diese subtilen Verschiebungen der Phänomenalität zur Hand zu haben. Richirs erneute Hinwendung zu Binswanger ist demnach als ein Versuch aufzufassen, die diversen Äquivokationen der Daseinsanalyse fortwährend zu identifizieren und zu entwirren.

---

[105] Siehe Gilles Deleuze, „A Quoi reconnaît-on le structuralisme": in F. Châtelet, Histoire de la philosophie VIII. Le XXe Siècle, Hachette, 1973.

[106] Richir, PIS S. 9.

2
Erster Teil: Die Phänomenalisierung

2.1 Phänomenalisierung und Text

2.1.1 Richirs frühe Ansätze im Ausgang von Derrida

Die Rezeption der dekonstruktiven Kritik Derridas an Husserl deckt in der Phänomenologie selbst ein breites Spektrum der Positionierungen ab. Dabei nehmen einige Autoren eine ablehnende Haltung ein: vom eher klassischen Einwand einer schlichten Fehlinterpretation der kritisierten Theorie,[1] über die Behauptung einer grundlegenden Inkompatibilität der beiden Denker und Philosophien[2] bis zur Unterstellung, Derridas Art der „Lektüre" erhebe gar nicht den Anspruch, philosophisch ernst genommen zu werden, was die Auseinandersetzung schlicht überflüssig mache.[3]

Dagegen gibt es eine ganze Reihe bedeutender Phänomenologen, die entweder Einzelaspekte der Derrida'schen Kritik würdigen oder die Dekonstruktion für notwendig, wenn nicht sogar als genuin phänomenologisches Programm ansehen. Während Interpreten wie Rudolf Bernet oder Burt C. Hopkins der dekonstruktiven Lektüre Husserls trotz einiger Schwachstellen einen Platz innerhalb der Phänomenologie einräumen,[4] gehen Alan White und Leonard Lawlor so weit, eine von Derrida ausgehende Umwandlung der Phänomenologie anzustreben, weil, wie White argumentiert, es gerade Derridas radikale Strenge des philosophischen Denkens sei,

---

[1] J. Claude Evans, „Indication and Occasional Expressions", in: McKenna, William R und J. Claude Evans (Hrsg.): *Derrida and Phenomenology*. Dordrecht: Springer, 2011, S. 43–60.
[2] Dallas Willard „Is Derrida's View of Ideal Being Rationally Defensible?", in: ebd., S. 23–43.
[3] Diese Haltung wird vertreten von John Scanlon, „Pure Presence: A Modest Proposal", in: ebd., S. 95–102 oder auch Natalie Alexander, „The Hollow Deconstruction of Time", in: ebd., S. 121–150.
[4] Rudolf Bernet, „Derrida and His Master's Voice", in: ebd., S. 1–22; und Burt C. Hopkins, „Husserl and Derrida on the Origin of Geometry", in: ebd., S. 61–94.

die über das Programm einer Philosophie als Wissenschaft hinaustreibe,[5] oder weil, wie bei Lawlor, Derrida in der *différance* nichts anderes zu denken versuche als das Rätsel der Parallelität von empirischem (psychologischem) und transzendentalem Feld, wie es bereits von Husserl thematisiert wurde.[6] Thomas M. Seebohm findet gar den „Beweis" für die phänomenologische Grundhaltung der Dekonstruktion in dem Umstand, dass Derrida in seinem Bemühen, die konstitutive Rolle der Abwesenheit in den Mittelpunkt der Untersuchung zu stellen, von Husserl selbst in dessen späten Manuskripten (die Derrida in der Phase seiner Husserl-Kritik nicht zugänglich waren) bestätigt wird.[7]

Was nun Richir anbelangt, so gehört er sicherlich zu denjenigen, die Derridas Problematisierung der Husserl'schen Phänomenologie für triftig und notwendig halten. Auch wenn er den späten Derrida ablehnt und den frühen kaum direkt kommentiert, so lässt sich doch zeigen, dass kein anderer Phänomenologe Derridas (vorerst rein programmatische) Kritikpunkte in das von Husserl geforderte philosophische ‚Kleingeld' umgesetzt und die notwendigen phänomenologischen Untersuchungen durchgeführt hat. Bevor wir allerdings diese Verbindungslinien aufzeigen werden, wollen wir noch einen Schritt zurück machen, und die Frage stellen, ob Richir damit dem Poststrukturalismus zuzurechnen ist oder in rundlegenden Fragen von ihm abweicht.

Ist Richirs Phänomenologie als poststrukturalistisch zu bezeichnen? Diese Frage ist nicht einfach zu beantworten. Zunächst aus dem schlichten Grund, da der Poststrukturalismus niemals eine einheitliche Theorie, ein Programm, Manifest oder System entwickelt hat.[8] Deshalb sah sich auch keiner seiner Protagonisten – allen voran Jacques Derrida, Jean-François Lyotard, Gilles Deleuze und mit Einschränkung Michel Foucault (Roland Barthes und Jacques Lacan rechnen wir zu den ‚Übergangsfiguren') – genötigt, sein eignes Denken diesem geistesgeschichtlichen Schlagwort zu unterwerfen. Was bleibt ist die Bezeichnung einer (vor allem französischen) Bewegung zwischen Mitte der 1960er- bis 1980er-Jahre, die ein loses Kollegium von Intellektuellen und ihren Ansätzen umfasst. Den Handbüchern zum Poststrukturalismus[9] zufolge, lässt sich diese Episode modernen Denkens zumindest durch gewisse Grundideen kennzeichnen, an denen jeder seiner Mitstreiter mehr oder weniger Anteil hat. Diese Merkmale seien nun aufgeführt, um sie dann in Bezug auf das Werk Richirs systematisch zu ordnen.

---

[5] Alan White, „Of Grammatolatry: Deconstruction as Rigorous Phenomenology?", in: ebd., S. 103–120.

[6] Leonard Lawlor, „The Relation as the Fundamental Issue in Derrida", in: ebd., S. 151–185.

[7] Thomas M. Seebohm, „The Apodicticity of Absence", in: ebd., S. 185-201.

[8] Deleuzes Versuch einer programmatischen Zusammenstellung der strukturalistischen Grundfiguren bildet hierbei eine der wenigen Ausnahmen. Diese im Grunde bereits poststrukturalistische Reflexion auf den Strukturalismus diskutieren wir in Kap. VIII.

[9] Die folgende Kollektion von Wesensbestimmungen entnehmen wir dem Lehrbuch von Münkler und Roesler, *Poststrukturalismus*. Metzler: Stuttgart/Weimar 2012, vor allem S.VIII-XIV und S. 21–35.

2.1 Phänomenalisierung und Text

Demnach zeichnet sich der Poststrukturalismus durch folgende Grundideen aus: 1.) Kritik und Abgrenzung gegenüber dem klassischen Strukturalismus seit Saussure; 2.) Sprachstruktur als grundlegendes Modell der Analyse; 3.) Ableitbarkeit des Sinns auf Struktureffekte; 4.) Unbeherrschbarkeit der Sprache und des Sinns; 5.) Denken im Ausgang der Differenz und einer ursprünglichen Differenzierungsdynamik; 6.) Spiel der Differenz als strukturales Grundgeschehen; 7.) Kritik und Abgrenzung gegenüber jeder Form von totalisierender Theorie und Denkform; 8.) Kritik und Verabschiedung vom metaphysischen Denken; 9.) Kritik am Logozentrismus und der Orientierung an Präsenzen, Sensibilität für das Andere und die ‚blinden Flecken' einer jeden Struktur/Macht; 10.) Dezentrierung des modernen Subjekts; 11.) Verwandtschaft des Stils, d. h. eines dezidiert nicht-reflexiven Darstellungsstils; 12.) Kritische Reflexion der Moderne; 13.) Kritik und Abgrenzung gegenüber den „drei H's": Hegel, Husserl, Heidegger; 14.) Affinität zur Philosophie Nietzsches.

Inwiefern tritt Richir in seiner Phänomenologie ein poststrukturalistisches Erbe an? Richir hält die Phänomenologie in einigen poststrukturalistischen Kritikpunkten für korrekturbedürftig. Damit teilt er die Auffassung, dass der klassische Strukturalismus einer Formalismuskritik unterzogen werden muss, sofern dieser auf abstraktive Weise einen formalen Zeichenbegriff entwickelt, der auf einer Totalisierung der Struktur und einem naiven Mentalismus beruht, die dieser selbst nicht begründen kann. Damit ist nicht nur der theoretische Gegenstand, sondern auch jedes darin fundierte Denken problematisch. Des Weiteren ist jede Phänomenalisierung, Zeitigungs-/Räumlichungsweise oder Eidetik im Ausgang einer ursprünglichen Differenzialität zu denken. Weil diese jedoch *ursprünglich* ist, muss jede Form der Ordnung, Geschlossenheit und Zentrierung im Ausgang einer Arché oder Teleologie abgelehnt werden. Richir folgt also der Kritik des abendländischen Logozentrismus, der Metaphysik der Präsenz, der Zentralstellung des Subjekts, womit eine Hinwendung zum Anderen, zum Draußen und zur ursprünglichen Pluralität einhergeht. Philosophiehistorisch ergibt sich daraus eine kritische Haltung gegenüber der Moderne, die sich in einer subversiven Kulturtheorie ausspricht: einem Plädoyer und einer Verteidigung des „wilden Sinns" gegenüber verfestigten Konventionen der Tradition. Dieser Kulturkritik entspricht zuletzt das erkenntnistheoretische Postulat der *Unbeherrschbarkeit des Sinns*.

Worin folgt die Richir'sche Phänomenologie dem Poststrukturalismus nicht, bzw. nimmt sie eine ambivalente Position ein? Wer die Texte etwa eines Lacan oder Derrida mit denen Richirs vergleicht, bemerkt sofort, dass letzterer trotz einer gewissen Unzugänglichkeit – die eine Folge der Auseinandersetzung mit differenziellen und dezentralen Strukturen ist – einen eher klassischen philosophisch-analytischen Denkstil pflegt. Nirgendwo wird Richirs Kritik am strukturalen Denken deutlicher als in der Frage des Denkstils. Mag dieser poststrukturalistische ‚Stil' (zu denken und zu schreiben) allerlei dekonstruktiven, experimentellen, literarischen oder subversiven Wert haben – eines hat er für Richir niemals: einen philosophischen Wert im eigentlichen Sinne. Die Absage an die Reflexivität ist nicht bereits durch die Absage an das konstituierende Subjekt gerechtfertigt, wird seine Kritik lauten. Daraus folgt, dass Richir die Strukturalität der Sprache, trotz ihrer Unendlichkeit und dezentralen ‚Streuung' (Dissemination), nicht als Grundbewegung dem Denken methodisch vorschaltet. Das ‚Spiel der Differenzen' bleibt eine dem Denken gegenüber blinde Kombinatorik, wenn sie nicht mit dem Spiel der Einbildungskraft und dem Spiel anonymer Phänomenalisierungen in Beziehung gesetzt wird.

Es ist eine offene, in jedem Einzelfall zu klärende Frage, ob und inwieweit die Poststrukturalisten den klassischen Strukturalismus eigentlich überwunden haben und inwieweit sie ihm in Fortentwicklung gefolgt sind. Zumindest bleibt doch bei den meisten die *symbolische Stiftung* strukturalistischer Elementarlehre in Geltung. Ähnlich verhält es sich auch philosophiehistorisch mit den Hauptfiguren der Auseinandersetzung. Es bleibt fraglich, ob die Poststrukturalisten den postulierten „epistemischen Bruch" mit jeweiligen Philosophien und Wissenschaftsepochen wirklich vollzogen haben, oder ob nicht vielmehr Grundideen von ‚Hauptgegnern' wie Hegel, Heidegger und Husserl in ihr Denken eingegangen sind. Für Richir gilt jedenfalls, dass während sich seine Kritik an Hegel und Heidegger weitestgehend in Einklang mit dem Poststrukturalismus befindet, sich Husserl als Dialogpartner für ein weitergehendes phänomenologisches Differenzdenken durchaus anbietet. Damit – und das wird eine unserer Thesen des ersten Teils sein – folgt Richir einem philosophisch-theoretischen Programm, das von Derrida entwickelt (vornehmlich in den Schriften von *Le problème de la genèse dans la philosophie de Husserl* bis *De la Grammatologie*), von diesem jedoch nicht weiterverfolgt wurde. Die Abwendung von der Phänomenologie erfolgt in gewisser Weise durch den performativen Akt hin zu einer „disseminativen" Dekonstruktion, aber nicht durch letztbegründete Kritik, woraus sich eine Anschlussfähigkeit ergibt.[10]

Worin geht Richir über den so skizzierten Poststrukturalismus hinaus? Die Antworten klangen im vorherigen Teil bereits an. Die wichtigste – vielleicht auch die paradoxeste – Einsicht Richirs gegenüber dem strukturalen Denken besteht in der Erkenntnis, dass sich trotz ursprünglicher Differenz, trotz der Entthronung des Subjekts als Zentrum der Sinnkonstitution und trotz Überwindung der (Re-)Präsenz eine *Reflexivität der Phänomenalität selbst* zeigt. Diese ist zugegebenermaßen anonym, flüchtig, instabil und beruht nicht auf den spontanen Akten eines Selbstbewusstseins. Trotzdem ermöglichen die schon von Saussure beschriebenen Rhythmisierungen von Lautmaterie und Vorstellungsvermögen (in unserer Terminologie zwischen symbolischer Stiftungen und phänomenologischem *Apeiron*) nicht nur „zeichen-machende" Gliederungen (die genaue Übersetzung von „Signifikanz"), oder das unbeherrschbare Spiel der Differenzen in der Dissemination (Derrida), sondern auch *reflektierende Rhythmisierungen, die Echos des Entwurfs und Anspruchs über die Gliederungsbewegung selbst ausspannen*. Dies lässt sich aber nur begreifen, wenn man die ‚Elemente' des Sprachphänomens nicht als distinkte – wenn auch rein differenzielle und im Weiteren unendlich proliferierende –‚Einheiten' betrachtet, sondern ihnen, wie der poststrukturalistisch aufgefassten Struktur selbst, eine nicht allein unendliche, sondern auch *unbestimmte* Offenheit gewährt.

---

[10] Wir kommen in Kap. 2.2.4 auf den Status der Dissemination zurück.

Zum Inhalt der folgenden Kapitel

Die doppelte Kritik an Phänomenologie und Strukturalismus wird zuerst auf der Ebene der *Textualität* des Husserl'schen Denkens aufgenommen (Kap. 2.1.2). Entgegen des Differenzdenkens Heideggers, das in seinem Gestus der Wiederholung der Differenz noch der Metaphysik verhaftet bleibe, so die frühe These, die Richir von Derrida übernimmt, öffne sich Husserl in seinen Forschungsmanuskripten einem Sinn, der noch nicht fixiert, nicht in bereits analysierten Strukturen verankert ist. Diese Offenheit der Struktur, diese „Strukturalität" (Derrida), erzeugt eine Spannung im Werk zwischen ihrem Innenraum (der phänomenologischen ‚Theorie') und ihrem Außen (der unendlichen Aufgabe und Analyse). Richir beschreibt diese Spannung als *Kontakt zwischen dem Maß und dem Maßlosen*. In dieser Kontaktaufnahme besteht die grundlegende Kritik des Richir'schen Denkens an der hermeneutischen Zirkularität und der Ausarbeitung einer Zick-Zack-Bewegung in einem radikalen Sinne. Anders als die Hermeneutik, bedeute Vorgehen im Zick-Zack differential-topologisch vorzugehen, das Denken in seiner Faktizität und „unreinen Differenz" (Derrida) zu erfassen. Der Kontakt wird so zum Ort der Differenzierungen selbst.

Dem Vorgehen im Zick-Zack entspricht korrelativ eine neue Weise der Rezeptivität, der *Lektüre*. Es gilt, gleichsam durch die Fixierungen des Texts ‚hindurchzusehen', d. h. die Fixierung des Denkens in Zeichen bereits als Verschiebung zu begreifen. Die *Fixierung* von *Schöpferischem* ist nämlich in sich eine Doppelbewegung, die in der Artikulation das Zu-Sagende auslöscht. Erst wenn man diese Verschiebung als ursprünglich dezentral versteht, kann die Lektüre der Doppelbewegung folgen. Die psychoanalytische Konzeption einer „gleichschwebenden Aufmerksamkeit" wird von Richir als eine Art *Epoché der Hermeneutik* verstanden, die einen Blick (Verstehen-Wollen) und einen Nicht-Blick (Nicht-Fixieren-Wollen) in sich vereint.

Von diesem Punkt aus wird die *Grammatologie* Derridas als möglicher Ausgangspunkt einer Erneuerung der phänomenologischen Frage expliziert (Kap. 2.2). In der Dekonstruktion bleibt das transzendentale Motiv erhalten, jedoch in seiner klassischen Architektur subvertiert. Fixierung und Überschreitung (Maß und Maßloses) muss laut Derrida als Bewegung, als Durchgang *(parcours)* begriffen werden. Es geht bei diesem „Quasi-Transzendentalen" (Kap. 2.2.2) nicht um eine Neubestimmung, sondern eine ‚Entimmunisierung', um eine Doppelbewegung der Kritik und zugleich der Anwendung, einer Öffnung gegenüber dem Außen, d. h. um die Bedingungen der Möglichkeit *und der Unmöglichkeit*.

Was Derrida in der *Grammatologie* als Urschrift zu fassen versucht (Kap. 2.2.4), ist eine Art der ‚Ursynthese', die der Differenz Drinnen/Draußen vorhergeht, und als differentiell-produktive Doppelbewegung ihren Innenraum je überschreitet und für ihr Außen empfänglich bleibt. Dazu dient der Begriff der Spur, als Stiftungsmoment, der zugleich auf eine konkrete Historie verweist, sich in Idealität fixiert und zugleich für die Distribution der Zeichen verantwortlich ist. Die Spur als ‚Urspur' ist dabei gerade die paradoxe Konstitution eines supplementierten Ursprungs durch das Verschwinden des Ursprungs. Sie ist vielmehr ein Schematismus, keine Ursprungsform, sondern eine Formation der Form selbst.

Die Frage nach der Manifestation dieser Urschrift und Urspur ist zuletzt die Frage nach der *Artikulation und dem Subjekt* (Kap. 2.2.5) derselben. Im Artikulationsgeschehen, so Derrida, müssen nun auch die symbolischen Abwesenheiten mitberücksichtig werden: das *Unbewusst-Werden des Subjekts* in der Verräumlichung der Zeichen und die *Nachträglichkeit* des Sinns in der Verzeitlichung der Zeichenkette. Die Doppelbewegung der Artikulation wird von Derrida – was für Richirs Ansatz leitend ist – als eine Zeitigung/Räumlichung des Sprachlichen beschrieben, dessen Subjekt sich durch Abwesenheit und in einem Begehren nach Präsenz äußert.

2.1.2 *Text als Bewegung*

In „Husserl: Une pensée sans mesure" von 1969 zeigt Richir, wie eine Neulektüre Husserls im Lichte zeitgenössischer Kritik in Angriff genommen werden könnte. Edmund Husserls Werk hat durch die schrittweise Edition der unveröffentlichten Manuskripte die Anforderungen an eine philosophische Interpretation grundlegend verändert. Erlaubte der veröffentlichte und von Husserls zur Veröffentlichung autorisierte Teil eine einigermaßen solide Werkseinteilung in Phasen – des Essentialismus der *Logischen Untersuchungen*; des phänomenologischen Idealismus der *Ideen I* bis zu den *Cartesianischen Meditationen;* und der Phänomenologie der Geschichte in der *Krisis*-Schrift[11] –, so konfrontieren die 40.000 Manuskriptseiten den Leser mit einem anderen Fragehorizont, einem deutlich explorativeren, offeneren, sich an der Problematizität der Fragen orientierenden Denkstil.[12] Diese neue Sicht auf Husserl wurde bereits von Jacques Derrida, der auf die Differenz zwischen *„Genesis und Struktur"* im Werk des Phänomenologen hinwies, thematisiert:

> „Man könnte deshalb sagen [...], daß Husserl durch die Ablehnung des Systems und der spekulativen Geschlossenheit, im Stil seines Denkens für die Geschichtlichkeit des Sinns, für die Möglichkeit seines Werdens schon viel aufmerksamer ist und viel rücksichtsvoller gegenüber dem, was in der Struktur offen bleibt. Und kommt man sogar dazu, die Öffnung der Struktur als ‚struktural', das heißt als wesentlich zu denken, ist man schon zu einer Ordnung übergegangen, die der ersten gegenüber heterogen ist: die Differenz zwischen der minderen – notwendig geschlossenen – Struktur und der Strukturalität einer Öffnung ist vielleicht der nicht zu ortende Ort (*le lieu insituable*), in dem die Philosophie wurzelt."[13]

Was sich hier als Differenz zwischen veröffentlichtem und unveröffentlichtem Werk andeutet, ist eine *verräumlichende Differenz* zwischen einem *Innen*: einem statischen Bereich, in dem die Elemente (das Wissen) durch die Geschlossenheit eindeutiger Bestimmung domestiziert (Definition) und zugleich ‚in Gang' gebracht

---

[11] Vgl. Richir, HPM, S. 779.
[12] Wohlgemerkt richtet sich die Faszination 1969 vor allem auf die damals neu erschienen Husserliana Bände „Zur Phänomenologie des inneren Zeitbewusstseins" (HUA X), „Analysen zur Passiven Synthesis" (HUA XI) und „Philosophie der Arithmetik" (HUA XII).
[13] Derrida, SD, S. 236 f.

2.1 Phänomenalisierung und Text

werden (Funktion) – und einem *Außen*: ein Sich-melden des ‚Anderen' jeder Deskription, des Aus-geschlossenen, Vor-enthaltenen, Einbruch des Unbeherrschbaren und folglich Ort-losen, reine Peripherie, dessen Erfassung und Verortung immer nur *nachträglich* gelingt.

Laut Derrida wäre eine solche Spannung zwischen Struktur und Genese Husserl selbst wahrscheinlich unverständlich geblieben. Sie tritt erst dann zutage, wenn man das Husserl'sche Denken „textualisiert", es als „Gewebe" oder „Terrain"[14] zu analysieren sucht. Erst dann zeigt sich, dass der metaphysische Rahmen klassischer Interpretation unzureichend ist, diese Differenz zu thematisieren.

Richir demonstriert einen solchen Fall eines Interpretationsversuchs, der diesem Rahmen verhaftet bleibt, anhand der Husserl-Lektüre Gérard Granels, der die Ebene der Textualität noch der Ebene der Begriffe unterordnet. In *Le sens du temps et de la perception chez E. Husserl* formuliert Granel eine bis heute weit verbreitete Kritik an der Phänomenologie. Sie würde, entgegen ihres eigenen Anspruchs, eine unvoreingenommene Position gegenüber der Metaphysik und Philosophiegeschichte einnehmen zu können, eben dieses metaphysische ‚Schicksal' lediglich wiederholen. Ihr Gestus der Erforschung von Erfahrung in ihrem unverstellten Zustand sei nach wie vor primär von kulturellen ‚Sporen' durchzogen, welche zu kritisieren sie methodisch außerstande wäre, weshalb die Phänomenologie im Grunde eine Restauration der Metaphysik betreibe, indem sie den Grundsätzen der sogenannten „Geisteswissenschaften" (inklusive der Mathematik) zuletzt die Treue halte.

Richir zeigt nun, dass eine solche Kritik selbst nur möglich ist im Rahmen einer klassisch-metaphysischen Interpretation. Im Falle Granels sei dieser Interpretationsrahmen durch den Heidegger'schen Ansatz präfiguriert. So identifiziert er die Husserl'sche Struktur ursprünglicher Zeitlichkeit von Urimpression, Retention und Protention – d. h. in der inneren Differenz dieses Ursprungs zu sich selbst – mit der *ontologischen Differenz*, die im Falle Husserls als „Intimität des Absoluten"[15] gedacht werde. Die Differenz der Husserl'schen Phänomenologie als Differenz des ‚Selben' oder des ‚Seins' zu interpretieren, ist – trotz einer ursprünglichen Differenzialität – jedoch bereits eine metaphysische Entscheidung für das Ursprüngliche *als Einem*. Die Bewegung des Husserl'schen Textes wird somit in seiner Instabilität und Problematizität – dem Prekären und Provisorischen aller ‚Sätze' dieser Arbeitsphilosophie – zuletzt von Granel doch mit der Forderung nach der *Univozität* ihrer Aussagen und der *Einheit* ihrer Bewegung konfrontiert. Scheint ihm die Kritik im Lichte der ontologischen Differenz bereits ein ‚Differenzdenken' zu gewährleisten, so zeigt sich auf der Ebene des *Textes*, dass diese Interpretationsbewegung in sich metaphysisch ist, weil sie um ein Zentrum organisiert ist. Nichts symbolisiert dies eindrücklicher als Heideggers eigene Titelwahl in der Kehre von *Sein und Zeit* zu *Zeit und Sein*. Wird die Differenz einmal fixiert, ist eine mögliche Überschreitung der Bewegung „blockiert und eingeschlossen in einen Zirkel, in dem das Selbe sich, in sich differierend, unendlich wiederholt".[16] Die ‚Lösung', die Heidegger für dieses

---

[14] Richir, HPM, S. 784 und 797.

[15] Gérard Granel, In Le sens du temps et de la perception chez E. Husserl, S. 70.

[16] Richir, HPM, S. 803. Man achte auf die „Univozität" des Heidegger'schen Sachverhalts etwa im

Problem der Überschreitung anbietet, ist somit die Figur einer Wieder-*kehr* und rekursiven Zentralisierung durch jene die Differenz organisierende „Sache" – zwar als „Sach-verhalt" in sich differenziell, aber dennoch „Seligkeit" fordernd.[17]

Diese Kritik an der Spannung zwischen Differenzialität und Einfachheit des Heidegger'schen Seins zeigt starke Ähnlichkeit mit jener Kritik, die Derrida in der *Grammatologie* an Heidegger übt. Dort bezeichnet er das „Sein" als ein „‚Urwort‘, das transzendentale Wort, das allen anderen Wörtern die Möglichkeit des Wortseins gewährt[...]".[18] Nun ist „Sein" in seiner umfassenden Unbestimmtheit gerade deshalb das „hermeneutische" Zentrum der Frage nach dem Sinn von „Sein", weil es ein „Vor-verständnis" des Seins gibt, das aller Wissenschaft und Metaphysik, gewissermaßen ‚*eingerollt*‘, vorausgeht, und diese Unbestimmtheit doch in konkreten Analysen *ent-wickelt* werden kann. Der Sinn von „Sein" liegt „nicht im Wort ‚Sein‘ auch nicht im Begriff des Seins", sondern ist gebunden an die „Möglichkeit des Wortes überhaupt und an seine irreduzible Einfachheit".[19] Das Denken Heideggers weist, gemäß der *Grammatologie*, in dieser Frage eine Spannung auf. Zum einen sei die Frage nach dem „Sein" einer „alten Linguistik"[20] verhaftet, die es textuell metaphysisch organisiert. Andererseits gäbe es hierin durchaus eine Dimension der Unbestimmtheit, der Befragung und des Abstands. Derrida verweist darauf, dass sich

---

Brief an Pater William J. Richardson: „Das Denken der Kehre *ist* eine Wendung in meinem Denken. Aber diese Wendung erfolgt nicht auf grund einer Änderung des Standpunktes oder gar der Preisgabe der Fragestellung in ‚Sein und Zeit'. Das Denken der Kehre ergibt sich daraus, daß ich bei der zu denkenden Sache ‚Sein und Zeit' *geblieben* bin, d. h. nach der Hinsicht gefragt habe, die schon in ‚Sein und Zeit' unter dem Titel ‚Zeit und Sein' angezeigt wurde.

Die Kehre ist in erster Linie nicht ein Vorgang im fragenden Denken; sie gehört in den durch die Titel ‚Sein und Zeit', ‚Zeit und Sein' genannten Sachverhalt selbst. Darum heißt es im ‚Humanismusbrief' an der angeführten Stelle: Hier kehrt sich das Ganze um.' ‚Das Ganze' – dies sagt: der Sachverhalt von ‚Sein und Zeit', von ‚Zeit und Sein'. Die Kehre spielt im Sachverhalt selbst." (Heidegger, GA 11, S. 149.).

[17] In Bezug auf das methodische Werkzeug der Epoché kommt es unter diesen Voraussetzungen gar zu regelrechten Zirkelschlüssen. Wenn nämlich sich die Epoché, so Granel, *im Ausgang von* der Welt, dem Weltzugang in seiner natürlichen Einstellung, konzeptualisiere, so wäre sie gleichsam ein „Suspens, der in dem, was er suspendiert, suspendiert [wäre]" (Richir, HPM, S. 795.). Damit verdoppelt sich das Unbeteiligt-sein in der Urteilsenthaltung über die Welt zu einem „Unbeteiligtsein (*indifférence*) an sich selbst, d. h. an der Differenz (*différence*) zur Welt, die sein Unbeteiligtsein im Hinblick auf die Welt impliziert" (Granel, *In Le sens du temps et de la perception chez E. Husserl*, S. 95). Die einzige Art der konsequenten Anwendung der phänomenologischen Einstellung ist somit – und dieses Bild wird Richir wiederholt aufgreifen und thematisieren – ein im Grunde undurchführbarer *Traum*. Undurchführbar, weil sich dieser unbeteiligte phänomenologische Blick immer schon der Welt und dem Tod entzogen hat, „diese Umwertung ist", wie Husserl sagt, „Sache unserer vollkommenen Freiheit" (HUA III.1, S. 63).

[18] Derrida, GR, 39. Diese ursprünglich von Freud thematisierten „Urworte" (vgl. Freud GW VIII, S. 213 ff. und GW II/III, S. 323) bezeichnen Signifikanten, die ihr Signifikat dergestalt auf Abstand halten, dass sie mit ihrem Sinn zugleich auch antithetisch ihren Gegensinn umfassen (etwa stark/schwach); eine Unbestimmtheit, die nur kontextuell geklärt werden kann.

[19] Derrida, GR, 39.

[20] Derrida, GR, 39.

2.1 Phänomenalisierung und Text

die „Stimme des Seins" bei Heidegger zuletzt in Schweigen und „A-Phonie"[21] hüllt (wodurch das „Sein" jedoch gerade „Stimme" bleiben wird). Es gibt hier also einen inneren Abstand, der das Urwort sowohl operativ bestätigt als auch der Metaphysik verdächtigt, was eine Bewegung initiiert, die sowohl *einschließt* als auch *überschreitet*. Zwei Einschätzungen Derridas übernimmt Richir an dieser Stelle: 1.) dass Heidegger, trotz einer gewissen Empfänglichkeit für diese Spannung, dazu tendiert ‚diesseits' der (hermeneutischen) Zirkularität zu bleiben; 2.) dass andererseits das „Sein der Bewegung des Zeichens entgeht",[22] und sich Heidegger gegenüber der modernen Linguistik zugleich als Wiederholung eines vor-modernen Gestus einschreibt wie auch kritische Distanz wahrt zu einem der neuen Semiotik innewohnenden Technizismus – eine Distanzierung auf die Richir seinen Begriff des „symbolischen Gestells" aufbauen wird. Kehren wir damit zu Husserl zurück.

Im Vergleich zu Husserl kommt es bei Heidegger also zu einer *Wiederverschließung* der „Multidimensionalität"[23] der phänomenologischen Sprache. Eine Öffnung derselben ist nun aber das zentrale Anliegen Richirs in diesem frühen Ansatz: Die Freilegung einer andersartigen ‚Dimensionalität' des Husserl'schen ‚Gewebes', die sich auf besondere Weise von den – sicherlich ihrerseits erschließenden und aufschlussreichen – Ansätzen Heideggers aber auch Merleau-Pontys unterscheidet. Wie der Titel es bereits andeutet, besteht für Richir die Bewegung des Husserl'schen Denkens nicht im (zirkulären) Einfangen und Einschließen des Maßvollen unter Abspaltung des Maßlosen, sondern im *Kontakt zwischen einem Maß* – in Form einer Sprache, die ein theoretisches ‚Gebäude' errichtet – *und einem Maßlosen*, das die permanente Verflüssigung derartiger Fixierungen verlangt und das die phänomenologische Sprache *methodisch* in den aporetischen Abgrund führt. Dieses von Husserl bereits in den *Logischen Untersuchungen* so genannte und von Richir mehrfach diskutierte Vorgehen im *Zick-Zack* ist also *wesenhaft* von der Idee einer Hermeneutik unterschieden. Hier bildet das Maßlose vielmehr das *Draußen* des Maßvollen, aber nicht als einfache oder ‚reine' Differenz, sondern in einer untrennbaren und *erzeugenden Differenz:* das Maßlose ist das Draußen als das Drinnen des Drinnen. Mit anderen Worten, die phänomenologische Sprache entdeckt die aporetisch-problematische ‚Masse' des Maßlosen als unbedachtes Innen ihres Theorie-Innenraums.[24] Ebenso ist dieser Innenraum – die Möglichkeit einer sprachlichen

---

[21] Derrida, GR, 41.
[22] Ebd.
[23] Richir, HPM, S. 793.
[24] Spätestens an dieser Stelle muss auf einen weiteren Autor aufmerksam gemacht werden, der für Richir und Derrida – und alle ihm nachfolgenden Phänomenologengenerationen – eine entscheidende Rolle spielt, und dessen Bedeutung als in jeder Hinsicht erstrangigen Denker in den letzten Jahrzehnten deutlich ans Licht getreten ist: Eugen Fink. In dem für die Derrida'sche Konzeption der *différance* zentralen Aufsatz über „Operative Begriffe in Husserls Phänomenologie" führt Fink eine ähnliche Innen/Außen-Unterscheidung ein, die – nach einer gewissermaßen gestalttheoretischen Metapher – gegenüber dem Feld des phänomenologisch ‚Geklärten' auf die kontrastive Notwendigkeit eines verschatteten Feldes hinweist: „Die klärende Kraft eines Denkens nährt sich aus dem, was im Denk-Schatten verbleibt. In der höchstgesteigerten Reflexivität wirkt immer noch eine Unmittelbarkeit sich aus. Das Denken selbst gründet im Unbedenklichen. Es hat seinen pro-

Fixierung des Phänomenologischen – das Draußen des Draußen, d. h. das Maßlose ist nur in Differenz zu oder im Ausgang von einem Drinnen konstituiert. Das Unbeherrschbare bricht also einerseits erst im sprachlich Fixierten durch, andererseits geht von ihm immer schon der ‚Appell' aus, versprachlicht werden zu wollen (Bedeutsames drückt sich auch nach Derrida in einem Sagen-Wollen, *vouloir-dire*, aus).[25] Eine der für Richir leitenden Ideen hierzu stammt wiederum von Derrida, der in *Die Schrift und die Differenz* den Begriff der „unreinen Differenz" prägt:

> „Indem man die Reinheit in den Begriff der Differenz einführen will, führt man ihn zur Differenzlosigkeit und zur vollen Fülle wieder zurück [...] Man entgeht dem, so scheint es, nur, wenn man die Differenz außerhalb der Bestimmung des Seins als Präsenz, außerhalb der Alternative der Präsenz und der Abwesenheit all dessen, was sie anleiten, denkt, indem man die Differenz als ursprüngliche Unreinheit, das heißt als ‚*différance*' in der endlichen Ökonomie des Selben denkt".[26]

Diese Passage, welche den absoluten Unterschied Hegels[27] mit der Heidegger'schen Differenz verknüpft, wird also von Richir auf Husserl übertragen: „...die Differenz von Maß und Maßlosem ist unrein".[28] Der Gedanke einer ursprünglichen Unreinheit ist gewissermaßen Bedingung der spezifischen ‚Lebendigkeit', die das Vorgehen im Zick-Zack vor jeder hermeneutischen Zirkulation auszeichnen würde. Hier deutet sich bereits an, warum diese Idee einer *dif-férance du Même* für Richir eine zentrale Inspiration ist. Weder das Maß noch das Maßlose *noch ihre Differenz* sind in Gänze erfassbar. Alle Versuche, die ein derartiges Ziel verfolgen, sprechen zuletzt wieder im Namen der ‚Differenzlosigkeit'. Diese reine Totalisierung wird nun nicht allein mit dem Hinweis auf die Unendlichkeit des Maßlosen und *a fortiori* der differentiellen Bewegung, sondern gerade mit dem Hinweis auf die Derrida'sche Endlichkeit: die Endlichkeit einer „Ökonomie des Selben", abgewehrt. Die *différance du Même* versucht dem Sinnüberschuss in jeder ‚Begegnung' Rechnung zu

---

duktiven Schwung im unbedenklichen Gebrauch von verschatteten Begriffen." (Eugen Fink, Operative Begriffe in Husserls Phänomenologie, in: Zeitschrift für philosophische Forschung, Bd. 11, H. 3 (Jul. – Sep., 1957), pp. 325) Es gibt also eine „verborgene Dialektik" (Ebd., S. 337) dieser operativen Begriffe, die nicht nur einen Dualismus von aufgeklärtem Innenraum und unbedachten Außen kennt, sondern ein dialektisches Draußen als Implizität operativer Begriffe in der klärenden Reflexion, als ein Drinnen des Drinnen thematisiert. Siehe zur Bedeutung Finks für Derrida auch Hans-Dieter Gondeks Kapitel über Derridas Verhältnis zur Phänomenologie, in: Tengelyi, Gondek, Neue Phänomenologie in Frankreich, Suhrkamp 2011, S. 391–432; und Jean-Claude Höfliger, Jacques Derridas Husserl-Lektüren, Würzburg, Königshausen und Neumann 1995, besonders S. 15–41.

[25] Derrida, Die Stimme und das Phänomen: S. 28.
[26] Derrida, SD, S. 378, Fn.
[27] „Dieser Unterschied ist der Unterschied *an und für sich*, der *absolute* Unterschied, *der Unterschied des Wesens*. – Er ist der Unterschied an und für sich, nicht Unterschied durch eine Äußerliches, sondern *sich auf sich beziehender*, also *einfacher* Unterschied. – Es ist wesentlich, den absoluten Unterschied als *einfachen* zu fassen." (Hegel, *Wissenschaft der Logik. Zweiter Teil*, Werke Band 6, S. 46.
[28] Richir, HPM, S. 801.

2.1 Phänomenalisierung und Text

tragen, während sich der Sinn im hermeneutischen Denken durch das jeweilige Vorverständnis bereits „auf Distanz nährt".[29]

Richir nimmt also nicht aufs Geratewohl seine phänomenologische ‚Arbeit' auf, sondern sucht mit diesen Reflexionen zur Architektonik (*avant la lettre*) oder Topologie des Husserl'schen Werks nach einem andersartigen – von Derrida vorbereiteten – *ursprünglichen Abstand*, aus dem die Differenzen, die Husserls Denken antreiben, allererst entspringen. Diese Reflexion über den verborgenen Werkscharakter dieses die phänomenologische Bewegung stiftenden Textes führt zuletzt auf das Problem des *Zugangs*. Nicht nur die Interpretation muss die Bewegung des Denkens in sich aufnehmen, sondern bereits die *Lektüre*. Den Ansatz zu einer solchen Praxis, hatte Richir bereits ein Jahr zuvor als „Prolegomena zu einer Theorie der Lektüre" ausgearbeitet.

Bereits auf der Ebene der Lektüre stellt sich die Frage, wie sich das Lesen „der Textualität des Textes öffnen kann".[30] Wenn eine methodische Öffnung (gegenüber einer neuartigen Multidimensionalität und Lebendigkeit des Denkens) aufgezeigt werden muss, damit der ‚Kontakt' zwischen Leser und Text hergestellt und ausgewiesen werden kann, dann betrifft diese Forderung zuletzt nicht allein den Husserl'schen Text, auch nicht einfach die Textgattung philosophischer Texte im engeren Sinne, sondern alle ‚Erzeugnisse', die eine Kultur hervorbringt und die sie ‚entziffern' kann, also auf das, was Richir – im Singular – die *symbolische Stiftung* nennen wird.

Die Aporie dabei ist folgende: Ist das Lesen selbst eine Bewegung, eine Praxis, sich dem Maßlosen zu öffnen, sich in hyperbolen ‚Abenteuern' in die Fremdheit des Textes hinauszuwagen – hier spielen sicherlich die Reflexionen Maurice Blanchots eine implizit prägende Rolle[31] –, dann ist in letzter Konsequenz eine *allgemeine* Theorie der Lektüre unmöglich. Wenn das Lesen sich auf „eine un-endliche Bewegung [bezieht], die von einer Überschreitung fortgerissen wird, welche nicht überschaut (*arraisonné*) werden kann",[32] dann ist jede Form der *Fixierung* gegenüber dieser Bewegung inadäquat: insofern also das Allgemeine eine Stabilisierung der Bewegung *bezweckt*, ist in ihr der Sinn des Unbeherrschbaren bereits *verschoben*.

Diese Verschiebung kommt der Bewegung jedoch *notwendig* zu, denn wäre die Überschreitung als solche unmittelbar gegeben, wäre sie bereits begrifflich beschreib- und fixierbar. Die Bewegung ist aber in sich differentiell, d. h. nicht von ihrem ‚Anderen' (was in ihrem Fall nur eine andere Bewegung sein kann) zu trennen. Richir erkennt in Husserls Schriften, dass sich die Konstruktion eines philoso-

---

[29] Richir, PM, S. 26, fr. S. 22.
[30] Richir, PTL, S. 36. Zu dieser Reziprozität auch Derrida in der Grammatologie: „Wenn das Problem der Lektüre heute im Vordergrund der Wissenschaft steht, so deshalb, weil sie noch unentschieden zwischen zwei Epochen schwankt. Weil wir zu schreiben, auf eine andere Weise zu schreiben beginnen, müssen wir auch das bisher Geschriebene auf andere Weise lesen." (Grammatologie, S. 155.) Für Richir ist der Husserl'sche Text, wie wir sehen werden, gerade weil er zwischen traditioneller und entgrenzender Textualität schwankt – oder besser „schwingt" – von besonderer Bedeutung.
[31] Siehe etwa Blanchot, Maurice: *L'entretien Infini*. Paris: Gallimard, 1986.
[32] Richir PTL, S. 38.

phischen Werks gegen die Masse an Problemen und Fragen durchsetzt, die sie selbst evoziert. Dieses ‚Durchsetzungsvermögen' der konstruktiven Bewegung ist nur möglich, wenn es zugleich zu einer „*Bewegung der Auslöschung*"[33] dieser Masse kommt. Die un-endliche Bewegung wäre somit die *Doppelbewegung* von Konstruktion und Auslöschung, welche keine andere als die der Konstruktion/Auslöschung des Sinns sein kann. Jede Konstruktion, soweit sie *Neues fixiert*, befindet sich notwendig bereits in einer Verschiebung zu sich selbst. Denn jene Bewegung, die Neues brachte, war eine solche der Überschreitung in ihr Draußen, ihr Anderes, ihre eigene Dezentrierung und bedurfte der Eruption der bereits erfassten ‚Gestalt' der Theorie durch das Unbestimmte und Formlose. Und sie betrifft die Kernfrage der Philosophie: „[A]lles Denken hebt sich ab gegen dieses Anderswo, das es ausstreicht, indem es sich konstituiert".[34]

Wie also den Zugang zu dieser Spur finden? Zum einen gilt es, nach dem Gesagten, dem Denken in seiner Bewegung zu *folgen*. Weder die Fixierung in einem System noch die Meditation über die ‚reine' Formlosigkeit des Mannigfaltigen sind gangbare Wege, da sie beide jeweils Arten der Präsenz des Gegebenen unterstellen. Vielmehr soll ein Verhältnis zur *Doppel*-bewegung gewonnen werden, die ermöglicht, den Kontakt mit dem eigenen Draußen zu beurteilen. Laut Richir finden wir in Husserl ein solches Denken, das in besonderem Maße die Hyperbel in das Unbestimmbare und Unbeherrschbare seiner selbst vollzieht. Dies mag überraschen, scheint doch das phänomenologische Denken *auf den ersten Blick* von einem Netzwerk universaler Teleologie durchdrungen zu sein. Wie also den Blick schärfen für die Bewegung, die dem Blick zu entgehen scheint?

Richirs Antwort rekurriert auf die psychoanalytische Praxis der Entzifferung: es gilt, sich dem Text mit „gleichschwebender Aufmerksamkeit" (franz.: „attention *librement* flottante") zu nähern. Und in der Tat beschreibt Freud diese Technik als Entzifferungspraxis, die der Naivität der Doppelbewegung von Konstruktion und Auslöschung entgegenwirken soll:

„[Diese Technik] lehnt alle Hilfsmittel, [...] selbst das Niederschreiben ab und besteht einfach darin, sich nichts besonders merken zu wollen und allem, was man zu hören bekommt, die nämliche ‚gleichschwebende Aufmerksamkeit' [...] entgegenzubringen. [...] Sowie man nämlich seine Aufmerksamkeit absichtlich bis zu einer gewissen Höhe anspannt, beginnt man auch unter dem dargebotenen Materiale auszuwählen; *man fixiert das eine Stück besonders scharf, eliminiert dafür ein anderes* [...] Man darf nicht darauf vergessen, daß man ja zumeist Dinge zu hören bekommt, deren Bedeutung erst *nachträglich* erkannt wird."[35]

Für Richir bedeutet dies, von Inhalt und Thesen der Husserl'schen Schriften abzusehen – was nicht bedeutet, den Blick für die Differenz von Thematischem und Athematischem zu verlieren –, um der Bewegung des Textes zu folgen. „Folgen" bedeutet hier jedoch nicht, dass „sich die Lektüre notwendigerweise auf ein die Interpretation leitendes hermeneutisches Zentrum stützen muss",[36] sondern das Arti-

---

[33] Richir, PTL, S. 39.
[34] Richir, PTL, S. 40.
[35] Freud, GW VIII, S. 377. (Herv. v. mir – P. F.).
[36] Richir, HPM, S. 805.

2.1 Phänomenalisierung und Text

kulierte in einer Schwebe zu belassen, was seinerseits heißt, den ‚Wert' jener Artikulationen in Klammern zu setzen. Es gilt demnach, die Bewegung der Artikulation einer Epoché zu unterziehen, unter welcher der Sinn als ebenso bereits fixiert wie noch ausstehend betrachtet wird. Es kommt, wie Richir es beschreibt, zu einer Verdoppelung des lesenden Blicks: einem Blick, der den traditionellen Fixierungen des Sinns folgt, und einem Nicht-Blick *(non-regard)*, der sich dem Glauben an einen feststehenden Sinn enthält.[37]

In dieser Epoché des lesenden Blicks tritt die besondere Qualität der Husserl'schen Denkbewegung deutlich hervor. Die Analysen der nachgelassenen Manuskripte sind ebenfalls Fixierungen ihrer phänomenologischen Gehalte und bleiben zugleich, bezüglich des Werts dieser Gehalte, in der Schwebe. Nun ist es eine Sache, dass diese Gedanken von Husserl *nachträglich* im Verlauf seines Lebens plötzlich wieder von Bedeutung sein können; eine andere ist es, dass sich diese Analysen in ihrer Strenge der Unbestimmtheit des Sinns aus-setzen, d. h. hyperbolisch sind. Denn damit öffnen sie sich einem „überschüssigen Nichts *(rien excédentaire)*" des In-finiten, In-formellen, In-determinierten, was aus Husserls Text, so das philosophiegeschichtliche Urteil Richirs, „ohne Zweifel den ersten Text der abendländischen Metaphysik [macht] – zumindest seit Platon und Aristoteles – der sich nicht wieder in einem System verschließen würde".[38]

Diesem Denken, das sich seinem Draußen als einem unbestimmt Unendlichen öffnet, kommt in seiner Unbeherrschbarkeit auch kein Wesen, keine Spezifität zu. Das Denken auf spezifische Weise zu befragen, bliebe ohne Antwort, weil jede Form eines Antwortcharakters lediglich Ausdruck einer *symbolischen Tautologie* von Denken und Sein wäre.

An diesem wohl tiefsten Punkt der Hyperbel drängt sich allerdings die Frage auf, wie sich das gehaltvolle Schöpfen aus diesem „überschüssigen *Nichts*" noch von einer *rein* informellen Spielerei unterscheidet. Wie soll verhindert werden, dass der Sinn von der Masse an Unbestimmtheit verschlungen wird? Darauf ist zunächst zu antworten, dass es in der Tat keine Versicherung für das Gelingen (die Stiftung) eines Sinns gibt, und er prinzipiell vom ‚Tod' bedroht ist. Dass sich der Sinn in seiner Hyperbel ‚in der Schwebe' hält, bedeutet auch, dass seine Freiheit stets provisorisch, seine Kohärenz prekär bleibt, ständig in der Gefahr sich im Nicht-Sinn „zu verausgaben".[39] Wie also lässt sich erkennen, ob ein Sinn bereits im Nicht-Sinn implodiert ist? *Auf den ersten Blick* gar nicht, wenn dies meinte, ihn in seiner definitiven – einer bestimmten Interpretation bereits unterworfenen, d. h. gewissermaßen zeitlosen – Gestalt zu betrachten. Ob er sich trotz der Schwebe *zu sich* verhält, ist hingegen eine Frage *seiner* Zeitigung.

Die begriffliche Fixierung kann die Arbeit des Denkens nicht ersetzen. Ob ein Sinn über den Augenblick seiner Erfassung hinaus „seine Gegenwart, seine Vergangenheit und seine Zukunft konstituiert",[40] hängt von einem Denken ab, das es ihm

---

[37] Vgl. Richir, PTL, S. 42.
[38] Richir, HPM, S. 805.
[39] Richir, PTL, S. 44.
[40] Richir, PTL, S. 44.

‚erlaubt', auf sich selbst zurückzukommen, d. h. trotz seiner Fixierung in einer Konstruktion, trotz eines ‚Platzes' in tradierten Ordnungen, trotz der Zeitlosigkeit und symbolischen ‚Einbettung' *in derselben Denkbewegung,* diesen Sinnstiftungen keinen Glauben schenkt und empfänglich dafür bleibt, sich von seiner möglichen Selbstheit – im Sinne der Ausbildung einer eigenen Zeitlichkeit – überraschen zu lassen. In diesem Moment erweisen sich die Doppelbewegung des Lesens und des Schreibens als eine einheitliche Bewegung: „die Lektüre, wenn sie in der von uns geforderten Radikalität antwortet, ist eine Schrift".[41] Diese Schrift, in diesem erweiterten Sinne, ist, so Richir, nichts anderes als die von Derrida entwickelte *archi-écriture* oder „Urschrift".

2.2 Phänomenalisierung und *Urschrift*

Um den nötigen kritischen Abstand herstellen zu können, den es braucht, um den operativen Status des strukturalen Denkens im Werk Richirs bestimmen zu können, werden wir die *Grammatologie* Derridas bis zu jenem Punkt ausarbeiten, an dem eine „quasi-transzendentale Ästhetik" formuliert wird, welche uns die Grundbegriffe des symbolischen Registers – des Unbewussten und der Nachträglichkeit – und ihrer Funktionen in der Gegenwärtigkeit der Anschauung liefert. Dieser Gedanke einer ursprünglichen Zeitigung/Räumlichung wird von Richir für einen eigenen Ansatz fruchtbar gemacht, während der Status eines genuin nichtphänomenologischen Symbolischen auf originelle Weise präzisiert wird.

2.2.1 Leitfaden

Für den Phänomenologen mag es überraschend sein zu erfahren, dass sich Richirs Interesse am ‚ersten Derrida' weniger auf die Auseinandersetzung mit Husserl, und dessen Begriff der Genese, des Ursprungs der Geometrie oder der impliziten Metaphysik der Stimme bezieht, als auf die Idee einer Urschrift.[42] Laut Richir ist es genau dieser Gedanke, den er in seiner eigenen Konzeption eines Schematismus der Phänomenalisierung auf neue Weise thematisiert und ausarbeitet. Dieser enge Bezug zwischen dem frühen Derrida und Richirs Umgestaltung der Phänomenologie, verlangt einerseits nach einer eingehenden Untersuchung dieses gemeinsamen Ausgangspunktes. Wenn wir andererseits in dieser Arbeit versuchen, Richirs Begriff des Symbolischen im Verhältnis zum phänomenologischen Feld zu klären, und wenn das ‚Scharnier' dieses Verhältnisses – der Schematismus des Sprachphänomens – bereits in Derridas Urschrift angelegt ist, ist es für den Gang der Untersuchung

---

[41] Richir, PTL, S. 52.

[42] Möglicherweise ist das bereits eine Reaktion auf Robert Alexanders Ausarbeitungen zu weitreichenden Bezügen zwischen Richir und Derrida in *Phénoménologie de l'espace-temps*.

entscheidend, einen Leitfaden zu finden, der uns erlaubt, das Symbolische bei Richir *auf Abstand* zu dessen eigenen thematischen Analysen desselben beschreiben zu können. Und tatsächlich bietet uns Derrida in Bezug auf die Urschrift einen ‚quasi-transzendentalen' Leitfaden an, der eine Ästhetik dieser „transzendentalen Erfahrung" als Bewegung der Verräumlichung und Zeitigung auszuarbeiten gestattet. Dabei zeigt sich, dass die Psychoanalyse von besonderer Bedeutung ist. Entgegen ihrer eigenen Selbstdarstellung als regionale Wissenschaft, ist ihr eigentliches Thema, laut Derrida, die Frage nach dem Allgemeinen und der Objektivität auf formal-theoretischer Ebene.[43]

Allerdings ist die Transzendentalität der Urschrift keine einfache, sondern gewissermaßen eine ‚durchgestrichene'. Ebenso wie die Idee einer Dekonstruktion es verhindert, den Bezug auf die Tradition und ihre Begriffe gänzlich zu vernichten, bleiben „die Metaphysik", „die Phänomenologie" wie auch „das Transzendentale" innerhalb des Derrida'schen Unternehmens in operativem Gebrauch, während sie zugleich auf Abstand zur Dekonstruktion und zu sich selbst geraten, insofern sich ihr ‚ursprünglicher' Sinn verwandelt. Bevor wir uns der Verräumlichung und Zeitigung bei Richir zuwenden, soll nun behandelt werden, inwiefern also das Archaische der *archi-écriture* transzendentalen Wert haben kann.

2.2.2 Das Quasi-Transzendentale

Das Transzendentale – sei es nun im Kantischen Sinne als „Erkenntnisart von Gegenständen, sofern diese *a priori* möglich sein soll"[44] oder im Husserl'schen Sinne als „Motiv des Rückfragens nach der letzten Quelle aller Erkenntnisbildungen, des Sichbesinnens des Erkennenden auf sich selbst"[45] verstanden – wird traditionell beantwortet und begriffen durch die Aufklärung einer die Erfahrung zentral organisierenden Subjektivität – sei es als transzendentale Apperzeption oder transzendentales Ego. Obwohl Derrida nun diese Form der Subjektivität als metaphysisch motiviert kritisiert, so gibt es doch „nichts, dass die transzendentale oder ontologische Frage diskreditieren könnte"[46] – was ein analytischer Satz der Dekonstruktion ist, denn „[d]ie Dekonstruktion hat notwendigerweise von innen her zu operieren, sich aller subversiven, strategischen und ökonomischen Mittel der alten Struktur zu bedienen, sich ihrer strukturell zu bedienen, das heißt, ohne Atome und Elemente von ihr absondern zu können"[47]; die „größte Totalität" einer solchen Struktur – und somit der letzte Gegenstand der Dekonstruktion – ist „der Begriff der *episteme* und der logozentrischen Metaphysik".[48] Die Frage nach den Bedingungen der Möglichkeit der

---

[43] Derrida, GR,157.
[44] Kant, KrV Einl. VII (168—Rc 83).
[45] Husserl, HUA VI, 100.
[46] Derrida, Paper Machines, S. 92.
[47] Derrida, GR, S. 45.
[48] Derrida, GR, S. 81.

Erfahrung bleibt also auch nach der Kritik des Subjektivismus bestehen. Und obwohl für Derrida jedes Denken des Ursprünglichen, Teleologischen, der Präsenz, der transzendentalen Fundierung überhaupt, dekonstruiert werden muss, bleibt die transzendentale *Frage* eine der wesentlichen Weisen des philosophischen Denkens.

Dabei wird das Transzendentale massiven Umgestaltungen unterzogen, die von einem gewissen inneren Abstand zeugen, welcher von Derrida auch als solcher terminologisch kenntlich gemacht wird. So spricht er vom „Ultra-Transzendentalen"[49] oder später vom „Quasi-Transzendentalen" (ein operatives Präfix, das bei Derrida in vielerlei Weise im Gebrauch ist). Für das Unternehmen der Dekonstruktion bedeutet dies, „daß es ein Diesseits und ein Jenseits der transzendentalen Kritik gibt".[50] Sie überschreitet das Transzendentale, um sich einem Anderen zu öffnen, um sogleich an diesem Ort die transzendentale Perspektive erneut einzunehmen: „Die Rückkehr des Jenseits ins Diesseits verhindern heißt, in der Verzerrung *(contorsion)* die Notwendigkeit eines *Parcours* anzuerkennen."[51] Was identitätslogisch zu paradoxen Aussagen zu führen scheint, ist in der ‚Logik' der *différance* und der Spur die Notwendigkeit einer Bewegung über die Geschlossenheit hinaus, was, wie Derrida bemerkt, durchaus den Anschein einer ‚vorkritischen' methodologischen Blindheit erwecken kann. Diese eigentümliche dekonstruktive Bewegung erscheint daher als *„Doppelbewegung* der Kritik und Anwendung des transzendentalen Motivs".[52] Die Umgestaltung oder Erweiterung des Begriffs des Transzendentalen, welche die terminologischen Markierungen andeuten sollen, besteht folglich nicht aus einer wie auch immer gearteten Neu-*bestimmung* des Transzendentalen, sondern in der ‚hyperbolischen' Bewegung hin zu einem Draußen, im Sinne einer Empfänglichkeit für das Andere des Denkens oder einer *Ent-Immunisierung der transzendentalen Struktur*.

Aus dieser Idee einer Selbstüberschreitung der Transzendentalität formuliert Derrida den paradoxen Gedanken, demnach die Bedingungen der *Möglichkeit* durch die Bedingungen der *Unmöglichkeit* bedingt sind. Die *Ent-Immunisierung* der Struktur ist nur möglich auf dem Weg der selbst-entfremdenden Bewegung entlang des textuellen Parcours, welcher jedoch seinerseits nur als Spur und *différance* gedacht werden kann, und folglich jede ursprüngliche oder teleologische Fundierung *unmöglich* macht.

Dies muss innerhalb des Kantischen Motivs eines *apriorischen* Erkenntnisinteresses ganz und gar unverständlich bleiben. In der Phänomenologie hingegen gibt es bei den Denkern nach Husserl (welcher das Unmögliche nur in Gestalt einer „Evidenz *ex negativo*" begreift), etwa bei Merleau-Ponty oder Levinas, Ansätze *im Ausgang von* der Unmöglichkeit zu denken. Bei Henri Maldiney gewinnt diese Figur deutliche phänomenologische Konkretheit in seiner – für Richir elementaren – Un-

---

[49] Derrida, GR, S.107.
[50] Ebd.
[51] Ebd. Dass in der deutschen Übersetzung der Begriff der „Verzerrung" mit dem Zusatz „(des Diskurses)" versehen wird, ist ein kommentierender Eingriff der Übersetzer in den Text.
[52] Maxime Doyon, The Transcendental Claim of Deconstruction, in: Companion to Derrida. Zeynep Direk und Leonard Lawlor (Hrsg.). Wiley Blackwell, 2014, S. 134. (Herv. v. mir – P. F.).

terscheidung von *transpossibel* und *transpassibel*, welche eine Öffnung hin zum Unvordenklichen (im Ereignis) beschreibt, die eine ‚Über-Empfänglichkeit' für das ‚Jenseits' der eigenen existentiellen Möglichkeiten zur Bedingung hat.[53] Aufgrund dieser ursprünglichen Offenheit bleibt die transzendentale Phänomenologie ein unverzichtbares Moment der Bewegung der Dekonstruktion.[54]

2.2.3 Grammatologie

Wenn also die Urschrift für Marc Richir von besonderem Interesse ist, dann wegen des Versuchs ein Quasi-Transzendentales als ermöglichende Unmöglichkeit der transzendentalen Phänomenologie zu formulieren, mit dem Ziel, den phänomenologischen Lebensbegriff („Lebendigkeit", „Erlebnis", „lebendige Gegenwart" usw.) als *operatives Zentrum* (im Sinne Finks) zu befragen und dessen Zugehörigkeit zur Präsenzmetaphysik zu kritisieren. Dieses operative Zentrum wird nun bei Derrida mit einem zweiten verknüpft: dem operativen Gebrauch eines Phono- oder Logozentrismus im Begriff des Zeichens.[55]

Für Derrida kann die Bedeutung der *Ent-äußerung* der Schrift (die mit der *Ver-innerlichung* des gesprochenen Wortes zusammenfällt) kaum überschätzt werden. Wurde in der modernen Linguistik die traditionell instrumentalistische Bestimmung der Sprache bereits überwunden, so bleibt der Instrumentalismus in Bezug auf die Schrift jedoch ungebrochen erhalten. Als Aufzeichnung des gesprochenen Wortes kommt der Schrift traditionell eine prinzipielle Sekundarität zu, da sie das ‚Innere' der Sprache lediglich in einem ‚Außen' verdoppelt, und so einen „Signifikanten des Signifikanten" produziert. Diese *Topologie* der Entäußerung und Verdoppelung ist nun aber gerade *Ausdruck der ‚ursprünglicheren' Bewegung der Sprache selbst*. In der Schrift ist die Möglichkeit der Hervorbringung von Signifikanten angelegt, die sich nicht mehr auf ein Signifikat beziehen, d. h. jenes ‚Spiel' initiieren, welches das Signifikat in eben dieser Signifikantenproduktion aufgehen lässt. Insofern von „Letztem" oder „Ursprünglichem" *(arché)* überhaupt sinnvoll die Rede sein kann, so sind sie niemals als Signifikate gegeben, sondern nur als überbordendes Hervorquellen von Signifikanten aufzufassen, woraus folgt, dass jeder Ursprung „sich mit seiner eignen Hervorbringung selbst hinwegrafft und auslöscht".[56] Durch die Dekonstruktion des Zeichenbegriffs durch die Schrift entpuppt sich die ursprüngliche Bewegung der Sprache als eine Doppelbewegung: Das „Überborden" *(débordement)* der Signifikanten im Spiel und „Zeichen-Werdens"

---

[53] In Kap. 3.6 gehen wir ausführlich darauf ein.

[54] „Das Denken der Spur kann deshalb so wenig mit einer transzendentalen Phänomenologie brechen wie auf sie reduziert werden." (Derrida, GR, S.108.).

[55] Vgl. Jean-Claude Höfliger, Jacques Derridas Husserl-Lektüren. Würzburg, Könighausen und Neumann: 1995, S. 32.

[56] Derrida, GR, S. 17.

aller Bedeutung ist zugleich die Bewegung der „Auslöschung" (*effacement*) aller signifikativen Fixierungen und Ordnungsstiftungen.

Die entscheidende Konsequenz besteht darin, dass die anonyme Schrift – die als ursprüngliche Differenz ihrer Doppelbewegung und als Sekundarität der Gegenwärtigkeit oder Präsenz unfähig ist – nun als Supplement des lebendig gesprochenen Wortes, d. h. der Anwesenheit des Logos, fungiert. Wenn jedoch das ‚gegenwärtige' Vernehmen des Logos keine einfache Anwesenheit ist – was noch zu zeigen wäre –, würde die Schrift als Supplement eines Ursprungs, den es nie *gegeben* hat, die Idee einer absoluten Anwesenheit *allererst* – d h. in der dem Symbolischen wesenhaften Nachträglichkeit – *hervorbringen*. Die strukturelle Bedeutung der Supplementarität läge in der Reziprozität von Vermehrung (Signifikant des Signifikanten) und Annullierung (Präsenz als Tilgung der Spur), und würde so das Spiel der Präsenzen vorantreiben.

Damit gerät der Sinn in eine Schieflage zu sich selbst, und es gilt, eben diese Entfremdung, Dezentrierung oder Entäußerung zu denken:

> „Es scheint so, als ob das, was man Sprache nennt, in seinem Ursprung und an seinem Ende nur ein Moment, ein wesentlicher, aber determinierter Modus, ein Phänomen, ein Aspekt oder eine Art der Schrift sein könnte; und nur im Verlaufe eines Abenteuers – als dieses Abenteuer selbst – konnte es diese Tatsache vergessen machen, d. h. *auf eine falsche Spur bringen*."[57]

Dieses Abenteuer ist für Derrida das Unternehmen der europäischen Geschichte selbst. In der abendländischen Geistesgeschichte kommt es zur eigentümlichen Verflechtung von Metaphysik und Technik, welche in der Bestimmung der Schrift – als technische Verdopplung einer ursprünglichen Präsenz des Logos – ihren *elementaren* Ausdruck findet. Das gegenwärtige Zeitalter, in dem die Metaphysik zu einem bestimmten Ende gelange, zeichne sich, so Derrida, durch eine Erschöpfung des Begriffs der Präsenz aus, wodurch die Nicht-Gegenwärtigkeit und Anonymität der Schrift als das Zugrundeliegende dieses ‚Abenteuers' wieder in den Vordergrund tritt.

Folglich muss das Verhältnis von Sprache und Schrift umgekehrt werden. Zum einen muss gezeigt werden, inwiefern die Kritik der Begriffe des Sinns, der Erfahrung, der Präsenz, der Sprache, der Technik usw. notwendig des *grámma* als „Element der Ur-Synthese im allgemeinen"[58] bedürfen. Zum anderen gilt es, den Begriff der Schrift neu zu definieren, so dass in ihm diejenige Brutstätte der Differenzierung gedacht werden kann, welche die Spaltung von Sprache und Schrift im herkömmlichen Sinne allererst ermöglicht. Zu diesem Zweck muss die Bewegung dieser Spaltung nachgezeichnet werden, um herauszuarbeiten, inwiefern selbst noch der Zeichenbegriff dem metaphysisch-theologischen Denken verhaftet bleibt.

Für Derrida stellt der abendländische Begriff der *Wahrheit* eine problematische Verbindung zwischen Stimme und Logos her, in der die Stimme nicht als ‚reiner' Signifikant des Logos erscheint, sondern als ‚Seelenzustand' vom Ding selbst affi-

---

[57] Derrida, GR, S. 19 f.
[58] Derrida, GR, S. 22.

2.2 Phänomenalisierung und Urschrift

ziert wird. Die *innere* Verknüpfung von Stimme und Psyche reflektiert somit den *inneren* Zusammenhang des Sachverhalts. Die Phone sind folglich *ausgezeichnete* Signifikanten, d. h. bestimmt durch ihre *Nähe* zum Signifikat. Von diesem Moment an kann jeder andere Bezug zum Logos nur als etwas dieser Innerlichkeit *Äußerliches* aufgefasst werden: „Der Signifikant wäre immer schon ein technischer und repräsentierender, wäre nicht sinnkonstituierend. Diese Derivation ist der eigentliche Ursprung des Begriffs des ‚Signifikanten'".[59] Im selben Moment kommt es auf der anderen Seite zur Stiftung der Subjektivität als Innerlichkeit *in der Idealität;* wie Derrida Hegel zitiert, lässt diese Privilegierung der Stimme „das Innere der Gegenstände für das Innere selbst werden".[60] So werden für Derrida alle historischen Kandidaten dieses Phono- und Logozentrismus zu begrifflichen ‚Platzhaltern' ein und derselben ursprünglichen Präsenz.

Dieser Parallelismus der sich gegenseitig äußerlich bleibenden Sphären des Zeichens hat seine Wurzeln in der Differenz von Sinnlichem und Intelligiblem. Es bedarf eines Signifikats, „das als Intelligibles ‚bestehen' kann, noch bevor es ‚herausfällt' und vertrieben wird in die Äußerlichkeit des sinnlichen Diesseits".[61] Das Ergebnis ist die ‚Reinigung' und Verabsolutierung des Signifikats. Die ‚eigentliche' Seite des Zeichens bleibt dem rein intelligiblen Logos zugewandt – dem Wort Gottes.

Diese gnoseologische Bestimmung des Zeichens pflanzt sich fort in den *ontologischen* Horizont der Frage, wo sie Derrida die Mittel an die Hand geben wird, sein eigenes Denken zu artikulieren. Wenn die Exteriorität des Signifikanten oder der Schrift konstitutiv für den Zeichenbegriff ist, so folgt daraus, dass sie *ihrem Wesen nach* heterogen sein müssen: „denn das Signifikat (Sinn oder Ding, Noema oder Realität) ist nicht an sich Signifikant, *Spur;* [...] Das formale Wesen des Signifikats ist die Präsenz, und das Privileg seiner Nähe zum Logos als *phone* ist das Privileg der Präsenz."[62] Um dieses irreduzible Primat des Logos zu umgehen, müsste man ganz auf die Wesensfrage verzichten, wodurch man sich, historisch betrachtet, im Fahrwasser des Nietzscheanischen Unternehmens befände. Dessen Perspektivismus und Kriegserklärung gegenüber der abendländischen Philosophie sind in diesem Sinne eine Autonomisierung des Textes (bzw. der Texte im Plural) und eine „Befreiung des Signifikanten aus seiner Abhängigkeit".[63] Anders als Heidegger behauptete, steht dieser Gestus bereits durchaus außerhalb der Metaphysik. Nietzsches ‚Naivität', so Derrida, besteht dagegen eher in der Naivität seiner postmetaphysischen Utopien – die Illusion, auf die metaphysische Sprache radikal verzichten zu können, zwingt ihn zu diesen Naivitäten.

Gegenüber dieser post-metaphysischen Genealogie des Werdens des Logos als Präsenz, wie sie Nietzsche entwickelte, erscheint die Heidegger'sche Seinsgeschichte als Restitution der Vorrangigkeit des Signifikats.

---

[59] Derrida, GR, S. 25. Übersetzung leicht abgeändert.
[60] Hegel, Ästhetik, III, Einleitung, Werke, Bd. 14, Suhrkamp: Frankfurt 1970, S. 256.
[61] Derrida, GR, S. 28.
[62] Derrida, GR, S. 35.
[63] Derrida, GR, S. 36.

"Es ist kein Zufall, wenn das Denken des Seins als Denken dieses transzendentalen Signifikats sich vornehmlich in der Stimme kundtut: das heißt in der Wortsprache. In nächster Nähe zu sich selbst *vernimmt sich* die Stimme – womit zweifellos das Gewissen gemeint ist – als völlige Auslöschung des Signifikanten […] Es ist dies die einzigartige Erfahrung eines Signifikats, das sich zwar spontan aus sich selbst heraus, aber dennoch, als bezeichneter Begriff, im Element der Idealität und der Universalität erzeugt. Der nicht-weltliche Charakter dieser Ausdruckssubstanz ist für diese Idealität konstitutiv. Die Erfahrung, dass der Signifikant in der Stimme erlischt, ist nicht irgendeine beliebige Illusion – denn sie bedingt gerade die Idee der Wahrheit."[64]

Die Erfahrung des ‚Seins' ergibt sich für Derrida aus der Erfahrung dieser Geschlossenheit. In ihr gibt sich das transzendentale Signifikat als Vorverständnis, als Seinsverständnis, in dem „die Stimme des Seins" sich selbst vernimmt. In dieser Hinsicht bleibt Heidegger einer „alten Linguistik"[65] und *a fortiori* der Metaphysik verhaftet. Anderseits jedoch spricht Heidegger vom *Schweigen* dieser Stimme. Die Phonie der Seinsstimme wird mit ihrer „A-Phonie"[66] konfrontiert. In dieser Hinsicht kommt es zum Bruch mit dem Phonozentrismus, kommt es zum Bruch des Seins mit dem Zeichen. Wenn sich allerdings dieses schweigende Sein nur geschichtlich artikuliert, indem der Logos auf seine je eigene Weise die ontologische Differenz von Seiendem und Sein auslegt, wenn das Sein also niemals als transzendentales Signifikat absolut gegeben ist, wenn die Historizität irreduzibel zum Sein gehört, dann schrumpft die Heterogenität zwischen Signifikant und Signifikat zu einem Nichts zusammen.

Nach Derrida gelingt es Heidegger allerdings in einem Moment die semiologische Hyperbel zu vollziehen und das Sein als Spur zu denken. Indem er in einer bestimmten Epoche seines Denkens das Wort „Sein" durchstreicht,[67] markiert er auf der Ebene der Schrift die problematische Gegebenheit und Ursprünglichkeit der Bedingung der Möglichkeit eines transzendentalen Signifikats: „Diese Ausstreichung ist vielmehr die letztmögliche Schrift einer Epoche. Unter den Strichen verschwindet die Präsenz eines transzendentalen Signifikats und bleibt dennoch lesbar."[68]

An diesem Randbezirk oder Saum des Heidegger'schen Denkens lässt Derrida sein Unternehmen der *différance* beginnen. Zu erkennen, dass der Sinn von Sein „je schon in einem eigentlich *unerhörten* Sinn eine determinierte signifikante Spur ist, heißt bestätigen, dass im entscheidenden Begriff der ontisch-ontologischen Diffe-

---

[64] Derrida, GR, S. 38.
[65] Derrida, GR, S. 39.
[66] Derrida, GR, S. 41.
[67] Die 1955 Ernst Jünger gewidmete Schrift „Zur Seinsfrage" erläutert diese Durchstreichung wie folgt: „Das An-wesen wendet sich als solches zum Menschenwesen, worin sich die Zuwendung erst vollendet, insofern jenes, das Menschenwesen, ihrer gedenkt. Der Mensch ist in seinem Wesen das Gedächtnis des Seins, aber des Seins. Dies sagt: das Menschenwesen gehört mit zu dem, was in der kreuzweisen Durchstreichung des Seins das Denken in den Anspruch eines anfänglicheren Geheißes nimmt. An-wesen gründet in der Zu-wendung, die als solche das Menschenwesen in sie verwendet, daß es für sie sich verschwende." (Heidegger GA 9, S. 411.).
[68] Derrida, GR, S. 43.

2.2 Phänomenalisierung und Urschrift

renz *nicht alles in einem Zug zu denken ist"*.[69] Der von Derrida vielfach erläuterte Doppelsinn von „différer" als „aufschieben" und „unterschieden sein" hat hier seinen systematischen Ort. Das Sein als Spur zu denken, bedeutet der Tatsache gerecht zu werden, dass es in seiner Nicht-Gegebenheit *lesbar* ist, und gerade durch die Unmöglichkeit seiner Präsenz sein ursprüngliches „Zeichen-Werden" offenbart. Negativ formuliert liegt der Tod der Spur nicht in seiner Abwesenheit, sondern seiner Unlesbarkeit.

Dieser genealogischen Dekonstruktion der Exilierung der Schrift verlangt nun nach einer systematischen Dekonstruktion moderner Sprachwissenschaft. Bedingung der beschriebenen Bewegung ist eine ursprüngliche grammatologische Verräumlichung, die wir – im Vorgriff auf Richirs Analysen – als *Endo-/Exo-Topologie* bezeichnen wollen. Der Externalisierung geht die Möglichkeit der Unterscheidung drinnen/draußen voraus. Die Leitfrage, die Derrida in Bezug auf Ferdinand de Saussures Entwurf einer allgemeinen Sprachwissenschaft formuliert, lautet:

> „Warum umreißt das Projekt einer *allgemeinen* Linguistik, welches *das innere System im allgemeinen der Sprache im allgemeinen* behandelt, die Grenzen seines Bereichs derart, dass ein *besonderes* System der Schrift, sei es auch noch so bedeutsam, ja tatsächlich universal, als *Äußerlichkeit im allgemeinen* ausgeschlossen wird?"[70]

Die Strategie, mittels derer Saussure die Schrift externalisiert, ist durch klassisch epistemisch-metaphysische Motive geleitet: zum einen die Abgrenzung eines inneren und äußeren Bezirks des Gegenstands; zum anderen die Abgrenzung der Wirklichkeit von ihren Abbildern. Die Exilierung (die Schrift ist dem Innern der Sprache *fremd*), der Repräsentationalismus (die Schrift ist *Abbild* der Sprache) und die Teleologie (*Zweck* der Schrift ist die Darstellung der Sprache) sind allesamt notwendige Voraussetzungen dafür, „dass der Bereich der Linguistik exakt eingegrenzt werden kann, dass sie ein durch *innere* Notwendigkeit geregeltes System ist und über eine in bestimmter Weise geschlossene Struktur verfügt".[71] Wäre dem allerdings so, wäre das Verhältnis zwischen Sprache und Schrift, und die Herrschaft ersterer über letztere, immer schon befriedet und harmonisch. Stattdessen geht für Saussure eine *Gefahr* von der Schrift für die Sprache aus. Das repräsentative ‚Gewand' der Schrift, ihre ‚Einkleidung', entpuppt sich genauer besehen als eine ‚Verkleidung'. War die *innere* Notwendigkeit der Sprache immun gegen ihren Außenbezirk, zeigt sich nun, dass sie durchaus empfänglich und permeabel gegenüber den Bewegungen ihrer ‚reinen' Notationssysteme ist. Bestimmt Saussure beide Bezirke vorerst formal korrekt als „verschiedene Systeme von Zeichen",[72] wird nun die darauffolgende Reziprozität mit dem Vorwurf der Unrechtmäßigkeit, der Irrationalität, der Usurpation, der Tyrannei oder der Verunstaltung in ihrem Kern zurückgewiesen. In Wahrheit, d. h. in Absehung der genannten epistemologischen Vorentscheidungen, gibt es keinen Grund, die Produktion an Differenzen durch die Schrift zu ver-

---

[69] Derrida, GR, S. 44.
[70] Derrida, GR, S. 69.
[71] Derrida, GR, S. 59.
[72] Saussure, GAS, S. 28.

unglimpfen: „Das Draußen unterhält mit dem Drinnen eine Beziehung, die wie immer alles andere als bloß äußerlich ist. Der Sinn des Außen hat sich seit jeher im Innern befunden, war außerhalb des Außen gefangen und umgekehrt".[73] Wenn Saussure kritisiert, dass dieses ‚Spiel', d. h. die differenzielle Bewegung der Schrift auf Seiten der Sprache durchaus Deformationen verursacht – das Äußere im Inneren interveniert –, diese Deformationen jedoch dem ‚natürlichen Spiel' des inneren Bezirks äußerlich sind, so gerät Saussure in einen infiniten Regress, denn der Begriff eines ‚natürlichen Spiels' konstruiert die Tautologie einer Innerlichkeit der Innerlichkeit. Folglich lautet Derridas Antwort:

> „Das System der Schrift im allgemeinen ist dem System der Sprache im allgemeinen nicht äußerlich, außer man lässt zu, dass die Teilung zwischen Äußerem und Innerem Inneres von Innerem und Äußeres von Äußerem scheidet, und zwar so, dass die Immanenz der Sprache wesensmäßig dem Einbruch ihrem eigenen System scheinbar fremder Kräfte ausgesetzt ist."[74]

Bei genauer Lektüre stellt sich nun heraus, dass das Saussure'sche Prinzip der „*Arbitrarität* der Zeichen" dasjenige Gesetz der allgemeinen Linguistik ist, das diese Scheidung in Drinnen und Draußen bereits unterwandert. Die Einsicht in den Sachverhalt, dass es zwischen Signifikant und Signifikat kein ‚natürliches' Band gibt, sondern dessen einziges Wesen in der willkürlichen Konvention liegt, gilt ihrerseits nur für den Bereich *gestifteter* Sprache, d. h. für die Totalität bereits wohl individuierter Zeichen. Der Begriff der Stiftung beginnt hier, besonders in seiner französischen Verwendung als „*institution*", eigentümlich zu schillern, bezieht er sich in diesem Kontext einerseits explizit auf die Arbitrarität als „Vereinbarung" des Zeichens; andererseits als „Stiftung" im phänomenologischen Sinne, d. h. als Instanziierung eines Feldes, innerhalb dessen etwas als etwas erscheinen kann.[75]

Mit einem zweistufigen Argument befreit Derrida nun die Schrift von ihrer Bestimmung als Derivat des gesprochenen Wortes, indem er sie im Gegenteil zur Bedingung der Sprache selbst erklärt. 1.) Wenn die Arbitrarität oder besser *Unmotiviertheit* das Zeichen bestimmt, gibt es nichts, das die Klassifikation oder Hierarchisierung der Signifikantenordnungen (besonders zwischen Phonem und Graphem) motiviert. 2.) Insofern das Zeichen einer Stiftung bedarf, ist die Schrift in einem ursprünglicheren Sinne – als Inskription, als Prägung, als Gravur, als Bahnung etc. – einziger *Garant* dieser Stiftung oder Konvention. Dadurch kommt es zu einer enormen Erweiterung des Schriftbegriffs – die Schrift selbst wird zum ‚Prinzip' der semiotischen Extensionalität:

> „Die Idee der Vereinbarung *(institution)* selbst, also der Arbitrarität des Zeichens, kann vor der Möglichkeit der Schrift und außerhalb ihres Horizontes nicht gedacht werden. Das heißt ganz einfach außerhalb des Horizontes selbst, außerhalb der Welt als dem Raum der Ein-

---

[73] Derrida, GR, S. 62.
[74] Derrida, GR, S. 75.
[75] Entgegen der kontextuell korrekten Übersetzung von „institution" mit „Vereinbarung" (im Sinne einer Zeichenkonvention) in der Grammatologie, werden wir dieses Wort, im Ausblick auf die kommende phänomenologische Auseinandersetzung, mit „Stiftung" übersetzen.

2.2 Phänomenalisierung und Urschrift

schreibung, als Eröffnung der Emission und der räumlichen *Distribution* der Zeichen, des *geregelten Spiels* ihrer – auch ‚lautlichen' – Differenzen."[76]

Derrida überträgt nun die Einsichten, die er aus der Lektüre von Husserls „Ursprung der Geometrie" gewonnen hat, auf die Linguistik Saussures. Die Idee einer (sprachlichen) Konvention oder Stiftung hat zugleich den Sinn einer Idealität und einer historisch konkreten ‚Erstmaligkeit'. Für Husserl bleibt die Frage der Objektivität und Idealität untrennbar mit der Möglichkeit der Aufzeichnung verbunden, insofern diese von den Kontingenzen jeder empirischen Gemeinschaft von Sprechern emanzipiert, und so eine absolute Überlieferung ermöglicht. Doch dieser Schritt ist Emanzipation und Gefährdung zugleich, droht doch der verschriftlichte Sinn – jetzt erhoben in den Rang reiner Virtualität – in der Passivität, der absoluten In-Aktualität seiner Möglichkeit zu versinken. Dadurch zeigt sich aber, dass die Schrift ein *transzendentales Feld* ist, das den Sinn oder das Zeichen in seiner Stiftung allererst ermöglicht, ihm also nicht äußerlich, sondern innerste Eröffnung seiner Objektivität ist. In der Umkehrung eines Satzes von Eugen Fink lässt sich der transzendental-ästhetische Chiasmus wie folgt beschreiben: „Die Schrift ist ebenso Zeitigung/Räumlichung von nicht-zeitlichen/nicht-räumlichen Idealitäten, wie andererseits „gerade die sprachliche Verkörper*barkeit* (*incorpora*bilité) den Sinn un-räumlich und un-zeitlich [macht]".[77] Dies lässt sich auf die Zeichenkonvention übertragen: „Sie hängt ab von der reinen Möglichkeit des Sagens und Schreibens, ist jedoch unabhängig vom Gesagten und Geschriebenen, sofern es in der Welt ist."[78] Nicht der konkrete Ort des Zeichens, wohl aber die Möglichkeit semiologischer Distribution offenbart den transzendentalen Rang der Schrift.

Angesichts dieser Beziehung von Schrift und Sprache verstrickt sich Saussure in Widersprüche. Denn wenn das Graphem als solches Signifikant, seine Stiftung also prinzipiell unmotiviert ist, kann es unmöglich Abbild sein, weil dies auf dem Prinzip der Natürlichkeit oder Ähnlichkeit beruhen würde, es mit anderen Worten bei der Produktion von Zeichen im Allgemeinen dem ‚inneren Bezirk' der Linguistik *äußerlicher* Prinzipien bedürfte.

Erst wenn man den graphischen Signifikanten als Möglichkeit in das Zeichensystem integriert, kann über den transzendentalen Wert der Schrift geurteilt werden. Erst dann zeigt sich, so Derrida, dass der Begriff einer *gestifteten Spur (trace instituée)* die Saussure'schen Widersprüche ins Verhältnis zu setzen fähig ist. Mittels der Spur lässt sich beschreiben, inwiefern die Schrift, obwohl dem *Innern* der Sprache zugehörig, *sich* dieses Innern *entäußert*.

Um die Bewegung der Spur nachvollziehen zu können, setzt Derrida zunächst eine Klammer, die er in einem zweiten Schritt auflöst. So lautet die Bestimmung der Spur: Sie sei ebenso wie das Zeichen *unmotiviert*. Diese Unmotiviertheit drückt sich auf der Ebene der Spur in einem erweiterten Sinne durch ihre Andersheit, ihre Abwesenheit, ihren proto-ontologischen Status aus. Nach Derrida lässt sich die

---

[76] Derrida, GR, S. 78.
[77] Derrida, Ursprung der Geometrie, S. 120.
[78] Derrida, Ursprung der Geometrie, S. 123.

trace instituée „ohne den Gedanken an die Retention der Differenz in der Verweisstruktur nicht denken".[79] Wenn es überhaupt Bezug gibt, so ist die Spur die *Veranderung* dieses Bezugs. Ihr ‚Objekt' ist die differenzierende Bewegung schlechthin: „Es gilt, die Spur vor dem Seienden zu denken. Aber die Bewegung der Spur ist notwendig verborgen, sie entsteht als Verbergung ihrer selbst."[80]

Wenn aber die Schrift qua gestifteter Spur wesentlich Temporalität und Veranderung (Iteration) ist, muss ihre Unmotiviertheit als *Genese* gedacht werden. Und so löst Derrida die zuvor geschlossene Klammer wieder auf: „In Wahrheit gibt es keine unmotivierte Spur: die Spur ist indefinit ihr eigenes Unmotiviert-Werden."[81] Und wenn weiter bei Saussure der Begriff der Arbitrarität genau dort durch den Begriff der Unmotiviertheit konkretisiert wird, wo der Begriff des *Symbols* auf die Univozität einer „natürlichen Beziehung zwischen Bezeichnung und Bezeichnetem"[82] eingegrenzt wird, so lässt sich die Derrida'sche Logik der Spur demgemäß erweitern: „[E]s gibt weder Symbole noch Zeichen, sondern nur ein Zeichen-Werden des Symbols."[83]

Damit ist aber das Zeichen in seinem bestimmten Konventionscharakter aufgehoben, d. h. seine statische Verbindung mit dem transzendentalen Signifikat als solchem aufgekündigt. Der Sinn verweist nun nicht länger auf eine definitive Bedeutung, sondern auf die unbestimmte und abwesende Motivation, die in unbestimmter Weise in der wachsenden Unmotiviertheit der Zeichen ihre Spuren hinterlassen hat. Diese transzendentale Abwesenheit jeglichen transzendentalen Signifikats bezeichnet Derrida nun als *Spiel*, allerdings wiederum in einer radikal erweiterten Bedeutung: nicht als „Spiel in der Welt", sondern als „Spiel der Welt"[84] selbst, als Ur-Genese, auf die alle innerweltlichen Spiele ebenso wie alle Subreptionen eines transzendentalen Signifikats zurückgehen.

2.2.4 Urschrift

Alles läuft somit auf eine Refundierung des Schriftbegriffs hinaus. Die Evidenzen, die Saussure auf der Ebene der Phoneme und Grapheme zur Beurteilung des Verhältnisses von Sprache und Schrift vorführt, sind allesamt abhängig von einem bereits vorausgesetzten konzeptuellen Rahmen. Die Generalisierung des Schriftbegriffs kann folglich nicht innerhalb dieses Rahmens geleistet werden, kann keine „Rehabilitierung" oder „Umkehrung"[85] desselben innerhalb des bestehenden Horizonts sein.

---

[79] Derrida, GR, S. 82.
[80] Ebd.
[81] Derrida, GR, S. 83.
[82] Saussure, GAS, S. 80.
[83] Derrida, GR, S. 83.
[84] Derrida, GR, S. 87/88.
[85] Derrida, GR, S. 98.

2.2 Phänomenalisierung und Urschrift

Der neue Begriff der Urschrift, der *archi-écriture*, soll diese Eingrenzung aufheben. Der Abstand zum herkömmlichen Schriftbegriff würde genau darin bestehen, dass dieser, durch die Forcierung des gesprochenen Worts – gemäß der Metaphysik der Präsenz – die „bedrohliche" und daher „vertriebene", „verworfene", „reduzierte" Seite einer im Grunde ursprünglich egalitären Differenz bezeichnet.[86]

Andererseits kann die gesuchte Urschrift *keine* neue Wissenschaft begründen, da die Bewegung, die sie zu beschreiben sucht, jeder Objektivität (Präsenz) vorhergeht. Derrida geht ausführlich auf die Kopenhagener Schule um L. Hjelmslev und H. J. Uldall ein. Durch eine radikalisierte Formalisierung des Differenzprinzips jenseits der Phonologie versuchen sie eine reine Sprachform, eine reine Einheit zu bestimmen: das *Glossem*, welches jeder Art der Substantialität entbehrt. Im Ergebnis kommt es zu einer Emanzipation vom Primat der Phonologie und dem Postulat ihrer fundierenden Funktion. Wären – so zitiert Derrida das Uldall'sche Argument – gesprochene Sprache und Schrift wahrhafte Ausdruckss*ubstanzen*, wäre der Übergang von der einen zur anderen Substanz notwendig auch ein Wechsel von einer in die andere Sprache. Diese Entsubstantialisierung ist bereits ein großer Fortschritt hin zu dem, was Derrida den grammatologischen Raum nennt. Allerdings bleibt die Kopenhagener Schuler in ihrer Parallelität von Sprache und Schrift auf dem Boden einer von Saussure gestifteten Linguistik stehen. Die Idee der Urschrift geht jedoch über die These der Gleichwertigkeit aller Ausdrucksformen hinaus.

Die Urschrift bezeichnet eine Doppelbewegung, die 1.) die Schematisierung beschreibt, wodurch sich die différance als Formprinzip in allen möglichen Ausdruckssubstanzen manifestiert; und 2.) die Bewegung der sign-function, die den Inhalt an diese Ausdruckssubstanzen bindet.

Die Urschrift beschreibt das, was Richir die *Schematisierung des Sprachphänomens* nennen wird:

> „Die Urschrift, Bewegung der *différance*, irreduzible Ursynthese, die in ein und derselben Möglichkeit zugleich die Temporalisation, das Verhältnis zum Anderen und die Sprache eröffnet, kann, insofern sie die Bedingung für jedes sprachliche System darstellt, nicht selbst ein Teil davon sein und kann ihm folglich nicht als ein Gegenstand einverleibt werden."[87]

Dieses Überschreiten des Gegenstandes als Öffnung zum Anderen, weist die Urschrift als genuin philosophischen Begriff aus. Insofern sie das Außerlinguistische reflektiert, scheint sie auf einen Typus von *Erfahrungsbegriff* zu rekurrieren, wie ihn Husserl als vor-prädikative Erfahrung beschrieb. Aber wie schon andere Begriffe der Tradition ist auch hier der Erfahrungsbegriff in seiner dekonstruktiven Durchstreichung zu lesen. Die Erfahrung als Urschrift hat eine *transzendentale Dimension*, die sie von jener Erfahrung unterscheidet, die als empirische und regional-ontologische Faktizität von der Linguistik im Zuge ihrer Formlaisierung reduziert werden muss.

---

[86] Vgl. Derrida, GR, S. 99.
[87] Derrida, GR, S. 105.

Die Transzendentalität der Urschrift steht nach Derrida in einem Verhältnis zur transzendentalen Phänomenologie Husserls. Was sie jedoch einerseits an dieser verwirft, ist diejenige Form der Transzendentalität, die sich auf einen transzendentalen Ursprung oder eine transzendentale Präsenz bezieht. Im Unterschied dazu verweist die Urschrift auf die *Ur-Spur*, die jeglichen Ursprung nicht nur negiert, sondern auch das Schema für die Notwendigkeit seines Simulacrums liefert: „Die Spur ist nicht nur das Verschwinden des Ursprungs, sondern besagt hier […], dass der Ursprung nicht einmal verschwunden ist, dass die Spur immer nur im Rückgang auf einen Nicht-Ursprung sich konstituiert hat und damit zum Ursprung des Ursprungs gerät."[88] Doch trotz dieses Zuges der Husserl'schen Phänomenologie, die Erfahrung in der lebendigen Gegenwart zu fundieren, gibt es andererseits in ihr eine Phänomenologie ursprünglicher Zeitlichkeit und Intersubjektivität, die über dieses Erbe einer Präsenzmetaphysik hinausgeht. Hier operiert die transzendentale Phänomenologie mit Begriffen der Phänomenalisierung von Nicht-Gegenwärtigem. Diese Frage nach den sich gegenseitig ausschließenden Forderungen der Phänomenologie wird für Marc Richir in seinen Analysen im Zentrum stehen. Die Instabilität der Ambivalenz der verschiedenen Ebenen ist kein Mangel der Theorie, sondern Ursprung der Phänomenologie, und zwar als Phänomenalisierung im Sinne der Urschrift.

Derrida wird seinerseits die Phänomenologie und die moderne Linguistik miteinander verbinden, indem er versucht, die mangelnde Strenge des formalen Differenzbegriffs der ersteren und die vor-phänomenologische Psychologie, von der letztere Gebrauch macht, gegenseitig zu erhellen.

Zum einen gilt es, die Ur-Spur nicht allein als eine Form oder Schema *in* der Welt aufzufassen, sondern als die *Bewegung* einer ‚*Formgebung*' oder *Schematisierung* selbst. Der retentionale Charakter der Zeiterfahrung, wie Husserl ihn beschrieben hat, wäre somit keine Differenzfigur unter anderen, sondern wesentlich für den Bewegungscharakter der Spur verantwortlich. Als „reine Bewegung, welche die Differenz hervorbringt",[89] als „Formation der Form"[90] ist sie nicht an die phänomenal-ontologischen Gehalte der Retentionen gebunden, sondern geht aller Möglichkeit und Wirklichkeit der Gehalte voraus. Sie ist Artikulation/Gliederung in einem transzendentalen Sinne.

Während die Phänomenologie also mit Hilfe der Linguistik dekonstruiert werden muss, gilt es anderenteils, mittels der Phänomenologie die Linguistik ihrerseits von ihrem metaphysischen Erbe des Mentalismus zu befreien. Denn der Signifikant als Lautbild wird von Saussure als ‚psychisches Abbild' eines physischen Lautes verstanden. Durch dieses repräsentationalistische Modell vertritt die Linguistik aber eine Theorie der doppelten Realität: einer inneren und einer äußeren. Mit Husserl lässt sich hingegen zeigen, dass diese Differenz nicht die Realität, sondern das *Erlebnis* betrifft. Der intentionale Inhalt des Lautbildes gehört weder einer inneren noch äußeren Realität an, er ist „nicht-reelle Komponente des Erlebten".[91] Der

---

[88] Derrida, GR, S. 109.
[89] Ebd.
[90] Derrida, GR, S. 110.
[91] Derrida, GR, S. 112.

2.2 Phänomenalisierung und Urschrift

Formbegriff bedarf einer viel weitreichenderen phänomenologischen Begründung als die Differenz äußerer und innerer Erfahrung, sie bedarf einer Theorie der *Phänomenalisierung*:

> „Es gilt [...] zu erkennen, dass die Differenzen [...] hier zwischen den Elementen in Erscheinung treten, besser noch, sie produzieren [...] *Die unerhörte Differenz zwischen dem Erscheinenden und dem Erscheinen [...] ist die Bedingung für alle anderen Differenzen, alle anderen Spuren, sie ist selbst schon eine Spur.*"[92]

An diesem Punkt, wo die Spur selbst noch den Ursprung aller Phänomenalisierung bedeutet, stellt sich die Frage des *Zugangs* und der methodischen Ausweisbarkeit. Wenn Derrida die Urschrift nicht in einem informellen Spiel oder einer ‚negativen Theologie' verlieren will, muss er zeigen, wie diese „unerhörte Differenz zwischen Erscheinendem und Erscheinen" vernommen werden kann. Der methodische Aufstieg von dieser reinen Bewegung der Urschrift als Ur-Spur vollzieht sich in der *Grammatologie* über die Beschreibung einer ursprünglichen *Artikulationsbewegung*, die uns die quasi-transzendentale Ästhetik einer Zeitigung/Räumlichung liefert. Diese Ästhetik wird uns diejenigen Grundbegriffe an die Hand geben, mit deren Hilfe wir mit Richir das transzendentale Feld zwischen dem Symbolischen und dem Phänomenologischen weiter analysieren können.

2.2.5 *Zeitigung/Räumlichung der Schrift*

Um die Frage nach den Artikulationsweisen der Urschrift beantworten zu können, muss, nach Derrida, die quasi- oder ultra-transzendental-phänomenologische Schicht der *différance* (von Erscheinung und Erscheinendem) durch psychoanalytische Begriffe erweitert und zugleich subvertiert werden. Denn der für die Zeitigung zentrale Begriff der *Nachträglichkeit* ebenso wie das für die Räumlichung zentrale *Unbewusste* weisen auf Dimensionen der Urschrift hin, die das Feld der Phänomenologie radikal überschreiten. Deren Form der Nicht-Gegebenheit ist wesenhaft unterschieden von jeder horizonthaften Nicht-Gegebenheit des Phänomens. Sie konstituieren das *Feld des Symbolischen*, welches sich durch dessen eigene Gesetze vom Feld der Idealität und Logizität abhebt und das erst durch eine strukturale Lektüre der Freud'schen Grundideen als eigenständiges ‚Register' formuliert werden konnte. Die phänomenologische Analyse des phänomenologischen ‚Kontakts' mit den Elementen dieses Registers, den *symbolischen Stiftungen*, weist die spezifische Phänomenalisierungsweise auf, welche eine der Instabilitäten des Sprachphänomens offenbart: die unbewussten Prinzipien der Struktur, die bei ursprünglicher Passivität des Sprechens das Simulacrum einer Spontaneität erzeugen.

Die transzendentale Ästhetik der Urschrift geht nun nicht vom Wahrnehmungsphänomen aus, welches, einmal zum Ausgangspunkt der Analyse bestimmt, die Phänomenologie für Derrida zurückfallen lässt in die Metaphysik der Präsenz und

---

[92] Derrida, GR, S. 113. (Herv. v. mir – P. F.).

zentrierten Geschlossenheit, sondern vom Phänomen der *Artikulation*. Wir können folglich von einer transzendentalen ‚Artikulation' sprechen, insofern Derrida diese Möglichkeit der Schrift zur Bedingung der raumzeitlichen Erfahrung bestimmt, durch die sich Raum und Zeit, und die Differenz beider, ursprünglich artikuliert, d. h. gliedert. Die ursprüngliche Möglichkeit der Artikulation stellt die transzendentale Matrix bereit, die zum einen erlaubt eine Kette materialen Erscheinens konstruktiv zu bilden (Signifikant), zum anderen diese Kette sich sedimentieren zu lassen, sei es als psychische oder als materiale ‚Inschrift' (Signifikant eines Signifikats). Ob wir nun die Differenz als Signifikant/Signifikat oder Erscheinung/Erscheinendes denken, entscheidend ist, dass beide Momente irreduzibel miteinander verflochten sind, dass ihre Differenz und Synthese sich gegenseitig produzieren *und* voraussetzen. Wie Derrida Saussure zitiert, wäre „es nicht die gesprochene Rede [...], was dem Menschen natürlich ist, sondern die Fähigkeit, eine Sprache zu schaffen, das heißt ein System unterschiedlicher Zeichen, die unterschiedenen Vorstellungen entsprechen".[93]

Sonach ist die ursprüngliche Möglichkeit der Sprache jener Gegenwart der sich vernehmenden Rede vorgelagert, woraus folgt, dass das Bewusstsein des Sprachlichen „in seinem Ursprung passiv ist",[94] oder, nochmals Saussure: „Die Sprache ist nicht eine Funktion der sprechenden Person; sie ist das Produkt, welches das Individuum in passiver Weise einregistriert *(enregistre)*".[95] Diese eigentümliche Ausdrucksweise eines „Eintrags", einer „Registratur" des Individuums in die Zeichenkette ist eine jener inauguralen Stellen, an der sich die strukturalistische Auffassung vom Subjekt der Sprache konstituiert. (Dieser Begriff des „Registers", des Verzeichnens, der Indexierung, besonders in Bezug auf jene Retroaktivität, die sich in dessen lateinischen Ursprung von „re-gerere" als eines rückwärtsgerichteten Ausführens meldet, wird noch Gegenstand eigener Untersuchungen sein.)[96]

Die ursprüngliche Passivität der Rede verweist auf gleich mehreren Ebenen auf eine *absolute Vergangenheit* der sich artikulierenden *différance*. Ebenso wie der geschichtliche Anfang der Sprache unvordenklich bleibt, ist die Ur-Spur immer schon als artikuliertes ‚Erlebnis' konstituiert, ohne dass man sie je zur Gegebenheit bringen könnte:

> „Diese Passivität bezeichnet auch das Verhältnis zu einer Vergangenheit, zu einem Immerschon-da, das von keiner Reaktivierung des Ursprungs vollständig beherrscht und zur Präsenz wiedererweckt werden könnte. Diese Unmöglichkeit, die Evidenz einer ursprünglichen Präsenz unumschränkt wiederherzustellen verweist uns also auf eine absolute Vergangenheit. Dies aber berechtigt uns *Spur* zu nennen, was sich nicht in der Einfältigkeit einer Gegenwart fassen lässt."[97]

---

[93] Saussure, GAS, S. 12.
[94] Derrida, GR, S. 115.
[95] Saussure, GAS, S. 16.
[96] Wir werden im Kapitel über Lacans „Netze der Überdetermination" (XI.A.) darauf zurückkommen.
[97] Derrida, GR, S. 115 f.

2.2 Phänomenalisierung und Urschrift

Was Derrida hier „absolute Vergangenheit" nennt, und Richir später „transzendentale Vergangenheit" nennen wird, wurde nicht erst von Levinas, sondern bereits von Merleau-Ponty in der *Phänomenologie der Wahrnehmung* thematisiert:

> „Die Reflexion vermag also ihren eigenen vollen Sinn selbst nur dann zu erfassen, wenn sie des unreflektierten Untergrundes eingedenk bleibt, den sie voraussetzt, aus dem sie sich nährt und der für sie so etwas wie eine ursprüngliche Vergangenheit konstituiert, *eine Vergangenheit nämlich, die niemals Gegenwart war.*"[98]

Dieser unreflektierte Untergrund aus dem die Artikulation ‚aufsteigt', um vom Sprecher passiv empfangen zu werden, bildet nun nicht nur eine Vergangenheit aus, die niemals Gegenwart war, sondern auch koextensiv eine ursprüngliche Zukunft, die niemals Gegenwart sein wird. Und anders als bei Heidegger, dessen Sorgestruktur der Zukünftigkeit das Primat gewährt, gilt es, nach Derrida, eine „‚Dialektik' der Protention und der Retention"[99] zu entwickeln, die zum einen das Organisationszentrum der Gegenwart, zum anderen die Prinzipien der Homogenität und Linearität der Zeit in sich zur Aufhebung (im Hegel'schen Sinne) bringt. Letzterer Punkt wurde zuerst von Freud beschrieben, indem dieser zeigte, dass bestimmte traumatische Ereignisse retroaktiv in die Konstitution der Vergangenheit eingreifen, und qua ‚inverser' Kausalität die Ursache auf die Wirkung *folgen* lassen:

> „Dies ist das Problem der nachträglichen Wirkung, von der Freud spricht. Die Temporalität auf die er sich bezieht, kann nicht die einer Phänomenologie des Bewusstseins oder der Präsenz sein…"[100]

Wenn sich die Bewegung der Artikulation in seiner Zeitigung als ursprünglich dezentriert erweist, und das Subjekt in die Rolle einer Passivität verbannt, die ihm unbewusst ist, so sollte man meinen, dass nun zumindest der artikulierte ‚Ertrag' dieser Gliederung dem Bewusstsein zur Verfügung stünde. Derrida zeigt jedoch, dass die Räumlichung, d. h. die Inskription der Glieder in eine gegliederte Ausdehnung – als psychischer ‚Eindruck' oder als graphische Niederschrift – die Vertreibung des Subjekts befördert; eine Vertreibung, der wohlgemerkt niemals eine ‚Heimat' des Subjekts vorausging.

Hat man einmal die Möglichkeit einer Präsenz des Ursprungs durchgestrichen, liegt die Herausforderung darin, Zeitigung und Räumlichung in einer einzigen Doppelbewegung zu denken: „das Raum-Werden der Zeit und das Zeit-Werden des Raumes".[101] Für Derrida ist diese Doppelbewegung selbst, sofern sie Raum und Zeit ‚artikuliert', ein Prozess der Verräumlichung, der einer Phänomenologie – zumindest im Rahmen anschauungsmäßiger Ausweisung – prinzipiell unzugänglich bleibt. Die Verräumlichung gedacht als Schrift konstituiert sich durch das genuin Nicht-Phänomenologische: die nicht wahrnehmbaren Leerstellen, die nicht gegenwärtigen Zäsuren, die nicht bewussten Wiederholungen und Periodisierungen.

---

[98] Merleau-Ponty, Phänomenologie der Wahrnehmung, S. 283. (Herv. v. mir – P. F.).
[99] Derrida, GR, S. 116.
[100] Derrida, GR, S. 117.
[101] Derrida, GR, S. 118.

Hierin deutet sich der Status der Subjektivität im Verhältnis zur Urschrift an. Wenn die wesentliche Bewegung der Schrift das Unmotiviert-Werden des Zeichens ist, dann gilt dasselbe koextensiv vom Subjekt: „Die Verräumlichung der Schrift ist das Abwesend- und Unbewusst-Werden des Subjekts."[102] Und so, wie die Spur durch ihre Nicht-Ursprünglichkeit eben diesen Ursprung supplementiert, so produziert die verräumlichende (unendlich derivierende und zugleich sedimentierende) Bewegung der Schrift das Begehren nach der Präsenz. Das Subjekt wird gedacht als der Mangel eines Ursprungs in der Artikulation, jedoch nicht *in* seinem Verhältnis zu einer Abwesenheit, sondern *als* Verhältnis zu dieser – das Graphem ist, wie Derrida betont, „seinem Wesen nach testamentarisch",[103] bezeugt die Zeugenschaft des Zeugen. Die Spur gebiert das Subjekt gewissermaßen aus seinem eigenen Tod. (Dieser Gedanke hat eine Ähnlichkeit mit Kants Analytik des Erhabenen, wo das eigentliche Selbst-Verhältnis aus dem Scheitern eines Zur-Präsenz-Bringens und eines Sich-in-Verhältnis-Setzens zu dieser Nicht-Präsenz konstituiert wird. Wir werden dieses Rätsel des Erhabenen und des Selbst mit Richir noch ausführlich behandeln.)

Es bleibt am Ende dieses Entwurfs einer quasi-transzendentalen Ästhetik noch festzuhalten, dass das Subjekt sich schließlich durch eine Exo-/Endo-Topologie konstituiert, die ohne die Urschrift nicht zu denken ist. Denn diese ist zugleich im materialen oder psychischen Raum entäußerter Signifikant des Signifikanten wie zugleich Bedingung der Möglichkeit der supplementären Präsenz des gesprochenen Wortes, der Nähe des Selbst zu sich selbst, seiner Innerlichkeit. Diese „Endogenizität" der Spur ist überhaupt die Bedingung, dass sich eine Transzendenz konstituiert:

> „[Die] Spur ist die Eröffnung der ursprünglichen Äußerlichkeit schlechthin, das rätselhafte Verhältnis des Lebendigen zu seinem Anderen und eines Innen zu einem Außen: ist die Verräumlichung. Das Außen [...] würde ohne das gramma, ohne die *différance* als Temporalisation, ohne die in den Sinn der Gegenwart eingeschriebene Nicht-Präsenz des Anderen, ohne das Verhältnis zum Tod als der konkreten Struktur der lebendigen Gegenwart *nicht in Erscheinung treten*."[104]

Mit diesem Durchgang durch Derridas Konzeptualisierung einer Urschrift als Differenzierungsquelle von Zeitlichkeit und Räumlichkeit des transzendentalen Feldes, in dem sich das Subjekt qua Abwesenheit artikuliert, haben wir grundlegende Begrifflichkeiten expliziert, die für Marc Richirs Ausarbeitung einer Neufundierung der Phänomenologie leitend sein werden: Der Idee einer irreduziblen Doppelbewegung, einer Schematisierung und der Spur, die jedem Ursprung vorangeht, einer Endo-Exo-Topologie als Kritik jeder Form von Zentrierung und Geschlossenheit einer Struktur – all dies bereitet Richir den Weg zu einer Phänomenologie des Phänomens bloß als Phänomen, einer Kritik des logischen Denkens als *„dif-férance du Même",* der ursprünglichen Verdrehung jeder Zentralität, zuletzt – und damit wird Richir über Derrida hinausgehen – der Beschreibung einer gestisch-leiblichen Raumzeit als eines *Außen*, eines Ortes einer genuin phänomenologischen Selbstre-

---

[102] Derrida, GR, S. 120.
[103] Ebd.
[104] Derrida, GR, S. 124.

flexivität, einer Logologie, jenseits prädikativer Zuordnung. Diese frühen Ausarbeitungen werden im Folgenden besprochen und auf die Spuren der *différance* hin untersucht.

2.2.6 Dissemination und Textualismus

Zuvor muss allerdings noch geklärt werden, welche Gründe Richir dazu bewegen, Derrida nicht weiter zu folgen und das Spiel der Substitutionen phänomenologisch zu kritisieren. Richir bemerkt an mehreren Stellen, dass Derridas Hinwendung zur „Dissemination" jenen Scheidepunkt markiert, an der sich ihre Wege trennen. Worum handelt es sich dabei?

Dieser Begriff Derridas soll den metaphysischen Rest, der in jeder traditionellen Bestimmung der Mehrdeutigkeit der Zeichen, ihrer Überbestimmung oder *Polysemie* liegt, gemäß der *différance* dekonstruieren. Dass ein Signifikant mehr als nur eine einzige Bedeutung annehmen kann, ist in der Tradition natürlich bemerkt und in den verschiedensten literarischen Gattungen produktiv angewandt worden. Doch erst durch ein Denken der *différance* wird deutlich, inwiefern dieses ‚Spiel' mit der Verschiedenheit der Bedeutungen immer noch im Rahmen eines jeweils *bestimmten semantischen Horizonts* verbleibt. Immer gibt es in der klassischen Polysemie laut Derrida eine sie bestimmende Dialektik oder Logik, d. h. ein Ganzes mit seinem Zentrum und seiner organisierenden Teleologie. Selbst in den postmodernen Differenztheorien lässt sich diese Logizität noch nachweisen. So bleibe nach Derrida das Denken Heideggers, wie bereits erwähnt, zuletzt durch ein „transzendentales Signifikat" – das „Sein" – organisiert. Das andere Extrem finden wir dagegen in Lacan, der trotz des Postulats der Autonomie des Signifikanten dem „Phallus" einen besonderen Status verleiht. Weil aber diesem prinzipiell keine andere Qualität zugeschrieben werden kann als die reine Differenzialität, disqualifiziert Derrida die Zentralstellung des Phallus bei Lacan als „transzendentalen Signifikanten" – ein derartiges Denken als „phallozentristisch".

Trotzdem gibt es nicht erst seit Derrida ein Schreiben der *différance*. Schriftsteller und Poeten wie Joyce, Mallarmé, Kafka oder Sollers haben – gewissermaßen ‚intuitiv' – bereits Texte produziert, in denen sich das Schreiben einem dezentralen und grenzenlosen semantischen Feld aussetzt. Das Grundprinzip, dass in diesem avantgardistischen ‚Stil' zur Erscheinung kommt, nennt Derrida „*Dissemination*". Ob es sich wirklich um ein Prinzip handelt, ist aus Sicht der Dekonstruktion allerdings fraglich. Derrida beschreibt es auch als eine Art zu schreiben, eine ‚Praxis', einen „Allquantor (*operauer de generalité*)" der signifikanten Kette oder auch die Kraft und Form, welche den semantischen Horizont „explodieren (*crever*)" lässt.[105]

Auch auf der Ebene der Textproduktion muss sich die *différance* als semantische ‚Streuung' äußern, wovon wohl Derridas Werk *Glas* das prägnanteste Beispiel gibt. Insofern das ‚Buch' die materiale Kulturform der Urschrift liefert, muss auch diese

---

[105] Siehe Derrida, Positions, S. 61.

von ihren metaphysischen Einheitsprinzipien befreit werden. Demgemäß verzichtet das disseminative Schreiben ebenso auf die Einheit des ‚Stils' wie des Themas oder der Intention. Positiv gewendet steht die Dissemination für die quasi-nietzscheanische „*Bejahung*" *des unendlichen* „*Spiels der Substitution*",[106] oder im psychoanalytischen Kontext: die Bejahung der Kastration als Absage an den Anspruch, mit diesen Substitutionen an ein bedeutsames ‚Ende' gelangen zu müssen.

Weiter sind die Substitutionen in diesem Sinne als Markierungen der Dissemination und nicht der Polysemie zu verstehen. Die Dissemination ist damit *reine Möglichkeit der Markierung des Symbolischen* (die selbst nicht mehr symbolisch integriert werden kann), und dies *Kraft ihrer unkontrollierbaren Wiederholung der Substitution*.

Was nun Richir an diesem Begriff kritisiert, ist Derridas Dekonstruktion der Polysemie *im Ausgang* einer semiotischen ‚Logik':

> „[E]ine sorgfältige Reflexion dessen, was man allgemein unter Polysemie versteht, zeigt nämlich deutlich, daß diese ‚nicht deduzierbar' ist, nicht auf einen Meister-Signifikanten oder ein Meister-Signifikat zurückgeführt werden kann – selbst wenn er recht vage als Sein bezeichnet würde –, dass sie, wie Derrida es ausdrückt, aus einer ursprünglichen ‚Dissemination' hervorgeht, welche man jedoch im Gegensatz zu Derrida in ihrer Bewegung aufgreifen müsste, wollte man nicht die Faktizität der Sinnregungen wiederum auf die träge Faktualität der Zeichen reduzieren."[107]

Richirs Einwand gegenüber Derrida bezieht sich auf Eigenschaften des Sinns, die überhaupt als eine der grundlegenden Entdeckungen der Phänomenologie der Sinnbildung zu gelten haben: *die Reflexivität und Transpassibilität des sich bildenden Sinns*. Insofern der Rest des ersten Teils der hier vorliegenden Untersuchung (Kap. 2.3 und 2.4) der Klärung dieser Momente der Sinnbildung gewidmet sein wird, ist es unmöglich dies schon an dieser Stelle evident zu machen. Soviel sei allerdings vorausgeschickt: Der Sinn ist nicht nur immer schon in das Symbolische ‚verstrickt' und gemäß der *différance* substitutiv ‚disseminiert', sondern auch in Faktizität ‚ausgespannt', weil er in seinem Bildungsprozess der fungierenden Rede ein *verleiblichtes* Phänomen ist. Nicht nur die rein differenzielle Struktur der sprachlichen Zeichen ermöglicht die Kommunikation zwischen den Sinnen, sondern auch seine Reflexivität – eine Reflexivität allerdings, die nicht auf eine allgemeine sinnkonstituierende Instanz (Subjektivität) reduziert werden kann, weil sie sich immer schon in Schieflage zu sich selbst befindet, indem sie, wenn sie sich über den Sinn ‚beugt', zugleich (d. h. gleichursprünglich) einen *Überschuss* (die Differenz des Selben) produziert:

> „Das Rätsel des Sinns ist tatsächlich, daß er ‚fähig' ist, den anderen Sinn zu ver-nehmen (*com-prendre*), auch wenn er unerhört (*inouï*) ist. Und das Rätsel würde weggewischt, wenn man dies damit begründet, daß alle möglichen Sinnregungen aus dem ‚Selben' (*même*) – ‚Sein' oder ‚Gott' – hervorgehen. Zwar ist der Sinn, wenn er da ist, mit einem Schlag [...]

---

[106] Mit dem Hinweis auf Nietzsche verweist Sacha Carlson in seiner Interpretation der Dissemination auf den Einfluss des frühen Deleuze in dieser Frage. Siehe Carlson, *De la composition phénoménologique*, S. 397.

[107] Richir, PM, S. 213; fr. S. 198. Übersetzung modifiziert von mir – P. F.

2.2 Phänomenalisierung und Urschrift

da und zeigt sich gleich bereit, die außersprachlichen Welten [Wesenszusammenhänge der passiven Synthesis] zu vervielfältigen, zu bevölkern oder zu kolonisieren. Dies aber nicht, weil jeder Sinn immer Sinn des Selben ist oder Reduzierung des Anderen auf das Selbe, sondern weil jeder Sinn wegen seiner Transpassibilität von innen heraus jeden anderen Sinn zwar nicht hervorzubringen, aber doch zu *empfangen* vermag. Anders gesagt: weil es in jedem Sinn einen phänomenologischen *Überschuß* an Sinn über ihn ‚selbst' hinaus gibt, der jede Begegnung mit dem Anderen ausmacht. Dieser *Überschuß* ist genau das, was wir als die grundsätzliche Schieflage des Sinns im Verhältnis zu sich selbst bezeichnet haben."[108]

Wie fasst Derrida nun diese ‚Kommunikation' der Sinnregungen auf, wenn er sie in der ursprünglichen Pluralität der Dissemination denkt? Was nach der Dekonstruktion der metaphysisch ‚geregelten' Polysemie übrig bleibt, ist die *ursprüngliche Arbitrarität aller bedeutungsstiftenden Gliederungen* und die end-lose Wiederholung in Form der *Spur*. Gemäß der im Zeichen unbestimmten (an-archischen, a-teleologischen) Differenz tritt an die Stelle eines ‚Ursprungs' die unbeherrschbare ‚Streuung' dieser Spuren, die, *indem diese sich endlos substituieren*, das Simulacrum des Ursprungs allererst konstituieren. Doch die Spuren sind an sich betrachtet nichts, wenn sie nicht *im Prozess* des Sprachlichen – bei Derrida im Schreiben der Urschrift – als Substitutionen *markiert* würden.

Wenn aber die Praxis der Dissemination im Spiel – besser: im ‚Spielen-Lassen' – der Substitutionen besteht, dann gilt es, so Richir, diese Praxis nicht selbst wieder auf die ‚Logik' eines bestimmten Spiels einzugrenzen. Die Urschrift als Schematisierung des Sprachlichen verlangt auch eine Entäußerung und Differenzierung der disseminierenden Praxis selbst. Anders gesagt – und hierin liegt der Hauptunterschied zwischen Derridas und Richirs Sinnbegriff – kennt der Sinn in seiner Bewegung auch das Andere des Spiels der Streuung: das Spiel der *Wiederaufnahme seiner selbst*.

Diese Fähigkeit des Sinns zur Wiederaufnahme von Sinn verweist auf eine verborgene phänomenologische Schicht der symbolisch gestifteten Zeichen. Der Sinn bewegt sich dort weniger als Signifikanten-Effekt, sondern entlang „phänomenologischer Zeichen", wie Richir sie nennt, d. h. entlang Zeichen des *sich* bildenden Sinns (in der proto-ontologischen Proto-Zeitigung/Proto-Räumlichung, also der Flüchtigkeit der Sinngebilde im Stimmungsfeld der Leiblichkeit). Diese hier von Richir beschriebene Selbstheit des Sinns führt nun nicht, wie man vielleicht von Derrida her einwenden wollte, zurück in eine Metaphysik der Präsenz oder lebendigen Gegenwart, sondern auf die ursprüngliche Pluralität von Faktizitäten. Die Ebene dieses phänomenologischen *Apeiron* bietet uns keinen Erkenntnisgrund, der uns als Fundierung der Dissemination dienen könnte, aber es ist das inchoative Feld, auf dass jede symbolische Stiftung – selbst noch im unbeherrschbaren Spiel der Substitutionen – angewiesen bleibt, ohne es zu wissen. Aber noch entscheidender ist der Umstand, dass erst die Vermöglichkeit des Sinns zur reflexiven Wiederaufnahme seiner selbst eine wahrhaft ursprüngliche Pluralität allererst möglich macht. Die Substitutionen verweisen, indem sie disseminative Markierungen sind, zuletzt doch auf das *Eine* oder ‚Ganze', weil ihre Arbitrarität oder ‚Unmotiviertheit'

---

[108] Ebd. Übersetzung modifiziert von mir – P. F.

alles erfasst; wie auch sich ihre disseminativen ‚Möglichkeiten' in reine „Kompossibilitäten" einer universalen Beliebigkeit verwandeln.¹⁰⁹ Erst die Pluralität der Sinnbildungen ermöglicht es von ‚lokalen' Differenzen ohne Verweis auf eine Ganzheit zu sprechen.

Dagegen beruht das Kommunikationsvermögen der Zeichen, das die symbolischen ‚Weckungen' in der Polysemie konstituiert, nicht auf der Reflexivität und Empfänglichkeit des sich bildenden Sinns, sondern auf *Identitäten*. Aus phänomenologischer Sicht ist die Sinn-Identität eine wahrhafte ‚Katastrophe' (im Sinne des Wortursprungs im Griechischen: sein ‚Umschlagspunkt') für den sich bildenden Sinn. Indem sich der Sinn mit sich selbst kurzschließt – d. h. sich seine Vergangenheit (Entwurf) mit seiner Zukunft (Anspruch) identifiziert –, verliert er gerade im Moment seiner Erleuchtung und Selbsttransparenz seine reflexive Mobilität und Empfängnisbereitschaft für andere sich meldende Sinne. In seiner unendlichen Verdichtung zur Idee bliebe von dieser *Implosion* nur ein schwarzes Loch – dieser ‚Einsiedler' vergangener Sinnbildung entzöge sich gänzlich der Vergemeinschaftung mit anderen Sinnen –, wenn nicht die ihn umgebenden Sinnregungen etwas von dieser Katastrophe in sich zurückbehielten. Hier ist der für Richir phänomenologische ‚Ort' der Dissemination: dort, wo die symbolische Stiftung einen Teil der Katastrophe des Abbruchs auffängt, indem sie diese Regungen über den semantischen Horizont, den diese Identität an sich bindet, hinaus *versprengt*:

> „Das ist nun das einzige, was von der Katastrophe übrig bleibt, also das, was wir unter der Explosion verstanden haben, die unmittelbar der Implosion folgt, also die Dissemination der Proto-Protentionen/Proto-Retentionen in Zeichen (diesmal ohne phänomenologische Anführungsstriche), die [...] in offensichtlicher Arbitrarität durch eine ursprüngliche Polysemie geschichtet sind, die bekanntlich für Derrida der eigentliche Grund der ‚Dissemination' ist. Anders gesagt, nachdem das Sprachliche als Schematismus unkenntlich geworden ist, scheint es das ‚Ganze' heimzusuchen, indem es in ihm explodiert, da nun ‚alles' Zeichen geworden ist, oder zumindest dazu tendiert."¹¹⁰

In Analogie zur Physik ließe sich die Funktion der Dissemination als eine Art ‚Leiter' für die Ladungen beschreiben, die eine fixierte Idee durch die Implosion der Sinnbewegung zu verteilen hat. Die Markierungen dieser Ereignisse, die wir als Spuren ihrer ursprünglichen Differenz wiederfinden, zeugen von solchen Katastrophen im Allgemeinen, und genau dies eröffnet die Möglichkeit ihrer phänomenologischen Erforschung.

---

¹⁰⁹ „Durch diese wahrhaft kohärente Verformung verwandeln sich also die phänomenologischen ‚Zeichen', die in der Faktizität des sich bildenden Sinns jeweils kontingent oder faktiziell sind, in Zeichen, [...] Wir sind in einem ‚Reich der Zeichen', wo alles X-Beliebige möglich ist, je nach der Arbitrarität des Ablaufs, der wegen der Auflösung der Transpassibilität unerbittlich wurde und der jede Resonanz außer der willkürlich durch die semiotischen (»ontischen«) Möglichkeiten geregelten ausschließt. Denn die Zeichen sind nur mehr in den Systemen der Kompossibilitäten, die sie zu konstituieren scheinen, Möglichkeiten von Identitäten und Identifikationen und werden wie Werkzeuge dafür gebraucht, wobei sie zwischen der Vorhandenheit von durchweg kombinierbaren Möglichkeiten und der Zuhandenheit im Gebrauch zum Zweck der Identifikation schwanken. Sie scheinen beliebig zur Verfügung zu stehen." (Richir, PM, S. 286; fr. S. 265.).
¹¹⁰ Ebd.

Für Richir ist jedenfalls klar, dass es kein philosophisches Denken *im Ausgang* der Dissemination, d. h. im Ausgang der Bejahung des Spiels der Substitutionen, geben kann. Nicht nur misst die Entgrenzung der Schrift, des Textes oder des Buches dem Nicht-Sinn eine illegitime (d. h. nach den Prinzipien der différance illegitimen) Bedeutung bei, sondern die Reduktion auf reine Arbitrarität und Substitution (Wiederholung) ist eine Reduktion auf das Symbolische – auch wenn Derrida diesen Begriff als Teil der Lacan'schen Ordnung von Imaginärem, Symbolischen und Realen ablehnt –, was sich daran zeigt, dass auch die Dissemination ihren Bezug auf die Totalität nicht abzuschütteln vermag.

2.3 Phänomenalisierung als Doppelbewegung

2.3.1 *Formaler und transzendentaler Raum*

Derrida thematisiert das Verhältnis von Schrift und Idealität bereits in seinem berühmten Kommentar zu Husserls Krisis-Beilage „Der Ursprung der Geometrie": „Nur die Möglichkeit der Schrift sichert die absolute Überlieferungsfähigkeit des Gegenstandes, seine absolute ideale Objektivität und damit die Reinheit seines Bezuges auf eine universale transzendentale Subjektivität."[111] Erst die Schrift als jenes zugleich autonome wie anonyme transzendentale Feld und restlose Virtualisierung ‚leibhafter' (mündlicher) Überlieferung gibt den Blick auf die ursprünglich beseelende transzendentale Intentionalität bei Husserl frei. Der „transzendentale Sinn des Todes" ist ebenso der transzendentale Tod des Sinns: die Unmöglichkeit einer Beseelung, das absolute Scheitern der Reaktivierung. Umgekehrt bezeichnet Husserl den Empfang intentionaler Beseelung der Zeichen als die semiologisch spezifische Form der ‚Leiblichkeit'. So folgert Derrida:

> „Von daher ist die Schrift nicht mehr nur mundanes oder mnemotechnisches Hilfsmittel einer Wahrheit, deren Seinssinn an sich auf jede Dokumentierung verzichten könnte. Für die ideale Objektivität ist die Möglichkeit oder Notwendigkeit graphischer Verleiblichung nicht *äußerlich* und faktisch: sie ist *conditio sine qua non* ihrer *inneren* Vollendung."[112]

Diese Verflechtung von thematischer und sprachlicher Idealität zu denken, wird Husserl – so Derrida – im Rahmen einer Phänomenologie transzendentaler Subjektivität und lebendiger Gegenwart nicht gelingen (eine Phänomenologie der Schrift ist gemäß der *Grammatologie* unmöglich). Erst ein Denken im Ausgang der Differenzialität, der Nicht-Gegebenheit, der Spur, der zeitigenden/räumlichenden Schematisierung kann diese Verflechtung in ihrer Bedeutung befragen.

Richirs Einsatz wird nun darin bestehen, dieses nach-metaphysische Programm *phänomenologisch* umzusetzen. Jedoch kann es weder den Post-Strukturalisten noch den Phänomenologen unmittelbar überzeugen. Denn einerseits bringt Richir

---

[111] Derrida, Ursprung der Geometrie, S. 116.
[112] Derrida, Ursprung der Geometrie, S. 118. (Herv. v. mir – P. F.).

das Pulsieren von Gegebenem und Nicht-Gegebenem in Husserls Denken gerade durch die Kritik strukturaler Geschlossenheit in Bewegung; andererseits phänomenalisiert sich das Phänomen bei Richir in radikal anderer Weise als es die Lehre der leibhaftigen Selbstgegebenheit in Evidenz vorschreibt, weshalb diese Phänomenalisierung ‚aus dem Geiste' der *différance* leicht als strukturalistisch, dialektisch, kurz: unphänomenologisch missverstanden werden kann.

Um zu verstehen, wie Richir, in seinem Aufsatz von 1970 „Le rien enroulé", die Husserl'sche *Epistemologie in ihrer Bewegung* problematisiert – um auf transzendental-logischem Gebiet deren, wie er sie bezeichnet, „*fremdartige Topologie*"[113] theoretisch zu fassen und daraus einen neuartigen Begriff der Phänomenalisierung zu formulieren –, gilt es zunächst formale wie transzendentale Grundbegriffe der Logik genau zu differenzieren. Die topologischen Relationen, das ‚Innen' und ‚Außen' eines Systems ebenso wie die Möglichkeit eines diakritischen Verhältnisses ihrer ‚Elemente', lassen sich nur in dem Maße begründen, wie die logischen Begriffe der *Geschlossenheit*, der *Definitheit* und der *Vollständigkeit* hinreichend geklärt werden.

Husserls *Formale und transzendentale Logik* soll hier zur Untersuchung der „Ganzheitsprobleme" dienen, „soweit sie als formale Probleme zu stellen sind".[114] Diese Frage gehört in den Bereich dessen, was man in der Logik *Mannigfaltigkeitslehre* nennt. Darunter ist nun keine Lehre konkreter oder gegebener Mannigfaltigkeit zu verstehen, sondern eine Reflexion derselben auf „höchster Stufe formaler Logik".[115] Die reine Form möglicher Verknüpfung einer Mannigfaltigkeit thematisierend, ist die Mannigfaltigkeitslehre die „Theorie der möglichen Theorieformen"[116] als deduktiver Systeme. Durch Formalisierung kann so jedes nomologisch-sachhaltige System in eine Mannigfaltigkeit verwandelt werden, in dem nunmehr die reine Form eines möglichen Feldes überhaupt beschrieben wird. Genauer:

> „Es ist nicht schlechthin eine Mannigfaltigkeit überhaupt, was so viel wäre wie eine Menge überhaupt, auch nicht die *Form* ‚unendliche Menge überhaupt', sondern es ist eine Menge, die nur ihre Besonderheit darin hat, daß sie in leerformaler Allgemeinheit gedacht ist als ‚ein' Gebiet, das bestimmt sei durch den vollständigen Inbegriff [von] Postulatformen, also in einer deduktiven Disziplin von [...] durch jene Formalisierung hergeleiteten *Form*."[117]

Doch die Mathematik bleibt bei dieser Formalisierung nicht stehen. Vielmehr kommt es zu einer *Reifizierung* der ‚Form', und zwar in dem Moment, wo die Möglichkeit verwirklicht wird, „solche Systemformen selbst als mathematische Objekte anzusehen".[118] Nach Husserl führt dies zu einer Begriffsverwirrung, indem diese mathematisch beschreibbaren *Formen* nun vornehmlich als „Räume", „Axiome", „Lehrsätze", „Beweise" bezeichnet werden und eine Verobjektivierung erfahren.

---

[113] Richir, RE, S. 5.
[114] Husserl, HUA XVII, S. 105.
[115] Husserl, HUA XVII, S. 93.
[116] Ebd.
[117] Husserl, HUA XVII, S. 97.
[118] Husserl, HUA XVII, ebd.

2.3 Phänomenalisierung als Doppelbewegung

Die Euklidische Geometrie – für Husserl Urstiftung und Ideal der Mathematik – wird also in einem ersten Schritt thematisch *formalisiert*, um dann in einem weiteren als Systemform erneut *verräumlicht* zu werden. Die leerformale „Mannigfaltigkeit" bewahrt den Sinn einer Räumlichkeit, und das aus dem einfachen Grund, da das geometrische *Ideal* im *praktischen* Voranschreiten der Mathematik weiterhin fortbesteht.[119] Das Euklidische System ist demnach nicht deshalb so wirkmächtig, weil es in seiner Sachhaltigkeit alle mathematischen Systeme begründen würde – in dieser Hinsicht ist dieses System eher ausdrucksschwach –, sondern weil es das ‚Ideal' (und Idealität) als solches stiftet: *weil es das apriorische Wesen einer Mannigfaltigkeit als vollständig enthüllt setzt.* Der entscheidende Punkt ist, dass dieser Sinn der Vollständigkeit in den Begriff der „Form" einfließt. Dies ist allererst Bedingung der Möglichkeit, verschiedene „Systemformen" miteinander vergleichen und beurteilen zu können, ob sie „hetero-" oder „äquiform" sind. In Bezug auf diesen Wesenskern des Formbegriffs spricht Husserl von der *Definitheit* einer Mannigfaltigkeit. Auch wenn Husserl – aus formal-logischen Gründen, die hier nicht weiter besprochen werden können[120] – zu Unrecht eine Verwandtschaft seines Begriffs der Definitheit mit dem der „Vollständigkeit" Hilberts postuliert, ist sein Gedanke einer vorausgesetzten, apriorischen Geschlossenheit, welche die Einheit eines „Gebiets" überhaupt gewährleistet, weiterhin zentral. Wir finden hier die Probleme des Eidos, der Eidetik auf formal-logischer Ebene formuliert:

> „In diesem Zusammenhang tritt uns das *Problem* entgegen, was eigentlich rein formal ein in sich abgeschlossenes Axiomensystem als ‚definit' charakterisiert, durch das wirklich eine ‚Mannigfaltigkeit' im prägnanten Sinne definiert wäre. Denn wie ich erkannte, lag in der Intention dieses Begriffes ein verborgener intentionaler Sinn. Mannigfaltigkeit meinte eigentlich die Formidee eines unendlichen Gegenstandsgebietes, für das es Einheit einer theoretischen Erklärung, oder was dasselbe, Einheit einer nomologischen Wissenschaft gibt."[121]

Zum einen ist es entscheidend für unsere Betrachtung, zu sehen, wie Husserl hier auf formaler Stufe eine Historizität der Mathematik beschreibt, wo ursprüngliche Einsicht sich in Sinnimplikationen transponiert, um auf der Ebene mathematisierender Habitualität fortzuwirken. Insofern Theoriebildung für Husserl immer mit einer Weise der *Verunendlichung* eines Gebiets einhergeht, ist auch der Formalismus in der Mathematik als eine Eröffnung oder ein Vorstoß in neue Unendlichkeiten zu verstehen. Jede Ver-unendlichung ist nun *eo ispo* eine Be-grenzung des Vorangegangen. Diese Geschlossenheit wird nun im wissenschaftlichen Fortgang einerseits

---

[119] „Freilich letztlich war doch, wie für die ganze Entwicklung der Mathematik seit dem Altertum, die Geometrie und das sich in ihr bekundende *Euklidische* Ideal leitend. Die Tendenz auf eine ausgezeichnete Prägung des mathematischen Begriffes der Mannigfaltigkeit (und somit auf eine besondere Zielstellung der Mannigfaltigkeitslehre) ging von diesem Ideal aus." (Husserl, HUA XVII, S. 98.).

[120] Siehe dazu Suzanne Bachelard, *La logique de Husserl*, bes. der 2. Remark des 3. Kapitels. Auch Derridas Verständnis des Problems logischer „Geschlossenheit" speist sich aus dieser Quelle; s. Derrida, Ursprung der Geometrie, S. 173.

[121] Husserl, HUA XVII, S. 99.

von außen elidiert, andererseits wirkt sie als regulatives Prinzip im Innern fort. Derrida hat diese Transposition von Apriorizität zur Systematizität genau beschrieben:

> „In der durch die Griechen eröffneten Unendlichkeit kommt es zu einer neuen Verunendlichung, die die frühere Geschlossenheit aufscheinen läßt, nicht jedoch als eine Geschlossenheit, die die Griechen *auf der Schwelle* zur mathematischen Unendlichkeit selber paralysierte, sondern als eine sekundäre, die ihnen *im Innern* des mathematischen Feldes überhaupt Grenzen setzte. Selbst für die Krisis markiert die neuzeitliche Verunendlichung weniger ein echtes Auftauchen als eine Art Wiederauferstehung der Geometrie. Gleichzeitig ist ihre Wiedergeburt nur eine erneute *Obliteration des ersten Geburtsaktes*."[122]

Zum anderen eröffnet Husserl den Blick für eine transzendentale Topologie, in der durch ursprünglich formale Konstitution eines „Gebietes" sich ein Drinnen von einem Draußen scheidet. Eine solche Topologie würde selbst der genannten Kritik zum Opfer fallen (Topologie in Anwendung auf formale und transzendentale Logik würde ihrerseits Apriorizität und Systematizität ihrer jeweiligen Stiftungen vermengen), wäre sie nicht – so wie sie Richir ausarbeitet – *phänomenologisch* fundiert. Im Folgenden wird also darzustellen sein, wie sein Ansatz als eine Analyse des Idealen *in seinem Bezug* zur ursprünglich sinnbildenden Ebene verstanden werden muss, d. h. als Bewegung der Phänomenalisierung selbst.

2.3.2 Topologie der logischen Denkerlebnisse

Bei Husserl führen die oben dargestellten Überlegungen zur formalen und transzendentalen Logik bekanntlich zur Diagnose einer Krise der europäischen Wissenschaften, deren Kern darin besteht, dass ein Verlust des ursprünglichen Sinns, eine „Sinnentleerung" in der modernen Wissenschaft beklagt wird. Eine für die Wissenschaft entscheidende Rolle kommt dabei dem Übergang von der Urstiftung einer „Welt der Mathematik" hin zur Neustiftung einer *mathematisierbaren* Welt in der Neuzeit zu: „Diese Arithmetisierung der Geometrie führt wie von selbst in gewisser Weise zur Entleerung des Sinnes. Die wirklich raumzeitlichen Idealitäten, so wie sie sich unter dem üblichen Titel ‚reine Anschauungen' im geometrischen Denken originär darstellen, verwandeln sich sozusagen in pure Zahlgestalten, in algebraische Gebilde."[123]

Es geht bei dieser Kritik nicht um die naive Verteidigung eines Intuitionismus gegenüber der fortschreitenden Mathematisierung der kosmologischen Wissenschaften. Vielmehr gilt es, die Transposition der ursprünglichen Idealität als anschaulich-geometrische in eine arithmetische oder gar leerformale zu erfassen. Nach dem Ausstreichen des ursprünglichen ‚Geburtsaktes' kommt es zur Äquivokation des ursprünglich univoken Begriffs des Idealen.[124] Und so wechseln der

---

[122] Derrida, Ursprung der Geometrie, S. 173. (Herv. v. mir – P. F.).

[123] Husserl, HUA VI, S. 44.

[124] Derrida behauptet, Husserl würde den „Imperativ der Univozität" (Derrida, Husserls Weg in die Geschichte am Leitfaden der Geometrie, S. 133, fr.101) den Vorrang geben, während die Äquivo-

2.3 Phänomenalisierung als Doppelbewegung

Mathematiker und der die Welt mathematisierende Physiker zwischen arithmetischer und raumzeitlicher Idealität hin und her. Sie übersetzen die reinen Anschauungen in rein arithmetische Form, um den Leistungen dieses syntaktischen Denkens (des reinen Rechnens) zuletzt wieder den Wert eines anschaulichen Sinns zu verleihen.

Das in diesem Sinne ‚mechanische' Denken realisiert sich jedoch in symbolischer Transposition, „mit einem unvermerkt verschobenen ‚symbolischen' Sinn".[125] Diese symbolische Verschiebung hat Richir im Blick, wenn er die Husserl'sche ‚Spur' der Sinnentleerung mit einer Derrida'schen Formulierung als „Zeichen-Werden des logischen Objekts *(devenir-signe des objets logiques)*" bezeichnet: „Das wissenschaftliche Denken wäre deshalb in der Krise, weil es mehr und mehr funktioniert wie eine (automatische) ‚Maschine', welche mit Zeichen operiert, die ihrerseits wiederum durch operationale (technische) Regeln bestimmt sind."[126]

Dieses ‚technische Denken' erläutert Richir nun mit jener Zentralmetapher des formalistischen Systems: dem *Schachspiel*. Er verweist auf Wittgenstein, der in der Konzeption des ‚Sprachspiels' die Analogie zum Schachspiel zieht.[127] Er hätte ebenso gut Saussure oder auch Husserl zitieren können:

> „Man operiert mit Buchstaben, Verbindungs- und Beziehungszeichen (+, ×, = usw.) und nach Spielregeln ihrer Zusammenordnung, in der Tat im Wesentlichen nicht anders wie im Karten- oder Schachspiel. Das ursprüngliche Denken, das diesem technischen Verfahren eigentlich Sinn und den regelrechten Ergebnissen Wahrheit gibt […], ist hier ausgeschaltet".[128]

Diesem Denken wird so sein „symbolisches Analogon" untergeschoben, um so „die Definitionen von Mannigfaltigkeiten mit bloßen Spielregeln zu bestreiten."[129] Erinnern wir uns kurz an Saussures Konzeption des Zeichensystems. Jener „Symbolismus" speist sich aus dem, was dieser als Grundprinzipien der linguistischen ‚Form' setzt: Strukturale Einheiten sind reine Differenzen ohne positive Einzelglieder, haben keinerlei Substanzialität.[130] Anders gesagt besitzen die so bestimmten Objekte kein ‚*Inneres*', kein ‚*An-sich*'. Saussures formale Definition lautet: „Die charakteristischen Eigenheiten (die Differenzen) der Einheit fließen mit der Einheit selbst zusammen."[131] Die Einheit geht in ihrem relationalen Wert auf, der sich durch

---

zität für ihn den Abgrund aller Verwirrung repräsentiere. Gewiss wirkt das epistemische Ideal der Univozität auf die Phänomenologie zurück, insofern sie strenge Wissenschaft sein will. Andererseits grenzt Husserl das Interesse der Logik und Mathematik vom philosophischen Interesse ab: dieses richtet sich auf Sinn und Wesen der Wissenschaft, muss also in beschreibender Neutralität die äquivozierenden Verschiebungen erfassen.

[125] Husserl, HUA VI, S. 44.
[126] Richir, RE, S. 4. Vgl. nochmals Derrida, GR, S. 83.
[127] Vgl. Wittgenstein, Philosophische Untersuchungen, S. 15 ff.
[128] Husserl, HUA VI, S. 46.
[129] Husserl, HUA XVII, S. 104.
[130] Vgl. Saussure, GAS, S. 143.
[131] Vgl. Saussure, GAS, S. 145.

die (vollständigen) Spielregeln des Systems gewissermaßen ‚auf Distanz nährt'. Richir formuliert das Problem wie folgt:

> „[D]er Mathematiker (der Wissenschaftler) [wir können hinzufügen: der Strukturalist] kann das Feld der in der Theorie ‚enthaltenen' Relationen durchaus ‚erforschen', kann sie realisieren und ausschöpfen […], er wird niemals der Geschlossenheit gewahr, die sich *wesenhaft im Innern* des Systems auf das System auswirkt (dies ist die epistemologische Voraussetzung Husserls)."[132]

Nach Richir ist nun Husserls Auffassung die folgende: „[D]as logische Objekt hat ein *Inneres* [ein An-sich] und ein unbestimmtes *Anderes*".[133] Das Andere des Innern ist nun aber gerade bestimmt durch den Umstand, dass das logische Objekt „im Innern leer ist", dass sein Sinn sich in den Relationen „entäußert" hat.[134] Diese Charakterisierung der Noemata überträgt sich phänomenologisch auf die Noesen: „Das Denken, welches mit leeren Zeichen operiert, ist sich selbst ein leeres: es ist im Außen seiner selbst – ‚entfremdet' durch wissenschaftliche Technik – und funktioniert automatisch, gleich einer Maschine."[135]

Damit ist die Husserl'sche Topologie beschrieben: „*[D]as Außen ist das vergessene Innen*"; zugleich ist die Aufgabe phänomenologischer Klärung dadurch formuliert: „*Die Bewegung der Klärung ist der inverse Rückgang der Bewegung der Entfremdung.*"[136]

Methodisch wird die Erfüllung dieser Aufgaben durch die phänomenologische Reduktion geleistet, die hier zweierlei Funktionen erfüllt. Einerseits ist sie die Eröffnung des Feldes transzendentalen Bewusstseinslebens, in dessen Tiefen die Unbestimmtheit des logischen Objekts vergessen und verborgen ist; andererseits, und diese Überlegungen stellt Husserl in Bezug auf die Analysen der Horizonthaftigkeit an, öffnet die Reduktion zum Anderen des Objekts. Durch ihre spezifische Funktion der *Suspendierung* (und nicht der Vernichtung oder Aufhebung) eröffnet die Reduktion eine ‚Dialektik' – von Innen und Außen, Selbem und Anderem – *auf rein phänomenologischem Boden*. Durch die Endogenisierung ergibt sich folgende Situation: Das Andere des logischen Objekts, sein vergessenes Inneres liegt einerseits im Bewusstsein und dessen sinnkonstituierenden Leistungen verborgen, andererseits ist es genau dieses Objekt in seiner Unbestimmtheit, welches vom Bewusstsein als das mit sich identische „Selbe" erfasst wird: „Die Differenz zwischen dem Selben und dem Anderen liegt also *im* Bewusstsein, in einem bestimmten ‚Vergessen' des Bewusstseins."[137]

Zudem ist die Unbestimmtheit keine absolute, sondern bleibt stets an ihr Objekt gebunden, erscheint jedoch weder *als solche* noch *am* Objekt. Anders gesagt, es gibt in der Reduktion eine irreduzible Verflechtung und irreduzible Differenz, die selbst

---

[132] Richir, RE, S. 4 f.
[133] Richir, RE, S. 5.
[134] Ebd.
[135] Ebd.
[136] Ebd.
[137] Richir, RE, S. 6.

2.3 Phänomenalisierung als Doppelbewegung

unsichtbar bleibt. Sie ermöglicht die Reflexivität des Selben, Bedingung dafür, dass im Bewusstsein überhaupt das Selbe mit sich identifiziert werden kann. Die Möglichkeit des Erscheinens des Objekts hängt somit ab von einem „Hof der Unbestimmtheit und Unsichtbarkeit".[138]

Die Reduktion *verdoppelt* aber nun den Sinn des Selben und des Anderen. Die bislang „bijektive" Quasi-Dialektik wandelt sich dadurch zu einer „chiralen", und die Bewegung des Denkens nimmt die Form eines Möbiusbands an. Im Rückbezug auf Logik und Mathematik könnte man sagen, wir wechseln vom Feld orientierbarer Mannigfaltigkeiten zum Feld nicht-orientierbarer Mannigfaltigkeiten. Was ist damit in der Sache gemeint?

Der Doppelsinn des Anderen besteht darin, dass er zugleich das Außen wie das Innen des Selben in sich schließt. Es ist einerseits das Außen, vor dessen Hintergrund sich das Selbe abhebt, andererseits jedoch liegen im Außerhalb des Selben (des logischen Objekts) all jene Relationen, die es im Innern bestimmen (zur ‚Einheit' im Sinne Saussures werden lassen). Die Verwicklung der kategorialen Ebenen ließe sich in Form einer logischen Möbuisschleife darstellen (die Aufzählungszeichen stammen von mir):

1.) „Das Andere als Anderes des Selben ist [...] das Selbe des Selben (der Grund des Selben, sein intimstes Inneres).
2.) Das Andere ist damit zugleich außerhalb und innerhalb des Selben, das Außerhalb ist ebenso das Innen des Innen.
3.) Die Unbestimmtheit (das Andere) ist folglich zur gleichen Zeit die Unbestimmtheit außerhalb der Bestimmtheit (des Selben) und innerhalb des Bestimmten [...]."[139]

Aus dieser Topologie der phänomenologischen Reduktion leiten sich alle weiteren Differenz-, Identitäts- und Reflexionsfiguren ab. Zu welchen Schlussfolgerungen kommt nun Richir angesichts dieser Bewegungen zwischen logischem Objekt und dem es konstituierenden transzendentalen Bewusstsein?

„Die Reduktion als Geste – als Operation – ist", so lautet das Fazit, „*dif-férance du Même*"[140] im Sinne der Bewegung der Derrida'schen Urschrift in ihrem phänomenologischen Nachvollzug. Diese Ermöglichung aus dem Unmöglichen, dieses Sichtbar-Werden aus dem Unsichtbaren muss einer Phänomenologie, die auf Anschauungsevidenz basiert, notwendig entgehen: „Dies [die *dif-férance* des Selben] hat Husserl nicht erkannt – weil es hier in der Tat *nichts* zu erkennen gibt (im buchstäblichen Sinne: *es gibt dort nichts*) – insofern er an der Suche nach etwas Erkennbarem beharrlich festhielt."[141] Damit bleibt für Husserl dieses Andere des Objekts gegenüber der Intentionalitätsanalyse (die sich stets auf „etwas" richtet) transzendent. Husserls Lösung dieser Transzendenz mittels einer unendlichen Teleologie habhaft zu werden, bleibt – so das kritische Urteil Richirs – nicht nur unbefriedi-

---

[138] Ebd.
[139] Ebd.
[140] Richir, RE, S. 7.
[141] Ebd.

gend, sondern ist Ergebnis eines tieferliegenden Husserl'schen „Platonismus",[142] der das Andere des Objekts in einer unendlichen Idee im Unsichtbaren verorte. Auch dieser Punkt verlangte nach einer eigenen eingehenden Untersuchung, die hier nicht geleistet werden kann. Die Frage die es dagegen weiter zu verfolgen gilt, richtet sich auf den Entwurf einer möglichen alternativen ‚Figur' der Bewegung des logischen Objekts und seines Anderen in der ‚Topologie' der phänomenologischen Reduktion.

2.3.3 Phänomenalisierung und Metaphysik: Ein- und Ausrollen des ‚Nichts'

Es gilt, die Doppelbewegung der *dif-férance* des Selben zu beschreiben und auszuweisen. Gelingt dies, so wäre zugleich jener Begriff der Phänomenalisierung gewonnen, der die Zeitigung/Räumlichung des Phänomens in der Reduktion zugänglich macht, ohne es im Ausgang der Bestimmtheit (der abgeschlossenen Individuation), sondern durch ein irreduzibles Differenzgeschehen in Verflechtung mit der ‚ursprünglichen' Unbestimmtheit zu denken.

Der dialektische ‚Sprung' vom Selben ins Andere wäre als mögliche ‚Figur' der Bewegung jedoch inadäquat, weil er sich erstens, immer schon bestimmungslogisch vollzieht, insofern er sich zu seiner Opposition verhält (Richir spricht von einer gradlinigen „Punkt-für-Punkt"-Zuordnung, was wir „bijektiv" nannten). Zweitens besitzt die dialektische ‚Bewegung' keine Möglichkeit der Zeitigung, insofern sie sich durch das Umschlagen der ‚Momente' konstituiert.

Nicht das ‚spekuläre' Umschlagen von oppositionellen Termen ist die geeignete ‚Figur' für die gesuchte Doppelbewegung, sondern der *Ring* als Be-schreibung eines Kreises, der, indem er sich zugleich ein- und ausrollt, Inneres von Äußerem, Selbes von Anderem scheidet, Prinzip der Phänomenalisierung oder Individuation ist.[143]

---

[142] Ebd.

[143] Spätesten hier drängt sich der Verdacht auf, alles läuft auf eine Aneignung der Lacan'schen Topologie hinaus. Dass Richir das Seminar von 1961-62, in dem Lacan zum ersten Mal die topologischen Figuren des Torus und des Cross-Cap vorstellt, kannte, ist nicht belegt aber auch nicht auszuschließen. Wahrscheinlicher ist aber, dass sich unser junger Philosoph und studierter Physiker von Gilbert Simondons tiefgehenden Analysen in *L'individuation à la lumière des notions de forme et d'information* inspirieren ließ (Diese Dissertation Simondons von 1958 legte Richir 2005 (vollständiger Text in der zweiten Auflage: 2013) in seiner Krisis-Reihe, versehen mit einem Vorwort Jacques Garellis, wieder auf (Éditions Jérôme Millon). Dort formuliert Simondon eine Kritik der traditionellen metaphysisch-physikalischen Theorien der Individuation, die er mit Individuationsbewegungen zu erneuern sucht, die vielmehr von einem prä-individuellen Feld des Seins ausgehen. Die besondere Qualität dieser Arbeit liegt darin, diese Bewegung auf dem Gebiet der Physik auszuarbeiten. Simondon beschreibt eine Vielzahl von potentiellen Ladungen, Richtungsspannungen, Sättigungsphänomenen und Phasenverschiebungen, die im physikalischen Sinne „proto-ontologisch" zu nennen sind, sofern sie jene Differenzialisierungsprozesse in Gang setzen, die individuiertes „Seiendes" allererst hervorbringen. Diese Prozessualität bezeichnet der Autor

2.3 Phänomenalisierung als Doppelbewegung

Damit werden wir auf das dem Text vorangestellte Zitat von Maurice Blanchot verwiesen: „Schreiben: einen Kreis zeichnen *(tracer)*, in dessen Innern sich das Draußen des ganzen Kreises einschreiben würde."[144] Es gilt also, die Bewegung der Urschrift in ihrer Doppelheit zu begreifen: als ein – um im Bild Blanchots zu bleiben – „Aus-formen", das *zugleich* ein „Ein-schreiben" ist. Der Ausgang vom Außen wäre zugleich der Eingang ins Innere und umgekehrt, die Krümmung des Rings nichts anderes als die *Spur des Zusammenfallens von Draußen und Drinnen*. Soll der Ring die Phänomenalisierung verbildlichen, so bestünde er einzig aus dem ‚Rand' des Rings, welcher wiederum an sich nichts ist als der Ort der Koinzidenz – Brutstätte der *différance*: „Phänomenalisieren bedeutet, eine Doppelbewegung des Einrollens-Ausrollens zu erzeugen."[145] Jedoch nicht im Sinne einer unendlichen Zirkularität, sondern als ein Im-Gleichgewicht-halten von Bewegung und Gegenbewegung. Weil das Einrollen sich *im* Ausrollen zurückhält (retiniert) und umgekehrt, bezeichnet Richir diese Bewegung als ‚rein'. Doch, wie wir bereits sahen, ist die Einführung der Reinheit in die Differenz der Tod derselben und der Versuch, die Differenzierungsbewegung als solche zur Präsenz zu bringen.

Dagegen ist es gerade die Unreinheit mit der das konkrete ‚Leben' der *différance* ansetzt.[146] Diese Unreinheit bringt nun im sich ein- und ausrollenden Ring das ‚Seiende' und Sichtbare hervor, wie sie zugleich die Produktion einer Reihe von Metaphern dieser „Metaphysics-Fiction" antreibt. Denn es „knirscht" in der Doppelbewegung, der „Funkenschlag" der *différance* lässt ein „Kondensat" von Licht, einen „Schweif" des Seienden oder eine „Gischt" des Sichtbaren „hervorquellen". In diesem Sichtbar-Werden des Körpers bringt die Doppelbewegung allerdings nicht den Körper selbst hervor, sondern: „Die sichtbare Spur des Kondensstreifens ist die Lumineszenz des Körpers", wobei „[d]as Licht nur zu sehen gibt durch die Lumineszenz dessen, was sich phänomenalisiert[…]: sie ist nur sichtbar […] in dem Moment, in dem sie sich im Sichtbaren (dem Körper) unsichtbar macht".[147] Die *Gegenwärtigkeit* des Selben in seiner Doppelbewegung droht jedoch mit der *Gegenwart* des Seienden verwechselt zu werden. Nicht die reine Anwesenheit des Seienden, sondern sein ursprüngliches ‚Verwoben-sein' mit Nicht-Gegenwärtigem, Unsichtbarem, Transzendentem, kurz seine Sichtbarkeit im *Gegenwärtigungsfeld der différance*, geben dem Seienden seine Selbigkeit, sein An-sich. Es muss also Gegenwart *(présent)* streng von Gegenwärtigkeit *(présence)* unterschieden werden.

Wie Derrida in Bezug auf die Urschrift die Spur als Unmotiviert-werden des Zeichens bestimmt, beschreibt Richir in Bezug auf das Phänomen: „So bedeutet die Phänomenalisierung des Seienden das *Präsent-Werden* des Seienden." Präsent-Werden ist Separierung vom Anderen, vom Außen dieser Gegenwart. Dieser Aus-

---

auch als „topologische Information", d. h. als „In-formation" im buchstäblichen Sinne. Hier finden wir Hinweise auf jene „Newton'schen Ringe", die in einer Anordnung von Linsen und Glasplatten konzentrische Kreise periodischer Interferenzen erscheinen lassen.

[144] Maurice Blanchot, L'entretien infini, S. 112.
[145] Richir, RE, S. 8.
[146] Siche S. 46.
[147] Richir, RE, S. 9.

schluss des Außen ist aber zugleich Einschluss der unsichtbaren Spur des Außen im Innern. Seine ‚vergessene Geschichte' ist die als Spur bewahrte *différance*, als die ein- und ausrollenden Doppelbewegung im Unsichtbaren seiner Präsenz. Die Phänomenalität ist nicht an die Präsenz eines Objekts gebunden, sondern an die erscheinend-verschwindende Doppelbewegung. Ebenso wie die Unsichtbarkeit wäre demnach auch die Permanenz einer Gegebenheit *eine Form der Nicht-Phänomenalität*.

Dieser frühe Aufsatz und erste Ansatz einer Theorie der Phänomenalisierung ist auf eigentümliche Weise in seinem Aufbau zweigeteilt – eine Zweiteilung, die jedoch auf die weitere Problematisierung der Sprache vordeutet. Denn laut Richir wurde in *Le rien enroulé* die Doppelbewegung der Phänomenalisierung in einer Sprache dargestellt, die sich außerhalb derselben befand. Eine Sprache also, die *über (au sujet)*[148] die Doppelbewegung als ihrem Gegenstand sprach, ohne dieses Verhältnis eigens zu reflektieren. Wenn es der „letzte Schritt der Metaphysik" ist, das Seiende als eingerolltes Nichts zu thematisieren, dann gilt es, nach Richir, nun, „aus diesem Schritt *der Metaphysik* einen *Schritt* zu machen – einen Schritt aus der Metaphysik heraus".[149] Gesucht wird also eine Sprache, die nicht die Sprache der Metaphysik, der Theorie oder des Seienden wäre, sondern eine der Bewegung selbst: „Dieses Denken zu denken, heißt, die bloß expressive Sprache durch eine Bewegung zu verdoppeln, die sich nicht substantivieren lässt, eine Bewegung des Ausrollens in der sich eine Gegenbewegung des Einrollens einschreibt."[150]

Richir findet eine derartige Reflexion im späten Denken Heideggers. Es kommt also im Vergleich mit dem Aufsatz „Husserl: Une pensée sans mesure", der ein Jahr zuvor veröffentlicht wurde, zu einer wesentlichen Neubewertung des Heidegger'schen Seinsdenkens. Auch wenn die zuvor angeführte Kritik, dass die Unifikation der Differenz durch den Signifikanten des ‚Seins' eine Zentrierung des Heidegger'schen Textes bewirke, in gewissem Sinne beibehalten werden kann, so hebt die Neuinterpretation vielmehr auf die sprachliche Produktivität ab, die durch die Negativität des Heidegger'schen Seins in Gang gesetzt wird: „So spricht die Sprache Heideggers nicht vom Sein, sondern es ist das Sein – das kein Seiendes ist – welches durch die Sprache spricht. Das Sein drückt sich nirgendwo aus, sondern ist ‚das', was alles durchzieht."[151] Insofern also Heideggers These lautet, dass die Metaphysik das Sein immer schon durch das Seiende verstanden habe, dass sie also eine Weise des Denkens der ontologischen Differenz sei, ohne diese Differenz als solche eigens zu bedenken, so besteht der Schritt *aus* der Metaphysik *heraus*, wie Heidegger in „Die onto-theologische Verfassung der Metaphysik" betont, eigentlich im Schritt „zurück aus der Metaphysik in das Wesen der Metaphysik, zurück aus der Vergessenheit der Differenz als solcher in das Geschick der sich entziehenden Verbergung des Austrags."[152]

---

[148] Richir, RE, S. 12.
[149] Ebd.
[150] Ebd.
[151] Richir, RE, S.13.
[152] Heidegger, GA 11, S. 78.

2.3 Phänomenalisierung als Doppelbewegung

Der Schritt aus der Vergessenheit der Differenz fordert nun reflexive Strategien, die eine Thematisierung der Differenz ermöglichen, die dieses Thema nicht wiederum als ein vorgestelltes oder begründetes Seiendes ansprechen: „Durch den Schritt zurück lassen wir die Sache des Denkens, Sein als Differenz, in ein Gegenüber frei, welches Gegenüber durchaus gegenstandslos bleiben kann."[153] Richir versucht nun zu zeigen, inwiefern diese reflexiven Strategien bei Heidegger zuletzt in syntaktischen Modifikationen der Sprache gründen – ganz im Sinne Derridas, der in der *Grammatologie* dessen Strategie der Durchstreichung des ‚Seins' thematisierte. Das Sein als Differenz lässt sich anzeigen als Bewegung, nicht als vorgestellte, sondern durch die Möglichkeit, ein Verb als „transitiv" zu gebrauchen: „Sein, welches das Seiende ist. Das ‚ist' spricht hier transitiv, übergehend. Sein west hier in der Weise eines Überganges zum Seienden."[154] Dieser Übergang darf nun nicht seinerseits als vorgestellte Bewegung, d. h. als Seiendes verstanden werden, als ob das Sein zunächst dort (Sein) und dann hier (Seiendes) ‚ist'. Die Transitivität des Seins als reine Bewegung wird von Heidegger durch die syntaktische Operation der Einklammerung der gegenständlichen Beziehung angezeigt. Durch die Einklammerung wird Sein als Differenz in sein gegenstandsloses Gegenüber „freigegeben", und so allererst das Seiende aus der Bewegung des Seins als Differenz sprachlich angezeigt: „Sein geht jedoch nicht, seinen Ort verlassend, zum Seienden hinüber, so als könnte Seiendes, zuvor ohne das Sein, von diesem erst angegangen werden. Sein geht über (das) hin, kommt entbergend über (das), was durch solche Überkommnis erst als von sich her Unverborgenes ankommt. Ankunft heißt: sich bergen in Unverborgenheit: also geborgen anwähren: Seiendes sein."[155]

Der Übergang von der Intransitivität zur Transitivität des Seins ist gegenüber der Ausdrucksebene der Sprache ein ‚Nichts'. Es kann nur durch Einklammerung des gegenständlichen ‚das' zur Sprache gebracht werden. Erst dadurch ist die Doppelbewegung Hinübergehen/Entbergend-überkommen angezeigt, u. z. so, dass das ‚was' der Überkommnis nicht mehr in Klammern gesetzt werden kann (schon allein syntaktisch nicht). So schreibt Richir: „Das ‚das' ist in Klammern gesetzt: es stürzt in den Text hinein, aber ebenso quellt es aus ihm hervor, es löst sich von ihm, es taucht auf, *phänomenalisiert sich*…"[156] Erst durch das Übergehen des Seins, d. h. in der Differenz von Erscheinen und Verschwinden ist Phänomenalisierung möglich, in der wiederum der Übergang in Überkommnis übergehen kann, in der also Seiendes ‚ist'. Das ausrollende Nichts, das Sein, evoziert in seiner Bewegung die Gegenbewegung der Einrollung, des Seienden als einem eingerollten Nichts. Das ‚Nichts' der Differenz wird hier bei Heidegger, so Richirs These, in der Bewegung der Sprache reflektiert.

Diese Bewegung versetzt das Denken – und hier berühren wir eine der ersten Intuitionen, die Richir zur Phänomenologie des Erhabenen führen wird – in einen

---

[153] Heidegger, GA 11, S. 70.
[154] Heidegger, GA 11, S. 70 f.
[155] Heidegger, GA 11, S. 71.
[156] Richir, RE, S. 18.

wesentlichen „Schwindel".[157] Um die theorisierende Sprache zu überwinden, gilt es „hinter das Ausgedrückte zu gelangen" und die Worte an den „Rand der Bedeutungslosigkeit"[158] zu treiben. Das Denken setzt sich somit dem doppelten Verlust der (ausdrückenden) Sprache und des Seienden aus. Mit anderen Worten ist es möglicherweise ‚nichts' mit der Metaphysik, mit der Theorie der Phänomenalisierung. Das Denken jedenfalls kann sich nicht wieder in der(-selben) Sprache stabilisieren. Im Verlust der Sprache kann es sich nur noch stimmungsmäßig zur Phänomenalisierung verhalten, und von dort aus versuchen, das eingerollte Nichts erneut auszurollen, d. h. zu versprachlichen:

> „Das Denken der Phänomenalisierung ist *im Wesentlichen* (*wesentlich*: natürlich*) flüchtig. Es kann sein, dass durch das Geschriebene nichts spricht. Wer sich diesem Denken ‚nähern' will, es in seinen Organen *spüren* will, erlebt den *Verlust* der Sprache. Wenn sich dieses Denken verflüchtigt hat – wenn es sich zusammengerollt hat – bleibt nur eine Theorie: ein zusammengerolltes Nichts. Auch wenn dieses Denken verloren gegangen oder zur Metaphysik zurückkehrt ist, so wissen wir doch, dass in dem Moment, in dem wir über dieses Denken verfügten, die Metaphysik keinerlei Bedeutung mehr hatte. […] Mit anderen Worten, man ist niemals Herr über die Beziehung des Denkens zum Denken der Phänomenalisierung. Es ist vielmehr das Gegenteil der Fall: Es ist die Phänomenalisierung, die ihr Verhältnis zum Denken reguliert."[159]

Erst wenn von der Vorstellung der Herrschaft über die Sprache Abstand genommen wird, kann die Doppelbewegung der Phänomenalisierung sich in der Bewegung ihres Sprechens reflektieren. Dann treibt sie jedoch über das Register des Signifikativen hinaus und die Sprachlosigkeit und Bedeutungslosigkeit zeigt sich durch ein ‚Spüren' an: durch die leiblich-affektive Dimension. Erst wenn diese Dimension als integraler Bestandteil der Reflexion begriffen wird, werden die syntaktischen Operationen, die wir bei Heidegger finden können, überhaupt verständlich. Im Folgenden gilt es, Richirs Weiterentwicklungen dieses Gedankens zu verfolgen und mit phänomenologischen Untersuchungen anzureichern.

2.3.4 Logologie und ‚innere' Geschichtlichkeit

Eine erste phänomenologische Ausarbeitung dieser ‚Grundmatrix' der Phänomenalisierung als ein- und ausrollender Doppelbewegung thematisiert den ästhetischen Raum, die Malerei und ihre konstitutive leiblich-schöpferische Geste. Besonderes Augenmerk gilt der hier ausgearbeiteten Figur des ausgerollten Nichts als Logologie.

Ebenso stark wie der Einfluss Derridas auf den jungen Richir war derjenige seines Doktorvaters: des Philosophen, Kunstkritikers und Dichters Max Loreau. Neben der Auseinandersetzung mit der Hegel'schen Philosophie interessierte sich Richir besonders für dessen Werkanalysen des französischen Malers und Bildhauers

---

[157] Richir, RE, S. 20.
[158] Ebd.
[159] Richir, RE, S. 23.

2.3 Phänomenalisierung als Doppelbewegung

Jean Dubuffet, in denen Loreau versuchte, der Werksgenese im Sinne einer kulturellen Stiftung eine wesenhaft ‚anti-kulturelle' Genese gegenüberzustellen.

Auf den ersten Blick scheint die These einer Dubuffet'schen „Autogenese" wenig originell, da sich *bildende* Kunst allgemein durch die Schöpfung einer eigenen ‚Bilderwelt', durch das Hervorbringen einer eigenen „Formensprache" auszuzeichnen scheint. Allein, Dubuffet hat dieses Hervorbringen einer künstlerischen ‚Welt' nicht von seinen fertigen Gestaltungen aus bearbeitet, sondern der *Bewegung des ‚Schöpferischen'* als solcher in intensiver Weise nachgedacht.

Richir ist von dieser Bewegung in mehrfacher Hinsicht fasziniert. Zum einen ist es die besondere Reflexivität Dubuffets (und Loreaus), die sich auf das künstlerische Werk richtet; zum anderen die besondere Gestalt der ‚Selbstheit', die darin sichtbar wird: auf der Suche nach der Wahrheit der eigenen Kreativität wendet sich Dubuffet zunächst einer ‚reinen' Materialität zu, die er dem anonymen Spiel des Zufalls überantwortet, bevor er sich in seinem Spätwerk dann jener Reflexivität der eigenen *Geste* zuwendet. Richir liest diesen Schritt als eine Art Epoché des kulturelltheoretischen Blicks, hinter dem sich ein ursprünglich dezentrierter Raum eröffnet. Dieser Raum ist aber niemals als solcher gegeben, sondern nur in chiasmatischer Verflechtung oder Verdrehung mit dem perspektivischen Raum. Mit der Problematisierung der Geste wird eine Dimension eingeführt, die weder die bewusste Konstruktion des Künstlers (Intentionalität) noch das anonyme Spiel der Ausdrucksmaterialien (Signifikanten) beschreibt. In und durch sie phänomenalisiert sich *zugleich* die schöpferische Landschaft des Malers wie der Maler in ihr. Die Selbstheit, die hier aufscheint, ist unbeherrschbar und unbewusst, und doch wesenhaft vom Subjekt des Unbewussten in der Psychoanalyse unterschieden. Eine ‚Humanität', die ihre Unbestimmtheit aus der Leiblichkeit empfängt und die in einem noch zu klärenden phänomenologischen Sinne ‚unbewusst' zu nennen ist.

Die erste intensive Analyse der Kunst wird durchgeführt, wie alle vorangegangenen Analysen auch, im Ausgang von der *Textualität*. Der Künstler erscheint als ‚Demiurg' seiner ‚Welt', während sein Kommentator zum Schöpfer eines quasiparmenideischen ‚Lehrgedichts' wird. Loreaus Buch *Jean Dubuffet. Délits, déportements, lieux de haut jeu*[160] ist nämlich mehr als eine Werkschronik, es ist ein einziges „langes Gedicht einer Kosmogonie": „Weder Kunstkritik noch Philosophie noch Poesie, und doch alles zugleich".[161] Denn nimmt man den Gedanken einer Werksgenese ernst, reicht es nicht, die künstlerischen Schöpfungen aus dem bereits Bestehenden herzuleiten, vielmehr gilt es, wie es die alten Griechen im Genre des Lehr- oder Naturgedichts demonstriert hatten, die Schöpfung aus ihrem eigenen *Rätsel* (d. h. aus der Unbestimmtheit ihres Ursprungs) zu begreifen. Für Loreau besteht das zu genitisierende Rätsel dabei in Dubuffets Spätwerk: jenem Zyklus, den dieser, mit der nicht minder rätselhaften sprachlichen Neuschöpfung, *l'Hourloupe* taufte. Dieser Zyklus lässt sich in drei Momente gliedern: 1.) *Die Geburt einer Welt*, einem initialen Einfall, der Dubuffet nachträglich bei der Betrachtung des eigenen Frühwerks kommt und der die Geste als solche thematisieren wird; 2.) *eine*

---

[160] Max Loreau, *Jean Dubuffet. Délits, déportements, lieux de haut jeu.* Weber 1971.
[161] Richir, PCH, S. 228 f.

Kosmogonie als Bewegung der sich bildenden Geste, die eine Welt hervorbringt; und 3.) *eine Kosmologie*, die sich angesichts des sich Bildenden befragend und reflektierend auf dieses bezieht.

Richir verfolgt nun diese Momente in umgekehrter Richtung, in der Bewegung einer *Abbaureduktion*, von den allgemeinen Koordinaten dieses Zyklus zu jenem ursprünglichen Abstand der Geste zurück. Demnach gilt es, vorerst denjenigen Abstand in den Blick zu nehmen, der bereits vor dem Spätwerk das künstlerische Schaffen Dubuffets bestimmt hat: den *Abstand zwischen kultureller und antikultureller Kunst.*[162]

Bezöge sich das „Anti-Kulturelle" allein auf eine dichotomische Begriffsbildung, läge es nahe, es im Gegensatz zur Kultur als das „Natürliche", „Unmittelbare", „Absolute" oder als reine „Spontaneität" des Ichs misszuverstehen. In Wahrheit aber stehen beide in einem irreduzibel diakritischen Verhältnis zueinander.

Nehmen wir ein Beispiel: in Kinderzeichnungen tauchen selbstverständlich kulturell kodierte Objekte und Bedeutungen auf – das Kind malt Häuser, Bäume, Sonne, Vater, Mutter usw. – und auch die mehr oder weniger rudimentären Fähigkeiten, einen Stift zu führen, gehören zum Erwerb erster kultureller Stiftungen. Und doch tritt der Repräsentationswert dieser lebensweltlichen Gegenstände hinter die Geste der Darstellung zurück. Indem wir diese Abstände, diese Verzerrungen und Verdrehungen – den eigentümlichen Umgang mit Formen, Farben, Materialien, mit Proportionen, Perspektiven und Raumverhältnissen – bemerken, sehen wir uns mit einem Draußen konfrontiert. Dieses Jenseits der Kultur ist folglich weder Ausdruck einer Naturrealität noch einer Unmittelbarkeit der Welterfahrung, sondern vielmehr in höchstem Grade *artifiziell*. Auch meinen wir nicht angesichts dieser Werke, Zeugen eines ‚absoluten Schaffens' oder einer ‚genialen Souveränität' des Subjekts zu sein: Die kindliche Geste sucht im Gegenteil Zugang zur Kulturwelt, wobei der Abstand zum eigenen Schaffen ungewollt, unbemerkt, unbewusst bleibt, dies grade zeichnet ihre ‚Unschuld' aus. Das Anti-Kulturelle bezeichnet also nicht das absolute Jenseits der Kultur. Obwohl dieses ‚Außerhalb der Kultur' den Anspruch kultureller Repräsentation unterwandert – oder im Fall der Kinderzeichnung zunächst eher unterbietet –, steht es in subtiler Wechselbeziehung zu diesem. Das Wesenhafte, das es im Begriff des Anti-Kulturellen zu erfassen gilt, ist vielmehr eine eigentümlich ‚menschliche' Dimension, und zwar nicht im Sinne einer humanistischen Ethik, sondern im Sinne einer eigentümlichen vor-kulturellen und vor-theoretischen Historizität der leiblichen Geste. Die sich bildende Geste im subtilen Austausch mit der sich bildenden kulturellen Stiftung weist eine „*innere Geschichtlichkeit*" auf, die – da sie ohne Ursprung und ohne Ziel ist – sich nur in ihrer unbestimmten wie unbemerkten Bewegung blitzhaft erhaschen lässt.

---

[162] Bekanntlich ist Dubuffet derjenige, der den Begriff der *art brut*, der rohen oder naiven Kunst geprägt hat. Unter anderem inspiriert durch die Werke von Geisteskranken, wie sie in der Heidelberger Sammlung Prinzhorn vorliegen, war er fasziniert von diesem „unschuldigen" Zugang zur bildenden Kunst. Um die Unterschiede zwischen Kulturellem und Anti-Kulturellem herauszustellen, soll uns allerdings nicht die Kunst der Geistkranken – trotz seiner Faszination stand Dubuffet der Idee einer genuin „wahnsinnigen Kreativität" stets kritisch gegenüber –, sondern die Kinderzeichnung als Beispiel dienen.

2.3 Phänomenalisierung als Doppelbewegung

Diese menschliche Dimension ‚unschuldiger' Geste schreibt sich ein in die (verzerrte und verdrehte) künstlerische Welt, die sie selbst erschafft. Um die ‚kosmologischen' Möglichkeiten ausweisen zu können, welche die Geste zu Papier oder auf die Leinwand zu bringen vermag, muss der Sinn dieser Verdrehungen freigelegt werden. Nach den Endo-/Exogenisierungen des Raumes in *Le rien enroulé* verfolgt Richir nun eine *Pseudogenisierung* jener *Verdrehungen*.[163]

Die Differenz von kulturellem und anti-kulturellem Schaffen verweist auf der Ebene der ihr zugrundeliegenden Kosmologie auf die Differenz zweier Sphären oder Räume. 1.) Der *Cartesianische Raum*, der neuzeitlich ‚kultivierte' – sich in künstlerischer ‚Technik' ausdrückende – Raum des Subjekts, Raum der Perspektive, des Blicks, der Optik, welcher den Effekt der Tiefendimension hervorbringt, der Opazität der Materie und der Abschattungen.

2.) Der *anti-kulturelle Raum*, Raum der Geste, der Bewegung, anarchisch, ohne Ursprung ohne Ziel, ‚roher' vor-theoretischer und vor-perspektivischer Raum, zuletzt jener von Dubuffet geschaffener, unendlicher *Raum des Hourloupe*.

Auf den Begriff gebracht, zeichnen sich diese Sphären oder Räume durch ein dichotomisches Verhältnis von Zentrum und Peripherie aus. Das kosmologische Ordnungsprinzip des Cartesianischen Raumes lautet: *das Zentrum ist überall, die Peripherie nirgendwo*; entsprechend das des *Hourloupe*: *die Peripherie ist überall, das Zentrum nirgendwo*.

Der Cartesianische Raum orientiert sich an einem Zentrum, das perspektivisch in die (durch dieses gesetzte) Peripherie ausstrahlt – dabei repräsentiert jeder Punkt dieser Peripherie ein weiteres mögliches oder virtuelles Zentrum. Durch diese unendliche Wiederholung der Setzung eines Zentrums ist jener Raum „isotrop",[164] eine homogene und kontinuierliche Punktmenge. Das Cartesianische Raumding ist folglich dadurch ausgezeichnet, dass seine Oberfläche niemals mit dessen Zentrum zusammenfällt, sein Drinnen bleibt durch sein Draußen verborgen. So ist die ‚Tiefendimension' eine sich je verschiebende Differenz von Zentrum und Peripherie, von Drinnen und Draußen, kurz: die Opazität des Dings.

Dagegen ist der *Raum unendlicher Peripherie* die Suspendierung des beschriebenen Cartesianischen Raums. Seine Teile haben keinerlei Punktreferenz, er ist nicht ‚orientiert', sein ‚Zentrum' liegt im Unendlichen: er kennt weder Drinnen noch Draußen, noch sonstige ‚Koordinaten'. Seine ‚Tiefe' liegt nicht, wie im Raum der Perspektive, in der Distanz des sehenden Auges zum ‚Ding', sondern im Abstand der Peripherien zu sich selbst. Ihre Tiefe ist der ‚Reichtum', die Sachhaltigkeit der unendlichen Differenz: „[D]as Sehen ereignet sich in ihr, im Fleisch ihres Gewebes".[165] Diese Differenz ist dabei nicht statisch, sondern *dynamisch*: eine unendlich unbestimmte „erratische Bewegung ohne Anfang und Ende".[166] Der Betrachter ist aus seiner distanzierten Innerlichkeit in diese Peripherie hineingeworfen, ist gleich-

---

[163] *Pseudos* meint wörtlich „Verdrehung".
[164] Richir, PCH, S. 233.
[165] Richir, PCH, S. 234.
[166] Ebd.

sam distanzlos ihrem inneren Abstand – dort, wo die Phänomenalisierung und Sichtbarkeit ihre eigentliche ‚Tiefe' generiert – ausgesetzt.

Wie wir bezüglich der Differenz kulturell/anti-kulturell bereits feststellten, ist auch die Differenz zentrale/periphere Räumlichkeit durch ein subtiles *Wechselverhältnis* geprägt. In welcher Beziehung stehen beide Sphären zueinander, steht – historisch betrachtet – der perspektivistische ‚Realismus' der Renaissance-Malerei zur post-metaphysischen Kunst Dubuffets? Es mag zunächst scheinen, dass das erratische Gewebe des *Hourloupe* durch die radikale Abschaffung der Perspektive eine *Verdrehung oder Verzerrung des Raums* erwirkt. Doch die Stiftung des perspektivischen Raumes ist selbst angetreten, um eine Verdrehung des Raumes zu korrigieren. Sie stellt dem ‚semantischen' Raum der vor-neuzeitlichen Malerei einen theoretischen und idealen Raum entgegen, der in einer Art „kohärenter Verformung"[167] die realen Dinge repräsentiert, indem er die Illusion der Tiefe gemäß geometrischer Konstruktion zu produzieren versteht. Der Raum der Perspektive ist in diesem Sinne selbst bereits die *Verdrehung einer Verdrehung*. Kommt es bei der naiven vor-perspektivischen Malerei zu einer *ersten Verdrehung* – einer artifiziellen Abstraktion ohne zentrales Organisationsprinzip, einer Äquivalenz von Linie, Fläche, Raum, Figur, Drinnen, Draußen usf. –, so antwortet die Perspektive darauf mit einer *zweiten Verdrehung*: einem polyvalent strukturierten geometrischen Raum, der qua Tiefe und Opazität der Dinge das ‚reale' Sehen reproduziert. Doch diese zweite Verdrehung gründet in der ersten, insofern das Hervorbringen dieser Illusion – die Konstruktion eines Tiefeneffekts – der ‚Freiheit' der artifiziellen Abstraktion der ersten Verdrehung bedarf, um auf einer planen Fläche eine Verformung zu generieren, die dem Auge eine Tiefe präsentiert. Es kommt zu einer Ausrichtung der Striche an den Kraftlinien des Lichts. Das Auge schaut gleichsam aus dem Fenster ins Sichtbare – auf Distanz zum Gesehenen bleibend wird das Bild zum ‚Spektakel' für den Sehenden, das mögliche Überkreuzen mit den Blicken anderer wird auf ein Zentrum ausgerichtet und ‚begradigt'.

Diese Spaltungen und Verdrehungen sind nun jedoch keine theoretischen Aporien zweier Raumbegriffe, sondern phänomenalisieren sich reell als *Chiasmen* im Maler selbst. Er ist theoretisches Auge der Perspektive und ausführende Geste zugleich. Er unterwirft sich der Tradition der Malerei, ihrer ‚Kunst der Perspektive', und zugleich ist seine Geste immer schon Subversion dieser Tradition. Die Stellung des Malers ist prinzipiell instabil, da diese beiden Hinsichten weder koinzidieren können, noch eine Seite (in ihrer idealen Reinheit) sich realisieren oder abschaffen kann. Richir verknüpft diese Sachlage mit dem Merleau-Ponty'schen Gedanken einer traditionellen Diplopie:

„[D]ie klassische Philosophie betrachtet das Sehen in einer Diplopie, sofern es auf geheime Weise verdoppelt ist in einerseits ein Sehen der zentrierten Formen – Ideale und Garanten der Wirklichkeit – und andererseits ein Sehen des sinnlichen Scheins. Ein Übereinanderlegen dieser beiden unterschiedlichen Arten des Sehens in einem Moment ist zuletzt unmög-

---

[167] Richir, PCH, S. 236.

2.3 Phänomenalisierung als Doppelbewegung

lich, da die zentrierte Form das einzig Reale – einzig Wahre – ist, und der sinnliche Schein sich ihr prinzipiell unterordnen muss."[168]

Diese Unterordnung oder Hierarchisierung zeigt, dass es zu keiner Harmonisierung in der Diplopie kommt, sondern dass es zwischen Form und Schein eine Schieflage *(porte-á-faux)*[169] gibt, auf welche die Diplopie antwortet mit einer Interpretation des ‚richtigen' Sehens: Der Schein ist gegenüber der Form sekundär.

Um das Werk Dubuffets zu verstehen, gilt es sein Schaffen als schöpferisches Spiel mit und in diesem Chiasmus zu begreifen. In diesem *Abstand* zwischen Form und Materie befindet sich genau in ihrem ‚rohen' Zustand *die Geste des Malers*, die noch nicht „durch eine Raumtheorie ausgelöscht ist", der Maler noch nicht „in die Position des Betrachters seiner eigenen Geste"[170] gebracht wurde. Das Ziel dieser unschuldig spielerischen Praxis ist die Thematisierung jener doppelten Verdrehung des Raumes, durch die zuletzt ein „antikulturelles Reales" erscheint: „Ein ‚Reales' – vorsätzlich ein ‚Simulacrum' (Phantasma) –, welches zeigt, dass auch das vertraute ‚Reale' bloß ein ‚Simulacrum' ist – ein reiner, bloßer Schein".[171] Der gewohnte Kosmos, dessen alltägliche Vertrautheit sich als ursprüngliche Verdrehung offenbart hatte, erfährt somit eine radikale Auflösung. Dubuffets ‚Kosmogonie' des *Hourloupe* kommt einer ‚Kosmolyse' gleich: „einer systematischen Zerstörung allen zentrierten Blicks, der Abschaffung allen ordnenden Spektakels durch individuierte Formen, kurz die Zerstörung des ganzen Kosmos".[172]

Zwei Dinge sind nun besonders hervorzuheben. *Erstens* handelt es sich beim Abstand zwischen intellektuellem Blick und leiblicher Geste um einen *Chiasmus*. Indem eines durch seine Verdrehung das andere ebenso als Verdrehung offenbart, verlieren beide den Anspruch darauf, Fundament oder Ursprung des anderen zu sein. Dass der Raum des Denkens – zentral ausgerichteter cartesianischer Raum, dessen Gebilde Tiefe und Opazität besitzen – vom Raum des *Hourloupe* – unendlich peripherer Raum, roh und unorganisiert, ohne Arché oder Telos, Ort scheinhafter Gebilde ohne Drinnen oder Draußen – durchkreuzt werden kann, bedeutet nicht, dass letzterer selbstständig oder ‚rein' zur Gegebenheit gebracht werden könnte. Der gestische Raum ist nur als Verdrehung *im Ausgang* des anderen erreichbar, oder erscheint dem Maler, der sich ganz dem intellektuell gestifteten Blick verschrieben hat, als irritierender Überschuss: „als Lapsus, Ausrutscher, Entgleiten"[173] seiner pinselführenden Hand.

Zweitens darf diese relative *Freiheit* nun jedoch nicht dem bloßen *Zufall* zugeschrieben werden. Dubuffet ist sich dieser Differenz voll bewusst. Hatte er doch vor der Ausarbeitung seines *Hourloupe*-Zyklus lange Zeit mit reinen *Texturologies* und *Matériologies* experimentiert, in denen er die Möglichkeiten eines zufälligen Spiels

---

[168] Richir, PCH, S. 237 f.
[169] Richir, PCH, S. 238. Dieser Grundbegriff des gesamten Richir'schen Denkens hat hier seinen Ursprung.
[170] Richir, PCH, S. 239.
[171] Richir, PCH, S. 239 f.
[172] Richir, PCH, S. 245.
[173] Richir, PCH, S. 238.

der Materialien erkunden wollte. Die Hinwendung zur Geste liegt gerade darin begründet, dass die ‚Freiheit' der eigenen Hand von anderer Art ist. Denn die zufällige Form verbleibt notwendig auf der Ebene des cartesianischen Raumes, da sie stets nur neue Formen des Sichtbaren hervorbringen kann. Zum anderen ist sie somit Spektakel des Blicks und lässt die Geste des Malers mittellos und leer zurück. Das Spiel mit dem reinen Zufall *entmenschlicht* das Schaffen.

Der Sinn der Hinwendung zur Geste liegt in dem, was Max Loreau *Logologie* nennt. Die vorausgehende Untersuchung zielt auf diesen Begriff ab, weil er eine erste Denkfigur dessen ist, was Richir in seiner späteren Phänomenologie der Sinnbildung unter der Selbstreflexivität und ‚Selbstheit' des Sinns versteht.

Der Raum des *Hourloupe* ist unbegrenzt, weil das Gemälde nicht durch Formen organisiert oder eingerahmt wird, sondern weil die Geste *sich selbst* sucht, eine Geste aber, die selbst nicht auf der Leinwand erscheinen kann, und sich daher nie ganz finden, d. h. sich mit sich *identifizieren* kann. Die unendliche Ausbreitung der ‚Kritzeleien' verweist auf ein ‚Selbst', insofern seine unendliche Phänomenalisierung in einer *Such*bewegung gründet. Aber dieses Selbst ist niemals selbstgewiss, sondern verweist virtuell auf „eine Reflexivität die stets bevorsteht und niemals realisiert wird, ein Abstand und eine Abweichung, die sich pausenlos vorantreiben".[174] Die Reflexion gehört keinem Ego, sondern einem gestischen Logos an:

> „Die Genese des *Hourloupe* ist somit *logologisch*: ein Klumpen von Klumpen, sagt Loreau, ein *Logos* konstituiert im Ausgang eines *Logos*, ein *Logos*, der sich zum Gegenstand seiner eigenen Absonderungen macht, ein *Logos*, der sich gegen sich selbst wendet, und nur gegen sich selbst, ohne je selbst zu sein, ein *Logos*, der sich selbst die einzige Stütze ist."[175]

Diese Selbstreflexivität, das dürfte hinreichend deutlich geworden sein, hat nichts gemein mit der Hegel'schen Dialektik und allen anderen Reflexionsfiguren, die sich einer *Logizität* verdanken. Das Entscheidende der Richir'schen Reflexion ist *der Status der Unbestimmtheit in der sich bildenden Bewegung*. Dagegen ist jede dialektische Reflexivität, sofern sie durch ‚Kippbewegungen' zwischen Bestimmtheiten voranschreitet, für Richir a priori nicht-phänomenologisch und notwendig symbolisch gestiftet. Die hier beschriebene reflektierende Artikulation ist nicht auf höherer Stufe der Ideation zu erfassen, sondern nur – wie Merleau-Ponty es von der fungierenden Sprache sagte – *als Praxis*.

Die logologische Genese verweist hingegen auf eine eigentümliche Transzendenz. Das Außerhalb des Gemäldes liegt nicht dort, wo die sichtbaren Formen den Rand der Leinwand erreichen, das Außerhalb liegt in der unbestimmten Offenheit der sich bildenden Geste. Trotz der unendlichen Peripherie und der unendlichen Ausbreitung der Geste hat der Raum des *Hourloupe* seine Exteriorität, aber diese liegt auf einer ganz anderen Ebene, und bleibt doch chiasmatisch mit dem Sichtbaren verflochten.

Was Richir hier an der Geste ausarbeitet, wird später das *Sprachphänomen* heißen. Die Analyse der Kunst Dubuffets sollte uns wichtige Hinweise liefern, um

---

[174] Richir, PCH, S. 247.
[175] Richir, PCH, S. 247.

2.4 Sinnbildung

2.4.1 *Sinn und Bedeutung*

Husserls Gebrauch der Begriffe „Sinn" und „Bedeutung" ist für die Phänomenologie wegweisend. Weder benutzt er sie synonym, noch gemäß der Unterscheidung von „Gegebenheitsweise" und „Referenz", wie sie Frege vornimmt. Vielmehr unterscheidet Husserl in den *Logischen Untersuchungen* die „sprachliche Bedeutung" (der die IV. Untersuchung gewidmet ist) von einem „Wahrnehmungssinn".

Bedeutungen betreffen für Husserl stets Klassen von Akten (die Bedeutung von „rot" ist zunächst der Inbegriff aller Abschattungen, in denen „Röte" erscheinen kann). Die Bedeutung eines Satzes wird aufgefasst „im einheitlichen Denkzusammenhange ideierend und identifizierend als dieselbe und Eine".[176] Ihr kommt damit wesenhaft eine Idealität zu, mittels derer sich die Identität eines Themas durch die mannigfachen ‚Erwägungen' hindurch erhält. Aufgrund ihres idealen Charakters ist die Bedeutung gegenüber dem Bewusstsein jedoch nicht als ‚blinder' Prozess zu verstehen. Die Möglichkeiten des Abzielens oder der Hinsichtnahme sind konstitutiv für jede Bedeutung, die eine Vermittlung mit ihrem Objekt ermöglicht. Indem die Bedeutung das Objekt reflektiert, kann durch sie durchaus Neues aufkommen.[177]

Andererseits spricht Husserl in den *Logischen Untersuchungen* von „Wahrnehmungssinn" als etwas im sinnlichen Wahrnehmungsakt „homogen Einheitliches [...], das die gesamte Repräsentation durchdringt".[178] Diese ‚Durchdringung' hat eine andere Struktur als die Einheitsbildung in der Bedeutung, sodass Husserl in den *Ideen I* beides strikt voneinander trennt:

> „Ursprünglich haben diese Worte [‚Bedeuten' und ‚Bedeutung'] nur Beziehung auf die sprachliche Sphäre, auf die des ‚Ausdrückens'. Es ist aber nahezu unvermeidlich und zugleich ein wichtiger Erkenntnisschritt, die Bedeutung dieser Worte zu erweitern und passend zu modifizieren, wodurch sie in gewisser Art auf die ganze noetisch-noematische Sphäre Anwendung findet [...] Der Deutlichkeit halber wollen wir das Wort Bedeutung für den alten Begriff bevorzugen und insbesondere in der komplexen Rede ‚*logische*' oder ‚*ausdrückende*' Bedeutung. Das Wort *Sinn* gebrauchen wir nach wie vor in der umfassenderen Weite."

Husserl expliziert diese begriffliche Unterscheidung an einem Beispiel:

> „...etwa nach dem Schema ‚Dies ist weiß'. Dieser Prozeß erfordert nicht das mindeste von ‚Ausdruck', weder von Ausdruck im Sinne von Wortlaut, noch von dergleichen wie Wort-

---

[176] Husserl, Logische Untersuchungen, II.1, S. 104.
[177] Zum Problem der Idealität der Bedeutung, siehe Forestier, la phénoménologie génétique de Marc Richir, S. 46 ff.
[178] Husserl, Logische Untersuchungen, II.2, S. 170.

bedeuten [...]. Haben wir aber ‚*gedacht*' oder ausgesagt: ‚Dies ist weiß', so ist eine neue Schicht mit da, einig mit dem rein wahrnehmungsmäßig ‚Gemeinten als solchem'."[179]

Die Bedeutung bleibt somit der Sphäre des Sprachlichen vorbehalten und ist, unter der Bedingung der Expressivität, zugleich auf die noematisch-logische Sphäre festgeschrieben. Der Sinn hingegen erweitert die Ausdrucksbedeutung um die, wie Husserl meint, ihr vorgelagerte *außersprachliche noetische Sphäre*. Die Frage nach der fungierenden Sprache als reines Sprach-*phänomen* ist damit eine Frage des Sinns, und nicht der Bedeutung. Der Unterschied zwischen Husserl und Richir ist, dass das Logisch-Eidetische bei Husserl auch das außersprachliche phänomenologische Feld strukturiert und das Korrelationsapriori stets gewahrt bleibt, das in der Idealität der Bedeutung ‚einig' mit dem außersprachlich ‚Gemeinten' als solchem besteht. Bei Richir schließen sich Stiftung (des Logischen) und phänomenologisches Feld gegenseitig prinzipiell aus, weil das intentionale Bewusstsein, sowohl auf noematischer wie auf noetischer Seite – wie wir sehen werden – *ipso facto* Sprachphänomen ist.

Der phänomenologische Begriff des „Sinns" verweist auf eine *„Als-Struktur"*. Etwas erscheint als etwas – genauer, „als etwas anderes": das Gehörte *als* Melodie, die Gestalt *als* Freund etc. Dieses „Etwas-anderes"[180] deutet an, dass noetische und noematische Sphäre, trotz strengem Korrelationsapriori, nicht auf einer Ebene liegen, sondern durch einen *Abstand* voneinander getrennt sind. Husserls Lösung für diesen Abstand ist die Teleologie und das Modell der Leerintentionen, die entweder erfüllt oder enttäuscht werden können. Das Noema transzendiert das reell Gegebene, nicht indem es dem Phänomen eine Identität aufzwingt, sondern sich einer Teleologie möglicher Phänomenalisierungen ‚anschmiegt', weil sich die sinnhafte Teleologie des vorzeichnenden Noemas mit jeder weiteren Anschauung, d. h. mit jedem *Sinnereignis*, neu ausrichtet, und dies prinzipiell ins Unendliche:

> „Wir erfassen so zunächst die unerfüllte Idee des Dinges, und dieses individuellen Dinges, *als etwas* [Herv. v. mir – P. F.], das ‚so weit' gegeben ist, als die einstimmige Anschauung eben ‚reicht', aber dabei ‚*in infinitum*' bestimmbar bleibt. Das ‚usw.' ist ein einsichtiges und absolut unentbehrliches Moment im Dingnoema."[181]

Dass das Kantische „Ding an sich" sich in der phänomenologischen Einstellung als Idee „im Kantischen Sinne" ausweist, ist bekanntlich eine der großen erkenntnistheoretischen Thesen der Transzendentalphänomenologie Husserls. Dennoch bleibt es dabei, dass in diesem „phänomenologischen An-sich" das Logisch-Eidetische unthematisch im Gegebenen fungiert. Richir sucht in seiner Kritik an Husserl nach den Bedingungen für diese sich wiederholende ‚Wiederauferstehung' des Logisch-Eidetischen im Außersprachlichen.

---

[179] Husserl, Ideen I, HUA III/1, S. 285 f.

[180] Levinas formuliert auf Französisch: „ceci en tant que cela". E. Levinas, Autrement qu'être ou au-delà de l'essence, M. Nijhoff, La Haye 1974, Édition „Le livre de poche", Kluwer, Dordrecht/Boston/London 1990, S. 62; dt.: E. Levinas, Jenseits des Seins oder anders als Sein geschieht, übersetzt von Th. Wiemer, K. Alber, Freiburg/München 1992, S. 90.

[181] Husserl, Ideen I, HUA III/1, S. 347.

2.4 Sinnbildung

2.4.2 *Exteriorität, Identität und das Logisch-Eidetische*

Es gilt nun zu klären, wie das Logisch-Eidetische den sprachlichen Ausdruck fungierender Rede strukturiert, und so die Möglichkeit einer systematischen Wissenschaft von der Sprache konstituiert. Richir stellt die Frage: „*[W]as ermöglicht und autorisiert die symbolische Gliederung einer empirischen Sprache (langue) in Zeichen und in die Gesetze ihres Aufbaus*"?[182] Diese Frage weist hinter die Linguistik zurück. Diese ist vielmehr nur denkbar aufgrund einer *Reflexion auf Sprache*, die bis in die Anfänge des abendländischen Denkens zurückreicht. Die griechische Philosophie hebt dabei ihrerseits an mit einer symbolischen Stiftung, die für Richir nichts anderes ist, als die Stiftung der *Exteriorität* als solcher. Anfänglich in Gestalt der *physis*, stiften die Griechen etwas, das die überlieferte symbolische Ordnung, wie sie das Homerische Zeitalter entfaltete, transzendiert: die Exteriorität einer Ordnung in ihrer *Unveränderlichkeit*. Diese wird von einem *Denken der Identität* getragen, welches das ‚wahre' Sein selbst noch als parmenideische Identität von Sein und Denken denkt. So stiftet sich „im Innern der Gemeinsprache eine neue Sprache, die des *Logisch-Eidetischen*, in der bestimmte Sprachwesen – bezeichnet als logische Aussagen oder Propositionen – wahr oder falsch zu sein vermögen".[183] Diese ‚gereinigte Metasprache', in der entschieden werden kann, ob ein (Sprach-)Wesen einem Seienden entspricht oder nicht, *polarisiert* fortan die Reflexion auf Sprache gemäß den logischen Axiomen der Widerspruchsfreiheit und des Satzes des ausgeschlossenen Dritten. Folglich gründet jede Bedeutung in der Korrespondenz zwischen dem Aufbau der (identitär gereinigten) Sprache und dem Aufbau des Seins.[184] Mit der nominalen Funktion als sprachlichem Referenzmodell schlechthin wird die Möglichkeit der Synthese von Philosophie und Linguistik deutlich: „Das linguistische Zeichen als symbolische Identität von Signifikant und Signifikat, von Bedeutung und Sein, ist unmöglich ohne die logisch-eidetische Stiftung der Sprache *(langage)*."[185] Die Linguistik Saussure'scher Provenienz würde diesem Versuch der Vereinnahmung ihrer Entdeckung durch die Philosophiegeschichte an dem Punkt widersprechen, wo die Identität von Lautbild und Begriff eine Identität im positiven Sinne anzeigen würde. Ihre Reflexion auf Sprache ist deshalb originell, weil sie die *Arbitrarität* der Zeichen erkannt hat. Die Elemente des Sprachsystems sind einzig *durch* ihre Differenzialität elementar. Sie tragen, wie Saussure zeigt, keinen wie auch immer gearteten „Seinssinn" *in* sich, sie besitzen keine Substanzialität, ihr Sein ist notwendig Sein-in-anderem, d. h. sie haben einen *Wert*:

---

[182] Ebd.

[183] Richir, SP, S. 230. (Herv. v. mir – P. F.).

[184] In gewisser Weise – und wir werden darauf zurückkommen müssen – gehen selbst noch Husserls Logische Untersuchungen von diesem universalen logisch-eidetischen Paradigma aus, wenn dieser im „Namen" oder der „Nominalisierung" diejenige Form sprachlicher Ausdrücke entdeckt zu haben meint, die auf unmittelbare Weise – phänomenologisch gesprochen geht es um Akte, die sich durch „Einstrahligkeit" auszeichnen – das Sein oder das Eidos als solches identifizieren, also wiederum Denken und Sein symbolisch kurzschließen.

[185] Richir, SP, S. 231.

„Darüber hinaus zeigt uns die so bestimmte Idee des Wertes, daß es eine große Illusion ist, einen Term einfach als Vereinigung eines bestimmten Tons mit einem bestimmten Begriff anzusehen. Ihn so zu definieren, würde darauf hinauslaufen, daß er von dem System, an dem er teilhat, isoliert würde, es hieße zu glauben, daß man mit dem Termen beginnen und das System konstruieren kann, indem man die Summe bildet, während doch umgekehrt vom solidarischen Ganzen auszugehen ist, um durch Analyse die Elemente zu erhalten, die es enthält."[186]

Doch gerade an diesem Einwand setzt die Hauptkritik Richirs an: Dieser für das linguistische Unternehmen notwendige Ausgang vom solidarischen Ganzen „*setzt stets die Kenntnis der Totalität des Systems als System rein differenzieller Elemente voraus*".[187] Das linguistische Unternehmen beginnt mit einer Stiftung eines den empirischen Sprachen je Äußerlichen: *mit der Fixierung der formalen Totalität der Sprache als System*. Diese Fixierung ist für Richir aber nichts anderes als eine weitere Gestalt des Logisch-Eidetischen, da diese auf eine Exteriorität Bezug nimmt und durch ‚Logifizierung' bei der Unveränderlichkeit der Ordnung ansetzt. Der Einwand, einer Illusion erlegen zu sein, wird also von Richir zurückgewendet: Insofern der Ausgang vom Ganzen notwendig logisch-eidetischen Ursprungs ist, ist er – seit den Griechen – immer schon Referenz auf Exteriorität, womit „die Gliederung der Sprache in signifikante Einheiten nur diejenige in Einheiten der Bedeutungen sein kann".[188] Das Ergebnis ist eine *doppelte kohärente Verformung des Feldes fungierender Sprache*: zum einen, eine bereits bei den Griechen angelegte kohärente Verformung durch das Sprachmodell, mit der nominalen Funktion im Zentrum – ein Ineinandergreifen von alphabetischer Schrift, Nominationsparadigma und Grammatik –; zum anderen, greift das Logisch-Eidetische ein weiteres Mal in die fungierende Sprache ein, indem es, wie gesehen, die Sprache (diesmal als *langage*) symbolisch umarbeitet, und auf subtile Weise ein System der Bedeutungen stiftet, das zuletzt durch seine ‚Logizität' und ‚Systematizität' selbst noch den Sprach*gebrauch* fixiert.

Für Richir zeigt dieser Rückgang auf die Stiftung der Philosophie bei den Griechen, dass der Strukturalismus im Grunde ein moderner *Nihilismus* ist, „der sich darauf versteift, die Frage nach dem Sinn als präjudizielle Frage[189] zu eliminieren",[190] und dass die griechische Philosophie es in ihren diversen Gestalten bereits verstanden habe, diese Fragen weitaus sensibler zu behandeln, ohne in Konfrontationen steckenzubleiben.

---

[186] F. de Saussure, GAS, fr. S. 157 / dt: S. 135. In einer alternativen Übersetzung von H.-D. Gondek.

[187] Richir, SP, S. 231.

[188] Ebd.

[189] Dies ist juristische Terminologie: *Präjudizialität* bezeichnet den Grundsatz, nach dem eine einmal in einem ersten Prozess festgestellte „Rechtsfolge" (rechtliche Konsequenzen) auch allen weiteren Prozessen derselben Parteien zugrunde liegen soll.

[190] Richir, SP, S. 233.

2.4.3 Die Idee und das Zu-Sagende

An dieses – in der Philosophiegeschichte stets wiederzuentdeckende – *Vernehmen einer ‚Unruhe' des Sinns* will Richir anknüpfen, wenn er der eidetischen Reduktion Husserls eine neuartige *phänomenologische Reduktion des Logisch-Eidetischen* gegenüberstellt. Richirs phänomenologische Reduktion auf das Sprachliche, geht über die Reduktion auf Bedeutungszusammenhänge hinaus, welche in der semiotischen Perspektive der Sinngebilde verharren, und so auf ihre Weise der logisch-eidetischen Verformung der Sprache folgen. Es gilt, den Sinn jenseits seiner pro- und retroaktiven Fixierungen *in seiner Eigenbewegung* zu erfassen.

Im Zentrum der Frage nach der Sprachphänomenologie des sich bildenden Sinnes steht daher eine *Phänomenologie des Einfalls*. Diese gilt es in all ihren phänomenologischen Momenten genau herauszuarbeiten, weil Richirs Grundbegriffe wie die der „Phänomenalisierung", „Rhythmizität" und „Verdrehung" an diesem Punkt phänomenologisch konkret ausweisbar werden (auch wenn *mutatis mutandis* hier „phänomenologisch" etwas jenseits des Logisch-Eidetischen meint, mit dessen ‚Subtilitäten' es sich erst vertraut zu machen gilt).

Gehen wir zum Einstieg von der alltäglichen Erfahrung im Umgang mit der fungierenden Sprache aus. Was geschieht, wenn ich versuche, ‚das Wort zu ergreifen'? In dem Moment, wo ich etwas sagen will, kann ich darauf aufmerksam werden, dass mir dieses Sprachgebilde keinesfalls fertig vorliegt: ‚Sagen' heißt in lebendiger Rede keinesfalls ‚Auf-sagen' eines ‚Vor-gesagten'. Das Sagen ist vielmehr die suchende Bewegung nach einem *Zu-sagenden*, welches sich als äußerst „fein, subtil und flüchtig"[191] erweist. Denn obwohl mir das Zu-sagende nicht als mit sich selbst identischer Sinn vorliegt, ist sein Wirken auf das Sprechen allgegenwärtig. Es fällt uns durchaus auf, wenn wir uns vom ‚Pfad' des Zu-sagenden entfernt haben: Nicht selten kommt es vor, dass wir eine (gedachte, gesprochene oder geschriebene) Rede abbrechen und *neu* ansetzen. Ebenso können wir aber auch angeben, wann eine Rede den Sinn des Zu-sagenden getroffen hat. Das, so der Ansatzpunkt der Sprachphänomenologie, worüber man sich in logisch-eidetischen oder auch semiotischen Sprachreflexionen nicht genügend gewundert hat, ist der *prekäre Status des Zu-Sagenden,* solange es zu sagen bleibt. Diese Instabilität und Inchoativität ist entgegen der strukturalistischen Auffassung nicht der Virtualität des Sprachsystems geschuldet. Das Prekäre am *erscheinenden* Einfall lässt sich als Chiasmus seiner zeitlichen Momente beschreiben: Was als Idee aufblitzt, ist immer schon im Verschwinden begriffen und diese ‚Flucht' in die Vergangenheit ist immer schon mit einem ‚Ent-wurf' verschränkt, der dem Einfall eine Zukunft er-öffnet. Der sprachliche Entwurf der lebendigen Rede kann die Flucht der Idee fixieren und aufhalten (retinieren), indem er *eine Zeit eröffnet*. Die Herausforderung liegt dabei in der Analyse der ‚Gegenwärtigkeit' des sich bildenden Sinns, der zwischen Zukunft und Vergangenheit ‚aufgehängt' scheint, ohne eine Dauer oder Präsenz auszubilden. Richir spricht daher von einer *Gegenwärtigkeit ohne angebbare Gegenwart.*

---

[191] Richir, SP, S. 234.

Nach Richir ist der Status der Gegenwärtigkeit der Idee bisher verkannt worden. Im abendländischen Denken wurde der ‚Einfall' stets auf den Moment des ‚Augenblicks' verdichtet, und so von seiner eigenen pulsierenden Zeitlichkeit und Räumlichkeit abgeschnitten. Dadurch wird der sich bildende Sinn zum ‚Geistesblitz', der ‚aus heiterem Himmel' in uns fährt: „[D]ie Idee ist als solche unzeitlich".[192] Ohne dass sie Zeit bräuchte, liegt ihr Ursprung an einem anderen Ort als dem der lebendigen Rede. Letztere erscheint nur noch als ‚Ausdruck', als eine dem Gedanken äußerliche Zutat, die etwas *an sich* Unzeitliches *für uns* verzeitlicht.

Eine erste Differenzialität und Selbstreflexivität in die zeitlose Einheit der Idee eingeführt zu haben, ist nach Richir Verdienst des Neuplatonismus.

2.4.4 Die Idee als Spur

Das Motiv der logisch-eidetischen Stiftung für diese ‚Entzeitlichung' der Idee ist leicht ersichtlich: Es ist der Versuch einer Überwindung des prekären Status der Idee in der Bewegung und Mobilität ihrer Versprachlichung. Im Neuplatonismus wird durch dieses Problem einer *Stabilisierung der Idee* thematisiert und im gleichen Zuge ein Model der Reflexivität entwickelt. In dieser Konzeption, die bekanntermaßen im Platonischen Dialog *Parmenides* ihren Ausgang nimmt, „wird die Idee als die *Spur des Einen* gefaßt".[193] Bereits die im *Parmenides* thematisierten Aporien des Einen und der Vielheit erscheinen im Lichte einer Phänomenologie des Sprachlichen als der Versuch einer Stabilisierung. Ist die Exteriorität als Unveränderlichkeit einmal gesetzt, wird das Denken immer schon auf die Frage ausgerichtet, wie dieses Sein im Logos repräsentiert werden kann:

> „die Identität der Ideen mit sich selbst ist *vermeintlich* immer schon hergestellt, in ihrem Begriff, der gleichzeitig der Begriff des Einen ist, aber mit einem *Logos* einhergehend, der noch zu entdecken, oder vielmehr in seiner Stiftung zu suchen bleibt und sie zugleich verkettet."[194]

Diese Frage nach dem adäquaten Logos des Einen birgt in sich noch eine weitere mögliche Bewegung: die Rekodierung des Logos durch das Eine, d. h. die Suche nach dem „Metasprachlichen":

> „Als wesentlicher Punkt im *Parmenides* bleibt nämlich das Aneinandergliedern von Identität und Sinn – damit ist das Problem der ‚Teilhabe' gemeint: in welchem Sinn hat die gemeine gestiftete fungierende Sprache (das Sprachsystem) an der Stiftung der Ideen teil, und in welchem Sinn und wie kann sie symbolisch durch die Ideen rekodiert werden?"[195]

Die abendländische Stiftung der Philosophie erweist sich in dieser Hinsicht zunächst als ein Denken der Idealisierung. Wenn die Philosophie die Stiftung einer

---

[192] Ebd.
[193] Richir, PM, S. 299; fr. S. 276.
[194] Ebd.
[195] Ebd.

2.4 Sinnbildung

unveränderlichen Exteriorität des Logos und die Identität ihr Formgesetz (ihre Stabilisierung) ist, folgt daraus, dass die Identität nichts anderes als die *symbolische Identität der symbolischen Stiftung* ist. Diese Stiftung des Denkens *durch* das Eine ist nun nur stabil, wenn es im Einen *gründet*. Dieser Grund bleibt aber *auf Distanz* zum Logos, weil jener Transzendenz fordert, außerzeitliches Gelten, ein Grund, der – je nachdem welche Perspektive eingenommen wird – absolut intransparent oder absolut transparent er-*scheint* (das Scheinen ist ein zentraler Vermittlungsbegriff im *Parmenides*). So strebt Platon im Begriff des Plötzlichen oder Unvermittelten (*exaiphnes*) ein zeitliches Schema an, um in diesem Zugang zum Einen die absolute Distanz zu jenem „unbegreifliche[n] Etwas, das keiner Zeit angehört"[196] zu reflektieren.

Diese Identität auf Distanz wirft weitere Fragen auf: Zum einen scheint jede *Be*-gründung des Einen, ein *Ab*-grund zu sein, weil die symbolische Identität stets auf Distanz zu dieser bleibt; zum anderen produziert jede identitäre Fixierung eine Dialektik von *Implosionen* (Sinnabbrüchen) und *Explosionen* des Sinns (Zeitigung und Zersplitterung des Sinns) entfaltet, wobei letztere den „Widerhall auf die Auflösung der sprachlichen schematischen Kette"[197] darstellt.

Diese symbolische Identität der symbolischen Stiftung, *im Innern* dieser Stiftung ‚dynamisiert' zu haben, ist für Richir nun das Verdienst des Proklos, der mit seiner *Triadenlehre* den Sinnregungen Rechnung trägt, die sich ‚an den Rändern' der Implosion entfalten. Die fundierende *Trias* von Verharren, Hervorgang und Rückkehr (*monè*, *pròodos* und *epistrophè*) ist – gemäß der Stiftung der symbolischen Tautologie von Denken und Sein – einerseits das *Strukturprinzip des Geistes*, in dem das Denken sich als Reflexion auf sich selbst begreift, andererseits repräsentiert sie die *Entfaltung der Teilhabe* der Ideenwelt an *physis* und Sinnenwelt.[198] Diese triadische Struktur setzt sich aus den folgenden Momenten zusammen:

1.) *Verharren*: Der Proklos'sche ‚Geist' ist durch die ihm zukommende Selbstgenügsamkeit – durch die Tatsache, dass ihm nichts Weiteres zugrunde liegt und er aus sich selbst erzeugt wie in sich selbst zurückkehrt – stets ‚verharrender Geist'. Dieses Verharren ist weder zeitlich noch räumlich, weil die absolute Selbstgenügsamkeit die ekstatische Vervielfältigung des Seins des Geistes in Vergangenheit und Zukunft (in nicht-mehr-sein und noch-nicht-sein), ebenso wie die räumliche Verteilung in sowohl ‚hier' als auch ‚dort', wesensmäßig ausschließt. Dazu schreibt Beierwaltes: „[I]n der Dimension des Geistes [kann] von Verharren und Bewegtheit zugleich nur deshalb gesprochen werden, weil Denken nicht eine Bewegung von ‚hier' nach ‚dort', vom ‚noch-nicht' zum ‚nun-mehr' ist, sondern weil es sich in der zeit- und ortfreien Simultanität der es gründend umfassenden *hypóstasis* vollzieht."[199] Diese Simultanität des Geistes

---

[196] Platon, Parmenides, 156.
[197] Richir, PM, S. 285; fr. S. 264.
[198] Zur Triade *monè, pròodos, epistrophè* des Proklos siehe Werner Beierwaltes, Proklos. Grundzüge seiner Metaphysik, Klostermann, Frankfurt a. M. 1965, S. 118–129.
[199] Beierwaltes, Proklos, S. 119 f.

ist in Bezug auf dessen Bewegung ein wesentlich fruchtbareres Schema als das des Platonischen *exaiphnes*. Durch diese Umfassung der Anfangs- und Endmomente der Bewegung des Geistes ruht alle dynamische Entfaltung in der Immanenz, im In-sich-Sein der Einheit des Geistes.

2.) Der *Hervorgang* des Geistes muss ferner in Einheit mit dem In-sich-Verharren desselben gedacht werden. Indem dieser denkend aus sich selbst herausgeht – und sich dem Gedachten zuwendend – sich von sich unterscheidet, bleibt er dennoch *dem Wesen nach* Geist. Der Geist ist selbst Quelle des Intelligiblen, weil er das In-sich-Sein hin zur Vielfalt überschreitet, d. h. sich in Gedanken ent-faltet. Dieser Hervorgang verweist nun wiederum seiner Struktur nach auf sein drittes Moment, das ihm durch die wesentliche Einheit mit dem Verharren des Geistes in sich zukommt, und durch dessen zeitlose Simultanität mit ihm immer schon zusammenfällt:

3.) Die *Rückkehr* des Geistes in sich selbst. Sie vollendet die Bewegtheit des Geistes in der Reflexionsfigur des „Kreises", die nicht nur „Bild" des Geistes, sondern mit ihm strukturell verwandt ist. Die Reflexion (be-)schließt den Gang des Geistes in seinen Anfang oder seinen Hervorhang und so den Gang in sich selbst, wobei das In-sich-Sein alle Momente des Denkens wesensmäßig eint. Denken ist demnach das Vollenden und Einholen von Ganzheiten in die Ganzheit: „Diese Reflexivität des Geistes ist als ‚identifizierende' Intentionalität, als Sinngerichtetheit im Horizont der dynamischen Identität zu begreifen."[200]

Diese hier in aller Kürze skizzierte neuplatonische Reflexion auf die sich entfaltende Einfachheit der Idee ist für eine Phänomenologie des Sprachlichen deshalb von Interesse, weil sie die Fixierung des Einfalls in der *Bewegung* des Geistes nachzeichnet. Für Richir lassen sich in *Hervorgang* und *Rückkehr* die aus- und einrollenden Momente der Doppelbewegung der Phänomenalisierung, die Bewegtheit des sich bildenden Sinns zwischen Entwurf und Anspruch in der fungierenden Sprache, wiedererkennen. Die Zeitlichkeit des Sinns wird hier im Ausgang der Bewegung, u. z. der Exo-/Endogenisierung des (ein- und ausrollenden) Nichts, gedacht und nicht als Struktur eines Zeitbewusstseins einer dieser Bewegung vorgelagerten transzendentalen Subjektivität. In der Triadenlehre des Proklos:

„wird etwas von der Verwebung der Protentionen und der Retentionen in der Erleuchtung gedacht, allerdings in der Form einer Explosion (Hervorgang), die momentweise (im Verharren) durch zumindest eine ‚transzendentale Erinnerung' an die Implosion (Rückkehr) stabilisiert wird, d. h. in der Form einer Zerstreuung oder einer Dissemination, die ihrerseits an ihrem Rand zum Stillstand kommt, um sich wieder in ihrer Einheit-Identität zu erfassen."[201]

Auch wenn das neuplatonische Denken die Strukturmomente der Sinnbildung vorzeichnet, so ist an dieser Henologie zuletzt nichts Phänomenologisches. Denn die Sinnregungen, welche die Bewegung des Geistes antreiben, sind immer schon auf die ‚Kreisbahn' des Geistes gesetzt; durch das, was sie an Schöpferischem mit-

---

[200] Beierwaltes, Proklos, S. 126.
[201] Richir, PM, S. 301; fr. S. 278.

2.4 Sinnbildung

bringen, scheint immer schon der harmonisierte/harmonisierende Ursprung des Einen hindurch. Zwar produziert die Negation, als fundamentale Funktionen der Proklos'schen Dialektik, eine Umwandlung „durch Abstraktion alles Verursachten in die Affirmation der Fülle des Einen"[202]: d. h. *als* Fülle ist das Nichts Ursprung von Allem. Trotzdem bleibt diese Explosion der Fülle phänomenologisch eine „Explosion des Nichts",[203] weil in ihrer Erleuchtung nichts anderes transparent wird als die Implosion des Sinns im ‚schwarzen Loch' des Abgrunds auf Distanz. Einfacher gesagt, durch die Domestizierung der *monè* kehrt eine Monotonie ins Denken ein, insofern das Zu-Denkende immer schon der *eine* Sinn ist: „Jeder Geist denkt sich selbst."[204]

Die Implosion ins Eine, die zugleich Explosion des Nichts ist, hat folglich auch Konsequenzen für die Wahrheitsfunktion. Bekanntlich lehnt der Neuplatonismus den Entwurf einer Philosophie, die im *Diskursiven* gründet, kategorisch ab, weil eine Wahrheitstheorie *absoluter* Identität aus prinzipiellen Gründen nicht kommunizierbar sein kann, sofern die *com-municatio* eine Vielheit als ursprünglich setzt (im Sinne von Heideggers Definition von *légein* als „Beisammen-vor-liegen-Lassen").[205] Jenseits der Diskursivität fungiert der *nous* allerdings als Vermögen intellektueller Anschauung, „im Sinne einer Selbstpräsenz und Unmittelbarkeit; er genießt eine Nähe zur Wahrheit, die in Selbsteinkapselung umschlägt, weil der Intellekt seinen eigenen Inhalt, der allein ihm zugänglich ist, hervorbringt."[206]

Diese zugrundeliegende Metaphysik der Präsenz holt die Differenz in die Einheit zurück. So wird die Differenzierungsbewegung des zeitlosen Einen durch den Logos zuletzt wieder zurückgenommen, und stürzt das Denken selbst in den Abgrund des Nichts, sofern die Einung des Einen *als Ereignis*[207] nur durch die Negation der Rede, d. h. durch *Schweigen*, hervorgebracht werden kann. Die Einung des Einen ist also Eins-werden der Seele mit sich selbst durch die Negation der Differenzialität der (diskursiven) Sprache und ihre Bezogenheit auf die Bedeutung, ebenso wie des Denkens und seiner Gegenstandsbeziehung. Denn innerhalb des Denkens als Verschiedenheit und Bewegung „dächte [die Seele] Etwas-Eines, und nicht das Eine selbst."[208] Doch diese „Aphonie des Geistes"[209] muss selbst noch dialektisch gefasst werden, denn das Schweigen ist nach Proklos kein leeres, sondern eines, das die Fülle der Bewegung des Wortes qua Negation in sich birgt – das Schweigen wäre auf dieser Stufe also eher ein Zum-Schweigen-bringen. Allerdings muss dieses Schweigen abermals negiert werden, weil das Eine ursprünglicher als alle Bewegung und Ruhe ist, und so das Schweigen selbst noch von einem ‚anderen Ort' aus

---

[202] Beierwaltes, Proklos, S. 354.
[203] Richir, PM, S. 301; fr. S. 278.
[204] Proclos, Elem. Theol. 167; 144, 22.
[205] Heidegger, GA 7, S. 216.
[206] Sara Rappe, Reading Neoplatonism. Non-discursive Thinking in the Texts of Plotinus, Proclus, and Damascius. Cambridge University Press 2000, S. xiii. (Übersetzung von mir – P. F.).
[207] Siehe Beierwaltes, Proklos, S. 364.
[208] Proclos, De providentia et fato et eo quod in nobis. 31, 11; 140 sq.
[209] Vgl. Derridas Bemerkungen zum Schweigen bei Heidegger in Kap. 2.2.3.

be-gründet sein muss: eine Exteriorität „unsagbarer, geheimnisvoller als das Schweigen".[210] Damit ist das Eine allerdings nicht stumm, sondern das Schweigen negiert sich selbst, weil es eine Bezogenheit offenbart, die Bezogenheit einer verstummten Rede auf sein ganz Anderes: „Das Schweigen ist deshalb *Anzeige* dafür, dass das Eine selbst nur in einer dem Wort und daher dem diskursiven Denken sowie dem Etwas-bezogenen Sehen absolut enthobenen Dimension erfahren werden kann."[211]

2.4.5 Identität und Instabilität des Sinns

Von dieser reinen Identität aus entfaltet sich nach Richir der neuplatonische Weltentwurf wie durch einen *Wiederholungsautomatismus*: Kosmos, Seele und Welt wiederholen die ideale Harmonie der einfachen Ideen durch „harmonische Komplexifikation der ursprünglich unveränderlichen Harmonie".[212] Was sich im Neuplatonismus gegen die Diskursivität und logisch-eidetische Verformung der Sprache richtet, ist die andersartige Verformung einer *gründenden Sprache*. Das auf Identität gründende Denken versucht jedoch dem Logisch-Eidetischen eine andere Stiftung *im Innern* der symbolischen Stiftung entgegenzusetzen. Was ihm laut Richir nicht gelingt, ist, den stiftenden Akt oder auch die *sich bildende* symbolische Stiftung der Identität freizulegen: Im Neuplatonismus

„kann diese Art, den Abgrund der Gründung (*fondation*) durch die Re-kodierung im scheinbaren Grund (*fondement*) auf Distanz zu halten, für *ein allgemeines Kennzeichen der symbolischen Stiftung* gehalten werden. Und die Begegnung mit dem Abgrund kann als der eigentümliche Moment gelten, in dem das Erhabene die Bewegung der sich bildenden symbolischen Stiftung in Gang setzt."[213]

Weil der Neuplatonismus diese Bewegtheit des Denkens nicht ohne ursprüngliche Harmonie denken kann, ist sein Entwurf des Sprachlichen aus phänomenologischer Sicht unzureichend. Wir machen doch eher selten die Erfahrung, dass sich das Zu-Sagende in Sprache artikuliert, so als ob sich das harmonische Echo einer ursprünglichen Harmonie wiederholte. Das Zu-Sagende scheint in Wahrheit sehr viel widerständiger, sprunghafter aber auch schöpferischer zu sein.

Wenn also die Phänomenologie des Sprachlichen die Sinnbildung jenseits der Stabilisierung der Einfälle zu beschreiben sucht, muss sie eine *Reduktion* „der unzeitlichen und instantanen [simultanen] Exteriorität der Idee im Verhältnis zur Sprache (*parole*)"[214] vollziehen.

---

[210] Proclos, Theol. Plat. II 11; 110, 8.
[211] Beierwaltes, Proklos, S. 365. (Herv. v. mir – P. F.).
[212] Richir, SP, S. 235.
[213] Richir, PM, S. 300; fr. S. 278. (Herv. v. mir – P. F.).
[214] Richir, SP, S. 236.

2.4 Sinnbildung

Ohne diese Fixierung zeigt sich die irreduzible Zeitlichkeit der Idee: Ihre Entfaltung ist *koextensiv mit der Entfaltung der Zeit selbst*. Ohne stabilisierende Exteriorität bleibt ihre ‚Identität' offen und versucht sich selbst der stets prekären *Reflexivität* der eigenen Zeitlichkeit zu versichern. Schon im ersten Moment der Artikulation sprachlicher Wesen, *entwirft* dieses erste Sprachwesen eine Zukunft der zu-sagenden Idee – eine Zukunft, die sich ihrer „Richtung" (*sens*) nur versichern kann, indem sie sich am *Anspruch* vergangenen Ausdrucks – die Kette derjenigen Glieder, welche in der Richtung des Entwurfs bereits gefügt wurden – misst.

Was bewirkt nun aber jene *Verdrehung*, welche die zeitigende Reflexivität des Einfalls in die Exteriorität des Unzeitlichen entäußert? Welche Strukturen der Zeitlichkeit oder welche Vermöglichkeiten des Sinns sind für diese transzendentale Illusion verantwortlich? Für Richir besteht diese Verdrehung in einem Moment des Umschlagens (*revirement*) oder des Kurzschlusses (*court-circuit*).[215] Was hier kurzgeschlossen wird, ist die „Ausgespanntheit" (um mit Augustinus zu sprechen) im Sinne einer „Simultanisierung" oder „Instantanisierung" der Bewegung der Idee zu einem an sich Unbewegten. Mit anderen Worten besteht die transzendentale Illusion darin, eine *aposteriorische* „Eklipse" (die Simultanität des identischen Einen) als die stabile oder harmonische Versprachlichung/Verzeitlichung einer scheinbar *apriorischen* Fixierung der Identität zu verkennen. Im Sinne des zeitlichen Schematismus der Idee bedeutet das, dass die Zukunft des Zu-Sagenden in die Vergangenheit desselben *umschlägt*: was das Denken in fungierender Sprache sucht, ist die Idee in ihrer apriorischen Form. Dieser Kurzschluss der Sinnbildung, bei dem der Entwurf einer *noch nicht versicherbaren* Zukunft in ein *Wieder*-finden des aus der Vergangenheit (oder der Allzeitlichkeit) stammenden Anspruchs umschlägt, zeigt, wie die platonische *anámnēsis* als „Vermöglichkeit" des Sinns selbst noch in der Transzendentalphilosophie eines Kant oder Husserl wirksam bleibt.[216]

Richir verweist deshalb in diesem Zusammenhang auch auf Husserl und die statische Phänomenologie der *Ideen I*, in welchen das Logisch-Eidetische den Logos ‚polarisiert', indem letzterer bei Husserl einem Spiegelungsverhältnis von Noesis und Noema gleichgesetzt wird:

„Der Wortlaut kann Ausdruck nur heißen, weil die ihm zugehörige Bedeutung ausdrückt; in ihr liegt das Ausdrücken ursprünglich. ‚Ausdruck' ist eine merkwürdige Form, die sich allem ‚Sinne' (dem noematischen ‚Kern') anpassen läßt und ihn in das Reich des ‚Logos', des *Begrifflichen* und damit des ‚Allgemeinen' erhebt."[217]

Anpassung bedeutet hier, dass der Ausdruck eine besondere Aktschicht darstellt, die sich mit allen anderen Akten, die sich auf dasselbe intentionale Noema richten, verbinden kann und diese, dem Logisch-Eidetischen entsprechend, polarisiert oder chiffriert. So ergibt sich eine Spiegelung von Ausdrucks- und Gegenstandsnoema, die sich in einem Prozess approximativer Adäquation einer idealen Begrifflichkeit

---

[215] Ebd.

[216] Damit wird die Platonische Logik – weit vor der Freud'schen – eine erste Logik des Begehrens. Siehe: Bernard Bass, „Die phänomenologische Ausarbeitung des Objekts a", in: *Riss. Zeitschrift für Psychoanalyse, Freud, Lacan*; Turia+Kant: Wien 1996, Nr. 33/34, S. 22 f.

[217] Husserl, Ideen I, Band III/1, S. 257 (Originalpaginierung).

nähert. Zwar erkennt Husserl, dass „diese sich aufdrängenden Reden vom Spiegeln oder Abbilden mit Vorsicht aufzunehmen [sind], da die ihre Anwendung vermittelnde Bildlichkeit leicht irreführen könnte",[218] wie das nicht-repräsentationalistische Verhältnis von Noesis und Noema überhaupt das Grundthema statischer Phänomenologie darstellt. Jedoch bleibt der Logos in dieser Sprachkonzeption ein Instrument der Ab- oder Nachbildung gegenständlicher Noemata.

Der transzendentale Schein der Stabilität der Gegenständlichkeit geht, wie wir bereits sahen auf eine *ursprüngliche Verdrehung* des Phänomens bloß als Phänomen zurück. Das Phänomen reflektiert sich selbst durch ein phänomenalisierendes ‚Blinken' (*clignotement*) zwischen zwei illusionären Polen der Bestimmtheit: einerseits die „Illusion einer Zentrierung auf sich selbst" und andererseits die „Illusion einer allgemeinen Zentrierung".[219] Hier reflektiert sich das Phänomen gemäß dem Schematismus der Phänomenalisierung, dort gemäß dem Schematismus der Quantifizierung. Die Täuschung der Stabilität entsteht dann, wenn sich das Phänomen in der ‚Reinheit' der beiden Pole im Sinne eines radikalen Innen und Außen reflektiert. Indem es sich in scheinbarer Selbst-Transparenz erscheint, sein festes Schema der Identität und Differenz in sich wiederfindet, verdeckt es ekliptisch die Bewegung der Schematisierung selbst und damit auch das ‚Abenteuer' des Sinns, das darin besteht, dass der Weg der Stabilisierung selbst durch keine apriorische Stabilität vorgezeichnet war:

> „Anders gesagt, nichts versichert mich *a priori* in der Zeitigung des Einfalls, dass ich dem Versprechen seiner Zukunft und dem Anspruch seiner Vergangenheit wirklich treu bin. Seine Zeitigung bedeutet nicht, dass er nicht, gleichsam in jedem ‚Augenblick', abgetrieben werden kann."[220]

Entgegen der Husserl'schen These einer Anpassung des Ausdrucks an das Logisch-Eidetische, besteht ein wesentlicher Unterschied der Phänomenologie der Sinnbildung darin, dass *nicht nur der Ausdruck „provisorisch und prekär ist, sondern nunmehr die Idee selbst"*.[221] Der Sinn findet weder Halt noch Anleitung außerhalb seiner selbst, einzig die Reflexivität *seiner* Vergangenheit und *seiner* Zukunft geben dem Sinn *seine* Richtung (*sens*) vor, die, ohne *a priori* versichert zu sein, eben nur als *Abenteuer* des Sinns bezeichnet werden kann. Diese ursprüngliche Unbestimmtheit der Zeitigung ist zuletzt der Grund dafür, dass, wie Richir pointiert formuliert, „es aus phänomenologischer Sicht keinen Sinn des Sinns gibt".[222]

---

[218] Ebd.
[219] Richir, PTE, S. 78 f.
[220] Richir, SP, S. 237.
[221] Richir, SP, S. 237.
[222] Richir, PM, S. 275; fr. S. 255.

2.4.6 Räumlichung des Sinns

2.4.6.1 Räumlichung des Sprachphänomens

Um die Räumlichkeit des Sinns in der Zusammenziehung des „Augenblicks" zu beschreiben, wendet sich Richir, bereits in *Phénoménologie et institution symbolique*, Kants „Analytik des Erhabenen" zu. (Den eigentlichen Rahmen der Untersuchung, die Begegnung mit dem symbolischen Stifter als Begegnung von phänomenologischer und symbolischer Freiheit, wollen wir für den Moment noch zurückstellen.)[223] Jetzt gilt es vorerst zu klären, in welchem Sinne die Zeitigung des Sinns bei Richir immer schon eine *Doppelbewegung* aus Zeitigung und Räumlichung impliziert.

Kant bezeichnet im Zweiten Buch der „Analytik der ästhetischen Urteilskraft" das Erhabene in seiner mathematischen Modalität als das „schlechthin Große". Der Versuch einer Bestimmung der Größe als absolut, d. h. „ohne alle Vergleichung mit anderen [Größen]",[224] zeigt, dass die notwendig *komparative* Größenschätzung inadäquat ist, insofern diese immer schon die Einheit voraussetzt, aufgrund derer die Größe *objektiv* gemessen wird (durch das Enthaltensein dieser Einheit in ‚X'). Anders gesagt, jeder Rückgriff der mathematischen Schätzung auf *andere* maßgebende Größen macht es ihr unmöglich den *Begriff* absoluter Größe zu bilden. Die Größenschätzung, die dem Gefühl des Erhabenen nichtsdestotrotz zugrunde liegt, muss also anderen Ursprungs sein. Kant bestimmt diesen bekanntlich als *ästhetisch*. Das hierfür verantwortliche Vermögen, das man mit Gérard Lebrun als „vormathematische Einbildungskraft"[225] bezeichnen kann, ist somit Bedingung jeder mathematischen Größenschätzung (wie der Schematisierung derselben überhaupt). Der vor-begriffliche wie vor-objektive und deshalb „vorgreifende Charakter der ästhetischen Schätzung" umfasst zuletzt den *Raum* als solchen, sofern dieser „das Prinzip jeder Größenschätzung bildet".[226]

Das Erhabene ist, nach Kant, im Unterschied zum Gefühl des Schönen ein *komplexes Gefühl*, 1.) weil es zu seinem Zustandekommen einer einstweiligen Hemmung bedarf, die sich erst in einem zweiten Moment in Lust verwandelt, 2.) weil es nicht auf den Naturgegenstand selbst bezogen ist, sondern sich kontemplativ auf die Beziehung der Vermögen im Gemüt selbst zurückwendet. Das, was die ‚Gemütsbewegung' des Erhabenen *initiiert*, ist anfänglich eine Art *Irritation* desselben und erscheint „der Form nach [...] zweckwidrig für unsere Urteilskraft, unangemessen unserm Darstellungsvermögen, und gleichsam gewalttätig für die Einbildungskraft".[227] Der Gegenstand in seiner schlechthinnigen Größe kann in diesem Moment

---

[223] Im dritten Teil wird die Figur des symbolischen Stifters mehrfach thematisiert. Siehe dazu besonders Kap. 4.1.2, 4.3.2.
[224] Kant, KU A 80.
[225] Lebrun, Gérard, Kant et la fin de la métaphysique, Paris: 1970, S. 420.
[226] Vgl. Michaël Fœssel, Analytik des Erhabenen, in: Kritik der Urteilskraft. Klassiker auslegen, Band 33. Otfried Höffe (Hg.), Akademie Verlag, Berlin: 2008, S. 108 f.
[227] Kant, KU A 75.

noch kaum als „erhaben" bezeichnet werden, ist er doch nur negativ erfasst als eben unser Verstandesvermögen *überschreitender*. In Anbetracht eines derart unfassbaren Gegenstandes bezieht sich das erhabene Gefühl vielmehr auf das Gemüt, welches sein besonderes Vermögen gerade dort ‚erspürt', wo jenseits der Sinnlichkeit und Darstellbarkeit der *Vernunft* (in Form von Ideen) eine Teleologie höherer Stufe zur Verfügung steht, d. h. „das Unendliche (Raum und verflossene Zeit) [...] als *ganz* (seiner Totalität nach) *gegeben* zu denken".[228] Es ist also gerade der *Widerstreit* von Einbildungskraft und Vernunft, der das Gemüt im Gefühl des Erhabenen als Gefühl der selbstständigen (von Sinnlichem unabhängigen) Vernunft, erhebt. Kant versucht das Moment des Zweckwidrigen in der Einbildungskraft zu konkretisieren und bezieht sich auf die „*Messung eines Raums*" – eine Passage, die Richir einer originellen phänomenologischen Interpretation unterziehen wird.

Es gibt grundsätzlich zwei Möglichkeiten einen Raum (oder ein schlechthin großes Raumobjekt) zu erfassen: eine progressive und eine regressive. Beim „*Progressus*" folgt die Einbildungskraft den Maßen, die sich als „Beschreibung" des Raumes sukzessiv anbieten (der Mensch als Maß für die Größe eines Turms, der Turm als Maß für die Größe eines Bergs, usw.), womit sie der Bedingung des inneren Sinns, der „Zeitfolge", entspricht. Beim „*Regressus*" hingegen versucht die Einbildungskraft diese nacheinander beschriebene Vielheit in einer Einheit zusammenzufassen, indem sie die Zeitfolge des Progresses ‚aufhebt' und die Größe *in ihrer Anschaulichkeit* zu erfassen sucht. Dieses Zusammenziehen der beschriebenen Strecke im ‚Augen-blick', gibt uns deren Elemente im „*Zugleichsein*", was die Auffassung des Raums erst „veranschaulicht".[229] Daraus folgt, dass die „Bestrebung also, ein Maß für Größen in eine einzelne Anschauung aufzunehmen, welches aufzufassen merkliche Zeit erfordert, [...] eine Vorstellungsart [ist], welche, subjektiv betrachtet, zweckwidrig, objektiv aber, als zur Größenschätzung erforderlich, mithin zweckmäßig ist".[230] Das Telos der Einbildungskraft zur Bestimmung des Gegenstandes in seiner Einheit bleibt allgemein zweckmäßig, auch wenn dem Subjekt durch das Zusammenziehen der maßlosen Größe des Gegenstandes in der Einbildungskraft Gewalt widerfährt.

Diese „Phänomenologie der Größe"[231] ist nun für Richir von entscheidender Bedeutung. Wie bereits erwähnt, bezieht er die von Kant beschriebene Reflexivität des ästhetischen *Urteils* auf die Phänomenalisierung des *Phänomens bloß als Phänomen*.[232] So beschreibt Kants Analyse von Progress/Regress in der Einbildungskraft aus phänomenologischer Perspektive nichts anderes als die *Zeitigung/Räumlichung des Sprachlichen* und dessen Sinnbildungsprozesse, d. h. eine Gegenwärtigkeitsphase die zwischen ihren Vergangenheits- und Zukunftshorizonten aufgespannt ist mit der Räumlichkeit dieser Phase als ihrer *Simultanität*. Dadurch ist die „Raumauffassung", welche die „objektive Bewegung in der Einbildung" ausmacht, aus

---

[228] Kant, KU A 91.
[229] Vgl. Kant, KU A98 f.
[230] Kant, KU A 99.
[231] Michaël Fœssel, Analytik des Erhabenen, S. 108.
[232] Vgl. dazu die Einleitung zu Richir: *Phénomènes, temps et etres I*.

2.4 Sinnbildung

phänomenologischer Sicht der Raum des Phänomens selbst, welches – da es immer schon mit anderen Phänomenen verwoben ist – *Raum (in) der Welt* ist.[233] Die progressive ‚Beschreibung' dieses Raumes ist folglich die Zeitigung dieses Raums (in) der Welt als sukzessiver „Durchgang" (*parcours*). Richir versteht diesen Prozess als „De-skription" als zeitigende/räumlichende „Schrift"[234] im Sinne der Derrida'schen Urschrift. Innerhalb der Neuausrichtung der Richir'schen Phänomenologie an Kants Analytik des Erhabenen *findet also die Phänomenalisierung als Urschrift am Ort des mathematisch Erhabenen statt*. Die vor-begrifflichen und durchaus vorgreifenden zeitigenden Durchgänge sind stets unbestimmt-unendlich und bilden das irreduzible phänomenologische Residuum jeder Auffassung von Identität.

Die Kantische Figur einer Aufhebung der Einbildungskraft im Zugleichsein offenbart die spezifische Reflexivität des Sprachlichen. Für Richir bedeutet „Aufhebung" die *Aufhebung der Zeitigung* selbst, die zwar als solche unmöglich ist – weil im „Augenblick" strenggenommen nichts anderes ‚zugleich' sein kann als Vergangenheit, Gegenwart und Zukunft der Durchgänge –, jedoch eine *Lücke in der Phänomenalität* hinterlässt: „Diese Lücke der Phänomenalität im Sprachphänomen [...] ist die Bedingung dafür, dass sich ihre Zeitigung/Räumlichung in Raum und Zeit reflektiert" – „als Zeit *im* Raum und Raum *in* der Zeit".[235] Die oben beschriebenen Bedingungen der Urschrift als „Raum-Werden der Zeit und Zeit-Werden des Raumes" durch „das Nicht-Wahrgenommene, das Nicht-Gegenwärtige und das Nicht-Bewußte"[236] kommen hier zum Tragen.

Diese Bedingtheit spiegelt sich bei Kant in der Frage nach der Zweckwidrigkeit der unifizierenden Vorstellungsart im Regress wieder. Phänomenologisch betrachtet, ist der Progress als offener, vor-begrifflicher und *ateleologischer* Durchgang durch das Erhabene zweckwidrig; und doch zugleich zweckmäßig, insofern die ateleologischen Durchgänge die *Sprachphänomene* (die Auffassungen) mit der Unbegrenztheit und Unbestimmtheit der *Weltphänomene* verknüpfen. Dies zeigt deutlich, dass *zwischen der Teleologie des Sprachlichen und der Teleologie des Symbolischen unterschieden werden muss*. Die Zweckmäßigkeit leitet sich nicht nur von der Vernunft ab,[237] welche für Richir als „reine" Vernunft nur symbolische Stiftung sein kann, sondern ist „im Wesentlichen zuerst *Zweckmäßigkeit des Sprachlichen*, d. h. [...] *schematische Teleologie ohne vor-bestimmten Begriff*".[238] In den *Phäno-*

---

[233] Vgl. Richir, PIS, S. 103.
[234] Ebd.
[235] Richir, PIS, S. 104.
[236] Derrida, GR, S. 118 f.
[237] „Die Begriffe von ‚Zweck' und ‚Zweckmäßigkeit' leiten sich ursprünglich von der Vernunft ab (370, 396, 1. Einleitung KUXX 234, Teleologische Prinzipien VIII 182), da sie in erster Linie das Verlangen dessen bedeuten, was noch nicht da ist, aber durch die vernünftige Handlung sein soll (Zweck), und weil sie das Bewußtsein der Realität an sich oder die Unbedingtheit der Freiheit erscheinen läßt, so daß alles andere als Mittel für sie zu betrachten wäre und mit ihren Forderungen übereinstimmen sollte (Zweckmäßigkeit)." Jacinto Rivera de Rosales, Relation und Modalität des Schönen, in: Kritik der Urteilskraft. Klassiker auslegen, Band 33. Otfried Höffe (Hg.), Akademie Verlag, Berlin: 2008, S. 81.
[238] Richir, PIS, S. 104.

menologischen Meditationen kommt Richir dagegen auf die Besonderheit symbolischer Teleologie zu sprechen:

> „So ist die symbolische Stiftung des Sprachlichen nichts anderes als sozusagen die Stiftung des Identifikationsaspekts, mit dem Gegenpart, daß eine solche Identifikation in Wirklichkeit niemals zum Ende kommt, weshalb die symbolische Stiftung eigentlich immer nur *Bewegung zur* symbolischen Stiftung hin ist, also eine unabgeschlossene und noch von Phänomenologie durchzogene Bewegung, was einer Teleologie neuen Stils folgt, die wir *symbolische Teleologie* nennen und dem nahe kommt, was Kant in seiner dritten Kritik beim Einbringen der Zweckmäßigkeit die ‚logische Teleologie' nannte."[239]

Für Kant sind diese verschiedenartigen teleologischen Stile harmonisiert. Im VI. Teil der Einleitung der ersten Fassung der *Kritik der Urteilskraft* mit dem Titel „Von der Zweckmäßigkeit der Naturformen als so viel besonderer Systeme" spricht er von einer gewissen ‚Anschmiegsamkeit' der empirischen Naturerfahrung für unsere Erkenntnis:

> „Daß die Natur in ihren empirischen Gesetzen sich selbst so spezifiziere, als es zu einer möglichen Erfahrung, *als einem System* empirischer Erkenntnis, erforderlich ist, diese Form der Natur enthält eine logische Zweckmäßigkeit, nämlich ihrer Übereinstimmung zu den subjektiven Bedingungen der Urteilskraft in Ansehung des möglichen Zusammenhangs empirischer Begriffe in dem Ganzen einer Erfahrung."[240]

Diese Übereinstimmung der Naturform mit den subjektiven Bedingungen der Erfahrung ist das Kantische (post-kopernikanische) *Residuum* der Stiftung des antiken Logos als einer unveränderlichen Exteriorität (Kap. 2.4.2). Es ist der Teil der Sinnbildung, der selbst nicht mehr in Zeitigung/Räumlichung stattfindet, und dennoch das Sprachliche anleitet – wobei Kant sehr genau darauf bedacht bleibt, keine falschen Analogien zwischen dem Zusammenhang empirischer Begriffe durch die Urteilskraft und einer Systematik der Naturformen an sich selbst aufkommen zu lassen.[241]

Das Zweckwidrige erfährt das Subjekt als „Gewalt" und zugleich als Lust qua Achtung dieses Sachverhalts als „subjektiv-zweckmäßig für die Vernunft, als Quell der Ideen, d. i. einer solchen intellektuellen Zusammenfassung, für die alle ästhetische klein ist; und der Gegenstand wird als erhaben mit einer Lust aufgenommen, die nur vermittelst einer Unlust möglich ist."[242]

---

[239] Richir, PM, S. 283; fr. S. 262.

[240] Kant, KU, Einleitung der ersten Fassung, S. 30.

[241] „Nun gibt dieses aber keine Folgerung auf ihre Tauglichkeit zu einer realen Zweckmäßigkeit in ihren Produkten, d.i. einzelne Dinge in der Form von Systemen hervorzubringen: denn diese könnten immer, der Anschauung nach, bloße Aggregate und dennoch nach empirischen Gesetzen, welche mit andern in einem System *logischer Einteilung* zusammenhängen, möglich sein, ohne daß zu ihrer besondren Möglichkeit ein eigentlich darauf angestellter Begriff, als Bedingung derselben, mithin eine ihr zum Grunde liegende Zweckmäßigkeit der Natur, angenommen werden dürfte. Auf solche Weise sehen wir Erden, Steine, Mineralien u. d. g. ohne alle zweckmäßige Form, als bloße Aggregate, dennoch den innern Charaktern und Erkenntnisgründen ihrer Möglichkeit nach so verwandt, daß sie unter empirischen Gesetzen zur Klassifikation der Dinge in einem System der Natur tauglich sind, ohne doch eine Form des Systems *an ihnen selbst* zu zeigen." (Ebd.).

[242] Kant, KU A 100.

2.4 Sinnbildung

Dass im Umschlagen von Progress und Regress das *Subjekt* und nicht das räumliche Objekt als Korrelat des Moments des Erhabenen erscheint, erklärt Kant mit der Aufhebung der Zeitfolge, welche als exklusive Form der inneren Anschauung nur der subjektiven Seite der Erkenntnis angehören kann. Für Richir bedeutet dies, dass das Sprachphänomen sein Drinnen im Draußen (Kants innerer und äußerer Sinn) *reflektiert*. Die Subjektivität ist in dieser Konstellation zwischen Teleologischem und Ateleologischem ‚aufgehängt'. Sie enthüllt sich durch das Aufscheinen der Phänomenalitätslücken gerade als symbolische Stiftung: als Teleologie, die, vermittelt durch die Aufhebung des Ateleologischen (der Phänomenalität), sich von diesem abhebt. Folglich ist jede Phänomenalitätslücke *subjektiv*, „insofern sie *das Subjekt in der symbolischen Ordnung verankert* und es *vom phänomenologischen Feld* als Feld der Weltphänomene *abschneidet*".[243]

Das Zugleichsein ist also kein Phänomen im eigentlichen Sinne, sondern vielmehr ein „abstraktes Milieu".[244] Es kommt in der Aufhebung der Zeitigung/Räumlichung des Sprachphänomens zu einer Abstraktion derselben, welche die „reine" Zeit und den „reinen" Raum im „Augenblick" des *hic et nunc* vereint: „als Zugleichsein der Zeit *mit* ihren Protentionen und Retentionen und dem Raum *mit* seinen Dimensionen (vorne, hinten, unten, oben, rechts, links)".[245] Diese versammelnde Reflexion im Augenblick ist nach Richir genau derjenige Reflexionsbegriff, der den Cartesianischen Raum konstituiert. Die transzendentale Illusion liegt nun darin, dass der Regress des sukzessiv Durchlaufenden nicht nur eine *Retrojektion* ist, „die erschafft, was sie selbst retrojiziert",[246] sondern immer schon einen Sprung über den ursprünglichen Abgrund der Zeitigung bedeutet. Das Aufblitzen einer Phänomenalitätslücke im Zugleichsein weckt immer schon einen Ent-wurf, dort wo sich dieses Zugleich „auf einen Schlag" (*d'un coup*)[247] einstellt. Dieser „Schlag" ist aber gerade der ‚Generator' des sprachlichen Entwurfs; er regt das Denken an, auf das Logisch-Eidetische zu antworten.

2.4.6.2 Phänomenologische Zeichen als Zeichen des sich bildenden Sinns

Diese Zeitigung/Räumlichung des Sinns formiert eine Art „transzendentaler Landschaft", die alles andere als statisch ist. Die sich verräumlichende Zeit und der sich verzeitlichende Raum befinden sich in einer doppelten Bewegung, die in sich a-teleologisch ist. Die Formationen dieser „Landschaft" bilden sich nach Richir aus ihrem je eigenen *Rhythmus*. An dieser Stelle werden wir uns allerdings auf den Begriff des Rhythmus in Hinblick auf die Sinnbildung beschränken.[248]

---

[243] Richir, PIS, S. 106.
[244] Ebd.
[245] Richir, PIS, S. 106 f.
[246] Richir, PIS, S. 107.
[247] Ebd.
[248] Der ‚Rhythmus' ist einer der schillernden Begriffe des Richir'schen Denkens, der sich in den verschiedenen Phasen seines Werks auf je andere Weise kontextualisiert. Richir ist auch hier be-

Während bei Henry Maldiney der Rhythmus als Genese der Form noch ontologischer Begriff bleibt, ist er bei Richir ein transzendentaler Begriff, der auf das phänomenologische Feld selbst bezogen wird und die ‚Formationen' des Sinns beschreibt.[249] Der Gedanke des Rhythmus ermöglicht der Phänomenologie ihre eigene nicht-strukturalistische Gestalt des Diakritischen auf transzendentaler Ebene, d. h. auf Ebene der Bewegungen des Sinns, zu formulieren. Die Herausforderung liegt darin, diese transzendentale ‚Landschaft' mit ihrer Dichte und ihren Rhythmen nicht in Raum und Zeit, sondern gewissermaßen ‚diesseits' derselben zu denken, d. h. in der Konkretheit ihrer instabilen Splitter und Abbrüche. Das Rhythmische ist ebenso wenig mit der „regulierten Wiederholung desselben Akkords (z. B. in der Musik), derselben Bewegung (beim Tanz) oder desselben Schlags (des Herzens)" zu vergleichen wie „die Masse oder Dichte dieser Konstruktion [...] mit der Dreidimensionalität eines Körpers oder eines Objekts".[250]

Der nicht zeitliche/räumliche, sondern allererst zeitigende/räumlichende Rhythmus eröffnet so im Hinblick auf das Sprachphänomen den Zeit-Raum des Sinnansatzes für den sich bildenden Sinn:

> „Das bedeutet streng genommen, daß der sprachliche Entwurf, der protentional antizipierte Entwurf des Sinns, eines Sinns, der sich zwar aufgetan hat, aber noch zu bilden bleibt, sich schon im Inneren seiner selbst zur ‚Retro-zipation' des Sinns, zum *gleich* der retentionalen Vergangenheit zugehörenden Anspruch des Sinns, zeitigt und räumlicht – die Räumlichung liegt in diesem ‚gleich', das, indem es den *ursprünglichen* Abstand zwischen Zukunft und Vergangenheit öffnet, im Zugleich der ‚Gleichzeitigkeit' der Gegenwärtigkeit den Raum der Gegenwärtigkeit erschließt, welcher durch die Diskursivität des in seiner Bildung begriffenen Sinns noch zu zeitigen ist."[251]

Der Rhythmus wird so zum Schema des sich bildenden Sinns, was einerseits bedeutet, dass „es ebenso viele Rhythmen der Zeitigung/Räumlichung wie sprachliche Phänomene gibt",[252] und andererseits eine differenziertere Betrachtung des Sprachphänomens ermöglicht:

> „Diese neuartige phänomenologische Analyse der Rhythmen der Zeitigung/Räumlichung des Sinns eröffnet uns die Möglichkeit die eigentlich phänomenologische Reduktion der sprachlichen Zeichen (*signes de la langue*) auf Sprachphänomene (*phénomène de la parole*) *bloß als* Phänomene zu vollziehen."[253]

Diese Zeichen sind damit nicht länger die Elemente eines (Sprach-)Systems, sondern *Zeichen des sich bildenden Sinns*. Die in sie eingeschriebenen Rhythmen

---

sonders beeinflusst durch seine Lektüre der Werke von Maldiney, Derrida und Loreau. Siehe Forestier, *La phénoménologie génétique de Marc Richir*, S. 27 f.

[249] Forestier, la phénoménologie génétique de Marc Richir, S. 28.

[250] Robert Alexander. La refondation richirienne de la phénoménologie, S. 16. Diese Erläuterungen bahnen Robert Alexander den Weg zu dem, was er „*l'onkorythme*" nennt, und den Grundbegriff einer auf Richir aufbauenden „phänomenologischen Metaphysik" bildet, die dem Erratischen, der Instabilität und absoluter Bewegung des phänomenologischen Feldes Rechnung tragen soll.

[251] Richir, PM, S. 65; fr. S. 60.

[252] Richir, PM, S. 131; fr. S. 124.

[253] Richir, SP, S. 239.

2.4 Sinnbildung

vermögen sich auszutauschen, anzugliedern und erneut zu rhythmisieren. Es gibt nicht nur ebenso viele Rhythmen, wie es Sinnansätze, sondern auch ebenso viele Rhythmen wie es unendliche *Teilstücke* eines sich bildenden Sinns gibt. Dieser Verweisungszusammenhang unter den Zeichen des sich bildenden Sinns geht in seiner erratischen und fließenden Mehrdeutigkeit weit über das hinaus, was die Linguistik mit dem Begriff der „Polysemie" zu erfassen vermag.[254] Die Rhythmizität des sich bildenden Sinns ist das phänomenologische Analogon zum strukturalistischen Postulat eines „Nicht-Sinns" am Ursprung des Sinns. Allerdings ist dieser „Nicht-Sinn" weder existenzialistischer Sinnverlust, noch Quelle eines überdeterminierenden Exzesses, sondern Öffnung auf Außersprachliches.[255]

Damit stellt sich die Frage, welcher Status dem Begriff der *Referenz* in diesem neuen phänomenologischen Kontext zukäme.[256] Nach der phänomenologischen Reduktion der Zeichen auf die Zeichen des sich bildenden Sinns erweist sich die Beziehung von Sprachlichem und Außersprachlichem als *ebenso inchoativ* wie das Sprachphänomen selbst:

> „[W]ir erfassen die Referenz in ihrer Komplexität, die von *a priori* vielfältigen sprachlichen *Rhythmen* ausgeht. Es ist gewissermaßen eine sich ändernde, ‚dynamische' Referenz und nicht eine logische, in klassischer Manier als *Hinweisung** gefasste Referenz, die in der Form des Namens und der Benennung das vermeintlich eindeutige Äußere zu zeigen glaubt."[257]

Somit verweisen die phänomenologischen Zeichen dieser dynamischen Referenzialität auf keine Exteriorität, sondern auf *Sinnansätze* des sich bildenden Sinns. Das Zu-Sagende als Referenz dessen, *von dem* der Sinn „Sinn" sein soll, meldet sich in den Ansätzen des sich suchenden Sinns, die sich diesem ‚anbieten', *noch bevor* entschieden wäre, ob sie sich gemäß dem bereits rhythmisierten Anspruch der Vergangenheit des Sinns rhythmisieren lassen. Diese Ansätze sind insofern Weltphänomene, als sie Zeichen der „phänomenologischen Konkretheiten der Welt"[258] sind, und die Sinnbildung schreitet nur fort, wenn der sich suchende Sinn imstande ist, diese pulsierende Vielfalt der Ansätze und Konkretheiten der Welt gegenseitig zu *neutralisieren*. Andernfalls scheitert er an der schieren ‚Masse' der Konkretheiten.

Dieses endogene Verhältnis von sich bildendem Sinn und Sinnansätzen, zu dem die Frage nach der Referenz hinleitete, wird nun von Richir in Hinblick auf den *Abstand zwischen Sprachlichem und Außersprachlichem* reflektiert. So zeigt sich, dass die Sinnansätze reduziert werden müssen auf das, was Husserl „Vermöglichkeiten" nennt. Diese Sinn*ansätze* dürfen nicht mit Sinn*regungen* verwechselt werden, sofern letztere bereits eine anfängliche Zeit und einen anfänglichen Raum entworfen haben, während die reinen Ansätze oder Sinnvermöglichkeiten mit ihren

---

[254] Vgl. Richir, PM, S. 132; fr. S. 124.
[255] Vgl. unsere Analysen zur Struktur, Kap. 2.4.7.
[256] Siehe Kap. 2.4.9.
[257] Richir, PM, S. 134; fr. S. 127.
[258] Richir, PM, S. 132; fr. S. 124.

Explosionen und Implosionen diesem Entwurf noch vorhergehen. In dieser Hyper-Schnelligkeit ist sogar noch der Begriff der „Sinnvermöglichkeiten" zu reduzieren, weil jede Form des bereits gebildeten Sinns immer auch – wir werden darauf zurückkommen – *Selbstheit* oder Bewusstsein impliziert, die Ansätze in ihrer Hyper-Schnelligkeit aber prinzipiell jeder Selbstheit vorhergehen, d. h. *unbewusst* sind. Im Rückgriff auf das Spätwerk Merleau-Pontys bezeichnet Richir diese weltlichen phänomenologischen Konkretheiten als „*wilde Wesen*", welche darauf verweisen, „daß diese sich eben noch ‚außerhalb' oder ‚vor' ihrer Aufnahme ins eigentliche Feld des Sinns befinden".[259]

So ist das Problem der Referenzialität des Sprachphänomens in Grunde ein *Chiasmus* zweier Rhythmen: des *Rhythmus des Sinns* (als Entwurf und Anspruch eines Zu-Sagenden) und des *Rhythmus der phänomenologischen Zeichen* (als flüchtige Sinnansätze, die sich als außersprachliche wilde Wesen der Raum-Zeit des Sinns und des Bewusstseins entziehen). Diese Rhythmen können niemals spiegelbildlich sein, sondern sind ausschließlich chiasmatisch verschränkt, weil 1.) durch die ursprüngliche Verdrehung Retentionen und Protentionen *auf Abstand* gehalten werden – d. h. niemals Retentionen und Protentionen *von* einer lebendigen Gegenwart sein können[260]; 2.) weil der Sinn als sich suchender Sinn auf Abstand zu sich selbst bleibt, und er seine Sinnansätze rhythmisierend im Innern seiner selbst aufnimmt, wobei er doch auf eine radikale Exteriorität bezogen bleibt, die in ihrer Masse weltlicher Konkretheit über ihn hinausgeht. Dies nennt Richir die „ursprüngliche Schieflage (*porte-á-faux*)":

> „Die Erfahrung der fungierenden Sprache an ihren Grenzen ist ganz konkret die Erfahrung der un-endlichen Schieflage der Sinnregungen, allgemeiner noch jener Sinnregungen, die sich zu sagen suchen, indem sie sich auf das beziehen, was sie unreduzierbar als *Apeiron* des unbegrenzten ‚Ganzen' des Sagbaren übersteigt."[261]

Mit anderen Worten, vernehmen wir nach Richir in der lebendigen Rede nicht den Rhythmus einer Signifikanten-Gliederung, sondern den Sinn, der sich „zwischen den Zeichen"[262] meldet, als Rhythmus des Abstands des einen im anderen, oder – bezogen auf die Zeitigung/Räumlichung des Sinns – in der Gegenwätigungsphase ohne angebbare Gegenwart. Das blinde Spiel des „Sprachapparats", wie es die linguistische Interpretationen Saussure'scher Prägung entwirft, wird bei Richir zu einer Art phänomenologischem ‚Sprachorgan', dessen sprachliche Schöpfungen vielmehr von einer gewissen *ästhetischen ‚Sensibilität'* geleitet werden. In der ‚Musikalität' der Rede (ihrer Rhythmizität) drückt sich nicht (ausschließlich) die Virtualität eines Sprachsystems, sondern die Rhythmisierung des sich bildenden Sinns aus, wo sich die Rhythmen der weltlichen Konkretheiten mit den in ihm pulsierenden Möglichkeiten überkreuzen. Dieser Chiasmus hat nun grundsätzlich und jederzeit zwei Möglichkeiten: entweder dem Sinn auf seiner Suche als ‚Stafetten' zu

---

[259] Richir, PM, S. 133; fr. S. 125.
[260] Vgl. Richir, Le temps: Porte-á-faux originaire, S. 9.
[261] Richir, PM, S. 67; fr. S. 62.
[262] Richir, SP, S. 290; fr. S. 314.

2.4 Sinnbildung

dienen, oder ihn durch die Dichte und Opazität der Ansätze zu überfrachten und zum Abbruch zu bringen.[263]

Betrachten wir zunächst den Abbruch der Suche des Sinns nach sich selbst, so teilt er sich seinerseits wieder in *das Eine* und *das Nichts*. Gemäß der logischeidetischen Stiftung kann ein aufkommender Sinn entweder zur unzeitlichen *Einheit* einer in ihm ausgedrückten Idee ‚aufsteigen' oder an seiner Instabilität scheitern und ins zeitlose *Nichts* ‚zurücksinken'. Es hatte sich jedoch gezeigt, dass die unveränderliche Idee nichts anderes ist als die identitäre, d. h. repetitive, ‚Harmonisierung' von protentionalem Entwurf und retentionalem Anspruch. Die Unzeitlichkeit des Einen ist die transzendentale Illusion einer absoluten Nicht-Zeitigung/Nicht-Räumlichung des Sinns. Dagegen zerspringt das Eine – da es phänomenologisch betrachtet immer schon an der Zeitigung Teil hat – in eine „ursprüngliche Vielheit".[264] Anderseits zeigt sich auch das Nichts als ursprünglich zersprungen in eine Vielheit:

> „Auch wenn sie [die Vielheit] für den Begriff, das Logisch-Eidetische und die Linguistik, ein Nichts ist, ist sie doch an sich nicht Nichts, da sie auf eine bestimmte Weise die unergründliche Tiefe des An-sich – der Exteriorität – konstituiert."[265]

Die „transzendentale Hyperästhetik"[266] Richirs zeigt, warum es ein ontologisches Simulacrum erzeugt, wenn die Tradition diese Dichte oder Opazität des in eine Vielheit zersprungenen Nichts in die „Pseudo-Exteriorität der Dinge"[267] verbannt – Simulacrum deshalb, weil ihre Qualitäten und Formen ihrerseits bereits symbolisch kodiert sind. Bei Richir ist diese Exteriorität vielmehr endogenisiert als transzendentale Matrix oder als das, was der Sinn an seinen auf Abstand gehaltenen ‚Rändern' der Zeitigung/Räumlichung an möglichen Resonanzen bereithält, welche dann gegebenenfalls in die bereits gezeitigten Rhythmen des sich bildenden Sinns einschwingen. Aus phänomenologischer Sicht besteht die wahre Exteriorität aus eben diesen Resonanzen, die das Andere der sprachlichen Sinnregung ausmachen, und diese durch die Dichte ihrer Regungen auf Distanz halten (‚an sich' sind), und doch ebenso mit ihren eigenen Rhythmen den sich bildenden Sinn mit-rhythmisieren. Dieses Andere ist der begriffslose Schematismus der Phänomenalisierung und kann in Hinblick auf die Sinnbildung als der „Ansatz des Ansatzes (*l'amorce de l'amorce*)",[268] d. h. als außersprachlicher Ansatz des sprachlichen Ansatzes, begriffen werden, wofür Richir den Begriff der *Proto-Zeitigung/Proto-Räumlichung* prägt.

---

[263] In Anlehnung an den Mimologismus des *Krytylos* bei Platon (der These einer „natürlichen" Verbindung von Sprache und Ding, entgegen der Konventionsthese) könnte man von einer transzendental-phänomenologischen „*Mimorhyhtmizität*" der transzendentalen „Landschaft" des sich bildenden Sinns und dem phänomenologischen Feld sprechen.

[264] Was sich nach Richir nicht zuletzt in der Tatsache ausdrückt, dass es doch „ursprünglich mehr zu sagen gibt als nur die eine Sache [des Neuplatonismus]"(Richir, SP, S. 241.).

[265] Ebd.

[266] Robert Alexander. La refondation richirienne de la phénoménologie, S. 28.

[267] Richir, SP, S. 241.

[268] Richir, SP, S. 242.

Die ‚Referenz' des Sprachlichen ist folglich das *Außersprachliche* im phänomenologischen Sinne und bezieht sich damit nicht auf individuierte ‚Dinge' als symbolisch gestiftete Gegenständlichkeiten, sondern auf *Weltphänomene*. Gemäß der zersprengten Einheit der Phänomenalität spricht Richir nur von *Welten im Plural*, wohingegen ‚Welt' als *singulare tantum* den symbolischen Horizont der außersprachlichen Regungen bezeichnet, der als solcher *unbewusst* ist aufgrund der Unmöglichkeit der Weckung dieser ‚letzten' oder ‚feinsten' Reminiszenzen oder Vorahnungen – ein Horizont, der die phänomenologische Dimension der Abwesenheit und Transzendenz ausbildet, auf der die *Anonymität* der ‚einen' Welt beruht. Die Proto-Horizonte der Weltphänomene sind auch deshalb unbewusst, weil sie in keiner ‚Gegenwart' des Bewusstseins zur Reife kommen oder gemäß der ursprünglichen Verdrehung, auf eine transzendentale Vergangenheit und eine transzendentale Zukunft verweisen. Die außersprachlichen Regungen sind keine gereiften Retentionen und Protentionen *einer Gegenwart*, sondern bleiben Proto-Protentionen und Proto-Retentionen des sich bildenden Sinns. Sie bilden die „Horizonte des *Unerinnerbaren* und *Unausgereiften*, zwischen denen sich die Phänomene in Proto-Gegenwärtigkeit ausbreiten"[269] – die temporalisierte Gestalt des Entzugsphänomens, auf das wir noch näher eingehen wollen.

2.4.7 Ursprüngliche Vielfalt der Welten

2.4.7.1 Horizonte und phänomenologisches Apeiron

Ein Aufsatz aus dem Jahre 1992 mit dem Titel *Monde et phénomènes*[270] eignet sich besonders, das Verhältnis von Welt und Weltphänomenen bei Richir zu erhellen. Im Kern ist dieser Text eine Auseinandersetzung mit Eugen Fink und dessen Versuch, den Weltbegriff aus seiner binnenweltlichen und „aus seiner subjektiven Befangenheit herauszulösen".[271] Unter dem Titel *Welt und Endlichkeit* veröffentlichte Fink die 1966 wiederholt gehaltene und überarbeitete Vorlesung von 1949. Thema dieses Gedankengangs ist die von Fink postulierte „Verdeckung der Weltfrage",[272] die das alltägliche Dasein ebenso in ihrem Bann hält wie Metaphysik und Wissenschaft. Was in dieser Verdeckung operativ am Werk sei und doch unreflektiert bleibe, sei die *kosmologische Differenz* von „Binnenweltlichem" und der „Welt selbst", der „Unterschied von Was-Sein und Daß-Sein (essentia und existentia)": „Wo Welt aber Problem und damit eigens erfahren wird, erhebt sich die Frage der Endlichkeit alles

---

[269] Richir, SP, S. 242.

[270] Richir, Monde et phénomènes (paru en 1992 dans les Cahiers de philosophie); dt.: Richir, Welt und Phänomene, Übers. v. Jürgen Trinks, in: Anselm Böhmer (Hg.), *Eugen Fink, Sozialphilosophie, Anthropologie, Kosmologie, Pädagogik, Methodik*, Orbis Phaenomenologicus, Würzburg: Königshausen und Neumann, 2006, S. 228–251.

[271] Richir, *Monde et phénomènes*, S. 111/dt. S. 228.

[272] Eugen Fink (1990): Welt und Endlichkeit. (Hg. v. F.-A. Schwarz.) Würzburg, S. 214.

2.4 Sinnbildung

Seienden. Welt ist der un-endliche Zeit-Raum, der allem begrenzten, zeitlichen und erscheinenden Seienden den Aufgang gewährt."[273] Dies bedeutet weiterhin, dass die Welt weder als Idee (Kant), noch als Horizont (Husserl) oder Existential (Heidegger) aufgefasst werden darf, sondern diese unterschiedlichen Versuche erst durch Reflexion auf die kosmologische Differenz ausgelegt werden können.

Fink entwickelt demgemäß eine Kritik des Weltbegriffs als Horizont, indem er den Husserl'schen Begriff des a-thematischen Hofs als Ort der „Weltlichkeit der Welt", der auf einen uneinlösbaren Universalhorizont verweist, in dem „[d]ie menschliche Erfahrung [...] zu einem ‚Ganzen' geschlossen"[274] ist, mit der Antinomienlehre der *Kritik der reinen Vernunft* verbindet, wo „[d]as Indefinite, die Endlosigkeit des Erfahrungshorizonts [...] für Kant das Phänomen der Welt [wird]".[275] Dieser zweifach ‚subjektive', sinnlich-intelligible Weltentwurf, wirft für Fink die Frage auf, ob die Welt sich im Welthorizont erschöpft. Denn als Horizontstruktur ist die Welt einer Struktur innerweltlicher Gegenständlichkeit ‚abgeschaut' und in eine universale Peripherie projiziert, wobei Kants Metaphysikkritik gerade beweist, dass das Ganze der Welt nicht nach verdinglichter Form eines, wie Richir es nennt, „unbegrenzten Eilandes *(île infinie)*"[276] vorgestellt werden darf. Zwar wird bei Kant und Husserl gleichermaßen deutlich, dass die Welt als Idee kein Seiendes ist, doch – und hier bewegen wir uns bereits in den Koordinaten des Richir'schen Denkens – zeigen die in den Antinomien verwendeten Oppositionsbegriffe, dass „[d]ie Idee und der Horizont der Erfahrung [...] nur von einer symbolisch bestimmenden – und zwar blind bestimmenden – Kodierung dessen her begriffen [werden], was für das Sein in der Welt gehalten werden könnte."[277] Das Ganze des Seienden, welches selbst ein Nicht-Seiendes ist, wird bei Kant vermöge eines „andernorts"[278] gestifteten symbolischen Gefüges – die Kantische Bestimmung eines rein Intelligiblen – entfaltet. Der wesentlich der Erfahrung selbst angehörige phänomenologische Horizont ist somit als intelligible Versammlung ‚kodiert', und entpuppt sich nach Richir als ein „*symbolischer* [Horizont] der *theoretischen Erkenntnis*".[279] *Die Konsequenz ist folglich, dass dem indefiniten Ganzen der Erfahrung die Tendenz zugesprochen wird, sich in Form eines ‚Systems' zu entfalten.*

Laut Richir gelingt es Kant dennoch die unüberbrückbare Kluft zwischen Welterfahrung und symbolischer Ordnung in der Analytik des Erhabenen zu reflektieren. Das Erhabene bei Kant zeigt, wie wir bereits sahen, in seiner komplexen Natur (Hemmung/Ergießung) ein entscheidendes Moment der Erfahrung und ist für Richir

„der konkrete Nachweis der Unmöglichkeit, dass die transzendentale Einbildungskraft vollständig die Welt, d. h. das Phänomen in seinem unbestimmten und gestaltlosen Charakter schematisieren könnte, ebenso wie das Aufweisen des daraus folgenden Sprungs, des

---

[273] Ebd.
[274] Fink 1990, S. 149.
[275] Fink 1990, S. 139.
[276] Richir, *Monde et phénomènes*, S. 134/dt. S. 248.
[277] Richir, *Monde et phénomènes*, S. 120/dt. S. 236.
[278] In einem anderen architektonischen Register.
[279] Ebd.

unaufhebbaren *Hiatus* zwischen der ‚ästhetischen' Phänomenalität und dem Intelligiblen, den Vernunftideen."[280]

Reflektierende und bestimmende Urteilskraft sind ihrerseits durch eine Kluft voneinander getrennt. Für Fink ist die Welt bei Kant dadurch Ganzheit der Phänomene *und* Natur zugleich. Dies ermöglicht Richir einen phänomenologischen Zugang zur Welt im Phänomen des Erhabenen von einem als ‚Natur' bestimmten Zugang abzuheben. Erfahrungen „schlechthinniger Größe" (Kant), die im Subjekt durch die Nichtigkeit des Selbst angesichts dieser Begegnung Erschrecken erzeugen, beziehen sich jedoch nicht auf ‚Dinge', wie die kantischen Beispiele von Himmel, Meer oder Gebirge nahelegen könnten, sondern auf die „Abwesenheit jedweden ‚Dings'",[281] insofern der Schematismus an diesen Phänomenen scheitert.

Darin drückt sich nach Richir die spezifische ‚*Unbewohnbarkeit*' des phänomenologischen Feldes aus. Jenseits der schematisierten und schematisierbaren ‚Dinge' zeigt sich die „Welt selbst", wie Fink formuliert – das Erfahrungsmoment, in dem trotz des Versagens der Einbildungskraft etwas *erscheint*: die Weltlichkeit der Welt. Das ist, was Richir als *Weltphänomene* bezeichnet – im Plural, denn es gibt mannigfache Zugänge zu dieser Erfahrung des Erhabenen, welche nicht *a priori* symbolisch als Substitutionen des „einen Weltphänomens", der Welt im Singular, verformt werden dürfen. Dieses Feld, das sich der Bestimmung und Bestimmbarkeit entzieht, und das im Erhabenen – und nur im Erhabenen – die Weltlichkeit jenseits des Innerweltlichen erscheinen lässt, nennt Richir nun das phänomenologische *Apeiron*.[282]

Diese Weltphänomene, welche die „Welt selbst" in der Erfahrung des Erhabenen zur Erscheinung bringen, sind anders beschaffen als jene Weltentwürfe, die Fink als lediglich dem Innerweltlichen abgeschaut kritisiert. Die Welt im Singular ist nicht länger Universalhorizont aller möglichen Horizonte wie bei Husserl, sondern ein Apeiron der Singularitäten.[283] Dies erfordert eine *Neubestimmung des Horizontbe-*

---

[280] Ebd.

[281] Richir, *Monde et phénomènes*, S. 121/dt. S. 237.

[282] Es soll im dritten Teil dieser Arbeit auf die Bedeutung des Erhabenen für das Problem des Selbst eingegangen werden. Nur so viel sei gesagt, dass sich im phänomenologischen *Apeiron* das Rätsel des Selbst und des Sinns zeigt. Das erschrockene, d. h. sich selbst fragwürdig werdende Subjekt sieht in den Abgrund des *Apeiron* und erblickt in ihm den Ort, von dem das Rätsel des Selbst seine Rätselhaftigkeit empfängt, das „Korrelat" dieses Rätsels (die „Abwesenheit des Menschen in der Welt" wird zur „Anwesenheit des Menschen vor Gott" (Richir, *Monde et phénomènes*, S. 122/dt. S. 237.)) ist jener „symbolische Stifter" (*l'instituant symbolique*), der mehr als nur der Ausgangspunkt für die Religionsphilosophie bei Richir wäre. Allerdings trägt dieser „Gott" Züge des unbewohnbaren und ungeregelten phänomenologischen *Apeiron* und eignet sich nicht als „Stütze [...] oder Fundament für die Welt" (Ebd.) – weder für eine phänomenologisch inspirierte Theologie noch eine theologisch inspirierte Phänomenologie.

[283] Husserl zieht genau hier – worauf auch Derrida bereits hinwies (Derrida, Husserls Weg in die Geschichte, S. 201) – die Grenze der Phänomenologie als eidetischer Wissenschaft: „Reine Phänomenologie als Wissenschaft kann, solange sie rein ist und von der existenzialen Setzung der Natur keinen Gebrauch macht, nur Wesensforschung und gar nicht Daseinsforschung sein, jede ‚Selbstbeobachtung' und jedes Urteil auf Grund solcher ‚Erfahrung' fällt außerhalb ihres Rahmens. Das einzelne in seiner Immanenz kann nur als ‚dies da!' – diese dahinfließende Wahrnehmung, Erinnerung u. dgl. – gesetzt und allenfalls unter die der Wesensanalyse verdankten strengen

2.4 Sinnbildung

griffs. In Analogie zur bereits besprochenen ursprünglichen Verdrehung von Cartesianischem Raum und Raum des *Hourloupe*, besteht die Reformulierung des Horizontgedankens in der Umkehrung der *zentrifugalen* Bewegung bei Husserl (zum Horizont aller Horizonte fortschreitend) hin zu einer *zentripetalen* Konzeption bei Richir:

> „Der Horizont wäre vielmehr unmittelbar vom *Apeiron* der Weltphänomene her zu denken, in dem es eben nicht mehr ‚Seiendes' gibt, oder wo die ‚Dinge' und ‚Ereignisse' ausgeklammert sind. Im Erhabenen schematisiert die Einbildungskraft eben deshalb bis ins Unendliche frei (begriffslos), weil das Unendliche, ob nun im Kleinen oder Großen, deren *phänomenologischer* (ohne Begriff, ohne Idee) Horizont ist."[284]

Diese Unendlichkeit des Horizonts ist jedoch *keine mathematische Unendlichkeit* und kann es auch nicht sein, weil für sie dasselbe gelten würde, wie für das beschriebene Problem der Analytik der Antinomien bei Kant: Es wäre eine symbolische Kodierung, die ihren anderen Ursprung verkennte. Sie ist vielmehr Unendlichkeit im Sinne eines *Apeirons*, eines unbestimmt Unbegrenzten. Dieses ist jedoch weder ein ‚leeres' Nichts, noch ist es Fülle oder Sein.[285] Es gibt „keinen Horizont ohne Spiel jenes verborgenen Horizontes" ja sogar

> „keine Orte und damit auch keine Räume [...], die dem Denken und den Sinnen, der Einbildung und dem Blick, *zugänglich* wären, ohne den prinzipiell nicht manifesten und doch phänomenologischen Horizont, der aber nicht, wie Husserl glaubte, leer ist, sondern einer von *prinzipiell unzugänglichen*, also wahrhaft abwesenden Orten ist. Diese Abwesenheit ist nicht wie das Leere außerhalb der Welt, und wenn sie nicht sogar selbst Welt ist, gehört sie zumindest zur Welt selbst."[286]

Der Zugang zu den Phänomenen pulsiert innerhalb eines schematisierenden Spiels, welches als Medium aller möglichen Horizonte selbst abwesend ist. Diese Neuausrichtung der Phänomenologie ermöglicht es aber nun Richir dem Husserl'schen Entwurf, der das Unzugängliche stets als Leere, Un-weltliches oder ideales Außen bestimmt hat – weil die symbolischen Institutionen bisher das phänomenologische *Apeiron* in seiner Eigentümlichkeit kodiert und somit verdeckt haben –, neue grundlegende Unterscheidungen abzuringen.

Was von den Räumen gesagt wurde, gilt ebenso von den Zeiten. Die Gegenwart im Husserl'schen Sinne ist gleichsam durchlöchert von Zeiten, die sich auf andere Weise zeitigen als die Zeit des Bewusstseins. Diese Räume und Zeiten, die als Abwesenheiten oder als Perforation der ‚gelingenden' Schematisierung gedacht werden müssen, bezeichnet Richir als *Proto-Raum* bzw. *Proto-Zeit*. Sie bilden als Anwesenheit von Abwesenheit das Bindeglied zwischen der „Welt selbst" und der innerweltlichen Erfahrung mit ihren Räumen und Zeiten, und konstituieren in Be-

---

Wesensbegriffe gebracht werden. Denn das Individuum ist zwar nicht Wesen, aber es ‚hat' ein Wesen, das von ihm evidentgültig aussagbar ist. Es aber als Individuum fixieren, ihm Stellung in einer ‚Welt' individuellen Daseins geben, das kann solche bloße Subsumption offenbar nicht leisten. Für sie ist das Singuläre ewig das *apeiron*." (Husserl, Hua 25, S. 36).

[284] Richir, *Monde et phénomènes*, S. 122/dt. S. 238.
[285] Richir, *Monde et phénomènes*, S. 135/dt. S. 249.
[286] Richir, *Monde et phénomènes*, S. 122/dt. S. 238.

zug auf das phänomenologische Bewusstsein jene *Gegenwärtigkeit (phase de présence)*[287] – im Kontrast zur Husserl'schen Gegenwart *(présent)* –, in der sich die lebendige Erfahrung verzeitlicht und verräumlicht.

2.4.7.2 Pluralität der Welthorizonte

Nachdem Fink die „subjektive Befangenheit" des Kantischen Weltbegriffs aufgeklärt hat – und Richir diejenigen Schlüsse daraus gezogen hat, welche die Eigentümlichkeit der Weltphänomene im Plural und das Feld des phänomenologischen *Apeiron* offenlegen – widmet er sich einer weiteren Figur des Weltbezugs: dem Begriff der *Lichtung* bei Heidegger. Gegenüber der Konzeption des Daseins von *Sein und Zeit*, in der sich die Befangenheit durch das Subjektive in der Begrenzung auf existentielle Möglichkeiten äußert, öffnet sich in *Der Ursprung des Kunstwerks* das Heidegger'sche Denken, nach Fink, einem Weltbezug, der die „Welt selbst" in der *aletheia* zum Vorschein bringt. Heidegger bezeichnet dort Welt und Erde als „Gegenmächte", deren Streit sich gerade im Kunstwerk offenbart:

> „Die Welt will die Erde in ihre Lichtung hineinnehmen und umgekehrt will die Erde die Welt in ihre Verschlossenheit einziehen. [...] Dieses Zugleich von Offenheit und Verschlossenheit bestimmt Heidegger nun als *aletheia*, als Wahrheit."[288]

Damit öffnet sich das Denken wieder einem kosmischen Weltbegriff: „die Wahrheit wird *nicht mehr allein vom Menschen her interpretiert*, von seiner ‚Verständniswelt', sondern ebensosehr vom *Seienden an ihm selbst* her".[289] Doch steht nun für Fink die „Welt selbst" auf Seiten der Erde, der Heidegger eine Unverfügbarkeit und Undurchdringlichkeit zuspricht und die für Fink Bedingung aller Offenheit der Lichtung ist: „Die Erde als der ungefüge Zusammenhalt, der alle abgerissenen, vereinzelten Seienden umfängt und in seiner verschlossenen Tiefe *verwurzelt* [Herv. v. mir – P. F.], ist Welt *im kosmischen Sinne*."[290] In dieser Verkehrung von Welt und Erde sieht Richir die Trennung zwischen Heidegger und Fink:

> „Finks Erde und sein ‚Einfall', dass sie die Welt im kosmischen Sinn ist, lassen alle Züge dessen wiedererkennen, was wir als phänomenologisches Unbewusstes ausgemacht haben. In der ‚Welt' im Heidegger'schen Sinn aber finden wir alle Kennzeichen der in einer Kultur *symbolisch* gestifteten und kodierten Welt."[291]

---

[287] Jürgen Trinks hat sich die Differenz von Gegenwart und Gegenwärtigkeit im Deutschen zunutze gemacht, um diese Unterscheidung zu markieren. Von „phase de présence" wird in diesem Text nicht gesprochen – spätestens in den *Phänomenologischen Mediationen* ist dieser Ausdruck allerdings gebräuchlich.

[288] Fink 1990. S. 174.

[289] Ebd.

[290] Fink 1990. S. 175.

[291] Richir, *Monde et phénomènes*, S. 126/dt. S. 241.

2.4 Sinnbildung

In der Auseinandersetzung mit dem Kunstwerk, das nach Fink bei Heidegger als „Organon der philosophischen Erkenntnis"[292] fungiert, eröffnet sich eine weitere Verständnismöglichkeit zwischen der freien begriffslosen Schematisierung im phänomenologischen Unbewussten und der symbolischen Stiftung:

> „Wenn das Kunstwerk als ein Seiendes, ein Ding oder ein Ereignis aufgefasst wird, dann wird es als Begriff aufgenommen, damit als etwas, das von vornherein in die symbolischen Kodierungen der symbolischen Stiftung (Kultur) eingeschrieben ist, nicht aber als Phänomen, als ‚Ort', an dem die Welt selbst in einem ihrer Phänomene zur Erscheinung kommt."[293]

Dem begrifflichen Denken bleibt die „Welt selbst" verborgen, insofern es untrennbar mit der symbolischen Stiftung verflochten ist. Was sich in der Begegnung mit dem Kunstwerk – sei es als Künstler oder Betrachter – phänomenalisiert, kann sich nur in der Reflexion einer begriffslosen *aísthēsis* vollziehen. Was erscheint, sind keine Eigenschaften der Dinge, sondern *Wesen in ihrer wilden Konkretheit*.

Der ‚Ort' der Welt, an dem die wilden Konkretheiten ins Spiel kommen, ist die Quelle des Unendlichen im Kunstwerk, „weil es, da niemals ganz erfüllt oder vollendet, von transzendentaler Zukunft bleibt".[294] In Bezug auf die Pluralität an Möglichkeiten, dieser transzendentalen Zukünftigkeit künstlerischen Ausdruck zu verleihen, und insofern jede dieser Möglichkeiten einen einzigartigen ‚Weltzugang' verkörpert, macht es Sinn von „pluralen Welten"[295] zu sprechen. Diese Öffnung der Phänomene zur Welt in ihrer Unverfügbarkeit ist aber kein Spezifikum der Begegnung mit Kunstwerken, sondern offenbart – als Organon der allgemeinen Erkenntnis – eine Eigentümlichkeit des phänomenologischen Schematismus:

> „Sie [die Kunstwerke] sind Welthorizonte, die während der in Gegenwärtigkeit ablaufenden schematischen Arbeit der Zeitigung/Räumlichung entweder sich abstimmen oder ins Missverhältnis geraten, eine Arbeit – wie Kant sagen würde – der transzendentalen Einbildungskraft. Das gleiche gilt für die ‚Natur', wenn sie schön und/oder erhaben scheint."[296]

2.4.7.3 Die proto-ontologische Verstellung und ihre doppelte Gestalt im Unbewussten

Wenn sich so das „Lichtende" als Zeitigung/Räumlichung der Weltphänomene im Plural enthüllt, bleibt noch die Frage zu beantworten, wie sich diese Weltdimension in *Richtung der Verbergung* verhält, weil nach Heidegger auch sie der Wahrheit wesenhaft innewohnt. Diese Weise des „Waltens" der Wahrheit, beraubt sie ihrer Idealität und bestimmt sie als etwas, das *ursprünglich* strittig ist und bleibt. Die Verbergung kennt zwei Weisen des Verbergens: „Die Verbergung kann ein Versagen

---

[292] Fink 1990. S. 174.
[293] Richir, *Monde et phénomènes*, S. 127/dt. S. 242.
[294] Richir, *Monde et phénomènes*, S. 127/dt. S. 242.
[295] Ebd.
[296] Richir, *Monde et phénomènes*, S. 128/dt. S. 243.

sein oder nur ein Verstellen".[297] Dabei ist das „Versagen" ein Gerade-Eintreten in die Lichtung, ein aus der Verborgenheit Kommendes, von dem wir bloß ein „Es gibt" aussagen können – ein Heraustreten aus einer Nacht in der noch, wie Hegel gegen Schelling polemisiert, „alle Kühe schwarz sind".[298] Demgegenüber beschreibt der Begriff der Verstellung die Verdeckung, Verschleierung oder Verdunkelung von Seiendem durch Seiendes innerhalb der Lichtung.

Aber wie bei der obigen Verkehrung von Welt und Erde erscheint nun der Modus der ‚schlichten' Verstellung als der eigentlich gravierende Fall der Verbergung: „… hier ist der Nerv dessen freigelegt, was Fink die Möglichkeit anbot, nach dem Muster der Wahrheit Welt selbst und Welt des Seienden voneinander abzuheben."[299] Heidegger dagegen entwirft die Dimension der Verstellung als rein ontische:

> „Würde Seiendes nicht Seiendes verstellen, dann könnten wir uns am Seienden nicht versehen und vertun, wir könnten uns nicht verlaufen und vergehen und vollends uns nie vermessen. Daß das Seiende als Schein trügen kann, ist die Bedingung dafür, daß wir uns täuschen können, nicht umgekehrt."[300]

Diese Ontik wird nun allerdings von Heidegger „‚ontologisch' aufgeladen", indem das Verstellen wieder mit dem Versagen verschmilzt – das Verbergen wird so zur „Doppelgestalt des Versagens und des Verstellens"[301] und tritt im Weiteren nur noch in dieser unzertrennlichen Zweiheit auf, so dass die Kluft zwischen den beiden Weisen der Verbergung zugeschüttet wird.

Nach Richir ist die Konsequenz eine transzendentale Illusion eines ‚ontologisierten' Innerweltlichen mit der Folge, „dass für Heidegger prinzipiell jedes Erscheinende *Seiendes* ist".[302] Eine Art Heidegger'sche Version einer *Tinologie* entsteht, in der ‚Dinge' wie Phantasieapperzeptionen *gleichsam* Seiende sind. Die entscheidende Frage lautet hier: „[W]ie soll man sicher sein, dass die ‚Phänomene' des Verstellens sich nur an Erscheinendem vollziehen?"[303] Wenn jedes Erscheinende Erscheinen eines Seienden ist, dann vollzieht sich jede Form des Verstellens notwendig an *etwas*, das selbst verstellt oder verstellt wird. Der Schein würde somit auf etwas (Seiendes) verweisen, das im Schein als Verstelltes dennoch er-scheint.

Die Deutung unserer Träume käme dann einer ‚Geisterbeschwörung' gleich, wenn gälte, dass jede Form des Verstellens nur Teil eines lichtenden Geschehens wäre, in dem alle Erscheinung auf Seiendes verweist. Um das Traumgeschehen in seiner proto-ontologischen Dimension verstehen zu können, bedarf es einer anderen Ordnung, die diese transzendentale Illusion aufdeckt. Richir findet diese Möglichkeit in Freud:

---

[297] Heidegger, GA 5, Holzwege, S. 41.
[298] Hegel, Phänomenologie des Geistes, S. 22.
[299] Richir, *Monde et phénomènes*, S. 129/dt. S. 243.
[300] Heidegger, GA 5, Holzwege, S. 40.
[301] Heidegger, GA 5, Holzwege, S. 41.
[302] Richir, *Monde et phénomènes*, S. 130/dt. S. 244.
[303] Ebd.

2.4 Sinnbildung

> „Es ist kennzeichnend, dass die verschiedenen Arten der als Verstellung gesehenen Verbergung uns unweigerlich jene ‚Ordnung' des Denkens in Erinnerung rufen, die Freud als ‚Primärprozess' gedacht hat, d. h. als die ‚Mechanismen' dessen, was wir das *symbolische* Unbewusste nennen."[304]

Der Primärprozess mit seinen beiden ‚Sinndimensionen' der Verschiebung und Verdichtung erlaubt Freud die Beschreibung dessen, was ‚diesseits' des (nicht voreilig ontifizierten) Gelichteten in der Verstellung geschieht. Die transzendentale Illusion, die sich in jener Sinnverschiebung durch die Transposition der architektonischen Register (die „Welt selbst" und die Welt als symbolisch gestiftete) zeigt, lässt sich mittels des Primärprozesses aufdecken. Allerdings ist es der Praxis der Psychoanalyse geschuldet, dass sie stets ihren Ausgang in der analytischen Erfahrung nimmt. In der analytischen Situation erscheint der Traum je schon als Traum*erzählung* mit seinen *manifesten* und *latenten* Trauminhalten. Dies ist die Voraussetzung der Traumdeutung, den Trauminhalt in Form eines „Traumrebus" aufzufassen. Die Entzifferung dieses Rebus gelingt niemals restlos und findet seine Grenze in dem, was Freud den „Nabel des Traums" nennt.

> „In den bestgedeuteten Träumen muß man oft eine Stelle im Dunkel lassen, weil man bei der Deutung merkt, daß dort ein *Knäuel* von Traumgedanken anhebt, *der sich nicht entwirren will*, aber auch zum Trauminhalt keine weiteren Beiträge geliefert hat. Dies ist dann der Nabel des Traums, die Stelle, an der er *dem Unerkannten aufsitzt*. Die Traumgedanken, auf die man bei der Deutung gerät, müssen ja ganz allgemein ohne Abschluß bleiben und nach allen Seiten hin in die *netzartige Verstrickung unserer Gedankenwelt* auslaufen. Aus einer dichteren Stelle dieses Geflechts erhebt sich dann der Traumwunsch wie der Pilz aus seinem Mycélium."[305]

Freud erweckt hier den Eindruck, es handle sich bei diesem ‚Nabel' um einen symbolischen ‚Rest', der sich zwar nicht entziffern ließe, grundsätzlich aber erkenn*bar* sei. An anderer Stelle bezeichnet Freud dieses hyperstrukturale Moment des Traums allerdings als wahrhaft „unergründlich".[306] Durch die Analyse der proto-ontologischen Welthorizonte wissen wir, dass dieses unentwirrbare Knäuel eine *ursprüngliche Verstrickung und Abständigkeit* beschreibt: die Öffnung jener begriffslosen Horizonte wilder Konkretheiten, die allen Apperzeptionen anhaften, die den Traum bevölkern – seien sie nun mehr oder weniger der Schematisierung zugänglich. Diese Verflechtung des Phänomenologischen mit der symbolischen Stiftung macht das Eigentümliche der Freud'schen Traumdeutung aus und gibt Richir die Gelegenheit, dieses Feld von dem des phänomenologischen Unbewussten abzugrenzen:

> „Wenn wir einen Unterschied zwischen dem symbolischen und dem phänomenologischen Unbewussten darin sehen, dass das erste sich vom zweiten nur durch die blinden (unbewussten) symbolischen Kodierungen abhebt, die deshalb blind oder unbewusst sind, weil sie sich ohne jede Teleologie spontan am phänomenologischen Unbewussten vollziehen, dann bemerken wir, dass unsere Frage weit über die Beschränktheit hinausgeht, einfach nur die durch die Psychoanalyse hervorgehobenen ‚Tatsachen' ‚in Betracht zu ziehen'. Wir se-

---

[304] Ebd.
[305] Freud, GW Bd. 2/3, S. 530. (Herv. v. mir – P. F.).
[306] Freud, GW Bd. 2/3, S. 116.

hen nämlich, dass die Verbergung durch Verstellung oder Verschiebung aus dem Spiel der Abwesenheitshorizonte, also der Horizonte der Welt in den Weltphänomenen besteht: ein Spiel, in dem diese sich mit phänomenologischen Konkretheiten oder mit wilden Wesen aufladen, die bar jedweder Teleologie und Intentionalität sind. Was hier im Spiel ist, enthält nichts Seiendes mehr, denn es besteht aus eben diesen wilden Wesen, die archaischer als das Seiende sind, insofern sie verleiblichte Existentialien, Strahlen oder Horizonte der Welt sind."[307]

Richir setzt der signifikanten Kodierung ein Unbewusstes entgegen, das sich aus der Unbestimmtheit der Weltphänomene speist. Das Unergründliche und Unauflösliche des Nabels des Traums liegt demnach in der *unerinnerbaren und unreifen Inchoativität des phänomenologischen Feldes selbst*. In diesem Unbewussten neuen Typs sedimentieren sich wilde Wesen oder Überlagerungen von Phänomenalitätsassoziationen in einem noch wilden Zustand, d. h. *in der proto-ontologischen Ungeschiedenheit ihrer sinnlichen, stimmungshaften und gedachten Anteile*. Der unermüdliche Schematismus produziert, noch vor der Sinnbildung im Sprachphänomen, im phänomenologischen Unbewussten jene Phänomenalitätsfetzen, die – obwohl nicht seiend oder objektivierbar – sich nichtsdestotrotz sedimentieren und im Unbewussten mit den Signifikanten des symbolischen Unbewussten ‚kommunizieren'.

Wenn im zweiten Teil dieser Arbeit die These ausgearbeitet wird, dass die Signifikanten des symbolischen Feldes in wilde Wesen des phänomenologischen Feldes *investieren*, dann genau in diesem Sinne: Die Netze der Überbestimmung (Kap. 3.6.2) verweisen auf die Überbestimm*barkeit* des phänomenologischen Apeirons; sie schöpfen nicht allein aus der „Logik des Signifikanten", sondern bedienen sich der Wildheit der proto-ontologischen Welthorizonte, um verdrängt zu bleiben. Oder um es paraphrasierend mit Foucault auf eine Formel zu bringen: „Wenn es signifikante Beziehungen gibt, die das ganze Feld durchziehen, dann deshalb, weil es überall Freiheit gibt."[308]

2.4.8 *Die proto-ontologische Dimension*

Nachdem sich also die Proto-Horizonte der Weltphänomene als Referenz des Sprachlichen enthüllt und wir im vorherigen Paragraphen den Gedanken von Welten im Plural entfaltet haben, kommen wir nun auf ein letztes Problem der Sinnbildung zu sprechen: den Status der Sinngebilde ‚diesseits' ihrer Fixierung in einer Sinnstiftung. Diese Analysen, in denen die Zeitigung/Räumlichung der sprachlichen Sinnregungen nachgegangen werden soll, um den Rhythmen oder Schemati-

---

[307] Richir, *Monde et phénomènes*, S. 130 f./dt. S. 245.
[308] Michel Foucault, „Die Ethik der Sorge um sich als Praxis der Freiheit", in: Schriften 4, Frankfurt/M. 2005, S. 875–902. Im Original lautet der Satz, mit dem sich Foucault gegen den Standardeinwand, der gegen seine Philosophie erhoben zu werden pflegt, dass nämlich, wären die Machtverhältnisse allumfassend, es auch keinen Handlungsspielraum zum Widerstand gäbe: „Wenn es Machtbeziehungen gibt, die das gesamte soziale Feld durchziehen, dann deshalb, weil es überall Freiheit gibt." (Ebd., S. 890.).

2.4 Sinnbildung

sierungen der außersprachlichen Regungen „in ihren proto-ontologischen Dimensionen" nachzuspüren, sind *methodologisch* alles andere als unmittelbar phänomenologisch einsichtig: Diese Dimensionen können

> „...niemals phänomenologische Konkretheit annehmen [...], es sei denn als Horizonte *radikaler Abwesenheit*, die einen phänomenologischen Status nur von den wilden Wesen her gewinnt. Indem wir also präzisieren, dass sie ausdrücklich der Gegenstand einer ‚Rekonstruktion' sind, die, wenn man will, ‚spekulativ' genannt werden könnte, deren illusionierende Wirkung aber *architektonisch* durch die Erklärung begrenzt (also auch kritisiert) werden kann, daß diese Wirkung eine ungerechtfertigte Hypostasierung dieser Dimensionen zu einem ‚Gegenstand' eines ‚anschaulichen Verstehens' bedeutete, das mit einem Schlag die unendliche Vielfalt der Welten veranschaulichen würde."[309]

In diesen proto-ontologischen Dimensionen ist jeder Anschein von ‚Gegebenheit' *a priori* transzendentale Illusion, da es zum ‚Wesen' der wilden Wesen gehört, sich niemals in einer identifizierenden Anschauung zu fixieren.

Durch die proto-ontologische Dimension *verdoppelt* sich die Gliederung des Sprachlichen auf der Seite des Außersprachlichen. Die Sinnbildung führt aus phänomenologischer Perspektive also nicht zum Einen oder zum Nichts, sondern die zeitigenden/räumlichenden und proto-zeitigenden/proto-räumlichenden Regungen polarisieren sich in einen sprachlichen Sinn und die außersprachlichen Welten:

> „Beide Pole erweisen sich [...] als Pole des Pulsierens von *ursprünglich vielfältigen und radikal kontingenten Phänomenalisierungen*. Diese sind damit aber auf beiden Seiten nicht *reine Erscheinungen* (was sie zum anschaulichen Verstehen zurückführte), sondern, das ist der höchste Sinn der Phänomenalisierung, *verfehlte* oder im Verschwinden *potentielle* Erscheinungen, die nur ekliptisch im Pulsieren erscheinen: es sind auf der Seite der sprachlichen Phänomene pulsierende Sinnansätze und, wie man hinzufügen muß, pulsierende Ansätze von außersprachlichen Welten auf der Seite der außersprachlichen Weltphänomene. In diesen beiden Flügeln solcher Ansätze innerhalb des Pulsierens des phänomenologischen Ursprungs des Sprachlichen liegt also alles."[310]

Diese doppelte Bewegung der Aneinandergliederung sprachlicher und außersprachlicher Ansätze ist nun aber von der doppelten Bewegung der Sinnbildung und der symbolischen Stiftung zu unterscheiden. Der Chiasmus der ersten Bewegung (von Zeitigung/Räumlichung und Proto-Zeitigung/Proto-Räumlichung des Sinns) ist die phänomenologische Antwort auf das logisch-eidetisch formulierte Problem der „Referenz":

> „Folglich kann die Referenz des Sinns zu dem, wovon er sich als Sinn bildet, nur die komplexe Referenz des Sinns zu einer Art *Proto-Sinn* sein, der *sich* eben durch das Über-sich-Beugen in der Zeitigung/Räumlichung *ansetzt*."[311]

In diesem Chiasmus zeigt sich einerseits die komplexe ‚Endogenisierung' des Bezugs auf eine Exteriorität der radikalen Transzendenz und massiven Dichte der außersprachlichen und proto-ontologischen Welten[312]; andererseits wird deutlich,

---

[309] Richir, PM, S. 184 f.; fr. S. 172.
[310] Richir, PM, S. 165; fr. S. 154.
[311] Richir, PM, S. 135; fr. S. 127.
[312] Zum Zusammenhang von Transzendenz und „Dichte": „Dieser ursprüngliche Abstand des

inwiefern eine lebendige Sinnbildung mit der *Wildheit*[313] des phänomenologischen Feldes in Berührung bleibt. Es gibt hier eine ‚Sensibilität' der vielfältigen Ansätze und ekliptischen Verdeckungen *noch bevor* der Sinn manifest werden kann, d. h. bevor der Zeit-Raum eröffnet wurde, in dem das Bewusstsein diesem Sinn nachgehen kann. Wie wir noch sehen werden, entspricht dieser ‚Sensibilität' und ‚Empfänglichkeit' der Maldiney'sche Begriff der *Transpassibilität*, allerdings in seiner proto-ontologischen Dimension.

Von dieser Bewegung der Unreife des Proto-Sinns zur Reife des Sinns muss jene Bewegung unterschieden werden, die zum *Abbruch*[314] der Sinnbildung führt. Abbrüche sind bei Richir *Fixierungen des Sinns* in der Unzeitlichkeit des Zeichens oder der Idee, „die, aus diesem Grund, *bereits nicht mehr zur Welt gehören*, wie die Zeichen der symbolischen Stiftung".[315] Doch eben diese Abstraktion von der Welt ist stets eine transzendentale Illusion. So wie die Unzeitlichkeit der Idee nur der retentio-protentionale Kurzschluss der Beweglichkeit und Mobilität derselben ist, so ist dieser Abbruch der Zeitigung/Räumlichung des Sinns niemals absolut, sondern bleibt zeitigend/räumlichend, und deshalb auch notwendig proto-zeitigend/proto-räumlichend.

Es stellt sich abschließend die Frage, *wie diese weltlichen Konkretheiten und Proto-Horizonte selbst noch in die Identität der Ideen und Zeichen eingeschrieben bleiben.*

Etwas bleibt in den gestifteten Zeichen, den phänomenologisch reduzierten „Zeichen", stets lebendig und macht ihre prinzipielle *Unreife* aus, die das Zeichen als solches offen hält für unendliche Weltbezüge. Die Frage ist also, wie können diese wilden Konkretheiten „durch die symbolische Stiftung der Zeichen eingefangen und kodiert werden"?[316] Hierbei nimmt – wie wir sehen werden – die Psychoanalyse Lacans eine besondere Stellung ein. Trotzdem richtet sich die folgende Kritik Richirs auch gegen die Psychoanalyse, insofern auch sie Gefahr läuft, einem formal-strukturalistischen Denken zu verfallen:

Schematischen zum Proto-Ontologischen, d.h. des Schematischen zu sich selbst als Un-Endlichem – weshalb es der Proto-Räumlichung angehört – verleiht den wilden Wesen* Dichte, die aber, wie man sieht, eine Dichte des Abwesens ist, eines Unerinnerbaren, das für immer jedes reminiszenzhafte Unerinnerbare überschreitet, und eines Ungereiften, das auf immer über jedes in der Vorahnung enthaltene Ungereifte hinausgeht." (Richir, PM, S. 238; fr. S. 221.).

[313] Eine „Wildheit", die jedoch in sich alles andere als leer ist, sondern vielmehr der Dichte der Konkretheiten entspricht: „Die Wildheit verweist also allgemein auf die unerinnerbare und unausgereife Inchoativität des phänomenologischen Feldes selbst, in dem in einer Art Chaos alles ungeschieden ist. ‚Eine Art Chaos', denn es ist nicht einfach ein bloß Verstreutes oder dem Zufall unterworfen – was die Physiker ‚Unordnung' nennen –, sondern etwas, in dem im unermüdlichen phänomenologischen Schematismus der Phänomenologisierung ..." (Richir, PM, S. 62; fr. S. 57.).

[314] Richir verwendet hier nicht den Ausdruck „rupture" oder „arrêt", sondern zumeist „avortement", was auch „Abtreibung", „Schwangerschaftsabbruch" oder „Fehlgeburt" bedeutet, was zum Problem der Unreife/Reife in besonderem Zusammenhang steht.

[315] Richir, SP, S. 243.

[316] Ebd.

2.4 Sinnbildung

„Wir verstehen dadurch sowohl, was das strukturale Denken auffasst wie eine unbefragte Gewissheit, nämlich die Tatsache, dass die Zeichen trotz ihrer Abstraktion stets als Welt-Zeichen erscheinen, indem sie Weltphänomene in Netzwerken kodieren und gliedern, als auch den irreduziblen Verlust an Welt-Dimension, von der diese Kodierung oder Gliederung kündet – ein Verlust, der im Gegenzug damit bezahlt wird, dass die Strukturen der Aneinandergliederung der Zeichen in der Luft hängen (*suspendues dans le vide*), und auf äußerst metaphysische Weise, gemäß einer zutiefst nihilistischen Bewegung, auf Strukturen des Geistes oder sogar des menschlichen Gehirns zurückführen."[317]

Richir erneuert phänomenologisch den Vorwurf gegen den Strukturalismus, wie er sich beispielsweise bereits von Ricœurs hermeneutischer Perspektive aus formulieren lässt, dass nämlich der Weltbezug bei einer Semiologie Halt macht, welche sich durch das „Axiom der Abgeschlossenheit" auf ein System oder eine Systematizität gründet, die „kein Außen, sondern lediglich immanente Relationen"[318] kennt. Diese für die Analyse der ‚Elemente' struktural notwendige Setzung der Totalität ist nicht nur metaphysisch im Sinne des Logisch-Eidetischen, sondern schneidet sich auf fatale Weise von der Welt ab. Mag das Saussure'sche Programm epistemologisch und methodologisch legitim sein oder nicht, mögen die Ergebnisse der strukturalen Analyse des Sprachsystems auch aufschlussreich sein, so geht ein strukturales Denken – d. h. jedes Denken, das sich qua Strukturanalyse auf etwas anderes bezieht als auf die Struktur menschlicher Sprache in einem Sprachsystem – immer schon über diese Grenzen hinaus, indem es *von vornherein* davon ausgeht, dass uns dieses Denken schlicht und ergreifend etwas über die Welt verrät.[319]

2.4.9 Wilde Wesen

2.4.9.1 Der phänomenologische Status der wilden Wesen

Die Idee der „wilden Wesen" ist entscheidend, um Richirs phänomenologische Kritik des Strukturalismus zu verstehen. Ihre proto-ontologischen Zusammenhänge, oder besser: ihre Kohäsion, bilden die transzendentale Matrix, von welcher der Strukturalismus und die von ihm beschriebenen ‚Kurzschlüsse' im Symbolischen abhängen, ohne dass dieses Feld eigens thematisiert würde (oder für die Theorie ihrer Praxis thematisiert werden müsste). Um diese transzendentalen Wechselwirkungen von symbolischem und phänomenologischem Feld aufklären zu können, ist eine phänomenologische Reflexion über den architektonischen Status dieser neuartigen transzendentalen Eidetik nötig.

Denn das von Husserl aufgewiesene und von Fink weiter reflektierte „*Vor-Sein*" bleibt, nach Richir, in seinem ‚Sein' ein aporetisches Gebilde, weil es ohne die nö-

---

[317] Ebd.
[318] Ricœur, Hermeneutik und Strukturalismus, S. 105.
[319] „Die Wissenschaft von der Sprache kann nicht nur der andern Elemente der menschlichen Rede entraten, sondern sie ist überhaupt nur möglich, wenn diese andern Elemente nicht damit verquickt werden." (Saussure, GAS, S. 17.).

tige phänomenologische Kritik des Sprachphänomens stets von Ontifizierungen und Logifizierungen ‚heimgesucht' zu werden droht. Nicht die Produktivität des unbeteiligten Zuschauers gilt es in den Blick zu nehmen, sondern die Produktivität der Phänomenalisierung selbst. Dieser Übergang ist bereits bei Merleau-Ponty vorgebildet als der Übergang von der Faktizität der Existenz zur Faktizität des Wesens in seiner Wildheit.

Richirs Interesse an Finks Konzeption einer phänomenologischen Methodenlehre gilt der darin enthaltenen Kritik der transzendentalen Eidetik und dem Versuch einer Transformation. Ihr zufolge darf sich die Reflexion über die Reduktion nicht an der Vorgegebenheit der Eide orientieren, insofern diese, in Ihrer Vorgegebenheit, der Reduktion gegenüber dogmatisch wirken, d. h. die Suche durch eidetische Variation nach Invarianten von dieser unthematischen Vorgegebenheit geleitet wird.[320] Wir müssen, nach Fink von einer transzendentalen Eidetik, in der die Konstitutionsanalysen an Wesen der natürlichen Einstellung orientiert bleiben, zu einer „Eidetik hinsichtlich des transzendentalen Seins"[321] fortschreiten. Denn während sich der Gegenstand in der natürlichen Einstellung immer schon auf eine Geltungseinheit bezieht, ohne diesen Bezug selbst aufzuklären, hat es die transzendentale Einstellung, sofern sie nicht mehr die Weltkonstitution, sondern sich selbst, das phänomenologisierende Ego, zum Gegenstand hat, nicht mit Wesen, sondern mit *Wesensmöglichkeiten* zu tun. Dies ist für die architektonische Reflexion auf die Phänomenologie ein entscheidender Schritt. Die Kluft zwischen Weltkonstitution und transzendentalem Sein ist keine vorrangig ontologische, sondern eine *architektonische*:

> „Weder ist die Eidetik des phänomenologischen Zuschauers vom selben Typus wie die Eidetik in der natürlichen Einstellung, noch zeigt sie eine Affinität mit der transzendental-konstitutiven Aufklärung derselben. Die Konstitutionsanalytik des Eidetischen (des Apriori) ist noch nicht auch schon die transzendentale Aufklärung desjenigen Eidos, das der phänomenologisierende Zuschauer an der ihm thematischen transzendentalen Subjektivität ‚schaut'."[322]

Was auf den ersten Blick an die ontologische Differenz der Heidegger'schen Fundamentalontologie erinnern lässt, geht doch transzendental über diese hinaus. Denn Heidegger koppelt das Kategorische von jedweder Existenz ab, um nur noch Existenzmöglichkeiten (im Horizont des Todes) und keine Wesensmöglichkeit mehr gelten zu lassen. Die Analyse der transzendentalen absoluten Subjektivität bei Fink wird hingegen weder am Leitfaden ontischer Eide noch am Leitfaden ontologischer Existenzmöglichkeiten entwickelt, sofern sie notwendig auf die Welt bezogen bleiben, d. h. auf den „Menschen" als Weltphänomen. Die Wesensmöglichkeiten des transzendental Absoluten überschreiten das Eidos „Welt".[323] Was Fink sucht,

---

[320] Fink, Eugen. *VI. cartesianische Meditation*, 1988, S. 92.
[321] Ebd., S. 88.
[322] Ebd.
[323] „[D]as Absolute ist die übergreifende Gesamteinheit des transzendentalen Lebens überhaupt, die in sich selbst gegensätzlich gegliedert ist. Diese Entzweiung zwischen konstituierendem und phänomenologisierendem Leben determiniert jetzt den Begriff des Absoluten: Es ist die syntheti-

2.4 Sinnbildung

ist eine Eidetik des transzendentalen Seins, die den möglichen Wesenszusammenhängen ohne weltliche Vor-stellung (Vorab-eingestellt-sein) begegnet, eine Art *Vor-Sein*:

> „Die Eidetik, die der phänomenologische Zuschauer in seinem theoretischen Erfahren durchführen muss, ist wesentlich ein Eidos hinsichtlich ‚transzendentalen Seins' und d. h. ein Eidos von solchem, was eigentlich nicht ist, sondern die nur paradox beschreibbare ‚Seinsweise' des Vor-Seins hat. Damit hat sich für uns das Problem formuliert. Es ist die Frage, wie das Phänomenologisieren als Ideieren partizipiert an der *Produktivität* der phänomenologisch-theoretisierenden Erfahrung."[324]

Das Vor-Sein beschreibt das transzendentale Sein als vor allem ‚Seienden' vorgefunden, als die jeder Identität vorausgehenden Virtualitäten, d. h. als Wesensmöglichkeiten, die noch nicht „Möglichkeit von X" sind. Die Produktivität des phänomenologisierenden Ich – in seiner aktiv (durch Reduktion) herbeigeführten Passivität oder seinem Unbeteiligt-sein – besteht nun nach Fink in der *Ontifizierung* des transzendentalen Vor-seins, d. h. der Strukturierung und Versprachlichung des so ‚Erschauten' zu Erkenntnis.[325]

Dies führt Fink zu Reflexionen über die Transzendentalität des sprachlichen Ausdrucks. Die von ihm thematisierte Aporie der „Rückverwandlung"[326] des Vor-Seins in Sein entpuppt sich als die *Aporie einer transzendentalen Sprache* überhaupt. Aus der Sicht der Phänomenologie der Sinnbildung, d. h. nach Reduktion aller symbolischen Stiftungen, liegt der Sinn des Vor-Seins, als ‚Vor-Hof' ontischontologischer Bestimmung, *im Aufklaffen des Abgrunds zwischen Sprachsystem und fungierender Sprache*. Wenn Fink von einem Vor-sein spricht, das „nicht ist", verweist dies auf den Umstand, dass es kein Bestimmungsstück des Sprachsystems sein kann. Daraus folgt, dass die Wesensmöglichkeiten der transzendentalen Einstellungen *konkrete* Möglichkeiten des sich bildenden Sinns selbst sind, d. h. *sprachliche Apperzeptionen in ihrer Flüchtigkeit*. Weil Fink jedoch weiterhin vom Sprachsystem her denkt, und ihm die Unterscheidung von permanenten und blitzhaften Sprachapperzeptionen in diesem prägnanten Sinne nicht zur Verfügung steht, bleibt der für ihn unauflösliche Zusammenhang von transzendentaler Sprache und Logifizierung des transzendentalen Seins ein unüberwindbares Hindernis. Zwar macht Fink mit der „Reduktion der Sprache" einen Versuch zur Überwindung dieses Problems, aber die Lösung eines an sich stummen Transzendentalen, dem die Sprache nur als analogisierendes Mittel zukommt,[327] überzeugt wenig.

---

sche Einheit antithetischer Momente." (Fink, Eugen. *VI. cartesianische Meditation*, S. 157.).

[324] Ebd., S. 89.

[325] „Die Produktivität, die der theoretischen Erfahrung des phänomenologischen Zuschauers zukommt als dem Ansetzen von solchem als seiend (transzendental seiend), was die konstitutive Natur des Vor-Seins hat, – diese Produktivität eignet auch der diese theoretische Erfahrung logifizierenden transzendentalen Ideation. Sie ontifiziert die ‚reinen Möglichkeiten' des Vorseienden zu den Geltungsgebilden einer transzendentalen Eidetik." (Ebd., S. 92–93.).

[326] Richir, PM, S. 370; fr. S. 342.

[327] Fink, Eugen. *VI. cartesianische Meditation*, S. 103.

Transzendentale Eidetik und Ontifizierung sind also in der *VI. Meditation* unauflöslich aufeinander bezogen. Nach Richir bleiben Fink nur die beiden Möglichkeiten diese Sinnverschiebung des ‚Seienden' nach Reduktion (Eidetik ‚anderen Typs') entweder ganz dem phänomenologisierenden Ich zuzuschreiben, dann erliegt die Phänomenologie der Illusion einer absoluten Selbsttransparenz; oder man unternimmt den Versuch einer Kritik der Transparenz als einer bloß regulativen Idee, welche sich dann jedoch, als Fluchtpunkt im Unendlichen, prinzipiell jeder Phänomenalisierung entzieht, und so den Phänomenologen mit diesem ‚ontologischen Rätsel' zurücklässt.

Richirs Antwort auf diese Aporie lautet, das Problem als *architektonische Transposition* zu begreifen, insofern der Registerwechsel, den Fink auf ontologischer Ebene beschreibt, ebenso auf die logifizierende Sprache (Sprachsystem) anzuwenden ist:

> „Sollten wir durch die transzendentale phänomenologische *Epoché* und Reduktion radikal das Register wechseln und dabei tatsächlich vom Feld des Seienden und dem des Seins des Seienden auf das Register des Nicht-Seienden und des Vor-Seienden in seinen Wesensmöglichkeiten als einem Feld der schon sprachlichen blitzhaften Apperzeptionen übergehen, auch wenn diese darin noch vermengt und verwirrt sind, dann bedeutet das, daß sie jedwede Ontifizierung und Logifizierung verwerfen müssen und daß die transzendentale Produktivität sich nicht darauf beschränkt, nur das Seiende hervorzubringen und zu logifizieren, sondern sich auf *alles andere* reduziert, das weder dem Eidos noch den eidetischen Sachverhalten im klassischen Sinne angehört."[328]

Wenn also das Logisch-Eidetische als solches eingeklammert werden muss, um von Eide ‚anderen Typs' jenseits aller Ontologisierung und Logifizierung sinnvoll sprechen zu können – d. h. Wesen im Ausgang von Wesensmöglichkeiten und nicht Möglichkeiten im Ausgang von Wesenheiten – dann gilt es dieses Register radikaler Möglichkeit wieder auf das eidetische Register zurückzubeziehen. Die leitende Hypothese findet Richir im Gedanken einer *Faktizität des Wesens*:

> „[W]arum sollte man es nicht so sehen, daß diese Möglichkeit, die sich *erst später* in der eidetischen Idealität verschließt, also gleichsam proto-kategorial oder proto-eidetisch ist, zugleich, also im gleichen Moment oder in der gleichen Bewegung, existiale ontologische Möglichkeit im Heidegger'schen Sinne ist? [...] Warum sollte es nicht *Faktizität* der Wesen im gleichen Sinn wie Faktizität der Existenz geben? [...] Und weiter noch, warum sollte die Faktizität des Wesens, die, [...] für uns im Sprachsystem blitzhaft apperzipierte sprachliche Wesen sind, nicht letztlich der Faktizität des sich bildenden Sinns zugerechnet werden, der jeweils – in der Jeweiligkeit seiner Jeseinigkeit – dadurch der Faktizität des Selbst begegnet?"[329]

Laut Richir spielt diese Frage im Werk Maurice Merleau-Pontys bereits eine entscheidende Rolle: Die Welt fußt auf dem Boden der Faktizität, und die Ideationen und Wesensgesetzmäßigkeiten, die wir in ihr entdecken und ihr zuschreiben, sind nur aus einem vor-seienden Erfahrungsboden ‚herausgeklaubt', d. h. sie beziehen sich notwendig auf dieselbe Welt, jedoch im Zeichen eines anderen ‚Erfahrungsstils', der für sich kein An-sich beanspruchen kann, weil er stets verflochten

---

[328] Richir, PM, S. 373; fr. S. 343.
[329] Richir, PM, S. 373f. ; fr. S. 345.

2.4 Sinnbildung

mit der Welt in ihrer Faktizität bleibt (genauer: der Pluralität der Welten mit der entsprechenden Pluralität von Faktizitäten).

Folgt Merleau-Ponty in der *Phänomenologie der Wahrnehmung* noch weitgehend der Fink'schen Konzeption der Eidetik, wendet er sich im Spätwerk davon ab: „[D]as Wesen ist nicht *die* Antwort auf die philosophische Frage",[330] weil sich weder das Wesen noch der reine Zuschauer *von selbst* verstehen, sondern ein unthematisches Weltwissen und einen Wahrnehmungsglauben immer schon voraussetzen als dasjenige, *wovon* der Wesenszusammenhang kündet, und auf welcher Grundlage das ‚reine' Schauen sich allererst konstituieren kann. Der Zuschauer kann sich niemals von diesem Welthintergrund lossagen. Die Transparenz der Wesen, wäre sie keine regulative Idee im Unendlichen, würde einen Zuschauer ohne Abstand verlangen – ohne Latenz und ohne Geheimnis.[331] Das phänomenologisierende Ich muss hingegen die Möglichkeiten der Wesenszusammenhänge hin zu ihrem Erfahrungsgrund überschreiten, wo diese logisch-eidetischen Möglichkeiten in Faktizität gründen. Das phänomenologische Feld besteht

> „....zwar aus Bedeutungen oder Wesenheiten, aber diese sind nicht selbstgenügsam, sondern beziehen sich offen auf unsere Akte der Ideation und sind durch sie einem rohen Sein abgewonnen, wo das, was unseren Wesenheiten und unseren Bedeutungen entspricht, im noch wilden Zustand wiederzufinden ist."[332]

Dieser Entwurf einer *Eidetik von wilden Wesen* verweist auf die komplexe *Verflechtung* verschiedener Phänomene und Erfahrungsstile – Sehen, Tasten, Ideation, Affektivität, Sprechen etc.: So, wie wir nicht von jenseits des Sichtbaren auf die Welt schauen, sondern mit unserem sichtbaren Leib in die sichtbare Welt ‚hineinragen', so sind auch die einzelnen Erfahrungsstile voneinander nicht zu trennen. Das phänomenologisierende Ich sieht, fühlt, ist auf die Welt hin gestimmt, während es zugleich ideierend die Welt in ein Geflecht von Wesenszusammenhängen verwandelt. Aber nicht nur sind die Wesen von ihrer Faktizität nicht zu trennen, sondern ermöglichen es diese Eide, in chiasmatischer Verflechtung, durch den Sinnüberschuss, der ihre absolute Transparenz verdunkelt, einen Blick auf das rohe Sein zu ‚erhaschen'. Dabei ist dieses rohe Sein mit seinen wilden Wesen kein mystischer oder jenseitiger Ort, sondern gerade radikal ‚diesseitig' (wobei diese Unterscheidung von Diesseits und Jenseits aufzugeben wäre, insofern derartige Schnitte gerade die Erfahrungsstile separieren und auf ungerechtfertigte Weise autonomisieren). Merleau-Ponty sucht hingegen nach einer Eidetik, die der Verflechtung – der „Einrollung der Erfahrung in Erfahrung"[333] – gerecht wird.

Nach dieser „Architektonik" (Merleau-Ponty) *weckt* die Faktizität der Wesen die Faktizität des Selbst und die des Leibes in seiner eigentümlichen Orientierung (hier: die Verdoppelung oder ‚Faltung' der Welt), wie umgekehrt, in gegenseitiger Ver-

---

[330] Merleau-Ponty, SU, S. 147.
[331] Ebd., S. 149.
[332] Ebd., S. 148; fr.: S. 149.
[333] Ebd., S. 151. Vgl. Kap. 2.3.3.

flechtung, die Dinge nur „Fetzen"[334] der Verräumlichung und Verzeitlichung des Sehenden sind. Demnach ist die ‚Präsenz', die Gegenwart des Sichtbaren, nicht deshalb so ‚faszinierend' für das Selbst, weil sie ihm Selbstgenügsamkeiten (absolute Gegebenheiten), weil sie *sich selbst* präsentieren würde, sondern weil von ihr *Zeit- und Weltstrahlen* ausgehen, d. h. jede Gegenwart mit Virtualität aufgeladen ist, mit Nicht-Erscheinen und Unsichtbarem. Und weil diese Strahlen der Faktizität der Erfahrung und nicht dem Logisch-Eidetischen angehören, bleiben diese virtuellen Wesenheiten grundsätzlich *wild*, da gerade die Wesensschau (die Überschau) unmöglich ist.

Merleau-Pontys „Philosophie des Fleisches", in der mein Innen und Außen mit jenem der Welt reversibel verflochten ist, in der das „Fleisch" als „Element" (im Sinne der Vorsokratiker) eines einzigen Seins und als Grund aller Faktizität erscheint,[335] ist zuletzt jedoch, so Richir, eine *metaphysische* Konzeption, da es den von ihr ausgehenden Spekulationen einer phänomenologischen Ausweisung mangelt.[336] Der Text *Das Sichtbare und das Unsichtbare* und besonders die Arbeitsnotizen zeigen allerdings einen Weg auf, dem Grundgedanken der wilden Wesen mit Hilfe der Phänomenologie des sich bildenden Sinns durch konkrete Ausweisung so weit zu folgen, dass sich sein Wert abseits der Gefahr möglicher spekulativer Verstiegenheiten enthüllt. Für Merleau-Ponty ist hier die Psychoanalyse in der Beschreibung des Unbewussten im nicht-anschaulichen Hintergrund des Wahrnehmungsbewusstseins (das sich ‚topologisch', d. h. in virtuellen Strahlen gleichzeitig ausbreitet) am weitesten gekommen:

> „Wie die Deckerinnerungen der Psychoanalytiker bedeuten mir das Gegenwärtige und das Sichtbare so viel und genießen ein absolutes Ansehen einzig aufgrund ihres immensen latenten Gehaltes an Vergangenem, Zukünftigem und Anderweitigem, der darin angezeigt und verborgen ist."[337]

Bevor wir in Kapitel XII dazu kommen, die phänomenologische Interpretation der Deckerinnerungen zu liefern, muss erläutert werden, wie ein Zugang zum Sein im wilden Zustand phänomenologisch möglich ist. Wenn wir den phänomenologischen Status der Reversibilität als „Fleisch der Welt" für den Moment dahingestellt sein lassen, können wir dennoch mit Richir festhalten, dass Merleau-Pontys philosophisches Fragen jene *Unbestimmtheit* auf neuartige und radikale Weise thematisiert, die seit Husserl eines der Rätsel der Phänomenologie ausmacht. Dabei wird diese Unbestimmtheit nicht im logischen oder dialektischen Sinne verstanden als monolithischer Block reiner Mannigfaltigkeit, in dem es nichts zu erkennen gäbe (den es allenfalls anzuerkennen gäbe), sondern als komplexes phänomenologisches Geflecht eines horizonthaften Ineinander von Unbestimmtheiten, in dem es sehr

---

[334] Ebd., S. 152 f.: S. 153.

[335] Siehe Ebd., S. 184.

[336] Richir spricht nach seiner architektonischen Neugründung der Phänomenologie von der Philosophie des Fleisches als von einer „universellen Ausbreitung", die in eine Metaphysik mündet, „gewiss eine phänomenologisch inspirierte Metaphysik, aber keine Phänomenologie". (Richir, *Phénoménologie en equisses – nouvelles Fondations*, Krisis – Grenoble 2000, S. 531.).

[337] Ebd., S. 153.

2.4 Sinnbildung

wohl Differenzen, Typen und Abstufungen zu beschreiben gilt: „...die ganze Schwierigkeit der Phänomenologie [besteht darin], sozusagen die Verkettungen von Unbestimmtheiten denken zu können, die immer nur teilweise bestimmt und ebenso veränderlich und dehnbar wie [die] Bestimmungen sind".[338] Daraus folgt, dass die Beschreibung von Wesen in ihrem noch wilden Zustand nicht durch eine identifizierende Sprache fixiert werden kann, als ob der ‚Aufstieg' vom Vor-Sein ins Sein, hier den ‚Rückfall' der wilden Wesen in scheinbar auf sich selbst hin transparente Eide nach sich zöge. Und doch ist die Sprache ‚sensibel' für diesen ‚Referenten' des rohen Seins. Wenn in radikaler Verflechtung Faktizität der Existenz und Faktizität des Wesens ineinander übergehen, ist die Welt ebenso wohl eine ‚fungierende Welt', die der Faktizität meines fungierenden Leibs koextensiv ist. Diesem Verhältnis von Leib und Welt antwortet das Verhältnis Sprache und Wesen in seiner fungierenden Dimension:

> „Wie die Welt hinter meinem Leib steht, so ist auch das fungierende Wesen hinter der fungierenden Rede, hinter jener, die ihre Bedeutung weniger besitzt, als von ihr besessen wird, die weniger *von ihr* spricht, als *sie* ausspricht oder *ihr gemäß* spricht oder sie sprechen und sich in mir aussprechen lässt und meine Gegenwart durchbricht."[339]

Die fungierende Rede (das Sprachliche) ist dasjenige, welches als ‚responsives Echo' der wilden Wesen widerhallt, und damit gerade die Gegenwart (die Identität) der symbolischen Stiftungen durchbricht. Die genuine Nicht-Phänomenalität aller symbolischen Stiftung als Mangel an Selbstheit des Sinns – das Unvermögen, eine Reflexivität auf sich selbst hin auszubilden, sich Raum und Zeit zu nehmen, auf das zu antworten, was sich einerseits an Bestimmtheit bereits verankert hat, und was andererseits als Unbestimmtheiten das Rätsel des Sinns offenlässt – wird an dieser Stelle von Merleau-Ponty genau beschrieben:

> „Wenn es eine Idealität, ein Denken gibt, das in mir Zukunft hat, [...] so kann es sich dabei nur um ein Denken handeln, das mich [...] hungrig läßt, das eine allgemeine Verkrümmung meiner Landschaft andeutet und diese zum Universellen hin öffnet, gerade weil es eher *Ungedachtes* ist. Die allzu gründlich angeeigneten Gedanken sind keine Gedanken mehr, ich denke nicht mehr dabei, wenn ich sie ausspreche, so als gehöre es zum Wesen, auf morgen aufgeschoben zu sein, als wäre es nur ein Gespinst im Gewebe der Sprache."[340]

Die Identitäten des Denkens wie die sprachlichen Bedeutungen entsprechen keinen Identitäten, keinen Bewusstseinsgegenständen (denn das Gegliederte und Wohl-Individuierte ist bereits Zeichen des Symbolischen). Die Gedanken und Bedeutungen antworten vielmehr auf Ungedachtes, d. h. auf Unbestimmtheiten, die den Resonanzboden für einen ‚Referenten' im noch wilden Zustand bilden. Selbst das Sprachsystem mit seinen selbstgenügsamen Strukturmerkmalen – Differenzialität und Arbitrarität – antwortet nach Merleau-Ponty noch auf das Autochthone[341]

---

[338] Richir, PM, S. 375; fr. S. 347.
[339] Merleau-Ponty, SU, S. 158.
[340] Ebd., S. 159.
[341] In dem Sinne wie man in der Analyse geologischer Tektonik wie in der Analyse von Regionalsprachen von „autochtonen Strukturen" spricht.

der Welt. Dem anonymen Sein der Welt als *singulare tantum* antwortet das Symbolische durch seine in sich geschlossene Struktur, indem es diese Anonymität der Welt in sich verdoppelt, um gegenüber diesem dunklen ‚Welthintergrund' eine Resonanz, und sei es auch die Resonanz auf Distanz als Autochthonie, auszubilden. Wobei allerdings zu bedenken bleibt, dass es sich bei der Welt als Totalität ebenso wie beim Sprachsystem um symbolische Stiftungen handelt, und dass die Ursprünglichkeit und Teleologie Teil der transzendentalen Illusion ist, die stets mit jeder Stiftung einhergeht. Kehren wir jedoch von diesen ‚äußersten' Stiftungen zurück zu ihrer Verflechtung von fungierenden Wesen und fungierender Rede im phänomenologischen Feld.

2.4.9.2 Fungierende Eidetik des Sprachlichen

Der Kontakt zwischen Sprachphänomenen und wilden Wesen bleibt *a priori* auf Abstand. Das bedeutet, dass, wendet man sich 1.) den wilden Wesen direkt zu, sie eher als „Abwesenheitsweisen, die im ursprünglichen Abstand des *Abwesens* ‚wesen'",[342] beschrieben werden müssen, und deren Durchkreuzung der Gegenwart, deren zeitliche Verdrehung oder Dephasierung Richir bis in die subtilsten Wendepunkte ihr Rhythmisierung zu entschlüsseln versucht – wir werden darauf zurückkommen. Oder man folgt 2.) den Weisen, wie sich die wilden Wesen in ihrer Wildheit *in* jeder symbolischen Stiftung *von* dieser abheben. Ohne Sprachphänomene als ‚Steigbügel' könnte die wilde Dimension der Phänomenalisierung niemals auf Abstand widerhallen, wie umgekehrt, die Sprachphänomene durch ihre ursprüngliche Offenheit und Empfänglichkeit für diese phänomenologischen Unbestimmtheiten erst durch die Responsivität gegenüber den wilden Wesen ihre phänomenologische ‚Dichte' erhalten, d. h. sich verleiblichen:

> „Die sprachlichen Phänomene haben also genau darin eine weltliche Dimension, daß sie während ihrer Entfaltung die wilden weltlichen Wesen als unbestimmte und unendliche Sinnvermöglichkeiten ins Spiel bringen, die zwischen ihrem Entstehen und ihrem Verschwinden pulsieren. Man könnte sagen, daß diese sich dadurch gewissermaßen phänomenalisieren."[343]

Wohlgemerkt bleibt das Sprachphänomen für Möglichkeiten empfänglich, die nicht mehr nur Möglichkeiten des jeweiligen Sprachphänomens sind, sondern die über dieses hinaus auf andere Sprachphänomene (sprachliche Assoziation) wie auf *außersprachliche Phänomene* verweisen. Was jenseits des Sprachlichen aufscheint, ist nun nichts anderes als die proto-ontologische Dimension in der die begriffslosen Schematisierungen zuletzt für *alle* Horizonte durchlässig bleiben, die sich in der Faktizität der Phänomenalisierung ‚anbieten', weshalb Richir in dieser Perspektive vom Phänomen als *Weltphänomen* spricht – oder besser von Weltphänomenen im Plural, da jedes Phänomen in konkret unterschiedener Weise seinen jeweiligen Wel-

---
[342] Richir, PM, S. 238; fr. S. 221.
[343] Richir, PM, S. 133; fr. S. 125.

2.4 Sinnbildung

thorizont ausbildet[344] (ein Grund, weshalb Richir das ursprüngliche Ineinander der Intersubjektivität in einer Interfaktizität verortet).

Das Sprachliche in der Phänomenologie ist damit keine geschlossene Struktur, hat also weder Signifikate noch einen unendlichen Verweisungszusammenhang von Signifikanten zum Referenten, sondern verweist auf paradoxe Weise auf Außersprachliches. Denn das, worauf sich das Sprachliche bezieht, ist weder „Gedanke", „Vorstellung (*concept*)", „Ding" noch „Tatsache", sondern das *Ungegliederte* – nicht als das ‚reine' Ungegliederte, denn dazu müsste es dem Urteil transparent sein –, sondern als die Sache „*en souffrance*", als Realität im Wartestand.[345] Bekanntlich beschreibt Ferdinand de Saussure das Verhältnis von Sprachlichem und Außer- oder Vorsprachlichem als das Fließen zweier ‚amorpher Massen': „Denken" und „Lautbildung" sind für sich genommen absolut unbestimmt und bedeutungslos. Erst die Gliederung durch die Sprache weist einzelnen Gliedern, den Zeichen im Saussure'schen Sinn, ihren Wert (ihre Position) zu. Sprache wäre demnach nicht das Vermögen einer Zuordnung bereits bestehender Einheiten, sondern sie

> „…[arbeitet] ihre Einheiten [heraus], indem sie sich zwischen zwei gestaltlosen Massen konstituiert. [...] Man könnte die Sprache das Gebiet der Artikulation nennen, [...]: jeder Bestandteil der Sprache ist ein kleines Glied, ein *articulus* (lat.: Glied, Teil, Unterabteilung einer Folge von Dingen), wo ein Gedanke sich in dem Laut fixiert, und wo ein Laut das Zeichen eines Gedankens wird."[346]

Wobei es nach Saussure zu beachten gilt, dass diese Darstellung rein deskriptiven Wert hat, da die Trennung von Gedanke und Laut nur durch Abstraktion zu gewinnen, in Wahrheit, wegen der Simultanität und Koextensivität ihrer Gliederung, aber unmöglich ist.

Merleau-Ponty hat eine phänomenologisch inspirierte Interpretation der Saussure'schen Linguistik bereits Anfang der 1950er-Jahre vorgelegt,[347] die zeigt, dass die Dichotomie von Sprachsystem und lebendiger Rede in Wahrheit in einer chiasmatischen Wechselbeziehung besteht, und dass Linguistik nur in dieser Überkreuzung zu denken ist als „synchrone Linguistik des Sprechens und diachronischen Linguistik der Sprache (des Sprachsystems)".[348] Grundlage einer sprachphänomenologischen Untersuchung kann demgegenüber nur die konkrete Erfahrung sein, weshalb Merleau-Ponty die von Saussure beschriebene funktionale Ganzheit der Sprache *(langue)* mit den Beobachtungen zum kindlichen Spracherwerb verbindet. Dabei untermauert die Empirie die These, dass Sprache in ihrer synchronen Struktur immer als virtuelles Ganzes angeeignet wird. So rudimentär die Sprachkompetenz am

---

[344] Siehe Kap. 2.4.7.
[345] Siehe Kap. 3.4.
[346] Saussure, Ferdinand de, *Grundfragen der allgemeinen Sprachwissenschaft*. Berlin: Walter de Gruyter, 1967, S. 134. Fr. Original: *Cours de linguistique générale*. Paris: Payot, 1995⁴ (1916¹), S. 156. (Übersetzung leicht verändert.).
[347] Merleau-Ponty, *Le langage indirect et les voix du silence,* Temps Modernes, 7, n° 80, Juni 1952, S. 2113–2144, und 8, n° 81, Juli 1952, S. 70–94. Dieser Aufsatz ist eine Weiterführung der Überlegungen von „Die Prosa der Welt". Dt. Zeichen, Meiner Hambug, 2007, S. 53–116.
[348] Merleau-Ponty, Zeichen, S. 120.

Anfang sein mag, wenn das Kind in die Funktion der Sprache ‚auf einen Schlag' eingeführt wird, ist der sprachliche Lernprozess niemals durch Kumulation weiterer ‚Teile' verständlich zu machen, denn Vervollständigung setzt ein Nicht-Ganzes voraus, das der Bestimmung der Sprachstruktur als virtuellem System als solcher widerspräche. Dagegen kann es nach der Einführung in die Sprache, ‚Fortschritt' nur als *Binnendifferenzierung* dieses stets virtuellen Ganzen geben. Weiter lässt sich sogar sagen, dass das ‚Heimisch-Werden' in der Sprache und die Differenzierungskompetenz identisch sind (zumindest beim ersten Erwerb). Denn das Ganze der Sprache ist bei Saussure nicht mehr die Gesamtheit positiver (etwa lexikalischer) Elemente, sondern ein Funktionsganzes mit dem linguistischen „Zeichen" als dessen Differenzierungs- oder Artikulationsstruktur. So bilden beim Kleinkind einige der zunächst sinnlosen Lautäußerungen, die es durch die elterliche Stimme aufschnappt und selbst produziert, allmählich den eigenartigen Überschuss einer *reziproken Differenzierung:* Es beginnt mit den Zeichen zu spielen. Damit hat sich das Kind zugleich das Zeichen und den *Sinn* des Zeichens (der in der Differenzialität als solcher besteht) angeeignet wie auch den *Sinn des Nicht-Sinns im Sinn,* d. h. ein praktisches Verständnis dafür, dass sich Sinn stets ‚zwischen zweien' bewegt. Folglich ist die Stiftung der Sprache, auf individueller wie auf kultureller Ebene, niemals auf seinen Ursprung hin durchsichtig:

> „Nur die Sprache als Ganzes kann verständlich machen, wie die Sprache es zu sich hinüberzieht und wie es schließlich jenen Bereich betritt, dessen Pforten sich doch scheinbar nur von innen her öffnen."[349]

Damit ist jede symbolische Stiftung durch eine irreduzible *Virtualität* geprägt, so dass jede explizite Anwendung einer Sinnstiftung auf eine unbestimmbare Phase der Latenz verweist, in der die jeweilige Struktur – um einen Begriff der Thermodynamik zu verwenden – in einem *metastabilen* Zustand vorliegt. Aber auch in einer anderen Hinsicht bleibt die Sprache opak, denn das Sinnfeld, das eine Struktur ‚aufschließt', bleibt an ihre sprachlichen Prinzipien gebunden, d. h. ist niemals auf einen reinen ‚Referenten' hin transparent. Der Sinn einer Rede liegt demnach nicht in der Summe bezeichneter Tatsachen, sondern im *Weg,* den das Sprechen sich durch die Artikulationen bahnt: „*Der Sinn ist die ganze Bewegung des Sprechens*".[350] Dass das Sprechen ein Funktionsganzes bildet, das jede schlichte Korrespondenzbeziehung zu unseren Denkinhalten überschreitet, wird klar, wenn man die Macht der Abwesenheit in ihm begreift. Von der phonematischen Ebene bis zur Ebene der Rede sind die Zeichen umgeben von Abwesenheiten und Schweigen, welche ihrerseits aber *als Zeichen* fungieren. Nicht nur dass diese Abwesenheiten den Sinn unausgesprochen unterstützen und tragen können, sie sind sogar in der Lage durch ihre Nicht-Präsenz den präsenten Sinn für sich zu vereinnahmen.

---

[349] Merleau-Ponty, Zeichen, S. 55.
[350] Merleau-Ponty, Zeichen, S. 58.

2.4.9.3 Proto-Sinn

Merleau-Ponty bezieht die Frage der Referenz auf den Chiasmus der Sprache mit der ‚stummen' Wahrnehmungswelt als das Ineinander eines einzigen Ausdrucksgeschehens. Ähnlich wie später Loreau und Richir sich auf die Geste Dubuffets beziehen, wendet sich auch Merleau-Ponty der Malerei zu, um diesen Chiasmus zu beschreiben.

Er erinnert an die Anekdote, der nach der Maler Matisse von der Zeitlupenaufnahme seiner pinselführenden Hand überwältigt gewesen sei, weil ihm der künstlich hergestellte, zeitliche Mikrokosmos ein ‚Meditieren' und ‚Tanzen' des Pinsels über der Leinwand offenbarte. Jenseits der ‚Gewissheit' seiner künstlerischen Entscheidungen in der Gegenwart des Bewusstseins zeigt sich vielmehr das ‚Drama' der Künstlerhand, wie sie mit unzähligen, weil unbestimmten, Möglichkeiten ringt, ehe sie die scheinbar nötige Geste ausführt. Das, worauf die Striche, die Matisse auf die Leinwand bringt, und die ihnen analogen Ausdrucksabsichten antworten, scheint in diesem ‚Gewebe' in den *gestischen Möglichkeiten selbst* zu liegen, auf die sich eine Proto-Intention jenseits des intentionalen Bewusstseins bezieht:

> „Es ist [...] wahr, daß die Hand von Matisse gezögert hat, es stimmt also, daß ein Wählen stattgefunden hat und daß der gewählte Strich zwanzig im Bilde liegenden Bedingungen genügen mußte, unformuliert und unformulierbar für jeden anderen als Matisse, da sie ja nur durch die Intention bestimmt und auferlegt wurden, *eben jenes Bild, das noch nicht existierte*, zu malen."[351]

Der Sinn, der sich im Ausdruck offenbart, bezieht sich auf das Ungegliederte, auf die Virtualität in jedem Ausdrucksgeschehen, auf seinen metastabilen Proto-Zustand, d. h. auf den Sinn, bevor er existiert. Diese Betrachtung des *Proto-Sinns* in seiner Indirektheit und Latenz eröffnet uns also die Analyse des Sprachlichen in seinem „ursprünglichen Vollzuge".[352]

Es kommt hier zu einer Verdoppelung des Sinns, insofern der Sinn einerseits seine Bewegung selbst ist, d. h. er eine Dimension der Selbstheit – wie wir zeigten – logologisch ausbildet und sich, wie Richir sagt, „über sich selbst beugt".[353] Andererseits erzeugt diese Selbst-Reflexion einen *Abstand*, und zwar zu all jenem, was *nicht* dieser Bewegung oder Dimension angehört. So verweisen die Pinselstriche von Matisse nicht auf sich selbst, sondern auf das Gemälde. Nicht die Striche untereinander, sondern dieses Proto-Gemälde gliedert den Logos, der, obwohl das Bild in keiner Gliederung (keiner Idee) vor-liegt, die Entscheidung der schöpferischen Geste herbeiführt. Diesen Sinn, der die *Transzendenz* des sich bildenden Sinns in seiner Selbstheit erzeugt, nennt Richir den *Welt-Sinn*.[354] Dieses Sich-Entfalten des Sinns und des Abstands ist phänomenologisch nicht direkt ausweisbar.

---

[351] Merleau-Ponty, Zeichen, S. 62.
[352] Ebd. S. 63.
[353] Richir, PM, S. 131; fr. S. 124.
[354] Vgl. Richir, PM, S. 130; fr. S. 123.

Dagegen erscheint es sinnvoller, die Frage der Referenz *vom Sprachlichen her* anzugehen, indem man eine – noch zu behandelnde[355] – hyperbolisch-phänomenologische Epoché vollzieht und unter Suspendierung aller symbolischen Stiftungen auf die schöpferischen Sinnmöglichkeiten unter und zwischen den Stiftungen achtet, und wie diese im logisch-eidetischen Sprachsystem *intervenieren*. Dabei zeigt sich, dass wir es phänomenologisch mit einer ‚dynamischen Referenz' zu tun haben, wo das Sprachphänomen nicht auf Eide verweist, weil diese selbst Sprachphänomene sind, sondern auf Außersprachliches. Dies ist nun aber nichts anderes als das Ungegliederte und Ungedachte, nicht ‚an sich', sondern in seiner Virtualität, in seiner ‚Magnetisierung' durch den Proto-Sinn. Die Bewegung des Sinnansatzes, die im phänomenologischen Unbewussten einen ersten Rhythmus von Möglichkeiten aufgreift (Matisses ‚Meditieren' oder ‚Tanzen' des Pinsels über der Leerstelle des zu-malenden Bildes), beginnt sich über sich selbst zu beugen, beginnt *sich* zu suchen und *sich* zu bilden, und gleichzeitig reflektiert der Sinnansatz das Außersprachliche als das, woher er seine Möglichkeiten empfängt. Die phänomenologischen Referenzen des Sprachlichen sind die wilden Konkretheiten und Wesen in ihrer proto-ontologischen Phänomenalisierung als *Affektivität, Stimmung und Leiblichkeit*. All diese Dimensionen des Proto-Sinns werden in der Phänomenologie des sich bildenden Sinns von der *Transpassibilität* zusammengehalten.

2.4.10 Zum weiteren Fortgang der Untersuchung

Nachdem wir die Grundstrukturen der Sinnbildung herausgestellt haben, sollen kurz einige Fragen formuliert werden, die den weiteren Fortgang der Untersuchung bestimmen und den Dialog mit der Psychoanalyse vorbereiten sollen. Sie behandeln die Begriffe *Welt, Bewusstsein* und *Selbstheit*.

Wir haben bisher die phänomenologische ‚Referenz' der Zeitigung/Räumlichung des Sprachlichen als einen *Weltbezug* beschrieben, der in einer doppelten Gestalt erscheint: als die ‚eine' Welt im Singular, mit ihrer anonymen Transzendenz, und als die Welten im Plural einer unbestimmten Vielheit an Weltphänomenen, die sich jenseits ihrer Kodierung durch die symbolische Stiftung im *wilden Zustand* befinden, und die unendliche Komplexität der *proto-ontologischen Dimension* ausmachen, der Richir in immer wieder ansetzenden Meditationen bis in die kleinsten Verästelungen nachspürt. Die genaue Art und Weise, wie es den Signifikanten möglich ist, einen Teil dieser wilden Wesen symbolisch ‚einzufangen' und an sich zu binden, gilt es im Folgenden zu klären (Zweiter Teil).

Richirs Ausweisung der proto-ontologischen Dimension des phänomenologischen Feldes als phänomenologisches Unbewusstes, wirft die Frage auf, welchen Status bei dieser Reflexivität des sich suchenden Sinns dem Bewusstsein oder der Bewusstheit zukommt. Es wurde deutlich, dass sich die Sinnbildung aus phänomenologischer Perspektive nicht nach dem herkömmlich logisch-eidetischen Modell

---

[355] Siehe Kapitel 4.2.

2.4 Sinnbildung

an ‚Identitäten' orientiert, welche vielmehr einem Abbruch des Sinns gleichkommen, sondern an einer *Gegenwärtigkeitsphase ohne angebbare Gegenwart*, in welcher Sinnentwurf und Sinnanspruch ursprünglich auf Abstand bleiben. Diese sind nicht Retentionen und Protentionen *von* einer Gegenwart, sondern sind *selbst* die (ursprünglich verdrehten und instabilen) Anhaltspunkte eines *sich* suchenden Sinns. So zeigt sich, dass an die Stelle der Identität eine eigentümliche Form der *Selbstheit* tritt, die (gemäß der Endogenisierung und der transzendentalen Hyper-Ästhetik Richirs) gleichermaßen die *Selbstheit des Sinns* wie die *Selbstheit des Selbst* konstituiert. Diese Untersuchung wird über eine radikale phänomenologische Reduktion zugänglich (Dritter Teil), die Richir als *hyperbolische Epoché* bezeichnet. Als eine dritte Gestalt der Selbstheit tritt den bereits erwähnten Formen die äußerst rätselhafte Gestalt des *symbolischen Stifters* hinzu.

3
Zweiter Teil: Die verfehlte Begegnung von Phänomenologischem und Symbolischem

3.1 Einleitung: Struktur und symbolische Stiftung

3.1.1 *Strukturales Objekt, strukturale Einstellung und ideologischer Strukturalismus*

Im ersten Teil zeigte sich die symbolische Stiftung als äußerst vielschichtiges Problem. Richirs einseitige Polemik gegenüber dem Strukturalismus und den Strukturalisten darf uns dabei nicht über die Komplexität dieser Kritik hinwegtäuschen.[1] Und

---

[1] Richirs Polemik richtet sich vor allem gegen jenen Antihumanismus im Strukturalismus, der den Menschen, so lesen wir in *Sens et parole*, hinter dem Zeichen zum Verschwinden zu bringen droht. Dieser Ideologie zufolge lasse der *Austausch* des Menschen mit sich, mit anderen und den Dingen der Welt einen signifikanten Verweisungszusammenhang erkennen, der dieser Kohärenz *allererst* Gestalt gebe. Die Signifikanten bedeuten nicht bloß „etwas", sondern sie „be-deuten" dem Subjekt die Welt. Diese Autonomisierung des Signifikanten, die mit einem Umschlagen von *Genitivus objectivus* in *Genitivus subjectivus* gleichgesetzt werden kann, setze ins Zentrum des menschlichen Unternehmens, nach Richir, eine unheimliche und quasi-göttliche Maschinerie, die in blindem Spiel und „kombinatorischer Bastelei" (Richir, SP. S. 229.) das ausbrütet, was der Mensch nach dem Strukturalismus als sein eigenes ‚Abenteuer' verkennte. Die Kombinatorik verweist auf eine Systematizität, aufgrund derer sich das blinde Spiel entfalten kann, und auf diversen Ebenen und in diversen Systemen – den Diskursen – die Signifikanten zirkulieren lässt. So bedinge diese Sprachauffassung ein *symbolisches Gestell* im Heidegger'schen Sinne, welches das autonome Spiel des Be-deutens in letzter Konsequenz trägt. Der Mensch verliert im selben Zug seine Autonomie, wie erstens sich das kombinatorische Spiel der Signifikanten unbemerkt oder gar unbewusst ihm entzieht, und zweitens – was koextensiv dazu ist, weil es notwendigerweise unbewusst ist – wie die Differenzialität des Signifikanten verlangt, dass sich im Zentrum jedes Systems eine Leerstelle oder ein „Null-Signifikant" befindet, und jedes System ursprünglich auf dasjenige Element bezogen bleibt, das es ausschließt. Mit anderen Worten, der „göttliche Spieler" wäre nicht nur unbemerkt und unbewusst, sondern ebenso allgegenwärtig wie unauffindbar.

Wie gesagt geht diese Darstellung noch nicht über jene Polemik hinaus, die uns das Bild einer Entmenschlichung des Menschen durch den Menschen entwirft, d. h. die Depotenzierung menschlicher Freiheit – die für Richir stets phänomenologische Freiheit der Phänomenalisierung ist –

3 Zweiter Teil: Die verfehlte Begegnung von Phänomenologischem und Symbolischem

obwohl klar sein dürfte, dass eine solche Annährung zweier Denkungsarten, wie der Phänomenologie und des Strukturalismus, niemals eine einfache Korrespondenz einzelner Theoreme oder Begriffe zum Ergebnis haben kann, steht und fällt die Legitimation einer phänomenologischen Kritik des ‚Strukturalen' mit der Frage, ob es gelingt, diejenigen theoretischen und epistemologischen Brüche auszumachen, die eine Öffnung für die Phänomenologie bedeuten können.

Es wird zunehmend deutlich, dass die (post-)strukturalistische (Fremd- und) Selbstinszenierung eines radikalen Bruchs mit der Phänomenologie (und der Frontstellung gegen diese) nicht aufrecht erhalten werden kann: Zum einen scheint die strukturalistische Grundwissenschaft, die Linguistik, in einigen Schulen (etwa der Prager Schule) und auch schon bei Saussure selbst eine phänomenologische Dimension zu implizieren,[2] zum anderen scheint die Filiation einiger Strukturalisten von Saussure aus (etwa im Falle Lacans) die wahren (d. h. in einigen Fällen: phänomenologischen) Quellen zu verdecken.[3] Um Richirs Interpretation bewerten zu können, beginnen wir, nachdem wir bereits die post-strukturalistischen Quellen seines Begriffs der Phänomenalisierung freigelegt haben, mit einer Lektüre des, für den Poststrukturalismus wegweisenden, programmatischen Aufsatzes von Gilles

---

durch die Autonomie und Anonymität eines an sich ersten strukturalen Bezugs, dem gegenüber die menschliche Artikulation sekundär bleibt. Das Neue, das Schöpferische ebenso wie der wahre philosophische Horizont, in dem die Sinnfrage überhaupt gestellt werden kann, entpuppen sich als Illusion eines Subjekts, das nicht als konkretes Bezug auf die Welt nimmt, sondern als Signifikant, der an jenen Kontexten ‚entlanggleitet', deren intrinsische Referenzialität das Subjekt als eigene Bedürfnisse verkennt. Mit anderen Worten reduziert die „strukturale Kausalität" die Sinndimension immer schon auf ‚Sinneffekte', an denen sich das Bewusstsein abarbeitet ohne ihren Ursprung, der im Unbewussten liegt, fassen zu können. (Ebd.).

[2] An dieser Stelle sei das jüngst erschienene Buch von Beata Stawarska erwähnt, die eine phänomenologische Interpretation der Saussure'schen Lehre vorschlägt, indem sie dem – editorisch äußerst problematischen – Inauguraltext des Strukturalismus und Post-Strukturalismus, den Cours de linguistique générale, die Lektüre des wenig beachteten Nachlasses gegenüberstellt, und dort die Bedeutung der diachronen (phänomenologischen) Dimension von Saussure selbst wiederhergestellt findet, und die jene radikale Opposition von Synchronie und Diachronie unterwandert. Leider ist ihre Lektüre von Lacan äußerst oberflächlich, weshalb sie ihn, in seiner linguistischen Emphase, ‚beim Wort nimmt' und die ‚Jüngerschaft' Lacans gegenüber ‚dem Buch' kritiklos übernimmt. Dass eine Autonomisierung des Signifikanten im Saussure'schen Modell schlicht unmöglich ist, scheint Stawarska wenig zu stören. Stattdessen sieht sie darin eine ‚Verwandlung' des Gedankens der „coprimacy" von Denk- und Lautfeld (Beata Stawarska. *Saussure's Philosophy of Language As Phenomenology: Undoing the Doctrine of the Course in General Linguistics*. New York: Oxford University Press, 2015, bes. S. 248 ff.).

[3] Diese Fußnote antwortet auf die vorherige. Hans-Dieter Gondek weist wiederholt in seinen Untersuchungen zu Lacan darauf hin, dass der Impuls für Lacans Saussure-Lektüre nicht von Levi-Strauss, sondern von Merleau-Ponty ausgegangen sein könnte, insofern „das Saussure-Verständnis, das Lacan an den Tag legt, mit dem von Merleau-Ponty auffallend korrespondiert" (Gondek, Hans-Dieter, Subjekt, Sprache und Erkenntnis, in: Gondek, Hans-Dieter, Roger Hofmann, Hans-Martin Lohmann (Hrsg.): *Jacques Lacan – Wege zu seinem Werk*, Klett-Cotta, Stuttgart 2001, S. 130–163). Die Grundgedanken des Sinnabstands und synchronen Schnitts werden in Merleau-Pontys Aufsatz „La langage indirect et les voix du silence" bereits formuliert und sind für die Destruktion des Zeichenmodells wegweisender als alles, was sich aus Saussures *Cours* selbst ableiten lässt. (Siehe Ebd., S. 149).

3.1 Einleitung: Struktur und symbolische Stiftung

Deleuze „*A quoi reconnaît-on le structuralisme?*",[4] der uns in einer Überblicksdarstellung eine erste Verortung der Probleme erlaubt, bevor wir den spezifischen Effekten des Symbolischen auf den Sinn im Einzelnen nachgehen wollen.

Der Strukturalismus hebt an mit einer *architektonischen Transposition*, in der dem klassischen Korrelationsmodell von Realem und Imaginärem eine dritte Ordnung hinzugefügt wird: das *Symbolische*. Von klassischen philosophischen Positionen – die stets ein An-sich sowie eine sich auf dieses An-sich beziehende, rezeptiv-reflexive Instanz setzen – bis hin zu Freuds Komplementärsystem von Realitäts- und Lustprinzip übersähen all diese Ansätze, so die Strukturalisten, die Möglichkeit der Konstitution eines *„strukturalen Objekts"*.

Deleuze gibt in seiner Darstellung der an Lacan orientierten Aufzählung der verschiedenen Ordnungen – Reales, Imaginäres, Symbolisches – die Bedeutung von Kardinalzahlen: 1.) das Reale ist das Prinzip der Eins, der Unteilbarkeit und an sich seiender Wahrheit; 2.) das Imaginäre steht für das duale Prinzip, für das Spiegelbildliche und Reflexive; während 3.) das Symbolische das Triadische repräsentiert, d. h. die Möglichkeit der Zirkulation, der Wiederholung.

Damit es sich also als eigenständige Ordnung konstituieren kann, darf dieses Symbolische weder real noch imaginär begründet sein, obwohl es in diesen Ordnungen *allein* Gestalt annehmen kann. Trotzdem ist das Symbolische eine autonome Sphäre: Es korrespondiert weder mit *sinnlicher Form*, noch mit *imaginärer Figur* oder *intelligiblem Wesen*. Es hat nichts zu tun mit

> „einer *Form*: denn die Struktur bestimmt sich keineswegs durch eine Autonomie des Ganzen, durch eine Prägnanz des Ganzen über die Teile, durch eine *Gestalt*, die sich im Realen und in der Wahrnehmung auswirkte; die Struktur bestimmt sich im Gegenteil durch die Natur *gewisser atomischer Elemente*, welche zugleich von der Bildung des Ganzen und den Abwandlungen ihrer Teile Rechenschaft ablegen wollen. Auch nichts zu tun mit *Figuren* der Imagination, auch wenn der gesamte Strukturalismus von Reflexionen über die Rhetorik, die Metapher und die Metonymie durchdrungen ist; denn diese Figuren selbst implizieren strukturale *Verschiebungen*, die zugleich vom Eigentlichen und vom Übertragenen Rechenschaft ablegen müssen. Schließlich auch nichts zu tun mit einem *Wesen*: denn es handelt sich um eine *Kombinatorik*, welche sich auf *formale* Elemente erstreckt, die aus sich heraus weder Form noch Bedeutung, noch Repräsentation, noch Inhalt, noch gegebene empirische Realität, noch hypothetisches funktionales Modell, noch Intelligibilität hinter den Erscheinungen haben…"[5]

Wir halten also nach dieser Abgrenzung fest, dass sich der Strukturalismus durch einen neuen Atomismus und Formalismus auszeichnet, der durch einen ‚Automaten' der Kombinatorik und Substitution seine spezifisch theoretische Form erhält. Die Bestimmung des neuen theoretischen Objekts bedeutet zugleich die Abkehr von jeder phänomenologischen oder transzendentalphilosophischen Methode, denn es

---

[4] Gilles Deleuze, A quoi reconnaît-on le structuralisme, in F. Châtelet, *Histoire de la philosophie VIII. Le XXe siècle*, Hachette, 1973, S. 299–335; dt. Übersetzung: *Woran erkennt man den Strukturalismus?*, (im Folgenden mit WES abgekürzt) übers. v. Eva Brückner-Pfaffenberger und Donald Watts Tuckwiller, Merve Verlag Berlin 1992. Das komplexe Verhältnis von Deleuze zur Psychoanalyse liegt nicht mehr im Horizont unserer Untersuchung. Diese Frage wird etwa vom Monique David-Ménard in *Deleuze et la psychanalyse* (Paris, PUF, 2005) aufgegriffen.

[5] Deleuze, WES, S. 13 f. (Herv. teilweise von mir – P. F.).

handelt sich nicht um Zusammenhänge ‚höherer Stufe oder Abstraktion', sondern gewissermaßen um die direkte Wirkung des Formalen auf die Welt und den Logos.

Weil das Symbolische aber nur *im* Realen und *im* Imaginären Gestalt annimmt, jedoch irreduzibel auf diese ist, muss das Symbolische – so das strukturale Argument – die *grundlegendere* Ordnung sein. Am Status dieser Fundierung durch das Symbolische hängt viel für den Strukturalismus. Deleuze unterscheidet zwei Formen, je nach Stellung zu dieser Grundlegung: *den aggressiven und den interpretierenden Strukturalismus*. Während letzterer die Gegenstände der wissenschaftlichen Betrachtung durch diese neuartige Kategorie zu präzisieren und neu zu bewerten sucht, betrachtet ersterer jede theoretische Betrachtung, die dem Symbolischen nicht gebührend Rechnung trägt, für ein Missverständnis. Mit Hans-Dieter Gondek können wir diese Unterscheidung auch historisch formulieren: Der interpretierenden Form entspricht der „frühe Strukturalismus", der die formalisierende „Verwissenschaftlichung von Disziplinen"[6] verfolgte und so den Sprach- und Geisteswissenschaften sowie der Ethnologie und Anthropologie zu präziseren Beschreibungsinstrumenten verhalf. Dem steht ein philosophisch-ideologischer Strukturalismus gegenüber, der ab Ende der 1960er-Jahre den ersten übertönte. Das Ziel dieser Bewegung war in der Tat die „metareflexive Verallgemeinerung der Konsequenzen des einzelwissenschaftlichen Strukturalismus auf der Ebene der allgemeinen Theorie".[7] Mit diesem Allgemeinheitsanspruch geht einher die Betonung eines radikalen epistemologischen Schnitts gegenüber der eigenen Herkunft und der ursprünglichen Einflüsse, unter anderem der Phänomenologie.

Richir wendet sich nun entschieden gegen den aggressiven Typus: Dieser erliege einer „strukturalistischen Täuschung" eines außerweltlichen symbolischen Gestells, in dem „sich das Denken reduziert auf einen Spieler- und Rechen-Gott", der in unserem Unbewussten seine „kombinatorischen Tüfteleien" ausheckt, welche uns nichtsdestotrotz gemäß einer rätselhaften „strukturalen Kausalität"[8] determinieren. Das strukturalistische (scheinbar ideologie-kritische) Denken sei selbst zum Symptom einer Epoche des Sinnverfalls geworden. Dem radikalen Strukturalismus stellt Richir die genetische und schöpferische Dimension des Menschen gegenüber, die ihrerseits in ihrem Abenteuer der Sinnbildung irreduzibel auf die bestehenden Strukturen ist und nicht durch eine einfache *Re*kombination von vorgegebenen Elementen erklärt werden kann.

Dagegen ist Richir der Gestalt des frühen Strukturalismus gegenüber aufgeschlossen. Die „strukturale Einstellung" auf ihrer „ersten epistemologischen Stufte", d. h. als „immanente Analyse des Symbolischen"[9] entspricht bei Richir dem, was er die Analyse der *symbolischen Stiftungen* nennt. Die wohlverstandene strukturale Einstellung untersucht die mythischen, religiösen, philosophisch-wissenschaftlichen, praktisch-sozialen, technischen und künstlerischen Sedimente der Kultur und interpretiert sie vom „universellen Einfluss der symbolischen Institutionen auf die

---

[6] Gondek, Subjekt, Sprache und Erkenntnis, S. 146.
[7] Gondek, Subjekt, Sprache und Erkenntnis, S. 147.
[8] Richir, SP, S. 229.
[9] Ebd.

3.1 Einleitung: Struktur und symbolische Stiftung

menschliche Erfahrung"[10] her neu, ohne eine notwendige Vorrangstellung der symbolischen Automatismen gegenüber der real-imaginären Sphäre zu behaupten. Vielmehr geht es in diesen Untersuchungen um die Deskription der Funktionszusammenhänge, die erklären, wie die Verselbstständigung der symbolischen Institutionen die *kohärente Deformation der Erfahrung* verursacht.

Die Antwort auf die Frage, welcher Gestalt des Strukturalismus nun die Lacan'sche Lehre zuzuordnen ist, bleibt uneindeutig. Nach Gondek hat Lacan Anteil an beiden, ohne sich je mit einer von ihnen zu identifizieren.[11] Einerseits ist Lacan jenen frühen Strukturalisten zuzurechnen, die für eine spezifische Disziplin eine vormals schwache Epistemologie zu präzisieren und zu formalisieren suchen. Seine Suche nach einer Grundlagenwissenschaft, die das Unbewusste als wissenschaftlichen Gegenstand zu erfassen verstünde, was ihn zur Linguistik, Kybernetik, Mathematik und Topologie führte, wären jener strukturalen Einstellung auf erster epistemologischer Stufe zuzurechnen. So hatte Levi-Strauss Lacan nicht nur die Möglichkeit einer Verwissenschaftlichung durch seine Formulierung einer strukturalen Ethnologie demonstriert, er hatte gleich auch die Idee eines Unbewussten als symbolische Funktion formuliert, die Lacan fasziniert aufgriff. Dieser ‚epistemologische' Lacan bleibt in allen Phasen des Werks lebendig.[12] Allerdings gibt es auch einen Lacan des ideologischen Strukturalismus. Einer, der bereitwillig in den Begeisterungskanon Ende der 1960er-Jahre einstimmte und der benachbarte Disziplinen danach beurteilte, wie weit sie sich einer (seiner) strukturalen Einsicht genähert haben.[13] Wir wollen diese Einschätzungen künftigen Historikern überlassen. Uns bietet diese Binnendifferenzierung des Strukturalismus zunächst die Möglichkeit Richirs ambivalente Haltung zu verstehen: warum er Lacan aufgrund seiner angeblich ideologischen Anhängerschaft des symbolischen „Gestells" angreift und zugleich der Lacan'schen Lehre in seiner eigenen Ausarbeitung der Beziehung zwischen phänomenologischen und symbolischen Feld von allen „Strukturalismen" die größte Bedeutung beimisst.

---

[10] Ebd.

[11] Vgl. Gondek, Subjekt, Sprache und Erkenntnis, S. 147.

[12] Siehe Kap. 3.6.3, in dem wir die Epistemologie der Psychoanalyse diskutieren.

[13] „Die Anmerkungen, die er macht, insbesondere zum Unbewußten im psychoanalytischen Sinn, zeigen, daß Merleau-Ponty sich möglicherweise einer Forschung zugewendet hätte, die in bezug auf die philosophische Tradition originell gewesen wäre: jene neue Dimension der Meditation über das Subjekt, die uns die Psychoanalyse abzustecken erlaubt." (Lacan, Seminar XI, S. 88) Trotz dieser posthumen Verführungsgeste im Rahmen des fast schon rührenden Gedenkens an Merleau-Ponty im Seminar XI, kann man hier die Überzeugung von der fundierenden Funktion der strukturalen Dimension herauslesen.

3.1.2 Element und Prinzip der Struktur

Nachdem also das theoretische Objekt des Strukturalismus als indirekte Wirkung des Symbolischen im Imaginären und Realen herausgestellt wurde, stellt sich die Frage, wie nun das *Element* des Symbolischen beschrieben werden kann. Dieses lässt sich struktural bestimmen, indem man es vom ‚Quantum' der mathematisierten Empirie unterscheidet. Der strukturalistische Versuch einer Formalisierung anthropologischer Episteme ist nicht der einzig existierende Ansatz. Auch der Naturalismus, die empirische Psychologie etwa, entwickelt formale Kriterien, um psychische Tatsachen beschreiben zu können. Der Unterschied ist, dass der Strukturalismus sein formalistisches Ideal nicht in der Quantität setzt, sondern in der *Relation*. In diesem Sinne ist die strukturale Ästhetik *topologisch* zu nennen: Es geht um die Nähe und Nachbarschaft von Elementen abgesehen von ihrer Größe und Qualität. Das Element des Symbolischen ist folglich der ‚Platz' oder die ‚Position'. Wollten wir beispielsweise die möglichen Konstellationen einer Tischgesellschaft beschreiben, so würde die strukturale Analyse nicht auf die Teilnehmer und ihre konkreten Interaktionen abzielen, sondern auf die Zahl und Positionalität der Stühle. Auf diesen Stühlen können, nach dem Gesetz der Arbitrarität, unbestimmt viele Gäste ‚Platz nehmen', trotzdem bleiben die Unterhaltungen jeder möglichen Tischgesellschaft determiniert durch derartige Strukturen, etwa durch die Tatsache, dass jeder nur zwei direkte Nachbarn am Tisch haben kann.

In diesem Sinne vollzieht der Strukturalismus eine architektonische Transposition zur Topologie: „Der Strukturalismus ist nicht von einer neuen Transzendentalphilosophie zu trennen, in der die Orte wichtiger sind, als das, was sie ausfüllt."[14] Diese Transposition betrifft vor allem die Sinn-Frage. Denn „Sinn" bedeutet für ein rein relationales Denken nichts anderes als „Position". Der Sinn wird um seinen qualitativen Inhalt und seine Selbstreflexivität reduziert und nur als *Effekt* einer bestimmten topologischen Anordnung betrachtet. Er offenbart dadurch ein Loch in seinem Zentrum, insofern der Sinn nur ist, was er ist, durch einen *Nicht-Sinn* an seinem Ursprung. Denn das, was den Sinn-Effekt bewirkt, hat selbst keinen Sinn oder Bedeutung, denn es ist allein der strukturalen Konstellation geschuldet, deren symbolische ‚Wahrheit' jenseits realer oder imaginärer Gegebenheit liegt. Die ‚Dinge' innerhalb eines strukturalen Feldes machen somit eine Verwandlung durch. Die zunächst bedeutsamen Gegebenheiten werden in struktural Einstellung zu Platzhaltern, die ‚an sich' nichts bezeichnen. Diese Sinn*entleerung* führt jedoch nicht zu jener Sinn*losigkeit*, die gewisse Spielarten des Existenzialismus beklagen, sondern zu dem, was Elisabeth Roudinesco als das Moment des „Barock"[15] im Strukturalismus bezeichnet: Anstatt einer Sinn-Absenz kommt es im Gegenteil zu einem Überschuss an Sinngebilden, weil jede Position, jeder Situs, immer mehr als

---

[14] Deleuze, WES, S. 17.

[15] In ihrer Lacan-Biografie schlägt das Barocke eine Brücke zwischen der Charakterisierung gewisser strukturalistischer Terme und dem überdeterminierten Prosa-Stil Lacans. (Siehe Elisabeth Roudinesco, *Jacques Lacan: Bericht über ein Leben, Geschichte eines Denksystems*. Übers. v. Hans-Dieter Gondek. Köln: Kiepenheuer & Witsch, 1996).

3.1 Einleitung: Struktur und symbolische Stiftung

nur einen Sinn substituiert, weil es zu einer *Überdeterminierung* des Sinns kommt. Der Strukturalismus im Allgemeinen und Lacan im Besonderen hegen deshalb eine besondere Faszination für Spiele und verwandte kombinatorisch-kybernetische Settings.

Das Prinzip dieser Positionalität im Symbolischen ist nun das *Prinzip der Differenz*. Während Differenzen und Relationen auch in Theorien existieren, die einem real-imaginären Denken folgen, zielt das strukturale Denken auf die *reine* Relation ab. Hier gewinnt die Entdeckung der strukturalen Linguistik an Bedeutung. Denn das Element, das eine Sprachstruktur konstituiert, das Phonem, repräsentiert stets eine Relation von Phonen, d. h. eine Lautdifferenz, die zugleich eine Differenz der Struktur konstituiert.[16] Jenseits der Realität und konkreter Bedeutungsmöglichkeiten empirischer Sprachen lässt sich struktural festhalten, dass es, damit es überhaupt Sprache geben kann, Phoneme geben muss. Als reine Relationen sind diese von jeder real existierenden Lautrelation (wie auch von lediglich teilweise bestimmter Relation) abstrahiert, so dass es *strukturell* betrachtet keinen Unterschied zwischen verschiedenen Sprachen gibt. Diese Besonderheiten werden erst durch die spezifischen Differenzen konkreter Strukturen konstituiert. Die so beschriebene Ganzheit – nicht im Sinne einer Totalität, sondern im Sinne einer Reziprozität – konstituiert durch die synchrone Relation der konkreten Elemente einen je konkret strukturierten *Raum*: „Jede Struktur präsentiert die folgenden beiden Aspekte: ein System differenzieller Verhältnisse, nach denen sich die symbolischen Elemente gegenseitig bestimmen, ein System von Besonderheiten, welche diesen Verhältnissen entsprechen und den Raum der Struktur zeichnen."[17]

Die für die Philosophie entscheidende Frage bezieht sich auf den Status dieser Differenz: In welcher Weise ‚existiert' sie, ist sie ‚seiend' und wie ist der Prozess der Differenzierung und ihr In-Erscheinung-Treten im Realen oder Imaginären zu verstehen? Die Antwort des Strukturalismus lautet, dass sie eine ontologische Zwischenstellung einnimmt: Sie ist „real ohne aktuell zu sein, ideal ohne abstrakt zu sein".[18] In dieser Bestimmung liegen aber große philosophische Schwierigkeiten. Denn es bedeutet, dass die Struktur, auch wenn sie sich nicht gegenwärtig im Sein manifestiert, nicht Nichts ist, sondern in Latenz vor-liegt. Anwesenheit und Abwesenheit der Strukturelemente werden somit zu Aktualität und Virtualität. Die Gefahr, die hier droht, ist die *einer transzendentalen Illusion aufgrund der Ontifizierung einer Form des Vor-Seins*: „Die Struktur eines Bereiches freizulegen, heißt, eine ganze Virtualität der Koexistenz zu bestimmen, die *vor* den Wesen, den Gegenständen und den Werken dieses Gebietes *existiert (préexiste)*. Jede Struktur ist eine Vielzahl von virtueller Koexistenz."[19] Die vor dem Seienden einer Regionalontologie existierende Struktur ist jene relationale Matrix, die es dem Seienden allererst

---

[16] So führt die Lautverschiebung eines gelispelten /th/ anstatt /s/ im Deutschen zu keiner positionellen Verschiebung, im Englischen dagegen wohl.

[17] Deleuze, WES, S. 23.

[18] Deleuze, WES, S. 27.

[19] Deleuze, WES, S. 28. (Herv. v. mir – P. F.) Zum Problem der Ontifizierung des Vor-Sein bei Eugen Fink, siehe Kap 2.4.7.

ermöglicht zu sein, im Sinne eines Bedeutsam-Seins. Diese Region von Relata, von Koexistenzen, ist nun aber methodisch *nachträglich* aus ihren partialen Aktualisierungen im Seienden ‚freigelegt'. Damit bleibt die Struktur in ihrer methodologischen Ausweisbarkeit stets *Infra*struktur und ihre Genese kann immer nur *nach*vollzogen werden. Ihre Elemente bilden ein ‚Reservoir', ein ‚Repertoire' oder eine Art „Batterie" (Lacan).

Die Zeitlichkeit ist im Strukturalismus folglich ganz und gar durch die Struktur bestimmt. „Die Zeit ist für ihn immer eine Aktualisierungszeit" und „geht vom Virtuellen zum Aktuellen".[20] Die strukturale Zeit ist, um es mit Lacan zu sagen, eine *logische* Zeit, deren Ablauf eher ‚Spielzügen' gleicht, die auf spezifische Weise von der Differenzialität des Spiels und seinen Regeln Gebrauch machen, und so die Aktualisierung desselben voranbringen, obwohl die Zeit im physikalischen oder phänomenologischen Sinne völlig unbestimmt bleibt. Demnach hat die strukturalistische Genese nichts Schöpferisches, sondern nur Kombinatorisches: Die Genese, die sich an den ‚Produkten' der Struktur ablesen lässt, ist nichts anderes als der Progress „von der Struktur zu ihrer Aktualisierung".[21]

3.1.3 Vor-Strukturierung und das symbolische Gestell bei Richir

Die Koexistenz aller Relata und Besonderheiten bezieht sich nun immer auf eine *Ganzheit*: „[E]s sind differenzielle Verhältnisse und Elemente, die in einem vollkommen und vollständig bestimmten Ganzen nebeneinander bestehen. Im Übrigen aktualisiert sich dieses Ganze nicht als solches."[22] Es gibt demnach zwei Arten von strukturaler Totalität: eine virtuelle Totalität, auf die alle Partialaktualisierungen bezogen bleiben, und eine unmögliche Totalität aller möglichen Aktualisierungen in einer Struktur.[23] Die Struktur als Matrix der Differenzialität ist der ‚symbolische Raum' (ähnlich der Platonischen *chôra*) *in den hinein* sich die einzelnen Differenzialisierungen aktualisieren.

Hierauf bezieht sich die Hauptkritik Richirs. Das Feld rein differenzieller Elemente setzt die Struktur als nur in ihren und durch ihre Aktualisierungen realisiert und zugleich als Differenzialmatrix, in der die Differenzen in Virtualität angelegt sind. Um aber eine rein differenzielle Struktur denken zu können, muss das Denken die virtuelle Totalität als aktual gegeben setzen:

---

[20] Deleuze, WES, S. 30.
[21] Ebd., S. 31.
[22] Ebd., S. 28.
[23] Deleuzes Beispiel ist hier die Fiktion einer „*totalen* Sprache", in der alle Differenzierungen, die mit einer phonematischen Relation (z. B. /p/ / /b/) möglich sind, auch in dieser Sprache aktualisiert wären, und so für alle anderen Phoneme. Stattdessen verhalten sich einzelne Sprachsysteme exklusiv zueinander, d. h. sie bilden Verhältnisse untereinander aus, woraus folgt, dass jedes Sprachsystem die Struktur nur *partial* aktualisieren kann.

3.1 Einleitung: Struktur und symbolische Stiftung

„[E]ine rein immanente Analyse des Systems der Zeichen als rein differenzieller Elemente ist zuletzt unmöglich, weil sie stets die Kenntnis der Totalität des Systems als System rein differenzieller Elemente voraussetzt."[24]

Diese ‚Logizität' der Struktur in ihrer Virtualität ist für Richir nichts anderes als die Tendenz des Logisch-Eidetischen, das andere seiner selbst, seine Exteriorität, zu fixieren. Die Vermittlung von Virtualität und Aktualisierung ist nur denkbar, wenn sie über das ‚Scharnier' eines vollkommen strukturierten Aktualunendlichen geht. Der Strukturalismus stabilisiert an diesem Punkt das Außerhalb der Struktur durch eine virtuelle Vor-Strukturierung, sodass jede Faktizität deformiert wird, indem sie *a priori* der Struktur anverwandelt, d. h. ihr Erscheinen als Aktualisierung gedacht wird. Mit anderen Worten wirft Richir dem strukturalistischen Denken vor, selbst einem „Dispositiv" (im Sinne Foucaults) aufzusitzen, einem symbolischen „Gestell", ähnlich wie es Heidegger in seiner Technikkritik darstellt.

Epistemisch lässt sich der Strukturalismus einerseits in Opposition zu den Naturwissenschaften setzten. Indem er dem quantitativ-messenden Gebrauch der Mathematik nicht nur eine qualitative Deskription, sondern einen andersartigen Gebrauch der Mathematik gegenüberstellt: den ‚buchstäblichen' (d. h. relationalen) Gebrauch formaler Elemente. Andererseits gehört er damit nach wie vor zu denjenigen Epistemologien, die von der logisch-eidetischen Stiftung Gebrauch machen, ohne diese eigens zu thematisieren, d. h. die bereits gestiftete ‚Logizität' übersehen, die nötig ist, um jenen ‚epistemologischen Schnitt' vollziehen zu können, den er sich zuschreibt.

Dies führt uns auf das komplexe Problemfeld der Frage nach dem Verhältnis von Phänomenologie und Mathematik.[25] In *La crise du sens et la phénoménologie* konkretisiert Richir sein Verhältnis zur Heidegger'schen Kritik moderner Wissenschaft und Mathematik. Heideggers berühmtem Ausspruch: „Die Wissenschaft denkt nicht",[26] gilt es zu differenzieren. Denn die Mathematik ist nicht reduzierbar auf das, was sich in ihr an Symbolischem gibt, sondern bleibt irreduzibel an die Weltdimension gebunden, d. h. an die Sprachphänomene als Weltphänomene in ihrer Reflexivität von Horizonten. Was Heidegger betont, ist hingegen jene Seite des Mathematischen, die in Form eines Gestells auf eine Entfaltung aus ist, welche ‚von selbst' abzulaufen scheint. Richir führt diesen Aspekt anhand der neuzeitlichen Stiftung des Aktualunendlichen (Dedekind, Cantor, Frege) aus, deren Antinomien und Paradoxien in der Anfangsphase (gemeint ist die sogenannte „naive Mengenlehre") deutlich hervortraten. Die darauffolgende Axiomatisierung, erst durch Ernst Zermelo und erweitert durch Abraham Adolf Fraenkel, ist demgegenüber „eine technische und ‚künstliche' Manipulation" mit dem Ziel diese symbolische Stiftung zu ‚disziplinieren'; mit dem Ziel, ein „konsistentes ‚System' im logisch-formalen Sinne" „ans Laufen" zu kriegen.[27] Heideggers Kritik richtet sich auf dieses Berechnen als eine Form des „Stellens" und „Sicherstellens". Wenn, wie im Falle der

---

[24] Richir, SP, S. 231. Wie bereits diskutiert in Kap. 2.4.2
[25] Siehe hierzu die Analyse zu Husserls Formalismuskritik in Kap. 2.3.1.
[26] Heidegger, Was heißt Denken?, in: Vorträge und Aufsätze, Bd. 7, S. 133.
[27] Richir, La crise du sens, S. 252.

Axiomatisierung, das Abenteuer eines Welt- und Sprachentwurfs ‚domestiziert' wird, durch ein universelles In-Verhältnis-Setzen, mittels dessen das Rechnen nachträglich immer dort ankommt, „*womit* man gerechnet hat", scheint die Infrastruktur dieses Rechnens immer schon durch das polarisiert, was Heidegger die *Grundgleichung* nennt: also ein Rechnen, das „im voraus mit einer Grundgleichung für alle nur mögliche Ordnung ‚rechnet'".[28] Diese Grundgleichung bezeichnet Richir nun als „symbolisches Dispositiv".[29]

Was Heidegger als Gestell kritisiert, bezieht sich demnach jedoch nur auf die Seite der symbolischen Stiftung, dort, wo alles quasi-maschinell dem Automatismus der Wiederholung folgt. Was Heidegger jedoch übersieht, ist die schöpferische Dimension der Mathematik und mathematisch-fundierten Wissenschaften, jene Erfindungen und Entdeckungen, die ihrerseits *Neues* hervorbringen, was nicht selten eine Umgestaltung des epistemischen Gegenstandsbereichs zur Folge hat. Neues, das gerade nicht auf ein mechanistisches Ablaufen der symbolischen Stiftung reduziert werden kann. (Eine Dimension die indirekt selbst von Seiten der Mathematik bestätigt wird, wenn Kurt Gödel durch seinen berühmten Unvollständigkeitssatz die Grenzen der Formalisierung herausstellt.[30]) Dieses symbolische Gestell oder Dispositiv als antizipierte Grundgleichung aller möglichen Ergebnisse liegt nun, nach Richir, auch dem Strukturalismus zugrunde. Auch der buchstäbliche Gebrauch der Mathematik ändert nichts daran, dass, um von Aktualisierung differenzieller Elemente sprechen zu können, eine struktural-symbolische Grundgleichung das Risiko eines Entwurfs, der seinen Namen verdiente, ‚diszipliniert'.

3.1.4 *Das Loch in der Struktur*

In den folgenden beiden Merkmalen der strukturalistischen Theorie kommt die Struktur in Kontakt mit etwas, das selbst nicht mehr struktural ist, erstens: mit der Fernbeziehung, die eine Struktur zur anderen unterhält, zweitens: mit der Heimsuchung durch das leere Feld, durch ein außerordentliches – man könnte auch sagen: unmögliches – Element ohne diakritische Beziehung und trotzdem mit dem diakritischen Feld wechselwirkend.

Zum ersten Punkt: Ab einen bestimmten Moment der strukturalistischen Reflexion auf die Virtualität, wird deutlich, dass, es – so Deleuze – eines *Denkens* bedarf, um die Struktur nicht nur zu beschreiben, sondern tatsächlich zirkulieren zu lassen. Wie uns die Sprache lehrt, bildet die Struktur *Serien* oder *Ketten* aus. Und diese Ketten, seien sie nun linguistischer, mathematischer oder sozialer Natur, bilden sich stets koextensiv zu einer Kette aus, die von der jeweils ersten differiert. So steht die Serie an Signifikanten stets in Fernbeziehung zur Serie der Signifikate, oder es

---

[28] Heidegger, Die Frage nach der Technik, in: Vorträge und Aufsätze, Bd. 7, S. 52.
[29] Richir, La crise du sens, S. 253.
[30] Siehe Kurt Gödel: *Über formal unentscheidbare Sätze der Principia Mathematica und verwandter Systeme I*. In: Monatshefte für Mathematik und Physik. 38, 1931, S. 173–198.

3.1 Einleitung: Struktur und symbolische Stiftung

steht, wie im Phänomen des Totemismus bei Levi-Strauss, eine Serie von Tierarten in Zusammenhang mit einer Serie sozialer Ordnungen. Es kommt also zu einer ‚strukturellen Homologie', ohne jedoch jemals in einer strukturellen Homöostase zum Stillstand zu kommen, da die symbolische Zirkulation aufgrund einer konstitutiven Schieflage unabschließbar bleibt. Die Ganzheit der Struktur ist also niemals absolut, erstens wegen ihrer Inaktualität und zweitens wegen ihrer nicht-imaginären Verfassung. Um als einzelne Struktur ihre Funktionen ausüben zu können, reicht es nicht, wenn sie sich in sich selbst reflektieren oder in Deckung mit einer anderen Struktur geriete und sich so mit dieser identifizieren würde. Diese identitären Verschließungen würden aber das Prinzip der Differenz aus den Angeln heben, und einer strukturalen Metaphysik, einer ‚totalen Sprache', einer Struktur der Struktur, einem Anderen des großen Anderen Vorschub leisten. Die Nicht-Spiegelbildlichkeit der Ketten ist wesentlich, und dies ist der Grund für den intensiven strukturalistischen Kommentar der beiden rhetorischen Figuren Metapher und Metonymie: „Es sind […] *die* beiden strukturalen Faktoren, insofern als sie die beiden Freiheitsgrade der Verschiebung von einer Serie zur anderen und im Inneren ein und derselben Serie ausdrücken."[31]

Bemerkenswert ist jedoch, dass dieses In-Beziehung-Setzen einzelner Serien, nicht selbst wieder durch ein anonymes oder unbewusstes Strukturmoment geregelt wird, sondern, an diesem Punkt, wo die Struktur ‚zum Leben erweckt' wird, das Denken ins Spiel kommt:

> „Es versteht sich von selbst, daß die Organisation der konstitutiven Serien einer Struktur eine wirkliche Inszenierung voraussetzt und in jedem Falle genaue Einschätzungen und Interpretationen erfordert. Es gibt keinerlei allgemeine Regel; wir kommen hier zu dem Punkt, wo der Strukturalismus bald eine wirkliche Schöpfung, bald eine Initiative und eine Entdeckung impliziert, die nicht ohne Risiko abgehen."[32]

Um die Struktur in Gang zu setzen, bedarf es eines Einfalls und der Erfahrung des Linguisten, Ethnologen, Psychoanalytikers wie auch der Interpretations- und Deutungskunst eines Saussure, Levi-Strauss oder Lacan. Der aggressive Strukturalismus muss dieser Auffassung widersprechen, wenn er auch dem Denken ein strukturales Apriori voranstellen will. Das ‚Risiko' – ständiger Begleiter eines jeden (nicht im Voraus stabilisierten) Denkens –, von dem Deleuze spricht, wäre dem philosophisch-ideologischen Strukturalisten lediglich eine Kombinationsdefizienz, ein Mangel der Fähigkeit, ‚hinter' den Aktualitäten die entscheidenden unbewussten Virtualitäten zu entziffern – wohlgemerkt kein Mangel des Denkens, sondern ein Mangel, der selbst einer symbolischen Kausalität folgte. Stattdessen bewirkt dieses Schöpferische einen Blick, der von jeder Ontologisierung wegführt, hin zu einer *Architektonik* des Strukturalen, was keine letztfundierende Kategorie beschreibt, auf die hin es alle anderen auszurichten gilt, sondern „ein problematisches Feld, ein Problemfeld definiert".[33]

---

[31] Deleuze, WES, S. 40.
[32] Deleuze, WES, S. 38.
[33] Deleuze, WES, S. 39.

Zum zweiten: Ähnlich wie die Cantor'sche Mengenlehre läuft auch die Theorie der Struktur auf *Paradoxien* hinaus, und zwar genau dort, wo sie das andere ihrer selbst berührt. Innerhalb der strukturierten Ordnung von Serien gibt es mindestens ein Objekt, das nicht nur in Bezug zu diesen Ordnungen *außerordentlich* ist, sondern in seiner Andersheit auch noch *essenziell* für das serielle Funktionieren. Außerordentlich deshalb, weil es weder einer der Ketten allein angehört noch eine Bedeutung unabhängig dieser besitzt. Es ist gerade dadurch außerordentlich, dass es beiden Ketten immanent ist, sich jedoch nie ‚an seinem Platz' befindet. Lacans Bibliotheksbeispiel ist hier erhellend: Jeder kennt die Situation, dass ein Buch nicht an seinem Platz ist (der durch die Signatur symbolisch fixiert ist). Es ist verschwunden, nicht auffindbar, wobei es ganz gleich ist, ob es sich im Realen lediglich ein Regal weiter, am anderen Ende der Bibliothek oder am anderen Ende der Welt befindet. Weil sein Fehlen ein symbolisches ist, ist der Abstand zwischen ihm und seinem Platz ein topologischer. Man könnte sogar so weit gehen, zu behaupten, dass das Erscheinen der restlichen Bücher im Realen erst aufkommt im Abstand zu dieser anderen Form der Anwesenheit, dass nämlich ein symbolisch fehlendes Buch anders anwesend ist als ein reales. Wenn wir die Kette weiter inszenieren, können wir sagen, dass die imaginär organisierte Kette – die Reflexionen, die ich anstelle, um das Buch zu finden – und die durch das Reale organisierte Kette – das Mäandern durch die Gänge der Bibliothek, das wiederum neue Reflexionen anregt – erst durch ein *Drittes* ihre Organisation erhalten. Es reicht, dieses Dritte das „Objekt = x" zu nennen, so wie ein Hitchcock'scher MacGuffin seine Bedeutung auf der Leinwand für sich behält, weil es ganz unerheblich ist, wofür irgendein ‚Heiliger Gral' steht, solange der die Quest vorantreibt und den Plot organisiert.[34]

Ist dieses Objekt = x auch zu sich selbst verschoben und befindet sich in unablässiger Zirkulation, so ist es doch für die Möglichkeit der Struktur als solche *zentral*:

> „Die ganze Struktur wird von diesem ursprünglichen Dritten bewegt – das sich jedoch auch seinem eigenen Ursprung entzieht. Indem das Objekt = x die Differenzen in der ganzen Struktur verteilt, die differenziellen Verhältnisse mit seinen Verschiebungen wechseln läßt, konstituiert es das Differenzierende der Differenz selbst.
> [...] Kein Strukturalismus ohne diesen Nullpunkt."[35]

Dieser Nullpunkt oder dieser Un-Sinn am Quellpunkt allen Sinns hat nun in den einzelnen Strukturalismen sein je eigenes Objekt: das „Nullphonem" in der Linguistik, das „Mana" oder der „frei flottierende Signifikant" bei Levi-Strauss, der „symbolischen Phallus" bei Lacan. Einerseits besteht, obwohl sich dieses Dritte als Mangel konstituiert, beständig die Gefahr einer Reifizierung dieses außerordentlichen Objekts, andererseits bleibt der Status dieses Objekts = x und des leeren Platzes, den es repräsentiert, prekär. Deleuze versteht diesen Status aporetisch: Der leere Platz wäre demnach „vielmehr der Ort einer Frage, eines ‚Gesuches'",[36] er wäre also stets relativ auf das strukturale Feld, das er organisiert. Folglich wäre es

---

[34] Zizek identifiziert den MacGuffin mit Lacans *object petit a*.
[35] Deleuze, WES, S. 45.
[36] Deleuze, WES, S. 50.

auch sinnlos, eine Meta-Ordnung der Objekte = x zu konstruieren, weil es, damit es Wechselwirkung geben kann, einer Kausalität bedürfte, die wiederum eine Identität dieses Objekts voraussetzte. Das Identitätsproblem des Objekts = x ist jedoch nicht eines der Unbestimmtheit – es liegt ganz im Gegenteil ‚offen vor uns' und ist voll bestimmbar –. Es geht vielmehr um ein Problem taxonomischer Identität: So ist etwa der „entwendete Brief", den Lacan struktural deutet, als solcher wohl bestimmt, wie er aber inmitten der Positionen, die er in Gang setzt (in der Erzählung E. A. Poes: König, Königin, Minister, Polizei etc.), zu *klassifizieren* wäre, bleibt eine offene Frage. Seine Identität besteht also, nach Deleuze, vielmehr in einer *Beweglichkeit als solcher*. Innerhalb der Logizität der diakritischen Elemente einer Struktur ist der leere Platz das Moment einer gewissen Freiheit und Potenzialität – Garant einer strukturalen ‚Fluidität', wenn man so will. Wenn es also über dieses Objekt = x eine Beziehung zwischen den verschiedenen Strukturen gibt, dann nur als eine Art *Resonanz auf Distanz*.

Dieser leere Platz ist für Richir nun der tiefste Ansatzpunkt seiner Kritik. Das mechanistische System diakritischer Momente, in welches das Verhältnis des Menschen zur Welt ganz ‚eingelassen' ist, wird also in seinem Zentrum durch „eine Art Nullsignifikanten" geregelt, der zwar „omnipräsent, aber *als solcher* im System unauffindbar bleibt".[37] Es ist der Punkt, an dem das strukturale Denken seinen paradoxalen Rand berührt, ohne die Transzendenz, die sich darin bekundet, als solche zu denken, sondern sie mittels struktureller Logik in ihr eigenes Terrain einzuholen sucht. Diese Überschreitung der symbolischen Stiftung konstituiert folglich jene, aus phänomenologischer Sicht, „strukturalistische Illusion".[38]

3.2 Nicht-Phänomenalität: Sprache und Leiblichkeit

3.2.1 *Symbolische Stiftung, phänomenologische Anthropologie und Kulturphilosophie*

Wir waren bislang von einem Vorverständnis der Phänomenologie ausgegangen und hatten in ihr eine eröffnende Bewegung hin zu ihrer eigenen Transzendenz freigelegt, um – dieser Bewegung folgend – mit Derrida eine Kritik ihrer eigenen Fundierung in transzendentaler Subjektivität und lebendiger Gegenwart (ihrer Innerlichkeit), mit Richir *die Phänomenalisierung selbst* herauszuarbeiten, und so einer Neufundierung der Phänomenologie das konzeptuelle ‚Grundarsenal' zu liefern.

Das phänomenologische Feld ließ sich dadurch als radikal unbestimmtes, anarchisches wie a-teleologisches *Apeiron* charakterisieren. Wie sich die Phänomene aus diesem Feld qua begriffslosem Schematismus ‚logologisch' individuieren, und wie weiter in der Sinnbildung die phänomenologischen Unbestimmtheiten und

---

[37] Richir, SP, S. 228.
[38] Ebd.

Konkretheiten fungieren – im Spiel der Selbstreflexivität des „Einfalls" im Sprachphänomen –, war Gegenstand weiterer Untersuchungen.

Über dieses Feld mit seiner Nicht-Identität und seiner radikalen Schieflage wurde zunächst nur ein *negatives Urteil* gefällt. Die Untersuchung im Zick-Zack fordert nun eine Blickwendung in Richtung auf die Konkretheit unserer *Erfahrung*. Diese ist nicht nur phänomenologisch unbeherrschbar und wild, sondern ebenso notwendig symbolisch strukturiert: „[U]nsere Erfahrung ist irreduzibel im Feld symbolischer Stiftungen verankert."[39]

Richirs Phänomenologie läuft nicht auf einen Monismus hinaus. Phänomenologisches *Apeiron* und Feld symbolischer Stiftungen sind nicht auf einander reduzierbar. Trotz komplexer Reziprozitäten, die ein Hauptfeld der phänomenologischen Problematik dieser Phänomenologie ausmachen, durch die sich ein Feld im anderen reflektiert, bleibt das ‚Scharnier' dieser Reflexivität jener *Abstand*, durch den das eine Feld dem anderen radikal äußerlich bleibt.

Wir können mit Richir Kants Unterscheidung zweier Erkenntnisstämme[40] paraphrasieren, der nach bekanntlich Gedanken ohne Inhalt leer, Anschauungen ohne Begriffe blind sind. Auf analoge Weise bewegt sich die Phänomenologie der Sinnbildung zwischen zwei Abgründen: Einerseits läuft sie Gefahr, durch die unendliche phänomenologische Plastizität, von der das Feld wilder Phänomenalisierung ‚kündet', ins Nichts und ins Chaotische zu stürzen; andererseits droht die symbolische Verankerung der Erfahrung sich stets in der maschinellen ‚Blindheit' eines symbolischen „Gestells" zu entfremden.

Was diese Architektonik zuletzt als Phänomenologie auszeichnet, ist die Tatsache, dass dieser Dualismus der Felder nicht „im Überflug" analysiert, sondern in der Art und Weise seiner Phänomenalisierung, d. h. als „*phänomenologische* Begegnung",[41] ausgewiesen werden muss.

Aber diese Begegnung ist für Richir nicht – wie noch bei Kant – ein rein erkenntnistheoretisches Problem: „Es ist der für immer rätselhafte Ort der Überkreuzung von sich bildender symbolischer Stiftung und Phänomenalisierung der Phänomene, an dem wir die Überlegungen zum großen Rätsel unserer Endlichkeit und unserer Verleiblichung ansetzen."[42] Dieser Schnittpunkt eröffnet das Feld all derjenigen Probleme, die eine *phänomenologische Kulturphilosophie* und *Anthropologie* im Ausgang der Phänomenalisierung zu behandeln haben.

1.) Sie befragt einerseits die Kultur nach ihrer metaphysischen Struktur, d. h. dem *Überschuss*, der den Menschen eine bestimmte empirische Konstellation überschreiten lässt: jene „phänomenologische Überfülle der Sprache oder des

---

[39] Richir, PIS S. 9.

[40] Für Richir bedeuten die beiden Stämme, Sinnlichkeit und Verstand, die Prinzipien der Einheit und Vielheit, die – phänomenologisch – Prinzipien des Pulsierens der Phänomene bloß als Phänomene sind. Eine phänomenologische Interpretation dieser Prinzipien motiviert das ganze Schaffen Richirs in den 1980er-Jahren.

[41] Richir, PIS S. 10.

[42] Richir, PIS S. 10.

3.2 Nicht-Phänomenalität: Sprache und Leiblichkeit

Logos, seiner Rhythmen der Zeitigung/Räumlichung".[43] Für Richir hat die abendländische Kultur dieser Überfülle durch zwei „Urworte" Ausdruck verliehen: „Sein" oder „Gott". Das Rätsel am Grund dieser Differenz nennt Richir „den symbolischen Stifter": ‚Antlitz' der Überfülle des Logos und onto-theologische Stifterfigur am stets virtuellen ‚Ursprung' einer jeden Kultur. Die Haltung der Phänomenologie der Phänomenalisierung zur Gottesfrage ist dabei agnostisch: Es ist phänomenologisch nicht entscheidbar, „ob die Phänomenalität des Sinns die des Seins als Sein, die des Anderen als Anderen ist, oder jenseits beider liegt",[44] insofern diese Standpunkte in radikaler phänomenologischer Reduktion ineinander überführt werden können.

2.) Sie fragt andererseits nach dem phänomenologischen Ort des Menschen. Phänomenologische Anthropologie bedeutet für Richir nicht, die Phänomenologie menschlicher Erfahrung in irgendeinem anthropologischen Eidos, in onto- oder phylogenetischer Erkenntnis, humanistischer oder gar theologischer Idee zu fundieren, sondern gemäß der Phänomenalisierung zu fragen: Wie kommt es im transzendentalen Schematismus der Phänomenalisierung im Wechselspiel mit dem sprachlichen Schematismus, der symbolischen Stiftungen mit den wilden Wesen zur Erscheinung der „Humanität"? Wie erscheint mein Leib als Weltphänomen unter Weltphänomenen? Wie kommt es in der Verleiblichung zur Individuation der Empfindungen, zur organischen Organisation meines Leibs als Organismus? Wie ermöglicht diese Sphäre dann weiter das Phänomen einer Art ‚Vergemeinschaftung' dieser Leiblichkeitsphänomene als phänomenologischer „*sensus communis*" und eigentliche phänomenologische „Humanität"? Zuletzt, wie verhält sich die menschliche Verleiblichung zum Feld symbolischer Stiftung? Inwiefern ist ‚der Mensch' auf eigentümliche Weise gewissen ‚Einschreibungen' in Leib und Körper ausgesetzt?

Wenn also die Frage lautet, wie die charakteristischen Grundspannungen dieser Phänomenologie – jene zwischen phänomenologischer Freiheit und symbolischem Gestell, zwischen Unbestimmtheit und Bestimmung, zwischen Unendlichkeit und Endlichkeit – sich im ‚Schicksal' des konkreten menschlichen Seins zeitigen/räumlichen, lässt sich bereits erahnen, welche besondere Bedeutung die Psychopathologie für die phänomenologische Anthropologie hat. In einer Phänomenologie, in der jener irreduzible *Abstand* das Erscheinen allererst in Bewegung versetzt, sind die Phänomene der *Ver-rücktheit* keine ‚Beispiele' oder Analogien für ein anderes, teleologisches Erscheinungsgeschehen, sondern *Phänomenalisierungen der Abständigkeit* selbst. Das Pathologische hat in phänomenologischer Reduktion keinen normativen Status. Die phänomenologische Psychopathologie und die Psychoanalyse helfen uns verstehen, wie es zu Irritationen der Leiblichkeit und des In-der-Welt-seins einerseits, oder zu symbolischen Intrigen im symbolischen Unbewussten andererseits kommen kann (bzw. uns Auskunft geben über die Begegnung beider Phänomenalisierungen).

---

[43] Ebd.
[44] Richir, PIS S. 11.

Wir werden, anders als Richir in *Phénoménologie et institution symbolique*, diesen Chiasmus von symbolischer Stiftung und phänomenologischer Freiheit nicht nur als phänomenologische Begegnung untersuchen, sondern diese Begegnung auch vom Symbolischen her beschreiben.

3.2.2 Natur und Kultur

Im Ausgang des neuen Phänomenalitätsbegriffs findet Richir in Kants Konzeption des Geschmacksurteils, wie sie in der *Kritik der Urteilskraft* ausgearbeitet wird, ein Denken „außerhalb des Regimes der Identität und Identifikation".[45] Zugleich sieht er eine prä- phänomenologische Reduktion darin angelegt. Denn als Ästhetisches bezieht sich das Geschmacksurteil durch „Absonderung von allem Interesse"[46] nicht auf die Beziehung des Subjekts auf das Objekt, sondern lediglich auf die Beziehung desselben auf die Vorstellungen des Gegenstandes. Weiter erwächst der ästhetische Anspruch auf Gültigkeit dieses Urteils nicht begriffslogischer Allgemeinheit, sondern der *Affektivität* im Wohlgefallen selbst. Die im Wohlgefallen sich meldende Beistimmungsfähigkeit der Erfahrung verweist nach Kant auf eine besondere ‚Kommunion' der Empfindsamkeit und Empfänglichkeit:

> „Also nur unter der Voraussetzung, daß es einen Gemeinsinn gebe (wodurch wir aber keinen äußeren Sinn, sondern die Wirkung aus dem freien Spiel unserer Einbildungskräfte verstehen), nur unter der Voraussetzung, sage ich, eines solchen Gemeinsinns kann das Geschmacksurteil gefällt werden."[47]

Richir interpretiert nun zum einen dieses freie Spiel der Einbildungskraft als phänomenologische Freiheit der Phänomenalisierung selbst, was bedeutet, dass für ihn das *ästhetische reflektierende Urteil* „in Wirklichkeit ein ‚Urteil' [in phänomenologischen Anführungszeichen] über die Phänomenalität der Phänomene"[48] ist.

Zum anderen ist das ästhetische Urteil notwendig sowohl mit der Affektivität verknüpft, sofern ein Urteil genau dann ästhetisch genannt werden soll, wenn die „Vorstellung gänzlich auf das Subjekt und zwar auf das Lebensgefühl desselben unter dem Namen des Gefühls der Lust oder Unlust bezogen"[49] wird. So gilt dann auch der Geschmack als Möglichkeit der Mitteilung des eigenen Gefühls, als dessen „Vergesellschaftung":

> „Empirisch interessirt das Schöne nur in der *Gesellschaft*; [...] wenn man den Trieb zur Gesellschaft als dem Menschen natürlich [...] als zur Humanität gehörige Eigenschaft einräumt: so kann es nicht fehlen, daß man nicht auch den Geschmack als ein Beurtheilungsvermögen alles dessen, wodurch man sogar sein Gefühl jedem andern mittheilen kann,

---

[45] Richir, PIS S. 11.
[46] Kant, KU A18.
[47] Kant, KU A64.
[48] Richir, PIS S. 15.
[49] Kant, KU, AA 5: 204.07 f. Im Folgenden mit KU abgekürzt.

3.2 Nicht-Phänomenalität: Sprache und Leiblichkeit

mithin als Beförderungsmittel dessen, was eines jeden natürliche Neigung verlangt, ansehen sollte."[50]

Über diesen Gemeinsinn, den *sensus communis aestheticus* (vom *sensus communis logicus* als dem „gesunden Menschen*verstand*" zu unterscheiden) der das *unmittelbare* Wohlgefallen vermittelt, so Richirs Interpretation, „phänomenalisieren sich die Menschen für sich und für andere. Die ästhetische Lust ist gleichsam das humane Phänomen *als solches*…"[51] Diese phänomenologische Anthropologie versetzt den Menschen in eine fundamentale Spannung zwischen dem Phänomenologischen und dem Symbolischen – zwischen der „Barbarei" und „Wildheit" der sich begriffslos und „in Freiheit" phänomenalisierenden Phänomene einerseits und den kulturellen Institutionen[52] andererseits, die nicht anders denn als symbolisch vermittelt zu verstehen sind. Bevor wir also tiefer zu dem vordringen, was „symbolische Stiftungen" gegenüber der Phänomenalisierung bedeuten, soll hier ein Hinweis Kants Aufschluss geben, der die ästhetische Lust unmittelbar mit den Sitten und Gebräuchen der Kultur, der Zivilisierung verbindet:

> „Für sich allein würde ein verlassener Mensch auf einer wüsten Insel weder seine Hütte, noch sich selbst ausputzen, oder Blumen aufsuchen, noch weniger sie pflanzen, um sich damit auszuschmücken; sondern nur in Gesellschaft kommt es ihm ein, nicht bloß Mensch, sondern auch nach seiner Art ein feiner Mensch zu sein (der Anfang der Civilisirung)…"[53]

Vom kulturellen Standpunkt aus erscheint das unmittelbare Wohlempfinden im ästhetischen Urteil als dieser äußerlich – eine vollkommene Gemeinschaft, in der die Menschen sich als rein ‚Phänomenalisierende', d. h. als absolut Freie, verstünden, bleibt notwendig eine *U*-topie. Andererseits ist aus der Perspektive einer radikal phänomenologischen Anthropologie, d. h. einer Anthropologie *der* Phänomenalisierung, „der Mensch nichts außerhalb des Phänomens und der Freiheit in ihm".[54] Insofern die Kultur dem Menschen hilft, seine ‚Verfeinerung' in sich bildenden kulturellen Stiftungen voranzutreiben, erscheint dieser als Weltphänomen unter Weltphänomenen. Ist der Mensch Phänomen im phänomenologischen Gemeinsinn, so ist er *Weltphänomen* – eine phänomenologische Mundo-Anthropologie, wie Heidegger und Husserl sie bereits formulierten, indem sie das Menschliche des Menschen als dessen „In-der-Welt-Sein" erkannten.[55]

---

[50] Kant, KU: 296.33 ff.
[51] Richir, PIS S. 16.
[52] Die Übersetzung der Husserl'schen „Stiftung" durch „l'institution" erschließt einen weiteren Raum von Bedeutung, mit denen sich der Diskurs dann auch in der Tat aufgeladen hat. Die Rückübersetzung gelingt dann nicht mehr, wenn Institutionen im engeren Sinne (Staat, Kirche, Ehe etc.) impliziert sind. In diesem Fall wollen auch wir von „Institutionen" sprechen.
[53] Kant, KU: 297.7 ff.
[54] Richir, PIS S. 17.
[55] „Diese Innerlichkeit des *Füreinanderseins* als eines intentionalen *Ineinanderseins* ist die ‚metaphysische' Urtatsache, es ist ein Ineinander des Absoluten. Jedes hat seine Primordialität, darin impliziert seine transzendentalen Vermögen seines ‚Ich', und jede ist eine andere derart, dass keine mit einer andern das Mindeste reell gemein haben kann. Aber jede als Primordialität der intentionalen Erlebnisse seines darin erlebenden, sich ‚selbsterhaltenden' Ich impliziert jede andere pri-

Der Mensch *als* Weltphänomen ist nun bei Richir nichts anderes als der Mensch in seiner *Leiblichkeit.* Die konkrete Leiblichkeit, die sich in grenzenlos unbestimmter Verflechtung mit anderen Weltphänomenen phänomenalisiert und nur durch Abstraktion oder Isolierung daraus zu lösen ist – sei es als psychophysisches Seiendes oder durch ‚Zerlegung' in einzelne Empfindungen (wie es beispielsweise die wissenschaftliche Psychologie, immer um den Preis einer transzendentalen Illusion, zu tun pflegt). Der Leib als Weltphänomen muss dagegen immer schon als ein *Ineinandersein* mit anderen Weltphänomenen begriffen werden.

Was aber, wenn die kulturellen Institutionen nicht den Menschen zur Erscheinung bringen, sondern sich gewissermaßen selbst repräsentieren? Wenn etwas in der Kultur das Erscheinen verbirgt, verstellt oder verhindert? *Welche Rolle spielen symbolische Institutionen bei „dem Einbruch der Nicht-Phänomenalität in die Phänomenalität des Phänomens?"*[56] Dazu müssen wir nun tiefer in dasjenige vordringen, was den Menschen als Weltphänomen konstituiert: die Leiblichkeit. Erst auf dem Gebiet der Psychopathologie eröffnen sich konkrete Untersuchungsmöglichkeiten, den Bezug von Leib und Sprache zu beschreiben.

3.2.3 *Leibsprache und In-der-Welt-Sein*

Die Hypothese lautet: Das phänomenologische Feld ist von Löchern oder Lücken ‚perforiert'. Die phänomenologische Ausweisung dieses Einbruchs der Nicht-Phänomenalität in die Phänomenalität sucht Richir zunächst im Phänomen der *Hemmung.*

1922 hielt Ludwig Binswanger einen Vortrag mit dem Titel *Über Psychotherapie* zur „Möglichkeit und Tatsächlichkeit therapeutischer Wirkung", wo im Rahmen einer daseinsanalytischen Interpretation der ‚Kontakt' von phänomenologischem und symbolischem Feld untersucht und anhand der Fallstudie einer hysterischen Patientin das Phänomen der *„Leibsprache"* expliziert wird. Die junge Frau „stösst in kurzen regelmäßigen Abständen laute Singultusgeräusche aus [Schluckauf], wobei gleichzeitig die gesamte Atemmuskulatur [...], aber auch Kopfnicker und das Gebiet der vom rechten Facialis innervierten Muskulatur [...] von rhythmischen Zuckungen befallen werden"[57] (auch gastrointestinale Symptome, wie Magenkrämpfe und Übelkeit, wiederholen sich in regelmäßigen Abständen). Obwohl die

---

mordiale Intentionalität. *Und jedes personale Ich ‚umspannt' in seiner Intentionalität und seinen Vermögen und durch sein Weltphänomen jedes andere Ich und sein Weltphänomen* [Hervorhebung von mir – P. F.], und in der Vergemeinschaftung des Ineinander findet jedes den Andern als Ich geschieden von sich und als anderes Ich mit anderen Intentionalitäten und Vermögen, aber intentional in sich und ‚bezogen' auf dieselbe Welt etc." (HUA XV, S. 366) Zu der hier von Husserl angedeuteten Metaphysik der Urtatsachen siehe: Laszlo Tengelyi, Welt und Unendlichkeit. Zum Problem phänomenologischer Metaphysik, Alber: 2014, S. 180 ff.

[56] Richir, PIS S. 17.

[57] Ludwig Binswanger, *Über Psychotherapie,* in: Ausgewählte Werke Band 3. Vorträge und Aufsätze. Asanger Verlag: Heidelberg 1994, S. 208. Im Folgenden AW3 abgekürzt.

3.2 Nicht-Phänomenalität: Sprache und Leiblichkeit

Frau nicht unter Empfindungsstörungen leidet, gehen diese Anfälle, nach eigener Aussage, mit einem Verlust des „Gefühls für den eigenen Körper"[58] einher. Im Wechselspiel mit dieser akuten Symptomatik gibt es eine in Abständen wiederholt auftretende *Afonie* (Verlust der Stimme).

Wird die „Hysterie" gemeinhin als Konversion, als „Über-setzen" psychischer Konflikte in körperliche Symptome (denen keine neurologischen Ursachen zugeordnet werden können) charakterisiert, bleibt diese Bestimmung dem kartesianischen Leib-Seele-Dualismus verhaftet. Nach Binswanger verkennt diese Nosologie den phänomenologischen oder existenziellen Status des Leibes:

> „Es trifft also unseres Erachtens nicht das ganze Problem, wenn man lediglich erklärt, daß eine seelische Regung der Abwehr ‚ins Körperliche konvertiert' werde, sondern man muss einsehen, daß das ‚Körperliche', die Leiblichkeit, *nur eine besondere Form menschlichen Existierens ist*, daß und warum sie unter Umständen das einzige ‚Ausdrucksfeld' des Menschen bleibt und daß und warum er, der Mensch, sich nunmehr auch der Sprache derselben bedient [...] Stellen nun in unserem Paradigma die Appetit- und Schlaflosigkeit, die Übelkeit und Magenkrämpfe die erste Etappe des Krankheitsbildes dar, der Singultusanfall die zweite, so beginnt mit der nächstfolgenden Periode die dritte und letzte Etappe, die *Aphonie*,[59] positiv ausgedrückt das Flüstern, das sich jetzt dem temporären Glucksen als Dauersymptom zur Seite stellt. In ihm haben wir einen weiteren *Verzicht auf Kommunikation* zu erblicken [...] *Es handelt sich um einen weiteren Rückzug vom Leben in der Gemeinschaft, das immer auch ein Leben in die Ferne und Zukunft ist, auf das Leben in dem (nicht mit der Einsamkeit zu verwechselnden) Alleinsein, im idios Kosmos [sic!], in der zukunftslosen, träge dahinschleichenden puren Leiblichkeit und Leibnähe*"[60]

Die Leiblichkeit *spricht*, sie ist „Ausdrucksfeld": Die Hemmung der Leiblichkeit zielt auf die Unterdrückung der Kommunikation mit der Umwelt ab. Dabei wird der Konnex mit anderen Weltphänomenen, mit anderen Horizonten, mit der affektiven Gemeinschaft, in ‚Leibnähe' aufgelöst. Diese Dissoziation interpretiert Binswanger auf der Ebene der Leiblichkeit als Zerspringen von Welttranszendenz und „Privatwelt". Demnach kann der Leib zum „*Schlupfwinkel unseres Seins*"[61] werden. Der Verlust an Phänomenalität – hier: der wilden Kommunikation meines Leibes als Weltphänomen mit anderen Weltphänomenen – führt zu einem Verlust an Freiheit: der Fähigkeit den Schlupfwinkel meiner ‚Leibnähe' zugunsten der Gemeinschaft, des *sensus communis aestheticus*, zu verlassen und das eigene Lebensgefühl (seine Phänomenalität) dem Leben der Gemeinschaft anzubieten – sich zu ‚zivilisieren' im Sinne Kants.

Das wesentlich phänomenologische Charakteristikum dieser Rückzugsbewegung ist jedoch die spezifische Hemmung der *Zeitigung*, in der die eigentliche Vergemeinschaftung durch Bildung eines Weltentwurfs stattfindet. Für Binswanger ist der Rückzug in die ‚Privatwelt', in den „*idios kosmos*", gleichbedeutend mit dem Verlust der zeitlichen Ek-stasen im Sinne Heideggers.

---

[58] Binswanger, AW3, S. 208.
[59] Hervorhebung im Original.
[60] Binswanger, AW3, S. 221. (Hervorhebung von mir – P. F.).
[61] Ebd., S. 219.

> "Hat sich die Existenz nun einmal in einem solchen leibsprachlichen Ausdruck gefangen, so verliert sie alle Beziehung auf Vergangenheit und Zukunft, was nichts anderes heißt, als daß der Mensch jetzt sein eigentliches Dasein, das immer ein geschichtliches und zeitigendes ist, aufgegeben hat und ein Leben ohne eigentliche Vergangenheit und Zukunft, ja auch ohne eigentliche Gegenwart, ohne ein Behalten und Erwarten und damit ohne Möglichkeit des Lernens und Reifens, eben ein rein leibliches Leben, zu führen gezwungen ist (All das ist in dem einen Schlagwort ‚*Unbewußt*' enthalten!)."[62]

Der Verlust der Ekstasen führt allerdings nicht zu einem radikalen Bruch. Vielmehr deutet sich bei Binswanger eine gewisse Schichtenontologie an, insofern die Leibsprache nach Ausfall anderer Ausdrucksfelder als eine Art „existentielles Residuum" übrigbleibt. Ihr käme damit eine *fundierende* Funktion zu. Die Leiblichkeit selbst bildet den Grund einer „*äußerst ‚defizienten', d. h. mangelhaften Weise des Existierens*".[63] Auch wenn Richirs Parallelisierung dieses Existenzmodus mit Heideggers Uneigentlichkeit in *Sein und Zeit* nicht zu überzeugen vermag,[64] lässt sich eine Analogie zu Heideggers Differenz von „weltloser, weltarmer und weltbildender Welthabe"[65] herstellen, denn in ganz ähnlicher Weise betreffen bei Binswanger die Ausdrücke „weniger voll bewußt, unterbewußt und schließlich unbewußt, [...] lediglich unterschiedliche Weisen des Bei- oder Mit-mir-selbst-Seins"[66] (d. h. folglich auch Weisen der Transzendenz der Welt, wobei das ‚zeitlose' Mit-mir-selbst-Sein, in der Abgeschiedenheit meiner Leiblichkeit, dem Unbewussten entspräche, und eine ‚unterste' Stufe bilden würde).

Diese Konzeption ist nach Richir aber „äußerst paradox, da der Rückzug in die Leiblichkeit *immer noch eine Weise des Existierens* wäre, sei sie auch noch so unvollkommen und defizient".[67] Zwischen dem Bewussten und dem Unbewussten gäbe es eine „mehr oder weniger kontinuierliche ‚*Gradation*' [...] eine Art Übergang der Quantität in Qualität".[68] Und in der Tat ist dies der von Binswanger angedeutete Zugang zur therapeutischen Wirkung:

> „Wäre ein ‚Inhalt' nicht irgendwie ‚in' unserer Leiblichkeit, d. h. irgendein Teilglied derselben, und wäre diese nicht eine verdeckte Form unseres Selbstseins, so könnten wir uns niemals eines ‚vergessenen' Namens erinnern, eine ‚unbewußte' Regung ‚bewußt' machen, von einem Unbewußten irgendeine ‚Wirkung' auf uns verspüren. (Umgekehrt müssen wir

---

[62] Ebd, S. 224.

[63] Ebd.

[64] Die Defizienz des Existenzmodus bezieht sich bei Binswanger ja gerade auf den „Rückzug vom Leben in der Gemeinschaft", wärmend die Uneigentlichkeit Heideggers ausdrücklich keinen „niedrigeren Seinsgrad", sondern das regelrechte Aufgehen in Kommunikation meint: „Un- und nichteigentlich bedeutet aber keineswegs ‚eigentlich nicht', als ginge das Dasein mit diesem Seinsmodus überhaupt seines Seins verlustig. Uneigentlichkeit meint so wenig dergleichen wie Nicht-mehr-in-der-Welt-sein, als sie gerade ein ausgezeichnetes In-der-Welt-sein ausmacht, das von ‚Welt' und dem Mitdasein Anderer im Man völlig benommen ist."

[65] Heidegger, Grundbegriffe der Metaphysik, GA 29/30, Klostermann: 1975, vor allem der Zweite Teil.

[66] Binswanger, AW3, S. 227.

[67] Richir, PIS S. 23. (Herv. v. mir – P. F.).

[68] Richir, PIS S. 25.

3.2 Nicht-Phänomenalität: Sprache und Leiblichkeit 169

natürlich sagen, wir könnten schon gar nicht etwas vergessen, wenn wir nicht in der Leiblichkeit zu existieren vermöchten. Ein völlig unleiblich gedachtes Wesen – Gott – kann nicht vergessen!)"[69]

Der Leib ist Residuum einer Art Seins*vergessenheit*, des Selbstseins und des In-der-Welt-Seins, als eine teilweise *Verdeckung* leiblicher Phänomenalität, deren Inhalt unbewusst in diese eingeschrieben ist. Durch Therapie kann sich das „kranke Dasein" dieses Vergessens *erinnern*, welche ganz nach Heidegger darin besteht, die Verdeckung oder Abgeschiedenheit des Bei-mir-selbst-Seins in „Entschlossenheit" zu verwandeln.

Dieser *Defizienzthese* Binswangers stellt Richir eine *Interruptionsthese* gegenüber. Ist es nicht vielmehr so, dass es zu einer *Unterbrechung* der Phänomenalisierung kommt? Ist es nicht sinnwidrig eine in der Verborgenheit „dahinschleichende" Phänomenalität anzunehmen, mit welcher man die phänomenologisch unhaltbare Behauptung einer Gradation, eines Mehr-oder-Weniger an Phänomenalisierung, verträte?

„Es gibt a priori keinerlei intrinsischen (d. h. phänomenologisch intrinsischen) Grund für das Weltphänomen nur als Weltphänomen *sich selbst* ursprünglich zu verbergen, *um die Nicht-Phänomenalität hervorzurufen*: denn wenn es sich selbst verbirgt – was es gemäß dessen, was wir seine ursprüngliche Verdrehung nennen, immer schon tut –, dann *im phänomenologischen Feld der Weltphänomene, und zwar indem es zugleich andere Weltphänomene öffnet.*"[70]

Auf den Punkt gebracht lautet die Formel: Das phänomenologische Feld ist „*ein Feld ohne Negativität*",[71] in dem es unmöglich ist, ein Nicht-Erscheinen erscheinen zu lassen, ohne wieder Erscheinen zu sein. Vielmehr ist das phänomenologische Feld „logologisch", insofern sich in ihm *Verhältnisse von Verhältnissen* schematisieren. Die Heidegger'sche Konzeption von Verborgenheit und Unverborgenheit spricht nach Richir dem phänomenologischen Feld zum einen eine phänomenologische Freiheit und Offenheit der Phänomenalisierung, andererseits jedoch auch die Möglichkeit einer Bestimmbarkeit oder Wahrheit, *also einer Stiftung* zu. Hier gibt es bereits bei Heidegger eine ,Überlagerung' der phänomenologischen Reflexion mit der Reflexion über die Stiftung: „als ob die Stiftung es vermöchte, aus der Tiefe oder dem Negativ des Phänomenologischen durch eine Art ursprüngliche Verborgenheit der Phänomenalität des Weltphänomens nur als Weltphänomen aufzusteigen".[72]

Die Interpretation der Zurückdrängung der Leiblichkeit in einen defizienten und weltvergessenen Seinsmodus und der Auffassung, dass diese Verbergung durch therapeutische „Erinnerungsarbeit" aus der Tiefe des Phänomenologischen sich selbst in seine menschliche Bestimmung *und* Unverborgenheit (die phänomenologische Freiheit) führen ließe,[73] ist demnach unbefriedigend.

---

[69] Binswanger, AW3, S. 227.
[70] Richir, PIS S. 26.
[71] Ebd.
[72] Richir, PIS S. 26.
[73] In eine ähnliche Verwirrung scheint uns Ricœur zu geraten, wenn ihm in der Reflexion über

3.2.4 Der absolute Abstand zwischen symbolischem und phänomenologischem Feld

Wenn Binswangers Patientin über den Verlust des „Gefühls für den eigenen Körper" klagt, dann bezieht sie sich auf einen Verlust (oder unbewusst: auf einen Verzicht) der *Kommunikation*. Ihre Magenkrämpfe wie ihr Schluckauf lassen sich als ‚Etappen' oder Vorstufen dieses Kommunikationsverlusts beschreiben, der in der Afonie mündet. Die anfängliche Frage stellt sich erneut: Wenn der Verlust der Stimme als Hemmung der Leiblichkeit erscheint, jedoch das phänomenologische Feld, in dem sich das Dasein als verleiblichtes Weltphänomen phänomenalisiert,[74] selbst ein Feld ohne Negativität ist, woher stammt der Verlust der Phänomenalität?

Die Leiblichkeit nur als Leiblichkeit kennt ebenso wenig eine Gradation ihrer Phänomenalität wie das phänomenologische Feld selbst. Der von Binswanger beschriebene ‚Rückzug' in die Leiblichkeit entpuppt sich damit vielmehr als „*Loch oder Lücke in der Phänomenalität des Leibs als Weltphänomen*".[75] Die ganze Verwirrung über Stiftung und Phänomenalität entstammt dem Eingreifen eines *radikal Autonomen* in das phänomenologische Feld (wobei allerdings die phänomenologische Dimension zugleich erhalten bleibt: Der Verlust der Stimme bedeutet nicht den Verlust partialer – hier: oraler – Leiblichkeit). Es geht bei diesem Einbruch der Nicht-Phänomenalität in die Phänomenalität um „den Übergang in eine Dimension der oralen Zone (derjenigen, die an die Rede gebunden ist) vollkommen *außerhalb des Feldes der Phänomenalität,* genauer: außerhalb des Feldes der Phänomenalität der Sprache als Weltphänomen".[76]

„Vergessen und In-Erinnerung-rufen" die Psychoanalyse ein Rätsel bleibt: „Hier stellt der psychoanalytische Ansatz ein irritierendes Rätsel dar, insofern er, da ja von einer verdrängten Vergangenheit die Rede ist, seinen Ort weder auf der ontologischen Ebene des stiftenden Unvordenklichen noch auf der phänomenologischen Ebene desjenigen Vergessenen hat, welches das Bewußtsein methodisch aus seinem Feld entfernt. Diese Zwischenebene ist von größter Wichtigkeit für uns, da wir […] das Phänomen des ‚Wiederholungszwanges' betrachtet haben, von dem gesagt wurde, daß es sich dem Erinnern widersetzt: ‚Agieren' anstelle von Erinnerung. Es wäre die Aufgabe einer post-Heideggerianischen Neuinterpretation der Psychoanalyse, das Freud'sche Unbewußte in die Nachbarschaft der ‚Gewesenheit' zu rücken, die Heidegger an die Stelle der Vergangenheit, ‚die nicht mehr ist', setzt; denn diese neigt unter dem uneigentlichen Gesichtspunkt der ‚Zuhandenheit' dazu, mit dem Verschwundenen in eins zu fließen. Was verdrängt wird, ist in einer bedenklicheren Weise unverfügbar, nicht zur Hand, als das, was lediglich entfernt ist, nicht berücksichtigt wird …" (Ricœur, Das Rätsel der Vergangenheit. Erinnern – Vergessen – Verzeihen., Wallstein Verlag: 2004, S. 137.) Die Anknüpfung an Heidegger führt in diesem Fall zu denselben Konsequenzen wie bei Binswanger: es geht um den Vorzug der Heidegger'schen „Gewesenheit", weil dort das Vergessene „auf phänomenologischer Ebene" in einer ‚dahinschleichenden' Phänomenalisierung wirkt. Das Insistieren des Wiederholungszwangs im Unbewussten wird dem phänomenologischen Feld zugeschrieben, welche so die Nicht-Phänomenalität aus sich selbst erzeugt.

[74] Die Leiblichkeit *ist* Phänomenalität: „wäre der Mensch als Weltphänomen nicht ‚verleiblicht', wäre er schlichtweg kein Mensch, weder In-der-Welt-sein noch Dasein" (Richir, PIS S. 28).

[75] Richir, PIS S. 28.

[76] Richir, PIS S. 28.

3.2 Nicht-Phänomenalität: Sprache und Leiblichkeit

Die Einsicht in den grundlegenden Sachverhalt eines radikalen Bruchs zwischen zwei Dimensionen wird nicht nur dadurch erschwert, dass ‚an den Rändern' dieser Löcher die phänomenologische Dimension erhalten bleibt – sofern sich die „Symptome" selbst durchaus phänomenalisieren –, sondern auch durch die rätselhafte Subreption, dass sich die Stiftungen einen phänomenologischen Status zu verleihen suchen, indem sie nicht nur Lücke im phänomenologischen Feld, sondern ebenso *Ursache* und *Ursprung* zu sein ‚scheinen'.

Dass trotz allem das Phänomenologische *auf Abstand zu allen Stiftungen* bleibt, ist eine fundamentale architektonische Forderung der Richir'schen Phänomenologie. Indem wir uns der Psychoanalyse zuwenden, folgen wir dieser „Bruchlinie der Erfahrung" (um mit Waldenfels zu sprechen) zwischen symbolischer Stiftung und phänomenologischem Feld.[77]

3.2.5 Leibhafte Wiederholung

Für Binswanger ist der Rückzug in die Leibsprache ein defizienter Existenzgrad des In-der-Welt-seins, wo sich die Leiblichkeit im „Schlupfwinkel des Seins" der bloßen Leiblichkeit einzukapseln sucht. Richir kann dagegen zeigen, dass der behauptete ‚Rückzug' vielmehr ein ‚Bruch' ist, und dass die Löcher der Nicht-Phänomenalität sich in der Dimension der Kommunikation selbst befinden. Das phänomenologische „Residuum" der Symptome – der Schluckauf, das Flüstern etc. – verdecken Binswanger den radikal autonomen Status der symbolischen Lücken im phänomenologischen Feld, jedoch ist „*[d]ie symbolische Stiftung [...] im Allgemeinen zu verstehen als Ergebnis gewisser Weisen der Sprach-‚Effekte', die sich in den Lücken und Löchern der Phänomenalität der Sprachphänomene manifestieren.*"[78]

Die Leiblichkeit als Weltphänomen ist, indem sich das In-der-Welt-Sein in ihr ‚ausdrückt', ebenso wohl *Sprachphänomen*. Als Weltphänomen ist Sprache allerdings nur zu verstehen als „Sprache in ihrer [...] intrinsisch phänomenologischen Dimension oder Ursprung, und nicht nur als gegliederte Sprache (und noch weniger als Sprache, die einer kulturellen oder logischen Stiftung untersteht, wie sie das Objekt der Linguistik ausmacht)".[79] Es gilt also die Bruchlinie näher zu beschreiben, die Sprachliches, das dem phänomenologischen Feld angehört, von Sprachlichem, das sich außerhalb dieses Feldes radikal autonom verhält, trennt.

Zu diesem Zweck bezieht Richir das Denken Henri Maldineys in seine Überlegungen ein, der die Daseinsanalyse dort weiterentwickelt hat, wo Binswanger einer gewissen Spielart der Heidegger'schen Fundamentalontologie verhaftet bleibt. Den Ursprüngen der psychopathologischen Symptome in der Zeitlichkeit und ihrer

---

[77] Vgl. Richir, PM, S. 307 ff.; fr. S. 284 ff.
[78] Ebd., S. 31.
[79] Richir, PIS S. 30.

'Kommunikation' auf phänomenologischer Ebene geht Maldiney in dem 1961 verfassten Buch mit dem Titel *Verstehen* nach.

In Anknüpfung an Binswangers Beschreibung befragt Maldiney den phänomenologisch-existenzialen Status der „Leibsprache". Die existenziale Dimension der Leibsprache verweist auf die *Topologie des existenzial-ontologischen Stimmungsraums*, jenen ‚Sinnraum', den freigelegt zu haben, das Verdienst der Daseinsanalyse ist:

> „Die Kranke vermag das Verbot der Mutter nicht zu *schlucken*, die ihrem Liebes- und Lebenswillen angetane Beeinträchtigung oder Kränkung nicht *herunterzuschlucken* und zu *verdauen*. Woher nähme denn der Geist der Volkssprache einen solchen Ausdruck, wenn er nicht aus dem alltäglichen Leben und Wissen des Volkes schöpfte? [...]
> Sie dürfen nun aber nicht glauben, daß es sich bei unserem Beispiel, wie so oft angenommen wird, um eine Analogie oder um eine bloße Metapher handle, insofern etwas Seelisches mit einem leiblichen Ausdruck analogisch oder metaphorisch *bezeichnet* würde; denn hier handelt es sich [...] um keine Frage der Bezeichnung im Sinne bloßer Ausdruckswahl, sondern um etwas viel tiefer Liegendes, nämlich um die Tatsache, daß unsere *Existenz* stets in bestimmten Bedeutungsrichtungen aufgeht..."[80]

Derartige Redewendungen sind also weniger volkstümliche Bilder als vielmehr „existenziell einheitliche Bedeutungsrichtungen", die das Dasein – einem existenziellen Sensorium gleich – in die Welt ‚ausstreckt'. Diese existenzialen Vektoren konstituieren die Koordinaten und Achsen jenes (proto-räumlichen) Stimmungsraums, in dem das Dasein als „Fallen", „Steigen", „Enge", „Weite", als „Stehen" oder „Bodenlosigkeit" ek-sistiert. Doch wie sind diese Bedeutungsrichtungen und ihr doppelter Charakter des In-der-Welt-seins und In-der-Rede-seins zu verstehen? Die Aufklärung dieser Frage leitet die präziser gestellt Frage Maldineys: „Wo beginnt in diesem Gewebe der psychologischen Akte das Verständnis, und wo endet die Wahrnehmung?"[81] Ist gemeinhin der Sinn auf das Verstehen bezogen und der Ausdruck dessen wahrnehmbare Seite, so lässt sich aus daseinsanalytischer Perspektive dieses Verhältnis subvertieren: „*Wahrnehmen* bedeutet den Sinn im Ausdruck zu erfassen; *verstehen* bedeutet, den Ausdruck im Sinn zu erfassen"[82] (in dem Sinne, wie ich sagen kann: „Ich *nehme wahr*, dass du zornig bist, aber ich *verstehe* noch nicht, was du damit zum Ausdruck bringst".) Diese Verhältnisse lassen sich austauschen oder können schillern, weil die existenziellen Bedeutungsrichtungen, die Binswanger einem ursprünglichen „Nehmen-bei" subsumiert, originäres In-der-Welt-sein überhaupt erst ermöglichen, was wiederum voraussetzt, dass das Dasein leiblich ist: „*Er-fassen*" oder „*Be-greifen*" verraten ihren Bezug auf die Leiblichkeit, auf all unsre Sinne und die Glieder unseres welterkundenden Organismus.

Es wäre nun allerdings ein Irrtum, diese Bedeutungsrichtungen in der Leiblichkeit oder dem Ausdruck zu ‚fundieren'. Denn dann wäre das ‚manuelle' Er-fassen selbst nur ein Bild, das wiederum durch Auge oder Geist ‚erfasst' wird, womit fraglich würde, worin diese Bedeutungsrichtung des Erfassens ihren Ursprung hat: „Der

---

[80] Binswanger, AW3, S. 220.
[81] Maldiney, Verstehen, S. 34.
[82] Ebd., S. 35.

3.2 Nicht-Phänomenalität: Sprache und Leiblichkeit

Sinn des Erfassens fließt nicht aus dem Handgriff; der Sinn des Handgriffs vereint alle anderen Bedeutungen des Erfassens in einer einzigen signifikativen Richtung. Ein Wesen, dessen Hand nicht zum Greifen geschaffen ist, weiß auch nicht mit dem Blick zu greifen."[83]

Die Trennung zwischen Leibsprache und gesprochener Sprache scheint lediglich abstraktiv zu sein. Es gibt bei Maldiney eine Univozität des Sinns: „[A]lle unsere Sinne drücken denselben Sinn in allen Bedeutungen *(sens)* des Wortes aus."[84] Aber das bedeutet keinesfalls, dass sie je anders als in Abschattungen gegeben wären. Es ist nicht so, dass ich mittels der Wortbedeutungen eine Allperspektive auf den Weltbezug hätte. Der Boden allen Wahrnehmens und Verstehens bleibt zuletzt das *Unthematische*, das dem Dasein seinen Bewegungs- und Handlungsraum zuallererst ermöglicht:

> „Über den Ausdruck eines Menschen habe ich gänzlich Zugriff auf ihn. Wohl ist es die Fülle seines Seins, das sich im Ausdruck artikuliert, aber sowohl der Ausdruck als auch die Fülle bestehen nur in Möglichkeiten und existenziellen nicht-thematischen Bedeutungen."[85]

Der „Rückzug" in die reine Leiblichkeit bei Binswanger wird bei Maldiney zum *„Rückzug" aus den Möglichkeiten*, die der Mensch aus dem Un-thematischen schöpft. Diese Form des „Rückzugs" ist zuletzt *zeitlich* zu denken:

> „Jeder Versuch einer integrierenden Wahrnehmung ist pathologisch. Wer ein Ding in einer Wahrnehmung ausschöpfen will, beginnt immer damit, indem er es auf irgendeine Abschattung begrenzt und sich untersagt, das heißt seiner Wahrnehmung untersagt, die *Geschlossenheit* zu überschreiten. Die Temporalität der Wahrnehmung wird so in einem perpetuellen Kommen und Gehen von Figuren, die sich in der Faszination vollenden, in die *Wiederholungen* umgewandelt."[86]

Maldiney interpretiert Binswangers fundamental-ontologischen „Schlupfwinkel des Seins" *auf der Ebene der Phänomenalität selbst*. Ein Dasein, das sich in eine solche „integrierende Wahrnehmung" ohne un-thematischen Horizont zurückzieht, lebt in einem *idios kosmos* im Sinne einer ‚eingekapselten' Zeitlichkeit, insofern für eine gemeinsame Welt (im Sinne des Kantischen Gemeinsinns) gilt, dass „das Nicht-Thematische […] das notwendige Korrelat einer authentischen Temporalität"[87] ausmacht.

So wie das Aufwachen aus dem Traum beschrieben werden kann als ein Umschlagen der Bedeutungen des ‚Für-mich' in ein ‚Für-uns', so scheint es die Aufgabe des Therapeuten zu sein, den Patienten aus seinem *idios kosmos* zu ‚wecken'. Dazu müsste er jedoch in dessen Welt ‚eintauchen'. Laut Maldiney ist dies aber unmöglich, weil dieser „Schlupfwinkel des Seins" *weder seine noch unsere Welt ist*. Der Kranke kann in seiner Privatwelt nicht ‚heimisch' werden, denn die „gemeinsame Welt ist nur da in einer kommunikativen Situation, in der ich den anderen

---

[83] Ebd., S. 40.
[84] Ebd., S. 45.
[85] Ebd., S. 58.
[86] Ebd., S. 57 f. (Herv. v. mir – P. F.).
[87] Ebd., S. 56.

Menschen [und dessen Weltphänomen] nicht gemäß mir wahrnehme, sondern gemäß uns."[88] Die Symptome bleiben ihm und uns prinzipiell ‚unheimlich'. Es bleibt dem Kranken nur, den Weltbezug in einer spezifischen *Verdrehung* der Zeitlichkeit auf sich selbst zurückzubeziehen:

> „Was bedeuten Symptom und Verdrängung? Dass der Patient die Welt – selbst von der Zukunft her – in der Vergangenheit bewohnt. Nicht dass er, wie man sagt, ‚mit seinen Erinnerungen' leben würde; vielmehr ist seine gesamte Geschichte – mit ihrer mutuellen und asymmetrischen Dreigliederung in Zukunft, Vergangenheit und Gegenwart – widersprüchlich *vor*-eingenommen aus einer Art *nach*-geborenem Grund durch die Sorge einer nicht *über*-holten Vergangenheit, in der sich genau nicht die Überholung verwirklicht, die die Transzendenz und die Temporalität definiert."[89]

Die ‚Geschichte' des Kranken kommt einem zirkulären ‚*Kurzschluss*' gleich. Die Ekstasen der Zeitlichkeit sind allesamt auf die Vergangenheit hin ‚polarisiert', jenem Modus der Zeitlichkeit, der sich am wenigsten dem Charakter des Nicht-Thematischen scheint öffnen zu müssen, und dessen ‚Inhalte' daher am ehesten einer integrierenden (auf Geschlossenheit der Abschattungen gerichteten) Wahrnehmung entsprechen. Allerdings um den Preis, dass die Vergangenheit niemals *über*-holt werden kann: *Keine ‚Erinnerung' darf Erinnerung werden.* Vielmehr wird die Vergangenheit zu einer despotischen Herrscherin, die Leben (die Gegenwart) und Welt (den Entwurf einer Zukunft) unterjocht.

Diese Verdrehung der Zeitlichkeit bringt Maldiney nun in Verbindung mit Freuds temporaler Bestimmung des psychoanalytischen Unbewussten. In diesem wird nach Freud der ‚Wert' der zeitlichen Ekstasen gerade durch jenen ‚Kurzschluss' unterschlagen:

> „Wir haben erfahren, daß die unbewußten Seelenvorgänge an sich ‚zeitlos' sind. Das heißt zunächst, daß sie nicht zeitlich geordnet werden, daß die Zeit nichts an ihnen verändert, daß man die Zeitvorstellung nicht an sie heranbringen kann."[90]

Für Freud wäre der *idios kosmos* die Abwesenheit der Horizonthaftigkeit der Phänomene als Weltphänomene, ein „Traum ohne Erwachen", in dem es nur horizontlose „Wahrnehmungsidentitäten" gibt – Freud schreibt: „Das erste Kennzeichen des Traums ist [...] die Ort- und Zeitlosigkeit, d. i. die Emanzipation der Vorstellung von der dem Individuum zukommenden Stelle in der örtlichen und zeitlichen Ordnung."[91] Entspricht dieser Verzicht auf zeitliche Ordnung nicht der Abwesenheit von Ordnung (und Negativität der Bestimmung) überhaupt? Weshalb sich an diesem Punkt mit Richir fragen lässt:

> „[Ist das Symptom hier nicht] schlichtweg die Manifestation des wilden und außersprachlichen phänomenologischen Feldes? [...] Oder würde aus demselben Grund das Subjekt die Welt *weiterhin* bewohnen aufgrund einer Art von Ununterschiedenheit von

---

[88] Ebd., S. 60.
[89] Ebd., S. 63.
[90] Freud, Jenseits des Lustprinzips, in: Gesammelte Werke 13, Fischer: 1940, S. 28.
[91] Freud, Die Traumdeutung über den Traum, in: Gesammelte Werke 2/3, Fischer: 1942, Anmerkung 1, S. 54.

3.2 Nicht-Phänomenalität: Sprache und Leiblichkeit

Zukunft und Vergangenheit, welche gerade den konkreten und wilden Wesen der Weltphänomene entspräche?"[92]

Die Analyse der Zeitlichkeit zeigt, dass die Bruchlinie zwischen phänomenologischem Feld und symbolischer Stiftung einen noch komplexeren Verlauf nimmt. Es gilt zu klären, inwiefern das Symptom eine wilde phänomenologische Dimension besitzt, *die nicht auf die symbolische Stiftung reduziert werden kann*. Die Möglichkeit der Verdrehung oder Polarisierung der Zeitlichkeit setzt bereits voraus, dass die gestiftete Trias der Zeit, mittels derer das Subjekt seine Individual- und Weltgeschichte orientiert, unterwandert werden kann.

Der Ort dieser *Subversion* ist der Schematismus der Phänomenalisierung. Dessen Freiheit macht sich das Symptom zunutze, wenn es die Zeitlichkeit verdreht, ohne jemals von der phänomenologischen Freiheit im eigentlichen Sinne Gebrauch zu machen (weil diese die Transzendenz der Welt wieder öffnen würde, die das Symptom gerade versucht abzutreiben oder zu verdrängen). In diesem Sinne *(ver-)leiht* sich die symbolische Stiftung eine phänomenologische Dimension, ohne dass sie aus sich selbst heraus etwas Phänomenologisches hervorbrächte, denn dazu müsste sie die Freiheit zulassen. Welche spezifische Natur diese Verdrehung der Zeitlichkeit hat, zeigt Maldiney durch den Ausgang aus dem Symptom:

> „Die vergangenen Konflikte sind gelöst, weil die Resolution-als-Entscheidung über alle Phasen der individuellen Geschichte hinweg antizipierend ist. Authentische Antizipation, die auf dem defizienten Modus im Symptom selbst präfiguriert ist. All dies setzt offensichtlich voraus, dass die Vergangenheit des Kranken nur in dem Maße existiert, in dem der Kranke zu seiner Vergangenheit über die Gegenwart existiert. Aber da, wo die Gegenwart ohne Öffnung ist, wo es weder ein wahrhaftes Dasein gibt, noch folglich eine wahre Temporalität, ist die Vergangenheit nicht mehr in einem Entwurf belebt, und die Geschlossenheit findet Ausdruck in der Wiederholung."[93]

Daseinsanalytisch liegt die Konfliktlösung in der Entschlossenheit und der Wiederherstellung des Primats der Zukünftigkeit und eines authentischen Weltentwurfs. Dieser geglückte Ausgang der Behandlung setzt allerdings ein Mindestmaß an phänomenologischer Freiheit voraus, in der nicht alle Gegenwart und Zukunft polarisiert sind, und es zumindest einen Teil der Vergangenheit gibt, der *über*-holt werden kann. Das Symptom als solches hat dagegen die temporale Form der *Wiederholung*. Diese Wiederholung aber, so Richir, rührt nicht etwa von der Kontingenz phänomenologischer Freiheit her, sondern ist Wiederholung ‚einer anderen Ordnung', eine Form des Insistierens, die Jacques Lacan sehr präzise als „Wiederholungs*automatismus*" bezeichnet hat.

Als Kern dieser Einkapselung und des Verlusts der Zeitigung der Weltphänomene gilt es diesen Grundbegriff der Psychoanalyse näher zu betrachten. Wie erscheint dieser autonome ‚Automat' der Wiederholung in der Welt, und wie erscheint seine ‚Unweltlichkeit' innerhalb der Weltphänomene?

---

[92] Richir, PIS S. 32.
[93] Maldiney, Verstehen, S. 113.

3.3 Nicht-Phänomenalität und der ‚andere Schauplatz'

3.3.1 Freud: Wiederholung und Wiederholungszwang

Der Begriff der Wiederholung ist in der Psychoanalyse absolut zentral, sowohl metapsychologisch als auch ätiologisch. Alle Symptome – die Zwangshandlungen des Zwangsneurotikers geben in besonderer Weise einen Eindruck davon – sind Reproduktionen von Konflikten. Nicht die Verdrängung als solche (d. h. die ‚gelungene'), sondern ihr Scheitern, produziert Symptome, indem es zu einem An-drängen von Inhalten kommt, demgegenüber das Symptom einen Kompromiss darstellt. Besonders in der analytischen Technik spielt die Funktion der Wiederholung eine wichtige Rolle, insofern die Kur die Überwindung der Verdrängungswiderstände durch Erinnern anstrebt. Erinnern hat in dieser Hinsicht die Form der Iteration: es ist nicht allein Wiederholung des Erlebten, sondern „Reproduzieren *auf psychischem Gebiete*",[94] eine Frage der Umarbeitung, der Übersetzung.[95] Dieser Aufdeckung des Verdrängten arbeiten die Widerstände entgegen. Anstatt sie umzuarbeiten, wiederholt der Analysand seine pathologischen Strategien durch sein Handeln: Er „agiert", wie Freud es nennt, dasjenige aus, was ihm als Erinnerung nicht zugänglich ist: „[E]r *wiederholt* es, ohne natürlich zu wissen, daß er es wiederholt".[96]

Zuletzt ist die Übertragung in der Analyse selbst eine Weise der Wiederholung. Es hat für den positiven Ausgang der Kur keinen Nutzen, wenn der Analysand lediglich über sein Leiden ‚berichtet'. Die konflikthaften Erinnerungsstücke sind erst vollständig bearbeitet, wenn – wie Freud es ökonomisch formuliert – der ihnen zukommende „Affektbetrag" sich in der analytischen Situation wiederholt. In ihr baut sich auf, was Freud eine „Übertragungsneurose" nennt, d. h. die Reproduktion der einzelnen Elemente der ursprünglichen Neurose auf klinischem Feld, auf dem das Verdrängte in den Symptomen nun der Arbeit zwischen Analytiker und Analysand zur Verfügung stehen.

Dass diese Formen der Wiederholung keine (schöpferischen) Möglichkeiten für das Subjekt darstellen, d. h. keiner phänomenologischen Freiheit zugänglich sind, sondern eher einem Zwang entsprechen, wird Freud schon sehr früh deutlich. Bereits 1897 weist er auf die schicksalhafte Dimension des Ödipuskomplexes (*avant la lettre*) hin, indem er auf den literarischen Stoff der Antike verweist:

> „Gegen jeden willkürlichen Einzelzwang [...] bäumt sich unsere Empfindung, aber die griechische Sage greift einen Zwang auf, den jeder anerkennt, weil er dessen Existenz in sich verspürt hat. Jeder Hörer war einmal im Keim und in der Fantasie ein solcher Ödipus, und vor der hier in die Realität gezogenen Traumerfüllung schaudert jeder zurück mit dem ganzen Betrag der Verdrängung, der seinen infantilen Zustand von dem heutigen trennt."[97]

---
[94] Freud, GW, Bd. 10, Erinnern, Wiederholen und Durcharbeiten, S. 133.
[95] Zu Laplaches Theorie der Übersetzung siehe den Aufsatz: „Traumatisme, transfert, transcendance et autres trans(es)".
[96] Ebd., S. 129.
[97] Freud, Aus den Anfängen der Psychoanalyse. Briefe an Wilhelm Fließ Abhandlungen und Notizen aus den Jahren 1887–1902, Frankfurt a. M., Fischer Verlag 1962, S. 197.

3.3 Nicht-Phänomenalität und der ‚andere Schauplatz'

Auch wenn die verschiedenen Zwänge zur Wiederholung – wie die analytische Kur zeigt – durch das Subjekt mehr oder weniger beeinflussbar scheinen, spürt Freud seit Anfang an (seit der Theorie der „Bahnung" im *Entwurf einer Psychologie* von 1895[98]) einem Wiederholungszwang nach, der einem phylogenetischen ‚Schicksal' gleichzukommen scheint, da diesem Zwang etwas Absolutes anhaftet, zu dem sich das Subjekt nicht mehr ‚verhalten' kann. Mit Richir gesagt, kann dieses Schicksal *nicht erscheinen* oder sich als Weltphänomen zeitigen/räumlichen, sondern *muss wiederholt werden*. Diese Nicht-Phänomenalität wird als Entfremdung (des Menschen als verleiblichtes Weltphänomen) erfahren.

Ein Jahr vor der Abfassung von „Jenseits des Lustprinzips" schreibt Freud über das „Unheimliche der gleichartigen Wiederkehr":

> „Im seelisch Unbewußten läßt sich [...] die Herrschaft eines von den Triebregungen ausgehenden *Wiederholungszwanges* erkennen, der wahrscheinlich von der innersten Natur der Triebe selbst abhängt, stark genug ist, sich über das Lustprinzip hinauszusetzen, gewissen Seiten des Seelenlebens den dämonischen Charakter verleiht, sich in den Strebungen des kleinen Kindes noch sehr deutlich äußert und ein Stück vom Ablauf der Psychoanalyse des Neurotikers beherrscht. Wir sind durch alle vorstehenden Erörterungen darauf vorbereitet, daß dasjenige als unheimlich verspürt werden wird, was an diesen inneren Wiederholungszwang mahnen kann."[99]

Diese absolute (sich nicht phänomenalisierende) Bindung an die Vergangenheit, die sich vom Rückgriff auf die eigene Lebensgeschichte in der Wiedererinnerung unterscheidet, verrät durch die Stimmung der Unheimlichkeit ihr ‚unmenschliches', dämonisches, d. h. automatisches ‚Treiben'. Daseinsanalytisch ist der Wiederholungszwang, den die Psychoanalyse beschreibt, also als die Unheimlichkeit des Stimmungsraums selbst zu verstehen.

Indem der Wiederholungszwang keinerlei Rücksicht auf meine psychische Ökonomie nimmt, mich von meinem vergemeinschaftenden Lebensgefühl (Kant) abschneidet, ist das Unheimliche zugleich das Unmenschliche. Bekanntlich wird Freud diese absolute Regressionstendenz mit der Spekulation über einen „Todestrieb" beantworten, mit dem das Leben zuletzt sich selbst übersteigt, und dem Leblosen entgegentreibt.

Die psychoanalytische Tradition tat sich schwer den Gewinn dieser Spekulation für die analytische Theorie zu bestimmen. Es war Jacques Lacan, der die Bedeutung des Todestriebs und des Wiederholungszwangs wieder ins Zentrum rückte, allerdings nicht ohne den Freud'schen ‚Biologismus' struktural umzuarbeiten.

---

[98] Elisabeth Roudinesco und Michel Plön, Wörterbuch der Psychoanalyse. Namen, Länder, Werke, Begriffe. (Fr. Originalausgabe *Dictionnaire de la Psychanalyse*. Librairie Artheme Fayard 1997) Übers. v. C. Eissing-Christophersen, M. Müllerburg, R. Nentwig, M. Ramaharomanana, F. Roelcke, M.Wiesmüller. Springer, Wien 2004, S. 1136.

[99] Freud, Jenseits des Lustprinzips, in: Gesammelte Werke 13, Fischer: 1940, S. 20.

3.3.2 Lacan: *Das Reale und die Wiederholung*, Tyche und Automaton

Der Freud'sche Begriff der Wiederholung bleibt, laut Lacan, aufgrund einer falschen klinischen Konzeptualisierung unterbestimmt: der Identifizierung von Wiederholung und Übertragung. Diese Identifizierung führe dazu, dass gerade das *agierte* Erinnern der Übertragung ihren Sinn verleihe und so die Kur vorantreibe. Reduziere man die Übertragung auf einen derart rationalen Prozess, übersehe man jene rätselhafte Dimension der Wiederholung, die vom Subjekt als dämonische Seite oder Schicksal erlebt wird:

Wenn jemand das Schicksal ‚magisch anzuziehen' oder vom Pech ‚verfolgt' zu sein scheint, wenn ihm wiederholt Dinge zustoßen, bei denen wir uns gemeinhin verbieten, die Ursache in etwas anderem als den zufälligen Umständen zu suchen, und doch das Gefühl nicht loswerden, dass diese ‚Schicksalsschläge' einem bestimmten Muster folgen könnten, dann zeugen diese magischen Ahnungen, nach Lacan, von einer sehr subtilen *Begegnung mit dem Realen*.

Für ihn ist diese rätselhafte Dimension der Wiederholung ein wesentlicher Teil der Übertragung und zeigt sich bereits in jenem typischen Verspäten des Patienten zu den analytischen Sitzungen. Der Analysand wird behaupten, dass dies nicht seine Absicht gewesen sei, dass ‚etwas dazwischen kam', mit dem er nicht gerechnet hatte, und „[w]ir dürfen", so Lacan, „den Beteuerungen des Patienten glauben."[100] Der Analytiker anerkennt dieses ‚Schicksal' und ist *mit* dem Analysanden Zeuge, wie der analytische Prozess das Feld der analytischen Situation *überschreitet*. Lacan führt dies auf die ambivalente Bedeutung der analytischen ‚Realität' zurück. Die Konflikte sollen in der Analyse zur *wirklichen* Entfaltung kommen, in einer Situation jedoch, die sich gerade von der realen Lebenswelt des Analysanden unterscheidet. Ein besonderes – man könnte auch sagen: artifizielles – ‚Setting' soll gerade jenes Zwischenreich konstituieren, in dem der Analysand durch Übertragungsneurose die ‚Realität' des Symptoms durcharbeitet. Was erscheint, ist das, was gerade nicht erscheint:

„Die Beziehung zum Realen, um die es in der Übertragung geht, ist von Freud mit den Worten ausgedrückt worden, daß nichts *in effigie, in absentia* zu erfassen sei – ist nun aber die Übertragung nicht gerade bildhaft *(comme effigie)*, als ein Verhältnis zu einer Absenz gegeben? Dieser Doppelsinn der in der Übertragung auftretenden Realität ist letzten Endes nur auflösbar, wenn wir von der Funktion des Realen in der Wiederholung ausgehen."[101]

Um dieses rätselhafte Verhältnis im ‚Schicksalhaften' von Wiederholung und Zufall[102] zu erhellen, bedient sich Lacan eines Begriffspaares aus dem zweiten Buch

---

[100] Lacan, Se XI, S. 61 dt.

[101] Lacan, Se XI, S. 60 dt.

[102] Eine tiefergehende Analyse der konjekturalen Gesetze von Hasardspielen findet sich im Kapitel über die „Netze der Überdeterminierung": XI.A.

3.3 Nicht-Phänomenalität und der ‚andere Schauplatz'

der aristotelischen *Physik*: *Automaton* und *Tyche*, deren Verhältnis er allerdings grundlegend verwandelt.[103]

Aristoteles verwendet die Begriffe „τύχη" und „αὐτόματον" zunächst synonym. Ihm geht es vorrangig um die Abgrenzung des Zufallsbegriffs von Notwendigkeit und Wahrscheinlichkeit.[104] Demnach wäre das Zufällige zu bestimmen als das *Auseinandertreten von Wirkursache und Zweckursache*. Sein Beispiel ist eine kleine alltägliche Szene: Ein Gläubiger geht zum Markt und trifft dort ‚zufällig' seinen Schuldner. Hier treten Wirkursache (der Gang zum Markt) und Zweckursache (Rückzahlung der Schulden) auseinander, sofern es nicht diese Zweckursache war, die den Gläubiger zum Marktplatz bewegte. Es gibt hier eine Art *Spaltung der Zweckursachen*: zum einen eine ursprüngliche Absicht als notwendige Bedingung für jedes weitere Ereignis, andererseits eine alternierende Zweckursache, deren Koexistenz mit der ersten ebenfalls Bedingung des Zufalls ist. Da der sich erfüllende Zweck nicht Zweckursache der Bewegung war, müssen zufällige Ereignisse also den Wirkursachen zugeschrieben werden. Und so wird auch deutlich, warum für Aristoteles „*die Fügung eine Ursache im nebensächlichen Sinn ist*",[105] denn die Zufälligkeit lässt sich nur vor der Kontrastfolie intendierter und nichtintendierter Zwecke entziffern.

Die Einführung der Begriffe *Automaton* und *Tyche* geht bereits bei Aristoteles auf eine rein terminologische Unterscheidung zurück. Danach lässt sich jeder Fall von *Tyche* in einem weiteren Sinne auch als *Automaton* bezeichnen, niemals jedoch umgekehrt. In einem engeren Sinne bezieht sich *Tyche* bei Aristoteles allein auf das Feld der planenden Vernunft menschlicher Praxis, *Automaton* hingegen auf das Feld der Natur. Dem Zufall im Sinne des *Automaton* widmet Aristoteles nur wenig Aufmerksamkeit – im aristotelischen Kontext bleibt das Problem des Zufalls ein „Signum menschlicher Praxis".[106]

Bei Lacan hingegen wird diese Bezugnahme auf menschliche Praxis und Natur „revidiert"[107] und verwandelt. Er versucht einen spezifischen Doppelsinn der Wiederholung herauszuarbeiten, wie er die psychoanalytische Erfahrung strukturiert, und der bei Freud bereits implizit angelegt ist. Das *Automaton*, bei Aristoteles auf dem Feld der Natur verortet, erscheint bei Lacan auf dem Feld des Signifikanten als „Wiederkehr, Wiedererscheinen, Insistieren der Zeichen".[108] Diese Interpretation des Widerholungszwangs als Insistieren, Drängen oder Autonomisierung des Signifikanten wird uns später noch beschäftigen. Halten wir an dieser Stelle nur fest, dass der Signifikant, indem er insistiert, das Subjekt positioniert und seine Möglichkeiten polarisiert. Diese Funktion führt jedoch zur Entfremdung, sofern diese symbolische Determinierung als solche keinen ‚Sinn' mit sich führt (wie uns die Psychoanalyse zeigt, kann die ganze Tragik eines Lebens, die ganze Intrige einer Neurose

---

[103] Siehe dazu: Markus Klammer, Figuren der Urszene, Verlag Turia + Kant, Wien 2013, S. 267 ff.
[104] Aristoteles, Physik, 196b ff.
[105] Aristoteles, Physik, 197a.
[106] Markus Klammer, Figuren der Urszene, Verlag Turia + Kant, Wien 2013, S. 271.
[107] Lacan, Se XI, S. 58.
[108] Lacan, Se XI, S. 60.

an einem ‚Kalauer' aufgehängt sein). Das *Automaton* beschreibt somit jenen ‚dämonischen' Ort des Schicksalhaften, von dem Freud spricht.

Die eigentliche Neuerung gegenüber Freud liegt aber im Begriff der *Tyche*. In ihm soll erfasst werden, was wir zuvor als spezifisch analytischen *Doppelsinn der Realität* benannt haben, jenes ‚Zwischenreich' zwischen Lebensrealität und Neurose, das in der Übertragungsneurose repräsentiert ist, und dessen besonderes Verhältnis von Anwesenheit und Abwesenheit Wirkungen zeitigt, die untrennbar mit dem analytischen Prozess verknüpft sind.

Denn das *Trauma* – inauguraler Untersuchungsgegenstand der Psychoanalyse vor ihrer Fundierung in einer triebtheoretischen Ätiologie, und später Rätsel der Transzendierung des Lustprinzips – zeigt, dass die Begegnung mit dem Realen, so Lacan, „*wesentlich eine verfehlte Begegnung ist*".[109] Etwas am traumatischen Erlebnis fällt durch das Netz der Realität, welches das Realitätsprinzip zum Schutz des Subjekts geknüpft hat, wodurch es die Welt mittels ‚Ante-zipation' zu beherrschen sucht. Etwas am Trauma bleibt jedoch nicht assimilierbar und insistiert in der weiteren Folge im Primärprozess. Die Einsicht in den eigentümlichen Charakter dieser Wiederholung restrukturiert die Architektur der Freud'sche Lehre radikal. Der Doppelsinn der Realität wird so, nach Lacan, durch einen Bruch innerhalb des Primärprozesses sichtbar:

> „Den Primärprozeß [...] sollten wir einmal mehr in der Erfahrung eines Bruchs, zwischen Wahrnehmung und Bewußtsein, fassen, an jenem ‚unzeitigen Ort' [...], der uns die Setzung einer *Idee einer anderen Lokalität* (auf Deutsch) abnötigt, wie Freud, eine Formel Fechners aufgreifend, sich ausdrückt, jener andere Raum, Schauplatz, der ein *Zwischen Wahrnehmung und Bewußtsein* darstellt."[110]

Die (verfehlte) Begegnung mit dem Realen findet auf jener Bruchlinie zwischen Wach- und Schlafleben, bzw. im ‚Zwischenreich' von Wahrnehmung und Bewusstsein, statt. Das Reale ist das ὑποκείμενον dieser Bruchlinie, ein Zugrundeliegendes, das selbst jedoch nicht gesagt werden kann, das „stets hinter dem Automaton [liegt]",[111] und das zwar Vorstellungen produziert, selbst aber nicht vorgestellt werden kann – eine Bestimmung die Freud ursprünglich dem Trieb gab.

---

[109] Ebd.

[110] Lacan, Se XI, S. 62. Lacan bezieht sich hier auf folgende Zitation in der Traumdeutung: „Niemand hat die Wesensverschiedenheit von Traum- und Wachleben stärker betont und zu weitgehenderen Schlüssen verwendet als G. Th. Fechner in einigen Bemerkungen seiner *Elemente der Psychophysik*. Er meint, ‚weder die einfache Herabdrückung des bewußten Seelenlebens unter die Hauptschwelle', noch die Abziehung der Aufmerksamkeit von den Einflüssen der Außenwelt genüge, um die Eigentümlichkeiten des Traumlebens dem wachen Leben gegenüber aufzuklären. Er vermutet vielmehr, daß auch der Schauplatz der Träume ein anderer ist als der des wachen Vorstellungslebens. ‚Sollte der Schauplatz der psychophysischen Tätigkeit während des Schlafens und des Wachens derselbe sein, so könnte der Traum meines Erachtens bloß eine, auf einem niederen Grade der Intensität sich haltende Fortsetzung des wachen Vorstellungslebens sein, und müßte übrigens dessen Stoff und dessen Form teilen. Aber es verhält sich ganz anders.' (aus: Gustav Theodor Fechner, Elemente der Psychophysik, Zweiter Teil, Leipzig, Breitkopf und Hartel 1860, S. 520)" (Freud, Die Traumdeutung, Bd. II/III, S. 50 f.).

[111] Lacan, Se XI, S. 60.

3.3 Nicht-Phänomenalität und der ‚andere Schauplatz'

Hinweise auf diese Art von ‚Begegnung' findet Lacan in einem Traum, den Freud in der *Traumdeutung* dem finalen Kapitel über die *Psychologie der Traumvorgänge* voranstellt. Zunächst die Szene in der Darstellung Freuds:

> „Ein Vater hat Tage und Nächte lang am Krankenbett seines Kindes gewacht. Nachdem das Kind gestorben, begibt er sich in einem Nebenzimmer zur Ruhe, läßt aber die Tür geöffnet, um aus seinem Schlafraum in jenen zu blicken, worin die Leiche des Kindes aufgebahrt liegt, von großen Kerzen umstellt. Ein alter Mann ist zur Wache bestellt worden und sitzt neben der Leiche, Gebete murmelnd. Nach einigen Stunden Schlafs träumt der Vater, *daß das Kind an seinem Bette steht, ihn am Arme faßt und ihm vorwurfsvoll zuraunt: Vater, siehst du denn nicht, daß ich verbrenne?* Er erwacht, merkt einen hellen Lichtschein, der aus dem Leichenzimmer kommt, eilt hin, findet den greisen Wächter eingeschlummert, die Hüllen und einen Arm der teuren Leiche verbrannt durch eine Kerze, die brennend auf sie gefallen war."[112]

Entscheidend für Freud ist, dass das Grundaxiom seiner Traumdeutung, die Wunscherfüllung, auch in diesem Fall in Geltung bleibt. Der Vater, der neben seinem toten Kind einschläft, inszeniert im Traum die ‚Wiederauferstehung' des verlorenen Objekts. Doch Freud erweitert diese psychodynamische Erklärung um eine somnologische: Um das Leben seines Kindes im Traum zu verlängern, *verlängert der Vater seinen Schlaf:* „Der Traum erhielt das Vorrecht vor der Überlegung im Wachen, weil er das Kind noch einmal lebend zeigen konnte."[113]

Lacans Kritik an dieser Konzeption der Traumvorgänge ist naheliegend: Wenn es die Aufgabe des Traums ist, den Schlaf zu schützen, warum führt der Traum des Vaters diesen ‚so nah' an die Realität? Müsste die Traumarbeit auf diesen Konflikt nicht mit einer Entstellung reagieren? Verweist hier die Funktion des Erwachens nicht vielmehr auf die Bruchlinie zwischen zwei Realitäten, der Realität im Nebenzimmer und der Realität im Traum? Lacan lenkt die Aufmerksamkeit auf die Tatsache, dass es noch vor dem Unfall in Nebenzimmer bereits auf der Ebene des Traumes ein ‚böses Erwachen' gibt, durch einen Satz, der nicht einfach ein Zeichen der Warnung, sondern für sich genommen eine ‚Fackel' ist, die alles in Brand setzt, was ihn an Realität umgrenzt: *Vater siehst du denn nicht, dass sich verbrenne*.

Das Erwachen ist stets Erwachen *in* eine Realität (im transitiven Sinne), welche die Nachricht des Todes schon verwirklicht hat, ohne dass das Subjekt das Reale derselben assimilieren kann. Die Begegnung mit dem Tod des Objekts ist immer schon verfehlt. Für Lacan ist dies der *tychische* Rand der Welt, an dem aus phänomenologischer Perspektive das Weltphänomen – die Realität – verfehlt wird, und das Symbolische zu zirkulieren beginnt, sich von der Phänomenalität der Weltphänomene abwendet und sich in einem Wiederholungsautomatismus in sich selbst einrollt.

> „Ist dieser dergestalt fortgesetzte Traum nicht sozusagen ein Kniefall vor der versäumten, der verfehlten Realität – einer Realität, die sich allein noch in unendlicher Wiederholung herzustellen vermag, in einem auf ewig nicht erreichten Erwachen?
> […]

---

[112] Freud, Die Traumdeutung, Bd. II/III, S. 513 f.
[113] Freud, Die Traumdeutung, Bd. II/III, S. 514.

Das Begehren wird Gegenwart aus dem Bild gewordenen Verlust des Objekts heraus, der auf das Grausamste gesteigert erscheint. Diese wahrhaft einmalige Begegnung wird so allein im Traum zur Möglichkeit. Nur ein Ritual, ein laufend wiederholter Akt vermag des undenklichen Treffens zu gedenken – und niemand vermöchte zu sagen, was das ist: der Tod eines Kindes – es sei denn der Vater als Vater – kein bewußtes Wesen also."[114]

Wir sehen hier laufende Wiederholung einer Verfehlung, von der wir in jenem Traum je nur eine kurze Sequenz erfassen können: verfehlte Begegnung mit dem Tod des Kindes – verfehlte Begegnung mit dem Kind im Traum – verfehlte Begegnung mit dem Kind auf dem brennenden Totenbett.[115]

---

[114] Lacan, Se XI, S. 64 f.

[115] Es lassen sich in diesen Passagen darüber hinaus gewisse Parallelen zu Kant ziehen. Ein Versuch scheint nicht illegitim, diese Überlegungen (die Lacan zwei Jahre nach der Abfassung von *Kant avec Sade* anstellt) mit einer Lektüre über das Erhabene in der *Kritik der Urteilkraft* zu verbinden (welches in Abschn. 3.5. ausführlich behandelt werden wird). Der „auf das Grausamste gesteigerte" Objektverlust, das unvordenklich Unsagbare des Todes, ist hier eine Gewalt oder Macht, also ein dynamisches Erhabenes, an dem die Einbildungskraft scheitert. Die Folge ist die Hemmung des Vermögens im Trauma durch die verfehlte Begegnung mit der begriffslosen Natur – dem Realen. Die Bewegung bleibt allerdings im negativen Moment des Erhabenen stecken, es kommt nicht zu einer „Ergießung der Lebenskraft", sondern zur Ohnmacht im Angesicht des Grauens. Bis hierher wäre nach Kant noch nicht legitim, bereits vom Phänomen des Erhabenen im vollen Sinne zu sprechen: „Wer sich fürchtet kann über das Erhabene der Natur gar nicht urteilen …" (Kant, KU A101). Die Furchtlosigkeit ist die Möglichkeitsbedingung des Erhabenen wie die Interesselosigkeit diejenige des Schönen. Doch gibt es hier *unbewusst* ein gewisses ästhetisches Urteil: Lacan spricht von einem „Kniefall" oder einem „Gedenken" im Angesicht des Furchtbaren. Es scheint hier eine gewisse (unbewusste) „Achtung" vor dem Gesetz zu geben, nicht vor dem moralischen Gesetz in uns, sondern vor der Gesetzmäßigkeit im Unbewussten. Diese Achtung führt zur Wiederholung als „Ritual", was Lacan – ähnlich wie Kant – zur Religion hinleitet: der Vater qua Vater, d. h. der symbolische Vater oder Gott, ist seinem Wesen nach *unbewusst*. Bei Kant können wir – wenn wir die Heidegger'sche Distinktion von Eigentlichkeit und Uneigentlichkeit auf das Problem des Erhabenen in der Religion anwenden wollen – ein uneigentliches Verhältnis zum Göttlichen, dass durch „Furcht und Angst vor dem übermächtigen Wesen" (Kant KU A107 f.) geprägt ist, unterscheiden von einer eigentlichen Stimmung, die das Erhabene in einem „ganz freien Urteil" (Ebd.) erfasst. Hierin liegt in der Tat eine Schwierigkeit, will man keiner transzendentalen Illusion erliegen und das Subjekt des Erhabenen mit dem Subjekt des Unbewussten kurzschließen. Und doch ist im Trauma das große Rätsel: die Frage, was das Subjekt an dieser Bruchlinie der Realitäten *verweilen* lässt. Es muss eine Instanz geben, die nicht flieht, sondern einen „Kniefall" macht, oder mit Kant gesprochen: „[Der] Anblick [des Furchtbaren, der zerstörerischen Gewalt, der Verwüstung] wird nur um desto anziehender, je furchtbarer er ist, *wenn wir uns in Sicherheit befinden*" (KU A 103, Herv. v. mir – P. F.). Halten wir nur fest, dass Lacan die *Tyche* mit dem Unendlichen, einer gewissen Form der Achtung, sowie der Frage nach der Religion verknüpft.

3.4 Symbolische und proto-ontologische Struktur

3.4.1 Psychoanalyse: Virtualität und Heterogenität

Die Aufgabe besteht nun darin, mit Richir diese Kluft der verfehlten Begegnung mit dem Realen im Sinne einer „Proto-Ontologie" zu denken. Für Lacan liegt eine solche Proto-Ontologie auf der Ebene der Virtualität:

> „Wir könnten sie *vor-ontologisch* nennen, die Kluft *(béance)* des Unbewußten. Ich habe wiederholt auf diese Eigenart des ersten Auftauchens des Unbewußten hingewiesen, die man so gern vergißt [...] also darauf, [...] daß es da weder um ein Sein geht noch um ein Nicht-Sein sondern um Nicht-Realisiertes *(non-réalisé)*."[116]

Dieser virtuelle Charakter des Unbewussten ist naturgemäß schwer zu fassen. Lacan bemüht einige Metaphern, um ihn zu verdeutlichen: Er ist „das Ungeborene" *(non-né)*, ein „Vorhimmel", in dem sich die Realität gleichsam „im Wartestand" *(en souffrance)* befindet. Dass das Unbewusste weder Seiendes, noch Nicht-Seiendes, noch Reservoir nichtbewusster Vorstellungen, noch absolute Transzendenz ist, wirft umso mehr die Frage nach dem proto-ontologischen Status dieser Virtualität auf. Das Unbewusste ist Kluft, und *als Kluft* ‚taucht es auf' und zeitigt Wirkungen: die Symptome. Es ist also *Ursache* von Symptomen, dadurch, dass eine Ursache gerade fehlt. Denn Ursachen werden laut Lacan dort verlangt, wo es Erklärungsbedarf gibt, „wo es hapert".[117] Die wiederholten ‚Wirkungen' der Symptome verweisen auf eine Ursache, die jedoch nicht ontologisch bestimmt werden kann, sondern eben unbewusst bleibt, d. h. sein Aufklaffen ‚ist':

> „Sie ist ein *mé on*, aus der Untersagung, die ein Seiendes zum Sein bringt ungeachtet seines Nichtankommens, sie ist eine Funktion des Unmöglichen, worauf sich eine Gewißheit gründet."[118]

Weil ein Ankommen untersagt bleibt, werden Wirkungen entfaltet, und *weil* das Nichtankommen absolut ist, konstituiert gerade die Unmöglichkeit eines Sichzeigens des Unbewussten die Gewissheit eines *ursächlich* Seienden.

Die Bildungen des Unbewussten müssen daher in ihrer *heterogenen Zeitlichkeit* verstanden werden. Die Untersagung der Ursache führt zu eigentümlich ‚larvenhaften' Phänomenalisierungen: Etwas ‚eckt an', etwas gerät ins Strauchstraucheln: „Hier drängt ein *anderes* darauf, sich zu realisieren – es scheint intentional zu sein, sicher, *aber von eigenartiger Zeitlichkeit*".[119] Die Einheit des inneren Zeitbewusstseins – das ‚Hinweggleiten' über die Gegenwart durch den Anspruch der Vergangenheit, der das Ankommende ante-zipiert – stößt auf eine äußerste Konkretheit: eine Erscheinung wie ein ‚Zufallsfund' oder ‚Glückstreffer', wie es Lacan nennt:

---

[116] Lacan, Se XI, S. 34 f.
[117] Lacan, Se XI, S. 28.
[118] Lacan, Se XI, S. 135.
[119] Lacan, Se XI, S. 31. (Hervorhebung von mir – P. F.).

„Was sich in dieser Kluft produziert, im vollen Wortsinn von *se produire* (sich ereignen) stellt sich dar als *Trouvaille*." Und weiter:

„Die Trouvaille, die gleichzeitig Lösung ist – nicht unbedingt die vollendete, aber doch, wie unvollständig immer, mit jenem gewissen Etwas, das uns so seltsam berührt – Theodor Reik hat es sehr schön herausgearbeitet – herausgearbeitet, denn Freud lenkte ja bereits vor ihm die Aufmerksamkeit darauf – die *Überraschung* – also das, worin das Subjekt sich übergangen sieht, wo es zu gleicher Zeit mehr aber auch weniger vorfindet, als es erwartete – jedenfalls etwas, das im Verhältnis zur Erwartung unvergleichlich wertvoll ist.

Sowie sie auftritt, ist die Trouvaille ein Wiederfinden, aber auch immer bereit, sich wieder zu entziehen und so die Dimension des Verlusts zu instaurieren."[120]

Dieses Wie-durch-Zufall der *Tyche* ist ‚rascher' als die Zeitlichkeit von Anspruch und Erwartung. Und diese Über-raschung steht in Verbindung mit der Affektivität und dem Begehren: Diese Art von ‚Fundstücken' (die nicht nur Freud als Analytiker, sondern ebenso seine Patienten in den Bann zogen) lässt das Subjekt nicht gleichgültig. Sie sind von Wert aufgrund ihrer einzigartigen Erscheinungs- und Zeitigungsweise. Sie sind Begegnungen mit dem Realen, mit dem Ort, von dem aus die *Intrige des Subjekts* (mythisch, mythologisch, genetisch, pathologisch) gesponnen wird. Diese Zufallstreffer sind nicht nur ein Auffinden, sondern immer schon ein Wiederfinden – die Bewegung, das ‚Wesen' des Unbewussten ist auch bei Lacan eine Art *Pulsieren*: „die Notwendigkeit eines Schwindens, die dem Unbewußten irgendwie wesenhaft zuzugehören scheint – alles was, für einen Augenblick, in dessen Spalt auftaucht, scheint der Bestimmung zu unterliegen, sich, in einer Art Vorkauf, wieder schließen zu müssen…"[121] Die paradoxe Dimension des Unbewussten, der Wert der Bildungen, liegt in ihrer Einzigartigkeit, die jedoch zugleich den Mangel erneuern.

Diese Stellen bei Lacan beschreiben die Kluft des Unbewussten auch als Kluft von Phänomenalität und Nicht-Phänomenalität. Kaum dass eine Begegnung mit dem Realen um den Preis einer Über-raschung der Zeitigung/Räumlichung des Phänomens stattgefunden hat, schon befindet sich das Unbewusste wieder ‚im Schwinden'. Dazwischen bleiben Zufallsfunde, die, haben sie auch in ihrem Moment mehr oder weniger an der Phänomenalisierung teil, ihren anderen ‚Ursprung' verraten, der, und Richir ist hier ganz auf der Seite Lacans, *nur von der Ordnung der symbolischen Stiftung sein kann.*

Es zeigt sich, dass die Kluft zwischen Natur und Kultur, zwischen Phänomenologischem und Symbolischem, in der Dimension des Unbewussten verankert ist. Lacan hat jedoch das Unbewusste (im Ausgang von einem Subjekt der Moderne) als das Subjekt des Unbewussten ganz auf die Seite der Sinn-Effekte durch die symbolischen Stiftungen verlagert. Wenn aber das Phänomenologische immer schon teilhat am Symbolischen, so operiert der Chiasmus dieser Register auch im Unbewussten.

In diesem Sinne liegt in dem, was die unmögliche Zeitigung der Bildungen des Unbewussten an Phänomenalitätspotential mit sich führt, auch das Ziel der analytischen Praxis, was sich in der Lacan'schen Übersetzungsverschiebung der

---

[120] Ebd.
[121] Lacan, Se XI, S. 49.

3.4 Symbolische und proto-ontologische Struktur

Freud'schen Formel, „Wo es war, soll ich werden", ausdrückt: *„Là où fut ça, il me faut advenir"* – „Dort, wo es war, muss ich ankommen". Das Es, wie es aus der Vergangenheit heraus die Zeitigung magnetisiert und sie im Wiederholungsautomatismus einkapselt, verhindert, durch eine Form der ‚Untersagung', das Ankommen, d. h. die Zeitigung/Räumlichung der Phänomene selbst. Diese Formel deutet also bereits an, dass es für Richir auch auf der Seite des Phänomenologischen ein Unbewusstes geben muss: „[D]as symbolische Unbewusste [...] muss streng getrennt werden von dem, was wir [...] als phänomenologisches Unbewusstes bezeichnen".[122] Das phänomenologische Unbewusste ist schlichtweg das, was der Begegnung mangelt: „das Phänomen bloß als Phänomen, d. h. das Phänomen als Weltphänomen (was unser Äquivalent des Lacan'schen Realen ist)".[123] Die Manifestationen des Unbewussten zeugen von „einer Lücke in der Phänomenalität des Weltphänomens im Allgemeinen, oder einem Loch im In-der-Welt-sein (des Menschen), d. h. ebenso in seinem Leib".[124]

Gegenüber den Weltphänomenen können die Lücken der Sprachphänomene dagegen 1.) der ‚Wucherung' wilder Phänomenalisierung geschuldet sein, oder 2.) ein Loch der Phänomenalisierung selbst bedeuten: Die Sinnbildung wird im letzteren Fall durch einen Nicht-Sinn im Sinn untersagt. Um diese Differenz genauer zu fassen, gilt es sich dieser Kluft erneut vom Phänomenologischen aus zu nähern. Die Maldiney'sche Daseinsanalyse weist dabei diese Art der Verankerung des Daseins in der Welt als eine gewisse Art von ‚Stil' aus.

3.4.2 *Daseinsanalyse: Welt, Leib, Rhythmus*

Noch vor Merleau-Ponty bereitete Binswanger eine Neuinterpretation des Heidegger'schen In-der-Welt-seins durch die Verankerung des Daseins in der Leiblichkeit vor. Merleau-Ponty verstand es dagegen hieraus eine philosophische Grundidee zu entwickeln, auch wenn die systematische Durchführung, bevor sie ausgearbeitet werden konnte, durch seinen Tod jäh unterbrochen wurde. Sein Versuch zielt dabei auf die Revision der Philosophie im Ausgang von der transzendentalen Subjektivität, in Bezug auf welche er es für verfehlt hält, dieses ‚Subjekt' zuerst als ein wohlindividuiertes Subjekt anzusehen, das sich *daraufhin* des Leibes als einer Art ‚Vehikel' der Welterschließung bedient. Vielmehr gehe es darum, das Rätsel der Individuation aus einer Leiblichkeit *heraus* zu begreifen, die als eine ‚dritte Seinsgattung' oder ‚vor-objektive' Schicht den Weltbezug und die ihm innewohnenden Phänomene prä-figuriert.[125] Die Daseinsanalyse interessiert sich in ähnlicher Weise

---

[122] Richir, PIS, S. 36.
[123] Ebd. Richir bezieht sich hier auf die *verfehlte* Begegnung mit den Weltphänomenen.
[124] Richir, PIS, S. 36.
[125] Siehe dazu den sehr erhellenden Aufsatz von A. Schnell, Leib und Leiblichkeit bei Maurice Merleau-Ponty und Marc Richir, in: Gelebter Leib – verkörpertes Leben. Neue Beiträge zur Phänomenologie der Leiblichkeit, Michael Staudigl (Hg.), Königshausen & Neumann Würzburg: 2012, S. 73–97.

für das Phänomen der Leiblichkeit. Vornehmlich zwei Konzeptionen Heideggers bleiben für sie ungenügend und bedürfen einer stärker leibfundierten Neuinterpretation: zum einen das In-der-Welt-sein, zum anderen die Rolle der Existenzialien (besonders der Befindlichkeit) bei der Eröffnung von Welt.

Der Daseinsanalytiker Wolfgang Blankenburg beschreibt das In-der-Welt-sein als ein grundsätzliches *In-Verhältnis-stehen,* als Konnex existenzialer Präpositionen: eine „Art und Weise, als ein Selbst ‚in' der Welt ‚mit' den Andern ‚bei' den Dingen zu sein".[126] Für Richir bedeutet dies, dass das In-der-Welt-sein *logologisch* ist, weniger bestimmtes Verhältnis als vielmehr „Verhältnis der Verhältnisse".[127] Maldiney weist zudem auf das existenzielle *Selbstverhältnis* dieses In-Verhältnis-Stehens hin: es gibt in jedem Verhalten ein Verhalten zu sich selbst, durch welches sich ein Raum der Gegenwart ausbildet, der „das existenziale *a priori* des daseinsanalystischen Verständnisses konstituiert".[128] Diese Gegenwart des In-der-Weltseins konstituiert ein ‚Wohnen' des Menschen in der Welt, demgegenüber sich jedes konkrete Dasein durch je konkrete Zugangsweisen auszeichnet: „Wir bewohnen – Gesunde wie Kranke – dieselbe Welt, aber wir unterscheiden uns in der Art mit ihr zu kommunizieren."[129] Die Daseinsanalyse der Gegenwärtigkeit von Raum und Zeit als Ausdrucksformen der Existenz untersucht das strukturelle *Wie* des In-der-Weltseins, welches Maldiney als ‚Stil' bezeichnet: „Der Stil antwortet auf das Wie, wie der Sinn auf das Was."[130]

Mit dem ‚Stil' greift Maldiney die Analysen der thymischen (Binswanger) oder pathischen (E. Strauss) Strukturen der Existenz bereits auf der Ebene des Vorobjektiven auf und vermittelt so eine daseinsanalytisch geprägte Konzeption der Phänomenalität „wilder Wesen". Nach Maldiney kann sich etwa in der Betrachtung eines Gemäldes eine Welt öffnen, noch vor aller objektiven Identifikation: ein nicht-objektives und in diesem Sinne noch regellos a-teleologisches Spiel „der Formen, Farben und Flächen […], *die sich in einem Rhythmus vereinen*".[131]

---

[126] Wolfgang Blankenburg, Der Verlust der natürlichen Selbstverständlichkeit. Ein Beitrag zur Psychopathologie symptomarmer Schizophrenien. Enke Verlag 1971, S. 72.

[127] Merleau-Ponty entwickelt in *Das Sichtbare und das Unsichtbare* den Gedanken einer Reflexivität des Chiasmus, oder vielmehr der Chiasmen: „Die Abweichung *(écart)* Sehen-Berühren (beide nicht *deckungsgleich*, das eine der Universen im Überhang gegenüber dem anderen) zu begreifen als eindrücklichster Fall des Überhangs im Innern eines jeden Sinnes, der ihn zu ‚einer Art Reflexion' (auf Deutsch) macht." In Verbindung mit dem Heidegger'schen Existenzial der Rede und Merleau-Pontys Idee einer durch die Leiblichkeit vermittelten Reflexion im Inneren eines jeden Sinnes formuliert Richir den Gedanken einer Art *logologischen Wucherung*: „Der Logos ist Chiasmus und die Logologie der Chiasmus der Chiasmen" (Richir – Phénoménalisation, distorsion, logologie, S. 100)

[128] Maldiney, Le dévoilement des concepts fondamentaux de la psychologie à travers la Daseinsanalyse de L. Binswanger, S. 208.

[129] Maldiney, Le dévoilement des concepts fondamentaux, S. 209.

[130] Ebd.

[131] Maldiney, Le dévoilement des concepts fondamentaux, S. 211. (Hervorhebung von mir – P. F.).

3.4 Symbolische und proto-ontologische Struktur

Dem Rhythmus haftet bei Maldiney eine gewisse Gegenwärtigkeit und Unmittelbarkeit an. Er ist charakterisiert durch eine Selbstreflexivität, insofern er sich an sich selbst misst, ohne dass ihm ein Maß von außen zukäme. Diese Reflexivität in unmittelbarer Gegenwart ist für Maldiney ontologisch zu verstehen und für ihn überhaupt die Bedingung für Wahrnehmung: „Ein Rhythmus entfaltet sich nicht in Raum und Zeit. Er ist der Generator seiner Raum-Zeit. […] Er gehört nicht der Ordnung des Habens an. Wir sind im Rhythmus."[132] Wenn also „[d]ie Wahrnehmung eines Rhythmus in Wirklichkeit eine Rhythmisierung der Wahrnehmung ist" und „es kein Subjekt des Rhythmus ohne rhythmisches Subjekt, ohne ‚Rhythmisierung' des Subjekts, gibt",[133] dann ist der Rhythmus ein *Existenzial* im Sinne Merleau-Pontys.

In Maldineys kunstästhetischen Analysen wird deutlich, dass der Begriff des Existenzials die Funktion einer Abgrenzung gegenüber einer gewissen strukturalistischen Vereinnahmung des ästhetischen Geschehens hat. „Die Leinwand ist kein Text und die Kunst keine Sprache",[134] sondern die konkrete Rhythmik des Kunstwerks, die seine Unmittelbarkeit ausmacht, ist genau das, was der Sprache (im Sinne der Linguistik) entgeht: „Der Rhythmus ist nicht benennbar. Er selbst ist nicht denkbar; er ist die Antinomie des Begriffs."[135] Die Genese des Rhythmus ist somit zugleich Selbstüberschreitung des Begriffs.

Der Begriff des Rhythmus hat auch bei Richir eine operative Funktion und ist bereits in den frühesten Schriften zu finden. Das Interesse am philosophischen Status des Rhythmus oder des Rhythmischen teilt er mit Maldiney, Loreau oder Derrida. Dabei kommt dem Rhythmus eine (proto-)ontologische (Maldiney) beziehungsweise transzendentale (Richir) Bedeutung zu: Er ist eine erste Konkretion des phänomenologischen Feldes noch vor einer Dephasierung oder Artikulation in sprachlichen Sinn- oder Bedeutungseinheiten.[136] Die Wesenheiten im phänomenalen Feld, seien sie sprachliche oder außersprachliche, finden, trotz ihrer radikalen Verschiedenheit, durch ihren eigenen Rhythmus die Möglichkeit in anderen Wesenheiten einen Wiederhall zu erzeugen. Der je konkrete Rhythmus mit seinen Kontinuitäten und Diskontinuitäten bildet jenen „begriffslosen Zusammenhang",[137] jenen schematischen ‚Fingerabdruck', der die transzendentale ‚Kommunikation' der Weltphänomene ermöglicht, die – wir werden noch ausführlich darauf eingehen – durch das ebenfalls von Maldiney inspirierte Begriffspaar transpossibel/transpassibel in den *Phänomenologischen Meditationen* weiter ausgearbeitet wird.

---

[132] Maldiney, Notes sur le rythme, in: Henri Maldiney: penser plus avant …, dir. J.-P. Charcosset, Chatou, Éditions de la Transparence, 2012, S. 20.
[133] Pierre Sauvanet, La question du rythme dans l'oeuvre d'Henri Maldiney: approche et discussion, in: Maldiney, Une Singuliere Presence, R. Barbaras (Hg.), Editions Les Belles Lettres 2014, S. 175.
[134] Ebd. S. 183.
[135] Maldiney, Art et existence, Klincksieck, Paris, 1985, S. 32.
[136] Florian Forestier, La phénoménologie génétique de Marc Richir, Phaenomenologica 214, Springer 2015, S. 27 f.
[137] Richir leiht diesen Begriff von Merleau-Ponty (SU, S. 199; fr. Original, S. 199).

Diese Rhythmen von noch nicht objektivierten Konkretheiten, die uns (beispielsweise im Anblick eines Gemäldes) eine Welt eröffnen, weil sie bereits thymische oder pathische Struktur haben, sind nun aufs Engste verwandt mit dem, was Merleau-Ponty „die Existenzialien des Sichtbaren"[138] nennt. In Hinblick auf die wichtige Rolle, die der Begriff der Existenzialien in Bezug auf die Unterscheidung von symbolischen und phänomenologischen Unbewussten bei Richir spielt, muss dieser Zusammenhang bei Merleau-Ponty näher beleuchtet werden.

3.4.3 Freud mit Merleau-Ponty: Existenzialien und Retrojektion

Diese als ‚Stil' beschriebene Welterschließung durch Rhythmisierung der mannigfachen konkreten Weltzugänge muss durch eine weitere Gegenbewegung ergänzt und in ihrer ursprünglich chiasmatischen Struktur begriffen werden. In der Vorlesung von 1954–1955 am *Collège de France* bezieht sich Merleau-Ponty auf ein Manuskript Freuds aus dem Jahre 1899, mittels dessen er den Gedanken einer Rhythmisierung *symbolischer Existenzialien* entwickelt.

Ausgangspunkt bildet Freuds Deutung eines Falles von „erfüllter Traumahnung":

> „Frau B., eine ausgezeichnete, auch kritische Person erzählt in anderem Zusammenhange, keineswegs tendenziös, dass sie einmal vor Jahren geträumt, sie treffe ihren früheren Hausarzt und Freund, Dr. K., in der Kärntnerstrasse vor dem Laden von Hies. Am nächsten Vormittag geht sie durch diese Strasse und trifft die bezeichnete Person wirklich an der geträumten Stelle. Soweit das Argument."[139]

Für Freud hätte diese Retrojektion der Ereignisse nur dann ‚prophetischen Charakter', wenn Frau B. bezeugen könnte, dass sie bereits am Morgen nach dem Traum eine bewusste Erinnerung an dessen Inhalt gehabt hätte. Da sie diesen Beweis jedoch nicht erbringen kann, schlägt Freud eine Deutung vor, die – phänomenologisch gesprochen – weniger das Verhältnis der Ereignisse selbst, als vielmehr die Modalität der diese Ereignisse konstituierenden Akte betrifft: „Sie ist eines Vormittags in der Kärntnerstrasse spazieren gegangen und hat [ist] vor dem Laden von Hies ihren alten Hausarzt begegnet. *Als sie ihn sah, bekam sie die Überzeugung*, sie habe die letzte Nacht von eben diesem Zusammentreffen an der nämlichen Stelle geträumt."[140] Diese Deutung muss nun durch weitere Motive ausgewiesen werden. Dabei deckt Freud folgenden Komplex auf: Frau B. war in ihrer Vergangenheit mit zwei Männern bekannt, die beide durch die Initialen Dr. K. symbolisch repräsentiert sind, und die ihr beide in schweren Zeiten beistanden: Ihr erster Mann war sowohl schwer krank – worum sich der Hausarzt Dr. K. kümmerte – als auch bankrott – weshalb sich auch der Advokat Dr. K. der Verhältnisse der Eheleute annahm.

---

[138] Merleau-Ponty, SU, S. 324; fr. Original S. 311.

[139] Freud, Eine erfüllte Traumahnung, in: Gesammelte Werke 17, Fischer: 1941, S. 21.

[140] Ebd. (Hervorhebung von mir – P. F.).

3.4 Symbolische und proto-ontologische Struktur

Letzterer zeichnete sich allerdings vor ersterem zudem dadurch aus, dass er die noch junge und im Grunde unglücklich verheiratete Frau umwarb, und in ihrem Leben die eigentlich erste und einzige erotische Leidenschaft entfachte. Frau B., die in dieser Zeit weder auf den Beistand des Advokaten verzichten mochte, noch imstande war, sich der Leidenschaft ganz hinzugeben, berichtet nun von einem ersten Fall „erfüllter Ahnung".

> „In demselben Zusammenhange, der obigen Traum einschliesst, erzählt Frau B. von einer wirklichen Begebenheit jener unglücklichen Zeit, in der sie nach ihrer Schätzung ein merkwürdiges Zusammentreffen sieht. Sie befand sich in ihrem Zimmer, auf dem Boden kniend, den Kopf auf einen Sessel gelegt und schluchzte in leidenschaftlicher Sehnsucht nach ihrem Freund und Helfer, dem Advokaten, als dieser im nämlichen Moment die Türe öffnete, um sie zu besuchen."[141]

Diese für die Frau magische Begegnung mit dem Realen, die sich noch 25 Jahre später in Frau B.s Träumen zu wiederholen scheint, wirkt auf den objektiven Geist wenig wundersam, und im Rahmen der Wahrscheinlichkeit eher wie eine Art ‚verabredete Zufälligkeit'.

Zum Zeitpunkt der Traumahnung ist Frau B. zweifache Witwe, doch der Advokat Dr. K. ist in ihrem Leben nach wie vor als ihr Vermögensverwalter präsent, während das einstige Liebesabenteuer verdrängt zu sein scheint. Ein Schema dieser Episode hat allerdings die Zeit überdauert: Man begegnet sich regelmäßig. Sehnsuchtsträume, in deren Zentrum sich jenes ‚magische' Ereignis befindet, bei dem der Geliebte ihre ‚Gebete erhörte', sind also bei Frau B. anzunehmen, dürften jedoch nach dem Erwachen verdrängt worden sein.

Nun gibt es eine andere Begegnung, bei der sie nach langer Zeit den Hausarzt Dr. K. trifft, der symbolisch mit der Leidenschaftsepisode verknüpft ist. Freud bezeichnet diese Funktion (bereits 1899) als „Deckperson". Die Erinnerung an den Traum wird, so die abschließende Deutung, durch die Verschiebung der beiden Dr. K. entstellt:

> „[D]er Inhalt des Traumes — das Rendezvous — überträgt sich auf den Glauben, dass sie von dieser bestimmten Stelle geträumt hat, denn ein Rendezvous besteht darin, dass zwei Personen zur gleichen Zeit an die nämliche Stelle kommen. Wenn dabei dann der Eindruck zu Stande kommt, dass ein Traum in Erfüllung gegangen ist, so bringt sie mit ihm nur die Erinnerung zur Geltung, dass in jener Szene, wo sie sich weinend nach seiner Gegenwart sehnte, ihre Sehnsucht wirklich sofort in Erfüllung gegangen ist."[142]

Merleau-Ponty bezeichnet eine solche Struktur nun als *Existenzial*: eine eigentümliche „symbolische Matrix", die das In-der-Welt-sein, auf ‚wundersame' Weise, organisiert:

> „[Frau B.] hat die Erfahrung einer Art Wunder gemacht: die Realität, die auf einen Wunsch reagiert […] Es ist diese perfekte Begegnung mit einem anderen, die in ihr als *Stiftung** weiter besteht, und die macht – betrachten wir K2 als einen kleinen K1 –, dass sie das selbe

---

[141] Freud, GW 17, Eine erfüllte Traumahnung, S. 22.
[142] Freud, Eine erfüllte Traumahnung, S. 23.

Wunder ein wenig wiederaufkommen fühlt, und es zu einem Gefühl von Telepathie (der Begegnung Wunsch-Realität) kommt."[143]

Existentialien erscheinen zunächst als „symbolische Matrices", die Ereignisse und deren Inhalte frei flottieren lassen, indem sie ihre ‚Elemente' – Personen, Handlungen, Wünsche etc. – wie ‚Echos', eines im anderen, erklingen lassen. Existenzialien sind vor-objektive ‚Gestalter' und der Teil des Vor-Seins, der *symbolisch* unser In-der-Welt-sein ‚magnetisiert' oder vorstrukturiert: ein „nicht-figurativer Gliederbau".[144] Sie sind auf komplexe Weise ein ‚unsichtbares Scharnier' zwischen phänomenologischem Feld und symbolischer Stiftung:

> „Es gibt zum Beispiel keinen absoluten Fluß einzelner *Erlebnisse*; es gibt Felder und ein Feld von Feldern mit einem *Stil* und einer Typik – Die Existenzialien [bilden] die Armatur des transzendentalen Feldes."[145]

Diese Armatur des transzendentalen Feldes ist nun selbst jedoch symbolisch, und als solches nicht Teil desselben Feldes, sondern ein Feld, das in diakritischem Verhältnis zum transzendentalen Feld als solchem steht:

> „Was man das *Sinnliche* nennt, besagt nur, daß das Unbestimmte der *Abschattungen* sich niederschlägt – Nun gibt es auch *umgekehrt* (Hervorhebung von mir – P.F.) einen Niederschlag oder eine Kristallisierung des Imaginären, der Existenzialien, der symbolischen Matrix".[146]

Dieser Niederschlag an Symbolischem ist nun die Voraussetzung dafür, dass sich Konkretheiten *substituieren* können – eine Tatsache, der Merleau-Ponty Ausdruck verleiht, indem er im obigen Fallbeispiel die Personen symbolisch formalisiert: K2 als klein K1. Sie ‚weben' eine Armatur an Objekten (im psychoanalytischen Sinn), die nicht nur die ‚Schicksalsfäden' der Geschichtlichkeit spinnen – worin sich ein symbolischer Niederschlag zu wiederholen scheint, und das den „dämonischen Zug unseres Erlebens" ausmacht –, sondern Existenzialien weben auch das *Ineinander* einer „Urgemeinschaftung", noch bevor wir „den Anderen" phänomenologisch konstituieren:

> „In Wirklichkeit müssen über die ‚Personen' hinaus die Existenzialien begriffen werden, gemäß derer wir sie verstehen und die den sedimentierten Sinn aller unserer willkürlichen und unwillkürlichen Erfahrungen ausmachen. Dieses Unbewusste ist nicht in unserem Innersten zu suchen, hinter dem Rücken unseres ‚Bewusstseins', sondern vor uns als Gliederung unseres Feldes. [...]
> Diese Existenzialien sind es, die den (substituierbaren) Sinn des Gesagten und des Gehörten ausmachen. Sie bilden die Armatur dieser ‚unsichtbaren Welt', die vermittels der Rede alle Dinge, die wir sehen, zu durchtränken beginnt..."[147]

---

[143] Merleau-Ponty, L'institution. La passivité. Notes de cours au Collège de France (1954–1955) (IP), Paris, Belin, 2003, S. 221 f.
[144] Merleau-Ponty, SU, S. 324; fr. S. 311.
[145] Merleau-Ponty, SU, S. 222; fr. S. 225.
[146] Merleau-Ponty, SU, S. 247; fr. S. 245.
[147] Merleau-Ponty, SU, S. 233; fr. S. 233 f.

Dass die Existenzialien auf unbewusste Weise den Stil meines In-der-Welt-Seins strukturieren, lässt sich nicht nur an psychischen ‚Artefakten' oder Störungen des Weltbezugs ablesen. Diese symbolischen Sedimentierungen bilden den kontrastiven Hintergrund von Kultur und Geschichte, den diakritischen Ort der Trennung und Einheit:

> „Auf diese oberflächliche Trennung und Einheit richten sich die Existenzialien meiner persönlichen Geschichte, sie ist der geometrische Ort der Projektionen und Introjektionen, sie ist das unsichtbare Scharnier, um das herum mein Leben und das Leben der Anderen sich dreht, um eines ins andere schwingen, sie ist der Gliederbau der Intersubjektivität."[148]

Diese Strukturen, obwohl sie als symbolische Strukturen von ‚anderer Ordnung' sind, d. h. obwohl sie unsichtbar sind, verweisen nach Merleau-Ponty keineswegs auf eine Art von ‚Hinterwelt', sondern sind gleich ‚Armaturen' vor uns mit dem Sichtbaren verwoben. Das Schwingen des Symbolischen zwischen Virtualität und Aktualität ist in diesem Sinne radikal diesseitig. Existenzialien sind „keineswegs verborgen […], tauchen […] wie alle Strukturen zwischen unseren Akten und Intentionen auf und nicht hinter ihnen…"[149] Die Topologie der ‚Diesseitigkeit' des Chiasmus von sinnlicher Welt und sedimentierten Existenzialien, die Merleau-Ponty entwirft, kann durch Maldineys Konzeption des Stils erhellt werden, der, wie wir sahen, die Rhythmen von Konkretheiten beschreibt, wie sie das vor-objektive Feld polarisieren.

3.5 Zeitlichkeit in der Psychoanalyse

Nachdem in diesem zweiten Teil der Untersuchung bislang die genuine Nicht-Phänomenalität des Symbolischen aufgrund psychopathologischer Phänomene herausgestellt und die Wiederholung als temporale Struktur seiner spezifisch symbolischen ‚Identität' – seine Autonomie und Konstitution eines „anderen Schauplatzes" – erkannt wurde, gilt es nun genauer zu erfassen, wie es zu dieser Einkapselung des Symptoms in der Wiederholung kommen kann. Was genau hindert die symbolische Stiftung daran, sich mit den retentionalen und protentionalen Horizonten anderer Weltphänomene zu verbinden? Die Antwort liegt in den spezifisch symbolischen Zeitigungsweisen, die dem phänomenologischen Zeitbewusstsein wesensfremd sind und zuwiderlaufen: der *Überstürzung,* der (im Vorangegangenen teilweise schon behandelten) *Wiederholung* und der *Nachträglichkeit*. Diese zersprungene und heterogene Zeitlichkeit mit ihren pro- und retroaktiven Dimensionen speist sich, anders als die Intuition, gerade aus *Abwesenheiten*.

---

[148] Merleau-Ponty, SU, S. 297; fr. S. 287.
[149] Merleau-Ponty, SU, S. 294; fr. S. 285.

3.5.1 Die Zeitigung im Spiegelstadium: Die Überstürzung

Der Aufsatz über das Spiegelstadium gilt als erstes bedeutendes Theoriestück Lacans. Nach der Katastrophe von Marienbad 1936 – nach zehn Minuten wurde Lacan durch Ernest Jones das Wort entzogen – ist die Überarbeitung von 1949 die der Rezeption zugrundeliegende Fassung, wobei, nach Lacans eigenen Angaben, der Abschnitt „Der Komplex des Eindringlings" aus dem enzyklopädischen Artikel *Les complexes familiaux dans la formation de l'individu* eine wesentliche Zusammenfassung der Arbeit von 1936 darstellt.[150] Während sich Lacan in dieser Zeit zwischen 1936 und 1949 mit einer Vielzahl an Disziplinen, wie der Psychopathologie, der Anthropologie, der Biologie, oder der Spieltheorie auseinandersetzt – deren Theoreme ein komplexes Netz an Querverweisen spannen, ohne deren Berücksichtigung, ein wirkliches Verständnis der Lacan'schen Intentionen grundsätzlich ausbleiben muss – entwickelt sich im Hintergrund ein wesentlich durch Kojève inspiriertes Programm des „Übergangs von einer Philosophie des ‚Ich denke' zu einer Philosophie des ‚Ich begehre'".[151] Obwohl sich eine solche Theorie in Opposition zu jeder Philosophie befindet, „die direkt aus dem Cogito hervorgegangen ist",[152] wird Lacan, anders als andere Vertreter des Strukturalismus, stets am kartesischen Subjekt festhalten: an einem gespaltenen Subjekt, das auf prekäre oder instabile Weise vermöge der Funktion der Gewissheit die Kluft zwischen *je* und *moi* zu überbrücken sucht.

Der Aufsatz über das Spiegelstadium bezieht sich auf einen „Spiegeltest" des Pariser Psychologen Henri Wallon, der in einer Studie von 1931 die kindliche Entwicklung der Leibkonzeption untersuchte. Obwohl Lacan Wallon niemals im Zusammenhang mit dem Spiegelstadium erwähnt, und sich anderorts sogar als eigentlichen Entdecker desselben inszeniert, hat die von Wallon beschriebene Transformation des kindlichen Verstehens vom gespiegelten über den imaginären zum symbolischen Raum den Überlegungen Lacans Pate gestanden.[153] Doch es geht Lacan weder um einen empirischen Beweis noch um die genuin psychologischen Konsequenzen dieses Versuchs. In jener Zeit stark von Hegel inspiriert und die

---

[150] Lacan, Les complexes familiaux dans la formation de l'individu, in: Autres écrits, Éditions du Seuil, Paris 2001, S. 23–84; auf Deutsch: Die Familie, in: Schriften III, Norbert Haas und Hans-Joachim Metzger (Hrsg.), Quadriga, Berlin 1994³, S. 39–100.

[151] Elisabeth Roudinesco berichtet von einem 15 seitigen Entwurfs Kojève's, der eine gemeinsame, aber nie fertiggestellte, Publikation zusammen mit Lacan vorbereitet, in der dieser Übergang mittels einer durch Hegel verfeinerten Theorie des Freud'schen Wunsches ein Subjekt des Begehrens konzipiert, dessen Tragik genau in der Kluft zwischen begehrendem Ich und vorstellendem Ego zu verorten ist. Siehe Elisabeth Roudinesco, The mirror stage: an obliterated archive, in: The Cambridge Companion to Lacan, Jean-Michel-Rabaté (Hg.), Cambridge University Press, Cambridge, New York 2003, S. 28.

[152] Lacan, E, S. 93/S I, S. 109.

[153] Man könnte Lacans Urheberschaft damit begründen, dass seine Zutat darin besteht, die Reformulierung eines rein psychologischen Test *(épreuve)* zu einem Stadium *(stade)* vollzogen zu haben: letzteres lässt sowohl die „Position" in der Theorie Melanie Kleins wie auch die „Phase" bei Freud anklingen. Siehe Roudinesco, *The mirror stage: an obliterated archive*, S. 29.

3.5 Zeitlichkeit in der Psychoanalyse

psychologische Subjektbestimmung ablehnend – die Irritationen in Marienbad waren letztlich die eines psychologischen Unverständnisses gegenüber einer philosophisch begründeten Subjekttheorie – betrachtet Lacan das ‚Ereignis' eines sich im Spiegel sehenden Kleinkinds als *ontologisches Diorama,* welches die „Bildung der Ichfunktion" als dessen ‚Wendung' symbolisiert.

Die eigentliche Herausforderung liegt in der Klärung des philosophischen Status dieser „‚Urszene' der Theorie des Imaginären".[154] Lacan entdeckt in ihr eine das menschliche Sein grundlegend strukturierende Operation. Diese ‚Ontologisierung' des Spiegeltests verweist zuletzt auf jenen anderen Philosophen, der in den Kojève-Vorlesungen neben Hegel und Husserl eine entscheidende Rolle spielt: Martin Heidegger.[155] Dessen Primat der Zukünftigkeit wird verknüpft mit der Anerkennungsproblematik Hegels und einer Zeitlichkeit, die als „logische Zeit" von Lacan bereits 1945 ausgearbeitet wird.

Weder Heidegger noch Wallon namentlich erwähnend, erläutert Lacan die anthropologische Differenz in der Konfrontation mit dem eigenen Spiegelbild anhand Wolfgang Köhlers *Intelligenzprüfungen an Menschenaffen.*[156] Während sich das Interesse des Menschenaffen in einem bloß spielerischen „Umgang mit spiegelnden Flächen"[157] erschöpft – und, wie bei jedem Spiel solcher Art, das Interesse für die Phänomene in dem Moment versiegt, in dem der Funktionszusammenhang verstanden wird –, ist beim Menschenjungen eine einzigartige *Faszination* zu beobachten. Die Faszination für diesen ‚anderen Raum', in dem das Kleinkind zuerst mit der Spiegelfunktion als solcher konfrontiert ist, welche dann auf die Probe gestellt wird, um in dieser Funktion die Funktion des Bildes auszumachen, gipfelt in dem für Lacan entscheidenden Moment einer *jubilatorischen Übernahme (affairement jubilatoire).*[158]

Neben den libidinösen Implikationen ist dieses Ereignis wesentlich durch eine zeitliche Struktur zu charakterisieren, die eine spezifisch menschliche *Historizität* – im Sinne der „Phasen" bei Freud – konstituiert. Der menschliche Säugling zeichnet sich im Gegensatz zu anderen Säugetieren durch eine ihm eigene „*Vorzeitigkeit der Geburt*" aus. Während die meisten Jungtiere mit einer neurophysiologischen Reife auf die Welt kommen, die ihnen eine schnelle Umweltanpassung ermöglicht, ist beim Menschenkind die Entwicklung des pyramidalen Systems, welches die Bewegungsabläufe koordiniert, im Vergleich auffallend unterentwickelt. Dieser

---

[154] Hans-Dieter Gondek, Subjekt, Sprache und Erkenntnis. Philosophische Zugänge zur Lacanschen Psychoanalyse, in: Jacques Lacan – Wege zu seinem Werk, H.-D. Gondek, Roger Hofmann, Hans-Martin Lohmann (Hrsg.), Klett-Cotta, Stuttgart 2001, S. 136.

[155] Wir folgen hier der Analyse Gondeks: „Doch wenn er selbst nicht beim Namen genannt wird, spielt Martin Heidegger im Vortrag über das Spiegelstadium doch in einer Hinsicht bereits eine tragende Rolle." Gemeint ist die Vorzeitigkeit der Geburt und ihr „‚ontologischer' Kontext". Hans-Dieter Gondek, Subjekt, Sprache und Erkenntnis, S. 138.

[156] Wolfgang Köhler, Intelligenzprüfungen an Menschenaffen, Springer, Berlin 1921.

[157] Ebd., S. 71.

[158] Lacan, E, S. 94/dt. S I, S. 110. Einige Zeilen weiter spricht Lacan von der jubilatorischen Aufnahme, wobei „assomption" auch „Aufnahme in den Himmel" oder „Himmelfahrt" bedeutet. Siehe S I, S. 89, Anm. 12.

Sachverhalt ist für Lacan allerdings nur der Ausgangspunkt einer Theorie tiefergehender *ontologischer* Prämaturität. Der Mangel an Koordination als Mangel leiblicher Einheit repräsentiert die anthropologische Ohnmacht am Anfang der Entwicklung, wo der Körper und korrelativ zu diesem auch der Raum (Wallon weist darauf hin) als *zerstückelt* wahrgenommen werden. Diese (mentalen) Vor- und (pyramidalen) Rückstände befinden sich nun zwischen dem 6. und 18. Lebensmonat in einer Konstellation, in welcher der Säugling „die Herrschaft seiner leiblichen Einheit durch Identifizierung mit dem Bild eines anderen und durch Wahrnehmen seines eigenen Bildes im Spiegel *antizipiert*."[159]

Die Funktion der Antizipation steht also zuvor unter der Bedingung einer spezifischen Zeitigung/Räumlichung des Spiegelbildlichen als solches. Dieses Stadium menschlicher Genese konstituiert mehr als nur ein neurophysiologisches Verstehen des Raumes mit seinen optischen Gesetzen, es konstituiert Kategorien des Mangels: der Einheit, Andersheit, der Spaltung, der Insuffizienz, des Aufschubs, der Ähnlichkeit, der Entfremdung, der Introjektion, des Doppelgängers, des Eindringlings, des *Ego*:

„[Z]u der diese Phase kennzeichnenden Diskordanz fügt die Imago nur das zeitweilige Eindringen einer fremden Strebung hinzu. Nennen wir es das narzißtische Eindringen: die Einheit, die es in die Strebungen einführt, wird gleichwohl zur Bildung des Ich beitragen. Aber bevor das Ich seine Identität behauptet, verschmilzt es mit der Imago, die es formt und doch zugleich ursprünglich (primordial) entfremdet."[160]

Die im Spiegelbild erscheinende Imago des Doppelgängers ist zunächst eine *Stütze* für das Subjekt, insofern am Platz, an dem der Andere in meine Welt eindringt, zugleich die *Einheit* meiner eigenen Gestalt erscheint. Bereits Freud, der unter den Figuren des Unheimlichen auch den Doppelgänger analysiert, würdigt Otto Rank, welcher als erster auf diese ‚orthopädische' Funktion hinweist:

„Dort werden die Beziehungen des Doppelgängers zum Spiegel- und Schattenbild, zum Schutzgeist, zur Seelenlehre und zur Todesfurcht untersucht, es fällt aber auch helles Licht auf die überraschende Entwicklungsgeschichte des Motivs. Denn der Doppelgänger war ursprünglich eine Versicherung gegen den Untergang des Ichs, eine ‚energische Dementierung der Macht des Todes' (O. Rank) und wahrscheinlich war die ‚unsterbliche' Seele der [entwicklungsgeschichtlich] erste Doppelgänger des Leibes."[161]

Dieser ‚stützende' Doppelgänger ist nun aber für Freud nur durch den primordialen Narzissmus der onto- wie phylogenetisch frühesten Phase konstituiert (bei Lacan: vor der Konstitution des Anderen):

„Aber diese Vorstellungen sind auf dem Boden der uneingeschränkten Selbstliebe entstanden, des primären Narzißmus, welcher das Seelenleben des Kindes wie des Primitiven beherrscht, und mit der Überwindung dieser Phase ändert sich das Vorzeichen des Doppelgängers, aus einer Versicherung des Fortlebens wird er zum unheimlichen Vorboten des Todes."[162]

---

[159] Roudinesco, The mirror stage, S. 30. (Herv. v. mir – P. F.).
[160] Lacan, Les complexes familiaux, S. 43/dt.: Die Familie, S. 58.
[161] Freud, Das Unheimliche, S. 247.
[162] Ebd.

3.5 Zeitlichkeit in der Psychoanalyse

Ist das Kind erst einmal durch Anerkennung des Anderen in der sozialen Welt angekommen, zeigt das Spiegelbild seine entfremdende Funktion. Der Ort, an dem das Subjekt sich befindet, ist gerade ein anderer Ort als jener, an dem sich seine Einheit konstituiert, indem es sich durch Verdoppelung wiederholt:

> „Es sind dies das Doppelgängertum in all seinen Abstufungen und Ausbildungen, also das Auftreten von Personen, die wegen ihrer gleichen Erscheinung für identisch gehalten werden müssen, die Steigerung dieses Verhältnisses durch Überspringen seelischer Vorgänge von einer dieser Personen auf die andere — was wir Telepathie heißen würden, — so daß der eine das Wissen, Fühlen und Erleben des anderen mitbesitzt, die Identifizierung mit einer anderen Person, so daß man an seinem Ich irre wird oder das fremde Ich an die Stelle des eigenen versetzt, also Ich-Verdopplung, Ich-Teilung, Ich-Vertauschung — und endlich die beständige Wiederkehr des Gleichen, die Wiederholung der nämlichen Gesichtszüge, Charaktere, Schicksale, verbrecherischen Taten, ja der Namen durch mehrere aufeinanderfolgende Generationen."[163]

Das Sich-*nicht*-Phänomenalisieren des ‚Doppelgängertums' ist auch hier konstituiert durch den Kurzschluss seiner Zeitigung/Räumlichung. Das Un-heimliche der Verdopplung ist die Art der Wiederholung, welche nicht mehr an der Phänomenalisierung teilhat, welche weder Raum noch Zeit hat zu erscheinen, und somit auf einen anderen Ort – jene ‚Fernwirkungen' zeitigend – überspringt. Auch an dieser Stelle ist das Spiegelstadium ein zeitliches Geschehen, insofern auch hier der „unzeitliche Ort"[164] (s. o.) aufscheint und der mehr ist als nur die *Idee* einer anderen ‚Lokalität': Verdopplung und Spiegelung sind erste Lücken der Zeitigung/ Räumlichung.

Was das Subjekt im Spiegel erblickt, ist *die Ante-zipation seiner Einheit*. Die Funktionen des eigenen Leibes sind entwicklungsbedingt noch nicht zu einer Gesamtorganisation in der Lage, da die propriozeptiven Verbindungen noch versprengt und nicht von Dauer sind. Die anthropologische These einer ‚ek-statischen Position' des Menschen zeigt sich hier als „Dehiszenz des Organismus",[165] als leibliche Ohnmacht bei gleichzeitiger mentaler Frühreife. Und diese Dehiszenz wird im Imaginären sichtbar und symbolisiert als Totalität der eigenen *Gestalt*. Das Spiegelbild ist eine Identität, die das Subjekt *erst noch sein wird*: Es empfängt seine ursprüngliche Identität von einem anderen Ort und einer anderen ‚Präsenz' aus.

Dies ist die Spaltung und das doppelte Schicksal des verleiblichten Subjekts: „So symbolisiert diese ‚Gestalt' […] durch die zwei Aspekte ihres Erscheinens [als Exteriorität und Erhabenheit von Statur] in der gleichen Zeit die mentale Permanenz des Ich *(je)*, in der sie seine entäußernde Schicksalsbestimmung *(destination aliénante)* vorzeichnet".[166] Diese ‚Urszene' menschlicher Genese auf der Linie zwischen Imaginärem und Symbolischem wird von Lacan als eine *Konversionsdynamik der Zeitigung* – von Mangel und Vorwegnahme – ausgewiesen:

---

[163] Freud, GW 12, Das Unheimliche, S. 245.
[164] Lacan, Se XI, S. 62.
[165] Lacan, E, S. 96;/dt. S I, S. 113.
[166] Lacan, E, S. 95/dt. S I, S. 111.

3 Zweiter Teil: Die verfehlte Begegnung von Phänomenologischem und Symbolischem

„Diese Entwicklung wird als eine zeitliche Dialektik erlebt, die maßgeblich die Bildung des Individuums als Geschichte entwirft: das *Spiegelstadium* ist ein Drama, dessen innerer Drang sich aus dem Ungenügen in die Vorwegnahme überstürzt *(se précipite)* ..."[167]

Das zeitliche Rätsel dieser ‚Dialektik' steckt bereits im Wort *précipiter*.[168] Lacan selbst weist auf dessen Bedeutung für die spezifische Zeitlichkeit der Ichgenese hin, und schlägt den ursprünglich etymologischen Sinn von *la tête en avant*/mit dem Kopf zuerst vor (*pré-cipiter* aus Lateinisch *prae/ante* und *caput* – woraus sich auch „Ante-zipation" ergibt), welcher die zeitliche „Modulation der Umkehrung" am besten wiedergibt.[169]

Was hier übersprungen oder überstürzt wird ist genau die Phänomenalisierung. Für das menschliche Phänomen als Weltphänomen, d. h. das Subjekt als verleiblichtes in seiner Funktionseinheit, stellt das Spiegelstadium im Wesentlichen eine Lücke der Phänomenalität dar. Die Ganzheit des Körpers ist schon da, obwohl sie nicht erfahren wird, sie kann nur *übernommen* werden. Die jubilatorische Stimmung ist eigentlich weder eu- noch parathym, sondern die Antwort auf das Drängen, wenn die eigene Genese dramatisch ‚Fahrt aufnimmt'. Zwischen Leibphänomen (Ungenügen des eigenen Leibes) und symbolischer Stiftung (Ante-zipation) gibt es kein phänomenalisierendes Pulsieren, sondern entweder Hemmung oder Voranstürzen, weil diese ‚Falz' zwei heterogene Register voneinander abgrenzt, deren Umbruch immer irritierend ist, da dieser den rätselhaften Übergang von Phänomenalität und Nicht-Phänomenalität repräsentiert.

Diese „*Ur-Identifizierung*",[170] welche die in den kommenden Phasen auftretenden heterogenen Identifizierungstypen fundiert, ist mehr als nur ein Schlüsselbegriff der Theorie des Imaginären, sondern legt in der Ontologie des Subjekts eine Spaltung von symbolischer Stiftung und phänomenologischem Feld an, welche das ‚Drama' des Lebens an der Umbruchlinie zwischen Sinn und Nicht-Sinn ausrichtet:

„Das von Jubel begleitete Auf-sich-nehmen seines Spiegelbildes durch das noch in das motorische Unvermögen und die Abhängigkeit vom Genährtwerden getauchte Sein, welches das Menschenjunge in diesem *infans*-Stadium ist, wird uns folglich in einer exemplarischen Situation die symbolische Matrix zu manifestieren scheinen, in der das Ich *[je]* sich in eine Urgestalt hineinstürzt, bevor es sich in der Dialektik der Identifizierung mit dem anderen objektiviert und bevor die Sprache ihm im Allgemeinen seine Funktion als Subjekt zurückerstattet.

[...] Aber der wichtigste Punkt ist der, dass diese Gestalt die Instanz des *Ichs [moi]* bereits vor ihrer sozialen Bestimmung in einer Fiktionslinie situiert, irreduzibel auf immer für das einzelne Individuum – oder vielmehr, die bloß asymptotisch an das Werden des Subjekts anschließen wird, welches auch der Erfolg der dialektischen Synthesen sein mag, wodurch es als Ich *[je]* für seine Nichtübereinstimmung *[discordance]* mit seiner eigenen Realität eine Lösung finden muss."[171]

---

[167] Lacan, E, S. 97/dt. S I, S. 114.

[168] Mögliche Übersetzungen sind „stürzen" (z. B. ins Unglück), „überstürzen", „beschleunigen" oder „ausfällen".

[169] Siehe E, S. 206 f./ dt. S I, S. 242.

[170] Hans-Dieter Gondek, Eine psychoanalytische Anthropologie des Bildes, in: RISS: Zeitschrift für Psychoanalyse, Freud, Lacan, Bd. 48, Turia + Kant, Wien 2000, S. 12.

[171] Lacan, E, S. 4/dt. S I, S. 110 f.

Der Dialektik der Anerkennung, deren Beginn zugleich das Ende des Spiegelstadiums bedeutet, ist die zeitliche ‚Dialektik' des Spiegelstadiums vorgeschaltet, die das Register des Symbolischen im Subjekt anlegt. Die Fiktion der Linie, an der entlang das Subjekt fortan (wie eine Art ‚Reiter') sein Schicksal auf sich nimmt, ist Ante-zipation, d. h. die zukünftige Gestalt eines Sinnes, der die Phänomenalisierung präfiguriert. Wie ‚heilbringend' dieses Auf-sich-Nehmen und die dadurch initiierenden Konversionsdynamiken auch immer sein werden, etwas von dieser primordialen Desorganisation und Diskordanz bleibt für immer auf Abstand zu den Stabilisierungsbildern des *Moi* und kehrt im Unbewussten als ‚Gestalten' *zerstückelter Körper* wieder.[172]

3.5.2 Die Zeit der Analyse: Wiedererinnerung und Geschichtlichkeit

Bevor wir uns dem Text über das Sophisma widmen, in dem der Formalisierungsversuch einer (in dieser Phase von Lacan so genannten) „intersubjektiven Zeitlichkeit" unternommen wird, wollen wir uns zuvor dem programmatischen Text *Funktion und Feld des Sprechens und der Sprache in der Psychoanalyse* zuwenden, den Lacan 1953 auf einem Kongress der Universität von Rom vorstellte. Diese kanonische Darstellung der bis dato artikulierten Lehre Lacans ist in mehr als einer Hinsicht von Bedeutung. In kaum einem anderen Text wird die Geburt der Lacan'schen Theoreme aus dem Geist der psychoanalytischen *Praxis* deutlicher gezeigt als hier. Und entscheidender noch als die inaugurale Vorstellung der Lacan'schen Signifikantentheorie ist ihre Herleitung aus der Architektonik praktischer analytischer Probleme, die bei Lacan jene *Formalisierung* auf mehreren Ebenen motiviert und die zwischen idealistischen und positivistischen Positionen einen dritten Weg zu beschreiten sucht. Zuletzt – und dem gilt nun unser Hauptaugenmerk – entwickelt Lacan in diesem Bericht einen Begriff der *Zeitlichkeit und der Geschichtlichkeit des Subjekts*, der 1.) zeigt, wie stark Heideggers *Sein und Zeit* das Denken Lacans speziell in dieser Periode prägte; 2.) die Möglichkeit eröffnet, den Aufsatz über das sogenannte *Sophisma*, dessen grundlegende Bedeutung erst in diesem Rahmen deutlich wird, innerhalb der Strategie Lacans besser zu verorten; und 3.) das von Richir gestellte Problem der Zeitigung/Räumlichung der Phänomenalität bzw. dessen Ausbleiben in den Lücken der Phänomenalität weiter zu beleuchten.

---

[172] Besonders in bestimmten Phasen der Analyse, wenn die „orthopädischen Apparate" des Moi durch die Übertragung an Stützkraft verlieren, kommt es in den Träumen und Phantasien der Analysanden zu Bildern der Desorganisation, Verzerrung oder Verunstaltung von Körpern. Man läuft in diesem Punkt allerdings Gefahr, einem psychoanalytischen Symbolismus zu verfallen, in dem der Signifikant des zerstückelten Körpers eine feste Bedeutung annimmt. Eher scheint sich darin, bezogen auf das Leibphänomen, der a-teleologische Schematismus der Phänomenalisierung des phänomenologischen Feldes in seinem negativ erhabenen Moment zu zeigen und sich als markierter Signifikant wieder ins Spiel zu bringen.

Zunächst unterscheidet Lacan im Rom-Vortrag ein *leeres* von einem *vollen Sprechen*. Hinter diesem „vollen Sprechen" verbirgt sich der Gedanke einer genuin analytischen Praxis, die das Subjekt im psychoanalytischen Sinne zu Wort kommen lässt, im Gegenzug zu all jenen psychotherapeutischen Ansätzen, deren Teleologie sich auf die *intrapsychische Selbstpräsenz eines Subjekts in seiner Einheit* bezieht. Die ‚Fülle' des Sprechens im Sinne Lacans *bricht* gerade mit diesen egologischen ‚Prothesen' und versetzt das Subjekt in das symbolische Register, in welchem es seine ‚Fülle' immer nur im Zeichen der eigenen irreduziblen Entfremdung und Heterogenität erfährt. Indes, so Lacan, operiere das Subjekt, werde es nur als „Ego" angesprochen, weiterhin auf dem imaginären Feld eines enteigneten und leeren Sprechens:

> „Begibt sich nicht das Subjekt dabei in eine immer größere Enteignung dieses Seins seiner selbst, wovon es kraft aufrichtiger Schilderungen, die dessen Idee nicht weniger zusammenhangslos lassen –, Berichtigungen, die es nicht schaffen, sein Wesen offenzulegen –, Stützen und Abwehren, die nicht verhindern, dass seine Statue schwankt –, und narzisstischer Umarmungen, die zum Atem werden, um es zu beseelen, am Ende (an)erkennt, dass dieses Sein immer nur sein Werk im Imaginären gewesen ist, und dass dieses Werk in ihm jede Gewissheit enttäuscht. Denn in dieser Arbeit, die das Subjekt leistet, um das Werk *für einen anderen* zu rekonstruieren, findet es die grundlegende Entäußerung *[aliénation]* wieder, die das Subjekt das Werk *wie ein anderes* hat konstruieren lassen, und die es stets dafür bestimmt hat, dass es ihm *durch einen anderen* geraubt wird."[173]

Im Gegensatz zur egologischen Widerstandsanalyse entwickelt Lacan eine *Theorie der Praxis*, die sich auf ihr ureigenes Medium besinnt und das Subjekt der Psychoanalyse über die Funktion und das Feld des Sprechens und der Sprache konstituiert:

> „Wenn wir jetzt unseren Blick dem – in ihrer Geschichte, in ihrer Kasuistik und im Prozess der Kur – anderen Extrem der psychoanalytische Erfahrung zuwenden, wird sich zeigen, dass wir der Analyse des *hic et nunc* den Wert der Anamnese als Indiz und als Triebfeder des therapeutischen Fortschritts, der zwanghaften Intrasubjektivität die hysterische Intersubjektivität und der Analyse des Widerstands die symbolische Deutung entgegensetzen. Hier beginnt die Realisierung des vollen Sprechens."[174]

Die grundlegende Entdeckung Freuds, Symptome mittels „talking cure" zum Verschwinden zu bringen, wurde und wird von manchen Kommentatoren der Psychoanalyse allzu schnell in intrapsychische erkenntnistheoretische Begriffe übersetzt. Dabei übergeht diese Deskription des Prozesses eines Zu-Bewusstseinbringens das zugrunde liegende *Zur-Sprache-bringen*, dessen Prinzip nicht in der Adäquation (mit dem Wiedererinnerten), sondern in einem *Sich-verhalten* zur eigenen Geschichte liegt. Hier deutet sich eine Komplexität der zeitlichen Konstitution und individuellen Geschichtlichkeit an, die Lacan an Heidegger anknüpfen lässt, der den Gedanken einer Retroaktivität bereits in ontologischen Begriffen formuliert hatte:

---

[173] Lacan, E, S. 249/dt. S I, S. 293 f. Dieser Absatz wurde anlässlich der Publikation der Écrits nachträglich umgearbeitet.
[174] Lacan, E, S. 254/dt. S I, S. 92 f.

3.5 Zeitlichkeit in der Psychoanalyse

„Man kann in der Heidegger'schen Sprache sagen, dass beide [hypnotische und wache Wiedererinnerung] das Subjekt als *gewesend (auf Deutsch)* konstituieren, das heißt als dasjenige seiend, das so gewesen ist. Doch in der inneren Einheit dieser Zeitigung bezeichnet das Seiende die Konvergenz der Gewesenden. Das heißt, sowie von einem beliebigen dieser gewesenden Momente aus andere Begegnungen zu unterstellen sind, wäre daraus ein anderes Seiendes hervorgegangen, das es ganz anders gewesen machte."[175]

Im Sinne der Fundamentalontologie bedeutet das: Das Gewesende ist keine tote Vergangenheit, sondern etwas, das seine Gewesenheit aus der Zukunft empfängt, insofern es das Gewesene im Licht der „ekstatischhorizontalen Einheit der Zeitlichkeit"[176] erscheint. Diese Einheit der Historizität wird gestiftet durch das Verhältnis zum Tode als der „unüberholbaren Möglichkeit des Daseins",[177] eine absolute Grenze, die das Sich-ereignete nicht als Teil eines unendlichen Kontinuums, sondern eben als geschichtlich ausweist. Der Vorlauf in den zukünftigen Tod wirft das Dasein in die Gegenwart zurück, die jedoch jetzt im vollen Lichte der faktischen Geworfenheit des Daseins erscheint. „Eigentliche Zeitlichkeit" zeitigt sich als *„zukünftig gleichursprünglich gewesen"*, d. h. „macht […] eigentliche Geschichtlichkeit möglich."[178]

Die Einheit dieser Zeitlichkeit konstituiert sich bekanntlich in *Sein und Zeit* durch die Strukturganzheit der Zeitekstasen und nicht durch ein Nacheinander von Früher und Später. Das Dasein steht nicht als faktisches dem Geschichtlichen gegenüber, als ein Dasein, das diese oder jene Geschichte *hat*, sondern Geschichtlichkeit *ist* seine Wesensverfassung. Dieses „Schicksal",[179] welches das Dasein aus der Zukunft empfängt, und das durch die Strukturganzheit, in der sich alle Ekstasen gleichermaßen zeitigen, sein Da konstituiert, wirft nun die Frage nach der Kontinuität dieser Einheit auf – im psychoanalytischen Kontext: die Frage nach der *Kontinuität der Anamnese*. Wie muss ein Dasein seine Geschichte aus der Zukunft empfangen, d. h. verbalisieren, damit sein Sprechen volles Sprechen ist?

Nicht das faktische Gedächtnis, sondern ein Wahrheitsgeschehen bilden den Kern der Analyse: „[E]s handelt sich in der psychoanalytischen Anamnese nicht um Realität, sondern um Wahrheit".[180] Diese Wahrheit wird nicht als Adäquation, sondern als „Wirkung des vollen Sprechens" verstanden: „Ich, die Wahrheit, ich spreche *(Moi la vérité, je parle.)*"[181] wird Lacan später formulieren. Die Wahrheit konstituiert sich in der Zeitigung, in der das Zukünftige „gleichursprünglich gewesen" in einer Gegenwart zur Sprache kommt: Es geht „um Wiedererinnerung, das heißt um Geschichte, welche allein auf des Messers Schneide der Datumsgewissheiten die Waage aufliegen lässt, bei der die Konjekturen über die Vergangenheit die

---

[175] Lacan, E, S. 255/dt. S I, S. 301.
[176] Heidegger, SZ, S. 366.
[177] Heidegger, SZ, S. 258. Ebenfalls von Lacan zitiert.
[178] Heidegger, SZ, S. 385.
[179] Ebd.
[180] Lacan, E, S. 256/dt. S I, S. 95.
[181] Lacan, E, S. 409/dt. S I, S. 481.

Verheißungen der Zukunft schwanken machen."[182] Diese Waage repräsentiert jene „Linie der Fiktion", von der Lacan im Aufsatz über das Spiegelstadium spricht und von der es heißt, dass das Subjekt sich ihr nur asymptotisch und dialektisch nähern kann. Die Wahrheit des *Moi* ist seine Nichtübereinstimmung mit den *Je* und hat somit selbst die „Struktur einer Fiktion".

Diese Konzeption der Wahrheit als Offenheit ist nicht, worauf Peter Widmer hinweist, die Heidegger'sche Konzeption von Verbergung und Unverborgenheit, sondern die von Levinas stammende Differenz von *dire* (Sagen) und *dit* (Gesagtem). Wahrheit offenbart nicht das Sein des Seienden, sondern den Mangel, der selbst noch innerhalb des Gesagten oder hinter dem Standbild des Moi erscheint.[183]

Dieser psychoanalytische Wahrheitsbegriff, der ganz am psychoanalytischen Medium des Sprechens orientiert bleibt, ermöglicht es Lacan, eine Kritik der Freud'schen Konzeption einer „Urszene", wie sie die Analyse des Wolfsmanns strukturiert, zu formulieren. Entscheidend ist für Lacan, was durch die *Technik* einer Konstruktion einer Urszene mit der Wahrheit des Subjekts geschieht. Nicht nur dass Freud auf eine „vollständige Objektivierung des Beweises" besteht, er fundiert jede weitere „Restrukturierung" seines 25-jährigen Patienten in der Bedingung, dass sich in diesen späteren Krisen *die gesamten „Resubjektivierungen des Ereignisses"*[184] wiederfinden lassen müssen, um deren Wirkung zu begreifen. Diese Resubjektivierungen sind dabei entstellt durch die Funktion der *Nachträglichkeit*, was hier zunächst nur besagt, dass die Sprache des Erwachsenen den Erlebnissen frühester Kindheit nicht adäquat sein könne. Freud meint, diese Entstellung vernachlässigen zu können, insofern die Adäquation der Wirkung späterer Restrukturierungen mit der Wirkung der Urszene ihre Verbindung belege. Darüber hinaus meint er aufgrund dieser ‚zeitlosen' Nähe der Wirkungen auch alle Lebensphasen überspringen zu können, die in keiner Verbindung mit dieser durch die Urszene initiierten Reihe stehen.[185] Die Analyse und damit die Geschichte des Wolfsmannes sind somit in zweifacher Hinsicht *polarisiert*. Zum einen gibt es eine *Verdoppelung des Sinns*, durch die jede Wiedererinnerung nur die Resubjektivierungen einer Szene ist, die als Konstruktion eines anderen (des Analytikers) im Hintergrund die Chiffre (Urszene) repräsentiert, die von vornherein die Dechiffrierung bestimmt. Zum anderen gibt es eine historisierende *Gewichtung* der biografischen Erlebnisse, die dem

---

[182] Lacan, E, S. 256/dt. S I, S. 301. Hans-Dieter Gondek bemerkt dazu: „Das Entscheidende sind nicht die Daten, die Gegebenheiten und ihre objektive Gewißheit, sondern jene Balance. (*balance* heißt im Französischen *Waage*, aber eben auch *Balance*; und das Bild der Waage bot sich insofern an, als zuvor mit *couteau* das Messer genannt war, aber spezifisch auch der *Schneide* genannte Teil der Waage) zwischen den Konjekturen, den Mutmaßungen über die Vergangenheit und den Verheißungen der Zukunft. Es geht nicht um eine Stabilisierung der Mitte, um ein Abkippen nach der einen oder der anderen Seite zu verhindern, um einen Ausgleich, der im Lot hält, was auf äußerstem Grat kaum gesichert scheint. Dies wäre schlicht zu statisch gedacht." (Hans-Dieter Gondek, Subjekt, Sprache und Erkenntnis. Philosophische Zugänge zur Lacanschen Psychoanalyse, S. 141).
[183] Siehe dazu: Peter Widmer, Wahrheit bei Freud und Lacan, in: Die Wissenschaft vom Unbewussten, Kathy Zarnegin (Hg.), Königshausen & Neumann, Würzburg 2010, S. 71–84, besonders S. 83.
[184] Lacan, E, S. 256/dt. S I, S. 302.
[185] Siehe Freud, Bd. XII, S. 72, Anm. 1, welche auch von Lacan zitiert wird.

Subjekt im Voraus andeuten, wo und wann die entscheidenden ‚Schlachten' um sein Schicksal geschlagen werden. Und in der Tat wird es dem Wolfsmann niemals gelingen die Rememorierungen „in seine Geschichte zu integrieren", denn durch derartige Polarisierungen „wird das Subjekt stets in einer Entfremdung von seiner Wahrheit belassen".[186] Das Subjekt wird schlussendlich von Freud um seine Wahrheit gebracht, nicht weil dieser den Status der Urszene zwischen psychologischer, historischer oder materieller Realität falsch eingeschätzt hätte, *sondern weil er das Subjekt einer bestimmten Zeitigung beraubt, die wesentlich für die Psychoanalyse ist*:

> „Das heißt, dass er die *Zeiten um zu verstehen* zu Gunsten der *Momente zu schließen* annulliert, welche die Mediation des Subjekts auf den zu entscheidenden Sinn des ursprünglichen Ereignisses hin überstürzen."[187]

Dieses Überstürzen (*précipiter*) war, wie wir sahen, der zeitliche Index des Spiegelstadiums, in dem das Subjekt seine Ganzheit und einen Zustand jenseits der Ohnmacht imaginär ante-zipiert, ohne selbst schon diese Ganzheit zu sein. Durch die Konstruktion einer Urszene drängt Freud das Subjekt zum *Sprung* in ein fertiges Bild, eine Narration, deren Ganzheit (d. h. Echtheit) immer schon dem Denken aufgegeben ist. Die ‚Aufgabe' des Wolfsmannes ist es von diesem Moment an, bei den Deutungen, die das Material seiner Rememorierungen zulässt, nicht zu spät zu kommen und gewissermaßen mit der „Geschichtsschreibung" seines Analytikers Schritt halten zu können. Damit verlegt Freud aber die Analyse auf die imaginäre Achse Ich (*moi*) – anderer (nach Lacans berühmtem Schema L). Das Loch, welches das Überstürzen in die Phänomenalisierung reißt, lässt das Subjekt zuletzt um sich selbst kreisen wie um das unlösbare Rätsel einer Intrige. Die „Geschichte des Wolfsmannes" kann ebenso wenig vom Subjekt integriert werden, wie das darin Gesagte auf eine „Zeit des Begreifens" zurückgeht. Diese Begriffe stammen aus dem frühen aber zu Unrecht wenig diskutierten Aufsatz *Die logische Zeit und die Assertion der antizipierten Gewissheit. Ein neues Sophisma*.

3.5.3 *Die logische Zeit und der logische Subjektbegriff*

Zuerst eine Vorbemerkung zur Textstrategie Lacans. Der nun diskutierte Aufsatz von 1945 – erstes Lebenszeichen nach dem Krieg – steht scheinbar isoliert in der bibliografischen Landschaft.[188] Dieses Abseits erklärt sich durch die rein formalistischen Erwägungen, die hier im Zentrum der Ausführungen stehen, welche – bis auf wenige Bemerkungen am Ende – den Verweisen auf die Psychoanalyse entbehren. Wenn dieser Text mehr ist als ein Ausdruck der Faszination für formal-kybernetische

---

[186] Lacan, E, S. 311/dt. S I, S. 156.
[187] Lacan, E, S. 257/dt. S I, S. 95.
[188] Den Aufsatz *Le nombre treize et la forme logique de la suspicion* aus dem darauffolgenden Jahre einmal ausgenommen. Siehe Autres écrits 2001, S. 85–100.

Basteleien, muss die Frage beantwortet werden, welches *Problem* des frühen Lacan hierin einer Lösung nähergebracht werden soll. Darian Leader weist auf die Möglichkeit hin, dass Lacan sich hier wie anderorts eine Levi-Strauss'sche Textstrategie zu Eigen gemacht haben könnte. Im Aufsatz über E. A. Poes „Der entwendete Brief" (1956) findet sich der Leser mit einem mathematischen Appendix konfrontiert, der die gleiche Frage mittels eines komplexen Formalismus reflektiert.[189] Dazu Leader:

> „Wir finden hierin vielleicht eben jenes Prinzip, das Lévi-Strauss' Arbeit über Mythen organisiert, und das sich Lacan in 1950er-Jahren zu eigen macht: wenn etwas nicht in bedeutungstragenden Sätze formuliert werden kann, nimmt es die Form der Relation zweier Mengen von Elementen an. [...] Statt auf die Interpretation, die diese textuellen Übertreibungen als den Hinweis liest, die ‚Wahrheit' [...] liege in der Mathematik, verweist dieses Prinzip bei Lacan auf ein Reales, welches nur zwischen diesen beiden Präsentationsweisen erscheinen kann."[190]

Andererseits konstituiert sich in diesem ‚Zwischen' ein Subjekt, das weder durch Objektivierungen noch durch den subjektiven Erlebnisgehalt, sondern durch seine *Funktion* bestimmt wird. In dem Aufsatz *Das Drängen des Buchstabens im Unbewussten oder die Vernunft seit Freud* von 1957, in dem Lacan den Algorithmus des Signifikanten einführt, spricht er – dort, wo er die Wirkung des Signifikanten als das Subjekt situierend beschreibt[191] – von der Funktion, die das Cogito bei der Stiftung der modernen Wissenschaft spielt, und der philosophischen Besinnung auf den Cogito-Akt, dessen Selbstaffirmation Grundlage des Transzendentalismus sein wird.

> „Weicht man dem freilich unter dem Vorwand seiner philosophischen Scheinbarkeiten aus, legt man schlichtweg den Beweis einer Hemmung ab. Denn der Begriff Subjekt ist unabdingbar für die Handhabung einer Wissenschaft wie die Spieltheorie *[stratégie]* im modernen Sinne, deren Kalküle jeden ‚Subjektivismus' ausschließen."[192]

Was in *Das Drängen des Buchstabens* nur als Verweis erscheint, bezieht sich also auf 1945. Darüber hinaus verdankt sich die Inspiration für diese Arbeit den damaligen Erkenntnissen der angelsächsischen Psychologie. 1943 wurde in der medizinischen Fachzeitschrift *The Lancet* die Arbeit der englischen Psychiater und Psychoanalytiker John Rickman und Wilfred Bion veröffentlicht: Diese hatten, in einem Militärkrankenhaus, in dem sie während der Kriegsjahre Kriegsneurosen therapierten, dienstunfähige und unangepasste Patienten zu experimentellen Zwecken in sogenannte „leiterlose Kleingruppen" aufgeteilt. Unter supportiver Betreuung durch einen Therapeuten, konnten diese Gruppen ihre Aufgabenbereiche allerdings selbst bestimmen. Trotz fehlender autoritärer Führungshierarchien verzeichneten Rickman und Bion positive Veränderungen in der Gruppendynamik, bevor dieser

---

[189] Dieser Appendix wird im Kapitel 3.6.1 ausführlich behandelt.

[190] Darian Leader, Lacan's myths, in: The Cambridge Companion to Lacan, Cambridge University Press 2003, S. 47.

[191] Zunächst: Lacan, E S. 504/dt. S I, S. 596: „Aber all dieses Signifikante, wird man einwenden, kann nur fungieren, wenn es gegenwärtig ist im Subjekt. Genau dem entspreche ich, indem ich unterstelle, dass er auf die Etage des Signifikats übergegangen ist."

[192] Lacan, E, S. 516/dt. S I, S. 611.

3.5 Zeitlichkeit in der Psychoanalyse

Versuch wegen des Verdachts auf Untergrabung militärischer Autorität von Amtswegen abgebrochen wurde.[193] Dieses Experiment fußte auf den Erkenntnissen, die Freud in *Massenpsychologie und Ich-Analyse* herausgearbeitet hatte. Diesen Überlegungen zufolge lässt sich die kollektive Dynamik auf zwei Identifikationsachsen verteilen: eine vertikale Beziehungsebene mit einer Führungsperson (oder Idee) an der Spitze und eine horizontale für die Beziehungen der Individuen untereinander. Freud, der wiederum von Gustave Le Bons *Psychologie der Massen* ausging und sich in den 1920er-Jahren mit den politischen Totalitarismen und einer immer noch starken religiösen Prägung der Gesellschaft konfrontiert sah, setzte den Akzent auf die autoritäre vertikale Achse. Lacan hingegen orientiert sich an eher demokratischen Gesellschaftsstrukturen und sieht in dieser sozialen Moderne – vor allem in der modernen Familie – einen Untergang der Vaterimago (dessen ‚Todeskampf' der Faschismus auf apokalyptische Weise gewissermaßen inszenierte). Was Lacan jedenfalls in den Forschungen seiner englischen Kollegen entdeckte, war eine Bestätigung seiner Perspektive, dass für die zunehmende Dynamisierung der sozialen Gruppen die horizontale Achse die entscheidende war.[194] Zudem dürften Bions Tendenz zur Formalisierung und Mathematisierung psycho-dynamischer Prozesse und die Frage einer ‚Wahrheit' des Subjekts durch intersubjektive Determinierungsprozesse für Lacan sehr attraktiv gewesen sein.

Der Aufsatz *Die logische Zeit und die vorweggenommene Gewissheitsbehauptung. Ein neues Sophisma*, der in *Cahiers d'Art* 1945 veröffentlicht wurde, ist darüber hinaus ein theoretischer Abgrenzungsversuch gegen Jean-Paul Sartre, der eine durch die Phänomenologie geprägte Theorie subjektiver Freiheit vertrat. Dagegen konstruiert Lacan ein logisches Sophisma, das zeigen soll, dass die subjektive Wahrheit einer intersubjektiven Konstitution unterliegt, welche die Struktur einer zeitlichen Dialektik hat. Trotz dieses ‚Logizismus' geht es, wie später in *Das Drängen des Buchstabens*, um den Status des Subjekts, allerdings in Form einer nicht ‚subjektivistischen' Deduktion desselben. Die Nähe zum Subjekt der Phänomenologie bleibt allerdings nicht ohne Spannung, die etwa in der Tatsache Ausdruck findet, dass Lacan seine Analyse zur logischen Zeit 1945 mit der Bestimmung der „existentiellen Unbestimmtheit des ‚ich'" (*indétermination existentielle*) enden lässt, wohingegen in den *Ecrits* von der „wesentlichen Bestimmtheit des ‚ich'" (*détermination essentielle*) die Rede ist.[195] Mit dieser Substitution hat Lacan die Referenz auf Sartre, den Existenzialismus und die Phänomenologie aus dem Text entfernt. Aus der Perspektive der 1960er-Jahre erscheint der Text also weniger im Lichte seiner ursprünglichen Intention, sondern vielmehr als Vorgeschichte eines durch den reinen Signifikanten konstituierten Subjekts.

Folgendes Szenario ist der Ausgangspunkt für Lacans Sophisma:

Ein Gefängnisdirektor verbindet die Freilassung eines Gefangenen mit einer intellektuellen Prüfung. Der Menge von drei Gefangenen, die an diesem Spiel teilnehmen, steht eine Menge von fünf Scheiben gegenüber, von denen drei weiß und zwei

---

[193] Roudinesco, *Jacques Lacan*, S. 172 f.
[194] Ebd., S. 173 ff.
[195] Roudinesco – *Jacques Lacan*, S. 482, Fußnote 12.

schwarz sind. Die Teilnehmer sollen nun mit einer bestimmten Auswahl dieser Scheiben markiert werden, indem man je eine Scheibe auf dem Rücken der Gefangenen anbringt. Außerstande die eigene Scheibe zu sehen und durch das Verbot beschränkt, sich weder verbal noch non-verbal mit den Schicksalsgenossen über die Situation der Markierungen zu verständigen, besteht die Prüfung nun darin, die Farbe der eigenen Scheibe zu *erschließen* und, nachdem der Betreffende sich am Ende seiner Prüfung weiß, durch ein Tor gehen soll, an dem er sein Ergebnis mitteilen muss. Diese Schlussfolgerung muss *logischer Art* sein und darf nicht auf der Kühnheit einer Wahrscheinlichkeitsvermutung beruhen. Der Gefängnisdirektor hat nun für das tatsächliche Spiel eine besondere Konstellation an Scheiben ausgesucht: An die drei Gefangenen werden ausschließlich drei weiße Scheiben verteilt.

Es gibt für dieses Gefangenendilemma tatsächlich eine Lösung, die jedoch nicht aus der rein ‚statischen' logischen Analyse des synchronen Zustands, sondern erst durch die Berücksichtigung jener logischen Zeit zu begreifen ist, um deren Auslegung es hier geht. Die Lösung aus dem Munde des Gefangenen würde wie folgt lauten:

> „Ich bin ein weißer, und hier nun, wie ich das weiß. Da es nun einmal gegeben ist, dass meine Kameraden weiße waren, habe ich gedacht, dass, wenn ich ein schwarzer wäre, jeder von ihnen daraus dieses hätte folgern können: ‚Wenn auch ich ein schwarzer wäre, wäre der andere, da er daran unmittelbar hätte erkennen müssen, dass er ein weißer ist, sogleich hinausgegangen, folglich bin ich kein schwarzer.' Und beide wären gemeinsam hinausgegangen, überzeugt, weiße zu sein. Wenn sie nichts dergleichen taten, so deshalb, weil ich ein weißer war wie sie. Woraufhin ich die Pforte genommen habe, um meine Schlussfolgerung bekanntzugeben."[196]

Eingangs gilt es folgendes festzuhalten: Die Scheiben haben nicht die „Bedeutung" einer bestimmten Farbe „schwarz" oder „weiß", sondern ihr Wert besteht schlicht darin, Element der Teilmenge der geraden oder ungeraden Scheiben zu sein. Dies zeigt nun, dass dieses Sophisma eine Logik der Zeit darstellt, die auf mehreren Ebenen von Bedeutung ist. Zunächst repräsentiert es eine Kollektivlogik, insofern man die Beteiligten als intersubjektive Positionen setzt. Zudem lässt sich diese logische Zeit als ontogenetische, intrapsychische Bewegung lesen, in der sich jene Freud'schen Instanzen konstituieren. Zuletzt können wir das Sophisma als das Spiel des Signifikanten begreifen.[197]

Aus der Perspektive der zeitlosen Logik bleibt die perfekte Lösung jedoch in einem logischen Irrtum stecken. Denn *instantan* eindeutig ist nur eine einzige Konstellation: wenn sich ein Subjekt zwei schwarzen Scheiben gegenübersieht. Aus der Vollständigkeit der Teilmenge der geraden Anzahl an Scheiben, ist ihm die Beschaffenheit seiner eignen Scheibe gewiss: „*Denn das Zögern ist logisch ausgeschlossen für jedweden, der zwei Schwarze sähe.*"[198] Wie aber, und das ist die entscheidende Frage, sollen sich die übrigen möglichen Konstellationen, bei denen es nur eine oder gar keine schwarze Scheibe erblickt, voneinander unterscheiden? Aus dem

---

[196] Lacan, E, S. 198/dt. S I, S. 232.
[197] Vgl. Bergande, Logik des Unbewussten, S. 49.
[198] Lacan, E S. 200/dt. S I, S. 234.

3.5 Zeitlichkeit in der Psychoanalyse   205

Zögern der anderen über das, was sie sehen, lässt sich nicht erschließen, ob noch eine schwarze Scheibe im Spiel ist oder nicht. Das Spiel müsste also in einem Patt enden.

Lacans Antwort darauf ist die Unterscheidung von realen Subjekten und „imputierten" Überlegungen. Durch die Substitution der Subjekte durch die Terme (A), (B), und (C) wird nun nicht mehr die Anzahl der realen Gefangenen ausgedrückt, sondern ihr Verhältnis zueinander, sofern nämlich (A) das jeweils sich über seine eigene Markierung befragende Subjekt bezeichnet, das (B) und (C) gewisse Gedankengänge imputiert, und sie so zu Objekten seines eigenen Kalküls macht. Wenn nun (A) als Hypothese setzt, es sei schwarz, müssten (B) und (C), indem sie einen Weißen und einen Schwarzen vor sich hätten, jeweils aus dem nicht sofortigen Loslaufen des anderen wissen, dass sie Weiße sind, und müssten zur Verkündigung ihres Ergebnisses zum Tor laufen. Da sie dies nicht tun, weiß sich (A) als Weißer. Dies ist für ihn aber nur das vorübergehende Ergebnis einer ersten *Phase des Häsitierens*, denn in dem Moment, da es *mit Gewissheit* vorrücken will, sieht es die anderen dasselbe tun. (B) und (C) werden nun, durch das Zögern von (A), ebenfalls innehalten, und die Frage stellt sich ein zweites Mal. Durch das erneute Imputieren der Gedankengänge bildet sich eine neue Gewissheit, die sich nun aber auf ein zeitliches Moment des Ablaufs bezieht. Denn es ergab sich ja, dass alle *im selben Augenblick* ihr Fortschreiten unterbrachen, etwas das (B) und (C) nicht hätten tun dürfen, hätten sie im Angesicht des schwarzen (A) ihr gemeinsames Weiß-Sein schon erschlossen. Es ist diese *Ko-ordinierung*, die jene Assertion über jeden Zweifel erhebt.

Die Lösung des Sophisma gründet sich also auf *zwei suspendierende Skandierungen* einer Bewegung, welche die Frage nach der wahren Bedeutung der bestehenden Markierungen von einer Frage der Kombinatorik in eine Frage der Zeitlichkeit verwandelt hat:

> „Dass die hier strittigen Phänomene als Signifikanten ins Spiel eintreten, führt ganz im Gegenteil zur Vorherrschaft der zeitlichen und nicht der räumlichen Struktur des logischen Prozesses. […] Das, wodurch sie signifikant sind, ist nicht durch ihre Richtung konstituiert, sondern durch ihre *Zeit des Innehaltens*. Ihr maßgeblicher Wert ist nicht der einer binären Wahl zwischen zwei bewegungslos nebeneinander gestellten und durch die visuelle Ausschließung der dritten aus ihrem Zusammenhang gelösten Kombinationen, sondern der durch einen logischen Prozess, in dem das Subjekt die drei möglichen Kombinationen in drei *Zeiten von Möglichkeiten* verwandelt hat, eingerichteten Verifizierungsbewegung."[199]

Lacan war bereits in den 1930er-Jahren über Herni Delacroix und Pichon – also lange vor der für den Strukturalismus inaugurierenden Veröffentlichung *Die elementaren Strukturen der Verwandtschaft* von Levi-Strauss – mit der Linguistik Saussures in Kontakt gekommen. Bis in die 1950er-Jahre blieben die Ideen Saussures nur Referenzen im Lacan'schen Text, ohne schon die Ausarbeitung einer eigenständigen Theorie des Signifikanten zu bedeuten. Anderseits gehören diese Gedanken zur Vorgeschichte derselben.[200]

---

[199] Lacan, E S. 203/dt. S I, S. 238.
[200] Vgl. Roudinesco – Jacques Lacan, S. 27 und 268.

Die Subjekte sind bei ihrer Wahrheit angelangt, nicht indem sie die richtige Antwort erraten haben – sie also ihre Wahrheit nur bezeichnen –, sondern, indem sie die Lösung, die sich aus der temporalen Modallogik des Sophismas ergibt, *aus ihrer durch Skandierungen strukturierten Zeitlichkeit der Bewegung heraus stiften konnten*. Es gibt hierbei rein logische Momente, die eines lediglich subjektiven Kalküls ganz und gar entbehren. Jedoch kann erst dasjenige Subjekt, das sich in der logischen Zeit erstreckt, d. h. das mit dem Vermögen ausgestattet ist, sich mit der Position der anderen zu identifizieren, und sich selbst auch als solches für andere weiß, den Lösungsweg beschreiten:

> „Weit davon entfernt, eine äußerliche Erfahrungsgegebenheit im logischen Prozess zu sein, sind die *unterbrochenen Bewegungen* dafür so notwendig, daß dabei allein die Erfahrung die Synchronik, die sie dadurch implizieren, dass sie aus einem Subjekt reiner Logik erschaffen werden, versäumen lassen und ihre Funktion im Verifizierungsprozess scheitern lassen kann."[201]

Zum Begriff des Subjekts: Diese eigentümliche Zeitlichkeit, die das Sophisma offenbart, lässt uns verstehen, durch welche Klippen hindurch Lacan sich anschickt, seinen Begriff des Subjekts zu manövrieren. Es geht um differenzielle Markierung, um das, was Lacan

> „,subjektive Logik' nennt: weder um eine Logik, der das Subjekt gehorcht, was objektive Logik wäre, noch eine Logik, die ein Subjekt anwendet, was subjektivierte Logik wäre, sondern eine Logik, die der Begriff eines Subjekts, in Beziehung zu anderen Subjekten und einer individuierenden Neigung, wie sie in den Regeln des Spiels enthalten sind, voraussetzt."[202]

Der Sinn der hier strukturierenden logischen Zeit ist, dass das Subjekt dem Logischen weder als kontingente Tatsache vorgeschaltet ist, noch durch reinen Formalismus ausgeschaltet wird, sondern dass seine Zeitlichkeit ein notwendiges Moment – und damit einen integralen Bestandteil – der subjektiven Logik selbst ausmacht. Zudem zeigt das Sophisma, dass eine Phänomenologie, die sich durch die Gegebenheit des Bewusstseins fundieren will, die ‚Wahrheit' gleichermaßen verfehlt, wenn sie der Intersubjektivität nicht auch jene Skandierungen, die nicht auf ein Husserl'sches *Ich-kann* zurückgeführt werden können, bei der Konstitution der subjektiven Gewissheit eingesteht. Das anvisierte Subjekt ist vorerst *das Subjekt der Spieltheorie oder Stochastik*. Die Intersubjektivität ist eine, in der die Wahrheit über die Subjekte, nicht von der Art der Einfühlung abhängt, sondern von einem Wert, den die Teilnehmer in einer differenziellen „Arretierung"[203] von logischen Schlüssen aus verschiedenen Positionen allererst ermitteln. Sie sind während der Bewegung der logischen Zeit *„nicht definiert [...] außer durch ihre Reziprozität"*.[204]

---

[201] Lacan, Schriften III, S. 109 f., E S. 203.

[202] John Forrester, The Seduction of Psychoanalysis, Cambridge University Press 1990, S. 187.

[203] *„temps d'arrêt"*; siehe Lacan, E S. 204.

[204] Lacan, E S. 205/dt. S I, S. 241. Gegen gewisse psychoanalytische Richtungen lässt sich andererseits zeigen, dass die Gegenüberstellung von aktiven und passiven Techniken in der Analyse die Sache verfehlt. Weder die Trägheit eines stummen noch die Hast eines intervenierenden Analytikers bringen den Prozess voran, sondern die intersubjektive Beziehung. Die variable Dauer der

3.5 Zeitlichkeit in der Psychoanalyse

Die drei von Skandierungen unterteilten Zeiten der Möglichkeit bilden eine *zunehmende* Ordnung eines Gewissheitsprozesses sich gegenseitig bedingender Momente:

1.) Der Augenblick des Blicks,
2.) Die Zeit zu Verstehen und
3.) Die Zeit des Schließens.

(1.) Der Augenblick des Blicks ist verknüpft mit der Einsicht in die einzig instantan mögliche Evidenz des Falls: zwei schwarze und eine weiße Scheibe. Diese „Instanz der Zeit",[205] in der für einen Augen-blick (*l'instant du regard*) die ausschließende Lösung aufblitzt, höhlt diesen Moment durch eine Spannung aus, welcher diesem Moment seine Dauer verleiht – die Spannung von Hypothese und Konsequenz.

(2.) Diesem Augenblick folgt die Zeit zu Verstehen, in der sich die Imputationen der Gedankengänge abspielen.[206] Das Subjekt erscheint jetzt als jener Dezisionsagent (A), der sich ins Verhältnis zu den Objekten des Gedankengangs (B) und (C) setzt, indem er ihnen die Zeit gewisser Überlegungen zurechnet, d. h. die Meditationen von (A) über (B) und (C) ‚reihum' ablaufen lässt. Am Ende dieser Zeit zu Verstehen steht ein Sinn, der aber, während er sich bildet, erst nach dem Maß seiner Objektivierung, seiner Stiftung, sucht.

> „Doch diese so in ihrem Sinn objektivierte Zeit, wie kann man ihre Grenze bemessen? Die Zeit um zu verstehen kann sich auf den Augenblick des Blicks reduzieren, aber dieser Blick in seinem Augenblick kann all die Zeit einschließen, die es braucht, um zu verstehen. So schwankt die Objektivität dieser Zeit mit ihrer Grenze. Einzig Bestand hat ihr Sinn mit der Form, die sie aus Subjekten erzeugt, die *nicht definiert* sind *außer durch ihre Reziprozität*, und deren Wirken durch eine wechselseitige Kausalität an einer Zeit aufgehängt ist, die unter der eigentlichen Wiederkehr der Intuition, die sie objektiviert hat, weicht."[207]

Es gibt hier eine *logische Zeit*, die sich deutlich von der chronologischen unterscheidet, und die sich bildet durch die Zeit, die es braucht, damit sich die Subjekte gegenseitig die logischen Möglichkeiten von (A) – (B, C) imputieren und ablaufen lassen. Dabei gibt es nur eine approximative Annäherung an die Grenze zwischen Objektivität und Intuition oder zwischen dem Sinn und seinem Anspruch. Dieser Dauer liegt nun allerdings keine Selbstreflexion, kein Nachdenken im Stillen zugrunde, sondern die Skandierung *aller* Subjekte. Die Zeit artikuliert sich nicht durch

---

Analyse und der Sitzungen, wie sie Lacan zeitweise anstrebte, soll vor allem diese Dynamik vor institutioneller Orthodoxie und Starrheit schützen, weil *im Prinzip* jede Regulation der logischen Zeiten durch chronologische Zeiteinteilung das Subjekt, wie bereits erläutert, seiner Wahrheit entfremdet.

[205] Lacan, E S. 205.

[206] Hier werden die realen Subjekte zu jenen drei Positionen, von denen Lacan auch in der Abhandlung über E. A. Poes Erzählung zurückkommen wird: „Drei Zeiten folglich,
die drei Blicke ausrichten, welchen drei Subjekte unterlegt sind, die jeweils
von verschiedenen Personen verkörpert werden." (Lacan, E, S. 15/dt. S I, S. 13.).

[207] Lacan, E S. 205 f./S I, S. 241.

ein Bewusstsein, sondern durch ein intersubjektives Geschehen, das nicht auf Einfühlung, sondern auf Handlung (Zögern) beruht.

(3.) Die dritte Zeit ist zuletzt die einer besonderen Beschleunigung. Die meditative Zeitlichkeit des Begreifens mit ihrem Zögern und Stocken verwandelt sich in dem Moment, in dem das Subjekt symbolisch jene Behauptung über sich setzt (ein Weißer zu sein), und es entsteht eine für die Zeit des Schließens eigentümliche *Hast*. Das Subjekt gerät im Angesicht der anderen Beteiligten plötzlich in Verzug, sein Urteil zu fällen. Hierbei geht es wohlgemerkt nicht um das Subjekt als Interessensträger (der Gefangene, der als erster am Tor sein muss, will er die Sache für sich entscheiden), sondern um eine *logische* Hast, denn wenn dem Subjekt „in dieser Schlussfolgerung seinesgleichen zuvorkommen, dann *wird es nicht mehr erkennen können*, ob es ein schwarzer ist".[208] Die Gewissheit ein Weißer zu sein ist abhängig von den synchronen Skandierungen der anderen. Wenn das Subjekt ein weiteres Mal innehält, ohne dass die anderen es ihm gleichtun, *verliert es die Wahrheit über sich*. Diese Hast bezieht sich also auf das logische ‚Fenster', dass, in dem Moment da es sich öffnet, immer schon dabei ist, sich wieder zu verschließen: „Ist *die Zeit, um den Moment zu schließen zu verstehen*, vergangen, ist *der Moment, die Zeit um zu verstehen zu schließen.*"[209]

Wie wir noch sehen werden, gibt Lacan, indem er sich einer linguistischen Interpretation zuwendet, zunehmend der synchronen Achse den Vorrang vor der diachronen Dimension, die zugleich die Dimension der Zeitlichkeit des Sprechens ist. Wer allerdings hierin den Versuch einer Formalisierung jener von Freud postulierten ‚Zeitlosigkeit' des Unbewussten vermutet, muss feststellen, dass bei Lacan gerade in Bezug auf das Unbewusste, so wie es in der analytischen Situation erscheint, ein zeitlicher Index beibehalten wird: Das Unbewusste wird definiert als das, was sich immer schon schließt.[210]

Aus der Interpretation des Sophismas als theoretische Demonstration einer logischen Zeit ergeben sich für Lacan mehrere Schlussfolgerungen.

Erstens parallelisiert er diese logische Bewegung mit der psychischen Ontogenese, wie er sie 1938 im Familien-Aufsatz ausgearbeitet hatte,[211] denn es lässt sich das Subjekt der letzten Phase, in der es das Urteil über sich bildet, von jenen reziprok indefiniten Subjekten der vorangehenden Stufen ((A),(B),(C)) unterscheiden. Deren ‚Transitivismus' der Identifikationen ist bei der Assertion ausgeschlossen. Die Struktur des In-Verzug-Geratens macht die Gegebenheit von Ich und

---

[208] Lacan, E S. 206/S I, S. 242.

[209] Ebd.

[210] Lacan, Se XI, S. 132: „... so wäre auch dies [die Anwesenheit des Analytikers als Manifestation des Unbewussten] in den Begriff des Unbewußten miteinzubeziehen. Es wäre dies sogar ein sehr direkter Zugang zu dem, was meine Formel herausstellen will: jene Bewegung, in der das Subjekt sich nur öffnet, um sich wieder zu verschließen, einem bestimmten temporalen Pulsieren folgend ..."

[211] Die Familie (zuerst veröffentlicht 1938). In: Schriften III, S. 39–100.

3.5 Zeitlichkeit in der Psychoanalyse

anderem notwendig: „[A]uf Grund dessen charakterisieren wir sie als *Behauptung des Subjekts [assertion subjective]*, dass nämlich das logische Subjekt darin nichts anderes ist als die *personale* Form des Subjekts der Erkenntnis, das nur ausgedrückt werden kann durch ‚Ich' [‚je']".[212] Es kommt alles darauf an zu verstehen, dass für Lacan diese personale Form der logischen Zeit des Sophismas nicht als ontologische Struktur von außerhalb der Struktur hinzukommt. Vielmehr will er zeigen, wie das Ich die *Emergenz* einer Bewegung ist, deren Logik sich durch das eigentümliche Verhältnis zu anderen Positionen in der Zeit entfaltet, sofern die zunehmende Ordnung der Evidenz, Wahrscheinlichkeiten in Notwendigkeiten verwandelt, an deren Ende die Verifikation des Ganzen – d.h. des Ich – steht: „Man *muss* wissen, daß man ein Weißer ist, wenn die anderen zweimal gezögert haben hinauszugehen".[213]

Darüber hinaus wird deutlich, wie sehr diese Genese des Ich vom anderen abhängt. Dieser andere – in seiner indeterminierten Form ((B), (C)) seit des ersten Augen-Blicks ein integraler Bestandteil der skandierenden Bewegung – trägt die Wahrheit *aller* Subjekte. Nicht nur, dass das Subjekt die gemeine Rhythmizität der Gedankengänge nicht verfehlen darf; es wird auch deutlich, dass es *für niemanden* Wahrheit geben kann, wenn einer der Beteiligten auch nur für einen Augen-blick aus der Bewegung aussteigt, da die Aufeinanderfolge der drei Zeiten dann nicht stattfinden kann.

> „Es braucht nur am logischen Ende der *anderen* das geringste Disparate zum Vorschein zu kommen, damit sich daran zeigt, wie sehr die Wahrheit für alle von der Strenge eines jeden abhängt, und sogar, dass die Wahrheit, wird sie erlangt durch die einen, bei den anderen den Irrtum erzeugen, wenn nicht gar erhärten kann."[214]

Was bei Lacan – gemäß dem Rimbaud'schen Diktum: „*Ich ist ein Anderer*"[215] – die Dezentrierung des Subjekts in logischer Hinsicht ausmacht, wird hier gekoppelt mit einer Form der Ich-Genese, wie er sie im Familien-Aufsatz von 1938 dargestellt hatte.

Dort fungiert die Eifersucht als das Medium der Konstitution von Ich und anderem. Sie ist gemäß dieser Konzeption nur eine von mehreren genetischen Stufen, auf denen ‚Vitales' in ‚Mentales' umschlägt. Im Fall der Eifersucht ist die Ankunft des ‚anderen' keine vitale (darwinistische), sondern eine mentale Konkurrenz der Identifikation, und zwar Identifizierung mit der *Lage des anderen* (wie bei jenem

---

[212] Lacan, E S. 207/dt. S I, S. 243. Das sich hier bildende *je* ist ein Subjekt im Sinne der Person, das in der Hast und dem Überstürzen „aus Furcht davor, dass ..." handelt, wie Lacan es ausdrückt, und so eine gewisse Heidegger'sche Sorge-Struktur entwickelt, insofern wir das Personale hier der „Ganzheit des Strukturganzen" und das Überstürzen dem „Sichvorweg" der Sorge aus *Sein und Zeit* zuordnen (Heidegger, Sein und Zeit, S 236). Zudem weißt Lacan darauf hin, dass sich „überstürzen" im Französischen „précipiter" etymologisch aus dem Lateinischen „mit dem Kopf zuerst" herleitet. Wir könnten also sagen, der Sinn dieser subjektiven Assertion ist, dass diesem Subjekt in dieser Vorwärtsbewegung ein „Kopf" im Sinne des Personalen allererst erwächst.

[213] Lacan, E S. 211/dt. S I, S. 247. (Herv. v. mir – P. F.).

[214] Lacan, E S. 212/dt. S I, S. 249.

[215] „Car Je est un autre." – Brief an Paul Demeny, 15. Mai 1871, zweiter Seherbrief in: *Correspondance classée par ordre chronologique, d'après les Œuvres complètes*, Gallimard, La Pléiade, 1972, S. 95. *Écrits*, S. 118.

"Milchbruder" der augustinischen Anekdote, in welcher der Bruder dem Geschwisterkind an der mütterlichen Brust, diesem nicht die Nahrung, sondern das ‚Paradies' vor der Entwöhnung neidet). Getragen wird dieser Umschlag ins Mentale von einer vorsprachlichen „Kommunikation",[216] deren Merkmale sich mit der Abstimmung der logischen Zeiten im Sophisma parallelisieren lassen:

> „Unter ihnen hebt sich ein Typ ab, weil man in ihm eine objektiv definierbare Rivalität erkennen kann: Er beinhaltet zwischen den Subjekten tatsächlich eine gewisse Anpassung der Haltungen und Gesten, ja eine Übereinstimmung in ihrer Abwechslung, eine *Konvergenz in ihrer Folge*, die die Gesten und Haltungen als Provokationen und Erwiderungen anordnen…"[217]

Die Dialektik der Konkurrenz, aus der – nach der Anerkennungsfigur bei Hegel – Ich und anderer hervorgehen, wird durch eine ‚Konvergenz' getragen, die nichts anderes ist als die aufeinanderfolgenden Skandierungen einer Bewegung, die als Haltungen und Gesten erscheinen. In dieser *Arretierung* findet die Rivalität ihr ‚Maß', und sie ist es, die den Archetypus des anderen ausmacht: „d. h. eines ‚anderen' als Objekt".[218] Dialektisch gesehen bedeutet Rivalität immer schon Übereinkunft: Ich teile mir mit dem Objekt immer schon ein Sein, ich bin an ihm interessiert. Nach Lacan appelliert es damit an die menschliche Erkenntnis, insofern es „kommunikables Objekt"[219] ist.

Weiter demonstriert das Sophisma laut Lacan die „Grundform einer Logik des Kollektivs". Die Intersubjektivitätsproblematik wird durch die einfache Tatsache, dass es sich um drei Subjekte handelt, auf die Ebene des Kollektivs gehoben.[220] Die bipolare Anerkennungsstruktur von Herr und Knecht wird auf eine im Prinzip unendliche Zahl reziproker Beziehungen ausgedehnt. Zudem kommt es zu einer zeitlichen Dynamisierung des Anerkennungsprozesses und seiner Interdependenzen. Die Anerkennungsproblematik ist aus anthropologischer Perspektive betrachtet nicht eine Frage des Wissens *(animal rationale, animal politicum etc.)*, sondern ein Problem der logischen Zeit.[221]

---

[216] Lacan, Familie, S. 54
[217] Lacan, Familie, S. 54 f. (Hervorhebung von mir – P. F.).
[218] Lacan, Familie, S. 55.
[219] Lacan, Familie, S. 61.
[220] Lacan zitiert: „Tres faciunt collegium", drei machen bereits eine Gemeinschaft. (Lacan, E S. 212/dt. S I, S. 249.).
[221] Lacan überträgt diese logische Schlussform auf die Vergewisserung ein Mensch zu sein:

1. *Ein Mensch weiß, was nicht ein Mensch ist* – das, was jedem Menschen augenblicklich klar wird;
2. *Die Menschen erkennen sich untereinander an, (um) Mensch zu sein* – in der Zeit zum Begreifen, deren Dauer sich aus der Reziprozität bestimmt;
3. *Ich bestätige mir, ein Mensch zu sein, aus Furcht, von den Menschen überzeugt zu werden, nicht ein Mensch zu sein* – die logische Hast, das Überstürzen in eine Wahrheit, die für mich verloren ist, wenn die anderen mir zuvorkommen. (Lacan, E S. 213/dt. S I, S. 251.).

Die Gewissheit über sich selbst ist auch in diesem Fall anti-cartesianisch gedacht. Sie ist ein symbolischer Akt der Anerkennung und Zeichen existentieller Angst. Die Bewegung der logischen

Kehren wir nun zum Text *Funktion und Feld des Sprechens und der Sprache* zurück, der uns auf dem Wege einer Kritik der Freud'schen Technik der Konstruktion einer Urszene zur Lektüre des Sophismas hinleitete, dann ergibt sich eine überraschend praktische Funktion der logischen Zeiten für die Kritik der analytischen Technik: die Frage nach Gesamtdauer und Sitzungsdauer in der Analyse.[222]

Die Gesamtdauer einer Analyse ist nicht im Vorhinein terminierbar, weil die Zeit zum Begreifen nicht die chronologische Zeit ist, sondern ihr Maß in der intersubjektiven Dialektik hat. Die Festlegung auf eine Gesamtdauer bringt das Subjekt um seine Wahrheit und lässt es zurück in den Irrtum stürzen, weil die Skandierungen, welche die logischen Zeiten voneinander trennen, eine *bestimmte* Anzahl haben. Kommt es, wie im Gefangendilemma, zur entscheidenden Skandierung, müssen alle zum Ausgang hasten, denn bei jedem weiteren Zögern verlieren die Subjekte die Gewissheit über sich selbst. Nach der Zeit zum Schließen, wäre es nicht nur sinnlos, sondern regelrecht eine Gefahr für das „volle Sprechen", würde die Analyse fortdauern.[223]

3.5.4 Das Prinzip der Nachträglichkeit – heterogene Zeitlichkeit

Die Nachträglichkeit hat bei Freud einen präzisen metapsychologischen Sinn und beschreibt die temporale *Form* psychischer Kausalität. Es bietet sich an, das Feld an Fragen zunächst etymologisch zu entwickeln, um es dann anhand zweier Fallstudien zu explizieren.

„Nachträglichkeit" ist eine Wortschöpfung Freuds und bereitet den Übersetzern seiner Schriften nicht wenige Schwierigkeiten. James Strachey – englischer

---

Zeiten hat noch eine weitere Bedingung, auf die Lacan einmal im Seminar II zu sprechen kommt: „Aber das Problem ist nur dann interessant, wenn Sie die Zeiten zum Verstehen als gleich supponieren. Wenn die Zeiten zum Verstehen ungleich sind, so ist das nicht nur kein interessantes Problem, sondern Sie werden sehen, wie sehr es sich verkompliziert." (Lacan, Se II, dt., S 368.) Das gleichzeitige Stocken versichert das Subjekt über die Wahrheit der Tatsache, dass die anderen dasselbe begriffen haben. Die Richtigkeit der angestellten Imputationen lässt sich an der Zeit zum Begreifen erkennen.

[222] Lacan verfolgte damit auch oder sogar vornehmlich ein politisches Ziel. Die Grundkoordinaten der Technik, wie sie die IPA (International Psychoanalytical Association) festlegte, besagten, dass eine Analyse aus vier bis fünf Sitzungen wöchentlich mit je 50-minütiger Dauer über einen Zeitraum von vier Jahren stattfinden sollte. Lacan, aus persönlichen und theoretischen Gründen motiviert, versuchte daran zu ändern, mit dem Ergebnis, dass alle Mitglieder der SPP (Société psychanalytique de Paris; älteste französische psychoanalytische Gesellschaft, gegründet 1926) durch Lacans Vorstoß kurzerhand aus der IPA ausgeschlossen wurden. Nachdem alle wieder unbeschadet durch einen Ausschuss in der IPA aufgenommen wurden, wurden die Frage mehr oder weniger zum Tabu. Siehe Roudinesco, Lacanbiographie, S. 203 ff.

[223] Lacan machte wahrscheinlich persönlich eine derart frustrierende Zeit mit seinem eigenen Lehranalytiker Loewenstein (ein Vertreter der Ich-Psychologie) durch. Siehe Roudinesco, Lacanbiographie, ebd.

Übersetzer der *Standard Edition of the Complete Psychological Works of Sigmund Freud*[224]– übersetz den Term mit „deferred action" (von „defer": verschieben, aufschieben, verzögern). In anderen englischsprachigen Beiträgen findet man alternative Vorschläge wie „afterwardness", „retroactive temporality" oder „retrospective attribution". Diese Begriffe orientieren sich jedoch alle mehr oder weniger an der kausalen Zeitauffassung eines linearen Zeitstrahls, bei der die Wirkung der Ursache stets nachgeordnet ist. Die „Aufschiebung" oder die Vorsilbe „retro-" deuten ebenso auf diese Blickrichtung hin, wie die „retrospektive Attribution" auf eine apophantische Variante derselben verweist.

Im Französischen hat sich „l'après-coup" mit Bindestrich durchgesetzt, was dem Deutschen schon näherstehen, und eine andere, vielmehr „heterogene Zeit"[225] impliziert. (Lacan versucht im Seminar II diese Dimension durch die Rede von „l'effet d'après-coup"[226] gegenüber der deterministischen Dimension abzuheben,[227] oder aber lässt das Wort, wie im Vortrag von 1953, im deutschen Original stehen.)

Laplanche behandelt in seiner Vorlesung aus dem Jahre 1970/71, die dem Problem der Nachträglichkeit gewidmet ist, mit besonderer Sensibilität diese Fragen der Übersetzung und unterscheidet drei systematisch verschiedene Bedeutungen des deutschen Verbs „*nachtragen*":

1.) „etwas zurück bringen/bewegen/tragen";
2.) „etwas hinzufügen"; und
3.) „nachtragend sein"/ „unversöhnlich"/ „Groll hegen".[228]

Keine der vorgeschlagenen Übersetzungen vermag für sich genommen die gesuchte Bedeutung zu umfassen. Die Schwierigkeit besteht in der Übereinkunft zweier Zeitauffassungen in einem Begriff: einer *deterministisch irreversiblen* und einer *hermeneutisch reversiblen* Zeitlichkeit. Sehen wir also näher hin, wie Freud selbst diesen Gedanken entwickelt.

Wenn wir die Nachträglichkeit als metapsychologischen Begriff bezeichnen, so tun wir dies ebenfalls nachträglich. Zumindest wird er von Freud in eben jener Metapsychologie nicht eigens ausgearbeitet. Sein operativer Gebrauch und sein sporadisches Auftauchen im Freud'schen Text weisen schon darauf hin, dass dieser Begriff in seiner Bestimmung mehrfache Modifikationen erfährt. Dies bedeutet aber auch, dass sowohl die Interpretationen, die der eher kausalistisch-mechanistisch-biologistischen – d. h. linearen – Zeitlichkeit folgen, als auch diejenigen, welche die Nachträglichkeit im Lichte einer eher struktural-hermeneutischen – d. h. heterogenen – Zeitlichkeit betrachten, durch den Text belegt werden können.

---

[224] Sigmund Freud, Standard Edition of the Complete Psychological Works, trans. under the general editorship of James Strachey, 24 vols. London: Hogarth Press, in association with the Institute of Psycho-Analysis, 1953–1974.

[225] Laplanche, Problématiques VI. L'après-coup, S. 20.

[226] Lacan Se II, S. 283, dt. S. 236.

[227] Siehe Thomä, H. & Cheshire, N. (1991): Freud's ‚Nachträglichkeit' and Strachey's ‚deferred action': Trauma, constructions and the direction of causality. Int Rev Psychoanal 18, 407–427.

[228] Siehe Jean Laplanche, Problématiques VI; L'après-coup. Paris: PUF, 2006.

3.5 Zeitlichkeit in der Psychoanalyse

Die Nachträglichkeit taucht bereits in Freuds Briefen an Fließ (1895) auf und steht hier in engem Zusammenhang mit der – später verworfenen – Verführungs- und Traumatheorie. Nachdem sie in der Traumdeutung (1900) nochmals Erwähnung findet, übernimmt sie erst wieder in der Analyse des Wolfsmanns (1914) eine entscheidende Rolle bei der Konzeption der „Urszene".

Laplanche findet den Begriff im Freud'schen Werk in dreifacher Bestimmung vor:

1.) als ein „nachträgliches Bewusstsein", das als sekundäres zu dem Primärbewusstsein – für Freud: dem Wahrnehmungsbewusstsein – hinzutritt (was der englischen Übersetzungsmöglichkeit von „subsequent" entspricht);
2.) als eine zeitversetzte Nebenwirkung, nach der die Erinnerungen *im Besonderen* stärker sind als die Ereignisse der Vergangenheit, auf die sie sich beziehen; und
3.) als den linearen Zeitstrahl invertierende Retroaktion, der gemäß *im Allgemeinen* Erinnerungen erst nachträglich, d. h. nicht ohne Hinzutreten mindestens einer weiteren Szene, verstanden werden können.[229]
4.) Wir fügen noch die Lacan'sche Elementarfunktion hinzu: die retroaktive Konstitution der Bedeutung im Allgemeinen als „Minimalschema der menschlichen Erfahrung".[230]

Die Entwicklung dieser metapsychologischen Funktionen soll im Folgenden expliziert werden. Freuds Überlegungen nehmen ihren Anfang in den frühen psychodynamischen Ansätzen des 19. Jahrhunderts.

Zum ersten Mal begegnet uns dieser Gedanke 1894 in der Fallstudie *Fräulein Elisabeth v. R.*, einer Krankenschwester mit hysterischer Neurose, bei welcher Freud von der „nachträglichen Erledigung der während der Krankenpflege gesammelten Traumen"[231] spricht. Der Gedanke einer „nachträglichen Umarbeitung" (1.) verweist uns auf die frühe Traumatheorie Freuds. Diese ist metapsychologisch wiederum eng verknüpft mit dem frühen Erklärungsansatz für psychische Kausalität, wie ihn Freud und Breuer in den *Studien zur Hysterie* vertraten: dem hypnoiden Zustand. Es war Joseph Breuer, der die hysterischen Symptome mit den Phänomenen von Bewusstseinsverlust, wie sie für die Hypnose oder jenen hypnoiden Zustand[232] charakteristisch sind, verknüpfte – wie viele seiner Zeitgenossen war auch Breuer fasziniert von der Möglichkeit alterner Bewusstseinszustände und der Abspaltung dieser Zustände untereinander. Bei einer Abspaltung hinterlassen die Inhalte dieser Zustände keine Spuren im restlichen Bewusstsein. Für Breuer war die *Möglichkeit* der mentalen Spaltung eine zureichende Erklärung hysterischer Symptomatik, deren Ursache allerdings weiter im Dunkeln blieb.[233]

---

[229] Laplanche, Problématiques VI; L'après-coup, S. 37 f.
[230] Lacan, Sem. III, S. 317. Worauf wir in Kapitel 3.6.1 eingehen werden.
[231] Freud, GW, Bd. 1, S. 229.
[232] Einer der Hypnose analoger Zustand von „Autohypnose"; Breuer nennt den Neurologen Paul Julius Möbius als Vordenker dieses Begriffs.
[233] Jean Laplanche und J.-B. Pontalis, The Language of Psychoanalysis, trans. By D. Nicholson-Smith. London, Hogarth Press 1973, S. 192 f.

Freud hingegen suchte nach einer umfassenderen Fundierung des Phänomens der Spaltung und der Absenz: einen Abwehrmechanismus, der *aktiv* diese Zustände herbeiführen sollte.[234] Trotzdem verschwand die Theorie hypnoider Zustände nicht völlig aus den Überlegungen Freuds, sondern wird 1909 vielmehr auf der Grenze zwischen Sexualität und Physiologie verortet. Das Phänomen der geistigen Abwesenheit bei „hysterischer Absence" entspringt demnach derselben Ursache, wie der flüchtige Moment des Bewusstseinsverlusts beim Orgasmus:

> „Der Mechanismus dieser Absencen ist ein relativ einfacher. Zunächst wird alle Aufmerksamkeit auf den Ablauf des Befriedigungsvorganges eingestellt, und mit dem Eintritte der Befriedigung wird diese ganze Aufmerksamkeitsbesetzung plötzlich aufgehoben, so daß eine momentane Bewußtseinsleere entsteht. Diese sozusagen physiologische Bewußtseinslücke wird dann im Dienste der Verdrängung erweitert, bis sie all das aufnehmen kann, was die verdrängende Instanz von sich weist."[235]

Dieser Funktionszusammenhang von Reizexzess und Bewusstseinsmodifikation, stellt nun die Verbindung zur Traumatheorie her. Ist es dem Organismus nicht gelungen diese Reize auf physiologischer Ebene abzuwehren, schützt sich der psychische Apparat, gleichsam ‚von innen', gegen dieselben, indem er das Bewusstsein für die Abwehr dienstbar macht. Im eigentlichen Sinne traumatisch wird dieser Schutzmechanismus dann, wenn die adäquate *Abreaktion* der in die Bewusstseinslücken verdrängten Inhalte durch soziale, psychische oder psychodynamische Faktoren verhindert wird.

Die *Traumatheorie* hatte ihren Ursprung in der Arbeitsmedizin Mitte des 19. Jahrhunderts als sich Mediziner mit Patienten konfrontiert sahen, die schwere Arbeitsunfälle erlitten hatten, wie sie sich im Zuge der Industrialisierung und dem Umgang mit ‚schwerem Gerät' vermehrt ereigneten. Es war Jean-Martin Charcot, der als erster die Ähnlichkeit der psychopathologischen Symptome des sogenannten „railway spine" oder „railway brain"[236] mit denen der Hysterie erkannte. Die ‚Spaltung' im Krankheitsbild der traumatisierten Patienten war erstens eine Spaltung zwischen physiologischer Verletzung (von gr. „τραύμα" = „Wunde") und den psychischen Symptomen. Hierbei zeigte sich die *Absence einer direkten Verbindung* zwischen Symptom und dem Teil des Organismus, der Läsionen aufweist. Zweitens beobachtete Charcot einen *zeitlichen Abstand* zwischen dem eigentlichen Unfall und dem Symptom. Letzteres trat erst mit Verzögerung auf, als ob die Neurose eine Art ‚Inkubationszeit' durchlaufen müsse. Charcots Theorie des Traumas war somit einerseits an den realen Unfall gebunden und wurde durch ein externes Ereignis *objektiviert*; andererseits hoben die Spaltungen, die das Trauma strukturell mit der Hysterie verbanden, den *exzessiven Überschusscharakter* des traumatischen Ereignisses und damit den ‚internen' oder psychogenen Anteil hervor. Es kommt also zu

---

[234] John Forrester, The Seduction of Psychoanalysis, S. 193 ff. Wir folgen im Weiteren Forresters Rekonstruktion der Traumatheorie.

[235] Freud, GW, Bd. 7, S. 239.

[236] Henri Ellenberger, The Discovery of the Unconscious. The History and Evolution of Dynamic Psychiatry. London, Fontana Press 1970, S. 438.

3.5 Zeitlichkeit in der Psychoanalyse

einer *Verschiebung* von körperlicher und psychischer Symptomatik.[237] Die Abwesenheit von Ursachen wurde durch diesen Charcot'schen Gedanken der Verschiebung fruchtbar gemacht und so völlig neuartige Formen der *Negativität* in die Pathologie eingeführt.

Ein letzter Schritt, zu dem die Überlegungen Charcots führen, ist zugleich der Ausgangspunkt derjenigen Traumatheorie, wie wir sie von Freud und Breuer in den *Studien zur Hysterie* ausgearbeitet finden. Mittels der Hypnose und der hypnotischen Suggestion suchte Charcot die Strukturverwandtschaft von traumatischer und klassischer Hysterie zu beweisen. Diese Untersuchungen und Demonstrationen beleuchteten diese Bewusstseinszustände nun von ihrer ideellen, vorstellungsmäßigen Seite. Eine Frage, die für die Psychoanalyse in ihrer Struktur von größter Bedeutung sein wird: Wie wird die Externalität *durch* das Subjekt *für* es selbst repräsentiert?[238]

In Verbindung mit Breuers und Freuds eigenen Arbeiten entstand so eine Theorie erinnerungsmäßiger Repräsentationen, an denen sich das ‚Schicksal' neurotischer Traumata zeigen sollte.

> „In Umkehrung des Satzes: *cessante causa cessat effectus* [‚Wenn die Ursache aufhört, hört die Wirkung auf.'] dürfen wir wohl aus diesen Beobachtungen schließen [...]: *der Hysterische leide größtenteils an Reminiszenzen.*"[239]

An dieser *Umkehrbarkeit* wird nun eine Ambiguität sichtbar, die uns einen ersten Hinweis auf die Aufspaltung linearer und heterogener Zeitlichkeit in Bezug auf psychische Kausalität liefert, welche uns den Freud'schen Zugang zum Problem der Nachträglichkeit gewährt. Die Frage ist, ob die in der *talking cure* aufkommenden Reminiszenzen ihre psychische Energie aus dem vergangenen Ereignis beziehen, oder Produkt der Rememorierung selbst sind. Anders gefragt, geht es um die „Erinnerung *des* Traumas" oder um die „Erinnerung *als* Trauma"?[240]

Die therapeutische Arbeit zeigt Freud, dass es beides ist. Die (in den Studien zur Hysterie so genannte) „hysterische Disposition" wird verstanden als ein Netzwerk von Symptomen, das anzeigt, dass sich hinter den eindringlichen Reminiszenzen weitere, subtilere Reminiszenzen verbergen, die aber für die nachhaltige Aufhebung des ganzen symptomatischen Systems von größerer Bedeutung sind. Es haben also sowohl das Ereignis als auch die Weise (und Anzahl) der Erinnerungen einen traumatischen Wert. Am 15. Oktober, kurz vor der Niederschrift des *Entwurfs* von 1895, kommt Freud zu folgendem Ergebnis:

> „Hysterie [ist] die Folge eines präsexuellen Sexualschrecks [...]. ‚Präsexuell' heißt eigentlich vor der Pubertät, vor der Entbindung der Sexualstoffe, *die betreffenden Ereignisse wirken erst als Erinnerung.*"[241]

---

[237] Erst wenn ein Patient Symptome zeigt, die sich *nicht direkt* auf den Körper beziehen, befinden wir uns in der Ordnung der Psychopathologie – anderenfalls ist es *per definitionem* eine Frage somatischer Ätiologie.

[238] Vgl. John Forrester, The Seduction of Psychoanalysis, S. 196.

[239] Freud, GW, Bd. 1, S. 86.

[240] John Forrester, The Seduction of Psychoanalysis, S. 197.

[241] Freud, Aus den Anfängen der Psychoanalyse, Fischer, Frankfurt a.M. 1962, S. 113. (Herv. v. mir – P. F.).

Der scheinbar paradoxe Ausdruck eines „präsexuellen Sexualschrecks" lässt sich durch die erwähnte Ambiguität der linearen und heterogenen Zeitlichkeit entziffern. Wir können zu diesem Zweck von der eigentlichen Problematik der Sexualität als solcher abstrahieren und uns nur auf die zeitliche Kausalfolge konzentrieren. Einerseits ist das menschliche Subjekt als verleiblichtes durch einen irreversiblen Entwicklungsschritt determiniert, es kann die sexuelle Reifung nicht ungeschehen machen (es sei denn durch Regression); andererseits besitzt es das Vermögen zur Rememorierung, das es mit der Möglichkeit einer gewissen geistigen Reversibilität ausstattet.

Es gibt hier also eine Zäsur und ein doppeltes Vorher und Nachher. Der ‚Schreck' hat einmal seine Ursache in einem historischen Ereignis und darüber hinaus in dem Akt der Rememorierung selbst. Der *Sinn* des Ereignisses als traumatisches ist also in diesem selbst (und nicht im Bewusstsein) bereits angelegt, während die Erinnerung an die prätraumatische Reminiszenz diese allererst traumatisiert.

Diese Konzeption, die uns auf die ‚Prähistorie' des Subjekts verweist, konfrontiert nun die Traumatheorie mit neuen Fragen: Was *markiert* diese zumeist nebulösen und schwer zugänglichen Erinnerungen als (proto-)traumatisch, und wie genau *erlangen* diese Reminiszenzen ihren neurotischen Charakter? Einen ersten Erklärungsversuch unternimmt Freud mit seiner *Verführungstheorie*, der gemäß die traumatische Energie aus dem Sexualleben der Erwachsenen den für das Trauma nötigen ‚Überschuss' bereitstelle. Freud wiederholte darin den objektivierenden Zug der Charcot'schen Traumatheorie, indem er den Ausgangspunkt eines reellen Unfallereignisses durch den Exzess adulter Sexualität ersetzte. Die Konzeption eines in einer reellen Verführungsszene fundierten Traumas nahm er später zurück.[242]

3.5.5 Das sequenzielle Schema der Nachträglichkeit

Der *Fall Katharina* bietet einen ersten Einblick in die Funktion der psychotraumatologischen ‚Inkubation' noch im Lichte der Charcot'schen Neurosenlehre.

Katharina, die mit achtzehn Jahren im elterlichen Wirtshaus arbeitet (und die Freud auf der Durchreise auf ihre Bitte hin, behandelt), klagt über plötzlich auftretende Atemnot und Schwindel: Symptome, die sich als die somatisch isolierte Seite

---

[242] Den Studien zur Hysterie fügt Freud 1924 folgende Anmerkung bei: „Dieser Abschnitt [Zwangsvorstellungen haben gleichfalls ein sexuelles Kindererlebnis zur Voraussetzung] steht unter der Herrschaft eines Irrtums, den ich seither wiederholt bekannt und korrigiert habe. Ich verstand es damals noch nicht, die Phantasien der Analysierten über ihre Kinderjahre von realen Erinnerungen zu unterscheiden. Infolgedessen schrieb ich dem ätiologischen Moment der Verführung eine Bedeutsamkeit und Allgemeingültigkeit zu, die ihm nicht zukommen. Nach der Überwindung dieses Irrtums eröffnete sich der Einblick in die spontanen Äußerungen der kindlichen Sexualität, die ich in den ‚Drei Abhandlungen zur Sexualtheorie', 1905, beschrieben habe. Doch ist nicht alles im obigen Text Enthaltene zu verwerfen; der Verführung bleibt eine gewisse Bedeutung für die Ätiologie gewahrt und manche psychologische Ausführungen halte ich auch heute noch für zutreffend." (Freud, GW, Bd. 1, S. 385, Anm. 1.).

3.5 Zeitlichkeit in der Psychoanalyse

eines Angstanfalls zu erkennen geben. Sich allmählich zu den in diesen Panikattacken verborgenen Inhalten vortastend, erzählt die junge Frau, sie habe das Gefühl: „[E]s steht jemand hinter mir und packt mich plötzlich an".[243] Die Anfälle waren erstmals zwei Jahre zuvor aufgetreten und kehrten seitdem regelmäßig wieder. Damals (mit sechszehn Jahren) hatte sie den Vater „bei dem Mädel erwischt"[244] – gemeint war die Cousine und Köchin des Wirtshauses Franziska. Diese erste Szene ist nicht nur deshalb von Bedeutung, weil Katharina unmittelbar daraufhin ihren ersten Angstanfall durchlebte, sondern auch weil sich die Eltern (nachdem Katharina einige Zeit später ihrer Mutter beichtet, was sie mit angesehen hatte) scheiden ließen, wofür sich Katharina selbst die Schuld gibt. Auf Freuds Nachfrage, was sie denn zu diesem Zeitpunkt von dem Koitus zwischen Vater und Cousine *verstanden* habe, beteuert sie, diesen Zusammenhang nicht rekonstruieren zu können, (was Freud durch die oben erwähnte Theorie der Bewusstseinsspaltung durch hypnoide Zustände erklärt). Im Laufe der weiteren Unterredung stellt sich der beschriebene „Schrecken" des Anblicks eigentlich als „Ekel" dar (ihre daran anknüpfende Symptomatik des Erbrechens klang dagegen wieder ab). Daraufhin gibt es im Gespräch mit Freud eine Zäsur in der Erinnerungsarbeit und eine zweite Szene kommt *überraschend* auf: „Dann aber läßt sie zu meinem Erstaunen diesen Faden fallen und beginnt zwei Reihen von älteren Geschichten zu erzählen..."[245]

Wiederum zwei Jahre zuvor hatte der Vater auf einer gemeinsamen Reise der vierzehnjährigen Tochter „sexuell nachgestellt", indem er sich alkoholisiert zu ihr legte, sodass sie „seinen Körper spürte".[246] Katharina sprang aus dem Bett und gab ihrem Schrecken Ausdruck, den der Vater aber insolent erwiderte. Wiederum nach ihrem „Verstehen" dieser Szene gefragt, muss sie ein weiteres Mal gestehen, den sexuellen „Charakter" dieser Situation nicht begriffen zu haben. Für sie war dies nichts weiter als eine störende Irritation, „weil es ihr unangenehm war, im Schlafe gestört zu werden, und weil sich das nicht gehört hat'".[247] Dieser Szene folgen weitere Reminiszenzen, in denen der Vater wiederholt die Nähe der besagten Cousine gesucht hatte. Freud fügt nun die Teile dieser Struktur zusammen:

> „Mir aber ist unterdes das Verständnis ihres Falles aufgegangen; was sie mir zuletzt anscheinend planlos erzählt hat, erklärt vortrefflich ihr Benehmen bei der Szene der Entdeckung [mit sechszehn Jahren: der Vater mit der Cousine]. Sie trug damals zwei Reihen von Erlebnissen mit sich, die sie erinnerte, aber nicht verstand, zu keinem Schlusse verwertete; beim Anblicke des koitierenden Paares stellte sie sofort die Verbindung des neuen Eindruckes mit diesen beiden Reihen von Reminiszenzen her, *begann zu verstehen und gleichzeitig abzuwehren.*"[248]

Unbewusst sind diese früheren Erlebnisse nicht ihrem realen *Gehalt*, sondern ihrem *Sinn* nach. Die Reminiszenzen können einen „von der Denktätigkeit des Ich

---

[243] Freud, GW, Bd. 1, S. 186. Die Halluzinationen eines „grausigen Gesichts" lassen wir außen vor.
[244] Freud, GW, Bd. 1, S. 187.
[245] Freud, GW, Bd. 1, S. 189.
[246] Freud, GW, Bd. 1, S. 190.
[247] Ebd.
[248] Freud, GW, Bd. 1, S. 191. (Herv. v. mir – P. F.).

ausgeschlossenen" Sinn repräsentieren, solange sie nicht durch weitere Sinnregungen einer Umarbeitung unterzogen werden. Dieser neue Sinn wird nun aber gleichzeitig abgewehrt, insofern der mit ihm verknüpfte Affekt exzessiv – d. h. traumatisch – wirkt. Danach wären für Freud die früheren Erlebnisse mit erotischem Inhalt die eigentlich traumatischen Elemente, die dann aber inaktiv bleiben, während das spätere Entdeckungserlebnis als eine Art Trigger fungiert – Freud nennt sie „auxiliäres Moment".[249] Dieses Schema der Abwehrhysterie, wie Freud sie in den *Studien zur Hysterie* vertritt, verknüpft sich mit seiner Entdeckung des „präsexuellen Sexualschrecks" aus dem Brief an Fließ:

> „In dieser Hinsicht ist der Fall Katharina ein typischer; man findet bei der Analyse jeder auf sexuelle Traumen begründeten Hysterie, daß Eindrücke aus der vorsexuellen Zeit, die auf das Kind wirkungslos geblieben sind, später als Erinnerung traumatische Gewalt erhalten, wenn sich der Jungfrau oder Frau das Verständnis des sexuellen Lebens erschlossen hat."[250]

Freud spricht sich im Falle sexueller Traumata also für eine Interpretation der „Erinnerung *als* Trauma" aus. Als externe Verursachung bleibt in den Erlebnissen Katharinas nicht mehr als eine Irritation übrig, wohingegen das Verstehen selbst zum Trauma und zur Abwehr führt. Die retrograde Bewegung der Traumatisierung ist aber nicht hinreichend, um die Angstneurose zu erklären. Denn die auxiliäre Szene des Entdeckungserlebnisses ist nicht nur der Auslöser für das Verständnis des Vergangenen, sondern ist auch der Moment, in dem Katharina ihren ersten Angstanfall erleidet, der also als der eigentlich „traumatische" zu bezeichnen ist. Diesen Doppelcharakter der auxiliären Szene lässt Freud offen, weil er sich der notwendigen Aufspaltung linearer und heterogener Zeitlichkeit bewusst ist: „Ich sehe in diesem Zusammenfallen aber keinen Grund, eine begriffliche Scheidung aufzugeben, welcher bei anderen Fällen auch eine zeitliche Scheidung entspricht."[251]

Zuletzt sei noch darauf verwiesen, dass sich dieses „Trauma durch Verstehen" nicht auf einen Schlag einstellt, sondern ebenfalls seine *Zeit zum Begreifen* braucht: Charcots „Zeit der psychischen Ausarbeitung".[252] Bedingung für dieses „Intervall der Inkubation"[253] ist die theoretische Annahme einer „Summation der Traumen", die zur „Latenz der Symptome"[254] führt.

Die bezüglich der Nachträglichkeit weitaus häufiger rezipierte und von Freud metapsychologisch formaler ausgearbeitete Fallstudie findet sich im *Entwurf einer Psychologie*. Zugrunde liegt, wie im Fall Katharina, das gleiche „sequenzielle Schema"[255] zweier Szenen, die notwendig sind, um ein Trauma nachträglich zu konstituieren. Auch hier geht Freud nicht von einer chronologischen, sondern regressiv

---

[249] Freud, GW, Bd. 1, S. 194.
[250] Ebd.
[251] Freud, GW, Bd. 1, S. 195.
[252] Freud, GW, Bd. 1, S. 195. Freud zitiert Charcot an dieser Stelle.
[253] Ebd.
[254] Freud, GW, Bd. 1, S. 242.
[255] Eine der eingehendsten Darstellungen des Falls Emma finden wir bei Jean Laplanche, Leben und Tod in der Psychoanalyse, Walter-Verlag, Freiburg im Breisgau 1974, S. 60 ff./Vie et mort en Psychanalyse, Flammarion, Paris 1970, S. 64 ff.

3.5 Zeitlichkeit in der Psychoanalyse

inversen Zeitordnung aus, d. h. die erste Szene und jüngere Erinnerung ist das an sich spätere Ereignis. Die Studie behandelt einen einfachen Fall von Zwangsneurose: *Emma* kann nicht ohne Begleitung Ladengeschäfte betreten. Ausgangspunkt ist folgende *erste Szene*:

> „Zur Begründung desselben eine Erinnerung, als sie 12 Jahre alt war (kurz nach Pubertät). Sie ging in einen Laden etwas einkaufen, sah die beiden Kommis, von denen ihr einer in Erinnerung ist, miteinander lachen, und lief in irgendwelchem Schreckaffekt davon. Dazu lassen sich Gedanken erwecken, daß die beiden über ihr Kleid gelacht und daß ihr einer sexuell gefallen habe."[256]

Hierzu die korrespondierende *zweite Szene*:

> „Weiteres Forschen deckt nun eine zweite Erinnerung auf, die im Moment der Szene I gehabt zu haben, sie bestreitet. Es ist auch durch nichts erwiesen. Als Kind von 8 Jahren ging sie zweimal in den Laden eines Greißlers [ostösterreichisch: Lebensmittelhändler] allein, um Näschereien einzukaufen. Der Edle kniff sie dabei [begleitet von einem Grinsen] durch die Kleider in die Genitalien. Trotz der ersten Erfahrung ging sie ein zweites Mal hin. Nach dem zweiten blieb sie aus."[257]

Emma reagiert mit Schuldgefühlen auf diese Erzählung, weil ihr erneuter Ladenbesuch die Verführung des Geißlers in eine von ihr ausgehende Verführung invertiert. Die Interpretation als einer Verführung verbleibt jedoch – auch für Emma – in der Perspektive des Dritten. Die Szene selbst lässt genau das vermissen, was Freud eine „sexuelle Entbindung" nennt: jene spezifisch adulte psychophysische Reaktion auf Erlebnisse sexuellen Inhalts. Emma erlebte das Ereignis, wie Freud sagt, „in einem anderen Zustand".[258]

Die erste Szene entbehrt wiederum auf ihre Weise eines sexuellen Inhalts. Den beiden lachenden Verkäufern wird in Ermangelung einer Ursache ein Motiv zugeschrieben, das sich vermeintlich auf das Kleid bezieht. Einzig der paradoxe Affekt, sich zu einem ihrer ‚Spötter' hingezogen zu fühlen, sowie die Angst- und Fluchtreaktion verraten ein ‚Anderes' in dieser Szene, die Aktualisierung einer anderen Sequenz. Diese falsche Verknüpfung der assoziativen Glieder – Kommis, Lachen, Kleider, Sexualempfindung – zu einer Deutung öffentlicher Bloßstellung bezeichnet Freud als πρῶτον ψεῦδος (in Anlehnung an die aristotelische Logik, wo in diesem Fall eine formal korrekte Deduktion zu falschen Konklusionen führt).

Dieser *proton pseudos* ist in Freuds Verführungstheorie ein strukturelles Moment: das ontogenetische Faktum der Pubertät, das die beiden Szenen, wie es Laplanche formuliert, „durch eine temporale Schranke voneinander trennt und sie in *zwei verschiedene Bedeutungssphären* einschreibt".[259] Was als neue Sphäre hinzutritt, ist die „Möglichkeit einer sexuellen Reaktion", die sich in Leiblichkeit oder Vorstellungen artikulieren kann. In der zweiten Szene findet der Übergriff des Greißlers in einer Bedeutungssphäre statt, die Emma nicht zugänglich ist. Wesent-

---

[256] Freud, Aus den Anfängen der Psychoanalyse. Briefe an Wilhelm Fließ Abhandlungen und Notizen aus den Jahren 1887–1902, Frankfurt a. M., Fischer Verlag 1962, S. 353.
[257] Freud, Aus den Anfängen der Psychoanalyse, S. 356.
[258] Ebd.
[259] Laplanche, Vie en mort en psychanalyse, S. 66/dt. S. 62. (Herv. v. mir – P. F.).

liches Element der Verführung ist das ‚Spiel' mit möglichen sexuellen Reaktionen, die bei Emma keine Korrespondenz haben. Mit Laplanche können wir diese ‚Dialektik' vorsexueller und sexueller Bedeutung auf der Ebene des Subjekts als Sphären des An-sich und des „Für-das-Subjekt"[260] beschreiben. Dass der Übergriff des Greißlers *an sich* sexuelle Bedeutung hat, heißt nicht, dass er auch *für* Emma diesen Sinn annimmt. Die ‚Latenz' der zweiten Szene ist nicht die eines schlummernden Sinnzusammenhangs des Subjekts, sondern liegt virtuell in der Szene, jederzeit bereit (vom Subjekt des Unbewussten) ‚entdeckt' zu werden. Diesen Schwebezustand der zweiten Szene erklärt Freud noch mechanistisch durch die von Janet und Breuer übernommene Theorie der „Spaltung des Bewußtseins mit Bildung separater psychischer Gruppen".[261] Dieser vorsexuell-sexuelle Sinn wird so zu einer Art ‚Separatist' im Psychismus des Subjekts, zum „agent provocateur", wie Freud ihn in den *Studien zur Hysterie* nennt. Diese Verinnerlichung der traumatischen Ursache macht zuletzt die wiederkehrende psychische Abwehr nötig, die sich im Symptom manifestiert. Der *proton pseudos* ist eine Art Pseudo-Trauma, welches als ‚Fremdkörper' das Subjekts von Innen attackiert:

> „Aber der kausale Zusammenhang des veranlassenden psychischen Traumas mit dem hysterischen Phänomen ist nicht etwa von der Art, daß das Trauma als *agent provocateur* das Symptom auslösen würde, welches dann, selbstständig geworden, weiter bestände. Wir müssen vielmehr behaupten, daß das psychische Trauma, respektive die Erinnerung an dasselbe, nach Art eines Fremdkörpers wirkt, welcher noch lange Zeit nach seinem Eindringen als gegenwärtig wirkendes Agens gelten muß, und wir sehen den Beweis hiefür in einem höchst merkwürdigen Phänomen, welches zugleich unseren Befunden ein bedeutendes *praktisches* Interesse verschafft."[262]

Dieses Phänomen ist nichts anderes als die Topologie der Sprechkur selbst. *Erinnern* und affektives *Auf*kommen von Erlebtem ist Artikulation, ist „*aus*sprechen" (Freud setzt dieses Wort in Anführungszeichen) des *inneren* Fremdkörpers. Denn zum einen hat dieser Fremdkörper, das Attentat, einen zweizeitigen[263] „dephasierten" Sinn, zum anderen verbirgt dieser sich in der bewusst erlebten Szene hinter dem Symbol „Kleid": Er macht sich also die wesentliche Funktion des Sprachlichen zu eigen, Abwesendes anwesen zu lassen. Die Nachträglichkeit, insofern sie bitemporal symbolisch vermittelt ist, schafft allererst eine ‚Lesbarkeit' des Erinnerten und konstituiert das Subjekt als „historisches".[264]

Man könnte nun behaupten – wie es einige Kommentatoren getan haben –, dass diese Konzeption der Nachträglichkeit ganz und gar an die Verführungstheorie und ihre spezifische Traumatheorie gebunden bleibe, und dass mit Freuds Entdeckung

---

[260] Laplanche, Vie en mort en psychanalyse, S. 67/dt. S. 63.

[261] Freud, Bd. 1, S. 60.

[262] Freud, Bd. 1, S. 85.

[263] Laplanche nennt die Nachträglichkeit anderorts auch „une théorie du trauma en deux temps". (Jean Laplanche, *Problématiques VI; L'après-coup*. Paris, PUF 2006, S. 49).

[264] Siehe Erdheim, M. (1993): Psychoanalyse, Adoleszenz und Nachträglichkeit. In: Bohleber, W. (Hg.): Adoleszenz und Identität. Stuttgart: Verlag Internationale Psychoanalyse, S. 93; und Friedrich-Wilhelm Eickhoff, Über Nachträglichkeit. Die Modernität eines alten Konzepts, Jahrb. Psychoanal. 51, frommann-holzboog 2005, S. 142.

3.5 Zeitlichkeit in der Psychoanalyse

einer infantilen Sexualität auch die Bestimmung zweier strikt voneinander getrennten Bedeutungssphären sexuell/vorsexuell obsolet würde. Und tatsächlich stellt Freud seine Abkehr von der Verführungstheorie ab 1897 als fundamentale Wende dar. Mit der Ersetzung der „infantilen Sexualtraumen" durch einen „Infantilismus der Sexualität",[265] tritt auch die gegen die Heredität der zeitgenössischen Auffassung ausgearbeitete *akzidentelle Dimension* der Neurosenlehre in den Hintergrund und die Frage sexueller Konstitution und Disposition steht nun erneut im Zentrum. An die Stelle der ehemals homogen vor- oder asexuellen Sphäre treten nun die „Mannigfaltigkeiten [einer] sexuellen Konstitution".[266] Freud erkannte zum einen, dass eine ‚normale' Sexualentwicklung nicht minder reich an infantilen Sexualerlebnissen ist. Zum anderen schien Verdrängung ein ‚normaler' Teil derselben zu sein. Die nun als „polymorph pervers" bezeichneten infantilen Anlagen erführen eine Polarisierung oder Hierarchisierung der Partialtriebe unter die genital organisierte Sexualität der Erwachsenen. Zwar sollten „Libidofixierung" und „Versagung" (Freuds Terminologie für dispositionelle und akzidentelle Anteile) sich im Spätwerk die Waage halten, dennoch ist an diesem Punkt der Freud'schen Lehre der besondere Erfahrungsgrund der *talking cure* und ihrer spezifischen Wirkungsmechanismen, wie er sich allererst aus Hypnose und Suggestion herausbilden musste, einer objektivistischen Entwicklungspsychologie gewichen. Wie Markus Klammer bemerkt:

> „Diese Ätiologie aber, mag sie noch so gut balanciert sein, entwertet die analytische Situation, die immer im Mittelpunkt der empirischen Forschungen der Psychoanalyse gestanden hatte, und lässt die aufwendig konzipierten Falldarstellungen zu bloßen didaktischen Übungen verkommen."[267]

Die Vernachlässigung des Kontingenten, Akzidentellen, Tychischen ist wahrscheinlich der höchste Preis, den Freud für seinen ‚Biologismus' zahlte. Lacan war dagegen klar, dass sich die Frage der Nachträglichkeit nicht mit der Sexual- und Triebtheorie bei Freud einfach in Luft aufgelöst hatte:

> „[Man braucht] sich auf dem Felde Freuds nur zu bücken […], um aufzulesen, was da zu finden ist. Zum Beispiel ist die tatsächliche Bedeutung des *Nachträglich** immer übersehen worden, obgleich das Wort da war und man es nur hätte auflesen müssen."[268]

Nach den *Studien zur Hysterie* ist die Nachträglichkeit ein operativer Begriff, der jedoch unvollständig konzeptualisiert bleibt.[269] Implizit wie explizit spricht Freud – von der *Traumdeutung* über *Zur Psychopathologie des Alltagslebens*, diversen Falldarstellungen, der *Notiz über den Wunderblock*, bis zu den Arbeiten zu Michelangelo (1914) und Moses (1939) – von „nachträglicher Kausalisierung". Auffällig ist,

---

[265] Freud, Meine Ansichten über die Rolle der Sexualität in der Ätiologie der Neurosen, GW, Bd. 5, S. 154.
[266] Freud, GW, Bd. 5, S. 155.
[267] Markus Klammer, Figuren der Urszene, Verlag Turia + Kant, Wien 2013, S. 301.
[268] Lacan, Sem. XI, S. 227.
[269] Siehe dazu die chronologische Darstellung der Entwicklung des Nachträglichkeitsbegriffs bei Freud und seinen Nachfolgern: Eickhoff, Über Nachträglichkeit, S. 142 ff.

dass – mit Ausnahme der zuletzt genannten kulturhistorischen Fragestellungen – die Nachträglichkeit vor allem in Fragen psychoanalytischer Praxis ihre Anwendung findet, so in *Über Deckerinnerungen* (1899) und den späten Texten *Die endliche und unendliche Analyse* (1937) oder *Konstruktionen in der Analyse* (1937). Von besonderer Bedeutung – und das lässt uns zu unserer Ausgangsfrage zurückkehren – ist die Studie über den Wolfsmann (1918), in der die psychische Kausalität im Sinne einer traumatisierenden Nachträglichkeit in Gestalt der Urszene ein weiteres Mal die Freud'sche Ätiologie strukturiert.

Fassen wir noch einmal zusammen: Der metapsychologische Begriff der Nachträglichkeit beschreibt die spezifische Zeitlichkeit der psychischen Kausalität in einer frühen Gestalt der Neurosenlehre Freuds, bei der die hysterischen Symptome das Produkt einer Traumatisierung sind, die ihren Ursprung in der Verspätung der Adoleszenz haben. Der hermeneutische ‚Raum' der Lebensgeschichte und der Erinnerungen wird durch die Faktizität der sexuellen Reifung in zwei Bedeutungssphären gespalten, die in einem Korrespondenzverhältnis zueinanderstehen, welches gleichermaßen das Subjekt als historisches konstituiert und es zur Abwehr von Traumata nötigt. Erlebnisse sexuellen Inhalts, die in der vorsexuellen Phase *für das Subjekt* einen solchen Sinn nicht annehmen können, werden aus der späteren Bedeutungssphäre sexueller Reife *an sich* als „sexuell" konnotiert. Die Gefahr, die von dieser Szene ausgeht, wird ihrem Sinn nach verdrängt und ‚attackiert' als *agent provocateur* in Form von Symptomen in weitere Erlebnisse, die in doppelter Weise das Trauma ‚triggern' wie auch an sich selbst traumatisch wirken. Mit anderen Worten: *„Die historische Ursache, die damals keine war, wird dies erst im Nachhinein, indem das, was ihre Wirkung sein soll, sie rückwirkend erst zur Ursache macht."*[270]

Die Gefahr in diesen Szenen kann durchaus eine reale gewesen sein, wie ein sexueller Übergriff eines Erwachsenen auf ein Kind; sie bleibt aber letztlich nur schwer gegen die adoleszenten Fantasien der Patienten abzugrenzen, die sich zwischen die Symptome und infantilen Eindrücke zu schieben pflegen.[271] Formal ließe sich behaupten, dass diese Gefahr zuletzt eine Traumatisierung durch die Sinngebung selbst, eine, wie Laplanche es nennt, *Auto-Traumatisierung*[272] ist. Ungeachtet der Folgen, die diese Szenen für das Subjekt nach sich ziehen mögen, repräsentiert die Nicht-Antizipierbarkeit und Ahnungslosigkeit eine prinzipielle Ohnmacht.[273] Hierin liegt strukturell der Kern für die Konzeption des Traumas als verfehlter Begegnung.

---

[270] Hanna Gekle, Nachträglichkeit des Ursprungs. Das Trauma des Wolfsmanns. In: Luzifer-Amor Bd. 4, 1989/2, S. 97.
[271] Siehe Freud, GW, Bd. 5, S. 154.
[272] Laplanche, Problématiques VI; L'après-coup, S. 54.
[273] „… daß das Bewußtsein der eigenen Schwäche und Hilflosigkeit […] auch der letzte Grund der Neurose ist, wenn es sich aus der Kinderzeit ins reifere Leben fortsetzen kann." Freud, Vorlesungen zur Einführung in die Psychoanalyse, GW, Bd. 11, S. 421.

3.6 Automatismus, Überdeterminierung und symbolisches Gedächtnis

Nachdem wir in diesem zweiten Teil der Untersuchung bisher festgestellt hatten, dass die verfehlte Begegnung mit dem Phänomenologischen nicht durch eine Verstellung oder Verbergung der Phänomene, sondern durch eine genuine Nicht-Phänomenalität verursacht wird, hatten wir diese Nicht-Phänomenalität ausgelegt als Schematismus einer Zeitlichkeit des Symbolischen. Die ‚Ekstasen' dieser Zeitlichkeit wurden bestimmt als Antizipation, Wiederholung und Nachträglichkeit, deren Charakter darin besteht, die Zeitigung/Räumlichung des Sinns jeweils zu überspringen, kurzzuschließen oder zu unterwandern. Im Gegenzug zu der klassischerweise als uniform und unilinear vorgestellten Zeit kann man hier von einer Heterogenität derselben sprechen.

In diesem Kapitel werden wir diese Heterogenität der Zeitlichkeit auslegen als Weisen der Überdeterminierung, und versuchen, einige der Konsequenzen, welche die Psychoanalyse daraus gezogen hat, darzustellen. Ziel dieser Darstellung soll sein, eine Bewegung innerhalb der strukturalen Betrachtung aufzuzeigen, die durch den Überschuss, den die Überdeterminierung produziert, die Geschlossenheit der Struktur transzendiert. Insofern dies zumindest für die strukturale Psychoanalyse zutrifft, versucht diese, das Subjekt der Struktur zu denken, nicht als Cogito, das einer *res extensa* gegenüberstünde, also nicht als eine die Struktur denkende andere Struktur, sondern als hyperstrukturalen Überschuss der Struktur selbst.

3.6.1 Die strukturale Interpretation der Überdeterminierung

3.6.1.1 Natürliches und symbolisches Gedächtnis

Das Unternehmen Lacans ließe sich als der Versuch einer Widerlegung eines gewissen ‚Naturalismus' in der Theorie des Gedächtnisses beschreiben:

> „..., dass die Erinnerung [*mémoration*], um die es sich im Unbewussten – dem Freud'schen versteht sich – handelt, nicht zu dem Register gehört, von dem angenommen wird, es sei das des Gedächtnisses, insofern es das Eigentum des Lebendigen wäre."[274]

Das Gedächtnis im psychoanalytischen Sinne lässt sich nach Lacan nicht reduzieren auf ein naturalistisches Verständnis des Gedächtnisses als ‚neuronalem Speicher', dessen Inhalte gewissermaßen ihrer Reaktivierung harren – gemäß der kausalistischen Interpretation der Nachträglichkeit als *deferred action* –, denn dies setzte voraus, dass ‚Erlebnisse' in Form von ‚Tatsachen' abgelegt seien, was eine strukturale Psychoanalyse gerade bestreitet. *Der ontologische Status des unbewussten Gedächtnisses* sei, so Lacan, in seiner vollkommen einzigartigen Kausalitätsordnung von keiner psychologischen Theorie sachgerecht problematisiert worden:

---
[274] Lacan, S I, S. 50.

„Aber unsere α, β, γ, δ [Elemente der Formalisierung] *seien nicht*, ohne dass ein Subjekt sich ihrer erinnere, wendet man gegen uns ein. – Genau das steht unter unserer Feder in Frage: Eher als aus etwas Realem, von dem man glaubt, man müsse es dabei unterstellen, geht gerade aus *dem, was nicht war,* das hervor, was sich wiederholt."[275]

Diese Probleme sind alles andere als neu für die Psychoanalyse. Sie kommen bereits in den allerfrühesten Schriften Freuds zur Aphasie auf. Bereits 1891 finden wir bei Freud in einer Kritik der zu jener Zeit vorherrschenden Aphasietheorie grundlegende Unterscheidungen von Sprache und Gedächtnis.[276] In *Zur Auffassung der Aphasien* antwortet Freud auf die neuroanatomisch konzeptualisierten Theorien mit Fragestellungen, die eine Kluft zwischen diesen Modellen und den klinischen Befunden aufweisen. Die Modellbildung bewegt sich zu jener Zeit im Rahmen des sogenannten *Lokalisationsparadigmas*, bei dem von einer bijektiven Beziehung von Gehirnrinde und Körperoberfläche ausgegangen wurde. Grund dafür ist die Annahme, dass jede Nervenfaser, von dem sie innervierenden Körperareal über eine Bündelung im Rückenmark, ihren Weg bis in die Großhirnrinde fände. Dadurch ließen sich, so die Idee, Funktionszusammenhänge (und ihre pathologischen Ausfallerscheinungen) auf der neuroanatomischen Projektionsfläche lokalisieren. Auf diesem Weg hatte man nun verschiedene *Sprachzentren* ausfindig gemacht: zum einen das von Pierre Paul Broca 1861 entdeckte *motorische Sprachzentrum*, zum anderen das 13 Jahre später von Carl Wernicke beschriebene *sensorische Sprachzentrum*. In ersterem ist die Funktion des Sprach*vermögens*, im zweiten die des Sprach*verständnisses* lokalisiert. Pathologisch entspricht jedem Zentrum eine spezifische Form der Aphasie, denen Wernicke noch eine dritte Form hinzufügt, die sogenannte *„Leitungsaphasie"* als Unterbrechung der Zentren untereinander (d. h. Beeinträchtigung des Vermögens gehörte Sprache zu reproduzieren).

Freud übt nun Kritik an diesem Modell getrennt lokalisierbarer Funktionszentren der Sprache, da diese Auffassung in fundamentalem Widerspruch zu gewissen klinischen Beobachtungen stehe. Einen ersten Anhaltspunkt bieten die Phänomene der sogenannten *Paraphasie*. Freud kritisiert die Vertreter des Lokalisationsparadigmas, Phänomene unter einen Begriff gebracht zu haben, die klinisch wesentliche Unterschiede aufweisen. Unter Paraphasie versteht man eine Störung, bei der Worte oder Wortteile durch andere auf inadäquate Weise ersetzt werden. Dieser Störungsgruppe hatte man Störungsbilder einer anderen Gruppe, jener der „sensorischen Aphasien", zugeordnet. Zwischen den Paraphasien und den sensorischen Störungen sieht Freud jedoch einen entscheidenden Unterschied von sprachlichen Substitutionen *diesseits und jenseits des Sinns*: „Es gehört der Paraphasie an, wenn der Sprechende Worte füreinander setzt, die *dem Sinne nach* ähnlich oder durch häufige Association miteinander verbunden worden sind…"[277] Hierin drückt sich eine *motivierte* Sprachintention aus, die selbst noch in Fällen, in denen ihre sprachlichen Gebilde zu

---

[275] Lacan, S I, S. 52.
[276] Im Hintergrund steht die großartige Analyse Hans-Dieter Gondeks zu dieser allerersten Sprachtheorie bei Freud. Siehe: Gondek, Angst, Einbildungskraft, Sprache, S. 45 ff.
[277] Freud, Zur Auffassung der Aphasien. Eine kritische Studie, Franz Deuticke: Leipzig/Wien 1891, S. 22.

3.6 Automatismus, Überdeterminierung und symbolisches Gedächtnis 225

Neologismen verschmolzen sind, analysierbar bleibt. Hingegen fallen unter die sensorischen Sprachstörungen Produktionen, die diese Anbindung an einen Sinn *sprengen*. Das sinnlose Aneinanderreihen von Silben – „Kauderwelsch" wie Freud es nennt – ist wesenhaft unterschieden von den paraphasischen Ersetzungen und Verschmelzungen.

Zum einen führt Freud damit eine Differenzierung in die Aphasietheorie ein (oder restauriert sie vielmehr), die der Perspektive der neuroanatomischen Lokalisation entgeht; zum anderen gelingt es ihm, über das Problem der Paraphasien das Verhältnis von pathologischer und normaler (oder allgemeiner) Psychologie neu auszurichten. Freud bemerkt, dass die paraphasischen Phänomene nicht nur bei Aphasischen auftreten, sondern auch in *Grenzsituationen des Alltagslebens* zu beobachten sind: Extreme Müdigkeit, Unaufmerksamkeit oder auch affektive Belastung führen zu eben denselben Ausfallserscheinungen des Sprachassoziationsapparates. Die Verlegung der Paraphasien in eine allgemeine Sprachpsychologie, wirkt vor allem dem Lokalisationsparadigma entgegen.

Jenseits der sinnhaften Sprachgebilde lassen sich somit zwei Arten von *Nicht-Sinn* unterscheiden: ein völliges Aufsprengen der Sprachelemente aufgrund nichtsprachlicher Störungsfaktoren und eine Bildung von Sprachformationen, die jenseits des Sprachgebrauchs (des Diskurses) liegen, jedoch noch immer Spuren elementarer sprachassoziativer Gesetze enthalten.

Zudem argumentiert Freud, dass das Verhältnis von Läsion und Funktionsstörung im Fall der Aphasien keine eindeutige Abbildung erlaubt. Dabei würde man von *einfacher Projektion* sprechen, wenn der teilweisen oder vollständigen Schädigung einer organischen Region eine teilweise oder vollständige Störung des dieser Region zugeordneten Funktionszusammenhangs entsprechen würde. Beim Sprachapparat ist dieses Verhältnis allerdings solcher Art, dass dieser auf

> „nicht destructive Läsionen […] solidarisch (wenigstens partiell solidarisch) [antwortet] mit einer functionellen Störung. Es kommt z. B. nie vor, dass in Folge einer kleinen Läsion im motorischen Centrum hundert Worte verloren gehen, deren Natur blos vom Sitze der Läsion abhängt. Es lässt sich jedesmal zeigen, dass der partielle Verlust Ausdruck einer allgemeinen functionellen Herabsetzung dieses Centrums ist."[278]

Freud führen diese Einsichten auf neuroanatomischem Gebiet zur Grundlagenkritik der damaligen Psychophysik, die ihre ‚Objekte' durch Ideation gewinnt, ohne diese nachfolgend zu reflektieren.[279] Wir wollen hier nur darauf achten, dass in den sprachlichen Pathologien der Sprachapparat als eine systematische *Ganzheit* (re-) agiert. Diese Ganzheit ist zuletzt verantwortlich für das (Sprach-)Gedächtnis, insofern Erinnerungsbilder als neuronale Modifikationen zu verstehen sind, deren

---

[278] Freud, Zur Auffassung der Aphasien, S. 32.
[279] „Lässt sich nun am physiologischen Correlat der Empfindung der Antheil der ‚Empfindung' von dem der ‚Association' unterscheiden? Offenbar nicht. ‚Empfindung' und ‚Association' sind zwei Namen, mit denen wir verschiedene Ansichten desselben Processes belegen. Wir wissen aber, dass beide Namen von einem einheitlichen und untheilbaren Process abstrahirt sind." (Freud, Zur Auffassung der Aphasien, S. 58.) Siehe auch: Gondek, Angst, Einbildungskraft, Sprache, S. 54 ff.

Betrachtung als einzelne Sprachereignisse jedoch abstraktiv herausgelöst sind aus einem an sich unteilbaren Assoziationsprozess.[280] Lacan wird diese Arbeiten Freuds von ihrem Biologismus trennen, und eine reine – d. h. ohne „Eigentum des Lebendigen" zu sein – symbolische Gedächtnisfunktion, demonstrieren. Es gibt eine Form (nicht die einzige!) der Erinnerungsspur, die sich in den „geordneten Ketten einer formalen Sprache" aufzeigen lässt, und die deshalb so bedeutend ist, weil sie ein von Freud herausgestelltes entscheidendes Charakteristikum des Unbewussten betrifft: seine *Zeitlosigkeit* oder *„Unzerstörbarkeit"*.[281] Dieses Aufzeigen steht nun unter einer besonderen Bedingung, die absolut zentral ist für das Phänomenalisieren von Erinnerungsspuren von einem anderen Ort her: Sie treten immer dort auf, wo das Subjekt sich *im Bezug zum Anderen* konstituiert.

„Das Programm, das sich für uns abzeichnet, ist daher herauszufinden, *wie eine formale Sprache das Subjekt determiniert.*

Der Nutzen *[intérêt]* eines solchen Programms ist nicht einfach: da es unterstellt, dass ein Subjekt das nur erfüllen wird, wenn es seinen eigenen Beitrag dazu leistet.

Ein Psychoanalytiker kann nichts tun als seinen Anteil [intérêt] daran eben im Maße des Hindernisses zu bezeichnen, worauf es dabei stößt."[282]

3.6.1.2 Das Reale und die Konjektur

Der formale Beweis symbolischer Regeln durch Konstruktion ist ein Ansatz, den Lacan wiederholt aufgreift und auf immer neue Weise ausarbeitet. Ebenso wie das Gefangenendilemma mit seinen Skansionen der logischen Zeit[283] liegt auch den Überlegungen zu den „Netzen der Überdeterminierung" eine Logik der Wahrscheinlichkeiten und Vermutungen zugrunde. Lacan bezeichnet diese als „Konjekturalwissenschaft"[284] und stellt sie in systematischen Zusammenhang mit verwandten kybernetischen und spieltheoretischen Formalisierungsversuchen. Unter „Konjektur" versteht man zudem die mutmaßliche Ergänzung fehlender Originalangaben oder die Korrektur ‚unechter' Textstellen bei der Edition literarischer Texte.[285] Die konjekturale Urteilsmodalität ist zwischen problematischen und assertorischen Urteilen angesiedelt. Vermutungen beziehen sich auf ein *Zwischen* von

---

[280] Vgl. Freud, Zur Auffassung der Aphasien, S. 58.
[281] Lacan, S I, S. 50.
[282] Lacan, S I, S. 10.
[283] Siehe die einleitenden Bemerkungen zu Abschn. 3.5.3.
[284] Vgl. Lacan, Se II, S. 375 ff. Konjektur/konjektural ist die lateinische (und im Französischen weiter anwesende) Form des griechischen στοχασμός und bedeutet Vermutung, Mutmaßung oder auch Deutung.
[285] Interessant für die Verknüpfung mit der Psychoanalyse ist zudem der Gebrauch des Terminus „Konjektur" als Form der Emendation in den Editionswissenschaften. So wird indirekt auf den Eingriff des Textzeugen in das Original durch Skandierungen der Syntax (das, was man einen abweichenden Stil nennen könnte) geschlossen. Die Aufdeckung des Anderen durch Skandierungen steht im Zentrum der analytischen Situation, wobei die Annahme eines Urtextes, die die Textkritik antreibt, in der Psychoanalyse gegen einen ursprünglichen Mangel im Anderen S(A) zu ersetzen wäre.

3.6 Automatismus, Überdeterminierung und symbolisches Gedächtnis

Wahrheit und Schein – von Wahrscheinlichkeiten – von Wirklichkeit und Möglichkeit.

Im Seminar von 1955, in welchem er über den Zusammenhang der Kybernetik mit dem Register des Symbolischen spricht, analysiert er die epistemologische Genese der *Exaktheit* (wozu er sich an den Arbeiten Alexandre Koyrés orientiert). Für Lacan wird diese dort zum Problem, wo wir auf das *Reale* stoßen, das *Reale in seiner kosmologischen Funktion*: „etwas, das man immer am selben Platz wiederfindet".[286] Das Reale wäre in diesem Sinne gleichzusetzen etwa mit der antiken ‚überirdischen Sphäre', in der Körper auf gleichmäßigen Bahnen wiederkehren. Der Sonnenaufgang wäre so ein ‚Rendezvous' am immer gleichen Platz im Gefüge des Ganzen. Die ‚reale' Natur antwortet in ihrer Objektivität ‚sklavisch' auf jene Erkenntnisfragen, die der Naturforscher ihr stellt. Wonach *e contrario* das Ausbleiben einer Antwort der Verkennung derselben gleichkäme – der wahren Natur ist es unmöglich *nicht* zu erscheinen. Zwischen der rein logischen oder leeren Möglichkeit und der ewigen Wiederkehr im Realen gibt es nun etwas, das die Eigenschaft hat, ‚auf sich warten zu lassen'. Ein solches, das eine Potenzialität in die Begegnung einführt, nennen wir Zufall (*hasard*).

Die Konjekturalwissenschaft stellt genau dort – wo ‚die Würfel rollen': im Hasardspiel – ihre Wahrscheinlichkeitskalküle auf und konstruiert ihr topologisches Netz *möglicher* ‚Rendezvous' mit dem Realen. Sie ist eine „Wissenschaft der Kombination der Plätze", deren Kohärenz sich ausdrückt in symbolischen „Gesetzen der Anwesenheiten und Abwesenheiten".[287] Das eigentlich Erstaunliche ist, dass dieses Netz rein symbolischer Plätze nicht nur die Begegnungen im Realen abbildet, sondern „von selbst zu funktionieren beginnt".[288] Führte man schlussendlich diese konjekturalen Symbolsysteme wieder ins Reale ein, erhielte man die Möglichkeiten der *Kybernetik*, d. h. die Konstruktion von *Maschinen*, die steuern.[289] Damit nimmt

---

[286] Lacan, Se II, S. 376/fr. 342.
[287] Lacan, Se II, S. 380/fr. 345.
[288] Lacan, Se II, S. 381/fr. 346.
[289] Lacans Faszination für diese Maschinen steht ganz am Anbeginn des Computerzeitalters, weshalb seine Reflexionen dieser Kalküle vor allem in der Medientheorie auf Resonanz stoßen. Aus dem deutschsprachigen Raum wären auszugsweise zu nennen: Bitsch, Annette, *Always crashing in the same car. Jacques Lacans Mathematik des Unbewussten*. Weimar 2001; dies. „Das Unbewußte der Kybernetik und die Kybernetik des Unbewußten", in: Claus Pias (Hg.), *Cybernetics - Kybernetik. The Macy Conferences 1946–1953. Essays und Dokumente*. Berlin 2004. S. 153–168.; Friedrich Kittler: „Die Welt des Symbolischen – eine Welt der Maschine", in: Draculas Vermächtnis. Technische Schriften, Leipzig 1993, S. 58–80; Henning Schmidgen: *Das Unbewußte der Maschinen. Konzeptionen des Psychischen bei Guattari, Deleuze und Lacan*, München 1997; Lutz Ellrich, „Die Ideologie der Kybernetik", in: Ordnung und Kontingenz: das kybernetische Modell in den Künsten, Hans Esselborn (Hg.), Würzburg 2009; Rainer C. Becker, Black Box Computer: Zur Wissensgeschichte einer universellen kybernetischen Maschine, Bielefeld 2012.

Lacan die heute immer noch gängige, aber nicht unumstrittene, Analogisierung von psychischen Vorgängen und maschinellen Rechenoperationen vorweg[290]

In ihrer informationstheoretisch elementarsten Form sind Sinn oder Botschaft einfache binäre Zeichenfolgen. Diese Folgen sind alles, was man braucht, um eine sprachliche *Syntax* zu konstruieren. Damit fügt sich eine Ambivalenz in den psychoanalytischen Sinnbegriff ein:

„[I]n dieser Perspektive existiert die Syntax vor der Semantik. Die Kybernetik ist eine Wissenschaft der Syntax, und sie ist gerade dazu da, um uns gewahr werden zu lassen, daß die exakten Wissenschaften nichts anderes tun, als das Reale an eine Syntax zu binden.

Was ist dann die Semantik, das heißt die konkreten Sprachen, jene, die wir handhaben mit ihrer Ambiguität, ihrem emotionalen Inhalt, ihrem menschlichen Sinn? Sollen wir sagen, die Semantik sei ausgefüllt vom, angefüllt mit dem Begehren der Menschen?

Es ist sicher, daß wir es sind, die den Sinn herantragen. Jedenfalls ist das gewiß für einen Großteil der Dinge. Aber kann man sagen, daß all das, was in der Maschine zirkuliert, keinerlei Sinn hat? Sicherlich nicht in jedem Sinn des Wortes *Sinn*, denn damit die Botschaft Botschaft ist, muß sie nicht bloß eine Zeichenfolge sein, sondern eine Folge von *gerichteten Zeichen (signes orientés)* [Herv. v. mir – P. F.]. […]

Es ist demnach nicht absolut streng, zu sagen, daß es das menschliche Begehren ist, das für sich ganz allein den Sinn in diese primitive Sprache einbringt. Der Beweis ist, daß aus der Maschine nichts als das herauskommt, was wir davon erwarten."[291]

Mit Lacan erhält die Freud'sche Formulierung von einem „unbewussten Denken" somit eine Präzisierung. Was die Aufhebung der Symptome in der analytischen Arbeit bewirkt, ist keine Aufhebung der Entfremdung des Subjekts im Register der Semantik, sondern ein Erkennen und Anerkennen des ‚Sinns' des Signifikanten, d. h. seines *Insistierens* im Unbewussten: „Hinter diesem Diskurs, der seinen Sinn hat, suchen wir in einem anderen Sinn nach dem Sinn, und zwar präzise in der symbolischen Funktion, die sich durch ihn hindurch bekundet."[292] Das einzige Verhältnis, in welches das Subjekt zu diesem Sinn treten kann, ist eines des Auf-sich-nehmens der ‚Geworfenheit' in die Sprache: „Der Sinn, das heißt, daß das menschliche Wesen nicht der Herr dieser primordialen und ursprünglichen Sprache ist. Es ist in sie geworfen worden *(été jeté)*, in sie eingebunden, es hängt in ihrem Räderwerk."[293]

Diese Überlegungen im Kontext der Kybernetik liefern vor allem epistemologische Reflexionen zu jener Konjekturalwissenschaft, die für Lacan ein neues Fundament für die Humanwissenschaften auf Augenhöhe mit den exakten Wissenschaften bereitstellen soll. Wenn es Sinn hat von einer „strukturalistischen Emphase" bei Lacan zu sprechen, dann vor allem in Bezug auf diesen epistemologischen Optimismus.

---

[290] Die Konstruktion dieser Maschinen geht mit einer Verschiebung im Begriff des Denkens selbst einher: „Man weiß wohl, daß sie nicht denkt, diese Maschine. Wir sind's, die sie gebaut haben, und sie denkt, was man ihr gesagt hat, daß sie denken soll. Aber wenn die Maschine nicht denkt, dann ist es klar, daß wir selbst auch nicht denken in dem Moment, in dem wir eine Operation ausführen." (Lacan, Se II, S. 385/fr. 350.).
[291] Lacan, Se II, S. 387/fr. 352.
[292] Lacan, Se II, S. 388/fr. 352.
[293] Lacan, Se II, S. 389/fr. 353.

3.6.1.3 Der Andere und die Kontingenz

Die Binaritäten, welche die Grundlage jeder Kombinatorik von „Plätzen" sind, entwickelt Lacan anhand eigens inszenierter Hasardspiele im Anschluss an E. A. Poe und Freud: das Spiel „Gerade oder Ungerade" des Jungen aus Poes Erzählung und das von Freud beschriebene „Fort-Da-Spiel" dessen Neffen aus *Jenseits des Lustprinzips*.[294] Vor der Analyse ihrer Elemente werden wir vorerst die grundlegenden Strukturelemente dieser Spiele herausarbeiten.

Als erstes zitieren wir E. A. Poes Anekdote über einen Jungen, der durch seinen besonderen Spielwitz für die Logik des entwendeten Briefs von besonderer Bedeutung ist:

> „Ich kannte einen Schuljungen von etwa achtjahren, der durch seine Erfolge im Raten beim Spiel ‚Grad oder Ungrad' breiteste Bewunderung erregte. Das Spiel ist ganz simpel; man nimmt dazu nur ein paar Murmeln. Ein Spieler hält eine Anzahl dieser Dinger in der Hand und fragt einen anderen, ob diese Zahl grad oder ungrad sei. Wenn richtig geraten wird, gewinnt der Rater eine Murmel; wenn falsch, verliert er eine. Der Junge nun, den ich meine, gewann alle Murmeln der Schule. Natürlich hatte er beim Raten ein System; und dieses bestand darin, daß er einfach die Gewitztheit seiner Gegenspieler beobachtete und abschätzte. Nehmen wir einmal an, er hat einen heillosen Einfaltspinsel zum Gegner, und der hebt die geschlossene Hand und fragt: ‚Grad oder ungrad?' Unser Schuljunge erwidert ‚ungrad' und verliert; doch beim zweiten Versuch gewinnt er, denn da sagt er sich – Beim ersten Mal hatte der Dummkopf eine gerade Zahl, und seine Schlauheit reicht nun eben dazu aus, ihn beim zweiten Mal eine ungerade wählen zu lassen; darum wird' ich auf ‚ungrad' raten; er tut es und gewinnt.
> Bei einem Bürschchen nun, das einen Grad schlauer als der erste ist, würde er die folgende Überlegung angestellt haben: ‚Dieser Tölpel weiß, ich habe beim ersten Mal ‚ungrad' geraten, und so wird er sich jetzt, im ersten Impuls, einen einfachen Wechsel von grad auf ungrad vornehmen, wie's der andere Simpel eben tat; aber dann wird ihm ein zweiter Gedanke sagen, daß das eine zu einfältige Variation wäre und schließlich wird er sich entscheiden, wieder grad zu wählen wie zuvor. Also werd' ich jetzt auf ‚grad' raten; – er tut es und gewinnt."[295]

Wir erkennen in diesem Prozess jenes „Imputieren" wieder, das uns das ‚Ineinander' der logischen Subjekte im Sophisma aufzeigte,[296] mit dem Unterschied, dass das Spiel „Gerade oder Ungrade" nicht auf die Konkordanz der Überlegungen, sondern gerade auf ihre Diskordanz abzielt. Es geht also bei jedem Wurf nicht, wie die Protagonisten der Entschlüsselung in Poes Erzählung vermuten, um eine Form intersubjektiver Einfühlung oder die „intellektuale Identifizierung mit dem Gegner",[297] weil jede imaginär konstituierte Beziehung ausgeschlossen wird. Und doch sind Spiele dieser Art in absolutem Solipsismus unmöglich, weil sie durch eine

---

[294] Bruce Fink vereinfacht aus rein didaktischen Gründen das Spiel zu einem „Kopf oder Zahl"-Spiel. Es ließe sich allerdings fragen, ob in dieser Art des Spiels das Subjekt auf gleiche Weise anwesend ist wie im Falle von „Gerade oder Ungerade". Zur

[295] Zitiert nach Seminar II, in dem Lacan die ursprüngliche Version dieser Konstruktion anhand dieses Spiels entwickelt. Siehe: Lacan, Se II, S. 233 ff., hier: S. 228 f.

[296] Siehe Kap. 3.5.3.

[297] Lacan, Se II, S. 229.

Wette inauguriert werden, und diese ist schon Dialog, Frage, Artikulation. An wen richtet sich diese Frage? Genau an den Anderen, der nötig ist, um mit und gegen uns selbst spielen zu können, *bei dem wir die Wette, die Antizipation eines Resultats, hinterlegen.*

Ein anderes gleichsam ursprünglicheres Nullsummenspiel, das Lacan als weiteren Ausgangspunkt wählt, ist das „Fort-Da-Spiel". Freud berichtet in *Jenseits des Lustprinzips* von seinem anderthalbjährigen Neffen, der ein kleines Spiel für sich erfand, bei dem er eine Holzspule hinter sein Bettchen warf, um es dann an dem an dieser Spule befestigten Bindfaden wieder hervorzuziehen. Dieses wiederholte Verschwinden- und Erscheinen-Lassen des Objekts begleitete der Junge mit „A-a-a-a" und „O-o-o-o" Lauten. Das Fort-Da-Spiel hat, nach Freuds Deutung, einerseits die Funktion, die Abwesenheit der Mutter durch Objekte zu substituieren, um mit diesen die Abwesenheit/Anwesenheit der Mutter symbolisch zu ‚inszenieren', also „Triebverzicht" zu üben – die passive Absicht wäre hier das Herr-Werden über die Ohnmacht gegenüber dem mütterlichen Objekt. Andererseits lässt sich dieses aktive Verhalten als eine Trotzreaktion gegenüber dem passiv erlittenen ‚Preisgeben-müssen' des geliebten Objekts interpretieren.

Lacan entdeckt hierhin eine erste, sehr viel grundlegendere *binäre Opposition*, dessen Artikulation sich als der Moment begreifen lässt, „in dem das Begehren sich vermenschlicht" und zugleich „das Kind in die Sprache geboren wird".[298] In Anspielung auf Hegel, der die Sprache als „die Ertötung der sinnlichen Welt in ihrem unmittelbaren Dasein"[299] auffasst, sieht Lacan hier die – einzig im Symbolischen mögliche – Negativität der Aufhebung, die das „Kräftefeld des Begehrens"[300] auf sich selbst lenkt. Die Anwesenheit/Abwesenheit des Objekts verschränkt sich mit der Anwesenheit/Abwesenheit des Symbolischen: Die Anwesenheit des Objekts wird durch das Symbol „Da" vernichtet, während das „Fort" die Abwesenheit des Objekts als Symbol anwesen lässt. Das Begehren löst sich so von der Sphäre des Realen ab, und zirkuliert fortan im Symbolischen, was dieses als die „Verewigung seines Begehrens"[301] konstituiert, denn der Signifikant als reine Differenz lässt in jedem „Da" das „Fort" mitschwingen und umgekehrt, d. h. die diachronische Folge „a-o-a-o" enthüllt sich dem Subjekt durch eine ‚Kippfigur' als synchronische Struktur.

Wo ist aber in dieser Situation der Bezug auf das Subjekt? Lacan schreibt:

> „*Fort! Da!* Wohl bereits in seiner Einsamkeit ist das Begehren des Menschenjungen das Begehren eines anderen geworden, eines *alter ego*, das es dominiert und dessen Begierdeobjekt fortan seine eigene Mühsal *[peine]* ist."[302]

---

[298] Lacan, E S. 319/S I, S. 377.
[299] Hegel: *Werke 4*. Auf Grundlage der Werke von 1832–1845 neu herausgegeben von Eva Moldenhauer und Karl Markus Michel. Suhrkamp, Frankfurt am Main 1970, S. 52.
[300] Lacan, E S. 319/S I, S. 377.
[301] Lacan, E S. 319/S I, S. 377.
[302] Lacan, E S. 319/S I, S. 377.

3.6 Automatismus, Überdeterminierung und symbolisches Gedächtnis

Die Selbstermächtigung über das signifikative Spiel hat die Abwesenheit des anderen zur Voraussetzung. Freuds „Triebverzicht" lässt sich damit als Preis beschreiben, den das Kind für die Aufgabe des Anspruchs auf die Anwesenheit des anderen einfordert, und der in einer „identifizierenden, idealisierenden Funktion"[303] besteht. Weber schreibt: „Die Artikulation wird als Repräsentation entdeckt, aber nur insofern akzeptiert, als diese Repräsentation im Dienste der Vergegenwärtigung einer Präsenz, einer Identität, gestellt werden kann."[304] Diese Vergegenwärtigung ist nichts anderes als der großgeschriebene Andere, der im Ganzen des Anspruchs anwesend ist.

Das Individuum tritt hier in eine Ordnung ein, die zugleich „Nullpunkt des Begehrens",[305] Annullierung des Gedächtnisses als „Eigentum des Lebendigen" und Überbestimmung der Bestimmung des Signifikats durch die Ordnung des Signifikanten bedeutet.

3.6.2 Die Netze der Überdeterminierung

Hier setzt nun Lacans *Formalisierung* an als Demonstration der determinierenden Effekte des Symbolischen. Wir abstrahieren aus den genannten Hasardspielen differenzielle Initialterme, deren Folge zufällig ist, insofern die Chancen ihres Auftretens gleich verteilt sind und schreiben sie als (+) und (−).

Lacan betrachtet zunächst die Möglichkeiten der Aufeinanderfolge dieser Grundmöglichkeiten als mögliche Gruppen von drei Würfen. Die verschiedenen Kombinationen lassen sich wie folgt sortieren:

- drei beständig gleiche Würfe, wir beziffern diese Gruppe mit (1);
- drei, bei denen der mittlere Wurf alterniert, Anfang und Ende der Kette aber identisch bleiben, dieser Gruppe geben wir die Ziffer (3);
- dazwischen eine Folge von Würfen, deren Anfang und Ende alternieren, diese beziffern wir mit (2).

Des Weiteren nennen wir Gruppe (1) und (3) „symmetrisch", während wir (2) als „dissymmetrisch" bezeichnen. Die Tabelle (I) gibt einen Überblick über diese erste *numerische Matrix der Symbolisierung*.

1	2	3
(Beständige) Symmetrie	Dissymmetrie	(Alternierende) Symmetrie
+ + +	+ + − − − +	+ − +
− − −	+ − − − + +	− + −

---

[303] Lacan, Se V, S. 399.
[304] Weber, Rückkehr zu Freud, S. 111.
[305] Lacan, S I, S. 55.

232   3 Zweiter Teil: Die verfehlte Begegnung von Phänomenologischem und Symbolischem

Diese erste Symbolisierungsmatrix mit ihrer Eigenschaft der Symmetriedifferenz, lässt sich in einer weiteren Ordnung zusammenfassen, indem nun, im Ausgang der numerischen Ordnung (1,2,3), eine höherstufige Matrix (α,β,γ,δ) beschrieben werden kann, welche das Netz möglicher Symmetrien und Dissymmetrien der ersten Gruppe ordnet. Nun sind es:

- (α) und (γ), die eine Symmetrie aufweisen – wobei (γ) eine neue Symmetrie aufweist, und zwar die von Dissymmetrie zu Dissymmetrie.
- (β) und (δ) symbolisieren alle möglichen Kombinationen dyssymmetrischer Gruppen.

Hier die Tabelle (II) der sogenannten *symbolischen Matrix*:

α	β	γ	δ
Sym.→Sym.	Sym.→Dissym.	Dissym.→Dissym.	Dissym.→Sym.
111 123	112 122	212 232	221 211
333 321	332 322	222	223 233

Fügen wir nun anhand einer beliebigen Folge von Würfen beide Ordnungen, numerische und symbolische, zusammen. Der in Tafel (A) abgebildete Strich bildet jeweils das Triplett, das in der darunter stehenden Ordnung durch eine Zahl bzw. einen Buchstaben repräsentiert wird. Entscheidend ist, dass die jeweiligen Tripletts *ineinandergreifen* und nicht, in Form einer Baumstruktur,[306] zusammengefasst werden. Jede Ebene entspricht somit jener Kippfigur von der diachronischen (horizontal aneinanderreihenden) zur synchronen (vertikal synthetischen) Struktur, welche uns Auskunft gibt über Symmetrie oder Dissymmetrie der Tripletts.

Das ergibt folgende Tafel (A):

$$+\ +\ +\ -\ +\ +\ -\ -\ +\ -$$

$$\underline{1\ \ 2\ \ 3\ \ 2\ \ 2\ \ 2\ \ 2\ \ 3}$$

$$\alpha\ \ \gamma\ \ \beta\ \ \gamma\ \ \gamma\ \ \delta$$

Diese Darstellung der drei Folgen und ihrer möglichen Ordnungen lässt sich zudem topologisch durch ein Netz darstellen. (Ich habe dem Lacan'schen Netz die griechischen Buchstaben hinzugefügt, deren Bewegungen natürlich komplexer sind als die der numerischen Ordnung.) Hier das Netz:

---

[306] Der Strich in der folgenden Darstellung wandert je eine Stelle weiter, nicht drei.

3.6 Automatismus, Überdeterminierung und symbolisches Gedächtnis   233

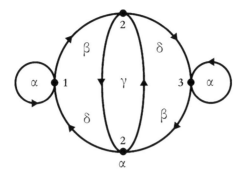

Was ist nun die Konsequenz für die Fragen nach Überdeterminierung, symbolischem Gedächtnis und Subjektkonstitution aus diesem Bau der Ordnungen? Die erste grundlegende Einsicht auf der Stufe der ersten numerischen Notation (von (+, −) zu (1, 2, 3)) besteht darin, dass sich aus der zufälligen Reihe möglicher Würfe durch ihre Symbolisierung gewisse *Unmöglichkeiten der Sukzession* ergeben. Lesen wir Tafel A und das Netz parallel, so wird deutlich, dass es keinen unmittelbaren Weg von (1) zu (3) gibt, der nicht mittelbar über (2) führt. Des Weiteren ist der Wechsel von einer Symmetrie zur anderen (von (1) zu (3) oder umgekehrt) nicht indifferent gegenüber der Anzahl an Dissymmetrien (2), die zwischen ihnen stehen. Sehen wir uns die hintere Sequenz der Zahlenreihe von Tafel (A) an: (3-2-2-2-2-3). Dass sie eine gerade Anzahl an Wiederholungen aufweist, ist Bedingung für das Erscheinen eines Tripletts der Gruppe (3) (hier: (− + −)). Wäre der Wechsel der Symmetrien von ungerader Anzahl, wäre das Ergebnis ein Triplett der Gruppe (1) (oder: (− − −)). Mit anderen Worten, auf der Ebene der numerischen Matrix *erinnert* sich eine symmetrische Sequenz an die Anzahl von Dissymmetrien – ein erstes *symbolisches Gedächtnis*.

Zeigte die numerische Notation erste Gesetze der Sukzession von Kombinationen, so ergeben sich aus der höherstufigen symbolischen Notation neue Gesetzmäßigkeiten, nach denen es gewisse ‚Fernwirkungen' der Positionen zueinander gibt. Die Matrix griechischer Buchstaben fragt nicht mehr nur nach der direkten Nachbarschaft, sondern auch den indirekten Beziehungen von drei, später vier, Zeitmetren. Ein Blick auf die Tabelle der symbolischen Matrix beweist uns, dass jeder Term (α, β, γ, δ) auf jeden Term folgen kann.[307]

Überraschender ist dagegen, dass im Hinblick auf das Verhältnis von erster (Mt1) und dritter Position (Mt3) ein *Gesetz der Ausschließung* auftaucht: „[V]on einem α oder einem δ aus [kann] man nur ein α oder ein β erhalten, und […] von einem β oder einem γ aus […] nur ein γ oder ein δ."[308]

---

[307] Wohlgemerkt fassen diese Terme drei oder vier mögliche numerische Sequenzen zusammen (z. B. der Term (α) die Sequenzen (111), (333), (123), (321)), weshalb nicht jede Sequenz mit jeder kompatibel ist, sondern es *mindestens eine* Sequenz unter jedem Term gibt, die mit *einer* Sequenz eines anderen Terms kompatibel ist. So kommen wir mit (111) = (α) zu (112) = (β); mit (321) = (α) zu (212) = (γ) und zu (211) = (δ). Auf (α) können also unmittelbar alle anderen folgen.

[308] Lacan, S I, S. 58.

Die Formalisierung der Verteilung für drei Zeitmetren sieht wie folgt aus:

$$\text{Verteilungsschema } A\Delta \quad \begin{array}{ccc} Mt1 & Mt2 & Mt3 \\ \dfrac{\alpha,\delta}{\gamma,\beta} & \rightarrow \alpha,\beta,\gamma,\delta \rightarrow & \dfrac{\alpha,\beta}{\gamma,\delta} \end{array}$$

Talfel O

$$\begin{array}{cccc} Mt1 & Mt2 & Mt3 & Mt4 \\ \delta & \alpha & \alpha & \beta \\ & \gamma & & \\ \beta & & \delta & \end{array}$$

Um diese Gesetzmäßigkeit des Schemas AΔ nachzuvollziehen, lohnt es sich, die von Lacan verwendete Schreibweise der numerischen Tripletts nachträglich einzuführen, die immer nur den ersten und letzten Term eines Tripletts angeben: für (α) würden wir scheiben [(1)–(1)]; [(3)–(3)]; [(1)–(3)]; [(3)–(1)] usw. Teilen sich der Term des ersten Zeitmetrums (Mt1) und der zweite Term in (Mt2) noch 2/3 ihrer jeweiligen Tripletts, so muss der dritte Term in (Mt3) notwendig mit der letzten numerischen Notation beginnen. Im Falle von (α) und (δ) wären dies ausschließlich (1) und (3). Weil jedoch (γ) und (δ) ausnahmslos mit (2) beginnen, können sie nicht als dritter Term auf (α) oder (δ) folgen, sondern wir erhalten immer (α) selbst oder (β).

Von entscheidender Bedeutung für uns ist, dass Lacan diese Gesetzmäßigkeit gegenüber dem Zeitmetrum als *Nachträglichkeit* bestimmt, wodurch zugleich „eine primordiale Subjektivität" eingeführt wird:

> „Die Verbindung ist unter Berücksichtigung ihrer Ausrichtung in der Tat reziprok; anders gesagt, sie ist nicht umkehrbar, sondern rückwirkend."[309]

Die Terme stehen, über den Abstand eines mittleren Terms (Mt2), in der Tat in Wechselbeziehung, sind aber nicht umkehrbar, weil sie dadurch ihre Notation ändern würden (aus (δ) würde (β) und umgekehrt). Reziprok (von lat. *recus* (zurück) und *procus* (vorwärts)) sind sie also ausschließlich im Sinne der *Retroaktivität*. Das dritte ist gegenüber dem ersten das „konstitutive Zeitmetrum".[310] Die Zeitform dieser elementaren Syntax ist das *futur antérieur:* Auf (α) oder (δ) *werden* wir an dritter Stelle ein (α) oder (β) *erhalten haben*.

Betrachten wir nun die Tafel O, mittels derer wir in einem weiteren Schritt nach den Kombinationsmöglichkeiten von *vier* Zeitmetren fragen. Während das Ausschließlichkeitsgesetz des Verteilungsschemas AΔ die direkte Folge des zweiten Metrums als indifferent ausgab (jeder Term kann auf jeden anderen folgen), ergeben

---

[309] Lacan, S I, S. 59.
[310] Lacan, S I, S. 58.

3.6 Automatismus, Überdeterminierung und symbolisches Gedächtnis

sich für die Syntax von 4 Termen auch Ausschließlichkeitsgesetze für die mittleren Terme.

Gegeben seien (δ) und (β) als fixierte Endterme. Zwischen ihnen kann eine ganze Reihe an Kombinationen liegen, von denen die hier abgebildete Folge (α)–(α) nur eine Möglichkeit darstellt. Diese mittlere Folge schließt nun aber gewisse konkrete Möglichkeiten aus: So kann auf keiner der Positionen Mt2 und Mt3 (γ) auftreten (allgemeiner Ausschluss); kein (β) auf der Position Mt2 und kein (δ) auf Position Mt3 vorkommen, will man ein (β) auf der vierten Position erhalten.[311] Dies ist nur eine der Ausschließlichkeiten, von denen Lacan noch weitere nennt, von denen es aber noch weitere gibt.

Entscheidend ist, dass „sich ein Loch auftut, das ein gewisses *caput mortuum* des Signifikanten darstellt".[312] Sobald sich ein System bildet, und sich die unabhängigen Möglichkeiten in Anhängigkeiten verwandeln, scheiden sich Möglichkeit und Unmöglichkeit. Der Pfeil (Mt1-Mt4) in Tafel O ist der antizipierte Signifikant, der retroaktiv die Kette determiniert, so dass durch die Bestimmung von erstem und viertem Term, das Gesetz der Folge und zugleich das umfassendere Gesetz des Ausschlusses konstituiert wird. Das Subjekt dieser Kette ist derjenige Punkt, in dem die Erwartung einer Forderung – d. h. ein Begehren – in die Zukunft projiziert wird (Pfeil nach Mt4). Diese proaktive Zukunft macht die Gegenwart im Voraus zu seiner Vergangenheit: was es „gewesen sein wird". Das Loch, was dadurch erzeugt wird, besteht in dem rückwirkenden (wohlgemerkt: aus der Zukunft des Anspruchs rückwirkenden) Ausschluss bestimmter Möglichkeiten.

Die Konsequenzen aus diesen Gesetzmäßigkeiten des Symbolischen fügen nun jene behandelten Fragen der vorherigen Abschnitte zusammen. Zunächst wiederholt Lacans Ansatz die Bestrebungen des ‚Anti-Naturalismus' des frühen Freuds.

---

[311] Um dem Leser den Nachvollzug zu erleichtern, hier ein Beispiel: nehmen wir an, die Sequenz (δ)–(α)–(α)–(β) bestünde auf der Ebene der numerischen Matrix aus folgender Notation ((2)(3)(3)(3)(3)(2)) mit (δ)= (2)(3)(3); (α)= (3)(3)(3); (α)= (3)(3)(3); (β)= (3)(3)(2).

1. (γ), das in allen Fällen mit (2) beginnt, kann keines der beiden (α) substituieren, weil für (δ) entweder auf der mittleren oder der letzten Position eine (2) folgen müsste, was nicht der Fall ist. Man könnte einwenden, dass (δ) sehr wohl Kombinationen enthält, die eine (2) auf mittlerer Position führen. Würden wir jedoch mit (δ)=((2)(2)(1)) beginnen und (γ)=((2)(1)(2)) folgen lassen, hätten wir eine (2) auf der letzten Position von (γ), die zugleich die erste Position von (β) in Mt4 sein müsste. Für (β) ist aber die (2) als erste Position in jedem Fall ausgeschlossen. (γ) ist des Weiteren in Mt3 ausgeschlossen, weil nach der Folge (δ)–(α) ein (γ) unmöglich ist, siehe Verteilungsschema AΔ.
2. Ähnlich gilt für ein (β) in Mt2, dessen Kombinationen alle auf (2) enden (das macht seine Verwandtschaft mit (γ) aus), dass es nicht die erste Position von (β) in Mt4 sein kann. Und auch für den Ausschluss von (δ) in Mt3 kommt dasselbe Argument zum Tragen: (δ) beginnt in jedem Fall mit (2) und endet in keinem Fall auf (2). (δ) kann im dritten Metrum also nicht auf sich selbst folgen.

Das Überprüfen aller weiteren Kombinationsmöglichkeiten funktioniert nach demselben Schema, und bleibt dem ambitionierten Leser vorbehalten.

[312] Lacan, S I, S. 60.

„Diese Position der *Autonomie des Symbolischen* ist die einzige, die es ermöglicht, die Theorie und Praxis der freien Assoziation in der Psychoanalyse aus ihren Zweideutigkeiten herauszulösen. Denn es ist etwas ganz anderes, deren Triebfeder auf die symbolische Determinierung und auf ihre Gesetze zu beziehen als auf die schulmäßigen Unterstellungen imaginärer Trägheit [...]

Tatsächlich gestatten allein die Beispiele einer in ihrer Schwebe *endlosen Erhaltung* der Forderungen der symbolischen Kette [...] zu begreifen, wo das *unbewusste Begehren* in seiner unzerstörbaren Beständigkeit einzuordnen ist [...]

Dieser Charakter ist auf jeden Fall inkommensurabel mit irgendeinem der in der verbürgt experimentellen Psychologie bekannten Effekte [...]"[313]

Diese Form menschlichen Begehrens führt Regie nicht vom affektiv-bewussten Erlebnisstrom, sondern von den autonomen Netzen des Symbolischen aus, denn das Begehren überdeterminiert die Gesetze der ‚Realität' (des Imaginären und des Realen) durch eine weitere Determination, in der die gegenwärtige *Kontingenz* bereits gewisse Möglichkeiten ausgeschlossen hat, und das Kommende als Vergangenheit einer Begehrenszukunft empfängt. Das Subjekt empfängt hier seine Bestimmung als Nachträglichkeit aus der Zukunft. Der ursprüngliche Moment, in dem die Forderung des Begehrens formuliert wurde (sei es Szene II des sequenziellen Schemas der Nachträglichkeit oder das erste Zeitmetrum der Tafel O), bildet also ein symbolisches Gedächtnis, das die Forderung in der Kette zwischen ihren Fixierungen (Steppunkten) symbolisch konserviert.

3.6.3 *Das Cogito als Überschuss der Struktur*

3.6.3.1 Die Epistemologie des psychoanalytischen Minimalismus

Lacan hat bis Ende der Sechziger Jahre an diesen Formalismus als Zukunft der Psychoanalyse festgehalten, bis er diesen ersten ‚symbolischen Glauben' durch einen neuen ‚Klassizismus' der Matheme ersetzte. Wir verdanken Jean-Claude Milner die wissenschaftstheoretische und -historische Aufarbeitung des Lacan'schen Diskurses.

Die Netze der Überdeterminierung sind, laut Milner, in ihrer Konzeption wie in ihren Konsequenzen absolut entscheidend für die Lacan'sche Wissenschaftslehre bis Anfang der 1970er-Jahre:

„Lacan hat an den Minimalismus des Objekts geglaubt. Man findet Entsprechendes im Anhang zum ‚Entwendeten Brief': das Unbewusste verstehen, indem man die Funktionsweise eines Systems betrachtet, dem man so wenig Eigenschaften wie möglich zuschreibt."[314]

---

[313] Lacan, S I, S. 62. (Herv. v. mir – P. F.).

[314] Milner, Jean-Claude, *Das helle Werk. Lacan, die Wissenschaft, die Philosophie*. Übers. v. Regina Karl und Anouk Luhn, Turia+Kant, Wien/Berlin 2014, (im Folgenden mit HW abgekürzt) S. 134.

3.6 Automatismus, Überdeterminierung und symbolisches Gedächtnis

Um den Status dieser Aussage zu klären, bedarf es der Darstellung der wesentlichen Eckpfeiler dieser Wissenschaftslehre. Was ist ihr Objekt? Was ist ihr System? Was sind ihre Voraussetzungen, um die Wissenschaft des Unbewussten als Minimalismus zu stiften?

Die Psychoanalyse ist Grenzdisziplin zwischen Theorie und Praxis, und ihr ‚Objekt' ist nur möglich aufgrund einer bestimmten Konstitution dessen, was man das „moderne Subjekt" und die „moderne Wissenschaft" nennt. Seit dem Moment ihrer Stiftung ist die Freud'sche Lehre vom Unbewussten – obwohl, wegen ihres Praxisbezugs, selbst keine reine Wissenschaft – mit einer Wissenschaftstheorie verschränkt: „Sie liegt in dem sogenannten Freud'schen Szientismus begründet, der nichts anderes ist als die Zustimmung zum Wissenschaftsideal."[315]

Milner unterscheidet dabei *Wissenschaftsideal* und *Idealwissenschaft*. Das epistemische Ideal liegt im Unendlichen und kann nur approximativ erreicht werden. Dagegen ist die Idealwissenschaft die sich manifestierende Repräsentation einer solchen Approximation. Bei Freud finden wir das Wissenschaftsideal ekliptisch durch die Idealwissenschaft verdeckt, was sich in der Verschiebung der epistemologischen Fragestellung äußert: Die normative Frage, wie eine Wissenschaft beschaffen sein soll, damit sie ihrem Objekt adäquat ist, weicht der adaptiven Frage, wie eine Wissenschaft dem idealen Modell einer anderen entsprechen kann.

Lacan lehnt in seiner Wissenschaftslehre beides ab. Die Psychoanalyse hat kein epistemisches Außen, an dem sie sich orientieren könnte. Weder die Exteriorität eines infiniten Wissenschaftsideals noch die Exteriorität eines Spiegelbilds der Idealwissenschaft kann die Psychoanalyse stabilisieren.

Woher stammt dieser epistemologische Sonderstatus des Freud'schen Feldes? Dies hat vor allem zwei Gründe:

Erstens: „[D]ie Psychoanalyse ist zugleich Beweis und Effekt seiner Einführung",[316] das Unbewusste existiert, sofern es Objekt des Wissens sein kann, nur in der Psychoanalyse als theoretisierende *praxis* und praktizierende *theoria*, und wird in und durch diese erst hervorgebracht;

Zweitens: diese Emanation des Objekts kann deshalb durch keine bestehende Epistemologie stabilisiert werden, weil diese Emanation das Subjekt der Moderne und die Wissenschaft als solche subvertiert. Aber als Subversion ist die Psychoanalyse selbst im Wesen modern. Welcher Begriff der Moderne liegt hier zugrunde? Lacans Geschichtsbild der Wissenschaft steht unter dem Einfluss Alexandre Koyrés. Lacan wird dessen Grundthesen übernehmen, sich jedoch des Historismus in der Argumentation entledigen, indem er die in ihm liegende Diachronie in eine synchrone Lektüre verwandelt.

Für Koyré ist der Begriff der Moderne mit dem des Bruchs verknüpft.[317] Verkörpert wird dieser durch zwei Namen: Galilei und Descartes. Ersterer führt das

---

[315] Milner, HW, S. 44. Dieser Begriff des Wissenschaftsideals entstammt einer Untersuchung über die Genealogie der Wissenschaften, die in den *Cahiers pour l'Analyse* ausgearbeitet wurde, an deren Herausgeberschaft Milner selbst beteiligt war.

[316] Milner, HW, S. 105.

[317] „Vor der Heraufkunft der galileischen Wissenschaft akzeptierten die Menschen – freilich mit

Mathematische im Realen ein, wodurch eine mit der Antike inkommensurable *epistêmê* gestiftet wird, der andere stiftet mit dem Cogito das Subjekt dieser Wissenschaft der Moderne. Demnach gilt alles dasjenige als ‚modern', was sich innerhalb dieser doppelten Stiftung bewegt. Aber diese Parallelität der Stiftungen erweist sich als problematisch. Nur blitzhaft scheint ihre Synchronie auf. Lacan versucht das Subjekt der Moderne allerdings genau in diesem äußersten Moment zu verorten.

Die Mathematisierung der Natur geht einher mit der radikalen Eliminierung aller Qualitäten. Das Subjekt dieser Operation hat keine Eigenschaften, ist kein Individuum, keine Seele und auch kein reflektierendes Bewusstsein.[318] Das Korrelat ist das Cogito als Minimalbegriff eines „Denkens ohne Qualität", wird aber von Descartes durch eine erweiterte Bestimmung des Denkens wieder verdeckt:

> „Nun ist es wahr, dass Descartes hier nicht endet; er geht hastig, ohne sich aufzuhalten und fast wie gehetzt, zum Bewusstsein und zum qualifizierten Denken über. Denn um dieses qualifizierte Denken geht es von dem Moment an, da folgende Synonymie aufgestellt wird: ‚Ein denkendes Wesen! Was ist das? Nun, – ein Wesen, das zweifelt, einsieht, bejaht, verneint, will, nicht will und das sich auch etwas bildlich vorstellt und empfindet.' Man versteht also, warum Lacan sich ausschließlich auf das beruft, was man die äußerste Spitze [*pointe extrême*] des *Cogito* nennen könnte und warum er mit allen Mitteln versucht, den Übergang von der ersten zur zweiten Stufe zu unterbinden."[319]

Warum hat es Lacan auf diese qualitätslose äußerste Spitze des Cogito abgesehen? Weil das Subjekt im Sinne eines Denkens ohne Eigenschaften äquivalent mit dem Subjekt des Unbewussten ist. Hier zeigt sich die Bedeutung der Freud'schen Aussage, gemäß derer das Unbewusste *denkt*. Es denkt, es ist sogar ein Subjekt im Sinne des Cogito, jedoch eines minimalen Cogito, dem keinerlei Eigenschaft zukommt. Wir sind hier an einem Punkt der Lacan'schen Lehre, die dem abendländischen Denken einiges abverlangt, den Satz, „Wo es ein Subjekt gibt, dort gibt es Denken", kurzerhand subvertiert und die Bedingung formuliert: „Wo es ein Denken gibt, gibt es ein Subjekt."[320] Diese gleichermaßen inverse Subjekttheorie bestimmt das Subjekt als logisch sekundär gegenüber einem eigenschaftslosen Denken des Unbewussten.

Milner folgt Koyrés Wissenschaftsgeschichte der Brüche, weil darin für Lacan Wegweisendes liegt,[321] obwohl die erste Lacan'sche Wissenschaftslehre den Bezug auf das Cogito enthistorisiert.

---

einiger Anpassung und Auslegung – die sinnlich gegebene Welt als die wirkliche. Mit Galilei und nach ihm tritt ein Bruch auf zwischen der sinnlich gegebenen und der wirk- liehen Welt – jener der Wissenschaft. Diese wirkliche Welt ist verkörperte, realisierte Geometrie. Damit sind wir aus der Renaissance herausgetreten; ausgehend von der galileischen Physik und ihrer cartesischen Interpretation ist schließlich Newton imstande, die gewaltige Synthesis des 17. Jahrhunderts zu schaffen, und auf ihr gründet die Wissenschaft, wie wir sie kennen." (Alexandre Koyré, Leonardo, Galilei, Pascal. Die Anfänge der neuzeitlichen Naturwissenschaft. Übers. v. Rolf Dragstra und Horst Günther. Fischer, Frankfurt a. M. 1998. S. 68 f.).

[318] Vgl. Milner, HW, S. 51 f.
[319] Milner, HW, S. 52.
[320] Milner, HW, S. 54.
[321] Vgl. Lacan, S II, hier: S. 402.

3.6 Automatismus, Überdeterminierung und symbolisches Gedächtnis 239

Der Galileismus setzt sich dagegen zusammen aus Mathematisierung, Empirizität und Technizität. Die Forderung, die dieser Gestalt der Wissenschaft zugrunde liegt, ist die Forderung nach *Genauigkeit ihrer Messungen*, die ihrerseits auf ein anderes Ideal der Genauigkeit vor diesem Bruch verweist. Milner interpretiert die ursprünglichen Motivationen nun aus einer ursprünglich dem Buchstaben verpflichteten Wissenskultur. Die Metapher des ‚Lesens im Buch der Natur', von der auch die *Grammatologie* Derridas handelt, weist demnach darauf hin, inwiefern die *Literarität* des historischen Humanismus als Vorbild der Mathematisierung diente.[322] Neu ist nicht die Exaktheit selbst, diese ist bereits *buchstäblich* präsent, sondern dass diese künftig das *Universum* als solches qualifiziert.

Ein Bruch lässt sich auch dort verzeichnen, wo die antike Gestalt mathematischer Exaktheit mit derjenigen der modernen Wissenschaft ins Verhältnis gesetzt wird. Die Antike verstand die Mathematik bereits sehr wohl als ein Instrument der Erkenntnis. Ihr Interesse am Mathematischen liegt jedoch im *Logisch-Eidetischen*:

> „[D]ie Zahlen [bezeichneten] einzig und allein ein Zugang zum Selben [...]. Genau in dieser Hinsicht waren sie bedeutsam und nicht für die Kalküle, die sie unter Umständen zu berechnen erlaubten. Zumal die Zahl nicht das einzige Merkmal des Selben ist. Noch grundlegender ist die Notwendigkeit in den Beweisführungen. Die griechische *epistêmê* gründet sich auf diese und ausschließlich auf diese; die Mathematizität ist nur ein unbedeutender Nebeneffekt hiervon."[323]

Dieses Mathematische berührt die Theologie genau an dem Punkt, an dem ihre Notwendigkeit und Exaktheit als Möglichkeiten verstanden werden, etwas über Ewigkeit und Vollkommenheit auszusagen: Gott; oder sie sucht nach derjenigen Entität, die diesseits des Himmels mit diesem korrespondiert: die Seele.[324]

Die moderne Wissenschaft stiftet sich demzufolge nicht durch das Mathematische per se, weil diese bereits in der Antike bestand, sondern durch die Extraktion der Mathematizität der Mathematik, ihrer Fähigkeit zur Berechnung, was letztlich zur Messung führt. Ihre Beweiskraft in Bezug auf das Logisch-Eidetische, d. h. die Befragung des Logos als solchen, ist für sie nicht von Belang.[325]

Indem die strukturalistisch inspirierte Psychoanalyse nun der Moderne zuzurechnen ist, sie dem Galileismus (einem erweiterten[326]) folgt, d. h. ein Denken ohne

---

[322] Vgl. Milner, HW, S. 60 f.
[323] Milner, HW, S. 67.
[324] Milner, HW, S. 70.
[325] Vgl. Milner, HW, S. 73.
[326] Der Begriff eines erweiterten Galileismus bezieht sich auf die Ausweitung des Universums auf nicht ‚natürliche' Objekte (Subjekte) und vor allem auf die Ausweitung der Mathematik auf eine literale Disziplin: „Man kann hier mit Recht von einer erweiterten Mathematisierung sprechen; gewiss gibt sie sich stichhaltig und verpflichtend, aber auch autonom gegenüber dem mathematischen Apparat *stricto sensu*- Geometrie, Arithmetik, Algebra, naive oder abstrakte Mengenlehre, Strukturenlehre, etc. Es ist bekannt, dass die Linguistik der zwanziger Jahre sich dieser Aufgabe annehmen wird. In den fünfziger Jahren, am Ende dieses Prozesses, konnte man sie als eine ebenso literale Disziplin wie die Algebra oder die Logik und dennoch als völlig unabhängig von diesen betrachten. Auf dieser Grundlage erzielte sie empirische Erfolge. Durch ihre Methode galt die Gesamtheit der natürlichen Sprachen in ihrer Ausdehnung und im Detail als fassbar. Man

Qualitäten anvisiert, lehnt sie die Mathematik der logisch-eidetischen *Anwendung* ab und wird *buchstäblich*. Dies ist, so ließe sich schlussfolgern, die historizistische Gestalt der Lacan'schen Wissenschaftslehre, die nicht ihr Schlussstein ist, sondern dazu dient, diejenigen Gestalten der Psychoanalyse zu relativieren, die ihre Wissenschaftstheorie an einer externen Idealwissenschaft orientieren.[327]

Inwiefern die Lehre von den vier Diskursen, die Lacan ab 1969 entwickelt, imstande ist, diese historizistische Begründung der Wissenschaftslehre in eine Begründung synchroner Schnitte zu verwandeln, inwiefern gar „[d]ie Theorie der Diskurse […] eine Antihistorie" ist, und dennoch das soziale Band, das sie repräsentiert, adäquat erfasst, bedürfte einer umfassenden Lektüre, die uns an dieser Stelle nicht weiterführt.[328]

3.6.3.2 Kontingenz und Retro-Konstitution

Stattdessen zeigt Milner einen anderen Weg auf, die Lacan'sche Wissenschaftslehre struktural zu begründen. Er schlägt vor, den Versuch Koyrés, die Brüche in der Wissenschaft historisch zu begründen, durch einen Term zu ersetzen, der auch für Lacan – bereits seit den frühen Versuchen der symbolischen Überdeterminierung – von zentraler Bedeutung ist, den er *Kontingenz*. Kontingenz ist dabei definiert als die Negation einer Aussage, die *weder logisch noch faktisch* unmöglich sein darf.[329] Die Psychoanalyse gehört nach Milners Epistemologie der Moderne an, nicht weil sie sich historisch aus ihr ableitet, sondern weil „[d]as Subjekt, mit dem die Psychoanalyse operiert, […] als Korrelat der modernen Wissenschaft, ein Korrelat des Kontingenten [ist]."[330] Was Lacan allerdings der modernen Wissenschaft des Messens gegenüberstellt, ist eine Mathematisierung, die es nicht mit der Auflösung der Qualitäten in Quantitäten zu tun hat, sondern zu einer modernen (Re-)formulierung der Literarisierung führt: zum *Buchstaben*. Dieser ist, weil an sich ohne Grund, das Element *par excellence* der Kontingenz, sofern er, gemäß seiner Wesensbestim-

---

konnte davon ausgehen, dass sie sich gegenüber ihrem Objekt strikt wie die galileische Wissenschaft verhielt. Ein erweiterter Galileismus also, der sich auf ungeahnte Objekte erstreckte und auf einer erweiterten Mathematik basierte." (Milner, HW, S. 124 f.).

[327]

„In einer Situation, da sich die psychoanalytischen Institutionen von dem Szientismus der Idealwissenschaft hatten dominieren lassen, musste Lacan, um der Psychoanalyse ihren Weg zu bahnen, relativieren und nominalisieren; der Preis, den er zu zahlen hatte, war der periodistische Diskurs." (Milner, HW, S. 81.).

[328] Vgl. Milner, HW, S. 81–84; hier S. 83.

[329] Koyrés Versuch den Anbruch der Moderne als eine Verdiesseitigung des Mathematischen zu beschreiben erscheint damit in neuem Licht: „Die Diskriminante Koyrés und die Diskriminante Poppers sind synonym, unter der Bedingung, dass man sie unter dem Gesichtspunkt der Kontingenz erfasst." (Milner, HW, S. 86.).

[330] Ebd.

3.6 Automatismus, Überdeterminierung und symbolisches Gedächtnis

mung als reiner Differenz ebenso gut nicht sein könnte.[331] Gerade diese Grundlosigkeit verwandelt sich in den transzendentalen Schein einer Unveränderlichkeit. Dass der Buchstabe dem ‚Wort Gottes' würdig sei, gehört demnach dem Imaginären an. Aber auch die Wissenschaft läuft Gefahr dieser transzendentalen Illusion zu erliegen, und zwar genau dann, wenn sie die Notwendigkeit ihrer Gesetze hypostasiert zu irgendeiner anderen Form als der einzig möglichen *faktischen Notwendigkeit*: „Die Struktur der modernen Wissenschaft beruht voll und ganz auf der Kontingenz. Die faktische Notwendigkeit, die man den Gesetzen zugesteht, ist das Wundmal eben dieser Kontingenz."[332]

Worauf es der Psychoanalyse nun in Bezug auf die Kontingenz – im Gegensatz zur Naturwissenschaft oder der reinen Modallogik – ankommt, ist ihr Status gemäß der *logischen Zeit*. Was sie dabei entdeckt, könnte man die *Retro-Konstitution des Symbolischen* nennen. Milner substituiert Lacans Konstruktionen des Sophismas und der Netze der Überdeterminierung durch die Metapher des *Würfelns*. Diese verweist hier allerdings nicht auf Einsteins berühmten Ausspruch, demnach Gott gerade nicht würfle,[333] sondern vielmehr auf Lacans Bezugnahme auf Mallarmé[334] und Milners Verweis auf Saul A. Kripke.[335]

---

[331] Vgl. Milner, HW, S. 87.

[332] Milner, HW, S. 87 f. Karl Popper kritisiert seinerseits den Historismus aus dem gleichen Grund, insofern die Notwendigkeit in dieser Anschauung den Status annimmt, den Wandel zu situieren „auf einer im voraus feststehenden Linie, die sich ihrerseits nicht ändern kann, durch Zwischenstadien hindurch, die mit unerbittlicher Notwendigkeit vorausbestimmt sind". (Karl Popper, *Das Elend des Historizismus*, Tübingen 2003, S. 45. Siehe dazu: Peter Vogt, *Kontingenz und Zufall: Eine Ideen- und Begriffsgeschichte*. Akad. Verlag: Berlin 2011, besonders Teil I/III „Welt, Natur, Geschichte: Drei Sphären von Kontingenz und Zufall".).

[333] Interessant ist Einsteins quasi-theologischer Jargon in Bezug auf die statische Deutung der Quantentheorie. Dieser Bezug auf den großen Anderen wird gemeinhin als Einsteins Spinozismus gedeutet: „Die Quantenmechanik ist sehr achtung-gebietend. Aber eine innere Stimme sagt mir, daß das doch nicht der wahre Jakob ist. Die Theorie liefert viel, aber dem Geheimnis des Alten bringt sie uns kaum näher. Jedenfalls bin ich überzeugt, daß der nicht würfelt." (Brief an Max Born vom 04.12.1926, in: Einstein, A., et al. (1969): Briefwechsel 1916–1955. Kommentiert von Max Born. München, S. 129 f.).

[334]

„Die einzige absolute Aussage zu dem Thema stammt von einem der es rechtens wissen muß: daß kein Würfelwurf im Signifikanten jemals den Zufall wird ausschalten können [Vgl. Mallarmés *Un coup de dé jamais n'abolira le hasard*, Paris 1945 (Pleiade-Ausgabe), S. 453] – weil nämlich, wie wir ergänzen können, kein Zufall außerhalb einer Sprachdeterminierung existiert, und zwar unter welchem Aspekt man ihn auch betrachten mag: als Automatismus oder als Aufeinandertreffen." (Lacan, Schriften II, 1. Auflage Walter-Verlag, Olten und Freiburg im Breisgau 1975, S. 59).

[335] Kripke zur „Literarisierung" der Chancen zweier Würfel: „Now in doing these school exercises in probability, we were in fact introduced at a tender age to a set of (miniature) 'possible worlds'. The thirty-six possible states of the dice are *literally* thirty-six 'possible worlds' …" (Kripke, Saul A., Naming and Necessity, Cambridge: Harvard University Press, 1972, S. 16. (Herv. v. mir – P. F.)).

„Die Lehre hat diesem Zeitintervall, in dem die Würfel umherwirbeln, bevor sie wieder fallen, einen Namen gegeben: die Emergenz des Subjekts, das nicht der Werfer ist (der Werfer existiert nicht), sondern die Würfel selbst, in dem Moment, in dem sie in der Luft harren."[336]

Das Subjekt ist struktural betrachtet die reine Differenz zwischen Kontingenz und Unmöglichkeit. Von der Verwirklichung der Möglichkeiten des Subjekts kann hier nicht die Rede sein, weil die Möglichkeiten nichts als reine Kontingenzen sind, bis sie sich ‚mit einem Schlag' in faktische Notwendigkeit verwandeln, d. h. in die Unmöglichkeit des Anders-sein-Könnens. Dieser zweiten Bewegung des Zeitschlags entspricht nach dem oben besprochenen *Sophisma* die Genese des Ichs/ Moi: „Das ‚*Ich*' [‚*je*'], Subjekt der schließenden Behauptung, hebt sich durch einen *Schlag* logischer *Zeit [battement de temps]* vom anderen, das heißt von der Reziprozitätsbeziehung, ab."[337]

Dieses ‚Loch' kann nach Lacan nur durch den Buchstaben erfasst werden, der in sich qua Differenz die Selbstausstreichung jeder potenziellen Identität repräsentiert. Jeder Versuch, die Möglichkeit als eine Identität zu denken, die *a priori* als solche ‚auf dem Weg' zu sich selbst ist – die gewürfelte Augenzahl als die Realisierung eben dieser Augenzahl vor dem Schlag ihrer faktischen Notwendigkeit zu denken –, bedeutet, *ein Apriori nachträglich zu konstituieren*, das als nachträgliches Voraus nichts anderes als ein Schein der Determination sein kann. Wissenschaftstheoretisch kommt dies einem *Vergessen der Kontingenz* gleich:

„Um dies zu sehen, müsste man allerdings unentwegt vom Vorherigen zum Späteren übergehen. Nun aber ist dies nicht möglich, denn man müsste zugleich unentwegt vom Späteren zum Vorherigen zurückkehren. Die Wissenschaft erlaubt dies in jedem Fall nicht; wenn sich der Buchstabe erst einmal gefestigt hat, *bleibt nur die Notwendigkeit bestehen und fordert das Vergessen der Kontingenz, die sie ermächtigt hat.*"[338]

Die Psychoanalyse nähert sich in dieser Frage der Phänomenologie. Milner verweist hier auf Lacans Begriff der *Nahtstelle (suture)*, der im Seminar von 1964 die Schließung dieses Lochs bezeichnet. In jenen Sitzungen, in denen Lacan – im Andenken an Merleau-Ponty – den Blick als Objekt *a* ausweist, kommt er erneut auf das Sophisma und die logische Zeit zu sprechen. Der Unterschied zwischen dem Sophisma und der Dimension des Blicks liegt darin, dass die im ersten Fall als Augen-Blick (*l'instand du regard*) bezeichnete anfängliche suspendierende Skansion, in der Dimension des Blicks nicht initiierend, sondern abschließend wirkt. Dieser Moment des Stockens (*temps d'arrêt*) wirkt im Sophisma gewissermaßen durch sein Ausbleiben als Inauguration der Frage des Subjekts über sich selbst („Was bin ich, angesichts der Tatsache, dass keiner der Anderen augenblicklich zur einzig möglichen instantanen Schlussfolgerung gelangt ist?"), und leitet die unbestimmte Zeit zum Begreifen ein, die sich als projizierte Hast identitär über den Subjekten schließt.

---

[336] Milner, HW, S. 88.
[337] Lacan, E, S. 208/dt. S I, S. 244.
[338] Milner, HW, S. 88. (Herv. v. mir – P.F.).

3.6 Automatismus, Überdeterminierung und symbolisches Gedächtnis   243

In der Dimension des Blicks wirkt diese Arretierung dagegen terminierend. In der Malerei entspricht dem Blick korrelativ dasjenige am Gemälde, was es (oder *dem* Blick) ‚zu sehen gibt'. Gemälde, ähnlich wie fotografische Reproduktionen, sind Momentaufnahmen – Augenblicke. Denken wir etwa an Schlachtengemälde, so ‚zeigen' sie schlagartig ‚eingefrorene', unterbrochene, suspendierte Bewegungen: *Gesten*. Dieses „Stocken" ermöglicht die „*Niederschrift nach rückwärts*".[339] Das ontologische Simulacrum, d. h. die Niederschrift einer Faktizität als Manifestation *dieser oder jener* Möglichkeit, besteht nun in einem Kurzschluss des initialen und terminalen Augen-Blicks. Sofern die identifizierende Initiation (Sophisma) wie auch das terminale Stocken die Symbolisierung des Blicks (Geste) konstituiert, besteht die Nahtstelle in der Verbindung zwischen Imaginärem und Symbolischen.[340] Es ist die Vernähung des Ego/*Moi* mit dem Anderen, durch die Verwerfung der Beziehung, die das Ich/*Je* (des Aussagens, während die Aussagen „in der Luft harren") zum Realen als dem Unmöglichen (der faktischen Notwendigkeit) unterhält. *Die Nachträglichkeit ist demnach derjenige Schnitt der Heterogenität, über dem sich das Schicksal des Subjekts schließt*:

> „Da das Subjekt dasjenige ist, was in dem Schritt vom vorherigen zum späteren Moment auftaucht, sind Nahtstelle und Verwerfung notwendig Nahtstelle und Verwerfung des Subjekts."[341]

3.6.4 *Das Hyperstrukturale*

Wie lässt sich darin die Theorie des autonomen Signifikanten verorten? Dazu muss vorerst geklärt werden, welchen Status die Signifikantentheorie in Hinblick auf die Kontingenz hat. Milner wählt dazu – einmal mehr – den Weg über Saussure und den Strukturalismus – ein Ansatz werksimmanenter Genese, die durchaus von anderen bezweifelt wird,[342] uns jedoch auch wichtige Hinweise liefert. So verworren und teilweise falsch die Geschichte des Strukturalismus und seiner Protagonisten auch rezipiert werden mag,[343] zählt Milner Lacan aus systematischen Gründen zu den Strukturalisten. Insofern der Strukturalismus, wie dargestellt, die Mathematisierung des Humanen jenseits der Messung anstrebt, und sie so als Zeichen des Kalküls interpretiert, ist der „linguistische Lacan […] in Wahrheit ein mathematischer Lacan."[344] Als solcher bekennt er sich zu den Hauptthesen der strukturalen Linguis-

---

[339] Lacan, Se XI, S. 123.
[340] Lacan, Se XI, S. 125.
[341] Milner, HW, S. 89. (Kursive Begriffe sind im Original auf Deutsch.).
[342] Siehe hierzu Gondeks Bemerkungen, die Transformation der Saussure'schen Begriffe sei so radikal, dass hier nur noch von einer terminologischen Entlehnung die Rede sein kann. Gondek, „Subjekt, Sprache, Erkenntnis", S. 148.
[343] Siehe dazu Gondek, ebd.
[344] Milner, HW, S. 127.

tik,³⁴⁵ die Milner durch einen dreifachen *Minimalismus* repräsentiert sieht: den der *Theorie*, des *Objekts* und der *Eigenschaft*. Eine Theorie mit einem Minimum an Axiomen beschreibt ein System mit einer minimalen Anzahl an Elementen, die ihrerseits auf ein Minimum an Akzidenz verweisen, nämlich Element des Systems zu sein.³⁴⁶ Diese Trias läuft zuletzt darauf hinaus, dass die strukturale Linguistik es mit der reinen Differenzialität zu tun hat; „rein", weil ihr das Primat vor den Eigenschaften zukommt. *Milner versteht nun Lacans Signifikantentheorie als eine Realisierung dieses Minimalismus.* Die Autonomie des Signifikanten ist die Antwort auf den Minimalismus des Objekts, während die Emergenz des Subjekts auf den Minimalismus der Eigenschaft antwortet. Die Netze der Überdeterminierung sind demnach die exakte Ausführung dieses minimalistischen Programms, demnach alles auf eine Minimalstruktur zurückgeführt werden soll: die „Kette". Der Signifikant ist nichts anderes als das Minimalelement dieser Minimalstruktur.³⁴⁷

Bis hierher bewegen wir uns noch im Fahrwasser der Saussure'schen Linguistik, was sich jedoch mit Lacans Interpretation des Eigenschaftsminimalismus radikal ändert. Bekanntermaßen ist Lacans ‚Aneignung' der Saussure'schen Termini Signifikat/Signifikant ein Schein an der Oberfläche. Denn die ‚Wendung', die Lacan mit dem Saussure'schen Zeichen vollzieht – der Wechsel der Positionen von Signifikat und Signifikant, die ‚Befreiung' des Zirkels der Einheit des Zeichens durch die Einführung eines Algorithmus als adäquate Verhältnisbeschreibung und des Balkens als trennende/phasierende anstatt verbindende Funktion – ist gleichbedeutend mit der *Zerstörung des Zeichens* im eigentlichen Sinne.³⁴⁸ Lacan radikalisiert die Reziprozität von Strukturalität und Akzidentialität, indem er ihr Verhältnis *ursächlich* interpretiert:

> „Zu behaupten, Eigenschaften gebe es nur als vom System induzierte, heißt in einem als Struktur definierten System nichts anderes, als zu behaupten, jede Eigenschaft sei einzig Effekt der Struktur. Also zu behaupten, dass die Struktur Ursache ist. Und wenn das Element einer jeden Struktur als signifikant definiert ist, heißt das, dass der Signifikant keine Eigenschaften *hat*, sondern sie *schafft*: er ist Handlung."³⁴⁹

Lacan nimmt das Verhältnis von „Bezeichnendem" und „Bezeichnetem" wörtlich als ein Verhältnis von Aktivität/Passivität oder Handeln/Erleiden. Dem großge-

---

³⁴⁵ Die „strukturale Linguistik" ist hierbei nicht mit der Linguistik Chomskys, wie er sie seit *Syntactic Structures* (deGruyter. Berlin/New York, 2002, 1957¹) entworfen hat, zu vermengen, die Milner in seiner Konzeption eher einer „galileischen Linguistik" zuordnet (Vgl. ebd., S. 128).

³⁴⁶ Vgl. Milner, HW, S. 128.

³⁴⁷ „[E]in beliebiges System nur im Hinblick auf die Minimalelemente betrachten, in die es sich gliedert: das ist es, was der Begriff *Signifikant* stenographiert." (Ebd., S. 135).

³⁴⁸ „Mehr ein durchgestrichenes Zeichen als ein zerstörtes. Ein nicht funktionierendes Zeichen. Keiner der Begriffe der Zeichentheorie verschwindet: Signifikant, Signifikat und Bedeutung sind noch da. Aber ihr System ist durcheinander, pervertiert. (Nancy, Labarthe, Le titre de la lettre, S. 58 f./engl. The Title of the Letter, S. 39.

³⁴⁹ Milner, HW, S. 136.

3.6 Automatismus, Überdeterminierung und symbolisches Gedächtnis

schriebenen Anderen kommt dabei die Rolle der verursachenden Aktivität zu, die jedoch keiner Instanz eines hypostasierten ‚Handelnden', sondern nur der reinen Differenzialität bedarf. Wäre der Strukturalismus Lacans damit bereits erschöpfend beschrieben, würde der Satz „Das Unbewusste ist strukturiert, wie eine Sprache." keinen Sinn ergeben. An diesem Punkt des Minimalismus würde er nur ausdrücken, dass „eine beliebige Struktur strukturiert ist, wie eine Struktur". Den Hinweis auf die Lacan'sche Lösung dieses Rätsels liefert uns dagegen der unbestimmte Artikel „*eine* Sprache", da „Sprachen" in der strukturalen Linguistik sich nur durch ihre Eigenschaften, niemals jedoch strukturell unterscheiden.[350] Das Unbewusste zeigt auf, dass es Strukturen reiner Differenzialität und Anonymität gibt, und dass doch *jede Struktur auf ein Subjekt verweist*. Milner formalisiert diese These in der Formulierung einer *hyperstrukturalen Vermutung*: „Die beliebige Struktur hat nichtbeliebige Eigenschaften."[351]

Den Sinn dieses Hyperstrukturalen verstehen wir, wenn wir die vorangegangenen Teile die logische Zeit, die Netze der Überdeterminierung und die (Pro-) und Retroaktivität zusammenfügen. Die symbolische Ordnung, die sich von der Kontingenz des Realen abhebt – einer Kontingenz, die sich nur ausgehend von der symbolischen Ordnung formulieren lässt – repräsentiert die Struktur der Kette, d. h. die Möglichkeiten und Unmöglichkeiten, wie sie durch Überdeterminierung hervorgebracht werden. Diese Struktur erlaubt jedoch in keinem Fall eine ‚Prophetie' des zukünftig Realen (Futur I-Aussagen). Hingegen ist es laut Lacan eine Eigenschaft der Kette nicht reziprok, sondern retroaktiv zu sein (Futur II-Aussagen), worin sich gerade eine primordiale Subjektivität bekunde. Die Emergenz des Subjekts wird hier zunächst nur einseitig bestimmt. Nach Milner gibt es aber eine doppelte Bestimmung derselben: als *intrinsische* und als *extrinsische* Eigenschaft der Kette. Hier haben wir es mit der intrinsischen Bestimmung zu tun, der Bestimmung des Subjekts, die sich aus den Eigenschaften der Kette selbst ergibt. Man könnte hier von der primordialen Subjektivität auch als von einer *Minimalstruktur* des Subjekts sprechen. Zudem zeigt sich das Subjekt als der Kette extrinsisch zugehörig. Sei es in den Hasardspielen oder in der analytischen Situation selbst, *das Subjekt ist in der Kette anwesend, und es ist sogar in dem Maße ‚anwesend', wie ihm der Signifikant durch die Pro- und Retroaktivität der logischen Zeit Rätsel aufgeben ist.*

Daher die eigentümliche Formel, mit der Lacan versucht, die Extrinsität der Emergenz des Subjekts in die Signifikantenlogik zu integrieren: „Ein Signifikant repräsentiert das Subjekt für einen anderen Signifikanten." Was an dieser Formel Kopfzerbrechen bereitet, ist seine triadische Struktur, die das etablierte binäre Verständnis der Repräsentation unterwandert. Laut Milner ist dies der Versuch die extrinsisch-intrinsische Bestimmung der Emergenz des Subjekts in der Kette zu erfassen.[352] Als solches ist das Subjekt passiv und der Kette selbst nachgeordnet, womit es zum Subjekt des Signifikanten wird.

---

[350] Vgl. Milner, HW, S. 138.
[351] Milner, HW, S. 139.
[352] Diese doppelte Emergenz wird durch die folgenden Thesen definiert:

Das Cogito in strukturaler Betrachtung, d. h. als Kette mit ihren minimalen beliebigen und nicht-beliebigen Eigenschaften, besteht demnach aus den zwei Signifikanten „Denken" und „Sein". Aus dem Sein als Signifikant (S2), dessen ‚Sinn' sich darauf reduziert, Element einer Kette zu sein, ergibt sich, dass seine Eigenschaft, für einen anderen Signifikanten zu repräsentieren, einen ersten Signifikanten (S1) erfordert, der auf dem Platz des *cogito* erscheint. Wie Lacan in den Netzen der Überdeterminierung herausstellte, ist aber das Verhältnis in einer Kette unumkehrbar, d. h. *retroaktiv* strukturiert. Das Subjekt, das ein Signifikant für einen anderen repräsentiert, pulsiert im Falle des Cogito zwischen Pro- und Retroaktivität der sich über die Kontingenz entfaltenden symbolischen Matrix.[353]

Dieses Gefüge der Wissenschaftslehre nennt Milner „Lacans ersten Klassizismus" – was schon andeutet, dass es einen zweiten gibt, d. h. dass es einen Schnitt, eine Wende im Werk Lacans gibt –, der geprägt durch eine Kette von Adäquationen des Subjekts der Moderne als Subjekt des Signifikanten und des Unbewussten, das zugleich Subjekt der Wissenschaft und der Metaphysik sein soll. Die Vollendung dieser ersten Gestalt findet in den *Écrits* den kohärentesten Corpus, und bringt die Wissenschaftslehre der Psychoanalyse in die größtmögliche Nähe zur Philosophie – eine Annäherung, die so weit geht, dass man mit Milner von einem *Transzendentalismus* im Hyperstrukturalismus sprechen kann.[354] Die Minimalstruktur der Kette ist zugleich – dies zeigt Lacans Kritik an Descartes – die Minimalstruktur des Denkens, insofern es symbolisch konstituiert ist, und des metaphysischen Subjekts, insofern dieses aus dem pro- und retroaktiven Pulsieren hervorgeht. Inwiefern ist nun „[d]ie hyperstrukturale Vermutung [...] die moderne Form der transzendentalen Frage"?[355]

Man kann zumindest den Kantischen Transzendentalismus mit dem strukturalen Minimalismus vergleichen, wenn man beide Programme charakterisiert durch das Ziel der vollständigen Bestimmung nicht-beliebiger Eigenschaften von beliebigen Objekten, d. h. Bedingungen die allen möglichen Objekten notwendig zukommen – was bei Kant zu einer Apriorisierung der Notwendigkeit führt, die infolgedessen

---

„(i) Ein Signifikant repräsentiert einzig für etwas;

(ii) Das, wofür er repräsentiert, kann nur ein Signifikant sein;

(iii) Ein Signifikant kann einzig das Subjekt repräsentieren [extrinsische Bestimmung];

(iv) Das Subjekt ist nur das, was ein Signifikant für einen anderen Signifikanten repräsentiert. [intrinsische Bestimmung]." (Milner, HW, S. 140).

[353]

„Das von Lacan neugelesene Cogito besteht streng genommen in der Aussage ‚also bin ich'; aus dieser Aussage, die sich in einem einheitlichen und zweiten Signifikanten konzentriert (sum), ergibt sich rückwirkend ein erster Signifikant ‚ich denke' *(cogito);* das reale Subjekt besteht im rhythmischen Schlag dieser zwei Signifikanten (vom zweiten zum ersten, vom ersten zum zweiten)." (Milner, HW, S. 142, Fußnote 126).

[354] Siehe Milner, HW, Kapitel III/4.: „In Richtung einer transzendentalen Lektüre", S. 145 ff.
[355] Milner, HW, S. 147.

auch für den Transzendentalismus in der Psychoanalyse gilt. Diese philosophische Strenge macht diese Gestalt der Psychoanalyse darüber hinaus dialogfähig mit denjenigen logisch-eidetischen Unternehmungen der Geistesgeschichte, die diesen axiomatischen Aufbau teilen: „Diese Logik umschließt die mathematische Logik *strictu sensu* ebenso wie die formale Ontologie – platonisch, neuplatonisch und fichteanisch."[356] Auch das Husserl'sche Transzendentale lässt sich hiermit in Verbindung bringen, wenn man es als Frage nach der Transzendenz behandelt. In Bezug auf das Phänomen könnte man hier von einem Husserl'schen Hyperstrukturalen sprechen, wenn wir darunter das „Außerhalb der Bewusstseinsformen" verstehen.[357]

In zwei Punkten muss der These vom Hyperstrukturalen als moderner Form der transzendentalen Frage widersprochen werden. Zum einen sind nach der Milner'schen Definition der „Moderne" bereits der Kantische und alle nachfolgenden Transzendentalismen im Umkreis des Galileismus (teilweise auch eines erweiterten) und des kartesischen Subjekts zu verorten. Zum anderen gibt es Transzendentalismen, wie etwa die Phänomenologie, für die, über die Frage der Objektivität („Objektalität" wie Lacan es auch nennt) hinaus, die Frage des *Weltzugangs* transzendental ist. Dieser Weltzugang, mit seiner offenen Horizontstruktur und seinen prä-phänomenalen Schichten, gehört nicht zur Wissenschaftslehre der strukturalen Psychoanalyse.

3.7 Die phänomenologische Interpretation des Wolfsmanns (Synthese der ersten beiden Teile)

Mit der Reflexion über das Hyperstrukturale hat unsere Untersuchung im Zick-Zack den äußersten Punkt der Hyperbel erreicht, an dem das Symbolische nicht nur als Negation der Phänomenalität ausgelegt wurde, sondern diese Auslegung selbst sich am weitesten vom phänomenologischen Denken entfernt hatte. Der folgende Abschnitt soll die Rückkehr zur Phänomenologie einleiten. Die Grundlage dafür liefert die vielleicht berühmteste Fallstudie der Psychoanalyse, die des ‚Wolfsmannes'. Die Interpretationen Freuds und Lacans einerseits und Merleau-Pontys wie Richirs andererseits bieten uns die Gelegenheit, den Sinn von Phänomenalität und Nicht-Phänomenalität am konkreten Material zu erproben. Systematisch soll zudem gezeigt werden, was genau den Unterschied ausmacht zwischen symbolischem und phänomenologischem Unbewussten, zwischen Signifikanten und wilden Wesen und wie diese auf je spezifische Weise in der Sinnbildung intervenieren. Die Untersuchung schließt mit einer Reflexion über den Status der wilden Wesen in der Psychoanalyse, bevor die phänomenologische Untersuchung – nun wieder im phänomenologischen Denken angelangt – das Problem der verfehlten Begegnung verlässt

---

[356] Milner, HW, S. 148.

[357] Zum „Minimalismus" des Husserl'schen Transzendentalbegriffs siehe A. Schnell, Wirklichkeitsbilder, Tübingen: Mohr Siebeck 2015, S. 91 f.

und das ‚positive' Verhältnis einer gelingenden Begegnung von phänomenologischem und symbolischem Feld bedenkt.

3.7.1 Freuds Fallstudie des „Wolfsmannes"

Wie die berühmte Münze Mallarmés ist auch der Fall des Wolfsmannes durch so viele Hände gegangen, dass er seine Prägung verloren zu haben scheint. Über unzählige Kommentierungen und Tausende von Seiten hat sich der Wolfsmann in einen sich fortschreibenden Text verwandelt, ist zu einem psychoanalytischen Mythos geworden. Der Patient Sergei Konstantinovitch Pankejeff signierte gar mit „Der Wolfsmann", und wurde so zur Inkarnation analytischer Theorie und Praxis. Schon die erste Niederschrift, die Freud als *Geschichte einer infantilen Neurose* konzipierte, war eine ‚Münze', die in C. G. Jung und Alfred Adler ihre ersten direkten Empfänger hatte. Ihre Versuche, die Grundsätze der Psychoanalyse von der kindlichen Sexualität loszulösen, sollten durch die in dieser Studie von Freud erbrachten Beweise endgültig zurückgewiesen werden.

Schon früh wiesen Otto Rank und andere auf die Tendenzen und Versäumnisse dieser Analyse hin. Den ‚Ausgang', den Freud für seinen Patienten wählte, war keine ‚Heilung', sondern die Verwandlung in ein Stück psychoanalytischer Theorie. Neben dem Traum ihres Gründungsvaters – dem Traum von Irmas Injektion, welcher die Traumdeutung von 1900 inauguriert – macht der Traum von den Wölfen den Wolfsmann zum ‚Sohn' der analytischen Theorie, der fortan bis ins hohe Alter den Kreis der Psychoanalytiker nicht wieder verlassen wird. Und so wie er, zirkuliert auch das ursächliche Trauma seiner Verfassung unter den Positionen, welche die Topologie seines Falls konstituieren. So befinden sich dann in Freuds Deutungen der wahre „andere Schauplatz", das ‚eigentlich' Verdrängte, das ‚wahrhaft' Unbewusste wahlweise auf Seiten der Koitus-Szene, der Schwester, der englischen Gouvernante, des behandelnden Arztes.

Das Unausgesprochene fordert nach und nach seinen Platz im Netz von Assoziationen: Was wusste Freud überhaupt über Wölfe, über die russische Kultur, über die englische Sprache, in der die Signifikanten partial kodiert gewesen zu sein scheinen? Die zweite Generation von Interpreten nimmt diese Fragen auf, wobei sie ihre Deutungskraft nicht mehr aus der analytischen Praxis schöpft, sondern die fehlenden Elemente der Freud'schen Deutung im Ausgang der weiteren Fallgeschichte (weitere Analysen, Biographisches, Autobiographisches) nachträglich rekonstruiert und restauriert. Muriel Gardiner, Ruth Mack Brunswick, Nicolas Abraham und Maria Torok, Gilles Deleuze und Félix Guattari, Serge Leclaire und Jacques Lacan stehen für diesen Diskurs.

Wenn wir uns diesem Fall zuwenden, so nicht mit der Absicht über die Psychoanalyse dieses Falls ein weiteres revidierendes Urteil zu sprechen oder auf diese Weise einen Beitrag zur Psychoanalyse selbst zu liefern. Wenn wir die Psychoanalytiker ernst nehmen, die behaupten, dass sich ihr Diskurs, in dem sich die Erfahrung ihrer Praxis ausdrückt, jenseits aller Philosophie konstituiert, dann kann letztere sich den Begriff dieser Praxis nicht dadurch aneignen, dass sie diese mit ihrer Rationalität (oder was immer die Logik des Signifikanten zu fundieren sucht) durchdringt. Vielmehr ist es die Aufgabe der hier vorgestellten Phänomenologie der Sinnbildung, das, was sich als *phänomenologische* Erfahrung konstituiert, zuletzt in ihrer Transzendentalität auszuweisen, nicht nur eine Verwandlung des mundanen Subjekts, sondern eine transzendentale Geschichte des Subjekts zu erforschen. Dieses Subjekt – anders als das intersubjektive Missverstehen, das die Psychoanalyse als konstitutiv setzt – öffnet sich in der phänomenologischen Betrachtung wieder der Interfaktizität, d. h. einem phänomenologischen *sensus communis* und einer phänomenologischen Freiheit. Denn umgekehrt – und das ist die Grundthese, die Richir aus dem Spätwerk Merleau-Pontys entwickelt – *macht das Unbewusste, jener psychoanalytische Gegenstand, der sich durch die Praxis als Spur zeigt, von dieser phänomenologischen Freiheit Gebrauch, ohne dies eigens zu thematisieren*.

Die Aufgabe wird es folglich sein, anhand des Falls des Wolfsmanns, 1.) das symbolische und das phänomenologische Feld darzustellen, 2.) die Architektonik zu beschreiben, der gemäß sie sich voneinander abheben, um zuletzt 3.) die Weise ihres Kontakts zu beschreiben.

Richir wirft der Psychoanalyse vor, das Subjekt im Außerweltlichen zu fixieren, wohingegen die Sprachphänomene auf Abstand zum Proto-Sinn bleiben – eine Freiheit, die zuletzt die symbolische Stiftung auf Abstand zu sich selbst hält. Dieser Abstand ist der phänomenologische Grund für jene Ver-anderung des Subjekts, der sich auf der Ebene des sexuellen Existenzials als Kastrationskomplex im Symbolischen fixiert. Die Weltphänomene mit den außerweltlichen Signifikanten wieder in Kontakt (Kontakt auf Distanz) zu bringen, verlangt nach einer phänomenologischen Reinterpretation der Figur des großen Anderen. Die Wiederöffnung der Signifikanten gegenüber den Weltphänomenen (Kontakt auf Distanz), verlangt einen anderen Zugang zum großen Anderen, so wie dieser sich nach hyperbolischer Epoché als „machtlose Macht" zeigt.

3.7.2 Urszene und Gruscha-Szene

Der Fall des Wolfsmanns zeichnet sich durch zwei Besonderheiten aus: Zum einen führt das Material Freud zur Konstruktion der *Urszene*, an welche sich die Frage nach einem möglichen metaphysischen Ursprung (Ursprünglichkeit) in der Psychoanalyse anschließt. Freuds Verteidigung infantiler Sexualität gegen vermeintliche ‚Auflösungserscheinungen' konkurrierender Analytiker (Jung, Adler) ist ebenfalls eng mit der Frage nach einer ursprünglichen Dimension oder einem Kern analytischer Theoriebildung verknüpft. Zum anderen wird die Dynamik des ganzen Falls durch seine *besondere zeitliche Struktur* bestimmt, die sich ihrerseits in mehrere Ebenen auffächert: 1.) die Chronologie der Ereignisse von der Kindheit bis zum Ende der Analyse (und darüber hinaus), 2.) die symbolische Zeitlichkeit und ihre traumatisch-symptomatischen Effekte, 3.) die Zeit der Analyse selbst mit ihrer logischen Zeit (Augenblick, Verstehen, Hast) und ihren Übertragungen und Gegenübertragungen, 4.) die textuelle Zeit von Freuds Konzeption und Redaktion der Fallstudie (mit ihrer Wirkung auf andere Texte).

Die Frage der Urszene wollen wir zunächst der Analyse der Gruscha-Szene voranstellen, weil sie den Hintergrund aller Fragen nach Realität und Erlebnisqualität der analytischen Elemente bildet. In der Analyse Freuds wird der Wolfstraum, an den der Patient kurz vor dem vierten Geburtstag geträumt zu haben sich erinnert, in seiner zentralen Bedeutung von Analytiker wie Analysanden gleichermaßen anerkannt. Als Traum mit derart hohem Grad an Verstellung und intensiven Affektbesetzungen weist er auf früheres, be-deutsames Material zurück. Dort finden wir das Netzwerk präödipaler wie ödipaler Objektbeziehungen, hier teilweise durch Hauspersonal des elterlichen Guts substituiert. Die Konflikte aus dieser Zeit werden vom Wolfsmann als intensiv erinnert, vor allem mit der Schwester und dem Vater. Woher also die Notwendigkeit der Konstruktion einer Szene jenseits dieses Erinnerungsmaterials? Die Antwort lautet, weil es als methodologisch notwendige Bedingung fungiert. Insofern nämlich zum Wesen der Urszene die *Nachträglichkeit* ihrer Wirkungen gehört, weist das neurotische Material auf anderes Material, das nachträglich zur Wirkursache wird: Wenn die neurotische Traumatisierung der Differenz zweier Szenen bedarf, ist, solange nur eine Szene gegeben ist, auf eine frühere zu schließen, die jener späteren nachträglich ihre Grundstruktur und Affekte verleiht. Diese regressive Reihe ist nun aber durch die Annahme einer Szene, die „radikal unbeobachtbar"[358] ist, nicht infinit. Die (Über-)Determinationsketten der Psychoanalyse werden zugleich als abzählbar wie auch als dem Material transzendent gesetzt. Diese transzendente Subposition – der Wolfsmann wird sich niemals an eine solche erste Szene erinnern – lässt die Urszene bezüglich ihres Wesens *schimmern*: „[D]ie „Urszene" Freuds [oszilliert] unentscheidbar zwischen realem Ereignis, phylogenetisch vorstrukturierter Fantasie und Konstruktion des Therapeuten".[359]

Damit verbunden sind auch schillernde Konzepte der *Ursprünglichkeit* der Urszene: als kausale Ursache, als Ursprung oder als Grund. Dieser regulative Fluchtpunkt fungiert hier gleichsam als Prinzip der Einheit der je einzelnen Analysesitzungen. Diese Einheit konstituiert das Freud'sche Subjekt, einerseits als operative Hilfskonstruktion, um dem Material und seinen Deutungen den nötigen Anstoß und die Richtung zu geben, andererseits als ein identitäres Insistieren auf Fortschreibung: Wo das Insistieren der Symptome war, soll das Insistieren der urszenischen Geschichte des Subjekts werden. Und tatsächlich wird der Patient Pankejeff zur Inkarnation der Freud'schen Theorie, er wird den Bannkreis der Analyse zeitlebens nicht durchbrechen.

Zwar hält Freud an der Konstruktion einer Urszene, der Blick auf einen elterlichen Koitus *a tergo* im Alter von anderthalb Jahren die längste Zeit der Analyse fest, jedoch ist er in Bezug auf den ontologischen Status dieser Urszene unentschlossen. Ist sie wirklich erlebt worden oder beruht sie auf phantasmatischen Strukturen? Mit der Verwerfung der Verführungstheorie fiel auch die Annahme, die psychische Realität bedürfe einer externen Realität, um ihre Effekte zu zeitigen. Was ist aber mit

---

[358] Klammer, Figuren der Urszene, 43.
[359] Ebd.

3.7 Die phänomenologische Interpretation des Wolfsmanns (Synthese der ersten …

den Realitätszeichen des Wolfstraums (jenes „nachhaltige Wirklichkeitsgefühl"[360])? Wie sollte die eigene Einbildungskraft derartige „Gespenster"[361] ohne Kontakt mit dem Realen hervorbringen? Freuds Unentschlossenheit – jenes Festhalten an der Urszene bei gleichzeitiger Vertagung, Verschiebung, Umarbeitung ihrer analytischen Wahrheit – ist gerade Konstitutum des Unbewussten. Dieses Pulsieren zwischen Faktizität und Faktualität (die „psychische Tatsache"), zwischen Verstehen und Erklären in der Deutung, ist gerade Ausdruck seiner wesentlichen Struktur. Damit die Urszene ihren doppelten Status beibehalten kann, wird die Entfremdung von der eigenen Geschichte in die Vorgeschichte verlegt.[362] Freud gesteht aber zu, dass einzig der Komplex dieser Szene die konstitutiven Bedingungen seiner Objektwahl enthält und das Subjekt in seiner Identität wesentlich außerhalb seiner Geschichte fixiert.

Freud stellt also die infantile Angstneurose – gegenüber den hysterischen, zwangsneurotischen wie psychotischen Symptomen seines Patienten – in den Mittelpunkt der Fallstudie. Dessen kindliche Welt ist zunächst von animalischen Objekten bevölkert und bedroht: Neben dem Wolf als Zentralemblem dieser Neurose üben auch Pferde und Insekten eine Angst auslösende Wirkung aus. Der Ausschnitt, der für unsere Untersuchung von besonderem Interesse ist, setzt in der zeitlichen Genese der Analyse eine Art Klammer um die mittlere Hauptphase, welche zwar den größten Teil der Sitzungen ausmacht, analytisch jedoch zäh und von geringerer Bedeutung ist (abgesehen von der Bedeutung dieser Zähigkeit selbst). Hiernach – und nach einem problematischen Kunstgriff Freuds, auf den wir noch zurückkommen werden – kommt plötzlich neues Material zum Vorschein:

> „Frühzeitig hatte mein Patient eine Erinnerung aus der Zeit erzählt, da seine Schlimmheit in Angst umzuschlagen pflegte. Er verfolgte einen schönen großen Schmetterling mit gelben Streifen, dessen große Flügel in spitze Fortsätze ausliefen, — also einen Schwalben-

---

[360] Freud, GW 12, S. 59.
[361] Vgl. Viktor Mazin, Freuds Gespenster. Aus dem Russischen von Peter Deutschmann, Brigitte Obermayr und Maria Rajer. Matthes & Seitz: Berlin 2015.
[362]

> „Von diesem unbefriedigenden Abschluß wende ich mich zur Behandlung der Frage, die ich in den ‚Vorlesungen zur Einführung in die Psychoanalyse' versucht habe. Ich möchte selbst gerne wissen, ob die Urszene bei meinem Patienten Phantasie oder reales Erlebnis war, aber mit Rücksicht auf ändert) ähnliche Fälle muß man sagen, es sei eigentlich nicht sehr wichtig, dies zu entscheiden. Die Szenen von Beobachtung des elterlichen Sexualverkehrs, von Verführung in der Kindheit und von Kastrationsandrohung sind unzweifelhafter ererbter Besitz, phylogenetische Erbschaft, aber sie können ebensowohl Erwerb persönlichen Erlebens sein. Bei meinem Patienten war die Verführung durch die ältere Schwester eine unbestreitbare Realität; warum nicht auch die Beobachtung des elterlichen Koitus?
>
> Wir sehen nur in der Urgeschichte der Neurose, daß das Kind zu diesem phylogenetischen Erleben greift, wo sein eigenes Erleben nicht ausreicht. Es füllt die Lücken der individuellen Wahrheit mit prähistorischer Wahrheit aus, setzt die Erfahrung der Vorahnen an die Stelle der eigenen Erfahrung ein." (Freud, GW 12, S. 131).

schwanz. Plötzlich erfaßte ihn, als der Schmetterling sich auf eine Blume gesetzt hatte, eine schreckliche Angst vor dem Tier und er lief schreiend davon.

Diese Erinnerung kehrte von Zeit zu Zeit in der Analyse wieder und forderte ihre Erklärung, die sie lange nicht erhielt. Es war doch von vornherein anzunehmen, daß ein solches Detail nicht seinetwegen selbst einen Platz im Gedächtnis behalten hatte, sondern als Deckerinnerung Wichtigeres vertrat, womit es irgendwie verknüpft war."[363]

Die Befragung dieser Deckerinnerung setzt folgende Assoziationen frei:

„Eines Tages tauchte schüchtern und undeutlich eine Art von Erinnerung auf, es müßte sehr frühe, noch vor der Kinderfrau, ein Kindermädchen gegeben haben, das ihn sehr lieb hatte. Sie hatte denselben Namen wie die Mutter. Gewiß erwiderte er ihre Zärtlichkeit. Also eine verschollene erste Liebe. Wir einigten uns aber, irgend etwas müßte da vorgefallen sein, was später von Wichtigkeit wurde.

Dann korrigierte er ein anderes Mal seine Erinnerung. Sie könne nicht so geheißen haben wie die Mutter, das war ein Irrtum von ihm, der natürlich bewies, daß sie ihm in der Erinnerung mit der Mutter zusammengeflossen war. Ihr richtiger Name sei ihm auch auf einem Umwege eingefallen. Er habe plötzlich an einen Lagerraum auf dem ersten Gute denken müssen, in dem das abgenommene Obst aufbewahrt wurde, und an eine gewisse Sorte Birnen von ausgezeichnetem Geschmack, große Birnen mit gelben Streifen auf ihrer Schale. Birne heißt in seiner Sprache Gruscha, und dies war auch der Name des Kindermädchens.

Also wurde es klar, daß sich hinter der Deckerinnerung des gejagten Schmetterlings das Gedächtnis des Kindermädchens verbarg. Die gelben Streifen saßen aber nicht auf ihrem Kleid, sondern auf dem der Birne, die so hieß wie sie selbst. Aber woher die Angst bei der Aktivierung der Erinnerung an sie? Die nächste plumpe Kombination hätte lauten können, bei diesem Mädchen habe er als kleines Kind zuerst die Bewegungen der Beine gesehen, die er sich mit dem Zeichen der römischen V fixiert hatte, Bewegungen, die das Genitale zugänglich machen. Wir ersparten uns diese Kombination und warteten auf weiteres Material. Sehr bald kam nun die Erinnerung an eine Szene, unvollständig, aber soweit sie erhalten war, bestimmt. Gruscha lag auf dem Boden, neben ihr ein Kübel und ein aus Ruten gebundener kurzer Besen; er war dabei und sie neckte ihn oder machte ihn aus. [...]

Er hatte, als er dem Mädchen beim Aufwaschen des Bodens zusah, ins Zimmer uriniert und sie darauf eine gewiß scherzhafte Kastrationsdrohung ausgesprochen."[364]

Freud zieht daraus zweierlei Schlüsse: erstens, dass diese Szene die Fixierung der Objektwahl des Wolfsmannes erschöpfend aufklärt, zweitens, dass nach der Abwägung aller Argumente die Kette der phobischen Elemente nur durch die Urszene als real erlebte kohärent gedeutet werden könne.

Beginnen wir wieder mit der Frage nach dem Status der Urszene. Die Chronologie der Ereignisse lautet: Gruschaszene mit 2½ Jahren, Wolftraum kurz vor dem vierten Geburtstag, danach Schmetterlingsphobie. Ausgehend vom Wolfstraum, der als ein traumatisches Verständnis der Kastration zu deuten ist, wird die Gruschaszene nachträglich um diese Bedeutungsmöglichkeit ergänzt, die dann in der Schmetterlingsphobie erstmals als Affekt auftritt. Die Entstellung der Schmetterlingsszene durch die Angstbesetzung fordert also eine zweite Szene, deren Verständnis durch die Diversifikation einer mittleren Zäsur (Wolfstraum) in Gang gesetzt wird. Der

---

[363] Freud, GW 12, S. 122.
[364] Freud, GW 12, S. 123 ff.

3.7 Die phänomenologische Interpretation des Wolfsmanns (Synthese der ersten ...

entscheidende Punkt ist nun, ob das Urinieren des Jungen auf den Boden als eine „sexuelle Erregtheit" oder als eine erst nachträglich sexualisierte spontane Harnentleerung zu deuten ist. Im letzten Fall bliebe die retroaktive Schleife dieselbe, im ersten würde die Gruschaszene selbst ein Element nachträglicher Affektbesetzung erfahren. Freud entscheidet sich für die Deutung des Urinierens als Erregung, die dann auf jene Urszene als Komplement verweist. Den eigentlichen Grund für diese Entscheidung sieht Freud jedoch weniger in der Kohärenz *retrograder Ursächlichkeit* als in ihrer *antegraden Bedeutsamkeit*: „Aber ich kann es nicht verleugnen, daß die Szene mit Gruscha, die Rolle, die ihr in der Analyse zufiel, und die Wirkungen, die im Leben von ihr ausgingen, sich doch am ungezwungensten und vollständigsten erklären, wenn man die Urszene, die andere Male eine Fantasie sein mag, hier als Realität gelten läßt."[365]

Der Ausprägung der Nachträglichkeitsstruktur entspricht also die Ausprägung eines *Wiederholungsautomatismus*, der die Substitutionen und primärprozessualen Produktionen ermöglicht. Man könnte sagen, dass für Freud erst die Annahme einer real erlebten Urszene den nötigen ‚Drehimpuls' für diese zirkuläre Doppelbewegung bereitstellt.

Derjenige Wiederholungsmechanismus, welcher durch die Gruschaszene aufgeklärt werden kann, bezieht sich also auf die *Objektwahl* des Wolfsmannes. Die Konstellation des aufrechten Jungen hinter der knienden Gruscha substituiert, über die Hypothese des geschauten Koitus der Eltern, Vater und Mutter. Durch die Schaulust, wie sie auch den Wolfstraum charakterisiert, initiiert, wird das Kindermädchen zum Mutterersatz, gegen die der Wolfsmann „sich männlich benimmt", indem er der Ejakulation eine Miktion substituiert. Die Antwort auf diesen Verführungsversuch ist jedoch die *Kastrationsdrohung*. Die aktive Verführung „[drängt] ihn in eine Passivität"[366] – eine „unmögliche" Position. Der Zusammenhang mit dem Kastrationskomplex wird nun durch einen letzten Traum gestützt, den der Wolfsmann während der Analyse träumt:

> „Er sagte: Ich habe geträumt, *ein Mann reißt einer Espe die Flügel aus*. Espe? mußte ich fragen, was meinen Sie damit? – Nun, das Insekt mit den gelben Streifen am Leib, das stechen kann. Es muß eine Anspielung an die Gruscha, die gelbgestreifte Birne, sein. – *Wespe*, meinen Sie also, konnte ich korrigieren. – Heißt es Wespe? Ich habe wirklich geglaubt, es heißt Espe. [...] Aber Espe, das bin ja ich, S. P. (die Initialen seines Namens). Die Espe ist natürlich eine verstümmelte Wespe. Der Traum sagt klar, er räche sich an der Gruscha für ihre Kastrationsandrohung."[367]

Die Verstümmelung durch das Kindermädchen ist verknüpft mit der masochistischen Verstümmelung des eigenen Namens. Der Komplex Aktivität-Passivität oder Verführung-Kastration fixiert die unveränderliche Objektwahl des Subjekts. Diese Positionierung des erotischen Geschlechterverhältnisses erfährt eine Transposition auf Praxis und Soziales. Das Putzen auf allen vieren und die es implizierende Stellung als „Dienende" löst beim Wolfsmann fortan eine überwältigende Verliebtheit

---

[365] Freud, GW 12, S. 130.
[366] Freud, GW 12, S. 128.
[367] Freud, GW 12, S. 128.

aus. Diese Fixierung auf sozial niedriger gestellte Frauen, lässt sich nicht – das betont Freud – auf die Selbstbehauptungskonflikte mit der Schwester reduzieren, sondern verdeckt „eine tiefere Determinierung durch rein erotische Motive".[368]

3.7.3 Symbolisches Netz: der phänomenologische Status des Signifikanten

Die nun folgenden Erläuterungen lassen sich in Form eines *Arguments* wie folgt einleiten:
Alle Elemente der Gruschaszene sind Signifikanten, da alle Elemente *a priori* Teil eines Textes sind. Einige Signifikanten, deren Suche den analytischen Text allererst hervorbringt, sind durch das Begehren des Subjekts auf pathologische Weise markiert. Forderte die Psychoanalyse als Praxis die *vollständige* Aufklärung der markierten Signifikanten durch ihre Theorie – was sie nicht in jedem Fall tut, was wir aber aus methodischen Gründen hypothetisch annehmen wollen –, dann müssten *alle* Beziehungen unter den Elementen *ausschließlich* der ‚Logik' des Signifikanten folgen. Nun ist Richirs von Merleau-Ponty inspirierte These, dass es einige Beziehungen gibt, die ihren Grund *nicht* in den Gesetzen der Struktur haben. Diese Verknüpfungen sind vielmehr der Tatsache geschuldet, dass jedes Subjekt *verleiblicht* ist. Diese Leiblichkeit ist nicht nur Ort psychophysischer Tatsachen oder immanente Ordnungsstruktur der Empfindungen, sondern *präverbaler, sogar präkategorialer Ort wilder Wesen*. Als solche, und nur als solche, sind sie der symbolischen Stiftung äußerlich. Die Annahme lautet demnach, dass die Signifikanten in etwas Nicht-Symbolisches *investieren*, um ihre Markierung, d. h. ihre ‚Maskierung', aufrecht erhalten zu können: die phänomenologische Tatsache, dass sie Zugang zur Verleiblichung und eidetischen Wildheit haben.

Der gelb gestreifte Schmetterling ist geradezu das Paradebeispiel für einen Lacan'schen Signifikanten. Beim Anblick dieses Tieres *überfällt* den Jungen eine unbändige Angst. In dieser Plötzlichkeit bricht die Angst in die Welt des Subjekts ein, ohne Zeit und ohne Raum zu haben, *sich bilden zu können*. Die Angst vor diesem Tier hat in diesem Sinne keine Geschichte, als außerzeitlicher und außerweltlicher hat dieser Signifikant seine Ursache an einem „anderen Schauplatz".

Wie kommt es, dass die Neugier des jungen Wolfsmannes in dieser Szene mit Angst quittiert wurde? Die Analyse fördert eine weitere Szene zutage, die Gruschaszene, in der sein Begehren, der Versuch, die Dienstmagd zu verführen, mit einer Kastrationsdrohung beantwortet wurde. Warum ist dies also nicht die gesuchte Geschichte der Sinnbildung der Schmetterlingsphobie? Es gibt zwischen erster und zweiter Szene eine retroaktive Verschiebung, eine „mysteriöse Alchemie"[369] der Angst. Während die von Grascha ausgesprochene Kastrationsdrohung keine phobi-

---

[368] Freud, GW 12, S. 127.
[369] Richir, MPRP, S. 162.

sche Reaktion zeitigte, wird nun in einer anderen, strukturell analogen jedoch an sich harmlosen Begegnung die Kastrationsangst erlebt. Dieses nachträgliche ‚Verstehen' der Kastration gründet in einem unbewussten Denken, in dem die Angst einer späteren Szene eine frühere Kastrationsangst retroaktiv verursacht. Der Signifikant verweist somit auf eine Vergangenheit *die niemals Gegenwart war*. Dies verdeutlicht nochmals die ahistorische Unvordenklichkeit der erlebten Angst.

Wie wir im Kapitel über die „Netze der Überdeterminierung" (Kap. 3.6.2) sahen, bedarf dieser Nachträglichkeitseffekt einer fortdauernden Fixierung des Begehrungsanspruchs in der Zukunft. Wie die weiteren Elemente der Wolfsmannanalyse zeigen, gibt es ein Urphantasma, welches die sexuelle Begegnung an ein bestimmtes ‚Bild' kettet: der aufrechte Mann (Vater, Wolf) und die kniende Frau (Mutter, Magd). Das Subjekt ist durch einen „außerzeitlichen Geistesblitz des Begehrens"[370] auf diesen Signifikanten regelrecht ‚aufgespießt', denn die Fixierung an dieses Bild bewirkt die Verallgemeinerung dieser Positionen, d. h. sie lässt das Subjekt in einem Wiederholungsautomatismus um dieses Phantasma zirkulieren: Der Wolfsmann ‚erkennt' sein Liebesobjekt immer nur an dessen ‚Position', zudem „verwandelt sich jede Liebesbeziehung in erotische Beziehung".[371]

Das fortwährende Insistieren der Kastrationsdrohung erklärt sich mittels des Traums von der „Espe". In diesem kommt es zur phantasmatischen Realisierung der Kastration. Durch die Verschiebung auf ein weiteres animalisches Objekt und durch sprachliche Abstraktion inszeniert der Wolfsmann die Verstümmelung des gelb gestreiften Insekts wie seiner eigenen symbolischen Identität. Die „Wespe" in ihrer signifikanten Überdeterminierung, wird zugleich an ihren Flügel wie ihrem Namen verstümmelt. In diesem kastrierten Wort „Espe" erscheint der Name des kastrierten Subjekts, wiederum zu Initialen „verstümmelt": „S. P.".

Die Position „Mann" wird widersprüchlich und gewissermaßen uneinnehmbar, denn „Mann" ist zugleich, derjenige, der die „Frau" kastriert,[372] und der seinerseits durch die phallische Frau (die mit Kastration drohende Frau) kastriert ist. Dadurch wird die Männlichkeit zu einer unmöglichen Position: Sie erscheint, wenn sie verschwindet, und verschwindet, wenn sie erscheint. Das sexuelle Begehren des Wolfsmanns bedroht ihn mit dem symbolischen Tod. Die neurotische retroaktive Fixierung mündet in einer verfehlten symbolischen Begegnung von Angst und Wiederholungszwang.

Es existiert hier also ein symbolisches Netz aus Signifikanten. Was in der symbolischen Stiftung eines derartigen Netzes zum Vorschein kommt, ist die pathologische Aktualisierung und Manifestation der Gesetze und Eigenschaften einer Struktur in ihrer genuinen Nicht-Phänomenalität. Diese Gesetze und Eigenschaften, wie

---

[370] Richir, MPRP, S. 162.
[371] Richir, MPRP, S. 162.
[372] Aus der Mitteilung seiner Kinderfrau, durch Onanie bekämen Jungs „dort" eine „Wunde", und aus der Beobachtung, dass die Frau (respektive die Mutter), wenn in kniender Position ihr Genital sichtbar wurde, eben diese „Wunde" habe, sei, so Freud, die Auffassung gefestigt worden, die Frau sei „kastriert" (Vgl. Freud, GW 12, S. 48, 72, 110, 118.).

sie in den vorangegangenen Abschnitten und Kapiteln für sich ausgearbeitet wurden, bilden nun das Signifikantennetz, die „symbolische Intrige" des Wolfsmanns. Erstens: Das symbolische Netz wird konstituiert durch Identitäten oder ‚Positionen'. Aus diesen stammen die Dialektik und die resultierende Spannung, die in ihrer äußersten Paradoxie die Ursache neurotischen Leidens sind. Das ‚Korrelat' dieser symbolischen Positionalität ist das Subjekt des Begehrens, welches sich in einer *unmöglichen* Position befindet: In der männlichen Position – inszeniert im Urinieren vor der knienden Gruscha – ist er *zugleich* in der kastrierten Position – auf welche Weise auch immer die Amme diesen Verführungsversuch ‚im Keim erstickte'. Sein Begehren, „aufgespießt" *(épinlgé)*[373] durch den Signifikanten dieser Urszene (der fixierten Positionen), bedroht ihn auf derselben Position mit seinem symbolischen Tod.

Doch obwohl – und das ist die Eigentümlichkeit des Signifikanten – das Begehren in der Kindheit diese Fixierungen erfährt, *zirkulieren diese Signifikanten unbeherrscht*. Noch bevor das Subjekt sich die sexuelle und erotische Bedeutungssphäre erschließt, sind sexuelle und erotische Differenz auf signifikante Weise markiert. Was nachträglich die Ursache des Begehrens werden wird, vollzieht sich zuvor in konkreter Partikularität unbewusst – außerhalb intentionaler Bewusstseinsleistung, außerhalb von Raum und Zeit, in diesem Sinne *außerweltlich*.

Der Traum von der „Espe" ist genau diejenige ‚Inszenierung' dieses „anderen Schauplatzes". Die eigene Identität als „S. P." ist die kastrierte, entfremdete, anonym-asexuelle Verstümmelung der Subjektivität durch die kryptische Kodierung seiner Initialen. Ohne sich bildendes, reflektierendes oder phänomenologisches Selbst verweist „S. P." auf jenes ‚Schauspiel' einer symbolischen Identität ohne Raum, ohne Zeit, ohne Mitsprache.

Mit Richir lässt sich somit der phänomenologische Status des Signifikanten bestimmen:

(I) In seiner radikalen *Autonomie* ist er ohne Bedeutung und infolgedessen ohne Sinnhorizont.

(II) Gerade diese *In-dependenz* erlaubt der (über-)determinierten Identität und Positionalität des Signifikanten seine *In-differenz* gegenüber der sinnbildenden Bewusstseinssphäre.

(III) Der Signifikant wird im Pathologischen zur „*symbolischen Zyste*" der symbolischen Stiftung des Selbst. Aufgrund dieser Autonomie der Zyste zeitigt sie ihre Wirkungen in einem *Automatismus der Wiederholung*. Dieser Funktionszusammenhang konstituiert seinerseits die Unzeitlichkeit des Unbewussten.

(IV) Mit dieser Einkapselung geht eine Abkapselung von Sinnhorizonten einher. Obwohl als Fixierung wiederholend und insistierend, ist der Signifikant trotzdem unbeherrscht und „*nomadisierend*". Die durch den Signifikanten fixierte symbolische Identität ist indifferent gegenüber Erfahrung und Historizität. Nomadisierend ‚speist' sich der Signifikant aus welchem ‚Material' auch immer ihm zur Verfügung steht.

---

[373] Richir, MPRP, S. 165.

3.7.4 Phänomenologische Dimension der wilden Wesen

Richir zielt in dieser Auseinandersetzung mit der Psychoanalyse auf den phänomenologischen Sachverhalt ab, dass die Signifikanz der symbolischen Komplexe im Unbewussten nicht auf die Elemente des Sprachsystems reduziert werden können, sondern als Sprachphänomene gedacht werden müssen. Als solche beziehen sie sich zudem auf das Andere der Signifikantenlogik, d. h. auf das Rätsel ihrer *Verleiblichung*. Die Evidenzkraft dieser Demonstration muss nun daran gemessen werden, inwiefern der Gedanke von „wilden" Wesenheiten in Bezug auf die Fallstudie etwas Neues bringt. In dieser Absicht fungiert Richirs Sprachphänomenologie als die Realisierung einer neuen Eidetik, die beim späten Merleau-Ponty zunächst nur postuliert und angedeutet wurde. So stammt die Forderung einer Reinterpretation des Freud'schen Begriffs der Deckerinnerung bereits aus einer Arbeitsnotiz Merleau-Pontys vom März 1960:

> „Die ‚Assoziationen' der Psychoanalyse sind in Wirklichkeit ‚Strahlen' der Zeit und der Welt.
> Z. B. die Deckerinnerung eines Schmetterlings mit gelben Streifen deckt in der Analyse einen Zusammenhang zu Birnen mit gelben Streifen auf, was im Russischen an *Gruscha* und damit an den Namen einer jungen Amme erinnert. Es gibt hier nicht drei Erinnerungen: der Schmetterling – die Birne – die Amme (mit demselben Namen), die ‚assoziativ verbunden' sind. Sondern es gibt hier ein gewisses Spiel des Schmetterlings innerhalb des farbigen *Feldes*, ein gewisses *Wesen** (verbal) des Schmetterlings und der Birne, – Es gibt *3 Wesen**, die in ihrem Zentrum miteinander verbunden sind und demselben Seinsstrahl angehören."[374]

Fassen wir die darin enthaltenen Thesen einmal zusammen, um sie der Reihe nach zu behandeln.

Erstens deckt eine Phänomenologie neuer Eidetik – d. h. eine Phänomenologie des „rohen Seins", der phänomenologischen Konkretheiten – eine neue Form der Assoziation auf, d. h. einer weder rein sprachlich noch psychologisch fungierenden Assoziativität, deren architektonische ‚Gestalt' bestimmten Zeit- und Welt-‚Strahlen' entspricht.

Zweitens, unter den ‚Elementen' der Gruschaszene befinden sich einige Assoziationen, die ihre assoziative Kraft weder aus Signifikanten, Begriffen, noch aus Qualia schöpfen. Genauer besehen gibt es hier keine *wohlindividuierten* Eide, sondern einen assoziativen ‚Verbund' von Feldern, in die Strahlen der Erfahrungswelt ‚einfallen', durch welche diese Felder in ein ‚Spiel' auf Distanz eintreten, sich frei reflektieren, aktiv dynamisieren oder, wie Merleau-Ponty sagt, ‚verbal' sind. In der Terminologie Richirs kann dann ergänzt werden, dass es nicht nur das blind sich vollziehende Spiel von Signifikanten im Feld symbolischer Stiftungen gibt, sondern auch ein Spiel wilder Wesen im Feld phänomenologischer Freiheit, d. h. protoontologischer begriffsloser Reflexivität.

Das symbolische Netz ist damit nicht im phänomenologischen Feld fundiert oder auf dieses reduziert, aber es zeigt sich, *dass der Signifikant in nicht-symbolische*

---
[374] Merleau-Ponty, SU, S. 303 f.

Wesenheiten „investiert",[375] wie Richir sagt. Epistemologisch heißt das, dass die Psychoanalyse von der Verleiblichung der Sprachphänomene Gebrauch macht, ohne dies zu reflektieren. (Wobei dieser Einwand eigentlich der Selbstverständigung der philosophischen Reflexion auf die Psychoanalyse dient – sie selbst, so wie sie ihren epistemologischen Gegenstand formuliert, muss dieser Forderung nicht nachkommen, um Psychoanalyse zu sein.)

Richir entdeckt in der Analyse des Wolfsmanns zwei ‚Momente', die nicht darin aufgehen, Assoziationen des symbolischen Netzes zu sein: das „Gelb-gestreift-Sein", das Schmetterling mit Birne, und eine gewisse „Köstlichkeit", welche Birne mit Mädchen assoziiert. Was zeichnet also diese ‚Weltstrahlen' vor allen anderen Verknüpfungen aus?

Zunächst fungieren sie nicht gemäß den symbolischen Gesetzen, da sie nicht dem autonomen ‚Spiel' der Signifikanten folgen. Sie sind nicht indifferent gegenüber der Erfahrung, sind nicht außerweltliche symbolische ‚Zysten', die das Subjekt außerräumlich und außerzeitlich determinieren. Sie fungieren aber ebenso wenig als Signifikate, da sie sich nicht in der symbolischen oder signifikanten Gliederung des Erfahrungsfeldes ‚einfangen' oder identifizieren lassen. Sie sind also keine „Bedeutungselemente" eines wohlindividuierten Zeichens, sondern Konstellationen der phänomenologischen Unbestimmtheit und Freiheit im phänomenologischen Feld. Um das zu verstehen, gilt es, der Bewegung der „freien Assoziation" des Wolfsmannes genau zu folgen. Das „Gelb-gestreifte" wie das „Köstliche" sind bei genauer Prüfung ihrer Funktion weder sensualistische noch qualitative ‚Elemente' oder ‚Kategorien', noch sind sie *a priori* ‚Merkmale' oder ‚Eigenschaften' der Dinge (Schmetterling, Birne oder Mädchen). Folglich lässt sich ihre Verbindung auch durch keines der klassischen Assoziationsgesetze der Psychologie – Ähnlichkeit, Kontrast, Kontiguität, Koexistenz, Sukzession oder Kausalität – erklären. Den Flügel des Schwalbenschwanzschmetterlings oder der hier vermeinten Birnensorte als „gelb gestreift" zu bezeichnen, ist bereits eine symbolische Abstraktion, der in Wahrheit äußerst komplexen und äußerst unterschiedlichen ‚Maserung' dieser Oberflächen.

Ihre Verbindung besteht vielmehr in jenem Spiel innerhalb des farbigen Feldes, eines konkreten ‚Schimmerns' der Farben und Muster, welches ‚ist' oder ‚west' einzig in der Konkretheit ihres Erscheinungsstils: eines notwendig verleiblichten Sehens. Auf ähnliche Weise stellt sich der ‚Einfall', die Birnensorte und das Kindermädchen trügen den gleichen Namen, nicht durch die Ähnlichkeit des Musters der Frucht etwa mit einem möglichen Muster des Kleids der Amme ein – Freud selbst bildet an einem Punkt der Deutung diese Hypothese, was vor allem Aufschluss über die implizit operative Freud'sche Assoziationspsychologie gibt.[376] Noch bevor das

---

[375] Richir, MPRP, S. 166.

[376]

„Ich will nicht verschweigen, daß ich damals die Möglichkeit vorschlug, die gelben Streifen des Schmetterlings hätten an die ähnliche Streifung eines Kleidungsstückes, das eine Frau trug, gemahnt. Ich tue das nur, um an einem Beispiel zu zeigen, wie unzureichend in der Regel die Kombination des Arztes zur Lösung der aufgeworfenen Fragen ist, wie sehr

3.7 Die phänomenologische Interpretation des Wolfsmanns (Synthese der ersten ... 259

Drama der Sexuierung alle Liebesbeziehungen überschattet, noch in der Unschuld des Werdens ohne Ursprünge, ist die geliebte Gruscha ein Ort der Wonne, des Delikaten, des Genusses („*délice*",[377] Richir vermeidet es hier von „*jouissance*" zu sprechen). Noch bevor der Junge seine Erfahrungswelt in kulturellen Stiftungen fixiert, bevor er der Tatsache der buchstäblichen Identität des Namens Beachtung schenkt, liegen die „Köstlichkeit" der Birnen und der Kinderfrau „delikates Wesen der Wonne *(être délicieux du délice)*",[378] *auf einem Weltstrahl*. Was hier als „freie" Schematisierung des phänomenologischen – des sichtbaren und affektiven – Feldes erscheint, beschreibt nicht Merkmale, Eigenschaften oder Zeichen, sondern *bewegliche Konstellationen*, die transversal die symbolische Ordnung der Erfahrungswelt *durchkreuzen* und untereinander ‚kommunizieren', was jenseits dieser Ordnung nur ein begriffsloses, anarchisches und ateleologisches Reflektieren der Weltphänomene meinen kann.

Genau in diesem Sinne bezeichnet Merleau-Ponty diese „Wesenheiten" als *verbal*. Die Signifikanten fungieren hier nicht als linguistische Zeichen, sondern als „Embleme"[379] gewisser Seinsstrahlen. Das so von Merleau-Ponty angedeutete dreifache Wesen „Gelb gestreift – Wonne – Mädchen" ist nur durch die dreifache Kodierung des Symbolischen begründet. Es gibt hier kein Konglomerat einer Dreiheit. Nur wenn wir die Nachträglichkeit seiner symbolischen Stiftung reflektieren, kann es gelingen, die Auffächerung der Eide „in ihren wilden Zustand zurückversetzen".[380]

Freud hat die Bedeutung dieser verbalen Wesenszusammenhänge bereits geahnt. Auf die Assoziation des Wolfsmannes zwischen den sich öffnenden Flügeln des Schmetterlings mit dem Sich-Öffnen weiblicher Schenkel bemerkt er:

> „Das war ein Einfall, auf den ich nie gekommen wäre, dessen Schätzung aber durch die Erwägung gewann, daß der darin bloß gelegte Assoziationsvorgang so recht infantilen Charakter hatte. Die Aufmerksamkeit der Kinder, habe ich oft bemerkt, wird durch Bewegungen weit mehr angezogen als durch ruhende Formen, und sie stellen oft Assoziationen auf Grund von ähnlicher Bewegung her, die von uns Erwachsenen vernachlässigt oder unterlassen werden."[381]

Mit Richir lässt sich antworten, dass diese ‚Unschuld' der Aufmerksamkeit nicht nur eine Eigenschaft der Kindheit ist, sondern jene Bewegungen des phänomenologischen Unbewussten beschreibt, welche prinzipiell den Assoziationsgrund jenseits gestifteter, wohlbestimmter, ‚ruhender Formen' bilden.

---

man Unrecht tut, die Phantasie und die Suggestion des Arztes für die Ergebnisse der Analyse verantwortlich zu machen." (Freud, GW 12, S. 123).

[377] Richir, MPRP, S. 167.
[378] Ebd.
[379] Richir, MPRP, S. 166. Gegenüber dem von Freud beschriebenen „Rebus", in dem die Bilder bereits in der Position von Zeichen erscheinen, liegt die Wirkung der Emblematik eher in der wechselseitigen Sinnerschließung von bildlicher Darstellung und Text.
[380] Richir, MPRP, S. 167.
[381] Freud, GW 12, S. 123.

Die phänomenologische Dimension der Erfahrung lässt sich demnach kontrastieren:

(I) Gegenüber der Autonomie und Fixierung des Signifikanten zeichnen sich die wilden Wesen durch eine „Unschuld des Werdens" („in-nocence"[382]) aus – eines Werdens, das nicht weiß, dass es wird. Das phänomenologische Unbewusste ist somit der Ort der Lacan'schen *tyché*, Begegnung mit dem Realen, und der radikal kontingenten Faktizität der Erfahrung.

(II) Folglich ist auch die Zeitlichkeit dieser wilden Erfahrung „ungefiltert" und nicht „kodiert"[383] durch symbolische Stiftungen. Die ermöglichende Dimension dieser unvordenklichen Kontingenz besteht nicht in ‚Einfällen' des Bewusstsein (bzw. in das Bewusstsein), so wie die wilden Wesen weder „einem Begriff, einem platonischen, aristotelischen oder husserlschen *eidos*"[384] entsprechen, sondern in der Dimension der Stimmung, wo die passiven Synthesen sich auf wilde Weise im Proto-Ontologischen verknüpfen. Das heißt die wilden Komposita assoziieren sich in einem Feld der Proto-Zeitigung und Proto-Räumlichung, verleiblichte „Reminiszenzen" und „Vorahnungen"[385] von Scheingebilden und Sinnfetzen, die gerade in ihrer „Unerinnerbarkeit" und „Unreife" die Freiheit finden, sich auf unvordenkliche Weise zu synthetisieren.

(III) Trotz dieser Unbestimmtheit und Wildheit bilden diese Wesenheiten ihre selbstreflexiven Strukturen aus. Sie bilden ontologische Komposita, bilden Zeit- und Weltstrahlen, deren ‚innerer' Zusammenhang durch nichts anderes begründet sein kann, als durch die Faktizität einer leibhaften Begegnung. Die ‚Logik' der Weltstrahlen ist der Logos verleiblichter Existenzialien.

(IV) Innerhalb dieses Logos gibt es eine ‚innere' Geschichte, nicht die eines Ego, sondern einer „Logologie", einer stets beweglichen, stets instabilen, deshalb stets offenen „Sedimentierung wilder Wesen".[386]

Nachdem die beiden Netze für sich charakterisiert wurden, stellt sich die Frage nach ihren ‚indirekten', d. h. unbewussten Erscheinungsweisen und die Beschreibung ihrer verfehlten Begegnung. Was beide, symbolisches und phänomenologisches Unbewusstes, gemein haben, ist, dass sie ein Denken bezeichnen, das ohne einen Denker auskommt. Dieser ‚Denker' ist in Husserls ontologischem Simulacrum einer transzendentalen Subjektivität allpräsent, und auch Freud erweckt wiederholt den Anschein eines solchen. Erst mit Merleau-Ponty und Lacan eröffnen sich Wege die Synthetizität der Erfahrung als ein ‚Denken ohne Denker' zu denken.

Der fundamentale Unterschied zwischen symbolischem und phänomenologischem ‚Denken' im Unbewussten besteht in ihren spezifischen Assoziationsweisen. Während das symbolische Unbewusste einer *Kodierung* durch Signifikanten folgt,

---

[382] Richir, MPRP, S. 168.
[383] Richir, MPRP, S. 169.
[384] Richir, MPRP, S. 169.
[385] Richir, MPRP, S. 171.
[386] Richir, MPRP, S. 169.

3.7 Die phänomenologische Interpretation des Wolfsmanns (Synthese der ersten ...

entspricht die Verbindung wilder Wesen einer *Komposition*. Die Kodierung oder Markierung fixiert, determiniert und überdeterminiert die Erfahrung und bildet in außerweltlicher Autonomie die „symbolische Intrige des Subjekts".[387] Die Komposition wilder Eide folgt hingegen der schöpferischen Dimension kontingenter Konkretheit und ihren proto-ontologischen Rhythmen. Richir bezeichnet sie daher explizit als „musikalische Kompositionen",[388] weil sie, um mit Kant zu sprechen, dem Feld begriffsloser – d. h. ästhetischer – Urteilskraft angehören und weil sie durchaus in einem engeren Sinne den phänomenologischen Ort der ‚Kreativität' beschreiben.

Die Illusion eines Denkers im symbolischen Unbewussten rührt von der ekstatischen Struktur her, welche der Affektivität zuzukommen scheint (im Falle des Wolfsmanns also der Angst), ohne dass dem empirischen Subjekt ein Mitspracherecht eingeräumt würde. Dass es dennoch keinen Sinn macht, von einer „Entwicklung" oder „Genese" der Angst zu sprechen, gründet in der versprengten Heterogenität der symbolischen Zeitekstasen: Nachträglichkeit und Wiederholung. Diese haben die Eigenart ganze Bedeutungssphären der Lebensgeschichte auf einen Schlag und entgegen der Chronologie zu markieren, d. h. zu *re-kodieren*.[389]

Das „wahre Genie Lacans" besteht nach Richir darin, gesehen zu haben, dass die Frage nach der eigenen Identität innerhalb der symbolischen Intrige koextensiv ist mit der Unmöglichkeit der Sinnfrage. Deshalb gilt es, diesen Sinn in der analytischen Situation gerade in Klammern zu setzen und in freischwebender Aufmerksamkeit den Brüchen des diskursiven Denkens nachzuspüren. Daher auch der Ernst, den der Analytiker den Kalauern und Wortspielen widmet: Sie sind Anzeichen der *Blindheit* signifikanter Markierung und der *Blödheit* (Indifferenz) der Wiederholung.

Der Fehler Freuds liegt – nach Richir wie auch nach Lacan – darin, die Elemente, deren Nachträglichkeits- und Wiederholungsbewegungen er zuvor sorgfältig nachgegangen war, zuletzt in einer Identität miteinander synthetisiert bzw. ‚kurzgeschlossen' zu haben. Freud konstruiert eine ‚Urszene', einen Ursprung, an den der Wolfsmann sich niemals erinnern wird, dessen ontologischen Status, Erlebnis oder Fantasie, bei Freud ambivalent bleibt, kurz: Er schafft einen außerweltlichen *Ursprungsmythos*. Dieser Mythos fixiert das Subjekt dauerhaft, weil er prinzipiell nicht durch Erfahrung korrigierbar ist: Eine wahrhafte Urstiftung *a priori* ohne Möglichkeiten der Nach- oder Neustiftung.

Nach Lacan liegt der ‚Ursprung' des Erleidens des Signifikanten nicht in einem innerweltlichen Ursprung, sondern paradoxerweise, in der Abwesenheit desselben. Gemäß der paradoxen symbolischen Kausalität besteht die Ursache gerade in der Abwesenheit einer Ursache, geht die Wirkung der Ursache, die sich erst nachträglich konstituiert, voraus. Die ‚Ursache' liegt in der verfehlten Begegnung der konstitutiven Erlebniselemente, der Ursprung verweist auf ein ‚Zusammen-Vorliegen', eine Gegenwart, die niemals stattgefunden hat. „Ein Logos, der nur in seinem Verlust existiert",

---

[387] Richir, MPRP, S. 175.
[388] Richir, MPRP, S. 168.
[389] Richir, MPRP, S. 168.

ein „desartikulierter Logos", der daher auch nicht „anderweitig artikuliert"[390] werden kann, außer durch die wiederholende Insistenz seiner blinden Signifikanten.

3.7.5 Sprachphänomen und lalangue

Die Frage der analytischen Praxis lautet nach dem Gesagten also: Wie kann die Begegnung des Subjekts mit sich selbst trotz dieser Spaltung wieder möglich werden? Ist dasjenige, was hier ohne Ursache bleibt, was nur im Verlust und in Abwesenheit das Subjekt „im Wartestand *(en souffrance)*" zu seinem ‚Sein' hält, nicht zuletzt der *Sinn* selbst? Was den pathogenen Signifikanten der Psychoanalyse von anderen symbolischen Stiftungen unterscheidet, ist die Blindheit seiner Fixierung, d. h. das radikale Fehlen eines *symbolischen Sinnhorizonts*. Denn ebenso wie der sich bildende Sinn, wenn er sich mit sich identifiziert, in eine sich bildende Stiftung übergeht, so kann sich auch umgekehrt die Stiftung an ihren ‚Rändern' wieder verflüssigen und sich mit der phänomenologischen Masse von Fetzen des Proto-Sinns, der stimmungshaften Reminiszenzen und Vorahnung einer transpassiblen Affektivität, kurz: mit *Leiblichkeit und Weltphänomenen* aufladen.

Die Phänomenologie will damit nicht behaupten, dass sich diese Spaltung des Subjekts aufheben ließe, dass sich das Subjekt jenseits jeglicher Entfremdung selbst erkennen könnte. Und es wäre, darauf weist Richir explizit hin, nur ein weiterer metaphysischer ‚Ursprungsmythos', würde man die hier dargestellt Sachlage derart missdeuten, dass im phänomenologischen Feld das ganze ‚verlorene Paradies' der Kindheit läge, während alles Tragische derselben dem Symbolischen angehörte. Es geht, nochmals gesagt, um eine *doppelte Dimensionalität* nicht von Begriff und Anschauung (die als solche gleichermaßen dem Feld des Logisch-Eidetischen angehören, da in der Anschauung bereits ‚Individuiertes' vorliegt), sondern um zwei Formen radikal konkreter Erfahrung:

> „Alles hängt hier in der Tat von der *Begegnung* ab, die in all ihrem Umfang die konkrete Erfahrung der phänomenologischen *Kontingenz* und der symbolischen *Notwendigkeit (Anankè)* ausmacht."[391]

Die innere Spaltung des Subjekts *im Innern der symbolischen Stiftung*, d. h. eines sich bewusst stiftenden Subjekts und eines Subjekts des Unbewussten – gewissermaßen der Abgrund der sich zwischen Sergeij Pankejew und dem „Wolfsmann" auftut –, hat nun die Eigentümlichkeit, dass durch die Fixierungen im Unbewussten, die Spaltung selbst fixiert wird. Mit anderen Worten ist das Subjekt des Unbewussten keine abgekapselte, schlummernde Stiftung, die eine ‚geheime Seite' des Lebens konservierte, sondern diese Stiftung greift über und fixiert *zugleich* das empirische Ich, schreibt ihm ein Schicksal vor und verhindert Erfahrung. Auch dieses Ich befindet sich am Platz des großen Anderen.

---

[390] Richir, MPRP, S. 178.
[391] Richir, MPRP, S. 179.

3.7 Die phänomenologische Interpretation des Wolfsmanns (Synthese der ersten … 263

Der Lacan'sche Signifikant zeige, so Richir, wie diese Spaltung sowohl fixiert sei als auch nomadisierend innerhalb der symbolischen Stiftung des Subjekts wandere. Den ‚Preis', den Lacan dafür zahle, sei der Minimalismus der formalen Definition des Signifikanten, der zuletzt die Sprache als solche spalte. Richir behauptet, durch die Theorie des Signifikanten habe Lacan eine „Meta-Sprache" eingeführt. Dies mag vorerst verwundern, war dieser es doch, der postulierte, dass es gerade keine „Meta-Sprache" gäbe, keine Sprache außerhalb der Sprache, kein übergeordnetes Register, in dem der große Andere die Wahrheit, die nur sprachlich konstituierte Wahrheit sein kann, außerhalb dieser Konstitution versicherte, es gäbe keinen Anderen des Anderen, was für Lacan in letzter Konsequenz heißt: Es gibt keine (Sprach-)Philosophie. Doch dieser Satz fällt einer *petitio principii* zum Opfer. Die ‚Lösung' ist dann auch bei Lacan eine skeptische: die Anerkennung der Paradoxie in der *Praxis*. Für Richir, der den *methodischen* Weg beschreitet, ist dieser Ausschluss eines transzendenten Draußen ein Erbe des strukturalistischen Formalismus.

Der Vorwurf, der sich nach Richir daran anschließt, ist der Vorwurf einer Fixierung auf der Ebene der Theorie, die sich auf die Praxis der Analyse auswirkt. Hatte Freud den Wolfsmann dadurch zu einem ‚Stück' analytischer Theorie gemacht, dass er ihn durch die unmögliche Aufgabe eines Mythos eines unmöglichen Ursprungs fixierte, eine Theorie seines Subjekts, dass der Wolfsmann fortan zu praktizieren hatte. Lacan, der die Psychoanalyse aus dieser Art des Ursprungsdenkens befreite, und die Unaufhebbarkeit der Differenz von An- und Abwesenheit der Ursache in der Psychoanalyse hervorkehrte, hat nun selbst, nach Richir, eine zwar bewegliche oder nomadisierende Spaltung theorisiert, aber *als Spaltung* ist sie unveränderliche Struktur des Subjekts, ein aus psychoanalytischer Sicht identisches ‚Eidos' desselben. Wie bei Freud führt diese theoretische Fixierung zur Fixierung des Erfahrungssubjekts durch die Theorie.

Einfacher gesagt, ist das Bewusstsein ebenso entscheidend wie das Unbewusste, wobei unter Bewusstsein bei Richir gerade das Sprachphänomen zu verstehen ist. Folglich ist seine Antwort auf die Probleme einer linguistisch geprägten Psychoanalyse eine Theorie der Phänomenalisierung des Sprachlichen, der eine Praxis der ‚Rückeroberung' der Sprachphänomene aus den Signifikanten entspricht.

Wie bereits in den Kapiteln 2.4.8 und 2.4.9 dargestellt, zeichnet sich das Sprachphänomen durch die innere Abständigkeit zwischen sprachlichem Sinn(-ansatz) und Proto-Sinn aus. In letzterem drückt sich durchaus eine Transzendenz und ‚Referenz' des Sprachlichen aus, die aber nicht in einer Objektivität oder Dingwelt liegt, sondern in der proto-ontologischen Sphäre der anonymen und pluralen Weltphänomene und der transpassiblen Reminiszenzen und Vorahnungen einer atmosphärisch gestimmten Leiblichkeit gründen. Daher ist die Referenz eher als eine Resonanz zu verstehen, von Rhythmen der Schematisierungen im Sprachlichen, die als Rhythmen der ‚Kompositionen' wilder Wesenheiten gleich einer Art ‚Echo' widerhallen. Der Sinn bleibt so stets auf Abstand zu sich selbst, was bedeutet, dass die Echos der Rhythmen sich überlagern und harmonisieren oder aber abdriften und sich zerstreuen können. Hier wird die Phänomenalisierung des Sprachlichen nicht durch den semiotischen Prozess, sondern durch ‚Zeichen' der *Bewegung, Reflexion* und *Bildung* des Sinns selbst in Gang gebracht, durch die Begegnung des phänomenologischen und symbolischen Feldes:

> „Die *Kluft (écart)* zwischen den Weltphänomenen und den Sprachphänomenen hat nichts oder sehr wenig mit dem *Balken (barre)* zu tun, der den Signifikanten vom Signifikat oder der linguistischen Kette seines Referenten trennt: es ist eher ein Abgrund wo, im Idealfall, an der Grenze, alles in allem widerhallt *(tout résonne en écho à tout).*"[392]

Die Praxis der Analyse als Anerkennung der eigenen unbewussten Geschichte liegt für Richir in der Räumlichung/Zeitlichung des Sinns selbst. Folglich sei die Aufgabe, in den Signifikanten-‚Zysten' der eigenen symbolischen ‚Intrige' nach phänomenologischen Zeichen zu suchen, nach Ansätzen, Anteilen oder Komposita wilder Wesenheiten, an deren sich das Abenteuer des Sinns wieder ‚entfachen' kann. Die Phänomenologie der Sinnbildung zeigt gerade, dass die Tatsache der Irreduzibilität des Abstands nicht bedeutet, dass es keinen Kontakt auf Distanz gäbe. Indem das Subjekt wieder transpassibel wird für die Echos und Resonanzen des fixierten Sinns, wird eine Öffnung möglich: (Wiederer-)Öffnung der Welt und der interfaktiziellen Alterität; zuletzt die Rückgewinnung einer phänomenologischen ‚Humanität' als Weckung oder Stiftung der Gemeinschaft, d. h., um mit Kant zu sprechen, das Abenteuer des Sinns als ‚zustimmungsfähig' zu erachten.

Ob und inwieweit Richir den späten Lacan zur Kenntnis genommen hat, ist nicht belegt, zumindest kommt Lacan nach 1989 in dieser Ausführlichkeit in Richirs Werk nicht mehr zu Wort. Tatsache ist aber, dass sich Lacan selbst in den 1970er-Jahren genötigt sah, seinen strukturalistischen Begriff des Sprachlichen zu korrigieren und zu erweitern. Diese Wende wird markiert durch die Einführung des Neologismus *„lalangue".* Mit Hinweis auf Jean-Claude Milner, dem er einige Hinweise zu dieser epistemologischen Wende zu verdanken habe, sagt Lacan: „Was ich vorbrachte, indem ich *lalangue* in einem Wort schrieb, war genau das, wodurch ich mich vom Strukturalismus unterscheide, insofern dieser die Sprache der Semiologie integrieren würde…".[393] Die Sprache in der Linguistik kennt keine Transzendenz, hat kein Außerhalb, weil sie weder das sprechende Subjekt, noch die Tatsache ihrer affektiven Verleiblichung, noch den Mangel in ihrem wissenschaftlichen Objekt artikulieren kann:

> „Wenn ich gesagt habe, daß die Sprache das ist, als was das Unbewußte strukturiert ist, so eben deshalb, weil, die Sprache, zunächst, das existiert nicht. Die Sprache ist das, was man zu wissen versucht bezüglich der Funktion von *lalangue*.
>
> Sicher, gerade so geht der wissenschaftliche Diskurs selbst an sie heran, bloß daß es für ihn schwierig ist, dies voll zu realisieren, denn er verkennt das Unbewußte. Das Unbewußte ist das Zeugnis eines Wissens, insofern als zu einem großen Teil es dem sprechenden Sein entgeht. Dieses Sein gibt die Gelegenheit, *sich* gewahr zu werden, wie weit die Effekte von *lalangue* reichen, dadurch, *daß es Affekte aller Art präsentiert, die rätselhaft bleiben.* Diese Affekte sind das, was aus der Präsenz von *lalangue* resultiert, insofern, da sie weiß, sie Dinge artikuliert, die viel weiter gehen als das, was das sprechende Sein trägt an ausgesagtem Wissen."[394]

---

[392] Richir, MPRP, S. 183.
[393] Lacan, Se XX, S. 93.
[394] Lacan, Se XX, S. 126.

3.7 Die phänomenologische Interpretation des Wolfsmanns (Synthese der ersten ... 265

Das Sprachliche als *lalangue* ist für Lacan weder Kette noch Struktur im Sinne des Sprachsystems, sondern ein „*Feld von lalangue*",[395] das sich ‚solidarisch' zeigt mit der Ebene der Affektivität, der *jouissance*, ein Feld, in dem die Sprache ‚verleiblicht' ist. Die berühmte Trias von Imaginärem, Symbolischem und Realen erfährt dadurch eine architektonische Verschiebung, sofern die Erweiterung der Trias diese Verleiblichung berücksichtigen muss: „[M]an muss vom Körper sprechen; es gibt einen Körper des Imaginären, einen Körper des Symbolischen – lalangue – und einen Körper des Realen".[396] Dieser erweiterten Triade entsprechen nun verschiedene Sprachbegriffe: Mit *Langauge* mit großem „L" soll eine Korrespondenz mit dem Imaginären angezeigt werden, *language* mit kleinem „l" hat Bezug zum klassischen symbolischen Register, während *lalangue* dem Realen korrespondiert.[397] Wir sehen, dass die Verleiblichung der Sprache die lalangue zwischen Symbolischem und Realem verortet, während die Sprache als wissenschaftliches Objekt sich zwischen Imaginärem und Symbolischem aufhängt.

Die Reflexion über lalangue geht nicht nur einher mit neuen Überlegungen zum Realen und zum Körper, sondern entwickelt sich parallel zu mengentheoretischen und quantorenlogischen Versuchen, das ‚sprechende Sein' in seinen Beziehungen zur Funktion des Sprechens zu erfassen. *Lalangue ist das Nicht-Alles (pas-tout) des Sprachlichen.*[398] Die minimale Formel dieses Nicht-Alles liegt in dem Rätsel begründet, dass es in der Sprache etwas gibt, das nicht aufhört sich zu schreiben, ein irreduzibler Rest, ein Überschuss, der dem Gesagten uneinholbar voraus ist und in dem der Mangel, die Frage, die Forderung – kurz: die Logik des Unmöglichen – sich bekundet. Die Linguistik gelangt zu ihrem Objekt einzig dadurch, dass sie diese Unaufhaltsamkeit schlicht *ignoriert*.[399] Die Linguistik funktioniert daher unter der Hypothese, dass dieses Nicht-Alles, vom dem sie abstrahiert, selbst *ein konsistentes und geschlossenes Ganzes* sei. Diese Forderung nach einer idealen und vollständigen Abbildbarkeit ist der Forderung nach Wissenschaftlichkeit geschuldet. Die Axiome, nach denen die Sprache ein aus elementaren Zeichen aufgebautes System sei, sind alles andere als selbstevident. Was Saussure nicht reflektiert hat, ist der Status eines radikalen Außen als *Bedingung* der Geschlossenheit. So ist die Arbitrarität lediglich das kontingente Moment in der Begegnung mit der Ordnung der Dinge, gegen die sie sich restlos verschließt. Die Arbitrarität des Zeichens radikal verstanden, bedeutet aber, so Milner, dass es zuletzt keinen *Grund* gibt, *warum* die Sprache anders gedacht werden könnte oder sollte als sie ist, da es keinen Grund gibt, *dass* sie so ist, wie sie ist: „Zu sagen, das Zeichen sei arbiträr, heißt die Setzung der primitiven These: Es gibt Sprache."[400] Wenn die Geschlossenheit des Systems auf der Abstraktion oder besser der ‚Extraktion' des linguistischen Sprachbegriffs

---

[395] Lacan, Se XIX, S. 35.
[396] Lacan, Se XXIV, S. 12.
[397] Vgl. Ann Banfields Einleitung ihrer Übersetzung von Jean-Claude Milner, For the Love of Language, Macmillan UK, 1990, S. 31.
[398] Milner, For the Love of Language, S. 74.
[399] Ebd.
[400] Milner, For the Love of Language, S. 88.

aus der *lalangue* beruht, muss eine ‚wahre' Theorie des Sprachlichen – eine, die der Inkonsistenz, der Heterogenität und radikalen Offenheit Rechnung trägt – einen Bezug zum Außersprachlichen aufweisen: „[D]as Nicht-Alles der *lalangue*" repräsentiert „das Extralinguistische, welches das Alles der Sprache verbürgt".[401]

Natürlich sind dies nur Ausblick und entfernte Analogie zum Sprachphänomen Richirs. Das Außersprachliche der *lalangue* sind nicht die anonymen Weltphänomene der Phänomenologie, auch nicht die Unmöglichkeit einer Abstandslosigkeit der sinnbildenden Bewegung. Erst recht ist die Verleiblichung in der Psychoanalyse keineswegs phänomenologisch zu verstehen: Das „Genießen", das sich am Mangel des Nicht-Alles der *lalangue* entfacht, ist bei Lacan aufs Engste mit dem Subjekt des Begehrens verknüpft und gehört als Affektivität, für Richir, der symbolischen Stiftung an. Der Gedanke, der Sinn käme im Sprachphänomen durch eine begriffslose Selbstreflexivität zustande, ist dagegen Lacan völlig fern.

Halten wir für unsere Untersuchung lediglich fest, dass der Formalismus im strukturalen Denken diesem selbst zum Problem wird, zumindest so sehr, dass die Forderung aufkommt, einen Kontakt der Sprache mit einem Außersprachlichen zu denken.

---

[401] Milner, For the Love of Language, S. 106.

4
Dritter Teil: Die Begegnung von Phänomenologischem und Symbolischem

Es gibt also einen *irreduziblen Abstand* zwischen Phänomenologischem und Symbolischem, ein absolut exkludierendes Verhältnis, das als Heterogenität der Zeitlichkeit erscheint. Dennoch ist auch ihr gegenseitiger *Bezug*, wie die Analyse des Wolfsmanns zeigte, *irreduzibel*. Keines der beiden Felder kann für sich bestehen: Weder kann die Wildheit der ‚reinen' Phänomenalisierung irgendetwas besagen, ohne dass sie in irgendeiner Weise symbolisch ‚fixiert' würde, noch kann diese Fixierung alle Spuren phänomenologischer Wildheit tilgen – die Fiktion absoluter phänomenologischer Freiheit hieße, eine Art „göttlichen Traum" der reinen phänomenologischen Wildheit annehmen, oder aber seitens absoluter symbolischer Autonomie, über eine Art Unbewohnbarkeit des blind ablaufenden symbolischen „Gestells" zu spekulieren.

Nach der Darstellung der verfehlten Begegnung von Phänomenologischem und Symbolischem und ihrer verborgenen ‚Kommunikation' – zwischen symbolischem und phänomenologischem Unbewussten – soll in einem letzten Schritt *die Möglichkeit einer „geglückten" Begegnung* erforscht werden, d. h. einer Artikulation im Sprachphänomen, in welchem Phänomenologisches und Symbolisches ein responsives, chiasmatisches Verhältnis eingehen.

4.1 Das phänomenologisch Erhabene

Auch wenn die symbolischen Stiftungen ihrem phänomenologischen Wesen nach Phänomenalitätslücken sind, gibt es eine *Begegnung* von phänomenologischem und symbolischem Feld, genauer: von Sprachphänomenen und formalen Sprachwesen. Es gibt nicht nur die Unendlichkeit im Phänomenologischen als dessen Freiheit und Inchoativität, sondern auch ein Unendliches im Symbolischen, einen gewissen Exzess und Überschuss des Logos selbst – das, was uns nach Richirs Auffassung gerade das Rätsel des Mythos, der Religion und der Metaphysik, das Rätsel Gottes und des Seins aufgibt. Dieser Ort der Begegnung ist nun in einer ganzen Reihe von Hinsichten von zentraler Bedeutung für die Phänomenologie der Sinnbildung. Er ist nicht nur der Ort, an dem die Methodologie einer neuartigen Epoché entspringt, an dem die Kritik des ontologischen Simulacrums zu ihrer vollen Stärke gelangt; er ist zudem der Ort, an dem eine phänomenologische Anthropologie, eine Phänomenologie des Politischen und eine Kulturphänomenologie ansetzt, wodurch diese Fragen und Probleme gleichsam in neuartiger architektonischer Konstellation erscheinen.

In der folgenden Untersuchung soll nun diese Begegnung als der Ort des *phänomenologisch Erhabenen* ausgewiesen werden. Dieser für Marc Richirs Werk absolut zentrale Begriff des Erhabenen gründet zuerst in dieser Aporie einer Begegnung von Phänomenologischem und Symbolischen. Und auch wenn er in den Folgejahren das Problem des Erhabenen immer wieder neu ansetzt und umgestaltet, blieben doch wesentliche Grundzüge unverstanden, würden diese Spuren früherer Untersuchungen ignoriert.

Nachdem wir bereits bei der Frage der Räumlichung des Sinns und der Differenz von Kultur und Natur auf Kant referierten, zeigt sich nun in der Analyse des phänomenologisch Erhabenen der stärkste Einfluss Kants auf Richir, besonders in der mittleren Phase der 1980er-Jahre. Für Richir birgt die Analyse des Erhabenen in der *Kritik der Urteilskraft* einen schier unermesslichen Reichtum an Fragen und Problemen in sich, weshalb ihre Bedeutung für die Richir'sche Phänomenologie nur schwer zu bestimmen ist. Obwohl Kants Analysen über das Erhabene bereits durchaus „phänomenologisch" genannt werden können, bedarf es zunächst einer Übersetzung der Problematik der kritischen Transzendentalphilosophie in eine phänomenologische Architektonik. Richirs Interpretation sollte deshalb auch weniger ‚kantisch' als vielmehr originell gelesen werden: Er lässt sich von den Kantischen Beschreibungen *phänomenologisch* inspirieren, was nicht heißt, dass seine Lektüre nicht äußerst genau wäre. Diese Verschiebung der Perspektive erlaubt es ihm aber, neuartige phänomenologische Fragen zu formulieren.

4.1.1 Das mathematisch Erhabene: Diakritik von phänomenologischer und symbolischer Freiheit

Greifen wir noch einmal Richirs Interpretation des mathematisch Erhabenen auf, allerdings nicht in Hinblick auf die Räumlichung des Sinns,[1] sondern auf die in ihm aufscheinende *subjektive Teleologie*. Die Grundfrage, die Richir bei seiner Untersuchung in *Phénoménologie et institution symbolique* zu Kants Analytik des Erhabenen verfolgt, ist die einer besonderen Figur der *„Begegnung"*: der phänomenologischen Begegnung mit dem Symbolischen.

---

[1] Siehe Kap. 2.4.6.

4.1 Das phänomenologisch Erhabene   269

Diese kommt dabei keiner Konfrontation des Phänomenologischen mit den symbolischen Stiftungen gleich, sondern einer sehr subtilen *Transposition* zweier unterschiedlicher Register. Genau diese Bewegung findet Richir bereits in Kants Konzeption des Moments des Erhabenen angelegt. Damit diese strukturelle Analogie jedoch für die Phänomenologie fruchtbar werden kann, bedarf es einiger begrifflicher Übersetzungen und Neuausrichtung der Problemstellung.

Seit den ersten *Recherches phénoménologiques* beschäftigt Richir die Frage, wie es, vor dem Hintergrund des phänomenologischen *Apeiron*, in dem *a priori* keine Fixierungen oder letzte ‚Gegebenheiten' existieren, zur Individuation *eines* Phänomens (und *aller* Phänomene) kommt. Wie entstehen jene – stets instabilen und prekären – Ganzheiten, Identitäten und einheitlichen Formen des „Objekts"? Genau an dieser Stelle bietet Kants *Kritik der Urteilskraft* dem Phänomenologen interessante Einsichten, denn gerade die nicht-bestimmende, sondern *reflektierende Urteilskraft* sucht ihr Allgemeines im Besondern und ist also, *solange* sie reflektiert, *ohne Begriff*, ohne eine im Voraus die Reflexion leitende Form. In der Analytik des Schönen wird diese Begriffslosigkeit, das Absehen von den formgebenden Begriffen des Gegenstandes sogar zur notwendigen Bedingung des Wohlgefallens am Schönen, weil erst die Loslösung von einer anschaulich bestimmenden Formgebung die Einbildungskraft *freisetzt*.

Genau diese Freiheit, in der sich der Gegenstand ohne Begriff schematisiert, ist aus phänomenologischer Sicht Richirs der *transzendentale Schematismus der Phänomenalisierung* als solcher, in der sich die Individuation der Phänomene aus der Unbestimmtheit vollzieht, mit dem wichtigen Zusatz, dass uns Kant lehrt, inwiefern eine solche Schematisierung abseits des Verstandes – als Wohlgefallen – nur über die *Affektivität*, und damit über die Leiblichkeit, denkbar ist.

Der formale Unterschied zwischen der Analytik des Schönen und des Erhabenen besteht nun nach Kant darin, dass die Reflexion über das Schöne, wiewohl sie auf bestimmende form*gebende* Begriffe verzichtet, trotzdem in der *Form* des Gegenstandes ihr Kriterium findet, so dass zuletzt irgend eine Darstellung gesetzt wird, von der es heißt, sie ge- oder missfalle, wobei sich dieses Urteil, wie Kant zeigt, gerade nicht auf den Naturgegenstand selbst, sondern auf das Vermögen bezieht, diesen zur Darstellung zu bringen.

Dagegen besteht das Gefühl des Erhabenen nicht in der ‚Anschmiegsamkeit' der Vermögen an die Gegenstandsform (wie beim Schönen), sondern in einem Phänomen des *Exzesses*. Das, was über alle Maße groß und mächtig erscheint, überschreitet gerade die Grenzen jeder Form. Während das Schöne also in begriffsloser Reflexion die Grenzen der Form zu bestimmen sucht, hat das Erhabene sein Objekt, wie Kant meint, in einer wahrhaften Paradoxie: einem „formlosen Gegenstand [...], sofern *Unbegrenztheit* an ihm".[2] Nach Richir war Kant die eigene Radikalität an dieser Stelle selbst nicht bewusst, denn die Fixierung des Formlosen in einem Gegenstand (Kants Exempel ist der „tosende Ozean") verdeckt gleich wieder das

---

[2] „Das Schöne der Natur betrifft die Form des Gegenstandes, die in der Begrenzung besteht; das Erhabene ist dagegen auch an einem formlosen Gegenstande zu finden, sofern *Unbegrenztheit* an ihm" (Kant, KU A75)

wahrhaft formlose phänomenologische *Apeiron*, auf das der transzendentale Schematismus der Phänomenalisierung verweist. Mit anderen Worten liegt tiefer noch als die Begegnung unserer Vermögen mit der Natur die Begegnung des Symbolischen mit dem Phänomenologischen.

Denn in der Tat ist die Frage des Symbolischen für den Moment des Erhabenen von zentraler Bedeutung, genau dort, wo dieses Erhabene auf die Vernunft, als jenes das Scheitern des Verstandes am Grenzenlosen *übersteigendes* Vermögen, verweist. Das Reich der Vernunftideen beschreibt für Richir immer schon das Reich des symbolisch Gestifteten, gemäß der Kantischen Bestimmung der unendlichen Ideen als aller Anschauung (aller Phänomenalisierung) inadäquat. Damit richtet sich das phänomenologische Interesse auf das Rätsel einer Begegnung zwischen dem *Unendlichen* der „Vernunftidee" als symbolischer Stiftung und der Grenzenlosigkeit des „Formlosen", der radikalen *Unbestimmtheit* des phänomenologischen *Apeiron*.

Trotz dieses Verweisungszusammenhangs zeichnet sich die deutliche Differenz „einer Trennung von Phänomenologischem und Nicht-Phänomenologischem"[3] ab, weshalb wir mit Merleau-Ponty von einer *Diakritik* des Phänomenologisch-Symbolischen sprechen können. Das Gefühl der „Überwältigung" im Erhabenen verweist (schon bei Kant) auf die *Heterogenität* der transzendentalen Bestimmung, da der phänomenologische Überschuss (wenn das Naturschauspiel „ohne Maß" ist) *zugleich* das Scheitern der Verstandestätigkeit bedeutet. In Analogie zu jener kantischen ‚Transposition', wo die Haltlosigkeit des Verstandes angesichts der Grenzenlosigkeit (sein „zweckwidriger Gebrauch", wie es bei Kant heißt) zugleich auf die Vernunft als dasjenige Vermögen verweist, das dem Umgang mit dieser Grenzenlosigkeit angemessen („zweckmäßig") scheint, ist für Richir der Ort, an dem die heterogene Bestimmung des phänomenologischen Feldes (Überschuss der Phänomenalität/Scheitern ihrer Schematisierung) sich selbst reflektiert: der *Ort des Anderen*. Dieser in der französischen Tradition seit Lacan sogenannte „große Andere" wird von Richir auch als *„symbolischer Stifter"*[4] bezeichnet, d. h. als jene ‚Gestalt', die – bildlich gesprochen – aus den Löchern der Phänomenalität, die immer dort entstehen, wo ein phänomenaler Überschuss das Scheitern der Phänomenalisierung nach sich zieht, ‚aufsteigt' und diese ‚Löcher' symbolisch füllt (wobei diese Substitution, ganz wie die Vernunftidee bei Kant, hier zunächst völlig unbestimmt ist).

Ein weiteres Moment des Erhabenen ist seine *leibliche Dimension*. Das Erhabene drückt sich, laut Kant, in einer spezifischen ‚Stimmung' aus, die das Gemüt auf eine begrifflich unbestimmte Weise, in der heterogenen Begegnung mit dem Unendlich-Unbegrenzten, *für Ideen empfänglich macht*[5] In genau dieser Empfänglichkeit für das Ideale ähnelt aber die Stimmung des Erhabenen derjenigen des Moralischen, in der gewissermaßen ‚metaphysischen' Stimmung einer Unangemessenheit der Natur gegenüber den Gegenständen der Vernunft. Der Unterschied beider liegt für Kant nun darin, dass in der Sittlichkeit „die Vernunft der Sinnlichkeit

---

[3] Richir, PIS, S. 93.
[4] Richir, PIS, S. 94.
[5] Vgl. Kant, KU A109.

4.1 Das phänomenologisch Erhabene

Gewalt antun muss", während beim Erhabenen „diese Gewalt durch die Einbildungskraft selbst, als einem Werkzeuge der Vernunft, ausgeübt vorgestellt wird."[6]

Die *phänomenologische Freiheit* (das freie Spiel der Einbildungskraft) wendet sich hier gewissermaßen gegen sich selbst, um auf dem Wege einer affektiven Empfänglichkeit, die *symbolische Freiheit* heraufzubeschwören, also das Sittengesetz (Kant) und das Gesetz des Begehrens (Lacan). Dies ist nach Richir ein gefährlicher Kurzschluss, wenn dieser Übergang, sozusagen unkritisch, als die Stimme einer ‚höheren Natur' erscheint; wenn, wie bei Kant, der Mensch seine „übersinnliche Bestimmung" *affektiv empfängt*, um darin seine *apriorische* Bestimmung der Vermögen zueinander *symbolisch wiederzuentdecken*. Erst für eine Phänomenologie, die das Phänomen bloß als Phänomen denkt, zeigt sich der subtile Übergang von einer Zweckmäßigkeit ohne (im Voraus bestimmten) Zweck zu einer symbolischen Zweckmäßigkeit, welche – wie die des Schematismus der Phänomenalisierung – ohne bestimmtes Objekt, aber zudem *unbegreiflich* ist, d. h. ohne die Möglichkeit ihren Nicht-Sinn (ihre Nicht-Phänomenalität) in Sinn zu verwandeln.

Für Richir ist der Ort dieses Aufeinandertreffens heterogener Teleologien vielmehr das *Sprachphänomen* selbst, insofern es dieses Phänomen ist, in dem sich eine schematische Teleologie ohne Begriff eröffnet. Im Moment des Erhabenen „verschlägt es uns die Sprache", im Sprachphänomen wird der Überschuss der Phänomenalität zum Scheitern der sprachlichen Schematisierung. Die Lücke der Phänomenalität und die Unmöglichkeit sprachlicher Räumlichung/Zeitigung lassen das Sprachphänomen gleichsam in der symbolischen Teleologie nach Antworten ‚suchen'. Auf dieser Suche, bei der es sich notwendig symbolischer Sprachwesen bedient, lädt sich sein Sinn mit einem irreduziblen Nicht-Sinn auf, und dieser symbolische Nicht-Sinn ist genau das ‚Emblem' des Überschusses an Phänomenalität:

> „diese Öffnung bildet sich nur in Hinblick auf einen Sinn, der ein in der Sprache unmöglich zu verräumlichendes/verzeitlichendes Emblem zu sein scheint, und der in genau diesem Sinne gleichzeitig als ein *im Nicht-Sinn eingeschriebener Sinn* erscheint, als Sinn, der nur Sinn macht im Ausgang von einem Nicht-Sinn ..."[7]

Die entscheidende Frage ist nun, wie dieser Konflikt zwischen phänomenologischem und symbolischem Feld in der fungierenden Rede *harmonisch* erscheinen kann. Im Sprechen und Denken machen wir nicht die Erfahrung von heterogenen transzendentalen Vermögen, die im Scheitern und Übersteigen miteinander ringen. Das Sprechen scheint vielmehr umso harmonischer, je weniger wir von derartigen Irritationen gestört werden. Kurz: Wir erfahren beim Sprechen gemeinhin keine Erhabenheit. Genau diese Harmonisierung der Heterogenität denkt nun Richir aber als eine Form der *Suspendierung im Augenblick*. Um dies zu verstehen, wenden wir uns zuerst dem mathematisch Erhabenen zu.

Folgen wir Kant, so sind wir durch das Erhabene „bewegt",[8] was bedeutet, dass es eine spezifische Phänomenalisierung durch Zeitigung eines Verhältnisses

---

[6] Kant, KU A115.
[7] Richir, PIS, S. 97.
[8] Vgl. Kant, KU A97.

bestimmter Momente gibt. Dieses Verhältnis wird von Kant bestimmt als ‚Erschütterung', was der Doppelbewegung Abstoßung/Anziehung entspricht. Durch das Scheitern der Einbildungskraft, den erhabenen Gegenstand – etwa den „tosenden Ozean" – in *einer* Anschauung synthetisieren zu können, fühlt sich das Gemüt von ihm abgestoßen. Ein Gegenstand jedoch, der sich als aller Anschauung transzendent erweist, hat, wie gesehen, die ‚Form' einer *Idee*, weshalb das anfänglich abstoßend wirkende Objekt, in Konsequenz die Vernunft als Vermögen der Ideen ‚stimuliert'. Wenn wir aber im Sinne der angedeuteten Reziprozität das symbolische Vermögen in Ideen zu denken der phänomenalisierenden Einbildungskraft entgegensetzen, bedeutet dies, *dass die Phänomenalisierung durch etwas ‚stimuliert' wird, das sich gerade dem phänomenologischen Feld entzieht,* das einem – als Lücke im Sprachphänomen – „die Sprache verschlägt". Wie aber erscheint diese ‚*erschütternde*' Transposition von Einbildungskraft/Verstand zur Vernunft als *harmonischer* „Ergießung" (Lust)?

Die kantische Antwort lautet, dass es nicht nur „Zweckmäßigkeit der Gemütskräfte" durch „Einhelligkeit" (wie in der Reflektion auf das Schöne), sondern ebenso durch „*Widerstreit*"[9] geben kann. Die erste Zweckmäßigkeit bezeugt die ‚Anschmiegsamkeit' des Gemüts an die Naturformen, während die zweite das die Anschauung übersteigende Vernunftvermögen gerade in seiner „Autonomie" hervortreten lässt. Phänomenologisch gesprochen ruft das Scheitern der Phänomenalisierung das Gelingen der Nicht-Phänomenalität hervor. Anders gesagt kommt es im Erhabenen zur ‚Staffelübergabe' von einer ‚Freiheit' zur anderen, die aber, da beide auf ihre Weise frei sind, harmonisierend wirken. Aber – und das ist entscheidend – das *freie Spiel der Phänomenalität* und das *freie Spiel der Signifikanten* sind grundverschieden. Gerade in dieser scharfen Trennung von Imaginärem und Symbolischem erweist sich die Lacan'sche Psychoanalyse als kritische Abgrenzung gegenüber der Metaphysik der klassischen deutschen Philosophie und ihrem unkritischen „Optimismus [des] Gelingens der symbolischen Funktion",[10] wie Richir es nennt.

Um diese Differenz von phänomenologischer und symbolischer Freiheit im Phänomen des Erhabenen herauszuarbeiten, gilt es, die genannte „Bewegung" im Sinne Derridas als *Urschrift* zu begreifen, die allererst die ‚Gegenwart' des Erhabenen ermöglicht. Die Transposition von Phänomenalisierung zur Nicht-Phänomenalität wird nun von Kant in der Figur einer „*Aufhebung*" gedacht. Das wilde und grenzenlose Objekt fordert nichtsdestotrotz vom Verstand *Einheitlichkeit*, woraufhin dieser versucht, das anschaulich Gegebene zu *durchmessen* – diese „Auffassung [...] ist zugleich Beschreibung",[11] ist Auf-zeichnung eines durchlaufenen Parcours oder „schematisierende Schrift".[12]

Auf diesen „*Progressus*" folgt aber ein „*Regressus*", „der die Zeitbedingung im Progressus der Einbildungskraft wieder aufhebt, und das *Zugleichsein* anschaulich

---

[9] Vgl. Kant, KU 98 f.
[10] Richir, PIS 101.
[11] Kant, KU A98.
[12] Richir, PIS 105.

macht".[13] Das Scheitern des einbildenden Progresses, im Maßlosen ein Maß zu finden, ist zwar angesichts des Erhabenen zwecklos, und doch zweckmäßig, weil er die Funktion der „Größenschätzung" für Gegenstände überhaupt auf negative Weise bestätigt.

Das unendlich Versprengte der schematisierten Schrift in der Zeitigung/Räumlichung des Phänomens wird in einem Augenblick verdichtet, der allererst die ‚Artikulation' des Maßlosen in der Sprache (dem Sprachphänomen) erlaubt. Zugleich verdichtet sich der Parcours des zeitlichen Progresses in der Suspendierung seiner zeitlichen Ekstasen im *Augenblick*, der die Einbildung als *zweckwidrig* erscheinen lässt, was aber *im selben Moment* die Bestimmung, die Anschaulichkeit – kurz: die Schematisierung – *bezweckt*. Welche Rolle spielt also die symbolische Teleologie in der Teleologie des Sprachphänomens?

4.1.2 *Das dynamisch Erhabene: Die Figur des symbolischen Stifters und die Wiederaufnahme der symbolischen Freiheit*

Der objektivierenden Gemütstendenz, das Maßlose zu schematisieren (zu versprachlichen), entgeht, aufgrund der Suspendierung, die Wildheit der ursprünglichen Phänomenalisierung. Diese Suspendierung wird nun von Kant als etwas beschrieben, das *dem Subjekt* Gewalt antut, insofern die Aufhebung der Zeitigung der Phänomene den ‚inneren Sinn' erniedrigt.

Wenn das Erhabene eine subjektive Bewegung beschreibt, die sich jedoch andererseits vom ‚inneren Sinn' (der Phänomenalisierung) radikal absondert, dann bedeutet das laut Richir nichts anderes, als dass die von Kant beschriebene ‚Aufhebung' *das Subjekt in seiner symbolischen Dimension verankert*. Das Subjekt ‚kommt zu Wort', bestimmt und veranschaulicht die wilde Phänomenalität durch Suspendierung der Urschrift gemäß der beiden ästhetischen Dimensionen: als zeitlicher ‚Augenblick' und räumlicher ‚Punkt' – als *hic et nunc*. Der Doppelbewegung der Phänomenalisierung tritt damit die *doppelte Form der Phänomenalitätslücke im Sprachphänomen* entgegen.

Bei Kant drückt sich die symbolische Stiftung des Subjekts in der Tatsache aus, dass diese Transposition von Zweckwidrigkeit und Zweckmäßigkeit „*für die ganze Bestimmung* des Gemüts als zweckmäßig beurteilt wird",[14] sie also ohne Einbeziehung des symbolischen Vermögens zu Vernunftideen undenkbar wäre.

Dieses *hic et nunc* ist aber darüber hinaus *Quelle der Reflexion*, so wie sie vom Cogito aus gedacht wird. Die unmittelbare Gewissheit des *hic et nunc* wirkt sich nicht nur als Zusammenfassung in Richtung Vergangenheit, sondern auch als Entwurf in Richtung Zukunft aus: Sie ist retro- *und* proaktive Quelle des Subjekts. Die

---

[13] Kant, KU A 98.
[14] Kant, KU A 98.

Phänomenalitätslücke ist damit „Generator"[15] des sprachlichen wie weltkonstituierenden Entwurfs, genau dann und dort, wo sich das Subjekt in der nicht anschaulichen Dimension verankert.

Genau hier ist die Lacan'sche Idee eines symbolisch konstituierten Subjekts von absolut entscheidender Bedeutung für Richir. Wenn sich nämlich das Subjekt in den Lücken der Raumzeit, die es durch Aufhebung des räumlichenden/zeitigenden Parcours allererst generiert, einnistet, bieten sich ihm diese Lücken als eigentliche ‚Materie' des Sprachphänomens an. Das symbolische Subjekt empfängt den ‚Stoff' seiner Artikulationen rein aus den symbolischen Funktionen: aus der Arbitrarität und Differenzialität der Sprache als System.

Diese Möglichkeit der symbolischen Artikulation verkennt dasselbe Subjekt jedoch insofern als ‚subjektiv', als die symbolischen Ketten sich verzeitigend bilden, und so dem ‚inneren Sinn' zu entsprechen scheinen. Aber es bleibt, so Richir, ein innerer Widerspruch in dieser symbolischen Artikulation, dass nämlich „die unbestimmte Kontinuität dieser ‚Materie' (des inneren Sinns) sich der radikalen Diskontinuität des Jetzt-Punkts gegenüber sieht",[16] weshalb sich die symbolischen Artikulationen auch in Diskontinuitätsfiguren wie Suspendierungen, Sprüngen und Skandierungen äußern.

An diesem Punkt befinden wir uns, laut Richir, an der

> „Wurzel der symbolischen Stiftung des Sprachlichen", wo „das Sprachliche in seiner Tiefe mit seiner symbolischen Stiftung kommuniziert": „Wie", so lautet die Frage, „gliedern sich die Sprachphänomene […] in Einheiten, die selbst bereits nicht mehr ganz phänomenologische […], sondern symbolische Einheiten sind"?[17]

Dieses Problem – hier mit Kant entwickelt – ist strukturell analog zu jenem *circulus vitiosus* Husserls, der ihn von der *Philosophie der Arithmetik* bis ins Spätwerk verfolgt, und den er nie zufriedenstellend lösen wird: das Problem einer irreduziblen Tautologie von Sein und Denken im Korrelationsapriori.

Kant gibt hier jedoch ein Modell an die Hand, das zu verstehen erlaubt, wie das phänomenologische Feld *von sich aus* – qua Scheitern der Schematisierung im Sprachphänomen (der „Größenschätzung" und „Beschreibung") – in seinen Lücken das Symbolische ‚weckt', welches dann auf autonome Weise *bestimmend* wird, und so das Sprachphänomen nach den ihm eigenen Gesetzen in Einheiten gliedert.

Trotzdem bleibt der Abstand zwischen beiden Dimensionen irreduzibel: Das Symbolische ist radikal anderen Ursprungs und seine Transposition kann nur als ein *Sprung über einen Abgrund* verstanden werden. Phänomenologisches und Symbolisches verhalten sich an diesem Punkt wie Verstand und Vernunft in Kants transzendentaler Dialektik: die Vernunftideen können sich niemals phänomenalisieren oder schematisieren, tun sie es doch, so führt dies unweigerlich in den *transzendentalen Schein*.

---

[15] Richir, PIS S. 107.
[16] Richir, PIS S. 108.
[17] Richir, PIS S. 108.

4.1 Das phänomenologisch Erhabene

An der phänomenologischen Bedeutung dieser Kluft hängt für die Sprachphänomenologie viel, denn die Abgeschiedenheit, die sich für das Symbolische ergibt, und die in der psychoanalytischen Tradition ihre Bestimmung in Ausdrücken wie dem „anderen Schauplatz", dem „großen Anderen" oder der „Autonomie des Signifikanten" gefunden hat, ist genau deshalb auch ein Ort, wo dem Subjekt die „Einkapselung" droht, wo sein lebendiges Ausdrucksgeschehen pathologisch werden kann. Das Leiden ist dann zu interpretieren als die *zweckwidrige Verleiblichung eines an sich Nicht-Verleiblichbaren*, d. h. die leibliche „Inszenierung" der Abgeschiedenheit als Wiederholungsautomatismus, was der „symbolischen Stiftung des symbolischen Leibes"[18] entspräche.

Im Umkehrschluss ergibt sich daraus, dass die Begegnung beider Dimensionen genau dann gelingt, wenn sich in ihr phänomenologische Freiheit und symbolische Freiheit begegnen. Um aber diese Fragen zu klären, inwiefern der Schein einer ‚Harmonie' aufgedeckt werden kann, und was jenseits dieses Scheins eine Begegnung in Freiheit bedeuten kann, dazu bedarf es einer phänomenologischen Interpretation der zweiten Modalität des Erhabenen: *des dynamisch Erhabenen*.

Die Ausführungen Richirs zum Moment des dynamisch Erhabenen sind extrem dicht und nicht leicht zu interpretieren, weil er seine bisherige phänomenologische Lesart der dritten Kritik Kants nun mit weiteren Ideen verflicht. Besonders die Deutung von Kants Bemerkungen zur Gottesfurcht als ‚Stifterfigur' im Sinne des Lacan'schen „großen Anderen" sowie die Deutung der Naturgewalt als „Signifikant des Todes" und somit als eine alternative Figur eines subjektkonstituierenden „Seins zum Tode" sind ebenso schwierige, wie auch für das weitere Werk Marc Richirs zentrale Grundgedanken. Ohne diese bliebe jedoch die an die *Phénoménologie et institution symbolique* anschließenden Entwicklungen, die regelrecht als eine *Phänomenologie des Sublimen* charakterisiert werden können, unverstanden. Versuchen wir also Licht ins Dunkel zu bringen.

Nach Kant sprechen wir dann von einem „dynamisch Erhabenen", wenn wir die bisher in der Natur zu schätzende Größe durch eine „Macht" ersetzen. Wie, so ließe sich anfangs fragen, lässt sich ein Maß zur Schätzung einer Macht finden und was geschieht, wenn diese Macht alle Schätzung übersteigt?

> „Macht ist ein Vermögen, welches großen Hindernissen überlegen ist. Eben dieselbe heißt eine Gewalt, wenn sie auch dem Widerstande dessen, was selbst Macht besitzt, überlegen ist. Die Natur, im ästhetischen Urteile als Macht, die über uns keine Gewalt hat, betrachtet, ist dynamisch-erhaben.
>
> Wenn von uns die Natur dynamisch als erhaben beurteilt werden soll, so muß sie als Furcht erregend vorgestellt werden (obgleich nicht, umgekehrt jeder Furcht erregende Gegenstand in unserm ästhetischen Urteile erhaben gefunden wird)."[19]

Macht findet ihr Maß demnach in den ihr entgegengebrachten Widerständen. Dieselbe Macht, in ihrer Unbegrenztheit, d. h. wenn sie, analog zum mathematisch Erhaben, als über allen Widerstand mächtig vorgestellt und doch als Totalität gedacht wird, nennt Kant „Gewalt". Und genau wie im ersten Fall muss auch diese

---

[18] Richir, PIS S. 110.
[19] Kant, KU A101.

Naturgewalt eine Beziehung zum Subjekt aufweisen, damit sie als *Gefühl* des Erhabenen erscheint. Die Naturgewalt ist daher Gegenstand der ästhetischen Reflexion, nicht als allgemein zerstörerisch, sondern als ein „Übel" für das Subjekt (d. h. solches, dem „zu widerstehen [wir] bestrebt sind"[20]). Die so konstituierte Furcht kann nun aber in zwei Modalitäten gedacht werden: 1.) als *wirkliches* Übel, woraus wirkliche Furcht erwächst; oder 2.) als bloß *potentielles* Übel, wonach das Subjekt den Gegenstand als „furchtbar betrachte[t], ohne sich *vor* ihm zu fürchten",[21] woraus ein Gefühl der Erhabenheit erwächst. Die Spaltung des Subjekts im zweiten Fall in ein sich in Sicherheit wiegendes Subjekt, und eines, das im Modus des „Als ob" von der Naturgewalt überwältigt wird, ist notwendige Bedingung des Erhabenen, insofern wahre Furcht das Erhabene ausschließt, weil in der Furcht der notwendige Schritt hin zu einer Totalität, die trotz seiner Unbegrenztheit den Gegenstand auf anderer Ebene zu fassen bekommt, ausbleibt. Gelingt jedoch diese Transposition, so entdeckt sich das Subjekt als ein Wesen, das über seine Ohnmacht gegenüber der gewaltigen Natur hinaus einem von ihr autonomen Reich (der Ideen) zugehört. Das heißt ebenso wie beim mathematisch Erhabenen liegt der eigentliche Gegenstand des dynamisch Erhabenen im Subjekt, wo sich das Gemüt in seiner eigenen Architektur reflektiert.

Nun kommt es aber im Kantischen Text zu einer bedeutsamen Illustration. Im Paragraphen 28, der „Von der *Natur* als einer Macht" handelt, wird zur Darstellung dieser Differenz im Furchtbegriff *Gott* zum Objekt der Betrachtung. So gibt es nach Kant einerseits eine gewissermaßen uneigentliche, abergläubische Furcht vor der Gottheit – als ein Glaube aus Angst vor der Macht –, die sich unterscheidet von jener eigentlich tugendhaften „Gottesfürchtigkeit" andererseits, in der die Gewalt Gottes als bloß potentiell furchtbar gedacht wird, „weil er ihm und seinen Geboten widerstehen zu wollen sich als keinen von *ihm* besorglichen Fall denkt".[22]

Der Grund für diese ‚Strategie' liegt sachlich in der Tatsache begründet, dass für Kant das Urteil über das Erhabene nicht einfach als Kulturleistung angeeignet werden kann, „sondern [] seine Grundlage in der menschlichen Natur [hat], […] in der Anlage zum Gefühl für (praktische) Ideen, d. i. zu dem moralischen".[23] Mit anderen Worten wird eine Verknüpfung hergestellt zwischen dem dynamisch Erhabenen und der Achtung vor dem moralischen Gesetz, insofern auch letztere sich im Durchgang durch eine Unlust (nicht der Einbildungskraft, sondern der Begierden) einstellt und als Vermögen erweist, sich in Beziehung auf etwas Undarstellbares zu denken.

Aus dieser Einführung der religiösen Perspektive zieht Richir nun ganz eigene Konsequenzen. Für ihn wird durch diesen Schritt die Symbolizität der „Macht" in den Fokus gerückt. Wenn Kant die natürliche und die göttliche Seite der „Macht" in jenem Phänomen verortet, wo „wir Gott im Ungewitter, im Sturm, im Erdbeben u. d. g. […] sich darstellend vorstellig zu machen pflegen"[24] – man denkt

---
[20] Kant, KU A 101.
[21] Kant, KU A 101.
[22] Kant, KU A 102.
[23] Kant, KU A 110.
[24] Kant, KU A 106.

4.1 Das phänomenologisch Erhabene   277

unweigerlich an das Erdbeben von Lissabon und wie es die Theodizee-Frage neu entfacht hat –, bestimmt wechselseitig die *Gesetzeskraft* in jener Naturgewalt und zugleich das göttliche Gebot in seiner spezifisch *symbolischen Determinierung*.

Wenn Richir daraus den Begriff eines „*symbolischen Stifters*" bildet, dann zunächst in dieser Doppelbedeutung der Gesetzeskraft „*als dynamische Quelle der symbolischen Stiftung des Gesetzes*".[25] Sei es als symbolischer Adressat in jeder Naturgewalt oder als Quasi-Naturgewalt in jedem symbolischen Gebot. Die Macht gibt sich dem Objekt als Grund aller Bestimmbarkeit überhaupt. So wie Richir prinzipiell das Metaphysische, auf das jedes Erhabene verweist, phänomenologisch als symbolisches Register interpretiert, so wird in der Folge diese Figur des symbolischen Stifters – in dem sich auf symbolischer Ebene das Subjekt Anziehungs- und Widerstandskräften ausgeliefert sieht, aufgrund dessen dieser symbolischen Macht ihr spezifischer *Appell-Charakter* zukommt – mit Lacan als Ort des „großen Anderen" bestimmt.

Bei Lacan wird der Begriff des *großen Anderen* eingeführt als eine ‚radikale Andersheit', die über jede konkrete (imaginäre) Andersheit hinausgeht. Diese kommt genau dann zum Vorschein, wenn mein Sprechen sich trotz der Abwesenheit jedes konkreten Adressaten der ‚ordentlichen' Artikulation verpflichtet fühlt, d. h. wo das Sprachsystem ‚von sich aus' den Appell-Charakter der Sprache hervorbringt, weshalb der große Andere in der weiteren Entwicklung des Begriffs mit dem Symbolischen selbst gleichgesetzt wird. Und in der Tat bezeichnet Lacan ihn im Seminar 20 schließlich als eine der Metaphern für „Gott".[26]

Wenn also, in Richir'scher Terminologie, durch das Scheitern des Schematismus der Phänomenalisierung das Symbolische als das bezeichnet werden kann, was in den so entstehenden Phänomenalisierungslücken *bestimmend* wirkt, so zeigt sich in der dynamischen Dimension des Erhabenen, inwiefern dieses Symbolische zudem als eine *Macht* erscheint, die Appell-Charakter hat. Nun war, wie gesagt, der Adressat der Gewalt kein anderer als das Subjekt, in dem sich nun aber, trotz seiner „physischen Ohnmacht [...], *eine Selbsterhaltung von ganz anderer Art*"[27] ergibt. Aus all dem folgt nun für Richir, dass diese Gewalt ein „*Signifikant des Todes*" ist, der weder rein physisch noch rein symbolisch ist, sondern eine Grenze beschreibt, wo sich *Animalität* und *Humanität* in ihrem Verhältnis zum Tode voneinander unterschieden.[28]

Wenn die Natur nicht als solche, sondern nur durch unsere Besinnung auf uns selbst erhaben ist, dann ist sie vielmehr „initiale Unlust",[29] die diese Besinnung anregt. ‚Als solche' bedeutet sie dem Subjekt seinen Tod, indem sie ihm ihren Appell-Charakter verweigert. Ihre vernichtende Macht zeigt sie nicht erst in ausgezeichneten Naturphänomenen wie Stürmen oder Erdbeben, sondern bereits in ihrer allgemeinen *Opazität*, ihrem allgemeinen anonymen Schweigen. Der anonyme

---

[25] Richir, PIS S. 115.
[26] Vgl. Lacan, Se XX, S. 70–71.
[27] Kant, KU A104. (Herv. v. mir – P. F.)
[28] Vgl. Richir, PIS S. 115.
[29] Richir PIS S. 116.

‚Hintergrund' aller Weltphänomene be-deutet dem Subjekt seine Bedeutungslosigkeit *in* der Natur als solcher.

Wenn nun genau diese tödliche Gewalt im Moment des dynamischen Erhabenen ihren *Untergang* erfährt, dann deshalb, weil sich das Subjekt im Angesicht des Furchtbaren selbst ergreift, weil es sich jenseits dieser determinierenden Gewalt auf „ganz andere Art" *selbst zu bestimmen* weiß. Der Untergang des symbolischen Stifters als absoluter Macht ruft „unsere Kraft (die nicht Natur ist) in uns auf" und daher sehen wir „ihre Macht [...] für uns und unsere Persönlichkeit demungeachtet doch für keine solche Gewalt [an], unter die wir uns zu beugen hätten, wenn es auf unsre höchste Grundsätze und deren Behauptung oder Verfassung ankäme".[30] Unsere „Kraft" liegt nicht im Widerstand gegen die determinierende Macht, sondern in der Selbstbestimmung durch die Vernunft, für Richir, im Ergreifen der *symbolischen Freiheit*:

> „[D]ies bedeutet, dass diese [unsere] Macht *die Kraft der symbolischen Stiftung in uns pointiert oder aufspießt [épingle],* und dass sie nicht mehr aus uns als Weltphänomene [als Teil der Natur] stammt, sondern gerade aus dem, was sich in uns entfesselt *[déchaîne]* (aber ebenso verkettet *[enchaîne]*) durch die Lücken der Nicht-Phänomenalität in den Sprachphänomenen hindurch."[31]

Wichtig ist, daran zu erinnern, dass diese Form der Selbstbestimmung im Erhabenen eine ästhetische Reflexion ist und bleibt. Die logische oder rein begriffliche Reflexion wird hier ausgeschaltet und bleibt als Moment oder Gefühl des Erhabenen eine wirklich vollzogene Reflexion. Das heißt die Selbstergreifung der symbolischen Freiheit findet im phänomenologischen Feld statt, als sich wirklich vollziehende Zeitigung/Räumlichung des Sinns, als Sprachphänomen.

Mit anderen Worten ist die Auflösung der Kette sprachlicher Zeichen, ihre Entfesselung *(déchaînement),* genau der Moment, in dem es zur Erschütterung der Macht des großen Anderen (des Sprachsystems) kommt und in dem sich das Subjekt insofern selbst bestimmt, als es in und durch seine eigene symbolische Freiheit einen sprachlichen Neuansatz wagt. Die Ausübung des symbolischen Vermögens im Angesicht des Maßlosen ist freie ‚Rückeroberung' des symbolischen Stifters.

Genau hier scheiden sich *symbolische Determination* und *symbolische Freiheit*. Wenn nämlich die Rückeroberung der symbolischen Gewalt misslingt, kommt es zum Wiederholungsautomatismus. Wie es das Kantische Beispiel beschreibt, bleibt der abergläubisch-religiöse Mensch, der vor dieser Macht ausschließlich in Angst lebt, im *Ritus* stehen („niedrige Gunstbewerbung und Einschmeichelung" vor der Gottheit, die „alles Vertrauen auf eigenes Vermögen [...] in uns aufgibt"[32]). Ein solches Verhältnis zum Symbolischen führt zur Einkapselung:

> „[D]as abergläubische Ritual ist nur eine *abgetriebene* Manifestation (jene Abtreibung des Unbewussten, von der Lacan spricht), die, indem sie daran scheitert, sich einem

---

[30] Kant, KU A104.
[31] Richir PIS S. 117.
[32] Kant, KU A121.

4.1 Das phänomenologisch Erhabene

Sprachentwurf zu öffnen, sich bloß endlos wiederholen kann in der verfehlten Begegnung mit dem symbolischen Stifter, am Ort des großen Anderen ..."[33]

Dagegen findet das, was Kant die „wahre" Religion nennt, einen Ort in der (leiblichen) „*Stimmung*" der Furchtlosigkeit, d. h. der „ruhigen Kontemplation" und offenen Reflexivität eines „ganz freien Urteils".[34] Sich dem symbolischen Stifter zu ‚stellen', heißt, die Wiederöffnung derjenigen Bestimmung meiner selbst zu wagen, die am Ort des Anderen mir unzugänglich bleibt und mich bedroht, d. h. die Zeitigung/Räumlichung des Sinnentwurfs zurückzuerobern, und in diesem Sinn die eigene Notwendigkeit entdecken: meine *Geschichte*, meinen ‚Sinn', der symbolisch ist, aber im Sinne der Logologie, des sich selbst suchenden Logos, und nicht durch den lediglich bereitgestellten Logos des Logisch-Eidetischen.

Damit ist für Richir das dynamisch Erhabene der Ort, an dem es *zur „Begegnung zwischen phänomenologischer und symbolischer Freiheit" kommt, „vermittelt, im phänomenologischen Feld, durch ‚Re-Schematisierung' im Sprachlichen"*.[35] Und diese Re-Schematisierung erfordert einen erhabenen Moment, in dem ich den symbolischen Stifter als in seiner machtlosen Macht reflektiere. In den *Phänomenologischen Meditationen* schreibt Richir:

> „[Die phänomenologischen Konkretheiten] sind mir, anders gesagt, nur ‚sekundär' ‚zu eigen', sofern ich mich auf das Abenteuer eingelassen habe, all das aufzugeben, was ich zu sein ‚glaubte', oder wenn ich, anders gesagt, *phänomenologisch* dem symbolischen Stifter nicht als einer despotischen symbolischen Macht begegne, die ‚heimtückisch' hinter dem Tod lauernd nur darauf wartet, ständig Anschläge auf mein Leben zu verüben und mich hoffnungslos auf den Stand eines ‚Spielzeugs' und ‚Sklaven' zurückwirft, sondern als einem symbolischen Vermögen *ohne jede Macht* über mein Sein und meine Gedanken, das aber dennoch mich immer schon *empfangen* hat und mich immer wieder empfangen muß."[36]

Wie ist nun, fragt Richir, der Status dieses ‚Moments' des Erhabenen für die Sprachphänomenologie zu bewerten? Handelt es sich um ein wirkliches Ereignis? Ist es nur das ‚Lehrgedicht' die poetische Beschreibung einer Urszene, die eigentlich transzendentalen Charakter hat? Ist es eine „metaphysics fiction" eines symbolischen Stifters, der als *genius malignus* das symbolische Gestell bewohnt?

Kant weist bereits darauf hin: Die besondere Stimmung, in der allein Erhabenes erscheinen kann, bedarf einer gewissen *Kultivierung* des Gemüts. Mit anderen Worten, es ist durchaus ein Ereignis, eine wirkliche Bildung der ästhetischen Urteilskraft, die das Subjekt individuell leisten muss, sonst bleibt der Moment aus. Diese Bildung kann für Kant nur aus der Kultur heraus geschehen, jedoch nicht in blinder Wiederholung ihrer Stiftungen, sondern in ihrem beschriebenen Appell-Charakter. Die symbolischen Stiftungen als Kulturideen sind der Urteilskraft bloß Anlass, zu reflektieren und zu schematisieren. Es gilt, die Sedimentierungen der Kulturgeschichte wieder aufzugreifen als Bestimmungen, die in sich noch Ungedachtes und Sinnüberschuss bergen und die als Ansprüche neue Sinnentwürfe andeuten, worin

---

[33] Richir PIS, S. 120.
[34] Kant, KU A107.
[35] Richir, PIS, S. 122. (Herv. v. mir – P. F.)
[36] Richir, PM, S. 123; fr. S. 115 f.

die genannte Rückeroberung bestünde. Es gibt hier also ein wechselseitiges Verhältnis von der Unbestimmtheit des phänomenologischen Feldes und Unendlichkeit der symbolischen Stiftungen. Ohne Reziprozität zerfallen beide Felder zu einem phänomenologischen, quasi-göttlichen Traum reiner phänomenologischer Konkretheiten und einem symbolischen Gestell eines ebenfalls quasi-göttlichen unendlichen Spiels der Kombinationen.

4.2 Die hyperbolisch-phänomenologische Epoché

Nachdem wir im vorherigen Kapitel sahen, wie Richir das Kantische Erhabene als einen phänomenologischen ‚Komplex' interpretiert, in dem das Sprachphänomen durch die Begegnung des phänomenologischen mit dem symbolischen Feld konstituiert wird, und zwar als eine Bewegung der Aufhebung und Wiederaufnahme des Sinns. Entscheidend ist, dass die Sprache und das durch sie konstituierte Subjekt in ihrer symbolischen Ausrichtung (franz.: *sens*), d. h. in ihrer symbolischen Teleologie erschüttert wird – bei Kant: die „Zweckwidrigkeit" –, wonach sie sich aber unmittelbar wiederaufnimmt, indem diese Zweckwidrigkeit an ein *anderes* Vermögen appelliert. Diese Wiederaufnahme vollzieht sich, wie Kant sagt, auf „ganz andere Art", was phänomenologisch bedeutet, dass es zwischen Aufhebung und Wiederaufnahme zu einer Transposition gekommen ist, dass sich nunmehr das Subjekt in der Sprache auf eine Weise bestimmt, die sich nicht mehr an „Eide" oder „Signifikanten" orientiert, sondern an dem, was sich an *begriffslosen* Reflexionen durch den Schematismus der Phänomenalisierung selbst meldet. Die „Zeichen" des Sprachphänomens sind also eigentlich *phänomenologische Zeichen*.

Diesen Berührungspunkt zwischen phänomenologischem und symbolischem Feld, der sich im Moment des Erhabenen zeigt, nimmt Richir nun als Grundlage für die Konzeption einer völlig neuartigen Form der Epoché. Indem er das neuzeitliche Subjekt zu seiner Stiftung bei Descartes zurückverfolgt, um an diesem Punkt den cartesischen Zweifel in seinem radikalsten Moment für die Phänomenologie fruchtbar zu machen, fasst er von dort aus den Gedanken einer *Faktizität des Selbst* und das Rätsel seiner Verleiblichung phänomenologisch neu. Hatten wir bereits gesehen, wie bei Kant eine Selbstbestimmung möglich ist, die nicht aus dem Reich der Ideen (dem Symbolischen) stammt, sondern in einer pulsierenden Bewegung dieses Selbst aus der Begegnung mit dem Grenzenlosen empfängt, so wird nun dieser Gedanke mit den Konzeptionen der Selbstheit bei Descartes, Husserl, Heidegger konfrontiert.

Richir wird im Folgenden zeigen, dass alle diese Modelle ihre innere Stabilität einem *ontologischen Simulacrum* verdanken. Der Sinn der neugestalteten Epoché besteht in der Aufklärung dieses Simulacrums, das im Wesentlichen in der Illusion gründet, das Ich könne sich im Sein selbst wiederfinden, obwohl es sich in Wahrheit in seine symbolische Stiftung zurückzieht. Dieses ontologische Simulacrum wird in seinem Kern wiederum durch die *Nachträglichkeit des Apriori* gestiftet, erweist sich also nicht nur auf sprachphänomenologischer, sondern auch auf transzendental-phänomenologischer Ebene – das ist die These der folgenden Paragraphen – *von symbolischen Prinzipien durchsetzt*.

4.2.1 Faktualität und Faktizität

Laut Richir ringt Husserl zeitlebens mit der *symbolischen Tautologie* von Denken und Sein, die irreduzibel in seine Phänomenologie eingeschrieben zu sein scheint, und deren Sinn aufzudecken ihm nicht recht gelingen will. War das Ergebnis der phänomenologischen Forschungen bis zu den *Logischen Untersuchungen* noch eine absolute Parallelität und Komplementarität von deskriptiver Psychologie und Idealität, d. h. von Bedeutungsakten und ihren Wesenheiten, so wird mit der phänomenologischen Epoché der Bezug zu einer Eindeutigkeit implizierenden *Tatsachensphäre* ausgeschaltet. Diese Sphäre ist nicht nur *eidetisch*, sondern im Weiteren – wie es im von Richir oft zitierten Paragraphen 52 der VI. *Logischen Untersuchung* gezeigt wird – *kategorial* strukturiert. Damit entsteht eine Differenz zwischen der ‚Konkretheit' als Erfassung von kategorial bereits gegliederten *Einzelheiten* im Sinne reiner phänomenologischer *Mannigfaltigkeit*. Was sich hier herausbildet, ist die *Differenz von Faktualität und Faktizität*. Denn die kategoriale Anschauung ist fundiert in der Wahrnehmung *von Einzelheiten* und insofern als sinnliche Wahrnehmung durch das faktuale Apriori vorstrukturiert.

Dementgegen kann die Wahrnehmung auch als *Begegnung* mit einem Gegenstand, einem gewissermaßen „rohen Gegenstand"[37] verstanden werden. Diese Begegnung ist nicht logisch oder kategorial ‚angeleitet', sondern durch einen „Wahrnehmungsstil", dem ein „Stil der Erscheinung" entspricht, wo alles abhängt von der Kontingenz einer Wahrnehmungssituation mit den ihr eigentümlichen Gegenstandsapperzeptionen und Abschattungsverläufen. In dieser Faktizität der Wahrnehmungssituation – wenn die Deskription so weit und radikal getrieben wird – kann man nicht mehr von der Wohlunterschiedenheit der Eide und ihrer ‚Einzelheiten' sprechen, sondern von einem kontingenten Auftauchen und Verschwinden oder von einem unbestimmten Geflecht von Eide. Hier – und damit kommen wir auf Kant zurück – werden die relativ stabilen Wahrnehmungsreihen[38] nicht durch *a priori bestimmende* logisch-eidetische, sondern durch *reflexive* Zusammenhänge geleitet. Allerdings handelt es sich bei Husserl nicht um reflektierende *Urteile*, sondern um die intentionale Reflexivität eines *konstituiert-konstituierenden* Sinns, der nur „teleologisch" zu nennen ist in der regulativen Bewegung einer „Idee im Kantischen Sinne". Auch die Richir'sche „Architektonik", wie diese auf *Transpositionen* architektonischer Register aufbaut, hat hierin ihren Ursprung: „Es gibt eher

---

[37] Richir, PM, S. 77; fr. S. 71.
[38] Wir wollen an dieser Stelle auf Fabian Erhardts Dissertation „Doppelte Nicht-Koinzidenz.
   Zu Marc Richirs ‚Denken der Phänomenalisierung'" (Manuskript) verweisen und auf die dort ausgearbeitete höchst bedeutsame Konzeption einer *hinreichenden* Vertrautheit/Unvertrautheit mit Gegenständlichkeit.

Überlagerungen *(superposition)* der beiden Felder als Ableitungen des einen vom anderen."[39] Anders gesagt gibt es zwischen Faktualität und Faktizität immer nur einen *Sprung über einen Abgrund* hinweg. In der faktiziellen Wahrnehmung wird uns, wie Husserl sagt, der Gegenstand „leibhaft" gegeben. Diese Leibhaftigkeit ist untrennbar von jenem je kontingenten Wahrnehmungsstil, der sich genau darin bekundet, dass die Gegenstandswahrnehmung stets „inadäquat" ist und bleibt. Die Sichtbarkeit ist hier auf Unsichtbarkeit verwiesen, das Schattenhafte der Abschattungen macht ihre Leiblichkeit allererst aus. Für Richir ist die entscheidende Leistung Husserls eine Erweiterung des Denkens, nicht in seinem Umfang, sondern durch ein *Register*, durch den Sachverhalt, „dass es einen *Sinn* der Wahrnehmung gibt, und damit gewissermaßen ein *Denken* der Wahrnehmung."[40]

Richir formuliert bezüglich dieser Sachlage eine subtile Einsicht. Wird die Phänomenologie, indem sie dem Pfad der Evidenz und Selbstgegebenheit und damit der Ausweisung einer phänomenologischen „Wirklichkeit" folgt, nicht gerade in der „Leiblichkeit" der Dinge mit einer „*Entwirklichung*"[41] der Dinge konfrontiert? Die Klarheit, Faktualität, Adäquatheit und Gegebenheit des Wahrnehmungsdings ‚lädt' sich – gewissermaßen je tiefer man in seine Erscheinungsweisen eindringt – mit Schatten, Faktizität, Inadäquatheit und Nicht-Gegebenheit auf. Genau in dieser ‚drohenden' Instabilität der Phänomenologie als strenger Wissenschaft sieht Richir die Egologie Husserls begründet: „Sicherlich hat diese ‚Entwirklichung' der Wahrnehmung und der sinnlichen Dinge Husserl schon 1905 ins cartesianische Fahrwasser abdriften lassen."[42]

Wenn Husserl also infolgedessen seine phänomenologischen Meditationen „cartesianisch" aufbaut, so um dieser Tendenz entgegenzuwirken. Der Sinn in seiner wilden Dimension, in seinem zunächst rein reflexiv verstandenen Denken der Wahrnehmung, verweist unausweichlich auf Unbestimmtheit und führt zur Entwirklichung des Dings. Gerade diese verdunkelnde Tendenz wiederspricht aber der Forderung nach Wissenschaftlichkeit. Die vorläufige Lösung besteht, laut Richir, darin, dass Husserl die entwirklichende ‚Aufladung' durch Horizonte als *Leistungen* einer allumfassenden, transzendentalen Subjektivität interpretiert. Damit sind die nichtgegebenen *anonymen* ‚Virtualitäten' immer schon als „*Vermöglichkeiten*" aufgefasst, die nur solche einer leistenden Subjektivität sein können:

„Auf dem von Husserl selbst so bezeichneten ‚cartesianischen Weg' zur Phänomenologie lauert eine sehr gefährliche Falle, die letztlich eine Art von ‚Wieder-Verwirklichung' der ‚Entwirklichung' der Wahrnehmung in der strengen Immanenz der transzendentalen Subjektivität bedeutet …"[43]

Die ‚Gefahr', die hier lauert, ist für Richir jene symbolische Tautologie, die Unwirklichkeit des Erscheinens in der Wirklichkeit einer leistenden Subjektivität zu

---

[39] Richir, PM, S. 78; fr. S. 71.
[40] Ebd.
[41] Richir, PM, S. 79; fr. S. 73.
[42] Ebd.
[43] Ebd.

fundieren; oder anders gesagt, vom Sein des *sum* auf das Sein des Dings zu schließen, insofern dessen Sein immer schon „*zum Sinn gehört*".[44]

Die Tautologie tritt damit in einen neuen Problemhorizont ein. Das Denken der Wahrnehmung hat demzufolge zwei Deutungsrichtungen: Entweder man fasst dieses „Denken" als Leistungen einer transzendentalen Subjektivität auf, oder man versteht sie weiterhin als *anonyme* Reflexivität. Die zu stellende Grundfrage – die Patočka in seinem Entwurf einer „asubjektiven Phänomenologie" bereits formuliert[45] – lautet: Ist die Nicht-Gegebenheit der Schatten nun in irgendeiner Weise *gegeben* (einer leistenden Subjektivität), oder ist die Nicht-Gegebenheit schlechterdings *nicht gegeben* (anonym)? Wenn wir diese Frage als Problemhorizont der Analyse in Geltung lassen, heißt das, dass es keine *a priori* Übertragung vom Cogito zu dessen Cogitationes geben darf. Mit anderen Worten lassen wir nicht gelten, dass die *Dunkelheit* der Abschattungen, die ja vom Wahrnehmungsding selbst stammen sollen, durch den Verweis auf irgendeine ‚Leistung' der Subjektivität *Aufklärung* erfährt. Ihre Dunkelheiten sind nicht intentionaler Seinssinn, sondern *sie sind, was sie zu sein scheinen*: irreduzibler Schein der Erscheinungen.

Sie sind durch einen Wahrnehmungsleib, der selbst Faktizität ist, auf reflexive Weise aufgefächerte Abschattungen der Welt: Denken der Wahrnehmung in seinem zweiten paradoxen – weil anonymen – Sinne, als „das Rätsel einer ursprünglich ‚geistigen' Sinnlichkeit".[46] Diese vorbereitenden Betrachtungen dienten der Erläuterung des folgenden Fazits:

> „Die Wahrnehmung in ihrer Faktizität aufzufassen bedeutet also, sie als ihrem Sinn entsprechende zu nehmen und dabei die kohärente Verformung auszuschalten, die durch die Umwandlung der ‚Abschattung' zur *cogitatio* darauf abzielt, auf die Wahrnehmung die Illusion eines im Cogito absolut Gegebenen zu übertragen und die in ihr befindlichen Dimensionen der Nicht-Gegebenheit zu verwischen."[47]

4.2.2   *Die hyperbolisch-phänomenologische Epoché*

Im Folgenden werden die Differenzen von Unbegrenztheit und Gliederung, von Unbestimmtheit und Ganzheit, eine operative Funktion übernehmen. In dieser *différance*, diesem Abstand – der aus Nichts besteht, und doch die Phänomenalisierung pulsieren lässt – wird stets zu zeigen sein, wie die Stabilisierungen des Unbestimmten, sei es als „Gott", „transzendentale Subjektivität" oder als „Dasein", in das phänomenologische Feld eingreifen, und zwar immer so, dass dabei ein irreduzibler Schein und ontologisches Simulacrum entsteht. Dieses Simulacrum besteht zum einen in der *ursprünglichen Verdrehung* einer Peripherie ohne Zentrum in ein Zentrum ohne Peripherie und zum anderen in der *Retroaktivität* eines

---

[44] Ebd.
[45] Siehe Patočka, Jan: Die Bewegung der menschlichen Existenz. Phänomenologische Schriften II.
[46] Richir, PM, S. 81; fr. S. 75.
[47] Richir, PM, S. 82; fr. S. 75.

transzendentalen Apriori. Die hierzu neu entwickelte *hyperbolisch-phänomenologische Epoché* deckt dieses Simulacrum im Durchgang durch Descartes, Husserl und Heidegger auf, um es schließlich als solches zu thematisieren.

Anstatt also das Phänomen im Simulacrum einer apodiktischen Apperzeption zu verankern, gilt es vielmehr in umgekehrter Richtung zu fragen: wie sich *aus* der Faktizität des Sinnes und der reflexiven Ausbildung einer Teleologie im Sprachphänomen das Cogito formiert, nicht als Versicherung *gegen* diese Faktizität, sondern *auf* diese *antwortend*. Mit anderen Worten gilt es, das Rätsel der *Selbstheit des Sinns* zu begreifen – eine Selbstheit, die sich von der apodiktischen Identität, die immer nur symbolische Stiftung sein kann, abhebt – und die Urstiftung zu analysieren, wie sich die Faktizität des Sinns in den „Meditationen" Descartes' identitär zentriert und es zur Gliederung des Feldes in ‚Elemente' *clara et distincta* kommt.

Die cartesianische Unternehmung kann somit, wie Richir schreibt, in zwei Richtungen unterschieden werden, von denen die Phänomenologie der Sinnbildung eine klar bevorzugt:

> „Demgemäß wird Descartes gerade darin gewürdigt, daß eine [...] ‚Mathesis' der universellen Instabilität – der des Denkens – herausgearbeitet wird [...]. Vom Descartes der Wissenschaftsgründung sind wir zwar weit entfernt, aber nahe, sogar sehr nahe sind wir dem Descartes des hyperbolischen Zweifels."[48]

Diese erste Gestalt des Feldes roher Faktizität wird im radikalisierten Zweifel sichtbar. Die berühmte methodische Fiktion eines bösen Geistes, dessen Omnipotenz sich vom Willen Gottes darin unterscheidet, diese Macht auch in täuschender Absicht auszuüben, zwingt den Zweifelnden, alle Versicherungen einer apriorischen Ordnung – der stabilisierenden Voraussetzung irgendeiner logisch-eidetisch ‚guten Form' des Seins – zu entsagen. Die „Dinge" sind damit nicht ontologisch ‚gegeben', sondern radikal instabil. Sie erscheinen bloß noch, als *was sie zu sein scheinen*: „Man könnte sagen, dass der Zweifel zum hyperbolischen wird, indem er zur Unterschiedslosigkeit zwischen Phänomen (oder Erscheinung) und Illusion, zwischen der reinen Unwirklichkeit oder Abwesenheit und dem Anzeichen davon führt."[49]

Dieser böse Geist hebt nicht bloß die Trennung von Wachen und Träumen, von Erscheinendem und Schein auf, die Hyperbel besteht vielmehr darin, in einem Moment der Meditation das Sein des Zweifelnden zu bezweifeln. Führt die Weltvernichtung („es gebe gar nichts in der Welt") nicht unweigerlich zur Vernichtung des Zweifelnden selbst („also bin doch auch ich nicht da"[50])? Dieser Moment wird von Descartes unmittelbar mit einem entschiedenen „Nein" überschritten, denn insofern diese Weltvernichtung eben gedacht wird, ist das Ich anwesend *genau in dem Maße*, dass „überhaupt etwas gedacht" wird. Dieser Begriff eines Denkens überhaupt wird von Descartes in einem sehr weiten – und phänomenologisch entscheidenden – Sinne verstanden:

---

[48] Richir, PM, S. 9; fr. S. 7.
[49] Richir, PM, S. 84; fr. S. 78.
[50] Descartes, Mediationen über die Erste Philosophie, 2. Med 3., S. 79.

4.2 Die hyperbolisch-phänomenologische Epoché

„Unter dem Wort ‚Denken' verstehe ich alles, was sich in uns auf die Weise bildet, dass wir von uns selbst es unmittelbar apperzipieren, weshalb nicht nur Verstehen, Wollen, Phantasieren, sondern auch *Fühlen hier das gleiche ist wie Denken*".[51]

Mit anderen Worten verweist Denken für Descartes auf die ganze Sphäre der Erlebnisimmanenz. Das Ich als innerweltliches Seiendes, als Ding unter Dingen, wird in dieser Meditation vernichtet und ist fortan das Feld einer Immanenz, in der sich die Phänomenalisierung der Phänomene bloß als Phänomene, d. h. in der Ununterschiedenheit von Erscheinen und Schein zeigt – es wird ein Ding, das denkt.

Bevor Descartes allerdings seine berühmte Gewissheit des Cogito formulieren wird, schaltet sich der böse Geist ein weiteres Mal in die Meditation ein. Nach der Reduktion aller Denkinhalte auf einen kohärenten Traum und der Reduktion des Denkbegriffs auf seine radikale Unbestimmtheit bleibt ein Ich zurück, dem Dinge, Empfindungen und Vorstellungen in dem Maße gegeben sind, wie sie in ihrer Scheinhaftigkeit genommen werden. Woher weiß ich aber, dass dieses Denken nicht selbst wieder nur eine Vorstellung, d. h. eine Gegebenheitsweise ist, die der Täuschung zum Opfer fällt. „Was", so lautet die Frage, „unterscheidet das Denken von der *Illusion des Denkens*"?[52]

So formuliert, bedeutet die cartesianische Gewissheit *Ego sum, ego existo* nach Richir eine Verschiebung der symbolischen Tautologie der Identität von *Denken und Sein* hin zur Identität von *Denken und Existieren*.

Wann ist das Denken mit Existieren identisch? Nicht wenn es in der Gewissheit der Denk*inhalte* (und der dafür notwendigen symbolischen Stiftung einer seienden Ordnung) genommen wird, sondern in der weiten Unbestimmtheit, die noch die Empfindung miteinbezieht. Im Sinne Kants ließe sich behaupten, dass die Apperzeption hier *reflektierend* ist, weil sie durch keinen bestimmten Begriff des Denkens geleitet ist.

Der entscheidende Schritt Richirs hin zu einer neuen Form der Epoché besteht nun in Folgendem:

„Und gleichwohl bleibt der hyperbolische Zweifel kurz vor dem Abgrund stehen, er wird nicht bis zum Ende weiterverfolgt: Was außer meiner Selbst-Apperzeption, die als reflexive notwendigerweise Denken ist, wappnet mich gegen die Gefahr, dass meine Gedanken selbst nur aus Gedankenillusionen bestehen, seien sie auch, in diesem Sinne, Gedanken eines Anderen oder ganz Anderen? Anders gesagt: Was ist dafür verantwortlich, daß das Denken allein ‚von mir nicht abgetrennt werden' kann? Extremer Fall, wie man sieht, der Psychose, in der das Denken (der Wahn) sich in mir ‚gegen meinen abwehrenden Körper' ausbreitet, ohne daß ich es als das meine anerkennen könnte."[53]

Wenn es also nicht nur einen kohärenten Traum, sondern im Ich denke ein wahrhaft Existierendes geben soll, und diese reflexive Apperzeption selbst nichts anderes

---

[51] Richir, PM, S. 85; fr. S. 79. Neuntes Prinzip der menschlichen Erkenntnis nach Descartes *Prinzipien der Philosophie*. Zitiert nach Richir (von dem die Hervorhebung stammt) in der Übersetzung von Jürgen Trinks. Das hier alles entscheidende, nahe am französischen Original übersetzte „Fühlen" *(sentir)* wird in der deutschen Übersetzung oft mit „Wahrnehmen" falsch übersetzt.

[52] Richir, PM, S. 85; fr. S. 79.

[53] Richir, PM, S. 86; fr. S. 80. Übersetzung leicht abgeändert.

als Denken ist, warum soll dieses Denken nicht wiederum die Möglichkeit einer Täuschung mit sich führen. Anders gesagt, wenn die Selbstapperzeption nur eine weitere Auffassung eines Sinns ist, also auf die reflexive Selbstheit des Sinns verweist, wieso fällt diese Selbstheit nicht derselben Illusion zum Opfer, die schon die Gewissheit der sonstigen Gedanken-‚Dinge' erschütterte.

Was in dieser Beschreibung noch spekulativen Charakter hat, wird Richir in minuziösen Einzelanalysen phänomenologisch ausweisen. Die erste reale Möglichkeit einer solchen Erschütterung zeigt sich in der Psychose, in welcher der apperzipierte Sinn nicht als Existieren, sondern als *Eingebung* erscheint. Die Gewissheit des Existierens, die aus dem Zweifel des Traums befreit, sichert dieses Existieren noch nicht vor der Gefahr einer Psychose. Die andere real existierende Manifestation dieses bösen Geistes finden wir in der Gestalt des Despoten. Wenn das Denken in einer Art ideologischer ‚Verführung' oder ‚Hypnose' in seinem Existieren ferngesteuert wird:

> „Der Andere, der in mir denkt, ist rätselhafterweise das entschlossenste Attentat, das gegen mich und mein ‚Leben' gerichtet werden könnte. Als ständige Täuschung, ohne dass ich jemals wüsste, wo, wie, oder wie weit, spaltet es mich, läßt mich neben mir und ‚meinen' Gedanken existieren, entleiblicht mich also."[54]

Gegenüber einer phänomenologischen ‚Evidenz' oder existenzialen ‚Eigentlichkeit' ist dies wohl das stärkste Zugeständnis an die Kritik des Strukturalismus am phänomenologischen Weltentwurf: *„Ich weiß letztlich nie, ob wirklich ich denke, oder ob nicht ein Anderer in mir denkt. Die Wurzeln meiner Individuation sind weder ausschließlich noch grundsätzlich phänomenologisch."*[55]

Die phänomenologische Überwindung dieses radikalisierten Zweifels liegt in der radikalen Faktizität begründet, die *apodiktisch* gerade nicht auf ein Ich, sondern auf eine asubjektive phänomenologische Sphäre verweist:

> „Was also dem Cogito erlaubt, sich über den Abgrund des hyperbolischen Zweifels hinwegzusetzen, ist der *Empfang* der *Faktizität* des Existierens und des Denkens, dessen Vernichtung vom Anderen her droht. Und wenn ich bis zum Äußersten meiner Möglichkeiten die Möglichkeit eines Gedankens ohne Ich – streng genommen ohne ein Selbst, das ‚ihn' denkt – ‚imaginieren' kann, dann eben deshalb, weil in diesem Empfang die Faktizität Sinn bildet, u. z. Sinn des Denkens und des Seins auf einmal."[56]

Erst wenn ich den Zweifel so weit treibe, dass ich das Denken in seiner radikalen begriffslosen Unbestimmtheit nehme, d. h. seiner asubjektiven, inchoativen Faktizität *empfange*, kann ich von der sich bildenden reflexiven Selbstheit des Sinns sagen, dass sie die meinige ist. Denn indem ich das Denken in seiner Unbestimmtheit bis in die Leiblichkeit (die, wie wir sahen, nichts anderes als Faktizität ist) öffne, indem ich also ‚empfindsam' für die Sinnbildung werde, ‚existierte' – im transitiven

---

[54] Richir, PM, S. 87; fr. S. 80.
[55] Richir, PM, S. 112; fr. S. 105.
[56] Richir, PM, S. 86; fr. S. 80.

Sinne – ich mein Denken. Was man bislang übersehen hat, ist, „dass das Cogito bei Descartes der undenkbare Moment der Verleiblichung ist".[57]

Die architektonische Ebene, auf die jene Epoché abzielt, ist damit erfasst:

> „Die *Epoché* gegenüber dem Denken selbst zu üben, auch wenn es in seiner verschwenderischsten Anfänglichkeit genommen wird, soll hinfort das Ausüben der *hyperbolisch-phänomenologische Epoché* genannt werden."[58]

4.2.3 Die zwei Momente der hyperbolisch-phänomenologischen Epoché

Auch wenn Richir sagt, die Phänomenologie der Sinnbildung stünde dem Descartes des hyperbolischen Zweifels näher als dem der Wissenschaftsbegründung, so bedeutet dies nicht, dass es mit der beschriebenen Reduktion getan wäre. Es handelt sich nicht allein darum, jeden Gedanken auf seine leibliche Faktizität zu reduzieren, oder mit Descartes gesprochen, die ersten beiden Meditationen vor der dritten abbrechen zu lassen. Vielmehr soll *im Ausgang* dieser radikal inchoativen Ebene des Denkens die symbolische Ausarbeitung der Selbstheit „auf ganz andere Art" *zurückerobert werden*.

Genau dies ist der Punkt, an dem die von Descartes ausgehende Formulierung einer radikalisierten Hyperbel mit dem Gedanken eines *phänomenologisch Erhabenen* verknüpft wird. ‚Der Mangel der Meditationen Descartes', der darin besteht, dass die Rückgewinnung der symbolischen Ebene durch die Wiedereinführung der symbolischen Tautologie von Denken und Sein – d. h. über das „ontologische Argument" – erschlichen wurde, wird mittels Kants Analytik des Erhabenen dadurch behoben, dass die Begegnung mit dem Symbolischen, dem symbolischen Stifter nach seinem vorherigen Untergang (im Scheitern des Schematismus) nun in der symbolischen Freiheit wieder möglich wird, d. h. in den Zeichen der Phänomenalisierung, welche fortan als *phänomenologische Zeichen* für die symbolische Ausarbeitung im Sprachphänomen fungieren.

Für die hyperbolisch-phänomenologischen Epoché bedeutet dies, dass wir in ihr jene Doppelbewegung von Aufhebung und Wiederaufnahme wiederfinden, welche schon bei Kant als die zwei Momente des Erhabenen unterschieden werden.

1.) Die Epoché hat demnach einen *negativ erhabenen Moment*, in dem das Ich den ‚Tod' erleidet, in der Instabilität der Wildheit und Ununterschiedenheit von Phänomen und Schein. Im radikalisierten hyperbolischen Zweifel verliert das Denken jene Jemeinigkeit und alle symbolischen Haltepunkte, wodurch sich das symbolische „Gestell" in seinem anonymen symbolischen Spiel offenbart, in dem das Subjekt aber ebenso wenig existieren kann.

---

[57] Richir, PM, S. 87; fr. S. 80.
[58] Richir, PM, S. 86; fr. S. 80.

2.) Diesem Moment folgt der *positiv erhabene Moment* der *Epoché*, in dem das Selbst nach dem Durchlaufen eines solchen Todes nicht vernichtet wird, sondern aus dem verschwenderischen Inchoativen des noch gestaltlosen Denkens seine Selbstheit empfängt, wo diese Selbstheit, durch die Entgrenzung des Denkens, die bis in das Fühlen reicht, „sich im Rätsel seiner Verleiblichung wiederfindet"[59] und der Schematismus im Sprachphänomen gemäß den phänomenologischen Konkretheiten und wilden Wesen – d. h. gemäß phänomenologischer Zeichen – den sprachlichen Ausdruck wieder aufnimmt.

Die Rolle des symbolischen Stifters in diesem positiv erhabenen Moment ist dagegen schwer verständlich, aber unter Zuhilfenahme der Kantischen Analytik aufzulösen. Richir schreibt: Das Ich empfängt sich „im selbst verrätselten Rätsel des symbolischen *Stifters* – der *als Rätsel* es in sich in seiner Selbstheit (zusammen) hält, ohne es jemals bestimmt zu haben oder je bestimmen zu können."[60] Hierin finden wir die Transposition von der „Furcht vor Gott" hin zur „Gottesfürchtigkeit" bei Kant wieder: die Begegnung mit einer grenzenlosen Macht, die jedoch nach Überwindung der Todesangst sich als machtlose Macht offenbart, die mich weniger vernichten will, als vielmehr Anlass oder *Appell* an das Selbst ist, sich in der Begegnung von phänomenologischer und symbolischer Freiheit zu bestimmen. Der Ausgang aus dieser – wenn man so will – ‚Unmündigkeit' besteht zuletzt in der wiedergewonnenen Empfänglichkeit des Sprachphänomens für die Faktizität des Sinns in seiner Verleiblichung in *freier* Begegnung mit dem Sprachsystem:

> „... die symbolische Ausarbeitung wird wieder möglich, und zwar in der Möglichkeit zu seiner Erfindung und Neuerung, in der einzigartigen Bewegung eines Denkens, das seine Richtpunkte wiederfindet und für das vor allem die Zeichen der Sprache, statt ein nur fast ‚von selbst laufendes' ‚System' zu bilden, wieder zu Zeichen des sich bildenden Sinns werden und nicht nur Merkzeichen von Begriffen oder fertigen Bedeutungen."[61]

Mit dieser Darstellung der hyperbolisch-phänomenologischen Epoché drängen sich jedoch einige Fragen auf. Wie verhält sich die Begegnung von phänomenologischer und symbolischer Freiheit zur onto-theologischen Wiedereinsetzung des symbolischen Stifters bei Descartes? Wie genau ist die „Jemeinigkeit" dieser Selbstheit zu verstehen, wenn sie eigentlich Selbstheit des Sinns sein soll? Wie verhält sich diese Epoché eines Durchlaufen-des-Todes zum Heidegger'schen „Sein-zum-Tode" und dem existentialen Möglichkeitsbegriff, der daraus folgt?

Es gilt nun zu zeigen, wie im Ausgang von dieser hyperbolisch-phänomenologischen Epoché die klassischen Ansätze 1.) des Cogito oder 2.) des Daseins jeweils einer Vermengung von Endlichkeit und Unendlichkeit entspringen, deren Auflösung in der Kritik ihres in sie eingeschriebenen *ontologischen Simulacrums* bestehen wird.

---

[59] Richir, PM, S. 88; fr. S. 81.
[60] Richir, PM, S. 88; fr. S. 81.
[61] Ebd.

4.2 Die hyperbolisch-phänomenologische Epoché

1.) Bei Descartes läuft die Rückversicherung des endlichen Cogito und seines der Täuschung ausgesetzten Verstandes über die ontologische Setzung eines Gottes, eines symbolischen Stifters, der das *absolut Unendliche* repräsentiert – die Unendlichkeit als ‚vollendet' gedacht. Dieser Unendlichkeit kommt aufgrund seiner Vollkommenheit mehr Objektivität, mehr Sein zu als dem Mangel des sich täuschenden Verstandes (ontologisches Argument). Eine solche Ganzheit ist zwar für das Cogito in seiner Faktizität unfassbar, überträgt jedoch dessen Objektivität als Ganzheit auf die ‚Klarheit' der Erkenntnis der Verstandesdinge. Damit ist die symbolische Tautologie restituiert: Die Gliederung der Gedanken wird mit der Gliederung des Seins in Gott *kurzgeschlossen*. Daraus ergibt sich für die Neugründung der Phänomenologie eine fundamentale Unterscheidung zwischen dem Unendlichen als symbolischem *System* von Elementen – das den irreduziblen Schein des absolut Unendlichen immer in sich trägt – und dem Unendlichen im Sinne radikal phänomenologischer *Unbestimmtheit*, dem phänomenologischen *Apeiron*.
2.) Wie verhält es sich nun mit der Faktizität des Daseins? Die Reduktion des Denkens auf Existieren sieht ab von jedwedem Inhalt dieses Denkens. Die sich darin meldende Subjektivität ist also weder auf eine Immanenz noch eine Essenz zurückzuführen, sondern muss, laut Richir, in ihrer radikalen *Jeweiligkeit* begriffen werden. Die Subjektivität wäre damit vielmehr der *Ort* mannigfacher Begegnungen, der Begegnung von Selbst- und Welt-Apperzeptionen und der Begegnungen von phänomenologischen und symbolischen Erfahrungsdimensionen. „Ort" besagt hier nicht „Seinsregion" oder cartesianische „Substanz", sondern verweist gerade auf den Kontingenzcharakter dieser Begegnungen und ihrer Faktizität, in der sich Denken und Gedanke im phänomenologisch Erhabenen begriffslos reflektieren. Es kommt also zu einer doppelten Öffnung der Subjektivität in ihrer Jeweiligkeit: der *Öffnung der Selbstheit des sich bildenden Sinns* und der *Öffnung des in dieser Sinnbildung verleiblichten Ichs*.

Dieser Sinn in seiner Faktizität, der gleichsam das Selbst der Faktizität selbst weckt, wird nun von Heidegger als Dasein gefasst. Für ihn ist die Faktizität eine ek-statische Dimension, im Dasein hat die „,existentia' [Vorrang] vor der essentia".[62] Durch seinen entwerfenden Charakter ist für Heidegger Faktizität immer schon mit *Existenzmöglichkeit* verbunden. Als faktisches Selbst entwirft es sich *in* der Welt als auch den Weltentwurf selbst. Das Dasein kann nicht bloße Tatsache in der Welt sein, weil es faktisch in seinen Möglichkeiten ek-sistiert.

Und doch dringt Heidegger nicht bis zu jener anonymen Reflexivität des Sinns und des Selbst vor, da er das Dasein in die *Jemeinigkeit* einschließt. Die Frage muss daher lauten: Wie *empfängt* das Heidegger'sche Dasein seine existentialen Möglichkeiten? Die Antwort liegt im Gedanken eines „Seins zum Tode", der laut Richir das Äquivalent zur cartesianischen Reduktion darstellt. In der Konkretheit der „zuhandenden Welt" ist die Alltäglichkeit zunächst und zumeist durch eine selbstvergessene Doxa strukturiert, die Heidegger bekanntlich das „Man" nennt. In dieser

---

[62] Heidegger SZ, S. 58.

Alltäglichkeit ist das Dasein dem uneigentlichen Man verfallen, in dessen Sein es aufgeht, d. h. wo es gegenüber der eigenen Faktizität unempfänglich wird: „Von ihm selbst als faktischem In-der-Welt-sein ist das Dasein als verfallendes schon abgefallen ..."[63] Das Verfallen macht das Sein zweifelhaft: was sich in ihm erschließt, bleibt im „Modus eines bodenlosen Schwebens", ist „überall und nirgends", „entwurzelt".[64] Erst indem sich das Dasein zu seinem eigenen Tod verhält, kann es dieser Uneigentlichkeit und ihres unbestimmt unendlichen Schwebens – d. h. nach Heidegger: dem ständigen Ausweichen der Eigentlichkeit und Flucht vor der Unheimlichkeit – entkommen. Ist der Tod das „Ganzsein" des Daseins als seiendem, so ist das „Sein zum Tode" die ontologische Verfassung des Ganzsein*können*s dieses Daseins als existierendes. Das Dasein entdeckt sich als Faktizität in dieser seiner Gesamtheit existentialer Möglichkeiten, und zwar so, dass diese eigentliche Möglichkeit zu existieren, alle anderen Möglichkeiten verständlich macht: „Weil das Vorlaufen in die unüberholbare Möglichkeit alle ihr vorgelagerten Möglichkeiten mit erschließt, liegt in ihm die Möglichkeit eines existenziellen Vorwegnehmens des *ganzen* Daseins, das heißt die Möglichkeit, als *ganzes Seinkönnen* zu existieren."[65] Aus der Anonymität des Man und dessen Flucht in symbolische Institutionen und Selbstverständlichkeiten ist das Dasein ‚aufgerufen', als Faktizität sich selbst und die Welt zu existieren (im transitiven Sinne), trotzdem hat diese Eigentlichkeit die *Angst* als Stimmung zur Bedingung. Angst im existenzialen Sinne ist dabei nichts anderes als Angst vor der Anonymität der Welt als solcher, die wiederum nach Heidegger bestimmt ist als „die Möglichkeit von Zuhandenem überhaupt".[66] Die Jemeinigkeit – als Möglichkeitsbedingung der Differenz von Eigentlichkeit und Uneigentlichkeit – ist damit von einer *irreduziblen Anonymität* bedroht (sowohl in der Angst wie in der Verfallenheit), die das Heidegger'sche „Selbst" als symbolische Stiftung entlarvt:

> „Es vollzieht sich ein Gleiten der mir ganz vertrauten Welt in ihrer Jemeinigkeit, die aus den faktiziell vollzogenen Möglichkeiten besteht, zu einer ‚Fremdheit' hin, wo, um in den Abgrund seiner Tiefen vorzudringen, die Jemeinigkeit selbst von der Angst und der Unheimlichkeit betroffen wird. Wie sehr sich auch das Selbst dagegen wehren mag, indem es sich krampfhaft auf sich selbst ‚zusammenzieht', geschieht dies ja doch nur zugunsten eines ‚Bildes' oder eines ‚Begriffs' des Selbst, das eben dadurch wieder anonym und zu einem *idem* wird, das durch den ‚Diskurs' aufgegriffen und in ihm oder in der Verderbtheit des ‚Man' aufgeht."[67]

In diesem Ringen mit der Anonymität offenbart sich, so Richir weiter, der dem Heidegger'schen Denken eigentümliche *„existentiale Solipsismus"*, jener „architektonische Mangel", der sich aus der „Vernachlässigung der Frage nach der Leiblichkeit" ergibt; durch die Fixierung auf die Möglichkeiten und ihr Ganzseinkönnen im Sein-zum-Tode sind diese Möglichkeiten „in der Selbstheit des Daseins radikal

---

[63] Heidegger, SZ, S. 234.
[64] Heidegger, SZ, S. 235.
[65] Heidegger, SZ, S. 351.
[66] Heidegger, SZ, S. 248.
[67] Richir, PM, S. 93; fr. S. 86.

4.2 Die hyperbolisch-phänomenologische Epoché

immanentisiert, womit sie ungenügend demgegenüber offen sind, was jenseits der Existenzmöglichkeiten des Daseins die Faktizität selbst empfangen kann".[68]

Die Radikalisierung der hyperbolisch-phänomenologischen Epoché besteht folglich darin, die Husserl'sche Epoché des Faktualen zu vertiefen, um nun eine Epoché der Heidegger'schen Faktizität zu üben. Wie kann ich sicher sein, dass nicht auch diese existentialen Möglichkeiten, diese Faktizität meiner Selbstheit, diese meine Eigentlichkeit, nicht bloß erträumt sind? Das „Ich denke, ich existiere" ist derart von Anonymität ‚durchlöchert', dass es sich nicht aus sich selbst seiner selbst versichern kann. Die Versuche, die ‚Wirklichkeit' des Cogito auszuweisen – klare und distinkte Ideen, lebendige Gegenwart, Eigentlichkeit –, bleiben zuletzt eine verständliche Abgrenzung gegen die mögliche ‚Unwirklichkeit' desselben schuldig.

4.2.4 Das ontologische Simulacrum und eine Faktizität ohne Jemeinigkeit

Richirs Antwort auf diese Fragen fordert eine Analyse des *ontologischen Simulacrums*, welches all diesen Bestimmungen des Selbst-seins zugrunde liegen soll. Im Kern bestehen diese Simulacren aus *pro- und retroaktiven Zeitigungsweisen* (Sich-selbst-vorausgehen und Nachträglichkeit), welche die beschriebenen Anonymitätslücken durch den Schein lückenloser Selbstgewissheit oder Selbstpräsenz ‚verschließen'. Dazu muss die Frage des Selbst als Frage nach der Sinnbildung von Selbstheit (sowohl Selbstheit des Sinns als auch Sinn der Selbstheit) begriffen werden, d. h. im Kern von einer sinnbildenden Bewegung einer *différance*, um mit Derrida zu sprechen.

Damit der Satz „Ich denke, ich existiere" den Sinn haben kann, dass ich „wirklich" denke und „wirklich" existiere, *muss ich zuvor bereits wissen, was „denken" und „existieren" ist*. Um aber sagen zu können, welchen Sinn „denken" hat, muss ich irgendwann einmal nicht gedacht haben, von wo aus mir der Sinn, was Denken ist, aufgegangen ist. Ebenso muss ich irgendwann einmal nicht existiert haben, damit sich der Sinn von „Existieren" offenbaren kann:

> „Das Simulacrum besteht darin, daß ich nicht wissen kann, *was* Denken und Existieren ist, ohne irgendwie aufgehört zu haben zu denken und zu existieren, um *mich* außerhalb ihrer zu platzieren, während ich mich als denkend und existierend doch nur deshalb erkennen kann, weil ich mich eben darin bewege."[69]

Diese Abwesenheiten sollen nun nicht als ‚Zustände', sondern als „schwingendes Aussetzen" (*battement en éclipses*) gedacht werden. „Aussetzen" verweist aber gerade darauf, dass „Denken" und „Existieren" nicht ‚erlöschen' – denn dann wären ihre Bewegungen wahrhaft *durch* ihre Phänomenalisierung vom Tod bedroht, was ein Unding wäre –, sondern sie sich selbst voraus und sich selbst nachfolgen können.

---

[68] Ebd.
[69] Richir, PM, S. 97; fr. S. 90.

Mit anderen Worten, wird das Rätsel der Selbstheit bei Richir radikal als Sprachphänomen aufgefasst, als Zeitigung und Räumlichung eines sich bildenden, begriffslos reflektierenden Sinns:

> „Man muß aus phänomenologischer Sicht sich doch zu dem Gedanken entschließen, daß Denken und Sein durch die Vermittlung solcher drohender Abwesenheiten sich vorausgehen und damit auch sich selbst nachfolgen können, d. h. gewissermaßen sowohl ‚zu schnell' als auch ‚zu langsam' als sie selbst in der sich entfaltenden Gegenwärtigkeit der Faktizität verlaufen können – genau das kennzeichnet, wie wir wissen, die sprachlichen *Phänomene* als Teleologien von sich bildenden Sinnregungen in Hinblick auf sich selbst. Aber in diesen Teleologien besitzen sich die Sinnregungen eben nicht selbst sozusagen von Anfang an in Transparenz."[70]

Bevor aber das Sprachphänomen und sein Verhältnis zur Selbstheit innerhalb der hyperbolisch-phänomenologischen Epoché beschrieben und analysiert werden kann, gilt es zunächst, die im ontologischen Simulacrum verborgene „Doxa" aufzuklären, wie es phänomenologisch zum Schein einer lückenlosen, ‚absoluten' und folglich fundierenden Selbstheit kommt. Nach Richir führen diese Fragen zurück zu den *Recherches phénoménologiques*, in denen er die Struktur des ontologischen Simulacrums im Rahmen der transzendentalen Phänomenologie bereits entwickelt hatte, allerdings mit dem Vorteil, dass die – wie Richir einräumt – sehr abstrakten Ausführungen zur Phänomenalität ‚als solcher' nun in ihrem Wiederaufkeimen innerhalb des Rätsels von Selbstheit und Sinn an Konkretion und thematischem Zugriff gewinnen.

Um zu verstehen, inwiefern alle Versuche, die Gesamtheit aller nur möglichen Phänomenalisierungen an eine Form der Selbstheit zurückzubinden, demselben ontologischen Simulacrum verfallen, ist es entscheidend, den Unterschied zwischen Erscheinen und Scheinen als eine *architektonische Differenz* zu erkennen. Erscheint im Erscheinen für gewöhnlich ein Erscheinendes als das, *was* noematisch ‚darin' erscheint, so bezeichnet Richir mit „Schein" diejenige Phänomenalisierungsebene, auf der das Erscheinen noch ungeschieden ist von der Möglichkeit einer *Illusion* eines Erscheinenden. Der Schein *bloß als Schein* entscheidet also noch nicht darüber, ob dieser Schein überhaupt Schein dieser oder jener Erscheinung sei. Das Simulacrum entsteht nun durch architektonische Verwirrung dieser Phänomenalisierungen, wenn sich nämlich der Schein, insofern er in seiner konkreten Faktizität zwar keinem konkreten Erscheinenden anzugehören scheint, *Allgemeinheitscharakter* verleiht, als Schein *allen möglichen* Scheins.

Eben dies ist der Fall, wenn die Faktizität als solche *sich selbst* erscheint, wenn weiter aus diesem Erscheinen der Faktizität der Schein *dieser* Selbstheit als je *meiner* Faktizität erscheint, und schließlich diese scheinbar durch Selbstheit geprägte Faktizität zu demjenigen Schein wird, welcher zum Schein eines *jeden möglichen Scheins* wird. Dann scheint die Selbstheit zur Sphäre der Phänomenalisierung als solcher gewandelt, scheint sie sich als diejenige „transzendentale Subjektivität", diejenige „Jemeinigkeit" zu bestimmen, die *conditio sine qua non* der Phänomenalität

---

[70] Ebd.

4.2 Die hyperbolisch-phänomenologische Epoché

überhaupt ist, und produziert „den Schein des Selbst in seiner Faktizität als matrixartige Quelle jeden Scheins in seiner Faktizität".[71]

Dieser Schein einer jeden Phänomenalität zugrundeliegenden Selbstheit lässt sich auch in umgekehrter Richtung analysieren. Wenn etwa Descartes die scheinbar selbstverständliche faktizielle Deckung von Denken und Sein einem hyperbolischen Zweifel unterzieht, und sie in die Anonymität ihres bloßen Scheins entlässt, dann sieht er am tiefsten Punkt des Zweifels die Faktizität quasi ‚von selbst' wiederauferstehen. Dadurch, dass er (und jedes „cartesianische Denken") *diese* Faktizität mit der *einen* Faktizität identifiziert (die symbolische Zirkularität der Eidetik liegt hierin begründet), wird die anfängliche Faktizität des Cogito zum *grundlegenden* Phänomen *aller* Phänomenalität. In der Selbstheit des Phänomens als sich bildendem Sinn sieht der Cartesianer die Selbstheit des *Ego* jeweils ‚re-animiert', was gleichbedeutend ist mit der „Rückgewinnung der durch das Selbst ‚wiederbelebten' und ‚geklärten' Anonymität".[72] *Das ontologische Simulacrum beschreibt demnach jene Doppelbewegung des Umschlagens von Faktizität in ‚meine' Faktizität, wie auch die jemeinige Faktizität zum Konstitutionsquell aller Faktizität wird.*

Wenn also die hyperbolisch-phänomenologische Epoché die Entscheidung über „Wirklichkeit" und „Illusion" des Denkens (und Seins) in Klammern setzt, so um jenes ‚Umschlagen' der Faktizitäten anzuhalten mit dem Ziel, die in diesem Umschlagen begründete „Urdoxa"[73] zu genitisieren, die alle Faktizität immer schon in einem Selbstheitsphänomen fundieren zu müssen glaubt. Durch die Epoché und das Abstellen der Umklappbewegung, wird das ‚Wesen' des Denkens, jede Form logisch-eidetischer Bestimmung, sowie die symbolische Tautologie der Identität von Denken und Sein (dass die Faktizität immer schon ontologischen Status hat), zweifelhaft. Das Residuum dieser Epoché ist nun gerade nicht das „reine Bewusstsein" wie bei Husserl (das für Richir nichts anderes als das Sprachphänomen ist), sondern die Unbezweifelbarkeit der Faktizität als solcher. Von ihr aus lassen sich die Simulacren der *Ursprünglichkeit* von Denken und Sein aufklären.

Nun ist die Faktizität als solche, so die Grundeinsicht Richirs, untrennbar von ihrem *Sinn*. Das heißt sie ist in ihrer anonymen Dimension nicht absolute Transzendenz oder absolute Opazität, sondern Geschehen oder Bewegung des Sinns. Als sinnbildende Faktizität *begegnet* sie sich selbst (im Sinn der fungierenden Sprache: vor-finden seines Anspruchs), aber muss sich auch *empfangen* (antwortet auf diesen Anspruch mit einem reflektierenden Entwurf). Diese Selbstreflexivität der Faktizität wird im ontologischen Simulacrum nun gerade auf Seiten des Empfangs durch eine symbolische Zirkularität verhindert. Bei Heidegger etwa ist dieser Empfang der Faktizität nur im Horizont der Gesamtheit meiner existentialen Möglichkeit möglich. Ich empfange, indem ich Möglichkeiten *wähle*, was die Möglichkeiten an meine *Entscheidungen* rückbindet: „Sichzurückholen" bedeutet „*Wählen dieser Wahl*, Sichentscheiden für ein Seinkönnen aus dem eignen Selbst".[74] Was hier im

---

[71] Richir, PM, S. 98; fr. S. 92.
[72] Richir, PM, S. 99; fr. S. 92.
[73] Richir, PM, S. 100; fr. S. 93.
[74] Heidegger, SZ, S. 356.

Falle Heideggers als Stabilisierung des Empfangs erscheint, ist eine sehr subtile Art der *Formalisierung* der Faktizität:

> „Ich finde mich [...] vielleicht nicht *als derjenige* wieder, der ich war und als derjenige, der ich sein werde, aber ich finde mich sehr wohl in der Form wieder, denn nachdem ich durch den Feuerkreis des Schwankens gegangen bin, der *meinen* Tod aufflackern ließ, werde ich *mir* rätselhafterweise in *meinem* Denken und *meinem* Sein besser bewußt, als ich es vorher zu sein glaubte ..."[75]

Es gibt hier im ontologischen Simulacrum ein *Hin- und Hergleiten zwischen Form und Sinn*. Während die *Faktizität als Sinn* sich ateleologisch reflektiert, noch nicht ‚weiß', ob sie sich in ihrem Anspruch und ihrem Entwurf wiederzufinden vermag, aber gerade in dieser Schwebe ihre Richtung, ihre Teleologie *aus sich selbst* entwickelt, übergeht der Formgedanke diese Schwebe und Instabilität und empfängt *sich* gerade in dieser äußersten Subtilität einer ‚formalen Faktizität'.

Zum Problem wird diese Subtilität im phänomenologischen Grundproblem der *ursprünglichen* (Husserl) oder *authentischen* (Heidegger) *Zeitlichkeit*. Im Simulacrum scheint die Zeitlichkeit nicht in ihrer formlosen (sich selbstreflexiv erst bildenden) Faktizität des Sinns, sondern als transzendental leistende Subjektivität, als alle Phänomenalität fundierende Faktizitäts*form*. Diese *reine Form* – die Zeitigung unerinnerbarer Vergangenheit und unvorhersehbarer Zukunft in der reinen Form ihrer Möglichkeit *aufgehoben* – soll nun aber ihrerseits *phänomenologisch* aufgeklärt werden als „eine phänomenale Form [...]", die sich als Ursprung „phänomenalisieren soll".[76] In diesem Sinne ist das ontologische Simulacrum, wie es in den *Recherches phénoménologiques* heißt, immer auch ein Simulacrum eines „Ursprungsmythos"[77] – der in der Phänomenalisierung aufscheinende Schein eines Ursprungs.

Diese architektonische Verwirrung von Phänomenalität und Phänomen – ersterem den Status letzterem zu verleihen – ist laut Richir analog zu Kants Kritik an der fälschlichen Realität der Anschauungsformen: „was Kants konstitutive transzendentale Illusion mit der rationalen Kosmologie verbindet, wo die ‚Idealität' des Raums und der Zeit erschlichenermaßen in ihre ‚Realität' verwandelt wird".[78] Der Zeitlichkeit, in der das Selbst faktiziell aufscheint und vergeht, wird eine ursprüngliche Sphäre untergeschoben, die diese Faktizität des „schwingenden Aussetzens" nicht nur *formal* erfasst, sondern sich selbst noch in der ‚Sachhaltigkeit' eines *Phänomens* ontologisiert:

> „[Z]wischen *meiner* Faktizität und *der* Faktizität besteht die gleiche Zweideutigkeit wie zwischen der Zeitlichkeit, in der ich *mich* immer schon gezeigt entdecke, und der ursprünglichen Zeitlichkeit, die aus den Tiefen ihrer Anonymität [...] vermeintlich derjenigen Zeitigung vorausgeht [...], in der ich mich entdecke."[79]

---

[75] Richir, PM, S. 102; fr. S. 95.
[76] Richir, PM, S. 102; fr. S. 95.
[77] Richir, RP I, S. 60.
[78] Richir, PM, 103; fr. S. 96.
[79] Ebd.

In diesem Kontext erscheint Descartes, laut Richir, als der radikalere Faktizitätsdenker gegenüber Husserl und Heidegger, insofern dieser nämlich die Kontinuität der Zeitigung in einem transzendenten Gott verankerte, während das *Cogito* in seiner Faktizität in der Tat ein diskontinuierliches, schwingendes Aus- und Einsetzen der Selbstheit zu denken erlaubt.

In der phänomenologischen ursprünglichen oder authentischen Zeitlichkeit kommt es unausweichlich zur „Immanentisierung *jeder* Faktizität"[80]: Nur von mir ausgehend kann ihnen Sinn gegeben werden, jede mögliche Faktizität ist notwendig durch die jemeinige vermittelt. Auf die besonderen Aporien, die aus dem ontologischen Simulacrum dieser spezifischen Form entstehen, werden wir weiter unten eingehen.

Allgemein muss festgehalten werden, dass die Grundstruktur des Simulacrums in der scheinhaften Konstitution einer „*Phänomenalitäts-Matrix*"[81] besteht, in welcher der Sinn der Phänomenalität übertragbar wird (nochmals: Dadurch, dass sich diese Faktizität selbst als ursprünglich erscheint, erscheint sie zugleich als Ursprung allen möglichen Scheins). Diese Übertragung auf *jeden* Schein, die Universalisierung desselben, hat seinen architektonischen Ort nicht im ‚reinen' Bewusstsein, sondern im Sprachphänomen, da sich in diesem allein diejenige Struktur phänomenalisiert, die der symbolischen Dimension angehört, und in der Ganzheiten ihre eigentlich phänomenologische Funktion erfüllen.

Im Sprachphänomen gilt es nun aber die phänomenologische und die symbolische Dimension auseinanderzuhalten. Die dem Sprachphänomen eigene Reflexivität muss von der symbolischen Zirkularität abgegrenzt werden. Durch die beschriebene Formalisierung der Faktizität kommt es zu einer logisch-eidetischen Reinheit: der Reinheit des Denkens als reiner Form und der Reinheit des Seins als reiner Form, was wiederum die vermeintliche Identität beider in der symbolischen Tautologie von Denken und Sein aufscheinen lässt.

4.2.5 Äußerster Punkt der Hyperbel: Ungreifbarkeit und Bodenlosigkeit der Phänomenalisierung

Die Frage lautet nun: Wie genau ist dasjenige Denken beschaffen, das in der hyperbolisch-phänomenologischen Epoché dem schwingenden Aussetzen von Denken und Existieren beiwohnt, oder das die Bewegung des ontologischen Simulacrums *denkt*? Die Gefahr liegt offenbar darin, dass sich entweder das Denken (und Existieren) derart formalisiert und in Reinheit abstrahiert, dass wir keine Phänomenologie, sondern logisch-eidetische Metaphysik betreiben; oder aber, dass wir streng phänomenologisch die Differenz von Phänomenalität und Phänomen – die uns durch die Reduktion des Phänomens auf das Phänomen bloß als Phänomen

---

[80] Richir, PM, S. 104; fr. S. 97.
[81] Richir, PM, S. 107; fr. S. 100.

zugänglich wird – reflektieren und der Eindruck entsteht, „dass das Phänomen (sich) ganz ‚von selbst' denkt".[82] Woran, so ließe sich auch fragen, denkt das Denken, wenn es sich in der Unterschiedslosigkeit von Denken und Illusion des Denkens befindet?

Tatsächlich, so Richir, versinkt das Denken in der Epoché im Schein. Es besteht im Denken des Phänomens als *nichts* als Phänomen, in genau diesem Nichts, nämlich in der „unsichtbaren Distanz des Phänomens zu sich selbst",[83] seiner Schieflage. Dieses ursprüngliche Nichts kann niemals *erscheinen*, weshalb es die Selbstheit auch nicht aus einem Sich-selbst-Erscheinen des Nichts konstituieren kann. Wenn also das Phänomen als nichts als Phänomen nur in einem differenzierenden, aber selbst undifferenzierten Nichts gedacht würde, wäre dieses Denken wiederum zur absoluten Abstraktion ‚gereinigt', als „x nur als x",[84] als Identitätsmatrix mit dem Nichts als differierender Distanz. Eine reine *différance*, die jedwede Form annehmen könnte, die „ebensogut Begriff, Idee, Glaubensinhalt wie Phänomen sein kann".[85] Diese vom Cogito immer schon selbst vollzogene Abstraktion vertreibt das Denken nur scheinbar aus der phänomenologischen Dimension, denn diese ‚Identitätsmatrix' im Phänomen bloß als Phänomen ist gerade *im phänomenologischen Sinne* der Quell des *apriorischen Denkens*, der Moment, in dem das Cogito ein ihm *vorausgehendes* Apriori zu entdecken meint:

> „Das bedeutet, daß das Denken aus dem scheinbaren Nichts des Denkens in seinen Scheingebilden – in dem also alle ‚Gehalte' des Denkens vermengt sind – doch ein Denken von seiner *transzendentalen Illusion* her ist, von dem her, was das Denken des Phänomens bloß als Phänomen von dem *Aposteriori* der Faktizität aus in das *Apriori* seiner Bedingungen der Möglichkeit zurückwirft."[86]

Diese Stelle ist absolut entscheidend für unsere Frage nach dem Verhältnis von Phänomenologischem und Symbolischem. Dies ist der tiefste Punkt der Begegnung beider Dimensionen: *Das Auftauchen apriorischer Strukturen aus dem reinen Denken der Phänomenalisierung verweist auf die Eigengesetzlichkeit des Symbolischen, seine Pro- und Retroaktivität. Diese ‚Aktivität' kann nun aber von einem rein strukturalen Denken nicht gedacht werden, weil es sich immer schon aus ‚reiner' Differenz speist. Einzig das phänomenologische Denken einer radikalen Inchoativität des Denkens mit der ihr eignen Reflexivität, so wie sie aus der Faktizität aufsteigt, kann die Vermengungen apriorischer und aposteriorischer Strukturen, als sich vor- und zurückwerfende Schatten des Denkens aufdecken und studieren.*

> „Ausschließlich hier nimmt die transzendentale Illusion des Phänomens einen phänomenologischen Status an, weil sie sich als solche in der transzendentalen Retrojektion ‚hypostasiert' …"[87]

---

[82] Richir, PM, S. 109; fr. S. 102.
[83] Ebd.
[84] Ebd.
[85] Ebd.
[86] Richir, PM, S. 110; fr. S. 102.
[87] Ebd.

4.2 Die hyperbolisch-phänomenologische Epoché

Dies ist also die Weise, wie in der transzendentalen Illusion das schwingende Aussetzen von Denken und Existieren als *Pulsieren des Selbst* wiederkehrt, sofern es sich hyperbolisch in die Haltlosigkeit des reinen Scheins begibt:

> „Deshalb scheint in der gleichen Bewegung dieses reine Denken, indem es selbst in seiner Selbst-Apperzeption Schein annimmt, dem Phänomen als *dieses* Phänomen […] vorauszugehen *und* zugleich die davon eigentlich erst nachträglich […] zurückgewandte Illusion zu sein …"[88]

Diese Selbst-Apperzeption kann sich also niemals selbst erscheinen oder in Gewissheit gegeben sein, sondern ist die vorauseilende und nachträgliche Hypostasierung einer blitzhaften Apperzeption von Selbstheit als Jemeinigkeit, die sich vermengt mit der anonymen Reflexivität des Sinns, welche ebenso – obwohl anonym – ‚Selbstheiten' gewissermaßen aus inchoativer Faktizität hervorbringt.

Diese Sachlage bringt nicht nur die Anonymität der Welt und der Weltphänomene ans Licht, sondern gerade die *Pluralität von Faktizitäten*, jene Pluralität, die von Husserl zuletzt unzureichend in monadologischer Perspektive als unendliche Ineinander der „Intersubjektivitäten" aufgefasst wurde – unzureichend deshalb, weil die Frage, ob der andere über sein Erscheinen in meiner Jemeinigkeit hinaus in seiner eigenen Faktizität erscheinen könne, niemals aufkommen kann. Wenn man die Frage nach dem Anderen nicht von einer phänomenologischen Architektonik aus betrachtet, in der das egologisch immanentisierte Wahrnehmungsbewusstsein die Begegnung konstituiert, sondern eben dieses Bewusstsein als Sprachphänomen auffasst, dann nimmt sie eine völlig neue Form an. Indem wir das Phänomenologische und Symbolische phänomenologisch auseinanderhalten und ihre Begegnungsweisen aufzeigen, können wir einerseits die Phänomenalisierung fremder Faktizitäten im Denken beschreiben, andererseits ist die Selbstheit immer schon durch diesen Anderen mit dem Tode bedroht. Wir wiederholen einen zuvor bereits zitierten Satz in größerem Zusammenhang:

> „[N]icht weil wie bei Descartes ein trügerischer Gott darauf versessen ist, *mich* zu täuschen – das wäre zu viel gesagt –, kann mir alles wie ein kohärenter Traum erscheinen, sondern weil nichts *a priori* in der Reflexivität der Phänomene als Sprachphänomene darauf hinweist, daß die Selbstheit *des Sinns*, der sich darin sucht, nur existieren könnte, wenn dieser sozusagen von außen durch *meine* Selbstheit beseelt würde. Ich weiß letztlich nie, ob wirklich *ich* denke, oder ob nicht ein Anderer in mir denkt. Die Wurzeln *meiner* Individuation sind weder ausschließlich noch grundsätzlich phänomenologisch."[89]

Dies ist aber wiederum kein ‚Mangel' der Phänomenalität, sondern diese Nicht-Ausschließlichkeit ist geradezu ihre Bedingung, das ‚Movens' des Pulsierens, wenn man so will. Weder gibt es einen Mangel, ein Mehr oder Weniger an Phänomenalität, noch ist das phänomenologische Feld von der Stabilisierung einer das ganze Feld umspannenden Selbst-Apperzeption abhängig. Das Feld der Phänomenalität ist bar jeder Selbstheit, weil es weder Individuation voraussetzt, noch begrifflich vor-strukturiert ist, es ist radikale Anonymität. Aus dieser Perspektive ist

---
[88] Ebd.
[89] Richir, PM, S. 112; fr. S. 105.

die Selbst-Apperzeption im Denken lediglich negativer Respons: „Gegen die drohende Vernichtung durch die Anonymisierung ‚wehrt sich' das Selbst mit der Illusion, im Selbst-Schein sich selbst rein zu erscheinen."[90]

Richir betont hier erneut, die tiefe wie schlichte Einsicht, dass die Phänomenalität nicht in der Präsenz, sondern der Differenzbewegung zwischen Auftauchen und Verschwinden besteht: in seinem Auftauchen verschwindend wie in seinem Verschwinden auftauchend. Die Kritik am ontologischen Simulacrum besteht gerade darin, dass die schwingend-aussetzende Bewegung *als solche* schon Phänomenalität ist, und dass es *kein Phänomen dieser Phänomenalität*, in Form einer ihr sinngebenden Selbstheit, gibt, dass die Fixierung des Pulsierens zwischen Präsenz und Absenz in einer weiteren Präsenz die Phänomenalität selbst verschüttet, oder als transzendentale Illusion in ein Apriori verwandelt.

Die radikale Anonymität versetzt das Denken in den Schwindel einer irreduziblen Instabilität, die mir noch nicht einmal die Chance lässt, mich dem Denken des anderen freiwillig zu überantworten, da dieser durch dieselbe Anonymität und Instabilität seines Denkens geschlagen ist:

> „Die Unbegreifbarkeit der Phänomenalität liegt also in dieser fundamentalen Instabilität, in diesem Abgrund, in dem meine und *jede* Selbstheit sich nur im Verlieren findet, und sich nur verliert, wenn sie sich zu finden glaubt. Ich weiß also nicht mehr, ob tatsächlich ich denke, übrigens auch nicht, ob es ein Anderer ist. Was mich als Ich individuiert, ist nicht phänomenologisch, denn in diesem Abgrund ist das Phänomenologische *das* Denken in seiner Anonymität, d. h. *seine Phänomenalität,* insofern sie endloses Pulsieren *des* Denkens ist, insofern es genau das ist, in dem das Denken in flüchtigen Momenten denkt (und glaubt), sich wahrzunehmen und damit für sich selbst zu sein."[91]

In der Epoché scheint nun der äußerste Punkt der Hyperbel erreicht: Die Selbstheit ist bis ins Mark zur Anonymität ‚geläutert', die Jemeinigkeit oder Immanenz hat jede ‚Nähe zu sich selbst' eingebüßt, jede apriorische Stabilität ist als transzendentale Illusion entlarvt und in Instabilität versprengt, jede Form der Transparenz oder Selbst-Gewissheit wird von einem ursprünglichen Pulsieren ekliptisch verdeckt:

> „Es gibt nichts, was die Doppel-Bewegung der Apperzeption unterhält oder unterstützt, ihr Boden ist ihre Bodenlosigkeit. Es gibt kein *Sub-jectum*, das sich vorausgeht oder folgt, weder *arché* noch *télos*, sondern eine unendliche An-archie und eine nicht weniger unendliche A-Teleologie."[92]

Auf diesen Abstieg in die tiefsten Tiefen des Unbeherrschbaren, der nicht nur das Phänomenologische, sondern selbst das Philosophische (das Begreifbare als solches) mit sich zu reißen scheint, muss nun – denn die Epoché ist methodisches Einklammern und nicht affirmierend praktizierte Skepsis – der *Aufstieg* folgen. Dieser muss zum einen darin bestehen, die sich in reinem Pulsieren auflösende Faktizität des Denkens wieder auf den Weg einer tragfähigen *Verbindung* von Phänomenalität und Symbolizität zu bringen, d. h. die Selbstheit im Sprachphänomen zu

---

[90] Richir, PM, S. 113; fr. S. 106.
[91] Richir, PM, S. 115; fr. S. 107.
[92] Richir, PM, S. 116; fr. S. 109.

denken. Anders gesagt muss gezeigt werden, wie von jener anarchisch *ateleologischen* Unbeherrschbarkeit es zu einer gleichwohl begriffslosen, aber dennoch *teleologischen* Reflexivität kommen kann – nichts anderes ist die Sprache *als* Phänomen verstanden. Zu diesem Zweck muss eine Weise des Empfangs gefunden werden, der sich vom ‚Empfang' der Faktizität im ontologischen Simulacrum unterscheidet (und dieses gar nicht erst aufkommen lässt). Diese ‚andere Weise' des Empfangs, die Richir mit Maldiney Transpassibilität nennt, verweist auf die radikal *leibliche* Dimension, von der bislang abstrahiert wurde. Das größte Rätsel liegt dann in der Frage, wie sich diese Selbstheit – durch Leiblichkeit im Sprachphänomen empfangend – sich zum Symbolischen oder zur Kultur und ihren symbolischen Stiftungen verhält.

4.3 Das kritische Potential der hyperbolisch-phänomenologischen Epoché

An diesem tiefsten Punkt der Epoché, an dem alle Subjektivität und alle Jemeinigkeit des Denkens in Klammern gesetzt und die Dekonstruktion des Denkens bis zur Bodenlosigkeit seiner Differenzierungen gegangen ist, können nun ‚positive' Antworten auf die Leitprobleme gegeben werden.

(I) Wie greift das Symbolische in den Tiefen des ontologischen Simulacrums in die transzendentale Matrix der Phänomenalisierung ein? (Kap. 4.3.1.1.)
(II) Welchen Status haben nach der Läuterung des Sprachphänomens von der symbolischen Stiftung des Sprachsystems Apperzeption und Teleologie? Oder anders gefragt: Wie kommt es zur Wiederaufnahme des Schematismus und der Verkettung sprachlicher Zeichen nach dem negativ erhabenen Moment der Epoché? (Kap. 4.3.1.2.)
(III) Zuletzt, was sind die neuartigen Grundstrukturen einer Sprachphänomenologie im Ausgang einer Phänomenologie des sich bildenden Sinns? (Kap. 4.3.2.)

4.3.1 Das phänomenologische Apriori und seine verborgene Symbolizität (statische Perspektive)

4.3.1.1 Das Apriori in der statischen Phänomenologie und seine Aporien

Husserls frühe Schriften lassen sich als eine Doppelstrategie beschreiben, die auf dem Feld der Arithmetik versucht, einerseits den Ursprung der arithmetischen Begriffe, entgegen dem Zeitgeist, nicht in psychologische Begriffen aufzulösen und andererseits die Auffassung der Mathematik als reiner Operativität, wie es dem damaligen Formalismus in der Mathematik gemein war, zugunsten einer *erkenntnistheoretischen* Problemstellung zurückzuweisen. Für Husserl ist die Frage der reinen

Logik in erster Linie eine Frage des Denkens (und keine Frage des Begriffs wie etwa bei Frege). Diese Aufklärung des Zusammenhangs von Idealität und Subjektivität hatte Husserl erst allmählich aus dem Bann des Psychologismus befreien können – bekanntlich ist seine Kritik des Psychologismus eine Läuterung der eigenen frühen Begriffsvermengungen.

Sein anfänglicher Psychologismus vertrat die Auffassung, die Grundbegriffe der Arithmetik aus der Reflexion *auf* die logisch-mathematischen Akte gewinnen zu können. In den *Logischen Untersuchungen* wird diese psychologische Fundierung durch den Gedanken der *Intentionalität* korrigiert: „Nicht in der *Reflexion* auf Urteile [...] nicht in diesen *Akten als Gegenständen*, sondern in den *Gegenständen dieser Akte* finden wir das Abstraktionsfundament für die Realisierung der besagten Begriffe ..."[93] Damit ist die Intentionalität diejenige Sphäre, in der Subjektives und Objektives Geltung haben. Was es nun an diesem Zusammenhang erkenntnistheoretisch aufzuklären gilt, ist das, korrelativ zu den Objektivitäten, „verborgen sich abspielende Denkleben".[94] Droht der Psychologismus die Idealitäten auf Aktmodalitäten zu reduzieren, so scheint der Formalismus die den logischen Urteilen korrelativen Erlebnisse ekliptisch zu verdecken, was Ausdruck eines gewissermaßen ‚natürlichen Scheins' des Logischen selbst ist: „Der Denkende weiß nichts von seinen Denkerlebnissen, sondern nur von den Gedanken, die sein Denken fortlaufend erzeugt."[95] Mit anderen Worten: Husserl erkennt, dass es zum Sinn des Idealen gehört, ein *absolutes Für-sich-Sein* zu beanspruchen und zugleich die Forderung aufzustellen, von jedermann jederzeit *einsehbar* zu sein. Damit wird die Korrelation beschrieben als ein *Feld zweier Apriori*:

> „Dem Apriori der reinen Logik und reinen Mathematik selbst, diesem Reich unbedingt notwendiger und allgemeiner Wahrheiten, entspricht *korrelativ* ein Apriori psychischer Art, nämlich ein Reich unbedingt notwendiger und allgemeiner Wahrheiten, die sich auf das mathematische *Erleben*, das mathematische Vorstellen, Denken, Verknüpfen usw. beziehen, nämlich als ein mannigfaltiges psychisches Leben eines Subjektes überhaupt, sofern es in reiner Idealität gedacht werden soll als ein solches, das Mathematisches in sich erkennt."[96]

Dieses Modell doppelter Apriorizität ist eines, das den Horizont der Husserl'schen Problemstellungen allererst stiftet, das aber – nach Richir – eine subtile Illusion in sich birgt, die die Phänomenologie Husserls niemals ganz abstreifen wird. Diese Subtilität liegt in der rätselhaften Bewegung, in der das eine Apriori (Idealität) sich ‚vor' das andere (Erlebnis) setzt, sich als ‚apriorischer' oder schlicht als das *Apriori des Apriori* setzt. Was bedeutet dies?

Nach Richir behält die Idealität bei Husserl eine gewisse *Vorrangstellung*, welche zwar in den kommenden Gestalten der Phänomenologie immer feinsinniger reflektiert, aber als Urstiftung nie ganz aufgehoben werden wird. Zu Zeiten der *Logischen Untersuchungen* wird deutlich, dass es die Idealität ist, welche die Subjektivität in ihren Erlebnissen *reguliert*. Ihr absolutes Für-sich-Sein gibt dieser den

---

[93] Husserl, LU II, 2, § 44, S. 141.
[94] Husserl, HUA IX, S. 21.
[95] Ebd.
[96] Husserl, HUA IX, S. 38.

4.3 Das kritische Potential der hyperbolisch-phänomenologischen Epoché

Anschein einer Allzeitigkeit, insofern ihre Gegenständlichkeit *immer schon* als ideale identifiziert zu sein scheint. In den Erlebnissen des Bewusstseins erscheinen folglich die Idealitäten *im Licht* des Denkens, also in ihrer bewusstseinsmäßigen Gestalt. Richir spricht hier von einer ‚*Parallelität*' idealer Sprache und der Sprache des Bewusstseins.[97]

In den *Fünf Vorlesungen* von 1907 wird diese Parallelität zum ersten Mal methodisch aufgehoben. Husserl strebt nun, nach einer den *Logischen Untersuchungen* folgenden Sinnkrise, eine *transzendentale Wende* seiner Philosophie an, die durch eine eigene „Kritik der Vernunft" den Fundamenten seines Denkens eine neue Festigkeit verleihen soll. Den Schlüssel zu dieser neuen Konzeption liefert ihm bekanntlich die Idee einer *phänomenologischen Reduktion*. War die Phänomenologie bis dahin das parallele Komplement zur Sphäre der Idealität, d. h. „deskriptive Psychologie" oder „empirische Phänomenologie", so wird ihr durch diese neuartige Reduktion der wahrhaft transzendentale Boden bereitet. Ihr Ziel ist es, die intentionalen Objektivitäten in ihrer *konstituierten* Apriorizität auszuschalten, um die Phänomene durch die Leistungen des *konstituierenden* Bewusstseins aufzuklären. Diese neue Seinssphäre, die dem *a priori* Intelligiblen des Gegenständlichen gegenübersteht, wird nun cartesianisch als die *reelle Immanenz der Cogitationes* als solcher (d. h. als phänomenologisch reduzierte) aufgefasst. Das Rätsel des Denkens scheint sich damit umzukehren: War es bislang die Transzendenz der idealen Gegenstände, welche problematisch schien, sind es nun die *Cogitationes* – die Bewusstseinserlebnisse –, deren Transzendenzen sehr viel radikaler erscheinen als die der logisch-mathematischen Gegenstände.[98] Was sich hier als ‚Vor-feld' gegenständlicher Transzendenz eröffnet, erzeugt jene Spannung, die Husserl in der transzendentalen Frage antreiben wird, die aber – nach Richir – eine grundlegend *aporetische Spannung* ist.

Diese geht noch auf die *Logischen Untersuchungen* zurück, in denen bereits die Idee einer reinen Erlebnissphäre „von aller Einmischung der intentionalen Gegenständlichkeit ungetrübt"[99] formuliert wurde. Das Ausschalten der intentionalen Objektivität ist gleichbedeutend mit dem Verzicht auf jede Form der *Vorstrukturierung* des phänomenologischen Feldes. Die Erlebnisse sollen sich fortan nicht im Licht ihrer Gegenständlichkeit, sondern im Licht des konstituierenden Bewusstseins, als *reine formgebende Bewegung*, zeigen. In ihrer absoluten, von jeder ihr nicht immanent zukommenden Regulation gereinigten Bewegung gibt es jedoch für den Philosophen, so Richir, „nichts mehr zu sehen und nichts mehr zu beschreiben".[100] Dieses „nichts" wäre keine absolute „Leere", sondern gerade die absolut freie Formgebung als solche.

Eine erkenntnistheoretische Sackgasse, hätte Husserl nicht die Reziprozität von reeller Immanenz und objektiver Transzendenz gesehen. Die formgebende Bewegung scheint sich nämlich genau *in dem Maße* zu zeigen, wie sie sich den Rückgriff

---

[97] Vgl. Richir, RP 1, S. 13.
[98] Vgl. Richir, RP 1, S. 15.
[99] Husserl, HUA XIX, S. 16.
[100] Vgl. Richir, RP 1, S. 14.

auf transzendente Vor-gegebenheit verbietet. Damit entsteht jedoch ein neues Apriori. Der bisherigen doppelten Apriorizität von einer den idealen Formen koextensiven psychischen Deskription scheint ein *Apriori reiner Formgebung* voranzugehen. Der Philosoph ist somit mit der Unmöglichkeit konfrontiert „in sich einen Blick und einen Nicht-Blick koexistieren zu lassen, ein das intentionale Subjekt-Objekt-Verhältnis regulierende Apriori und ein Apriori, das sich nur als solches manifestieren kann im Verhältnis zu demjenigen Apriori, welches es aufklären soll."[101] Diese Spaltung des phänomenologisierenden Blicks hatte Richir – wie wir in Kapitel 2.1.2 dargelegt haben – bereits 1969 im Aufsatz *Prolégomènes à une théorie de la lecture* ausgearbeitet.

Husserl versucht durch eine neue Differenz diesem Problem beizukommen. Die Unterscheidung von psychischer Erlebnisimmanenz und objektiver Transzendenz verwandelt sich in die Unterscheidung von *Erscheinung* und *Erscheinendem*. Dies ist der entscheidende transzendentale Schritt, aber auch – wie wir sehen werden – eine Vertiefung der genannten Aporie. Der neuartige Sinn dieser Unterscheidung liegt in der ‚Wiederauferstehung' der Transzendenz in der Immanenz. Wir können darauf aufmerken, so Husserl, „wie im Erlebnis [...], auch nach phänomenologischer Reduktion, sich *Erscheinung und Erscheinendes gegenübersetzen* und sich gegenübersetzen *inmitten der reinen Gegebenheit*, also der echten Immanenz ..."[102] Die Transzendenz ist nicht länger ein Reales, das die Immanenz übersteigt, sondern wesenhaft ein Überschuss, der über die *reellen* Akte hinausgeht. Was am Wahrgenommenen dessen Einheit bekundet – seine bereits erfahrenen Zeitstrecken und Ansichten –, ist nicht dasjenige, was dem jetzigen Erlebnis reell zugehört, sondern es als einer Wahrnehmung *zugehöriges* Erlebnis ausweist. Diese Gegenständlichkeit, wenn auch nicht reell, ist für Husserl aber eine ebenso ‚absolute Gegebenheit', wie das Erscheinen selbst: eine Immanenz, die sich von reeller Immanenz unterscheidet.[103]

Was ist nun aber das Schicksal jener Elemente (der konstituierenden Bewegung als solche und der Frage apriorischer Regulation), die wir in der ersten Aporie ausfindig machten?

„Die Systeme der Erscheinungen zielen ab auf das, was erscheint, eine stets unabgeschlossene aber durch die geregelten Ensembles der Erscheinungen als dessen Spur konstituierte Bewegung des Erscheinens."[104]

Diese unabgeschlossene Spur, die das System leitet, ohne selbst zu erscheinen, entspricht bekanntlich dem Husserl'schen Begriff des *Horizonts*. Wie kann nun der Phänomenologe diesen nicht reellen Bewusstseinsanteilen in transzendentalphänomenologisch reduzierter Einstellung nachforschen? Nach Richir verbirgt sich die Antwort auf diese Frage hinter dem Husserl'schen Begriff der ‚Bekundung'. Der Phänomenologe sucht nicht mehr die Sprache der Objekte und die Sprache der Akte

---

[101] Ebd.
[102] Husserl, HUA II, S. 11.
[103] Vgl. ebd. (Von Richir zitiert.)
[104] Vgl. Richir, RP 1, S. 16.

4.3 Das kritische Potential der hyperbolisch-phänomenologischen Epoché

zu parallelisieren, sondern folgt, indem er Reduktion übt, den reinen Erscheinungen, um das, was in ihnen als Telos *aufkommt*, was *sich* als System *zeigt* und jenseits des Systems als Horizont der vermeinten Gegenständlichkeit *bekundet*, in genau dieser Eigenbewegung zu beschreiben. Diese transzendentale Bewegung der Bekundung strukturiert folglich auch die Ontologie dieses transzendentalen Idealismus, wie sie Husserl in den *Ideen I* ausführt:

> „Durch die phänomenologische Reduktion hatte sich uns das Reich des transzendentalen Bewußtseins als des in einem bestimmten Sinn ‚absoluten' Seins ergeben. Es ist die Urkategorie des Seins überhaupt (oder in unserer Rede die Urregion), in der alle anderen Seinsregionen wurzeln, auf die sie ihrem Wesen nach bezogen, von der sie daher wesensmäßig alle abhängig sind. Die Kategorienlehre muß durchaus von dieser *radikalsten aller Seinsunterscheidungen – Sein als Bewußtsein und Sein als sich im Bewußtsein ‚bekundendes', ‚transzendentes' Sein* – ausgehen, die, wie man einsieht, nur durch die Methode der phänomenologischen Reduktion in ihrer Reinheit gewonnen und gewürdigt werden kann."[105]

Für Richir kehrt hier die Aporie in einer weiteren, jetzt ontologischen, Gestalt wieder: Das Sein als transzendentes Sein, als in Erscheinendem sich Bekundendes, kann sich eben nur ‚bekunden', d. h. *durch* die Erscheinungen und *in* der Bewegung des Erscheinens. Diese paradoxe Doppelbewegung kann in der phänomenologischen Reduktion, laut Richir, in Gestalt einer „Simulation" aufrechterhalten werden, eine „eigenartige *Simulation*, die allein im Stande ist, sich dem Apriori des (psychischen und objektiven) Apriori zu öffnen."[106] Wie Derrida bereits in *Die Stimme und das Phänomen* sagte: „Die phänomenologische Reduktion ist eine Szene."[107] Sie besteht im Kern in der *korrelativen Zirkularität des Als-ob:* das transzendente Sein des Erscheinenden bekundet sich in den Erscheinungen (im Sein als Bewusstsein), *als ob* es nicht immer schon gegeben war, als das, was es ist (natürliche Einstellung), sondern als sich allererst in Erscheinungen Bekundendes. Durch diese Virtualität wird die ursprüngliche Idee einer Entmischung von konstituierenden Leistungen und intentionalen Gegebenheiten auf subtile Weise unterwandert: „Der Fluss der Erscheinungen organisiert sich als geregeltes System *hinsichtlich des Erscheinenden* [...] als ein stets in der Erscheinung (der Anschauungsevidenz) verborgenes *Telos*, als *idealer Pol* der Objektivität, welcher zugleich an- und abwesend ist ..."

In Husserls Konzeption des „Dinges an sich" als Idee im kantischen Sinne tritt diese Polarität deutlich hervor. Für Husserl zeichnet sich bekanntlich das Ding an sich nicht dadurch aus, dass es niemals Gegenstand der Erfahrung sein kann, sondern ist im Gegenteil ein dem Erfahrungsding inhärentes Moment. War das Erscheinende nur noch als Bekundung einer reellen Transzendenz im Sein des Bewusstseins enthalten, so bedeutet seine Objektivität im Sinne eines An-sich-Seins eben die Totalität aller dem Erscheinenden *der Möglichkeit nach* zugehörigen Erscheinungen. Diese Totalität ist niemals adäquat gegeben – d. h. reell gegeben –, was jedoch dem Leser der *Kritik der reinen Vernunft* kein Widersinn ist, zeichnet sich

---

[105] Husserl, HUA III/1, Ideen I, S. 159.
[106] Richir, Richir, RP 1, S. 17.
[107] Derrida, Die Stimme und das Phänomen, S. 117.

eine „Kantische Idee" doch gerade dadurch aus, dass ihre unerreichbare Bestimmung oder ihre Inadäquatheit der Einsichtigkeit in ihren Inhalt keinen Abbruch tut. Das phänomenologische Ding an sich ist die inadäquat gegebene Totalität seiner Erscheinungen, die jedoch in einem anderen Sinne doch zu adäquater Gegebenheit kommt, nämlich als *Antizipation*:

> „Aber als ‚Idee' (im Kantischen Sinn) *ist gleichwohl die vollkommene Gegebenheit vorgezeichnet* – als ein in seinem Wesenstypus absolut bestimmtes System endloser Prozesse kontinuierlichen Erscheinens, bzw. als Feld dieser Prozesse ein a priori bestimmtes *Kontinuum von Erscheinungen* mit verschiedenen aber bestimmten Dimensionen, durchherrscht von fester Wesensgesetzlichkeit."[108]

Der ideale Pol des Erscheinenden ist in seiner Antizipation *absolut* bestimmend für den Fluss des Erscheinens. Die Erscheinungen werden, bildlich gesprochen, auf das ‚Gleis' eines *a priori* bestimmten Kontinuums ‚gesetzt'. Die Frage nach der reinen Bewegung des Erscheinens entgegen objektiver Vorstrukturierung, als Ausgangsfrage der Reduktion, kehrt nun im Unendlichen wieder:

> „Das Ergebnis ist, dass die Intentionalität folglich nicht mehr die Korrelation zwischen einem denkenden Subjekt und einem gedachten Objekt bezeichnet, sondern die Antizipation des objektiv Unendlichen durch das anschaulich Endliche hindurch. [...]
> Die Intentionalität *ist also bloß der Akt einer Sinnstiftung durch Antizipation* des objektiv Unendlichen, ein Akt, durch den das Denken das Unförmige – den ‚heraklitischen Fluss' der Erscheinungen – in die Form, das *Eidos*, einsperrt." [109]

Die Erscheinungen sind jetzt unausweichlich Erscheinungen dieses oder jenes Erscheinenden. Auf einen im Unendlichen liegenden, selbst niemals erscheinenden, Seinspol ausgerichtet, ist Intentionalität bloße Stiftung, Sinngebung des Bewusstseins. Und wie für die Stiftung charakteristisch, entspricht der leeren Form der Idealität auch eine leere Zeitlichkeit, die reine Form der Präsenz als ideale Einheit aller möglichen Präsenzen. Dieser reinen Zeitlichkeit im Unendlichen des reinen Objekts entspricht zudem die reine Zeitlichkeit eines reinen Subjekts, der „lebendigen Gegenwart". In Hinblick auf die Subjektivität des transzendentalen Ichs verhält es sich ähnlich wie mit der Objektivität transzendenten Seins. Das transzendentale Ich erscheint niemals als solches, sondern nur durch die Erscheinungen des (psychischen) Ichs: „‚Mein' Bewußtseinsfluss [ist] nicht gegeben; er ist nur zur Gegebenheit zu bringen in Form von Wiedererinnerungen und nachträglichen Reflexionen in der Wiedererinnerung".[110] Das transzendentale Ich geht jedoch stets den *Cogitationes* voraus, „als Apriori des Aposteriori (= psychischem Apriori)".[111]

Die Aporie liegt demnach in dem doppelten Status der beschriebenen Parallelität: Was ist ihr Abstand, was ist ihre Deckung? Husserls Strategie ist nach Richir die Simulation eines Abstands bei gleichzeitiger Deckung: das Dargebotene beschreiben, als ob es sich gerade erst entfaltete – als ob der Phänomenologe sozusagen den

---

[108] Husserl, HUA III/1, Ideen I, S. 331.
[109] Richir, RP 1, S. 18.
[110] Husserl, HUA XIII, S. 219.
[111] Richir, RP 1, S. 24.

4.3 Das kritische Potential der hyperbolisch-phänomenologischen Epoché

Überraschten ‚mimt'. Husserl bestimmt die Parallelität als in sich *differenzierte Ungeteiltheit*:

> „Parallel besagt [...]: ein sich nach allem und jedem an Einzelnheiten und Verbindungen parallel Entsprechen, ein in ganz eigentümlicher Weise Unterschieden- und doch nicht in irgendeinem natürlichen Sinn Außereinander-, Getrenntsein."[112]

Gleichzeitig wird diese reine Nuance der Differenz andernorts als „*abgrundtiefer Unterschied*" beschrieben, der als phänomenologisch entscheidender Einstellungswechsel jedoch den eigentlich philosophischen Gehalt in sich birgt: „So vollzieht sich mit der phänomenologischen Reduktion *eine Art Ich-Spaltung*: Der transzendentale Zuschauer stellt sich über sich selbst", und hat so „die Welt bloß als Phänomen, das sagt als cogitatum der jeweiligen cogitatio, als Erscheinendes der jeweiligen Erscheinungen, als bloßes Korrelat."[113]

Für Richir ist dieser nichtige Abstand genau jenes „nichts", welches das Phänomen „als *nichts* als Phänomen" ausmacht. Es ermöglicht durch seine Subtilität der Differenz die Verwirrungen der psychologistischen Interpretation, die durch die Phänomenologie aufgeklärt werden können, und ist zugleich verantwortlich für eine die Phänomenologie ihrerseits bedrohende Illusion: „die unergründliche Subtilität des verbindend/trennenden Nichts der beiden Parallelen – psychologische und transzendentale Sphäre – scheint die Subtilität einer ebenso unergründlichen wie unvermeidlich notwendigen *Illusion* zu sein."[114]

Für Richir ist die Reduktion auf die transzendentale Subjektivität nicht eine Reduktion auf ein letztes Apriori, sondern auf ein seltsames „Hybrid",[115] das die beiden vermeintlich positiven Begriffe von Sein und Denken in etwas vereint, das *als* Zirkularität weder an- noch abwesend ist. Im Gegenzug wird die Apriorizität beider Sphären wegen ihrer irreduziblen Parallelität reziprok unterwandert: In Hinblick auf die transzendentale Subjektivität, so Richir, handelt es sich um ein *Simulacrum des Ursprungs*. Husserls Hoffnung, die phänomenologische Reduktion könne das absolute Sein aufklären, so „daß ich den denkbar letzten Erfahrungs- und Erkenntnisstandpunkt gewinne",[116] entpuppt sich als Fiktion: „Das Absolute ist *niemals* präsent, es gibt keinen angebbaren Ursprung im Register der Phänomenologie, sondern nur einen *Ursprungsmythos* ..."[117]

---

[112] Husserl, HUA IX, S. 342.
[113] Husserl, HUA I, S. 16.
[114] Richir, RP 1, S. 22.
[115] Richir, RP 1, S. 20.
[116] Husserl, HUA I, S. 15.
[117] Richir, RP 1, S. 25.

4.3.1.2 Ontologisches Simulacrum und transzendentale Nachträglichkeit des Apriori

Wie wir sahen, versucht Richir in seinen *Recherches phénoménologiques* durch eine Reinterpretation der transzendentalen Phänomenologie Husserls der inneren Reflexivität des Phänomens in seiner reziproken Kommunikation von Immanenz und Transzendenz gemäß der Doppelbewegung von Einrollung und Ausrollung nachzugehen. Schon hier zeigt sich die Doppelbewegung als ein *kontinuierliches Feld*, in dem die Isolation einzelner Momente desselben nur durch Abstraktion gewonnen werden kann, was ihre *ursprüngliche Verdrehung* erkennen lässt. Eine leitende Differenz der frühen und mittleren Schaffensperiode ist die von Schein (*l'apparence*) und Erscheinung (*l'apparition*).[118] Die allgemeinste Bestimmung der architektonischen Struktur des ontologischen Simulacrums lautet:

> „Es kennzeichnet die Struktur des ontologischen Simulacrums, sich in einer Darstellung seiner selbst als den (untrennbar Phänomen und Illusion des Phänomens vereinigenden) Schein der Erscheinung *seiner selbst* zu präsentieren und anzubieten, und zwar als *genau diesen* Schein als den Ort der Phänomenalität *jeden* Scheins."[119]

In Hinblick auf das Selbst bedeutet dies, dass im Simulacrum ‚meine' Faktizität jede Faktizität ‚begleitet', und sogar fundiert, indem selbst noch dem Gegenteil, d. h. der Illusion eines faktisch Erscheinenden, meine Faktizität zugrunde liegt. In einem zweiten Schritt wird dann dieser grundlegende Schein auf das gesamte Feld möglichen Erscheinens ausgedehnt. Das transzendentale Ego Husserls wird so zur Phänomenalitäts-Matrix, an der kein phänomeno-*logischer* Weg vorbei führt; im Falle des Cartesianischen *cogito* oder der Heidegger'schen Jemeinigkeit verhält es sich im Prinzip nicht anders.

Genau dieses Ausbilden einer transzendentalen Matrix für die *Übertragung des Scheins* versucht die hyperbolisch-phänomenologische Epoché zu thematisieren, indem sie auf der Ebene der Phänomenalität *als solcher* verbleibt. Sie betrachtet den Schein als *bloßen* Schein oder als das, was sich von der anonymen und inchoativen Phänomenalität als solcher abhebt. Das Erscheinen des Scheins ist also in einer kontinuierlichen Bewegung, die zwar unausgesetzt pulsiert, jedoch auf rhythmische Weise der *Anonymität* der Phänomenalisierung gefährlich nahekommt. Dieses ‚schwarze Loch' der Identität versucht das Denken im ontologischen Simulacrum durch einen Sprung über den Abgrund des verbindend/trennenden Nichts zwischen psychologischer und transzendentaler Sphäre hinweg zu überwinden. Das „Nichts" der Phänomenalität als Abstand des Phänomens zu sich selbst (es erscheint, indem es vergeht, es vergeht, indem es erscheint) ist kein leeres Nichts, sondern gerade der (anarchische) Quell der Selbst-Reflexivität jedes Phänomens.

Den Sprung über den Abgrund „leistet" die transzendentale Illusion durch die scheinbare Vorrangigkeit des Apriori gegenüber dem Aposteriori, welche die

---

[118] Wir wollen aber die äußerst komplexen Gedanken der *Recherches* vorerst noch zurückstellen, und weiterhin Richirs Rekontextualisierung des ontologischen Simulacrums im Rahmen der hyperbolisch-phänomenologischen Epoché in den *Phänomenologischen Meditationen* folgen.

[119] Richir, PM, S. 105 ; fr. S. 99.

4.3 Das kritische Potential der hyperbolisch-phänomenologischen Epoché 307

hyperbolisch-phänomenologische Epoché jedoch als transzendentale Nachträglichkeit des Apriori gegenüber dem Aposteriori enthüllt. Es geht darum, der unentwirrbaren Vermengung der Phänomene in ihrer Inchoativität Rechnung zu tragen, und sie nicht durch ein *in ihnen zur Erscheinung kommendes Apriori* zu stabilisieren:

> „Ausschließlich hier [im blinden Überspringen des Hiatus zwischen *a priori* und *a posteriori*] nimmt die transzendentale Illusion des Phänomens einen phänomenologischen Status an, *weil sie sich als solche in der transzendentalen Retrojektion ‚hypostasiert'* [Herv. v. mir – P.F.], u. z. sowohl als der nur angenommene (im ‚als ob' modalisierte) Ort des reinen Denkens des reinen Phänomens, *als auch* als [durch die hyperbolisch-phänomenologische *Epoché* enthüllte] Illusion *dieses* faktiziell umgesetzten Phänomens, aber als Phänomen, also mit der Ausschaltung seines ‚dieses', wodurch es der Individuation seiner Faktizität beraubt wird."[120]

Dieses „reine Denken des reinen Phänomens" scheint der Phänomenalisierung immer schon vorrauszugehen, oder anders gesagt, scheint es den Status dessen, was sich phänomenalisiert, immer schon in der ‚Selbst-Enthüllung' seines Apriori zu fixieren. Was sich phänomenalisiert, ist der Form nach (dem „Schein des Scheins" nach) *a priori*, immer schon und *trotz* seiner kontingenten Phänomenalisierungen *unterwegs*. In der Phänomenalisierung ist das sich Phänomenalisierende *scheinbar* immer schon *angelegt*, und was sich zeigt, zeigt sich *gemäß seiner* apriorischen Form. Dagegen enthüllt die hyperbolisch-phänomenologische Epoché dies als *transzendentale Nachträglichkeit einer hypostasierten Illusion*. Aber wie ist es möglich, dass sich die Illusion in das Gewand des Phänomenologischen kleidet?

Faktizität und Apriorizität teilen sich die Eigenschaft der Nicht-Phänomenalität. Allerdings mit dem entscheidenden Unterschied, dass die faktizielle ‚Unentwirrbarkeit' prinzipiell *schöpferisch*, also phänomenalisier*bar* bleibt, während das Apriori die Phänomenalisierung ‚einzufangen' und zu regeln, oder, fundamentaler noch, sich als geregeltes apriorisches Feld am Ursprung alles Schöpferischen zu begründen sucht – gewissermaßen als noch Unentwirrtes, im Prinzip (d. h. gemäß des ‚Ursprungsmythos') jedoch Entwirrbares. Durch die transzendentale *Nachträglichkeit* steht dieses Apriori aber mit der aposteriorischen Phänomenalität in reziprokem Austausch:

> „Deshalb scheint in der gleichen Bewegung dieses reine Denken [...] dem Phänomen als *diesem* Phänomen, das es in sich selbst zu denken meint, vorauszugehen *und* zugleich die davon eigentlich erst *nachträglich – nach seiner Begegnung und nach seinem Empfang* [Herv. v. mir – P.F.] – zurückgewandte Illusion zu sein, wodurch das Denken dem Phänomen Selbstheit zu verleihen *und* es zugleich auf seine Phänomenalität zu verweisen scheint ..."[121]

Das ist der entscheidende Punkt: Die Nachträglichkeit stabilisiert nicht nur die Phänomenalität in einem nachträglichen Apriori der Selbstheit, sondern sorgt zugleich für die Verbindung zur Phänomenalität, d. h. *gibt sich als* Begegnung und Empfang gemäß dem *Apriori*. Diese Doppelbewegung bedarf der Aufklärung – fol-

---

[120] Richir, PM, S. 110; fr. S. 103.
[121] Ebd.

gen wir also den Spuren der Nachträglichkeit zurück zu den *Recherches phénoménologiques*. Man könnte hier die Verzeitlichung Kantischer Transzendentalbegriffe durch die Phänomenologie kritisieren, ein Verdacht, der bereits einen kritischen Widerhall im Kantianismus gefunden hat, wie ihn Eugen Fink oder in jüngster Zeit Quentin Meillassoux als „starkes Argument" des Kritizismus formuliert haben,[122] nach dem diese Transzendentalbegriffe der Frage nach den Erkenntnisgründen entstammen, welche nicht zum Bereich des Empirischen gehören, sondern welche schlechterdings keine Ontologisierung oder Temporalisierung zulassen. Darauf ließe sich erwidern, dass das Aposteriori der Sinnbildung nicht dessen „empirischen Gehalt" betrifft – was auf der *vor*objektiven Ebene Phänomenalisierung und ihrer irreduziblen transzendentalen Illusion gar keinen Sinn ergeben würde –, sondern vielmehr um dessen Charakterisierung als *kontingente Synthesisform*.

Das Problem des Apriori als transzendentale Illusion erwächst jedoch, wie wir sahen, dem Husserl'schen Problemhorizont und dessen Frage nach dem Verhältnis von Psychologischem und Transzendentalem in der transzendentalen Phänomenologie. Was Richir dabei besonders interessiert, ist, wie „die Dimension des Phänomens als solchem in der Tiefe mit der Dimension des Transzendentalen als solchem kommuniziert".[123]

Diese Hypothese wird in *vier Stufen* an der Husserl'schen transzendentalen Phänomenologie entwickelt:

(I) Die Simulation der phänomenologischen Reduktion als apriorische Dimension,
(II) die apriorische Dimension eines faktischen Aposteriori,
(III) die Hypostasierung des Apriori im Aposteriori durch die ursprüngliche Verdrehung der transzendentalen Nachträglichkeit, und
(IV) die Verdrehung der Verdrehung oder das Phänomen als nachträgliche Reflexion eines Apriori.

---

[122] Fink formuliert die Kritik am phänomenologischen Apriori wie folgt: „Während der Kritizismus streng festhält an der Scheidung zwischen dem, in der berechtigten ontologischen Einstellung zugänglichen, real Seienden und dem *geltenden Sinn* (der eben gilt und nicht ,ist'), hat die Phänomenologie das Apriori ontologisiert, es als eine seiende Gegenständlichkeit, als ,Wesen' einer intuitiven, selbstgehenden Anschauung zugeordnet." (Eugen Fink, Die phänomenologische Philosophie Edmund Husserls in der Gegenwärtigen Kritik, in: Kant-Studien, Band 38, 1–2, S. 324)

Bei Meillassoux lautet die, seiner Meinung nach, „schärfste Kritik an [seinem] Argument [des Anzestralen]" im Fazit: „Von den transzendentalen Bedingungen der Erkenntnis kann man nicht sagen, sie wären erschienen oder verschwunden: Nicht dass sie ewig wären – aber sie sind ,außerzeitlich' und ,außerräumlich', außerhalb der Reichweite des gegenständlich-wissenschaftlichen Diskurses, weil sie Formen dieses Diskurses sind. Jeder Versuch, sie der Wissenschaft unterzuordnen, deren Ausübung sie ermöglichen, ist seinem Wesen nach dazu verurteilt, den Sinn des Transzendentalen zu verfehlen." (Meillassoux, Nach der Endlichkeit. Versuch über die Notwendigkeit der Kontingenz, Diaphanes 2008, S. 41) Unserer Meinung nach gelingt es Meillassoux allerdings nicht diesen Einwand mittels des spekulativen Kritizismus zu entkräften, weil er das Vermögen des „Korrelationismus" bezüglich der Objektivierung auf fatale Weise unterschätzt.

[123] Richir, RP 1, S. S. 29.

4.3 Das kritische Potential der hyperbolisch-phänomenologischen Epoché

(I) Die phänomenologische Reduktion fungiert als ein „Instrument der Öffnung", das jenseits der faktualen Positivität die Sachen selbst „erscheinen lässt" und die Korrelation Subjekt-Objekt durch die „Phänomene in ihrer Reinheit", d. h. als „Korrelation zwischen Erscheinung und Erscheinendem", ersetzt.[124] Die Korrelation Subjekt-Objekt wird in der Reduktion bekanntlich nur eingeklammert, wirke jedoch, laut Richir, in der Tiefe nach. Die Husserl'sche Reduktion werde so zu einer

> „*Simulation*, die uns das transzendentale Feld eröffnet: Man tut so, *als ob* das alte *Faktum* des Objekts abwesend wäre, um nach den Bedingungen der Möglichkeit oder der Genese *a priori* zu suchen, die angeblich durch die rein phänomenologische Sphäre bereitgestellt werden."[125]

(II) Dies führt aber zu einer Konzeption, in der das Phänomen als „*transzendentales Apriori*" erscheint,

> „von dem die Subjekt-Objekt-Struktur bloß die Reflexion *a posteriori* ist, also als das *Apriori* DIESES *Aposteriori*, welches durch die Subjekt-Objekt-Struktur konstituiert ist, so dass sich die rein phänomenale Sphäre auf diese Weise *zugleich* als transzendentale Sphäre ausgibt, oder dass das reine Phänomen selbst transzendentalen Status beansprucht, zumindest als Bedingung der Möglichkeit *a priori* als transzendentales Prinzip der Reflexion".[126]

(III) Diese Spannung der apriorischen Bedingung der Möglichkeit einer reduktiven ‚Simulation', ist allerdings nur verständlich, wenn man – und das ist der Kern der Phänomenalisierung – die Reflexivität der phänomenologischen Sphäre als *anonyme Reflexivität* begreift, welche die Pole Subjekt/Objekt *und zugleich* „eine transzendentale Autonomie des Phänomens *als solchem*"[127] konstituiert. Diese transzendentale Selbst-Reflexion des reinen Phänomens *phänomenalisiert* sich dagegen nur auf *illusorischem* Wege, auf dem die Apriorizität, die als solche immer *auf Abstand* zum Aposteriori bleibt, nur als transzendentale Illusion gedacht werden kann, da das Apriori sich als Unmittelbarkeit setzt und so unabhängig vom aposteriorischen ‚Durchgang' durch die Faktizitäten ist. Oder anders gesagt, das Apriori setzt sich zwar nicht *absolut*, d. h. es ist von seinem Verhältnis zum Aposteriori nicht zu trennen, trotzdem setzt es,

1.) dass der ‚Abstand' für das intrinsische Moment des Aposteriori gilt, insofern in ihm Mannigfaltiges oder Kontingentes synthetisiert wird;
2.) dass es *sich* das Aposteriori zwar ‚auf Abstand' halte, dass aber
3.) dieser Abstand *von ihm* nicht gelte.

Warum erscheint nun aber dieser Widerstreit als Illusion, und sogar als transzendentale? Die Antwort liegt in einer komplexen Bewegung von *Retrozession* und *Präzession*.[128] Der inneren Reflexivität wohnt prinzipiell eine Heterogenität von Rückgang und Vorausgang inne, die eine Nachträglichkeit des Apriori enthüllt,

---

[124] Ebd.
[125] Richir, RP 1, S. 30.
[126] Richir, RP 1, S. 30 f.
[127] Richir, RP 1, S. S. 31.
[128] Wir verstehen diese Begriffe von ihrem lateinischen Ursprung aus (*retro-* bzw. *praecedere* als

„die sich *a posteriori* als Schein oder Illusion eines Scheins oder Illusion *a priori* phänomenalisiert [...], und die sich niemals als solche, d. h. *a priori*, phänomenalisiert, sondern immer nur nachträglich, *a posteriori*, und nachträglich als dessen Schein erscheint, als Schein in seiner Reflexion ..."[129]

Es handelt sich bei dieser Nachträglichkeit des Apriori gegenüber dem Aposteriori also um eine *transzendentale Nachträglichkeit* als Kern der transzendentalen Illusion, welche in der Phänomenalisierung mit *Notwendigkeit* auftritt:

„Erst nachträglich zeigt sich [...] im Aposteriori selbst die Notwendigkeit eines Apriori, das der Schein von sich zurück-wirft als reinen Schein oder reine transzendentale Illusion des Nichts, wo dieses Nichts oder das reine Apriori *nachträglich* erscheint als immer schon phänomenalisiert, als die Bedingung der Möglichkeit *a priori* jeden möglichen Scheins."[130]

Das Nichts ist dabei im phänomenologischen Sinne zu verstehen als das, was prinzipiell nicht phänomenalisiert ist, und dennoch das Feld des Erscheinens strukturiert.

1.) als *Adäquation* von Apriori und Phänomen im Cogito,
2.) als *Teleologie*, die das Erscheinen als „System von Erscheinungen"[131] leitet.

Dies hat den buchstäblichen ‚*Effekt*' – was bei Richir, wie wir sahen, stets einen Sinn bezeichnet, der selbst nicht erscheint – einer ‚Ontologisierung', insofern der Glaube entsteht, diese *mögliche* Adäquation von Apriori und Aposteriori könnte sich auch *realisieren*. Diese transzendentale Illusion ist es, die das Simulacrum als *ontologisches* qualifiziert: „das Phänomen aufgefasst als reine ontologische Manifestation des Unsichtbaren oder Unscheinbaren als solchem".[132]

(IV) Die komplexen Bewegungen über diesen *Hiatus* hinweg sind allerdings erst dann vollständig beschrieben, wenn wir dieser ursprünglichen Verdrehung durch die transzendentale Nachträglichkeit des Apriori durch eine weitere ergänzen: gleichsam die „*Verdrehung der Verdrehung*".[133] Die Kehrseite der Illusion eines vorangehenden Apriori ist die Illusion der Nachträglichkeit des Phänomens,

„[aufgefasst] als Hiatus oder prinzipiell unüberbrückbare Kluft zwischen dem Phänomen *a posteriori* und der transzendentalen Illusion *a priori*, von der aus das Phänomen immer schon – gemäß einer ‚ursprünglichen' Verspätung, die wir als ‚transzendentale Präzession' bezeichnen – als *nachträgliche* Reflexion erscheint."[134]

Dieses „Immer-schon" ist von transzendentaler Bedeutung und mitverantwortlich für die transzendentale Illusion. Dieses Immer-schon ist die *prozessive* Seite einer bisher nur durch Nachträglichkeit beschriebenen Komplementarität. Die Re-

---

„zurück- bzw. vorausgehen"), nicht aus jenen astronomischen bzw. ökonomischen Kontexten, in denen sie im Deutschen in Gebrauch sind.

[129] Richir, RP 1, S. 31.
[130] Richir, RP 1, S. 32.
[131] Ebd.
[132] Richir, RP 1, S. 33.
[133] Richir, RP 1, S. 34.
[134] Ebd.

4.3 Das kritische Potential der hyperbolisch-phänomenologischen Epoché   311

flexion des Phänomens setzt den Schein durch die transzendentale Illusion als Schein eines *Ursprungs*, der fortan die Teleologie der Reflexion bestimmt, d. h. als einen Schein *a posteriori*. Dieser Hiatus oder Abstand ist das, was selbst nicht erscheint, jedoch gerade die Reflexivität des phänomenologischen Feldes *bedingt*. Und eben diese Reflexivität aus dem Nicht-Erscheinen heraus wird durch die transzendentale Illusion überbrückt als *die nachträgliche Rückprojektion eines immer schon vorausgegangenen Apriori*. Wenn in dieser Bewegung das Aposteriori konstituiert wird als ‚auf Abstand' zu seinem Ursprung, erscheint zugleich das Apriori als *„retro-konstituiertes Apriori"*. Diesem Apriori entspricht komplementär eine *„ursprüngliche Verspätung"* des Aposteriori, das sich als Schein als von seinem Ursprung unterschieden konstituiert, gegenüber dem es sich als Verspätung reflektiert.

> „Daher erscheint die transzendentale Retrojektion der transzendentalen Illusion *vom Aposteriori her* [...] nur im Verhältnis zu einer transzendentalen *Prozession* der transzendentalen Illusion (oder eher: des Apriori in der transzendentalen Illusion), die der Retrojektion immer schon vorangegangen ist, welche ihrerseits nur Sinn macht im Verhältnis zur Retrojektion – die Prozession ist genau das, der gegenüber die Retrojektion immer schon zu spät kommt, oder genau das, was sich in der Retrojektion konstituiert als unvermeidbare Verspätung ‚im Ursprung', den sie gerade nachzuholen sucht. Anders gesagt, es gibt eine *ursprüngliche Verspätung* des Scheins als solchem (des Scheins in seiner Reflexion) im Verhältnis zum *retro-konstituierten Apriori* als transzendentale Prozession einer Reflexion der transzendentalen Illusion, d. h. konstitutive Reflexion – in ihrer irreduziblen Differenz – der Reflexion des Scheins als solchem.
> Was wir in dieser transzendentalen Präzession verstehen müssen ist, dass wir das reine Setzen des Apriori im Apriori nicht hypostasieren, sondern es als *nachträglich* konstituiert darstellen sollten, d. h. retro-konstituiert, und zwar die Reflexion der transzendentalen Illusion, die zum individuierten Schein als *tale quale* führt."[135]

Richir ist hier sehr nahe dem Derrida der *différance*, des Aufschubs, der Verspätung wie des Ursprungssupplements.[136] Das Apriori als nachträglich konstituiertes geht dennoch dieser Retrojektion *a posteriori* voraus. Es bildet eine symbolische Zukunftsekstase aus: das Apriori, das es *gewesen sein wird*. Diese Reflexion über das Verhältnis von phänomenologischer und transzendentaler Dimension in der Husserl'schen Phänomenologie ist entscheidend, weil sie den Kern der transzendentalen Illusion als *Retrokonstitution des Apriori* enthüllt. Jene Konstitution der Subjekt-Objekt-Struktur ist demnach charakterisiert als Zirkel des Konstituierend-Konstituierten in der transzendentalen Illusion, durch die jede Form von Korrespondenztheorie der Wahrheit ebenfalls der Illusion anheimfällt.[137] Es gibt folg-

---

[135] Richir, RP 1, S. 169.

[136] Derrida, Die Stimme und das Phänomen, S. 118 ff.; ders., Husserls Weg in die Geschichte, S. 202.

[137] Dazu Husserl in den Logischen Untersuchungen: „Dabei erscheint es als das Passendste, die Begriffe Wahrheit und Sein so zu differenzieren, daß die Begriffe von Wahrheit (ein gewisser Spielraum der Äquivokation wird unvermeidlich, aber nach Klärung der Begriffe kaum schädlich bleiben) auf die Seite der Akte selbst und ihrer ideal zu fassenden Momente bezogen werden, die Begriffe von Sein (Wahrhaft-sein) auf die zugehörigen gegenständlichen Korrelate. Dementsprechend hätten wir die Wahrheit nach 2) [die Idee der absoluten Adäquation als solcher] und 4) [Adäquation als Richtigkeit der Intention] zu definieren als Idee der Adäquation, oder aber als

lich „niemals Zugang zu einem *wahren* Wissen über das Apriori als solchem, außer zu der – für das ontologische Simulacrum oder für die Ontologisierung konstitutiven – Illusion dieser Illusion".[138]

Die Umarbeitung der transzendentalen Phänomenologie muss ihren Blick somit für zwei Problemfelder der Phänomenalisierung schärfen:

1.) die irreduzible Opazität des Nicht-Erscheinenden und
2.) die instabile Grenze zwischen Innen und Außen.

Im ersten Fall muss *das prinzipiell* Un-scheinbare genommen werden *als solches*, ohne von der *Möglichkeit* anderer Erscheinungsweisen unterminiert und ontologisiert zu werden, was gerade der Fall des ontologischen Simulacrums wäre. Im zweiten Fall wäre die Stabilität der Polarität in der Subjekt-Objekt-Struktur zu kritisieren, als illusionäre Vor-formung eines Feldes, das weder auf Seiten der bei Husserl sogenannten „Innerlichkeit des transzendentalen Lebens" noch auf Seiten der „Exteriorität der Objektivität" als solches erscheint, es sei denn als Illusion der Illusion, d. h. als phänomenologisch reduzierte „Gegebenheit".[139]

4.3.2 Selbstheit und Apperzeption im Ausgang ursprünglicher Pluralität (genetische Perspektive)

Nachdem wir im vorherigen Kapitel den Mechanismus der pro- und retroaktiven Erschleichung des Seinssinns und des ontologischen Simulacrums, wie es in der hyperbolischen Epoché suspendiert wird, aufgeklärt haben, hat das Denken in der Tat alle Haltepunkte verloren. Es scheint als sei durch die Einklammerung jeglicher Jemeinigkeit hin zu einem *Denken ohne Selbst*, das *Denken selbst* verloren gegangen. Die Frage lautet also: Was heißt „Denken" *im Ausgang* der hyperbolischen Epoché? Genauer:

(I) Wie lässt sich phänomenologisch die *Individuation* von Einheiten und Elementen beschreiben, nachdem das Denken von all seinen Tautologien und Simulacren geläutert wurde?

(II) Wie kommt es, nachdem das Denken in den hyperbolischen Abgrund der Haltlosigkeit alles Denkens und Seins, d. h. in sein ‚Verstummen', hinabgestiegen ist, zur *Wiederaufnahme der Schematisierung der Phänomenalisierung*?

Richtigkeit der objektivierenden Setzung und Bedeutung. Das Sein im Sinne der Wahrheit wäre dann nach 1) [die volle Übereinstimmung zwischen Gemeintem und Gegebenem als solchem] und 3) [die gegenständliche Fülle selbst] zu bestimmen als Identität des in der Adäquation zugleich gemeinten und gegebenen Gegenstandes, oder aber (dem natürlichen Wortsinn entsprechender) als das adäquat Wahrnehmbare überhaupt in unbestimmter Beziehung auf irgendeine dadurch wahrzumachende (adäquat zu erfüllende) Intention." (Husserl, LU II, § 39, bes. S. 125 f.)

[138] Richir, RP 1, S. 149.
[139] Richir, RP 1, S. 38.

4.3 Das kritische Potential der hyperbolisch-phänomenologischen Epoché 313

(III) Wie kommt das Denken im Ausgang der Epoché wieder ‚*zur Sprache*': Wie kommt es in der an-archisch a-teleologischen Reflexivität der Phänomene zur Ausbildung einer begriffslosen teleologischen Reflexivität der Sprachphänomene?

(IV) Wie kann sich das Selbst in dieser Faktizität *situieren*?

Es soll gezeigt werden, dass dem Simulacrum eines *a posteriori* vor- und rückprojizierenden (vor- und rückkommunizierenden) Apriori eine *dynamische Form der Selbstheit* und eine *dynamische Form der Kohäsion* (gemeint ist das, was die einzelnen Selbstheiten untereinander ‚kommunizieren' lässt) entsprechen, die uns bereits als Begriffspaar Transpossibilität/Transpassibilität begegnet sind. Im Anschluss an die genaue Charakterisierung dieser ‚Dynamisierungen' wird die Frage der Wiederaufnahme behandelt. Es gibt zwei Wege aus der radikalen Instabilität des Denkens ohne Selbstheit wieder zu Stabilität zu gelangen: 1.) über die Stabilisierung der Selbstheit als *symbolischer Stiftung*, 2.) über die Stabilisierung der *Verleiblichung* des Denkens. Die Antwort auf die Frage, was in diesem Sinne „Denken" heißt, besteht in einer dreifachen Konsequenz. Jenseits jeder Egologie oder Daseinsanalytik gilt es, das Denken aus seiner ursprünglichen Heterogenität oder Versprengtheit zu begreifen, und zwar in all seinen Dimensionen. Das Denken ist konfrontiert mit einer *Gleichursprünglichkeit und Pluralität* 1.) der Faktizitäten, 2.) der Sinnansätze, 3.) der Weltphänomene.

Die Einklammerung der symbolischen Tautologie und des ontologischen Simulacrums stellen auch die Methode vor neue Herausforderungen. Wenn wir das Denken in seinen radikal wilden Zustand versetzen und ihm alle erschlichenen und illusorischen Haltepunkte systematisch nehmen, bis wir dem Rätsel eines Denkens ohne Selbst, ohne Jemeinigkeit, ohne symbolische Stiftung und ohne Apriori innewerden, dann dürfen wir uns selbstverständlich auch methodisch nicht dieser deskriptiven Anker bedienen und die Faktizität des Denkens nachträglich fixieren. Es gibt also keinen ‚Standpunkt', *von dem aus* wir das Denken auf wilde Weise erscheinen und verschwinden sehen. Wir ringen hier mit der phänomenologischen Variante einer ‚Unschärferelation': mit der Schwierigkeit, „dass das Denken der Doppelbewegung selbst Doppelbewegung ist".[140] Der methodische Weg ist daher einer, der gegangen und *praktiziert* werden muss. Das Denken kann dabei ein Gespür für diese Instabilitäten bekommen und sich in erprobender Weise in immer feinere Möglichkeits- und proto-ontologische Horizonte einarbeiten. Dafür, dass wir uns nicht in psychotischen Spekulationen verlieren, sorgt, wie gezeigt,[141] der Durchgang durch das *phänomenologisch Erhabene*. Als ästhetisch reflektierende Phänomenalisierung wohnt ihr ein phänomenologischer *sensus communis* inne, weshalb das in der Epoché Geschaute – um mit Kant zu sprechen – prinzipiell für teilnehmungs- und mitteilungsfähig erachtet werden soll, und dessen ‚Prüfung' folglich in fortwährend korrigierendem Nachvollzug besteht. Dass Kant in dieser

---

[140] Richir, PM, S. 121; fr. S. 115 f.
[141] Siehe Kap. 4.1.

Doppelfunktion gerade die *Humanität* erkennt, wird dabei auf besondere Weise Thema der Epoché.

4.3.2.1 Transpossibilität, Entelechie der Selbstheit und die zweifache Stabilisierung

Durch die hyperbolisch-phänomenologisch Epoché wird gewissermaßen die Kontinuität als solche zum phänomenologischen Problem. Dass das Selbst oder das Ego sich nur gelegentlich apperzipieren und sich selbst thematisch werden, war allen Subjekttheoretikern zu allen Zeiten klar, doch war diese Diskontinuität vermittelt durch irgendeine Substanz oder Subjektivität, die als verborgene und leistende die ‚untergründige' Kohärenz und Kommunikation garantierte. Diese Erschleichung einer transzendentalen Topologie der Fundierung, d. h. von „Vorder- und Hintergrund" des Subjekts, wird nun bei Richir dekonstruiert und die doppelte Bewegung des Erscheinens als solche zum eigentlichen Ausgangspunkt:

> „Das bedeutet zunächst, daß der Ort der Phänomenalität […] weder der einer Sub-stanz, noch der eines *Sub-jectums* ist, sondern der Ort des unbestimmten, zwischen Verschwinden und Entstehen sich vollziehenden Pulsierens von all dem ‚-stanz' oder ‚-jectum'. Und sollte etwas als ‚-stanz' oder ‚-jectum' in seinem Verschwinden wieder aufzutauchen *scheinen*, dann eben nicht, weil es sich ‚unter' der Doppelbewegung befunden hätte, sondern weil es darin vollständig versinkt."[142]

Die Ek-stasen dieser Doppelbewegung, so Richir weiter, schwingen nicht in Dimensionen der Zeitlichkeit, sondern genau genommen zwischen *Leben und Tod*. Soll dies nun heißen, dass wir in jedem Moment einer aufblitzenden Selbst-Apperzeption ein ‚neugeborenes Selbst' seien? Richirs Antwort lautet: nein! Die Doppelbewegung ist kein dialektisches Umschlagen zweier Distincta zwischen Vernichtung und Wiedergeburt, sondern ein schwingendes Aussetzen von Erscheinen und Verschwinden, von Momenten einer Reflexivität, die *auf Distanz* kommuniziert und in der die erscheinende Selbstheit das ‚*Echo*' der verschwundenen Selbstheit vernimmt, um diese wieder aufzugreifen, und umgekehrt. Aber, so ließe sich erneut einwenden, was ist der Resonanzboden, der diese versprengten Selbstheiten miteinander kommunizieren lässt? Verweist diese Synthetizität der Echos nicht genau auf jene transzendentalen Leistungen im ‚Verborgenen', nur auf einer tieferen Ebene? Richirs Antwort lautet wiederum: nein! Die ‚Matrix', die Trägerin dieser Echos ist, kann nicht länger ein „-jectum" oder „-stanz" sein, weil ihre Stabilität sich als Simulacrum einer erschlichenen Übertragung entpuppte. Sie muss vielmehr als dynamisch, sogar hyper-dynamisch, verstanden werden. Das Echo wird getragen durch das ‚Vermögen' des sich bildenden Sinns *über seine eigenen Möglichkeiten hinauszugehen*, d. h. transpossibel zu sein. Damit ist diese Matrix eigentlich keine ‚Trägerin', sondern ein Feld von *Interferenzen von Sinnüberschüssen*. Diese Überschüsse sind weder jemeinige Möglichkeiten, noch einfach okkasionelle ‚Eruptionen' der Erfahrung, sondern im Gegenteil die Grundstruktur der Selbstheit, die ihr erlauben

---
[142] Richir, PM, S. 118 f. ; fr. S. 111 Übers. modifiziert – P. F.

4.3 Das kritische Potential der hyperbolisch-phänomenologischen Epoché 315

sich 1.) anderem als sich selbst zu öffnen und 2.) empfänglich zu sein für die Transpossibilitäten anderer Selbstheiten, d. h. *transpassibel* sind.

Das „Sein" dieser dynamischen Form der Selbstheit entspricht einer *„paradoxalen Entelechie"*.[143] Je mehr eine Selbstheit sich identitär in sich verschließt, desto deutlicher hebt sie sich von der Matrix der Phänomenalisierungen ab, desto deutlicher geht sie aber auch auf Abstand zu ihren Transpossibilitäten, und verliert so gerade die Fähigkeit, mit anderen Selbstheiten zu ‚kommunizieren'. Wenn Entelechie den Umstand beschreibt, dass eine Sache als vollkommen bezeichnet werden kann, sofern sie ihr Telos *in sich* hat, so besteht die paradoxale Entelechie der Selbstheit gerade im Telos ihrer Ateleologie (Richir erinnert daran, dass *a-teles* griechisch *unvollkommen* bedeutet).

Dass ihre Vollkommenheit in ihrer Unvollkommenheit liegt, heißt weiter, dass die Selbstheit umso mehr *bei* oder *in sich* ist, je mehr sie *außer sich* gerät, sich entäußert, transitiv wird. Wir sehen hier die *différance* von Drinnen und Draußen, von Selbem und Anderem wiederaufscheinen, die Richir bereits Ende der 1960er- entwickelte.[144] Die Selbstheiten sind keine *Onta* mit Außen und Innenräumen, sondern unendliche Peripherie, insofern sie *durch* ihr Aus-sich-heraus-treten *zu* sich kommen – sich einrollen, indem sie sich ausrollen.[145]

Wenn also, phänomenologisch betrachtet, die faktiziellen Selbstheiten durch die Echos ihrer erscheinend/verschwindenden Phänomenalisierungen auf Distanz kommunizieren, dann als Entelechien, die auf dem Resonanzboden von Transpossibilitäten kommunizieren.

Diese Kommunikation bleibt in der Tat allzeit prekär und instabil, und zwar in Richtung zweier Abgründe der Selbstheit: der Möglichkeit sich *zu verlieren* oder sich in sich *einzukapseln*. Die ersteren Selbstheiten entsprechen den zahllosen blitzhaften Selbst-Apperzeptionen unseres alltäglichen Lebens, auf die ich niemals mehr zurückkomme und die niemals einen Platz im Großnarrativ „meines Lebens" bekommen werden; die anderen insistieren als nomadisierende Selbstheiten, als fremde Selbstheiten, auf deren Ansprüche sich der psychoanalytische Diskurs gründet. Entlang welcher Koordinaten, gelingt es nun dieser Faktizität sich trotz der elementaren Instabilität zu situieren? Die Antwort liegt im *Sprachphänomen*, d. h. dem Pulsieren des sich suchenden und bildenden Sinns zwischen *symbolischer Stiftung* und *Verleiblichung*.

(I) Wenn wir uns zunächst der *symbolischen Stiftung* des Selbst zuwenden, so wissen wir *a priori*, dass sie das Denken als eine Totalität konstituieren muss (Bedingung der Symbolizität). Um dies zu erreichen, muss das Denken jedoch *homogenisiert*, muss gewissermaßen eine Univozität des Denkens postuliert werden. Aber es ist falsch zu meinen, jede Form des Denkens sei je im selben Maße und im selben Sinne von Jemeinigkeit begleitet:

---

[143] Richir, PM, S. 119; fr. S. 112.
[144] Siehe Kap. 2.2 und 2.3.
[145] Siehe Kap. 2.3.3.

"Ich bin nicht überall in der gleichen Eigenschaft dem Denken ‚unterworfen' (*sujet*): so gibt es einen Abgrund zwischen der Fülle des Fühlens oder der Rührung (in der *Stimmung*) und der zerstreuten Lektüre einer Zeitung oder auch dem ganz automatisch vollzogenen Rechnen, das mit den Gesetzen der Arithmetik operiert, ohne nach deren Sinn zu fragen."[146]

Die verschiedenen Modi des Denkens (in dem Umfang, den Descartes dem Denken gibt) sind also vielmehr von verschiedenen Modi der „*Elision* des Selbst"[147] begleitet (das Selbst, das, wie wir oben sahen, in den Netzen der Überdeterminierung anwesend ist, ist sicherlich ein äußerstes Phantom einer Selbstheit).[148] Weit davon entfernt immer schon ‚meine' Selbstheit zu konstituieren, pulsiert das Selbst auf doppelte Weise im Denken: Wie Formen ‚*intensiver*' Selbstheit (wie sie etwa in der Affektivität und Stimmung aufscheinen) mit einer mehr oder minder ausgeprägten Auslöschung des Denkens einhergehen, so führt umgekehrt ‚intensives' Denken zum Verschwinden der Selbstheit.

Die symbolische Stiftung der Selbstheit als einer *homogenen Totalität des Denkens* kann einerseits zur Verdichtung eines ‚reinen' Denkens führen – sogar zu gefährlichen Kurzschlüssen und Sinn-Implosionen, immer dort, wo Denken und Faktizität ihre Vermögen zu transpassibler Empfänglichkeit einbüßen. Andererseits lässt sich die scheinbare Homogenität als radikal kontingente *Vermengung aller Denkmodi* verstehen, welche auf diese Weise in Kontakt mit dem Transpossiblen bleiben. Das Denken in dieser Perspektive durchwandert auf unvorhersehbare und unbeherrschbare Weise alle Dimensionen des Denkens: Wahrnehmen, Urteilen, Rechnen, Wollen, Fühlen, usw. vermengen und durchkreuzen sich unaufhörlich. Wir substituieren in der symbolischen Stiftung das homogene Merkmal der Modi der Selbstheit im Denken durch die ursprüngliche Inchoativität des Denkens. Das Ergebnis ist in der Tat eine gewisse *Universalität* des Denkens, die sich aber zuletzt einer Abstraktion verdankt: Zwar unter neuen Vorzeichen bleibt es aber nichtsdestotrotz ein ‚reines' Denken.

(II) Wenden wir uns nun der Frage des *verleiblichten Selbst* zu. Wenn die Selbst-Apperzeption als Phänomen und nicht als symbolische Stiftung betrachtet wird, treten Faktizität und Transpossibilität der Selbstheit wieder in den Vordergrund. Diese ‚Seite' der Selbstheit reicht nun ihrerseits paradoxerweise bis in die *phänomenologische Anonymität* in der Selbstheit. All jene unendlich feinen Regungen meiner leiblich-affektiven Sphäre, all die Stimmungen, atmosphärischen Verschiebungen und Empfindnisse steigen ‚aus den Tiefen' zu mir auf, welche sich nicht oder nur sehr bedingt im Feld jemeiniger Verfügbarkeit befinden. Wir sagten eben, dass der affektiv-leiblichen Sphäre eine „intensive Selbstheit" zukäme, was nur korrekt ist im Kontrast zur Intensität des Denkens. Jetzt müssen wir dieses Urteil erweitern: Es gibt eine Schwelle, jenseits derer die Intensivierung der Verleiblichung des Denkens die Selbstheit an den Abgrund der phänomenologischen Anonymität bringt. Es ist genau diese Anonymität, die den Leib in der Welt sein lässt, d. h. die Öffnung des Leibs als Weltphänomen zu allen anderen Weltphänomenen.

---

[146] Richir, PM, S. 121; fr. S. 115 f.
[147] Ebd.
[148] Siehe Kap. 3.6.3.

4.3 Das kritische Potential der hyperbolisch-phänomenologischen Epoché

Die andere Spannung, der sich das verleiblichte Selbst ausgesetzt sieht, entsteht durch die stets vollzogene *symbolische Vereinnahmung meiner leiblichen Faktizität durch den Anderen* (den großen und kleinen Anderen). In einer im Wahrnehmungsraum fundierten Eidetik, der nach ich nicht dort sein kann, *wo* der andere sich befindet, ich niemals erlebe, *was* er erlebt, werde ich durch den anderen *individuiert*: d. h. dass die Anonymität verleiblichter Faktizität eine sekundäre Bedeutung erhält, sie entgegen ihrer ‚Natur' auf ein Zentrum hin orientiert und so die paradoxe leibhafte Anonymität *meiner* Jemeinigkeit wird. Dies ist der tiefste Punkt der Begegnung mit dem *symbolischen Stifter:* der Andere, der mich als *einen unter anderen* stiftet, der bis in meine Leiblichkeit seine Macht über mich erstreckt. Die hyperbolische Epoché arbeitet gegen diese Form der selbstverständlichen Vereinnahmung:

> „[M]eine Selbst-Apperzeption als verleiblichte Faktizität läuft nicht schlicht und einfach darauf hinaus, mich absolut in einer als irreduzibel gedachten Jemeinigkeit* wieder zum ‚Individuum zu machen', sie besteht vielmehr darin, im Leib oder der Phänomenalität der konkreten Faktizität, welche die meinige zu sein scheint, eben diese Dimension der phänomenologischen Anonymität, also die ungeordnete Vermengung der Phänomene zu erahnen."[149]

Dagegen kann es nach dem Tod meiner symbolisch gestifteten Identität im negativ erhabenen Moment der hyperbolischen Epoché zur *Wiederaufnahme der Begegnung mit dem symbolischen Stifter* kommen: indem ich ohne Furcht vor seiner symbolischen Macht, mich symbolisch anonymisieren zu können, meinerseits den Anonymitäten der Phänomene meiner verleiblichten Faktizität nachspüre und ebenso furchtlos auf die Mitteilungsfähigkeit dieser proto-ontologischen Appelle beharre. Auf diese Weise erscheint der Stifter als „symbolisches Vermögen ohne jede Macht", die mir nicht länger *vorschreibt*, welche Wildheiten und Anonymitäten ich auf Abstand halten *soll*, sondern die mich in jedem ‚Winkel' des phänomenologischen Feldes empfängt, ja von der ich sogar *verlangen* kann, dass sie mich dort empfangen *muss*. Es gibt, anders gesagt, in der hyperbolischen Epoché nichts, dass mich *de jure* zum Schweigen bringen darf. Diese unbedingte ‚Empfangsbereitschaft' der Sprache als symbolischer Stiftung, „[d]ieses Vermögen ohne Macht des symbolischen Stifters ist [...] sozusagen die *symbolische* Konfiguration der Transpassibilität, welcher auf der anderen [...] Seite der Leib oder die Phänomenalität als Transpassibilität (also Empfänglichkeit) für *jedes* Phänomen entspricht."[150]

4.3.2.2 Denken im Ausgang ursprünglicher Pluralität

Aus diesen beiden relativen Stabilisierungsmöglichkeiten – der symbolisch gestifteten Selbstheit und der verleiblichten Selbstheit – ergeben sich drei entscheidende Konsequenzen für eine Phänomenologie im Ausgang vom Sprachphänomen. Die architektonische Konsequenz ist in allen drei Fällen dieselbe, dass nämlich, im

---

[149] Richir, PM, S. 122; fr. S. 115.
[150] S. 123.

Ausgang vom Sprachphänomen zu denken, bedeutet, *im Ausgang einer irreduziblen Pluralität und Gleichursprünglichkeit* zu denken.

1.) Es gibt, und damit knüpfen wir unmittelbar an das soeben Gesagte an, keinen Vorrang irgendeiner Faktizität, auch nicht der ‚meinigen', vor jeder anderen Faktizität.

„Es gibt also keine Faktizität, die nicht gleich-ursprünglich in einer Vielzahl der Faktizitäten wäre, und die selbst-lose, also anonyme Phänomenalität ist ihr ‚Kommunikationsmittel'."[151]

‚Meine' Selbst-Apperzeptionen *in ihrer Faktizität* sind also nicht minder von Anonymität ‚durchtränkt' und auf einen Resonanzboden der Passivität, sogar der Transpassibilität, verwiesen *als alle anderen* Faktizitäten des Denkens, Wollens, Wertens oder Fühlens. Dies bedeutet aber weiter – und dies ist entscheidend –, dass auch die Faktizitäten der anderen nicht ‚anonymer' sind als jene. Gerade weil sie es *nicht* sind, kann hier Gleiches auf Gleiches wirken, gibt es Kommunikation.

Diese Gleichursprünglichkeit hat zwei Seiten. Einerseits sind die Mitteilungen und Gesten der anderen ebenfalls Faktizitäten mit ihrem ‚Hof' an Anonymität, sind sie – um auf diesen Charakter der Selbstheit zurückzukommen – auch nichts anderes als *Entelechien* der Selbstheit, d. h. Selbstheiten, die sich gerade durch ihre Unvollkommenheit vollenden und einer offen unendlichen Bestimmbarkeit entgegenstreben. Andererseits sind auch ‚meine' Apperzeptionen mitbedingt durch symbolisch gestiftete Sedimentationen, die bis in die Tiefen meiner Verleiblichungen und Stimmungen auf die Faktizitäten anderer verweisen.

All dies liefe auf eine spekulative ‚Panfaktizität' hinaus, was einer metaphysischen Fehldeutung der Merleau-Ponty'schen ‚Zwischenleiblichkeit' entspräche, würden wir die ‚Lebendigkeit' des Denkens ganz im wilden *Apeiron* des phänomenologischen Feldes fundieren. Da aber aller Sinn, und so auch alle Apperzeption, sich irreduzibel im Wechselspiel mit der symbolischen Stiftung bildet, es also ohne den Empfang der Faktizität im „symbolischen Vermögen ohne Macht" zu keiner Mitteilung oder Geste käme, spricht Richir von *Interfaktizität*. Durch die symbolische Stiftung meiner Selbstheit als Rätsel *unter anderen Rätseln* muss das von Husserl beschriebene unendliche Ineinander der Intersubjektivitäten eben von dieser Subjektivität – d. h. der Zentrierung auf Phänomenalisierungszentren – gereinigt und als interfaktizieller Resonanzboden – d. h. als unendliche Peripherie ohne Zentrum – aufgefasst werden.

2.) Betrachten wir die Selbst-Apperzeption nun als Sprachphänomen, so zeigt sich, dass der *Sinnansatz* ebenso wenig wie die Faktizität ein einzelner sein kann, sondern *gleichursprünglich mit einer Pluralität von Sinnansätzen* ist. Zum Sprachphänomen gelangen wir gemäß der hyperbolischen Epoché, wenn wir den Übergang von der *selbstlosen Reflexivität der Phänomene* hin zur *begriffslosen teleologischen Reflexivität des Sinns* in den Blick nehmen. Die reflexive Selbstheit des Sinns besteht, wie gezeigt, nicht in der Identität seiner Bedeutung, sondern in der Bewegung seines Sich-Bildens selbst. Mit dem kontingent aufkommenden

---

[151] Richir, PM, S. 126 ; fr. S. 118.

Sinnansatz eröffnet sich ein Entwurf, der sogleich einen Anspruch, d. h. ein begriffsloses – ebenso unbestimmt wie der Ansatz selbst – Telos ‚formuliert'. Entwurf und Anspruch verhalten sich zueinander, sind also *reflexiv*, wobei sie jedoch in irreduzibler *Schieflage* bleiben: Der Anspruch überschreitet den Entwurf, *während* der Entwurf im sich bildenden Sinn niemals ganz enthalten gewesen sein wird.

In diesem „während" liegt die ‚Ausbreitung' des Sinns begründet. Einerseits erstreckt er sich ekstatisch, wobei es kein Maß dieser Zeitlichkeit außer der Zeitigung des Sinns selbst gibt, andererseits gibt es eine Gleichzeitigkeit von Entwurf und Anspruch, die, solange der Sinn sich bildet, nicht zur Deckung kommt, wobei es kein Maß dieser Ausdehnung gibt außer der Räumlichung des Sinns selbst.

Die Selbstheit des Sinns ist allzeit prekär und instabil. Diese phänomenologische Sachlage lässt sich leicht im alltäglichen Sprachgebrauch nachweisen. Wenn wir, wie man gemeinhin sagt, ‚den Faden verlieren', dann genau deshalb, weil die Zeitigung/Räumlichung des sich bildenden Sinns implodiert ist, weil der Sinnansatz jede Möglichkeit der Wiederaufnahme (den ‚Faden') verloren hat. Zumindest auf unbestimmte Zeit, denn wir wissen auch, dass die *Wiederaufnahme* eines Gedankens niemals prinzipiell ausgeschlossen ist. Trotzdem bemerken wir, dass die ‚Konzentration' des Denkens die Wiederaufnahme nicht erzwingen kann – im Gegenteil scheint sie dieser sogar *entgegenzuwirken*.

Richir deutet dies als eine Art ‚spontaner' hyperbolischer Epoché, in der das Denken in die selbstlose Anonymität und Inchoativität seiner vermengten Dimension ‚hineinstolpert'. Dass der kon-zentrierende Versuch ins Leere läuft, durch Vermessung und akribische Durchforstung des Denkens einen bestimmten Anhaltspunkt festzumachen, demonstriert nach Richir genau die ursprüngliche *Dezentralität* des Sinns – die doppelläufige Bewegung, der nach der Sinn genau dort *zu sich findet*, wo er *sich öffnet*:

> „Eine Chance, den Sinn wiederzufinden, kann eben nur durch eine Rückkehr zur Unaufmerksamkeit, zum Fließen des Denkens in seiner Inchoativität gelingen, d. h. durch eine besondere Weise der Entspannung, in welcher der angesetzte Sinn sich in seiner radikalen Kontingenz vielleicht wieder zeitigen und räumlichen wird."[152]

Die im späteren Werk so zentrale neuplatonische Metapher der *Systole und Diastole*, von An- und Entspannung, die den zwei Momenten des phänomenologischen Erhabenen entspricht, hat in dieser Analyse ihren Ursprung. Die hier geforderte Entspannung hat aber nichts mit einem ‚Erschlaffen' der Denktätigkeit gemein. Ganz im Gegenteil liegt in dieser Entspannung die Wiedererweckung der Leidenschaft des Denkens, d. h. der erneuten Empfangsbereitschaft für das ungewisse *Abenteuer* des Sinns. Diese ‚Leidenschaft' hat hier eine präzise Bedeutung: Re-integration der anderen – vor allem leiblich-affektiven – Dimensionen in die vermeintliche ‚Reinheit' des konzentrischen Denkens. Erst durch diese Öffnung kann der *Resonanz*boden der Faktizität und Anonymität seine Transpossibilitäten wieder ins Spiel bringen, deren (transpassibler) Empfang den Sinn erst wieder auf ein Sich-Bilden ansetzen kann.

---

[152] Richir, PM, S. 126.

Im Rahmen des Sprachphänomens stellt sich nun nochmals die Frage nach der Differenz von Ich und Anderem. War meine faktische Selbstheit nur eine inmitten einer interfaktiziellen Pluralität, so ist auch hier mein ‚Ich' zunächst *nur ein Sinn unter anderen Sinnregungen*. Dieses Ich als Sprachphänomen entspricht gewissermaßen der *narrativen Identität*, also – entgegen den blitzhaften und eingekapselten Selbstheiten, von denen oben die Rede war – allen Selbst-Apperzeptionen, die Teil einer teleologischen Sinnbildung geworden sind und in das Narrativ meiner *Ipseität* aufgenommen wurden. Wobei sie nicht nur eine Selbst-Erzählung oder Selbst-Darstellung konstituieren, sondern das, was Richir mit Binswanger eine „innere Lebensgeschichte"[153] nennt, welche auch alle Fehlschläge, Abbrüche und Orientierungslosigkeiten reflektiert. Aber mein Ich hat einen Überschuss gegenüber dieser narrativen Identität. Jenseits der Mitteilbarkeit dieser ‚Intimität' des Ichs als Sprachphänomen, ist diese narrative Form, die nichts anderes als *symbolische Form* sein kann, wiederum auf die andere *reflexiv-phänomenologische Form* meiner Selbstheit verwiesen.

Hier erlangt der zunächst bloß methodologische Ort des *sensus communis* lebendige Konkretion als *Ort der anthropologischen Frage in der Phänomenologie der Sinnbildung*. Ich bin nämlich in einem doppelten Sinne ‚Mensch'. Einmal als gestiftetes Individuum unter anderen, als Exemplar der Gattung Mensch, eine Stiftung, die mich ‚mit Haut und Haaren' einschreibt in eine Menschheitsgeschichte mit ihren blinden Kodierungen, Zentrismen und „Biomächten" (Foucault), andererseits bin ich Mensch im Sinne einer gewissen Humanität, nicht im christlich-moralischen Sinne (wenn auch nicht ganz losgelöst davon), sondern im Sinne eben jenes *sensus communis*. Das heißt dass ich die Tiefen, Anonymitäten und Transpossibilitäten meines faktischen Denkens nicht in einer mystifizierenden Innerlichkeit verschließe, sondern angerufen bin, transpassiblen ‚Kontakt zu halten' mit all jenen Faktizitäten, die auf gleiche Weise durch ihre Empfänglichkeit für Unvordenkliches ihre ‚Menschlichkeit' bekunden. Die hyperbolische Epoché ermöglicht damit den Zugang zum ‚menschlichen Selbst' als eines dreifachen Rätsels: 1.) meiner selbst, 2.) der Anderen und 3.) des symbolischen Stifters. *Der „Mensch" ist Ort oder symbolischer Horizont der Reflexion dieses Rätsels*, an dem die Humanität bis in die Unmenschlichkeit der Anonymität eintaucht, um den Sinn, der von dort aufsteigt immer wieder aufs Neue zu ‚vergemeinschaften', d. h. durch ihre Mitteilungs- und Teilnahmefähigkeit den Empfang durch den symbolischen Stifter einfordert. Damit bestimmt die Richir'sche Anthropologie das Wesen des Menschen nicht nur als *offen* und *dezentriert*, sondern als *Doppelbewegung* von Jemeinigkeit und Anonymität, die zwischen der Stabilisierung durch die symbolische Stiftung (Kultur) und einer verleiblichten Faktizität (transpassibel für Transpossibilität) *pulsiert*.

3.) Betrachten wir zuletzt die Selbst-Apperzeption in Beziehung zu den Weltphänomenen. Die Verleiblichung der Faktizität besteht in einem gewissen Sinne in nichts anderem als der Offenheit gegenüber dem Feld der Transpossibilitäten. In dieser Öffnung ist die Faktizität zugleich, in ihrer ursprünglichen Ununterschiedenheit von Sinnlichkeit, Stimmung und Denken, Öffnung zur Welt. Nun gilt auch hier,

---

[153] Richir, PM, S. 128; fr. S, 120.

4.3 Das kritische Potential der hyperbolisch-phänomenologischen Epoché   321

dass diese Weltphänomene gleichursprünglich eine Pluralität bilden. „Die Welt" ist kein *singulare tantum* (es sei denn in der transzendentalen Illusion der Kondensierung ihrer Inchoativität in einer Ganzheit), sondern, wie wir zeigten,[154] eine Pluralität von Welten. Es gibt nach Richir „in Wirklichkeit *keine anderen Phänomene als die Weltphänomene*".[155] Das heißt die Unterscheidung von Ding und Welt ist niemals absolut, weil einerseits jedes Ding auf seinen Welthorizont immer schon verweist, und andererseits jedes Dingbewusstsein, das nach Richir nur Sprachphänomen sein kann, als solches *selbst* Weltphänomen ist. Aber ihr Weltcharakter liegt nicht in der symbolischen Stiftung der einen ‚Welt', sondern in der Konkretheit und Anonymität ihrer Phänomenalisierungen, in die das Sprachphänomen wie jede Phänomenalität immer schon verstrickt ist.

Die Selbst-Apperzeption verweist als verleiblichtes Sprachphänomen auf ihre *Welthaftigkeit*. So wie sich jeder Sinn in ursprünglicher Schieflage zu sich selbst befindet, insofern er nicht Sinn *von sich selbst* ist, sondern von Welten *kündet*, d. h. ‚Weltsinn' ist, so ist auch jede konkrete Apperzeption des Selbst transpassibel für die Unbestimmtheitshorizonte der *a priori* unbestimmten Pluralität von Welten. Wenn die Weltphänomene hier also die ‚Referenz' der Sprachphänomene bezeichnen, dann nicht als individuierte ‚Dinge' jenseits ihrer Schematisierung im Sprachlichen, sondern als wilde außersprachliche Rhythmisierungen und Wesenheiten, die den sich bildenden Sinn und seine Apperzeptionen stets aufs Neue in Bewegung versetzen.

Das Verhältnis von Sinn- und Weltdimension im Sprachphänomen lässt sich als Verhältnis zweier Reflexibilitäten[156] beschreiben: 1.) der Selbstreflexivität ohne Begriff aber mit Selbstheit, d. h. mit einem Sinnansatz, der bereits begonnen hat, „sich über sich selbst zu beugen"[157]; und 2.) einer Reflexibilität, die ohne Selbstheit und ohne sich bildende (Sinn-)Gebilde vielmehr aus 'proto-ontologischen Phänomenalitätsfetzen in ihrer Inchoativität und daher aus Abwesenheiten besteht, und die sich eigentlich nur darin bekundet, dass sie die erste Selbstheit auf ihrem Weg, sich über sich zu verschließen, in Bewegung versetzt, dass sie diese im Pulsieren der Phänomenalität ‚hält', sie transpassibel hält.

---

[154] Siehe Kap. 2.4.7.

[155] Richir, PM, S. 129; fr. S. 122.

[156] Wir gebrauchen den Begriff der „Reflexibilität", wie ihn Alexander Schnell in Wirklichkeitsbilder ausgearbeitet hat. Erste und zweite Reflexibilität verhalten sich hier wie die dort bestimmte Differenz von transzendentaler und transzendierender Reflexibilität, d. h. als Selbstreflexivität als archaischstes Register und dem Ort des Kontakts von Selbst und Welt. (Siehe Schnell, Wirklichkeitsbilder, bes. die Kapitel „Das phänomenologische Unbewusste" und „Die Realität", S. 71–113.

[157] Richir, PM, S. 131; fr. S. 124.

5
Schluss: Nicht-Standard-Phänomenologie

Jean-Toussaint Desanti bezeichnete einmal das Projekt Richirs als „Nicht-Standard-Phänomenologie"[1], ein Ausdruck, den Richir dankbar in einem Aufsatz aufgriff, der den programmatischen Titel „Le sens de la phénoménologie" trägt. Die Idee scheint dabei zu sein, die klassische Phänomenologie aufgrund ihres unendlichen Forschungsfeldes als ein Standardmodell aufzufassen, das Interpretationen provoziert, die sich, wie der Mathematiker sagen würde, nicht mehr ‚isomorph' zur Architektonik des Ausgangsmodells verhalten. Diesen Heteromorphismus bringt Richir im Text eindeutig auf den Punkt: „Die Phänomene der Nicht-Standard-Phänomenologie sind ursprünglich Sprachphänomene …"[2]

Die hier vorliegende Arbeit kann als Versuch verstanden werden, die Umgestaltung der klassischen Phänomenologie in eine Sinnbildungsphänomenologie am Leitfaden des Sprachphänomens darzustellen. Wie sich zeigte, ist die Neuinterpretation des Sprachphänomens nur verständlich im Zusammenhang der ‚tektonischen' Gesamtverschiebung phänomenologischer Grundbegriffe, was zugleich darauf hinweist, dass unsere Wahl eines Leitfadens nicht den einzigen Weg durch das Denken Richirs markiert und dass andere Ausgangspunkte der Darstellung die Zukunft der Richir-Forschung (hoffentlich) kontinuierlich bereichern werden.

Welchen weiteren Rahmen gilt es also zu reinterpretieren, damit die Neubewertung der Phänomene als ursprüngliche Sprachphänomene verständlich wird? Richir antwortet: „Man muss […] in diesem ‚Reich' der Nicht-Standard-Phänomenologie nicht nur den Begriff der Subjektivität, sei sie auch transzendental, sondern auch den Begriff der Ontologie (nichts von dem was ‚geschieht' ist seiend noch nicht-seiend, nichts besitzt die Stabilität der *ousia*) vollständig relativieren."[3] Erst wenn

---

[1] Richir, Le sens de la phénoménologie. In : *La phénoménologie comme philosophie première*. K. Novotny, A. Schnell, L. Tengelyi (Hrsg.). A.P.P. Mémoires des Annales de Phénoménologie X. 2011. S. 115–125, hier : Fußnote auf Seite 121.

[2] Ebd., S. 125.

[3] Ebd., S. 122.

diese radikale Verschränkung von transzendentaler Subjektivität und Ontologie als Kerngeschäft der Phänomenologie erkannt wird (genetisch präziser: wenn die fortwährende Rückbesinnung auf das Telos der Phänomenologie diese Verschränkung nachträglich als Spur des Ursprungs offenlegt), können phänomenologische ‚Begriffe', ‚architektonische Register' und ‚Probleme' in ihrer Dynamik beschrieben werden:

> „[D]as Markenzeichen der Phänomenologie […] ist die Arbeit mit Unbestimmtheiten, die sich nur durch vollkommen relative Bestimmungen differenzieren: ihr revolutionärer Charakter besteht darin, eine *Mathesis der Instabilitäten* zu sein und den Werdegang der Sinne in dem zu verorten, was klassischerweise als schlicht und einfach chaotisch und unbedeutend, als unlösbar für die Sprache und die Begriffe der Philosophie, galt – im Feld der Genese oder des Werdens."[4]

Aus der Perspektive einer Mathesis der Instabilitäten wird gegenständliche Stabilität zum phänomenologischen Problem. Stabilität muss als ein Verhältnis von Instabilitäten verstanden werden, oder anders gesagt: Die Stabilität ist selbst nichts als ein bestimmtes Verhältnis oder ein besonderer Fall von Instabilitäten. Bestimmt ist es dadurch, dass im Falle der Stabilisierung die Nichtigkeit des Abstands der verschiedenen Instabilitäten – ‚nichtig' in dem Sinne, dass ihre Abständigkeit weder räumlich noch zeitlich ist –, als Illusion der Abstandslosigkeit, Unmittelbarkeit, Präsenz, Identität, etc. erscheint. Die „Sache selbst" wird somit von Richir als in sich komplex interpretiert. Es ist gerade der nichtige Abstand zwischen Sache und ihrer Selbigkeit, aus dem die Sachlichkeit genetisch hervorgeht und von dem her alle weiteren Verhältnisse (Denken und Sein, Phänomenologisches und Symbolisches, Faktizität und Wesen, Zeichen und Referent etc.) verstanden werden müssen. In gegenteiliger Richtung gilt es zum einen die verschiedenen Typen der symbolischen Tautologien und ontologischen Simulacren zu studieren, die aus dem Umschlag des nichtigen Abstands in Abstandslosigkeit resultieren; andererseits lassen sich so die architektonischen Transpositionen erforschen, die die Phänomenalität scheinbar unbemerkt in andere ‚Register' des Erscheinens übertragen (vom Phänomen zum Erlebnis, von der Interfaktizität zur Intersubjektivität, von der Affektivität zur Affektion etc.).

Die hier vorliegende Untersuchung widmete sich der nichtigen Abständigkeit zwischen Phänomenologischem und Symbolischem. Unter den verschiedenen Verhältnissen, die es in der Mathesis der Instabilitäten zu thematisieren gibt, ist dieses – das ist zumindest die These, die zu begründen das Ziel der Arbeit war – von besonderer Bedeutung, weil es der Umgestaltung der Phänomenologie ihre Motive liefert. Die bei Husserl noch unzureichend durchgeführte Reflexion auf das Symbolische muss auf der ‚tiefsten' Ebene der Phänomenologie angesetzt werden: d. h. als eine Reflexion auf den zeitkonstituierenden Fluss. Hier lässt sich zeigen, dass die eidetischen Zuschreibungen, die Husserl vornimmt, nicht über alle Kritik erhaben sind: „Husserl hat den Grund seiner Phänomenologie der Zeitlichkeit niemals aufgegeben, d. h. die verlustfrei und lückenlose Kontinuität des Strömens der Gegenwart, und der ununterbrochenen Einheit, von der unendlichen Vergangenheit bis zur

---

[4] Ebd., S. 120.

unendlichen Zukunft, des inneren Zeitflusses."⁵ In der Konsequenz wurde aller Verlust, alle Flüchtigkeit und Instabilität immer schon von dieser Einheit her interpretiert.

Dementgegen zeigt Richir, wie das Symbolische grundsätzlich als dasjenige in den phänomenologischen Blick kommt, was diese Kontinuität stört. Diese Störung ist insofern subtil und subversiv, als sie als Störung im inneren Zeitfluss selbst nicht zur Erscheinung kommt. Ihre Form ist gerade die Nicht-Phänomenalität, ihr ‚Werk' die Heteromorphisierung des einheitlich kontinuierlichen Zeitflusses. Intentionalitäten, die diesen Fluss als Urimpression, Retention und Protention konstituieren, werden durch Wiederholung, Nachträglichkeit und Hast, als Formen nicht-phänomenaler Zeitigungsweisen des Symbolischen destabilisiert. Das Symbolische wird als Grundproblem des Entzugs gedacht, insofern für Richir eine sich *von sich aus* entziehende Phänomenalität keinen phänomenologischen Sinn hat.

Demgemäß müssen auch alle Stiftungen wie gestifteten Auffassungen und Habitualitäten als symbolische Stiftungen verstanden werden. Daraus folgt, dass die Virtualitäten, mit denen sich die Sinnhorizonte in ihrer Genesis ‚anreichern', einerseits als Nicht-Phänomenalitäten gedacht werden müssen, die im selben Zuge die kontinuierliche Einheit des Zeitflusses komplizieren (verwirbeln, falten, vernähen etc.). Andererseits bedeutet dies auch, dass sie sich in das Register des Gesamtzusammenhangs der symbolischen Stiftungen einschreiben. Damit sind symbolische Stiftungen immer schon Kultur-‚Güter'. Jede Apperzeption hat ihren sozialen, politischen, theologischen usw. Horizont. Jede Apperzeption ist damit aber auch der Geschichtlichkeit oder dem symbolischen ‚Abdrift' unterworfen. Mit anderen Worten, sie schreiben sich in Strukturen ein, die sie mit neuen Logizitäten, Verhältnissen, Bezügen – man könnte sagen: mit neuen Freiheitsgraden – ausstatten, sie jedoch von ihrem subjektiven Anfang entfremden. In dieser Gestalt des Abdrift ist die Transposition der Register mit dem Verlust phänomenologischer Freiheit erkauft. Für das Studium dieser Entfremdungen ist der Strukturalismus nach wie vor von großem Wert für die Phänomenologie.

Nun ist phänomenologisch die symbolische Stiftung der Sprache als Sprachsystem vom Sprachlichen zu unterscheiden, insofern letzteres als *praxiologisches* Problem der Versprachlichung verstanden werden muss. Das Sprachphänomen bezeichnet nicht den Akt der Anwendung eines Sprachsystems auf den ‚vor-sprachlichen' oder ‚vor-prädikativen' Sinn, sondern die genetische Analyse des *sich bildenden* Sinns, der, wenn er ‚gelingt', sich in einer *sich bildenden* symbolischen Stiftung stabilisiert. Das Sprachphänomen ist also der Problemtitel der Individuation des Sinns von seinen proto-ontologischen Unbestimmtheitshorizonten über seine reflexive Komplexifizierung bis hin zur strukturellen Einschreibung und Entfremdung. Die größte Gefahr besteht darin, dass durch phänomenologisch willkürliche ‚Definitionen' der „Sprache", des „Sprachlichen", des „Sprachsystems", des „Zeichens" etc. der Sinn von Phasen und Dimensionen seiner Genese abgeschnitten wird.

---

⁵ Ebd., S. 119.

Ein weiteres Ziel dieser Arbeit musste es also sein, diese genetischen Phasen und Dimensionen genau zu explizieren. Zu diesem Zweck galt es zunächst die Phänomenalisierung als solche, die Phänomene nur als Phänomene in den Blick zu nehmen, was bedeutete, die intentionalen Erlebnisse als „deindividuiert"[6] zu denken. Dies ermöglichte eine Analyse des transzendental-phänomenologischen Schematismus (der sich nochmals in weitere Schematismen differenziert). Da uns Richirs Rückbindung dieses Gedankens eines ursprünglichen Schematismus an die Idee einer Urschrift bei Derrida nur als beiläufige Bemerkung vorliegt, wurde in dieser Arbeit dieser Zusammenhang erstmals ausgelegt. Das Ergebnis zeigte, dass auf dieser Ebene des phänomenologischen Feldes der Phänomene nur als Phänomene die Schematisierungen noch nicht die intentionalen Gegenstände konstituieren, sondern vielmehr im Proto-Ontologischen verbleiben und Ausdruck einer noch ‚wilden' Reflexivität sind. Auf ‚wilde' und noch instabile Weise reflektieren sich die Phänomenalitätsfetzen und reinen Scheingebilde nur als Scheingebilde und statten so die Sinngenese mit der notwendigen ‚Mobilität' aus. Schon auf dieser Ebene der Phänomenalisierung gibt es also Selbstbezüglichkeiten, die jedoch nicht als Ausdruck eines reinen Ich verstanden werden dürfen, sondern umgekehrt: Die wilde reflexive Mobilität der Phänomene nur als Phänomene erlaubt es dem Sinn sich zu suchen, zu bilden und zuletzt zu finden. Dieses Selbst des Sinns ist keinesfalls gleichbedeutend mit seiner Identität, insofern letztere für Richir jene restlose Abstandslosigkeit anzeigt, die jede weitere reflexive Mobilität implodieren lässt, und im äußersten Fall einen Sinn konstituiert, der nicht wieder ‚zum Leben erweckt' werden könnte und keiner weiteren Sinnbildung zugänglich wäre.

In einem nächsten Schritt wurde die Ebene der Artikulation untersucht als die Phase des sich bildenden Sinns in der sich die (proto-ontologischen affektiv ‚anbietenden') Sinnfetzen zu Sinnansetzen wandeln. Als Ansätze gewinnen sie Entwurfscharakter und bilden einen virtuellen ‚Zeit-Raum' aus. Der Entwurf lässt sich grammatisch als hypothetisch vollendete Zukunft darstellen: Sollte der Sinnansatz sich als derjenige herausgestellt haben, der die sich suchende Sinnbildung in einen gestifteten Sinn überführen konnte, sollte sich also das Resultat in dem Entwurf als *seines* Entwurfs wiederfinden, wird der Sinnansatz die Zeit und den Raum gestiftet haben, den der Sinn brauchte, um sich zu bilden. Phänomenologisch bedeutet dies, dass sich die Proto-Zeitigungen und Proto-Räumlichungen der archaischsten Ebene des phänomenologischen Feldes in die Zeitigung und Räumlichung des sich bildenden Sinns im Sprachphänomen verwandeln. Auf der letzten Ebene werden diese Stiftungen in das Reich symbolischer Stiftungen überführt, wo sie zwischen vollkommener Entfremdung im Symbolischen Gestell und der Möglichkeit der Verlebendigung ‚schweben'.

Dieser Abriss einer phänomenologischen Konstruktion läuft nun nicht bloß in der Darstellung Gefahr, den Eindruck einer umso ursprünglicheren Gegenwart zu erwecken (eine Gefahr, die durch den Umstand, dass diese Konstruktion im Proto-Ontologischen ansetzt, höchstens entschärft aber nicht gebannt wird). Denn es gehört zum phänomenologischen Problem selbst, dass der sich bildende Sinn in einer

---

[6] Ebd., S. 124.

5 Schluss: Nicht-Standard-Phänomenologie

irreduziblen Unentscheidbarkeit. Er kann nicht *a priori* ausmachen, welche der sich ihm anbietenden Sinngestalten phänomenologische Zeichen sind, die der Reflexivität der Suche des Sinns nach sich selbst entstammen, und welche von ihnen symbolische Zeichen sind, die im Gegenteil einer Arbitrarität entspringen. Es gibt phänomenologisch also keinen Grund, von der Gliederung des phänomenologischen Feldes in intentionale Erlebnisse auf die ‚Egoität' des Erlebens zu schließen. So besteht nicht nur ein Abstand zwischen aktivem und passivem Ich, zwischen passivem Ich und Urpassivität, sondern sogar zwischen Urpassivität in Jemeinigkeit und Urpassivität in Jeweiligkeit. Mit anderen Worten, ich bin nicht nur *in meinem* Denken vom Anderen beeinflusst, sondern kann letztlich nicht *a priori* entscheiden, ob in meinem Denken der Andere *an meiner statt* denkt.

Diese Möglichkeit einer Unentscheidbarkeit der Jemeinigkeit meines Denkens eröffnete dem Gang der Untersuchung aus mehreren Gründen eine Beschäftigung mit der Psychoanalyse. Erstens hat sie im Ausgang eines dynamischen Unbewussten einen nicht phänomenologischen Begriff der Nicht-Phänomenalität geprägt. Zweitens gehen auf sie wichtige Analysen einer Temporalität zurück, die eine Heterogenisierung der Isomorphie des Zeitbewusstseins thematisieren und die aus diesem Grund die Quelle post-moderner und neuerer phänomenologischer Theoriebildung geworden ist. Drittens legt die Psychoanalyse eine ‚Logik' des Signifikanten frei, die durch Überdetermination im Unbewussten ein autonomes Netz symbolischer Relationen bildet, ein Netz, das dem Signifikanten seine spezifische ‚Mobilität' verleiht.

Die Phänomenologie, wie sie hier vorgestellt wird, hat es bei der Problematik der Nicht-Phänomenalität des Symbolischen mit Grenzproblemen zu tun, die eine ‚hyperbole' Untersuchung rechtfertigen. Damit ist gemeint, dass es der Phänomenologie in ihrer konstruktiven Gestalt erlaubt ist, sich bei nicht phänomenologischen Theoriebildungen – im Hinblick auf die eigenen Konstruktionen – zu informieren. Zu einer solchen ‚hyperbolen' Untersuchung gehört es jedoch auch, den Weg zurück in die eigene Architektonik zu finden und darzustellen. Diesen Kontrapunkt bildet die Interpretation der Freud'schen Fallstudie des Wolfsmanns. In ihr werden paradigmatisch die gewonnenen Erkenntnisse über die Nicht-Phänomenalität im symbolischen Unbewussten mit der Annahme eines phänomenologischen Unbewussten konfrontiert. Dabei zeigte sich, dass die ‚Mobilität' der Signifikanten nicht allein aus dem Symbolischen stammt, sondern dass die Signifikanten auf subtile Weise in phänomenologisch ‚wilde' Wesen investieren, also sich ihre ‚Mobilität' bei näherem Hinsehen aus der oben beschrieben reflexiven ‚Mobilität' des phänomenologischen Feldes speist. Damit wurde nicht nur gezeigt, in welcher Form ein Dialog zwischen Psychoanalyse und Phänomenologie – unter Vermeidung der üblichen Äquivokationen – möglich ist, es dient dieser Arbeit auch als erster Hinweis für die Möglichkeit einer reflexiven Wiederaufnahme der Sinnbildung der äußersten – d. h. bis ins Pathologische implodierten – symbolischen Stiftungen. Nachdem also die verfehlte Begegnung des Sinns mit den Effekten der Nicht-Phänomenalität ausgelegt wurde, gilt es in einem letzten Schritt die Möglichkeiten einer phänomenologischen Wiederaufnahme der Reflexivitätsreste in der Nicht-Phänomenalität, einer möglichen Begegnung von Symbolischem und Phänomenologischem zu explizieren.

Dieser letzte Teil beinhaltet zugleich die Reflexion auf die phänomenologische Methode. Gesucht wurde eine Form der Epoché, der es gelingt, die ‚nichtigen' Abständigkeiten zu thematisieren, die uns das Phänomen nur als Phänomen in den phänomenologisierenden Blick zu nehmen gestattet und dabei eine Kritik der für die Phänomenologie typischen Gefahren von symbolischen Tautologien und ontologischen Simulacren ermöglicht. Diese neue Reduktion bezeichnet Richir als hyperbolisch-phänomenologische Epoché. Ihr methodischer Zweck ist die Suspendierung der symbolischen Stiftung im Phänomenologischen. Was sie damit freizulegen gestattet, ist die Reflexivität der Phänomene nur als Phänomene, die Genese der Phänomenalisierung im Ausgang der archaischsten, proto-ontologischen Register und eine Faktizität, die weder an die transzendentale Apperzeption, die Jemeinigkeit, noch an eine lebendige Gegenwart gebunden ist.

Diese Epoché und der durch sie ermöglichte Untersuchungsgang hat die Struktur eines Moments des Erhabenen. Um diesen Bezug zu verstehen, war es notwendig die ästhetische Gestalt, die Kant in seiner bekannten Analytik in der dritten Kritik dem Erhabenen gegeben hat, als ein phänomenologisches Erhabenes zu reinterpretieren. Die doppelte Bewegung eines Scheiterns des Verstandes und der Wiederaufnahme dieses Scheiterns durch die Vernunft bei Kant wird nun bei Richir ausgelegt *erstens* als ein erster negativer Moment des Erhabenen, in dem die Phänomenalisierung über alle symbolischen Haltepunkte – Sedimentierungen, Habitualitäten, Apperzeptionen etc. – hinausschießt. Was bei Kant noch als Moment des Scheiterns des Erkenntnisvermögens beschrieben wurde, denkt Richir nun als Scheitern der egologischen Strukturierung der Phänomenalität selbst. Mit dem Untergang der symbolischen Stiftungen geht ein Untergang der Jemeinigkeit einher. Dieser (Unter-)Gang führt in ein phänomenologisches Residuum archaischer Affektivität, ein Register ‚reiner' Empfänglichkeit – oder besser: Transpassibilität – und erlaubt konstruktiv das Studium der Phänomenalität, Faktizität und Eide in ihren genetisch inchoativen Formen. Dem folgt *zweitens* jedoch ein positiver Moment des Erhabenen. Bei Kant ist es die Wiederaufnahme des Scheiterns des Verstandes durch die Vernunft als Selbsterhaltung „ganz anderer Art". Richir interpretiert diesen ‚Aufstieg' von den archaischsten Registern des phänomenologischen Feldes über die Sinnbildungen bis zu den symbolischen Stiftungen ebenfalls als einen Aufstieg, der im Lichte der hyperbolischen-phänomenologischen Epoché in einem ganz anderen Sinne erscheint. So, dass die Phänomenalität nicht von den Bestimmtheiten der symbolischen Stiftungen aus gedacht wird, sondern umgekehrt das Symbolische zur ‚Selbsterhaltung' desjenigen archaischen affektiven Selbst dient, das allein der Suspendierung der symbolischen Stiftungen standhielt. Von dort aus lassen sich auch weitere Hinsichten der phänomenologischen Untersuchung explizieren, denn nun erscheinen die symbolischen Stiftungen, die kulturellen, gesellschaftlichen und politischen Institutionen nicht länger als Stiftungen, die das Leben beherrschen, sondern gleichsam als ‚machtlose Macht', die ein schöpferisches Selbst erkennen lässt, das weder ausschließlich determiniert noch frei, sondern als nichtiger Abstand des Selbst zu sich selbst gedacht wird.

5 Schluss: Nicht-Standard-Phänomenologie

Der Abschluss der Untersuchung darf zugleich als ein Ausblick betrachtet werden, da die dort vorgestellten Konsequenzen nur phänomenologische Problemtitel für weitere Analysen vorzeichnen. Zum einen gilt es auf transzendentaler Ebene die Pro- und Retroaktivität des phänomenologischen Apriori weiter auszuarbeiten. Zum anderen konnten in dieser Untersuchung die proto-ontologischen Faktizitäten nicht in ihrer vollumfänglichen Gestalt einer transzendentalen Interfaktizität ausgelegt werden. Die Antworten auf die Frage, welche phänomenologischen Kritiken, welche architektonischen Potentiale, welche Sachanalysen eine Nicht-Standard-Phänomenologie im Ausgang ursprünglicher Pluralität hervorbringen kann, bestimmen die Zukunft der Richir-Forschung.

Literatur

Abraham, Nicolas und Maria Torok: *The Wolf Man's Magic Word: A Cryptonymy*. Minneapolis: University of Minnesota Press, 2008.
Alexander, Robert: *Phénoménologie de l'espace-temps chez Marc Richir*. Grenoble: Millon 2013.
Alexander, Robert: "Lacan phénoménologue", Eikasia 56, 2014, S. 219–240.
Aristoteles: *Physik*, griechisch–deutsch, übersetzt und kommentiert von Hans Günter Zekl. Hamburg: Meiner 1987.
Bachelard, Suzanne: *La logique de Husserl: étude sur Logique formelle et logique transcendantale*. Paris: Presses Universitaires de France, 1957.
Barbaras, Renaud: *De l'être du phénomène: sur l'ontologie de Merleau Ponty*. Grenoble: Jérome Millon, 2001.
Barbaras, Renaud und Christian Sommer: *Nouvelles phénoménologies en France: actes des Journées d'Étude Autour de Hans-Dieter Gondek et László Tengelyi „Neue Phänomenologie in Frankreich"*. Paris: Hermann, 2014.
Bass, Bernard: „Die phänomenologische Ausarbeitung des Objekts a", in: Riss. Zeitschrift für Psychoanalyse, Freud, Lacan; Turia+Kant: Wien 1996, Nr. 33/34, S. 19–69.
Bass, Bernard: *De la chose à l'objet. Jacques Lacan et la transverse de la phénomenologie*. Peeters Vrin, Leuven 1998.
Becker Rainer C.: *Black Box Computer: Zur Wissensgeschichte einer universellen kybernetischen Maschine*. transcript: Bielefeld 2012.
Beierwaltes, Werner: *Proklos. Grundzüge seiner Metaphysik*, Klostermann, Frankfurt a. M. 1965.
Benveniste, Emile: *Problèmes de linguistique générale*. Éd. Gallimard: Paris 1966.
Bergande, Wolfram: *Die Logik des Unbewussten in der Kunst. Subjekttheorie und Ästhetik nach Hegel und Lacan*. Turia + Kant, Wien 2007.
Bernet, Rudolf: *Conscience et existence. Perspectives phénoménologiques*, coll. „Epiméthée" P.U.F.: Paris 2004.
Bernet, Rudolf: *La vie du sujet. Recherches sur l'interprétation de Husserl dans la phénoménologie*, coll. „Epiméthée", P.U.F.: Paris 1994.
Binswanger, Ludwig: *Ausgewählte Werke Band 3. Vorträge und Aufsätze*. Asanger Verlag: Heidelberg 1994.
Bitsch, Annette: *Always crashing in the same car. Jacques Lacans Mathematik des Unbewssten*. Weimar: 2001.
Bitsch, Annette: „Das Unbewußte der Kybernetik und die Kybernetik des Unbewußten", in: Claus Pias (Hg.), *Cybernetics -Kybernetik. The Macy Conferences 1946–1953. Essays und Dokumente*. Berlin 2004. S. 153–168.
Blanchot, Maurice: *L'entretien infini*. Paris: Gallimard, 1986.

Blankenburg, Wolfgang: *Der Verlust der natürlichen Selbstverständlichkeit. Ein Beitrag zur Psychopathologie symptomarmer Schizophrenien.* Stuttgart: Enke Verlag 1971.
Böhme, Gernot: „Lyotards Lektüre des Erhabenen", in: *Kant-Studien,* 89/2, S. 205–218.
Carlson, Sacha: *De la composition phénoménologique. Essai sur le sens de la phénoménologie transcendantale chez Marc Richir,* thèse doctorale, U.C.L., Louvain-la-Neuve, Belgique 2014.
Carlson, Sacha: „Le langage, le l'affectivité et le hors langage (Richir / Heidegger)", in: *Divinatio n°41,* Sofia, 2015, pp. 47–78.
Chomsky, Noam: *Syntactic structures.* Berlin: Mouton de Gruyter, 2002.
David-Ménard, Monique: *Deleuze et la psychanalyse.* Paris: PUF 2005.
Dastur, Françoise, „Derrida et la question de la présence : une relecture de La voix et le Phénomène", in: *Revue de Métaphysique et de Morale 2007/1, n°53,* S. 5–20.
Dedekind, Richard: *Was sind und was sollen die Zahlen?* Braunschweig: Vieweg, 1923.
Deleuze, Gilles: Woran erkennt man den Strukturalismus? Berlin, Merve 1992. "A Quoi reconnaît-on le structuralisme": in F. Châtelet, Histoire de la philosophie VIII. Le XXe Siècle, Hachette, 1973.
Derrida, Jacques: *La dissémination,* Éd. du seuil: Paris 1972.
Derrida, Jacques: *Positions,* Éd. de Minuit: Paris 1972.
Derrida, Jacques: *Husserls Weg in die Geschichte am Leitfaden der Geometrie: ein Kommentar zur Beilage III der „Krisis".* München: W. Fink, 1987.
Derrida, Jacques: *Grammatologie.* Frankfurt am Main: Suhrkamp, 2004.
Derrida, Jacques: *Die Schrift und die Differenz.* Frankfurt a.M: Suhrkamp, 2011.
Derrida, Jacques: *Die Stimme und das Phänomen: Einführung in das Problem des Zeichens in der Phänomenologie Husserls.* Frankfurt am Main: Suhrkamp Verlag, 2005.
Derrida, Jacques: *Paper Machine.* Stanford, Calif: Stanford Univ. Press, 2005.
Descartes, René: *Meditationes de Prima Philosophia/ Mediationen über die Erste Philosophie.* Lateinisch/Deutsch. Übers. V. Gerhart Schmidt. Reclam, Stuttgart 1986.
Doyon, Maxime: "The Transcendental Claim of Deconstruction", in: *Companion to Derrida.* Zeynep Direk und Leonard Lawlor (Hrsg.). Wiley Blackwell, 2014, S. 132–149.
Duportail, Guy-Felix: *„L'a priori" littéral: une approche phénoménologique de Lacan.* Paris: Les éditions du Cerf, 2003.
Duportail, Guy-Felix: Les institutions du monde de la vie. I: Merleau-Ponty et Lacan. Éd. Jêrome Millon: Grenoble 2008.
Eidelsztein, Alfredo: *The graph of desire: using the work of Jacques Lacan.* London: Karnac, 2009.
Ellrich, Lutz: „Die Ideologie der Kybernetik", in: *Ordnung und Kontingenz: das kybernetische Modell in den Künsten,* Hans Esselborn (Hg.), Würzburg 2009.
Ellenberger, Henri: *The Discovery of the Unconscious. The History and Evolution of Dynamic Psychiatry.* London, Fontana Press 1970.
Eickhoff, Friedrich-Wilhelm: Über Nachträglichkeit. Die Modernität eines alten Konzepts, Jahrb. Psychoanal. 51, Frommann-Holzboog 2005, S. 139–161.
Erdheim, Mario: (1993): „Psychoanalyse, Adoleszenz und Nachträglichkeit", in: Werner Bohleber, (Hg.): *Adoleszenz und Identität.* Stuttgart: Verlag Internationale Psychoanalyse, S. 83–102.
Fechner, Gustav Theodor: *Elemente der Psychophysik, Zweiter Teil.* Leipzig, Breitkopf und Hartel 1860.
Fichte, Johann Gottlieb: *Wissenschaftslehre 1812.* Fichtes Werke. Band X, Nachgelassenes zur theoretischen Philosophie II. Immanuel Hermann Fichte (Hg.). De Gruyter, Berlin 1971.
Fink, Eugen: VI. Cartesianische Meditation. Teil 1, Die Idee einer Transzendentalen Methodenlehre. [Husserliana, Bd. II/1], hg. von Guy van Kerckhoven, Dordrecht, Boston und London: Kluwer 1988.
Fink, Eugen: „Die phänomenologische Philosophie Edmund Husserls in der Gegenwärtigen Kritik. Mit einem Vorwort von Edmund Husserl", in: *Kant-Studien,* Band 38, 1-2, S. 319–383.
Fink, Eugen: *Welt und Endlichkeit.* Würzburg 1990.
Flock, Philip Bastian: „Die Phänomenalisierung des Politischen. Marc Richirs politische Philosophie", in: Michael Staudigl (Hg.) Die Phänomenologie und das Politische. Meiner 2020 (Im Erscheinen).

Flock, Philip Bastian: „Jenseits der Ontotheologie? Über verschiedene Unendlichkeitsbegriffe in der Architektonik phänomenologischer Metaphysik", in: Fausto Fraisopi (Hg.) Phänomenologie und philosophischer Radikalismus. Meiner 2020 (Im Erscheinen).
Flock, Philip Bastian: „Der Schein als reflexive Grundfigur der transzendentalen Phänomenologie. Ein Kommentar zur IIe Recherche Phénoménologique Marc Richirs", in: Interpretationes. Studia Philosophica Europeanea. 2020 (Im Erscheinen).
Flock, Philip Bastian: „Der transzendentale Schein des Transfiniten und das phänomenologische Apeiron", in: I. Römer, A. Schnell (Hrsg.): *Phänomenologie und Metaphysik*. Phänomenologische Forschungen, Beihefte 4. Meiner 2020.
Flock, Philip Bastian: „D'une phénoménologie du mâle-soldat –Theweleit avec Richir ou le problème des 'pas-encore-complètement-nés'", in : Annales de Phénoménologie – Nouvelle Série, Nr. 18, 2019, S. 265–285.
Flock, Philip Bastian: „Die Antinomie des wilden Geistes. Marc Richirs Kritik an Maurice Merleau-Pontys später Geschichtsphilosophie", in: Divinatio, Vol. 47, Spring-Summer 2019. Phenomenology, Hermeneutics and Unfathomability. Frankfurt a. M. / Sofia, S. 103–126.
Flock, Philip Bastian: „Das Problem der ‚großen Gegenwart'. Marc Richirs Kritik am historischen Apriori Husserls am Leitfaden des Ursprungs der Geometrie", in: Phänomenologische Forschungen 2019-1. Thiemo Breyer, Julia Jansen und Inga Römer (Hrsg.), S. 5–26.
Flock, Philip Bastian: „Die Signifikanz der ‚Wesen sauvage'. Zur Interpretation des Wolfsmanns bei Merleau-Ponty und Richir", in: Eikasia. Revista de Filosophia, 10/2015, S. 443–454.
Flock, Philip Bastian: „Psychotische Leiblichkeit und Faschismus. Psychoanalytische und phänomenologische Annäherungen", in: *Leib – Körper – Politik. Untersuchungen zur Leiblichkeit des Politischen*. Thomas Bedorf und Tobias Nikolaus Klass (Hrsg.), Velbrück Wissenschaft 2015, S. 233–248.
Forrester, John: *The Seduction of Psychoanalysis*, Cambridge University Press 1990.
Forestier, Florian: *La phénoménologie génétique de Marc Richir*, Phaenomenologica 214, Springer 2015.
Fœssel, Michaël: „Analytik des Erhabenen", in: *Kritik der Urteilskraft. Klassiker auslegen*, Band 33. Otfried Höffe (Hg.), Akademie Verlag, Berlin: 2008, S. 99–120.
Foucault, Michel: „Die Ethik der Sorge um sich als Praxis der Freiheit", in: Schriften 4, Frankfurt a. M. 2005, S. 875–902.
Fraenkel, Adolf. *Einleitung in die Mengenlehre*. Walluf: Saendig, 1972.
Freud, Sigmund: *Zur Auffassung der Aphasien. Eine kritische Studie*, Franz Deuticke: Leipzig/Wien 1891.
Freud, Sigmund: *Gesammelte Werke. Chronologisch geordnet*. 18 Bände. Imago Publishing Co., LTD: London 1940ff.
Freud, Sigmund: *Studien über Hysterie*, in: G.W. 1. Band.
Freud, Sigmund: *Die Traumdeutung über den Traum*, in: G.W. 2./3. Band.
Freud, Sigmund: *Meine Ansichten über die Rolle der Sexualität in der Ätiologie der Neurosen*, in: G.W. 5. Band.
Freud, Sigmund: *Allgemeines über den hysterischen Anfall*, in: G.W. 7. Band.
Freud, Sigmund: *Erinnern, Wiederholen und Durcharbeiten*, in: G.W. 10. Band.
Freud, Sigmund: *Das Unheimliche*, in: G.W. 12. Band.
Freud, Sigmund: *Jenseits des Lustprinzips*, in: G.W. 13. Band.
Freud, Sigmund: *Eine erfüllte Traumahnung*, in: G. W. 17. Band.
Freud, Sigmund: *Standard Edition of the Complete Psychological Works*, trans. under the general editorship of James Strachey, 24 vols. London: Hogarth Press, in association with the Institute of Psycho-Analysis, 1953-1974.
Freud, Sigmund: *Aus den Anfängen der Psychoanalyse. Briefe an Wilhelm Fließ Abhandlungen und Notizen aus den Jahren 1887-1902*, Frankfurt a.M., Fischer Verlag 1962.
Gardiner, Muriel (Hg.): *Der Wolfsmann vom Wolfsmann: Sigmund Freuds berühmtester Fall : Erinnerungen, Berichte, Diagnosen*. Frankfurt am Main: Fischer, 1989.
Gekle, Hanna: „Nachträglichkeit des Ursprungs. Das Trauma des Wolfsmanns", in: Luzifer-Amor Bd. 4, 1989/2, S. 89–130.

Giuliani, Regula (Hg.): *Merleau-Ponty und die Kulturwissenschaften.* Fink, München 2000.
Gödel, Kurt: „Über formal unentscheidbare Sätze der Principia Mathematica und verwandter Systeme I", in: *Monatshefte für Mathematik und Physik. 38,* 1931, S. 173–198.
Gondek, Hans-Dieter: „Der Leib, das Unbewußte und das Fleisch. Merleau-Ponty und die Psychoanalyse", in: *Merleau-Ponty und die Kulturwissenschaften,* R. Giuliani (Hg.), München 2000, S. 179–198.
Gondek, Hans-Dieter: „Eine psychoanalytische Anthropologie des Bildes", in: *RISS: Zeitschrift für Psychoanalyse, Freud, Lacan,* Bd. 48, Turia + Kant, Wien 2000, S. 9–28.
Gondek, Hans-Dieter: Roger Hofmann, Hans-Martin Lohmann (Hrsg.): *Jacques Lacan – Wege zu seinem Werk,* , Klett-Cotta, Stuttgart 2001.
Gondek, Hans-Dieter: „Subjekt, Sprache und Erkenntnis", in: Gondek, Hans-Dieter, Roger Hofmann, Hans-Martin Lohmann (Hrsg.): *Jacques Lacan – Wege zu seinem Werk,* , Klett-Cotta, Stuttgart 2001, S. 130–163.
Gondek, Hans-Dieter: „Subjekt, Sprache und Erkenntnis. Philosophische Zugänge zur Lacanschen Psychoanalyse", in: *Jacques Lacan – Wege zu seinem Werk,* H.-D. Gondek, Roger Hofmann, Hans-Martin Lohmann (Hrsg.), Klett-Cotta, Stuttgart 2001, S. 130–163.
Granel, Gérard: *Le sens du temps et de la perception chez E. Husserl.* Mauvezin: Ed. T.E.R., 2012.
Green, André. *Le temps éclaté.* Paris: Editions de Minuit, 2000.
Hegel, Georg Wilhelm Friedrich: *Werke: [in 20 Bänden und Register ; auf der Grundlage der Werke von 1832–1845 neu edierten Ausgabe]. Band 6, Wissenschaft der Logik II.* Frankfurt am Main: Suhrkamp, 1986.
Hegel, Georg Wilhelm Friedrich: *Werke 4. Nürnberger und Heidelberger Schriften 1808-1817.* Eva Moldenhauer und Karl Markus Michel (Hrsg.). Suhrkamp, Frankfurt am Main 1970.
Hegel, Georg Wilhelm Friedrich: *Band 14: Ästhetik, III.* Eva Moldenhauer und Karl Markus Michel (Hrsg.). Suhrkamp: Frankfurt 1970, S. 256.
Heidegger, Martin: *Sein und Zeit* [Gesamtausgabe, Bd. 2]. Hg. von Friedrich-Wilhelm von Herrmann. Klostermann: Frankfurt am Main 1977.
Heidegger, Martin: *Holzwege* [Gesamtausgabe, Bd. 5]. Hg. von Friedrich-Wilhelm von Herrmann. Klostermann: Frankfurt am Main 1977.
Heidegger, Martin: *Vorträge und Aufsätze* [Gesamtausgabe, Bd. 7]. Hg. von Friedrich-Wilhelm von Herrmann. Klostermann: Frankfurt am Main 2000.
Heidegger, Martin: *Was heißt Denken?* [Gesamtausgabe, Bd. 8]. Hg. von Friedrich-Wilhelm von Herrmann. Klostermann: Frankfurt am Main 2002.
Heidegger, Martin: *Wegmarken* [Gesamtausgabe, Bd. 9]. Hg. von Friedrich-Wilhelm von Herrmann. Klostermann: Frankfurt am Main 1976.
Heidegger, Martin: *Identität und Differenz* [Gesamtausgabe, Bd. 11]. Hg. von Friedrich-Wilhelm von Herrmann. Klostermann: Frankfurt am Main 2006.
Heidegger, Martin: *Platon: Sophistes, WS 1924/1925* [Gesamtausgabe, Bd. 19]. Hg. von Ingeborg Schüßler. Klostermann: Frankfurt am Main 1992.
Heidegger, Martin: *Metaphysische Anfangsgründe der Logik im Ausgang von Leibniz, SS 1928* [Gesamtausgabe, Bd. 26]. Hg. von Klaus Held. Klostermann: Frankfurt am Main 1978.
Heidegger, Martin: *Die Grundbegriffe der Metaphysik: Welt – Endlichkeit – Einsamkeit, WS 1929/1930* [Gesamtausgabe, Bd. 29/30]. Hg. von Friedrich-Wilhelm von Herrmann. Klostermann: Frankfurt am Main 1983.
Höffe, Otfried (Hg.): Immanuel Kant. Kritik der Urteilskraft. Klassiker auslegen. Band 33. Akademie Verlag, Berlin: 2008.
Höfliger, Jean-Claude: Jacques Derridas Husserl-Lektüren, Würzburg, Königshausen und Neumann 1995
Husserl, Edmund: *Cartesianische Meditationen und Pariser Vorträge.* Hg. von Stephan Strasser. Den Haag: Nijhoff, 2. Aufl., 1963 (= Husserliana. Bd. I).
Husserl, Edmund: *Die Idee der Phänomenologie. Fünf Vorlesungen.* Hg. von Walter Biemel. Den Haag: Martinus Nijhoff, 2. Aufl., 1958 (= Husserliana. Bd. II).
Husserl, Edmund: *Ideen zu einer reinen Phänomenologie und phänomenologischen Philosophie, Erstes Buch.* Hg. von K. Schumann, Den Haag: Martinus Nijhoff 1976 (Husserliana, Bd. III/1).

Husserl, Edmund: *Ideen zu einer reinen Phänomenologie und phänomenologischen Philosophie, Zweites Buch*. Hg. Von Marly Biemel, Den Haag: Martinus Nijhoff 1952 (Husserliana, Bd. IV).
Husserl, Edmund: *Ideen zu einer reinen Phänomenologie und phänomenologischen Philosophie, Drittes Buch*. Hg. von Marly Biemel, Den Haag: Martinus Nijhoff 1971 (Husserliana, Bd. V).
Husserl, Edmund: *Die Krisis der europäischen Wissenschaften und die transzendentale Phänomenologie. Eine Einleitung in die phänomenologische Philosophie*, hg. von Walter Biemel. Den Haag: Martinus Nijhoff 1976 (= Husserliana. Bd. VI).
Husserl, Edmund: *Erste Philosophie*, 2 Bände. Hg. Von R. Boehm. Den Haag: Martinus Nijhoff 1956 und 1959 (Husserliana, Bd. VII-VIII).
Husserl, Edmund: „Encyclopedia Britannica Artikel", in: ders.: *Phänomenologische Psychologie*. Hg. von Walter Biemel. Den Haag: Martinus Nijhoff 1962 (= Husserliana. Bd. IX), 237–301.
Husserl, Edmund: *Zur Phänomenologie des inneren Zeitbewusstseins 1893-1917*. Hg. von H. L. van Breda. Den Haag: Martinus Nijhoff 1969 (= Husserliana. Bd. X).
Husserl, Edmund: *Analysen zur passiven Synthesis*. Aus Vorlesungs- und Forschungsmanuskripten 1918–1926. Hg. von Margot Fleischer. Den Haag: Martinus Nijhoff 1966 (= Husserliana. Bd. XI).
Husserl, Edmund: *Philosophie der Arithmetik*. Mit ergänzenden Texten. Hg. von Lothar Eley. Den Haag: Martinus Nijhoff 1970 (= Husserliana. Bd. XII).
Husserl, Edmund: *Zur Phänomenologie der Intersubjektivität. Texte aus dem Nachlass. Erster Teil. 1905-1920*. Hg. von Iso Kern. Den Haag: Martinus Nijhoff 1973 (= Husserliana. Bd. XIII).
Husserl, Edmund: *Zur Phänomenologie der Intersubjektivität. Texte aus dem Nachlass. Zweiter Teil. 1921-28*. Hg. von Iso Kern. Den Haag: Martinus Nijhoff 1973 (= Husserliana. Bd. XIV).
Husserl, Edmund: *Zur Phänomenologie der Intersubjektivität*. Texte aus dem Nachlass. Dritter Teil: 1929–1935. Hg. von Iso Kern. Den Haag: Martinus Nijhoff 1973 (= Husserliana. Bd. XV).
Husserl, Edmund: *Ding und Raum*. Hg. von Ulrich Claesges. Den Haag: Martinus Nijhoff 1973 (Husserliana, Bd. XVI).
Husserl, Edmund: *Logische Untersuchungen*. Ergänzungsband. Erster Teil: Entwürfe zur Umarbeitung der VI. Untersuchung und zur Vorrede für die Neuauflage der Logischen Untersuchungen (Sommer 1913). Hg. von Ullrich Melle. Dordrecht, Boston und London: Kluwer 2002 (Husserliana, Bd. XX/1).
Husserl, Edmund: *Einleitung in die Logik und Erkenntnistheorie*. Vorlesungen 1906/07. Hg. von Ullrich Melle. Dordrecht/Boston/Lancaster: Martinus Nijhoff 1984 (= Husserliana. Bd. XXIV).
Husserl, Edmund: *Aufsätze und Vorträge (1922–1937)*. Mit ergänzenden Texten. Hg. von Thomas Nenon und Hans Rainer Sepp. Dordrecht/Boston/London: Kluwer Academic Publishers 1989 (= Husserliana. Bd. XXVII).
Husserl, Edmund: *Zur phänomenologischen Reduktion*. Texte aus dem Nachlass (1926–1935). Hg. von Sebastian Luft. Dordrecht/Boston/London: Kluwer Academic Publishers 2002 (= Husserliana. Bd. XXXIV).
Husserl, Edmund: »[Besprechung von] Schröder, Ernst, Vorlesungen über die Algebra der Logik«, in: *Göttingsche gelehrte Anzeigen*, 2, Nr. 7 (1891), S. 243–278; enthalten auch in: Edmund Husserl, *Aufsätze und Rezensionen (1890–1910)*. Hg. von Bernhard Rang, Den Haag, Boston und London: Martinus Nijhoff, 1979 (Husserliana, Bd. XXII), S. 3–43.
Husserl, Edmund: *Transzendentaler Idealismus*. Texte aus dem Nachlass (1908– 1921), hg. von Robin D. Rollinger in Verbindung mit Rochus Sowa, Dordrecht, Boston und London: Kluwer 2003 (Husserliana, Bd. XXXVI).
Husserl, Edmund: *Die Lebenswelt. Auslegungen der vorgegebenen Welt und ihrer Konstitution. Texte aus dem Nachlass (1916–1937)*. Hg. von Rochus Sowa, Dordrecht: Springer 2008 (Husserliana, Bd. XXXIX).
Husserl, Edmund: *Späte Texte über Zeitkonstitution. Die C-Manuskripte*. Hg. von Dieter Lohmar, Dordrecht: Springer 2006 (Husserliana, Materialien, Bd. VIII).
Husserl, Edmund: *Méditations cartésiennes*, übersetzt von Gabrielle Peiffer und Emmanuel Levinas, Paris: Vrin 1996.
Husserl, Edmund und Ludwig Landgrebe: *Erfahrung und Urteil: Untersuchungen zur Genealogie der Logik*. Prague: Academia Verlagsbuchhandlung, 1939.

Jakobson, Roman: *Selected writings Volume I: Phonological studies*. Phonological Studies. Berlin [u. a.]: de Gruyter, 2002.

Juranville, Alain: *Lacan und die Philosophie*, übers. v. Hans-Dieter Gondek. München: Boer, 1990.

Kant, Immanuel: *Gesammelte Schriften*, hrsg.: Bd. 1-22 Preussische Akademie der Wissenschaften, Bd. 23 Deutsche Akademie der Wissenschaften zu Berlin, ab Bd. 24 Akademie der Wissenschaften zu Göttingen. Berlin 1900ff. [Siglum, AA (Bd.-Nr.): Seite(n)]

Kant, Immanuel: *Kritik der reinen Vernunft*. Wilhelm Weischedel (Hg.) Werkausgabe III-IV. Frankfurt am Main: Suhrkamp, 1974.

Kant, Immanuel: *Kritik der Urteilskraft*. Wilhelm Weischedel (Hg.) Werkausgabe X. Frankfurt am Main: Suhrkamp, 1974.

Kerckhoven, Guy van, Gerhard Hammerschmied und Artur R. Boelderl: *Mundanisierung und Individuation bei Edmund Husserl und Eugen Fink: die sechste Cartesianische Meditation und ihr „Einsatz"*. Würzburg: Königshausen & Neumann, 2003.

Kerrigan, William und Joseph H. Smith: *Interpreting Lacan*. New Haven: Yale University Press, 1987.

Kittler, Friedrich: „Die Welt des Symbolischen – eine Welt der Maschine", in: *Draculas Vermächtnis. Technische Schriften*, Leipzig 1993, S. 58-80.

Klammer, Markus: *Figuren der Urszene*, Verlag Turia + Kant, Wien 2013.

Köhler, Wolfgang: *Intelligenzprüfungen an Menschenaffen*, Springer, Berlin 1921.

Koyré Alexandre: *Du monde clos à l'univers infini*, Gallimard: Paris 1973.

Koyré Alexandre: *Études galiléennes*, coll. « Histoire de la pensée », Hermann: Paris 1966.

Koyré Alexandre: *Leonardo, Galilei, Pascal. Die Anfänge der neuzeitlichen Naturwissenschaft*. Übers. v. Rolf Dragstra und Horst Günther. Fischer: Frankfurt a. M. 1998.

Lacan, Jacques: *Ecrits*, Paris 1966; deutsche Teilübersetzung in drei Bänden: *Schriften I*, Olten 1973, *Schriften II*, Olten 1975, *Schriften III*, Olten 1980

Lacan, Jacques: *Séminare I: Les ecrits techniques de Freud*, Paris 1975 (1953-54); dt. *Das Seminar, Buch I: Freuds technische Schriften*, Olten 1978.

Lacan, Jacques: *Séminare II: Le moi dans la theorie de Freud et dans la technique de la psychanalyse, (1954-55)*, Paris 1978; dt. *Das Seminar, Buch II: Das Ich in der Theorie Freuds und in der Technik der Psychoanalyse*, Olten 1980.

Lacan, Jacques: *Séminare III. Les psychoses. 1955-1956*. 1. Auflage. Éd. du Seuil, Paris 1981; dt. *Das Seminar, Buch 3 (1955-1956). Die Psychosen*. 1. Auflage. Quadriga: Weinheim u.a. 1997.

Lacan, Jacques: *Séminare IV. La relation d'objet. 1956-1957*. Éd. du Seuil, Paris 1996; dt. *Das Seminar, Buch IV. Die Objektbeziehung. 1956-1957*. Turia + Kant, Wien: 1. Auflage 2003.

Lacan, Jacques: *Séminare V. Les formations de l'inconscient. 1957-1958*. Éd. du Seuil, Paris 1998; *Das Seminar, Buch V. Die Bildungen des Unbewussten. 1957-1958*. Turia + Kant: Wien 2006.

Lacan, Jacques: *Séminare VII. L'éthique de la psychanalyse. 1959-1960*. Éd. du Seuil, Paris 1986; dt. *Das Seminar, Buch VII (1959-1960). Die Ethik der Psychoanalyse*. Quadriga: Weinheim u. a. 1996.

Lacan, Jacques: *Séminare XI. Les quatre concepts fondamentaux de la psychanalyse. 1964*. Éd. du Seuil, Paris 1973; dt. *Das Seminar, Buch XI (1964). Die vier Grundbegriffe der Psychoanalyse*. Ab der 3. unveränderten Auflage bei Quadriga: Weinheim u. a. 1987.

Lacan, Jacques: *Séminare XX. Encore 1972-1973*. Éd. du Seuil, Paris 1975; dt. *Das Seminar, Buch XX. Encore*. Quadriga: Weinheim u. a. 1986.

Lacan, Jacques: *Séminare XXIII von 1975/76, Le sinthome*, Sitzung vom 13. Januar 1976, Version Staferla, S. 31; vgl. Version Miller, S. 64 f.

Lacan, Jacques: „Les complexes familiaux dans la formation de l'individu", in: *Autres écrits*, Éditions du Seuil, Paris 2001, S. 23-84; auf Deutsch: „Die Familie", in: *Schriften III*, Norbert Haas und Hans-Joachim Metzger (Hrsg.), Quadriga, Berlin 1994[3], S. 39–100.

Lacan, Jacques: Autres écrits 2001

Lacan, Jacques: *Namen-des-Vaters*. Übers. v. Hans-Dieter Gondek. Turia + Kant: Wien 2006.

Lacan, Jacques: *Der individuelle Mythos des Neurotikers oder Dichtung und Wahrheit in der Neurose*. Übers. v. Hans-Dieter Gondek. Turia + Kant: Wien 2008.

Lacoue-Labarthe, Philippe und Jean-Luc Nancy: *Le titre de la lettre: une lecture de Lacan*. Paris: Galilée, 1990.
Langthaler, Rudolf: *Geschichte, Ethik und Religion im Anschluß an Kant: Philosophische Perspektiven „zwischen skeptischer Hoffnungslosigkeit und dogmatischem Trotz"*. De Gruyter, Berlin 2014.
Laplanche, Jean: *Leben und Tod in der Psychoanalyse*. Freiburg 1974; französische Originalausgabe: *Vie et mort en psychanalyse*. Flammarien, Paris 1970.
Laplanche, Jean und Jean-Bertrand Pontalis: *Vocabulaire de la psychanalyse*, Paris, PUF, 1967.
Laplanche, Jean: „Traumatisme, transfert, transcendance et autres trans(es)". In: *Psychanalyse a l'universite*, 11. Jg., 1986, Nr. 41, S. 78 und *Problematiques /II: La sublimation*. Paris (PUF): 1981, S. 82–87
Laplanche, Jean, J.B. Pontalis: *Urphantasie: Phantasien über den Ursprung, Ursprünge der Phantasie*. Frankfurt, Main: Fischer Taschenbuch Verlag, 1992.
Laplanche, Jean: *Problématiques VI. L'après-coup*. PUF, Paris 2006.
Laplanche, Jean: *Neue Grundlagen für die Psychoanalyse die Urverführung*. Gießen: Psychosozial-Verl, 2011.
Lebrun, Gérard: *Kant et la fin de la métaphysique*, Paris: 1970
Leader, Darian: "Lacan's myths", in: *The Cambridge Companion to Lacan*. Jean-Michel Rabate (Hg.) Cambridge University Press 2003, S. 35–49.
Levinas, Emmanuel: *Jenseits des Seins oder anders als Sein geschieht*, übersetzt von Th. Wiemer, K. Alber, Freiburg/München 1992; französische Originalausgabe: *Autrement qu'être ou au-delà de l'essence*, M. Nijhoff, La Haye 1974. Édition „Le livre de poche", Kluwer, Dordrecht/ Boston/London 1990.
Loreau, Max: „Art, culture, subversion", in: *L'Arc, n° 35*, Juin 1968, S. 11–94.
Loreau, Max, Jean Dubuffet: *Jean Dubuffet. Délits, déportements, lieux de haut jeu*. Genève: Weber, 1971.
Loreau, Max: *La Genèse du phénomène. Le phénomène, le logos, l'origine*, Paris, Éditions de Minuit, 1989.
Lyotard, Jean-François: *Die Analytik des Erhabenen. Kant-Lektionen, Kritik der Urteilskraft §§23–29*. Übers. v. Christine Pries. Fink, München 1994; französische Originalausgabe: *Leçons sur l'Analytique du sublime. Kant, Critique de la faculté de jeger, §§23–29*. Éditions Galiée, Paris 1991.
Maldiney, Henri: „Le dévoilement des concepts fondamentaux de la psychologie à travers la Daseinsanalyse de L. Binswanger", in: *Archives suisse de Neurologie, neurochirurgie et de Psychiatrie 92*, 1963, S. 204–217.
Maldiney, Henri: *Art et existence*, Klincksieck, Paris 1985.
Maldiney, Henri: *Penser l'homme et la folie*. Grenoble, Éditions Jérôme Millon, 1997
Maldiney, Henri: *Verstehen*, übers. v. Sabine Metzger, Turia + Kant: 2006. Französischer Originaltext: *Comprendre*, in: Revue de Metaphysique et de Morale 1961.
Maldiney, Henri: "Notes sur le rythme", in: Henri Maldiney: *Penser plus avant…*, J.-P. Charcosset, Chatou (Hg.), Éditions de la Transparence, 2012, S. 20.
Marbach, Eduard: *Das Problem des Ich in der Phänomenologie Husserls*. Phaenomenologica 59, Martinus Nijhoff, Den Haag 1974.
Marion, Jean-Luc: *Etant donné. Essai d'une phénoménologie de la donation*, coll. "Epiméthée", P.U.F.: Paris, 1997.
Marion, Jean-Luc: *The Erotic Phenomenon*. University of Chicago Press 2006; französische Originalausgabe: *Le Phénomène érotique*. Librairie generale francaise 2004.
Mazin, Viktor: *Freuds Gespenster*. Übers. v. Peter Deutschmann, Brigitte Obermayr und Maria Rajer. Matthes & Seitz: Berlin 2015.
McKenna, William R und Joseph C. Evans (Hrsg.): *Derrida and Phenomenology*. Dordrecht: Springer, 2011.
Meillassoux, Quentin: Nach der Endlichkeit. Versuch über die Notwendigkeit der Kontingenz. Übers. v. Roland Frommel. Diaphanes 2008; französische Originalausgabe: *Après la finitude. Essai sur la necessitté de la contingence*. Editions du Seuil, Paris 2006.

Mercury, Jean-Yves: *Approches de Merleau-Ponty*. Paris: Harmattan, 2002.
Merleau-Ponty, Maurice: „Le langage indirect et les voix du silence", *Temps Modernes, 7, n° 80*, Juni 1952, S. 2113–2144.
Merleau-Ponty, Maurice: *Phänomenologie der Wahrnehmung*. Berlin: W. de Gruyter, 1966.
Merleau-Ponty, Maurice: *Das Sichtbare und das Unsichtbare*, übers. von Regula Giuiliani und Bernhard Waldenfels, München: Fink 1986; Französischer Originaltext: *Le visible et l'invisible*, Gallimard, Paris 1964.
Merleau-Ponty, Maurice: *L'institution. La passivité. Notes de cours au Collège de France (1954-1955)*, Paris, Belin, 2003.
Merleau-Ponty, Maurice: *Zeichen*. Hamburg: Meiner, 2013.
Mesnil, Joëlle: „La pulsion chez Marc Richir", *Eikasia 47*, 2013, S. 527–572.
Milner, Jean-Claude: *L'amour de la langue*. Paris: Éd. du Seuil, 1992; engl.: *For the Love of Language*. Macmillan UK: 1990.
Milner, Jean-Claude: *Das helle Werk. Lacan, die Wissenschaft, die Philosophie*. Übers. v. Regina Karl und Anouk Luhn. Turia+Kant: Wien/Berlin 2014; Originaltitel: *L'Œuvre claire. Lacan, la science, la philosophie*. Étditions du Seuil, Paris 1998.
Nietzsche, Friedrich: *Jenseits von Gut und Böse*. Kritische Studienausgabe 5. Band. Giogio Colli und Mazzino Montinari (Hrsg.). De Gruyter, Berlin/New York 1988.
Patočka, Jan: *Die Bewegung der menschlichen Existenz. Phänomenologische Schriften II*. Klett-Cotta, Wien 1990.
Pierobon, Frank: *Kant et la fondation architectonique de la métaphysique*, coll. « Krisis », Éditions Jérôme Millon, Grenoble, 1990.
Pierobon, Frank: *Système et représentation – étude sur la déduction transcendantale des catégories*, coll. « Krisis », Éditions Jérôme Millon, Grenoble, 1993.
Platon: *Parmenides*, SämtlicheWerke, griechisch-deutsch, übers. v. Friedrich Schleiermacher, Franz Susemihl u. a., Karlheinz Hülser (Hg.), 10 Bände, hier: Bd. VII, Frankfurt am Main, Leipzig: Insel 1991.
Proklos: *Kommentar zur „Elementatio theologica" des Proklos: Übersetzung aus dem Altgeorgischen, Anmerkungen, Indices und Einleitung*. Ioane Petrizi (Hg.), Amsterdam: B.R. Grüner, 2009.
Rabaté, Jean-Michel (Hg.): *The Cambridge Companion to Lacan*. Cambridge University Press 2003
Rappe, Sara: *Reading Neoplatonism. Non-discursive Thinking in the Texts of Plotinus, Proclus, and Damascius*. Cambridge University Press 2000.
Richir, Marc: *Au-delà du renversement copernicien* , La Haye, M. Nihoff, 1976.
Richir, Marc: *Le rien et son apparence. Fondements pour la phénoménologie Fichte doctrine de la science 1794–95*, Bruxelles, Éditions Ousia, 1979.
Richir, Marc: *Recherches phénoménologiques (I, II, III) [1] fondation pour la phénoménologie transcendantale;* Bruxelles, Éditions Ousia, 1981.
Richir, Marc: *Recherches phénoménologiques IV, V du schématisme phénoménologique transcendental;* Bruxelles, Éditions Ousia, 1983.
Richir, Marc: *Phénomènes, temps et êtres ontologie et phénoménologie* , Montbonnot-Saint-Martin, Éditions Jérôme Millon, 1987.
Richir, Marc: *Phénoménologie et institution symbolique phénomènes, temps et êtres : II* , Grenoble, Éditions Jérôme Millon, 1988.
Richir, Marc: *La crise du sens et la phénoménologie autour de la « krisis » de Husserl* , Grenoble, Éditions Jérôme Millon, 1990.
Richir, Marc: *Du sublime en politique* , Paris, Éditions Payot, 1991.
Richir, Marc: *Méditations phénoménologiques* , Grenoble, Éditions Jérôme Millon, 1992; deutsche Übersetzung von Jürgen Trinks: *Phänomenologische Meditationen*, Turia + Kant, Wien 2001.
Richir, Marc: *Le corps, essai sur l' intériorité* , Paris, Éditions Hatier, 1993.
Richir, Marc: *Melville. Les assises du monde* , Paris, Éditions Hachette, 1996.
Richir, Marc: *L'expérience du penser* , Grenoble, Éditions Jérôme Millon, 1996.
Richir, Marc: *La naissance des dieux* , Paris, Éditions Hachette, 1998.

Richir, Marc: *Phénoménologie en esquisses* , Grenoble, Éditions Jérôme Millon, 2000.
Richir, Marc: *L' institution de l' idéalité*. *Des schématismes*, Beauvais, Mémoires des Annales de Phénoménologie, 2002.
Richir, Marc: *Phantasia, imagination, affectivité* , Grenoble, Éditions Jérôme Millon, 2004.
Richir, Marc: *Fragments phénoménologiques sur le temps et l' espace* , Grenoble, Éditions Jérôme Millon, 2006.
Richir, Marc: *Fragments phénoménologiques sur le langage* , Grenoble, Éditions Jérôme Millon, 2008.
Richir, Marc: *Variations sur le sublime et le soi* , Grenoble, Éditions Jérôme Millon, 2010.
Richir, Marc: *Sur le sublime et le soi. Variations II* , Amiens, Mémoires des Annales de Phénoménologie, 2011.
Richir, Marc und Sacha Carlson: *L' écart et le rien: conversations avec Sacha Carlson*. Grenoble: Millon, 2015.
Richir, Marc: "Phénoménalisation, distorsion, logologie. Essai sur la dernière pensée de Merleau-Ponty", in: *Textures* 72/4.5, Bruxelles, Paris, 1972, S. 63–114.
Richir, Marc: "Le sens de la phénoménologie dans le Visible et l'Invisible", in: *Esprit N°6 : Maurice Merleau-Ponty*, Paris, 1982, S. 131.
Richir, Marc: „Relire la *Krisis* de Husserl – Pour une position nouvelle de quelques problèmes phénoménologiques fondamentaux", in: *Esprit n° 7 – 8* : Paul Ricœur – Paris – juillet/août 1988 – pp. 129–151.
Richir, Marc: „Le temps: porte-à-faux originaire", *L'expérience du temps* – Mélanges offerts à J. Paumen, Ousia, coll. Recueil, 1, Bruxelles 1989 S. 7–40.
Richir, Marc: "Merleau-Ponty: Un tout nouveau rapport à la psychanalyse", in: *Les Cahiers de Philosophie, n° 7*, 1989, S. 155–187; engl.: "The phenomenological Status of the Lacanian Signifier", übers. v. Russell Grigg , *Analysis n° 1*, Melbourne 1989, S. 150–164.
Richir, Marc: „Sens et Paroles: pour une approche phénoménologique du langage", in: *Figures de la Rationalité – Etudes d'Anthropologie philosophique IV*, G. Florival (Hg.) – Institut Supérieur de Philosophie de Louvain-La Neuve, Ed. Peeters, nov. 1991, S. 228–246.
Richir, Marc: „Welt und Phänomene", in: Anselm Böhmer (Hg.), *Eugen Fink. Sozialphilosophie, Anthropologie, Kosmologie, Pädagogik, Methodik*, übers. v. Jürgen Trinks, Orbis Phaenomenologicus, Würzburg: Königshausen und Neumann, 2006, S. 228-251; französische Originalausgabe: Monde et phénomènes. In Les Cahiers de Philosophie, Nr. 15/16 : *Le Monde. De la phénoménologie à la politique*, Lille, novembre 1992, pp. 111–137.
Richir, Marc: „Langage et institution symbolique", *Annales de Phénoménologie 2005* – A.P.P – Beauvais, Fév. 2005, pp. 125–145.
Richir, Marc: „Le sens de la phénoménologie", in : *La phénoménologie comme philosophie première*. Karel Novotny, Alexander Schnell, László Tengelyi (Hrsg.). A.P.P. Mémoires des Annales de Phénoménologie X. 2011. S. 115–125
Richir, Marc: „La refonte de la phénoménologie", in: *Eikasia 40*, 2011, S. 64.
Ricœur, Paul: *Hermeneutik und Strukturalismus. Der Konflikt der Interpretationen I.* München: Kösel-Verlag 1973. Und: *Hermeneutik und Psychoanalyse. Der Konflikt der Interpretationen II.* Übers. v. Johannes Rütsche. München: Kösel 1974; französische Originalausgabe: *Le Conflit des interprétations. Essais d'herméneutique.* Paris: Seuil 1969.
Ricœur, Paul: *A l'école de la phénoménologie*, Vrin: Paris 1986.
Ricœur, Paul: *Soi-même comme un autre*. Paris: Seuil, 1990; dt. *Das Selbst als ein Anderer*. München: W. Fink, 1996.
Ricœur, Paul: *Das Rätsel der Vergangenheit. Erinnern – Vergessen – Verzeihen*. Göttingen: Wallstein Verlag 2004.
Rimbaud, Arthur: *Lettres. Correspondance classée par ordre chronologique, d'après les Œuvres completes*. Gallimard, La Pléiade, 1972.
Rivera de Rosales, Jacinto: „Relation und Modalität des Schönen", in: *Kritik der Urteilskraft. Klassiker auslegen*, Band 33. Otfried Höffe (Hg.), Akademie Verlag, Berlin: 2008, S. 79–98.
Rolf, Eckhard: *Symboltheorien. Der Symbolbegriff im Theoriekontext*. De Gruyter: Berlin, New York 2006.

Roudinesco, Elisabeth: *Jacques Lacan. Bericht über ein Leben, Geschichte eines Denksystems.* Übers. v. Hans-Dieter Gondek, Fischer, Frankfurt a.M. 1999; französische Originalausgabe: *Jacques Lacan, Esquisse d'une vie, histoire d'un système de pensée.* Librairie Arthème, Paris 1993.

Roudinesco, Elisabeth und Michel Plön: *Wörterbuch der Psychoanalyse. Namen, Länder, Werke, Begriffe.* Übers. v. C. Eissing-Christophersen, M. Müllerburg, R. Nentwig, M. Ramaharomanana, F. Roelcke, M. Wiesmüller. Springer, Wien 2004; Französische Originalausgabe: *Dictionnaire de la Psychanalyse.* Librairie Artheme Fayard 1997)

Roudinesco, Elisabeth: "The mirror stage: an obliterated archive", in: *The Cambridge Companion to Lacan,* Jean-Michel-Rabaté (Hg.), Cambridge University Press, Cambridge, New York 2003, S. 25–34.

Saussure, Ferdinand de: *Grundfragen der allgemeinen Sprachwissenschaft.* Übers. V. Herman Lommel, de Gruyter, Berlin 1967; französische Ausgabe: *Cours de linguistique generale,* Tullio de Mauro (Hg.), Paris 1982.

Sauvanet, Pierre: "La question du rythme dans l'oeuvre d'Henri Maldiney : approche et discussion", in: R. Barbaras (Hg.), *Maldiney, Une Singuliere Presence. Suivi de Existence: crise et création.* Editions Les Belles Lettres 2014, S. 169–188.

Schmidgen, Henning: *Das Unbewußte der Maschinen. Konzeptionen des Psychischen bei Guattari, Deleuze und Lacan.* München 1997.

Schnell, Alexander: *Le sens se faisant. Marc Richir et la refondation de la phénoménologie transcendantale.* Éditions OUSIA, Bruxelles 2011.

Schnell, Alexander: *Hinaus: Entwürfe zu einer phänomenologischen Metaphysik und Anthropologie.* Würzburg : Königshausen & Neumann 2011.

Schnell, Alexander: *Wirklichkeitsbilder.* Mohr Siebeck, 2016.

Schnell, Alexander: „Leib und Leiblichkeit bei Maurice Merleau-Ponty und Marc Richir", in: Michael Staudigl (Hg.), *Gelebter Leib – verkörpertes Leben. Neue Beiträge zur Phänomenologie der Leiblichkeit.* Königshausen & Neumann Würzburg: 2012, S. 73–97.

Simondon, Gilbert: *L'individuation à la lumière des notions de forme et d'information.* Grenoble: Millon, 2013.

Stawarska, Beata: *Saussure's Philosophy of Language As Phenomenology: Undoing the Doctrine of the Course in General Linguistics.* New York: Oxford University Press 2015.

Streicher, Frédéric: *La phénoménologie cosmologique de Marc Richir et la question du sublime: les premiers écrits, 1970-1988.* Paris: Harmattan, 2006.

Tengelyi Laszlo: *Erfahrung und Ausdruck Phänomenologie im Umbruch bei Husserl und Seinen Nachfolgern.* Dordrecht: Springer, 2007.

Tengelyi Laszlo: *Der Zwitterbegriff Lebensgeschichte.* München: W. Fink Verlag, 1998.

Tengelyi Laszlo und Hans-Dieter Gondek: *Neue Phänomenologie in Frankreich.* Suhrkamp, Frankfurt a.M. 2011.

Tengelyi Laszlo: *Welt und Unendlichkeit,* Alber: 2014.

Thomä, Helmut und Neil Cheshire: "Freud's 'Nachträglichkeit' and Strachey's 'deferred action': Trauma, constructions and the direction of causality", in: *International Review of Psychoanalysis 18,* 1991, S. 407–427.

Tomberg, Markus: *Studien zur Bedeutung des Symbolbegriffs.* Würzburg: Königshausen & Neumann, 2001.

Trinks, Jürgen. *Bewusstsein und Unbewusstes.* Wien: Turia + Kant, 2000.

Weber, Samuel: *Rückkehr zu Freud: Jacques Lacans Ent-stellung der Psychoanalyse.* Frankfurt a. M.: Ullstein, 1978.

Weizsäcker, Viktor von: *Der Gestaltkreis: Theorie der Einheit von Wahrnehmen und Bewegen.* 4. Aufl., Thieme, Stuttgart 1968.

Widmer, Peter: „Wahrheit bei Freud und Lacan", in: *Die Wissenschaft vom Unbewussten,* Kathy Zarnegin (Hg.), Königshausen & Neumann, Würzburg 2010, S. 71–84.

Wittgenstein, Ludwig: *Philosophische Untersuchungen = Philosophical investigations.* Chichester, West Sussex, U.K: Wiley-Blackwell, 2010.

Zarnegin, Kathy. *Die Wissenschaft des Unbewussten.* Würzburg: Königshausen & Neumann, 2010.

Printed in the United States
by Baker & Taylor Publisher Services